I0752294

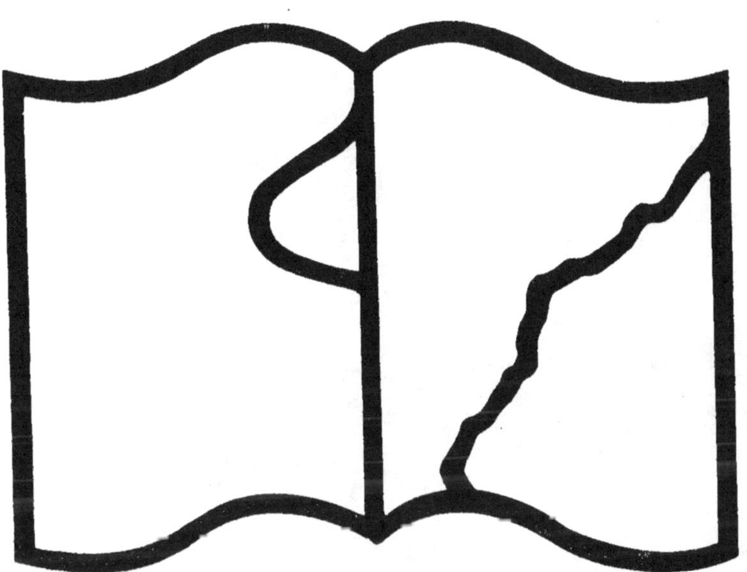

LES ROMANS PARISIENS

LES

MYSTÈRES DE PARIS

TROISIÈME PARTIE

— Salut, monsieur Rodolphe, dit madame Pipelet en se mettant au port d'armes. (Page 419.)

LES MYSTÈRES DE PARIS

TROISIÈME PARTIE

CHAPITRE PREMIER

CÉCILY

Avant de faire assister le lecteur à l'entretien de madame Séraphin et de madame Pipelet, nous le préviendrons qu'Anastasie, sans suspecter le moins du monde la vertu et la dévotion du notaire, blâmait extrêmement la sévérité qu'il avait déployée à l'égard de Louise Morel et de Germain. Naturellement, la portière enveloppait madame Séraphin dans la même réprobation; mais, en habile politique, madame Pipelet, pour des raisons que nous dirons plus bas, dissimulait son éloignement pour la femme de charge sous l'accueil le plus cordial.

Après avoir formellement désapprouvé l'indigne conduite de Cabrion, madame Séraphin reprit :

— Ah çà ! que devient donc M. Bradamanti (Polidori)? Hier soir je lui écris, pas de réponse; ce matin je viens pour le trouver, personne... J'espère qu'à cette heure j'aurai plus de bonheur.

Madame Pipelet feignit la contrariété la plus vive.

— Ah! par exemple, s'écria-t-elle, faut avoir du guignon.

— Comment?

— M. Bradamanti n'est pas encore rentré.

— C'est insupportable!

— Hein! est-ce tannant, ma pauvre madame Séraphin?

— Moi qui ai tant à lui parler!

— Si ça n'est pas comme un sort!

— D'autant plus qu'il faut que j'invente des prétextes pour venir ici; car si M. Ferrand se doutait jamais que je connais un charlatan, lui qui est si dévot... si scrupuleux... vous jugez... quelle scène!

— C'est comme Alfred : il est si bégueule, si bégueule, qu'il s'effarouche de tout.

— Et vous ne savez pas quand il rentrera, M. Bradamanti?

— Il a donné rendez-vous à quelqu'un pour six ou sept heures du soir; car il m'a priée de dire à la personne qu'il attend de repasser s'il n'était pas encore rentré... Revenez dans la soirée, vous serez sûre de le trouver.

Et Anastasie ajouta mentalement :

— Compte là-dessus! dans une heure il sera en route pour la Normandie.

— Je reviendrai donc ce soir, — dit madame Séraphin d'un air contrarié.

Puis elle ajouta :

— J'avais autre chose à vous dire, ma chère madame Pipelet... Vous savez ce qui est arrivé à cette drôlesse de Louise, que tout le monde croyait si honnête?

— Ne m'en parlez pas, — répondit madame Pipelet en levant les yeux avec componction, — ça fait dresser les cheveux sur la tête.

— C'est pour vous dire que nous n'avons plus de servante, et que si par hasard vous entendiez parler d'une jeune fille bien sage, bien bonne travailleuse, bien honnête, vous seriez très-aimable de me l'adresser. Les excellents sujets sont si difficiles à rencontrer qu'il faut se mettre en quête de vingt côtés pour les trouver...

— Soyez tranquille, madame Séraphin... Si j'entends parler de quelqu'un, je vous préviendrai... Écoutez donc, les bonnes places sont aussi rares que les bons sujets.

Puis Anastasie ajouta toujours mentalement :

Sceaux. — Typ. et stér. M. et P.-E. Charaire.

— *Plus souvent* que je t'enverrai une pauvre fille pour qu'elle crève de faim dans ta baraque! Ton maître est trop avare et trop méchant : dénoncer du même coup cette pauvre Louise et ce pauvre Germain!

— Je n'ai pas besoin de vous dire, — reprit madame Séraphin, — combien notre maison est tranquille; il n'y a qu'à gagner pour une jeune fille à être en place chez nous, et il a fallu que cette Louise fût un mauvais sujet incarné pour avoir mal tourné, malgré les bons et saints conseils que lui donnait M. Ferrand...

— Bien sûr... Aussi fiez-vous à moi; si j'entends parler d'une jeunesse comme il vous la faut, je vous l'adresserai tout de suite...

— Il y a encore une chose, — reprit madame Séraphin, — M. Ferrand tiendrait, autant que possible, à ce que cette servante n'eût pas de famille, parce qu'ainsi, vous comprenez, n'ayant pas d'occasion de sortir, elle risquerait moins de se déranger; de sorte que, si par hasard cela se trouvait, monsieur préférerait une orpheline, je suppose... d'abord parce que ce serait une bonne action et puis parce que, je vous l'ai dit, n'ayant ni tenants ni aboutissants, elle n'aurait aucun prétexte pour sortir. Cette misérable Louise est une fière leçon pour monsieur... allez... ma pauvre madame Pipelet! C'est ce qui maintenant le rend si difficile sur le choix d'une domestique. Un tel esclandre dans une pieuse maison comme la nôtre... quelle horreur! Allons, à ce soir : en montant chez M. Bradamanti, j'entrerai chez la mère Burette.

— A ce soir, madame Séraphin, et vous trouverez M. Bradamanti pour sûr.

Madame Séraphin sortit.

— Est-elle acharnée après Bradamanti! — dit madame Pipelet; — qu'est-ce qu'elle peut lui vouloir?... Et lui, est-il acharné à ne pas la voir avant son départ pour la Normandie! J'avais une fière peur qu'elle ne s'en allât pas, la Séraphin, d'autant plus que M. Bradamanti attend la dame qui est déjà venue hier soir; je n'ai pas pu bien la voir, mais cette fois-ci je vas joliment tâcher de la dévisager, ni plus ni moins que l'autre jour la particulière de ce commandant de deux liards. Il n'a pas remis les pieds ici... le grippe-sou! Pour lui apprendre, je vas lui brûler son bois!... Oui, je le brûlerai, ton bois! freluquet manqué... Va donc! avec tes mauvais douze francs et ta robe de chambre de ver luisant! Ça t'a servi à grand'chose!... Mais qu'est-ce que c'est que cette dame de M. Bradamanti?... Une bourgeoise une femme du commun? Je voudrais bien savoir, car je suis curieuse comme une pie; ça n'est pas ma faute, le bon Dieu m'a faite comme ça. Qu'il s'arrange! voilà mon caractère... Tiens... une idée, et fameuse encore, pour savoir son nom, à cette dame! Il faudra que j'essaye. Mais qui est-ce qui vient là? Ah! c'est mon roi des locataires. Salut! monsieur Rodolphe, — dit madame Pipelet en se mettant au *port d'arme*, le revers de sa main gauche à sa perruque.

C'était en effet Rodolphe; il ignorait encore la mort de M. d'Harville.

— Bonjour, madame Pipelet, — dit-il en entrant. — Mademoiselle Rigolette est-elle chez elle? J'ai à lui parler.

— Elle? ce pauvre petit chat, est-ce qu'elle n'y est pas toujours! Et son travail, donc! Est-ce qu'elle chôme jamais?...

— Et comment va la femme de Morel? reprend-elle un peu courage?

— Oui, monsieur Rodolphe... Dame! grâce à vous ou au protecteur dont vous êtes l'agent, elle et ses enfants sont si heureux maintenant!... Ils sont comme des poissons dans l'eau : ils ont du feu, de l'air, de bons lits, une bonne nourriture, une garde pour les soigner, sans compter mademoiselle Rigolette, qui, tout en travaillant comme un petit castor, et sans avoir l'air de rien, ne les perd pas de l'œil, allez!... Et puis il est venu de votre part un médecin nègre voir la femme de Morel... Eh! eh! eh! dites donc, monsieur Rodolphe, je me suis dit à moi-même : Ah çà! mais c'est donc le médecin des charbonniers, ce moricaud-là? il peut leur tâter le pouls sans se salir les mains. C'est égal, la couleur n'y fait rien : il paraît qu'il est fameux médecin tout de même! Il a ordonné à la femme Morel une potion qui l'a soulagée tout de suite.

— Pauvre femme! elle doit être toujours bien triste.

— Oh! oui, monsieur Rodolphe... Que voulez-vous!... avoir son mari fou... et puis sa Louise en prison... Voyez-vous, sa Louise, c'est son crève-cœur! Pour une famille honnête, c'est terrible... Et quand je pense que tout à l'heure la mère Séraphin, la femme de charge du notaire, est venue ici dire des horreurs de cette pauvre fille! Si je n'avais pas eu un goujon à lui faire avaler, à la Séraphin, ça ne se serait pas passé comme ça; mais, pour le quart d'heure, j'ai filé doux. Est-ce qu'elle n'a pas eu le front de venir me demander si je ne connaissais pas une jeunesse pour remplacer Louise chez ce grigou de notaire?... Sont-ils roués et avares! Figurez-vous qu'ils veulent une orpheline pour servante, si ça se rencontre. Savez-vous pourquoi, monsieur Rodolphe? C'est censé parce qu'une orpheline, n'ayant pas de parents, n'a pas occasion de sortir pour les voir, et qu'elle est bien plus tranquille! Mais ça n'est pas ça, c'est une frime. La vérité vraie est qu'ils voudraient empaumer une pauvre fille qui ne tiendrait à rien de rien, parce que, n'ayant personne pour la conseiller, ils la grugeraient sur ses gages tout à l'aise. Pas vrai, monsieur Rodolphe?

— Oui... oui... — répondit celui-ci d'un air préoccupé.

Apprenant que madame Séraphin cherchait une orpheline pour remplacer Louise comme servante auprès de M. Ferrand, Rodolphe entrevoyait dans cette circonstance un moyen peut-être certain d'arriver à la punition du notaire. Pendant que madame Pipelet parlait, il modifiait donc peu à peu le rôle qu'il avait jusqu'alors dans sa pensée destiné à Cécily, principal instrument du juste châtiment qu'il voulait infliger au bourreau de Louise Morel.

— J'étais bien sûre que vous penseriez comme moi, — reprit madame Pipelet; — oui, je le répète, ils ne veulent chez eux une jeunesse isolée que pour rogner ses gages; aussi, plutôt mourir que de leur adresser quelqu'un. D'abord je ne connais personne... mais je connaîtrais n'importe qui, que je l'empêcherais bien d'entrer jamais dans une pareille baraque. N'est-ce pas, monsieur Rodolphe, que j'aurais raison?

— Madame Pipelet, voulez-vous me rendre un grand service?

— Dieu de Dieu! monsieur Rodolphe... faut-il me jeter en travers du feu, friser ma perruque avec de l'huile bouillante? Aimez-vous mieux que je morde quelqu'un?... Parlez... je suis toute à vous... moi et mon cœur nous sommes vos esclaves... excepté pour ce qui serait de faire des traits à Alfred...

— Rassurez-vous, madame Pipelet... voilà de quoi il s'agit... J'ai à placer une jeune orpheline... elle est étrangère... elle n'était jamais venue à Paris, et je voudrais la faire entrer chez M. Ferrand...

— Vous me suffoquez!... comment! dans cette baraque! chez ce vieil avare!...

— C'est toujours une place... Si la jeune fille dont je vous parle ne s'y trouve pas bien, elle en sortira plus tard... mais au moins elle gagnera tout de suite de quoi vivre... et je serai tranquille sur son compte.

— Dame, monsieur Rodolphe, ça vous regarde, vous êtes prévenu... Si, malgré ça, vous trouvez la place bonne... vous êtes le maître... Et puis aussi, faut être juste, par rapport au notaire, s'il y a du contre, il y a du pour... Il est avare comme un chien, dur comme un âne, bigot comme un sacristain, c'est vrai... mais il est honnête homme comme il n'y en a pas... Il donne peu de gages... mais il les paye rubis sur *l'oncle*... La nourriture est mauvaise... mais elle est tous les jours la même chose. Enfin, c'est une maison où il faut travailler comme un cheval, mais c'est une maison on ne peut pas plus embêtante... où il n'y a jamais de risque qu'une jeune fille prenne des *allures*... Louise, c'est un hasard!

— Madame Pipelet, je vais confier un secret à votre honneur.

— Foi d'Anastasie Pipelet, née Galimard, aussi vrai qu'il y a un Dieu au ciel... et qu'Alfred ne porte que des habits verts, je serai muette comme une tanche...

— Il ne faudra rien dire à M. Pipelet!...

— Je le jure sur la tête de mon vieux chéri... si le motif est honnête...

— Ah! madame Pipelet!

— Alors nous lui en ferons voir de toutes les couleurs; il ne saura rien de rien; figurez-vous que c'est un enfant de six mois pour l'innocence et la malice.

— J'ai confiance en vous. Écoutez-moi donc.

— C'est entre nous à la vie, à la mort, mon roi des locataires... Allez votre train.

— La jeune fille dont je vous parle a fait une faute...

— Connu!... si je n'avais pas à quinze ans épousé Alfred, j'en aurais peut-être commis des cinquantaines... des centaines de fautes! Moi!!! telle que vous me voyez... j'étais un vrai salpêtre déchaîné, nom d'un petit bonhomme! Heureusement Pipelet m'a éteinte dans sa vertu.. sans ça... j'aurais fait des folies pour les hommes. C'est pour vous dire que si votre jeune fille n'en a commis qu'une *de* faute... il y a encore de l'espoir.

— Je le crois aussi. Cette jeune fille était servante, en Allemagne chez une de mes parentes!

le fils de cette parente a été le complice de la faute ; vous comprenez?

— Alllez donc !... je comprends... comme si je l'aurais faite, la faute !

— La mère a chassé la servante ; mais le jeune homme a été assez fou pour quitter la maison paternelle et pour amener cette pauvre fille à Paris.

— Que voulez-vous !... ces jeunes gens...

(La suite au prochain numéro.)

ANNAH L'HÉBÉTÉE

(SUITE)

LES CONTES DE L'ATELIER (suite).

— Ah ! je vous protégerai, mon enfant, je vous vengerai ! Voyons, pourriez-vous me donner quelques indices sur l'infâme qui abusa si cruellement de vous?

— Non, monsieur, je ne sais rien de lui ; je le verrais que je ne le reconnaîtrais pas. Quand il est venu à moi, il faisait nuit; il faisait nuit encore quand je sortis de mon évanouissement, brisée par la douleur et me rappelant à peine pourquoi je me trouvais là, et ce qui s'était passé... D'ailleurs, il n'y avait plus personne. Enfin la mémoire me revint : je me penchai encore une fois sur la terre où l'on avait enfoui le cercueil de mon père, j'écartai la neige avec mes mains, je collai ma bouche sur cette fosse à peine refermée, et je dis : Au revoir ! à celui qui m'avait fait le cruel présent de l'existence ; puis je sortis du cimetière pour aller me précipiter dans la Peignitz ; c'est alors que le crieur de nuit m'arrêta.

Comme Marie achevait son récit, M. Hartzwald entendit frapper un léger coup à la porte de la rue ; ce bruit lui fit éprouver une commotion douloureuse : il sonna précipitamment, et Nancy, pâle et tremblante, entr'ouvrit la porte de la salle d'audience.

— Vous direz à mon fils que je veux lui parler, dit M. Hartzwald du ton le plus sévère.

— Comment, monsieur, à l'heure qu'il est ! vous savez bien qu'il se couche tous les jours de bonne heure.

— Alors vous le réveillerez, reprit le bourgmestre ; et tout bas il ajouta à l'oreille de Nancy :

— Dépêchez-vous d'aller lui ouvrir ; si quelque garde de nuit le rencontrait à ma porte, il serait arrêté comme un vagabond.

Nancy baissa la tête en signe d'obéissance et sortit.

— Maintenant, mon enfant, dit le magistrat, il est bien temps que vous preniez un peu de repos ; demain je vous reverrai. Comptez sur ma protection, entendez-vous.

Et comme Marie regardait M. Hartzwald et Fritzler pour leur demander : Où irai-je ce soir? le garde de nuit prit le bras de la jeune fille, et dit :

— Vous serez bien reçue chez nous, Marie ; ma femme est une bonne créature qui ne demandera pas mieux que de partager avec vous le pain de la maison.

Le bourgmestre serra avec affection la main de l'orpheline en lui répétant : A demain ! Et le crieur partit avec elle.

Le fils du bourgmestre était sur l'escalier au moment où Fritzler et la jeune fille descendaient de la salle d'audience. Paul répondit à voix basse au salut du garde de nuit. Le timbre sourd de cette voix fit vibrer toutes les cordes de l'âme de Marie.

— Qu'avez-vous donc, petite? on dirait que vous allez tomber, demanda Fritzler.

— Ce n'est rien, répondit-elle en s'appuyant avec force sur le bras de son guide ; puis tout bas elle ajouta :

« Oh ! non, je me suis trompée, cela ne peut pas être la même voix. »

II

DEUX SCÈNES DE FAMILLE

> L'indulgence pour le vice est une conspiration contre la vertu.
> (L'abbé BARTHÉLEMY.)

Autant la physionomie de M. Hartzwald était devenue douce et bienveillante à mesure que la jeune Marie détaillait les événements de cette journée de deuil, autant le visage du bourgmestre se couvrit d'une teinte sombre et sévère quand un autre coupable vint occuper le siége que la soi-disant vagabonde avait laissé vide.

Pâle des fatigues d'une nuit de plaisir, les joues flétries, les yeux à demi fermés, les cheveux en désordre et dans un débraillé complet, tel Paul se présenta à son père, qui l'attendait dans la salle d'audience.

Nancy, la nourrice du débauché, annonça d'une voix émue la venue de son nourrisson chéri au magistrat. Elle eût bien voulu, la vieille gouvernante, être admise en tiers dans la scène qui allait se passer entre le père et le fils; mais M. Hartzwald prit un ton de commandement si ferme pour intimer à Nancy l'ordre de s'éloigner, que celle-ci fut obligée de sortir sans avoir osé hasarder un mot d'excuse en faveur de Paul.

Le jeune Hartzwald entrevoyait bien, à travers les nuages qui troublaient sa vue et obscurcissaient son intelligence, qu'une explication assez vive allait avoir lieu ce soir même. Dans son apathique ivresse, il courba la tête pour laisser passer l'orage, en se promettant de ne répondre à aucune des brusques interpellations de son père, bien certain qu'il était que la colère de celui-ci se briserait contre son silence.

A l'aspect de Paul ainsi défait, le bourgmestre éprouva un moment de fureur : il lui releva violemment la tête; mais le regard stupide de son fils, mais cette bouche à demi béante, qui n'avait pas même la force de dire : Vous me faites mal! changea soudain la colère de M. Hartzwald en un sentiment de pitié pour le coupable enfant.

— Ta mère est plus heureuse que moi, dit-il, car elle est morte avant de t'avoir vu dans un pareil état.

— Mon père, c'est la première fois, balbutia Paul.

— Je ne vous demandais pas un mensonge, reprit le bourgmestre; mais, puisque vous parlez enfin, j'exige que vous me disiez sur-le-champ d'où vous venez et ce que vous avez fait ce soir.

Un sourire niais répondit à cette question.

— Me direz-vous, continua M. Hartzwald en secouant avec force le bras de son fils, l'emploi de votre temps à cette heure? je veux le savoir, monsieur, je veux le savoir à l'instant.

— Si vous vous fâchez, mon père, répliqua Paul en laissant retomber sa tête appesantie, je ne saurai que vous dire... d'ailleurs, vous avez été jeune aussi; chacun son tour... Je meurs de sommeil!

— J'ai veillé, moi, monsieur, pour connaître votre conduite; il faut que vous me répondiez : j'ai attendu assez tard pour cela... Vous allez me dire enfin ce qui vous a retenu dehors, à l'heure où tous les honnêtes gens de la ville sont couchés.

— Eh! mon père, on a des amis à mon âge... une petite gaieté de temps en temps, cela n'est pas un crime. Enfin, que voulez-vous que je vous dise?... Je souffre!... Je dors!

— J'ai souffert plus que vous depuis huit jours que je me suis aperçu de vos sorties nocturnes... D'abord j'ai cru que ce n'était qu'un hasard... un accident pardonnable à votre âge... J'ai pensé que vous viendriez à moi avec confiance me dire comme autrefois :

« — J'ai eu tort, mon père; mais ne m'en veuillez pas. »

« Loin de là, vos absences se renouvellent tous les soirs, et aujourd'hui c'est d'une orgie infâme que vous sortez... Mais, malheur à vous! Paul, malheur à vous, si vous déshonorez jamais le nom de votre père!

— Jouer entre amis, cela ne fait de tort à personne.

— Vous êtes joueur!... Ah! il ne vous manquait plus que ce vice! s'écria le bourgmestre en frémissant.

Paul, toujours abattu, toujours dans son attitude stupide, répliqua :

— Allons, ne vous emportez pas; nous avons joué, mais ce n'était pas de l'argent.

— Qu'avez-vous donc pu jouer alors? demanda M. Hartzwald.

Paul, presque assoupi, murmura :

— Des femmes!

Ces deux mots furent une affreuse révélation pour le magistrat. Il se rapprocha précipitamment de la chaise où son fils s'endormait en balbutiant quelques mots sans suite, et, pâle à son tour d'une horrible crainte, M. Hartzwald, les lèvres presque collées à l'oreille du dormeur, continua son interrogatoire, auquel celui-ci répondait toujours par des paroles inachevées. C'était un douloureux supplice pour Paul que de se sentir réveillé de moment en moment par la voix pénétrante de son père; mais que c'était donc aussi une cruelle anxiété pour celui-ci de ne pouvoir arracher l'aveu de l'épouvantable sacrilége dont il soupçonnait bien que son fils s'était rendu coupable!

— Réveillez-vous, monsieur! lui criait le magistrat, et dites-moi si vous n'êtes pas allé ce soir du côté du vieux cimetière... Entendez-vous, du côté du vieux cimetière?

Paul ouvrit les yeux, et dit :

— Ils m'y ont emmené.

Puis son menton alla de nouveau frapper sa poitrine.

— Et combien étiez-vous?

— Combien? répéta Paul... je crois que nous étions...

M. Hartzwald attendit en vain la fin de cette réponse : le débauché s'était endormi. L'impitoyable juge enleva Paul de dessus sa chaise :

— Debout! lui dit-il; vous ne dormirez pas avant de m'avoir appris toute la vérité. Combien étiez-vous dans le vieux cimetière?

— Trois, mon père : Henri Zahn, Charles Sichler et moi.

— Bien! reprit M. Hartzwald avec un effrayant sourire. Et ces femmes que vous aviez jouées, vous étiez sûr de les trouver là?

— Mais Charles et Henri m'avaient dit qu'elles y seraient; et en effet ils en ont trouvé deux.

— Et vous!... vous! continua le bourgmestre en attachant sur son fils un si terrible regard, que Paul sentit s'évanouir son ivresse. Un frisson de stupeur parcourut tout son corps.

— Moi! reprit-il d'une voix tremblante.

— Oui, vous! vous n'en aviez point de femme, n'est-ce pas?... et il vous en fallait une, misérable! et vous n'avez pas eu pitié d'une jeune fille qui priait sur la fosse de son père!... Vous avez couronné la débauche par un crime; et je suis votre juge, moi! et il faudra que je vous condamne à la peine des assassins, car vous avez mérité le gibet!

— Grâce! grâce! criait Paul, haletant et se traînant aux pieds de son père.

— Grâce! disait M. Hartzwald ; mais le bourreau ne t'écoutera pas quand tu lui demanderas grâce... Mais cette jeune fille a formé une plainte contre l'infâme qui l'a flétrie... Et je verrai mon nom placardé sur la potence!... Non, malheureux, non, ce n'est pas de la main de l'exécuteur que tu mourras; tu n'auras pas la joie de déshonorer publiquement ton père!

En disant ces mots, M. Hartzwald, que la fureur dominait, s'empara d'un lourd encrier de plomb, et le lança avec force à la tête de son fils; le crâne du malheureux alla frapper sur la base de pierre qui supportait le poêle de fonte. Paul poussa un profond soupir, et le sang coula avec abondance de sa large blessure.

Aux cris de Paul Hartzwald, la vieille Nancy se précipita dans la salle d'audience :

— Vous avez tué mon enfant! dit-elle au bourgmestre.

Celui-ci ne répondit pas un mot : le sang l'étouffait ; il tourna les yeux vers sa victime; de pourpre qu'il était, le visage de M. Hartzwald devint pâle, ses jambes fléchirent, et il tomba sans mouvement dans son grand fauteuil de cuir.

Tandis que cette scène affligeante se passait dans la maison du bourgmestre, Fritzler et Marie gagnaient le vieux faubourg où demeurait le crieur de nuit. Au bruit léger de sa crécelle, la porte de sa maison s'ouvrit.

— Bonsoir, belle-mère, dit-il à une femme d'une cinquantaine d'années qui lui prit sa lanterne; préparez vite un lit pour cette pauvre enfant qui a besoin de repos; je l'ai amenée ici de la part de M. Hartzwald : ainsi cela ne doit pas vous paraître suspect.

— Qu'elle soit la bienvenue, dit madame Lohrmann, mon lit sera le sien pour ce soir, car il faut que je veille auprès de ma fille, qui n'en est encore qu'à son deuxième jour de fièvre de lait. Ainsi, ma belle, vous pouvez venir avec moi, je vais vous indiquer ma chambre.

Marie, après avoir remercié affectueusement Fritzler, suivit madame Lohrmann dans le grenier lambrissé qui lui servait d'appartement complet.

— Cette petite a l'air d'être bien douce, dit la belle-mère à son gendre, quand elle fut de retour dans la salle basse; il faut aussi qu'elle ait du chagrin, car elle pleurait fort en se déshabillant.

— Ah! dame! c'est qu'elle en a éprouvé des malheurs, celle-là! et de toutes sortes encore!

Ici, Fritzler se mit à raconter tout ce qu'il savait touchant Marie. Madame Lohrmann écoutait son beau-fils avec le plus vif intérêt; ce n'était que des mon Dieu! des divin Seigneur! des miséricordes du ciel! Mais quand le crieur de nuit s'avisa de parler du projet qu'il avait formé de garder Marie chez lui pour aider sa femme dans les soins du ménage, la figure de la belle-mère éprouva la plus étrange métamorphose; son front se plissa, ses lèvres se crispèrent, et elle répondit :

— C'est-à-dire que nous ne sommes pas déjà assez ici pour manger ce que vous gagnez, ou bien c'est que je ne suis plus bonne à rien faire.

— Ce n'est pas ce que je veux dire, mère; mais la pauvre petite est sans asile, et, vrai, cela crève le cœur de penser que si je ne la garde pas ici, elle ne saura où aller coucher demain.

—Et pourquoi M. le bourgmestre ne la prend-il pas à son service? il a bien autrement que vous les moyens d'avoir une gouvernante.

— Écoutez, mère, reprit le garde de nuit, nous en parlerons à Marguerite, et si elle ne dit pas oui, eh bien! je ferai ce qu'elle voudra.

— Marguerite est un agneau du bon Dieu, continua la belle-mère, qui dira comme vous pour ne pas vous contrarier, lorsqu'au fond votre générosité la rendra bien malheureuse.

— Malheureuse! allons donc, vous rêvez, mère Lohrmann.

— Pas tant que vous le dites, mon gendre; je sais qu'elle est suceptible, cette chère enfant; elle a toujours été un peu jalouse de tout, et vous croyez qu'elle ne le sera pas d'une jeune fille que vous installez ici sans raison!

— Sans raison? Par exemple! et ses malheurs?

— Ses malheurs sont grands, je ne dis pas; mais nous ne sommes pas en position de consoler tous les affligés. D'ailleurs, si vous voulez absolument faire le généreux, comme il n'y a pas de place ici pour une personne de plus, je m'en irai, moi, d'autant plus que je ne pourrai pas voir de sang-froid ma fille se tarabuster la tête de soupçons qu'elle ne manquera pas d'avoir, je vous en réponds.

— Avez-vous fini? demanda Fritzler avec impatience.

— Bien, voilà que ça commence, reprit la vieille: on m'impose silence; une autre fois on me dira de m'en aller. Mais, grâce à Dieu, je n'attendrai pas ce moment-là, et si ma fille était rétablie, je partirais à l'instant même, pour laisser à votre belle affligée le loisir de se carrer tout à son aise dans la chambre qui m'appartient. Il est juste que les parents cèdent la place aux étrangers. C'est si beau de faire du bien aux jeunes filles! et une mère, c'est si peu de chose, qu'en vérité je ne sais pas pourquoi vous ne m'avez pas déjà mise à la porte!

Le ton d'aigreur sur lequel la conversation entre la belle-mère et le gendre était montée menaçait de se changer en querelle un peu plus bruyante, quand Fritzler, réfléchissant que cette discussion pourrait fort bien réveiller sa femme et son enfant, se leva brusquement; il reprit sa lanterne, et alla continuer sa ronde nocturne; car le jour ne paraissait pas encore; mais en sortant cette fois, au lieu du bon repos et bonne nuit qu'il disait ordinairement à sa belle-mère, le crieur lui laissa pour adieu un impertinent:

— Nous verrons qui de nous deux sera le maître ici!

Et il s'éloigna le cœur serré, mais en se promettant de ne pas tenir compte des menaces de la mère Lohrmann.

Comme il allait criant l'heure dans les rues, peu à peu l'air vif du matin calma sa tête échauffée par les contrariétés que sa belle-mère lui avait fait subir. Il se ressouvint qu'en effet Marguerite inclinait singulièrement vers la jalousie; et cette triste faiblesse la rendait d'autant plus malheureuse que, timide même avec son mari, elle lui cachait ses larmes et nourrissait en silence les soupçons qui germaient dans son cœur. Plus d'une fois déjà il l'avait surprise à pleurer sans qu'elle voulût lui dire la cause de ses larmes; et si ce n'eût été la perspicacité ingénieuse de madame Lohrmann à deviner le motif des soucis de sa fille, Fritzler eût toujours igoré que Marguerite avait souffert tout bas parce qu'il s'était montré enjoué ou prévenant avec telle ou telle fille du quartier.

— Au fait, se dit-il, je ne dois pas faire de peine à la mère de mon enfant, et puisque le bourgmestre prend comme moi intérêt à cette petite, autant vaut que ce soit lui qui la protége. D'ailleurs, elle sera toujours mieux chez M. Hartzwald que chez nous, où ma belle-mère ne lui épargnerait pas les paroles dures et les rebuffades... C'est convenu, à l'heure de midi j'irai trouver le bourgmestre, et je lui dirai que je manque de place à la maison pour loger Marie Schroning.

Ainsi se parla le brave homme. Il pensa même que sa dernière résolution valait encore mieux, dans l'intérêt de Marie, que son projet de la garder chez lui. Il capitula si bien avec cet égoïsme qui nous est naturel à tous, qu'il finit par ne plus trouver sa protégée si à plaindre.

— D'ailleurs, disait-il, chacun ses peines; mais Dieu a mis les riches au monde pour soulager ceux qui n'ont rien.

(La suite au prochain numéro.)

Le propriétaire-gérant : F. ROY.

LES MYSTÈRES DE PARIS

Rigolette travaillait assise à côté de la croisée, et contre son habitude elle ne chantait pas. (Page 428.)

— Après le coup de tête sont venues les réflexions, réflexions d'autant plus sages que le peu d'argent qu'il possédait était mangé. Mon jeune parent s'est adressé à moi ; j'ai consenti à lui donner de quoi retourner auprès de sa mère, mais à condition qu'il laisserait ici cette jeune fille et que je tâcherais de la placer.

— Je n'aurais pas mieux fait pour mon fils si Pipelet s'était plu à m'en accorder un.

— Je suis enchanté de votre approbation ; seulement, comme la jeune fille n'a pas de répondants et qu'elle est étrangère, il est très-difficile de la placer... Si vous vouliez dire à madame Séraphin qu'un de vos parents, établi en Allemagne, vous a adressé et recommandé cette jeune fille, le notaire la prendrait peut-être à son service, j'en serais doublement satisfait. Cecily, elle s'appelle ainsi, Cecily n'ayant été qu'égarée, se corrigerait certainement dans une maison aussi sévère que celle du notaire... C'est pour cette raison surtout que je tiendrais à la voir, cette jeune fille, entrer chez M. Jacques Ferrand. Je n'ai pas besoin de vous dire que, présentée par vous... personne si respectable...

— Ah! monsieur Rodolphe...

— Si estimable...

— Ah! mon roi des locataires...

— Que cette jeune fille enfin, recommandée par vous, serait certainement acceptée par madame Séraphin; tandis que, présentée par moi...

— Connu! c'est comme si je présentais un petit jeune homme! Eh bien! tope... ça me chausse... Allllez donc! enfoncée la Séraphin! Tant mieux, j'ai une dent contre elle; je vous réponds de l'affaire, monsieur Rodophe! je lui ferai voir des étoiles en plein midi; je lui dirai que depuis je ne sais combien de temps, j'ai une cousine établie en Allemagne, une Galimard; que je viens de recevoir la nouvelle qu'elle est défunte, comme son mari, et que leur fille, qui est orpheline, va me tomber sur le dos d'un jour à l'autre.

— Très-bien... Vous conduirez vous-même Cecily chez M. Ferrand sans en reparler davantage à madame Séraphin. Comme il y a vingt ans que vous n'avez vu votre cousine, vous n'aurez rien à répondre, si ce n'est que depuis son départ pour l'Allemagne vous n'aviez eu d'elle aucune nouvelle.

— Ah çà, mais si la jeunesse ne baragouine que l'allemand!

— Elle parle parfaitement français; je lui ferai sa leçon; ne vous occupez de rien, sinon de la recommander très-instamment à madame Séraphin ; ou plutôt, j'y songe, non... car elle soupçonnerait peut-être que vous voulez lui forcer la main... Vous le savez, souvent il suffit qu'on demande quelque chose pour qu'on vous refuse...

— A qui le dites-vous!... C'est pour ça que j'ai toujours rembarré les enjôleurs. S'ils ne m'avaient rien demandé... je ne dis pas...

— Cela arrive toujours ainsi... Ne faites donc aucune proposition à madame Séraphin, et voyez-la venir... Dites-lui seulement que Cecily est orpheline, étrangère, très-jeune, très-jolie, qu'elle va être pour vous une bien lourde charge, et que vous ne vous sentez pour elle qu'une médiocre affection, vu que vous étiez brouillée avec votre cousine, et que vous ne concevez rien au *cadeau* qu'elle vous fait là...

— Dieu de Dieu! que vous êtes malin!... Mais soyez tranquille, à nous deux nous faisons la paire. Dites donc, monsieur Rodolphe, comme nous nous entendons bien... nous deux!... Quand je pense que si vous aviez été de mon âge dans le temps où j'étais un vrai salpêtre... hein, dites donc?

— Chut... si M. Pipelet...

— Ah bien, oui! Pauvre cher homme, il pense bien à la gaudriole! Vous ne savez pas... une nouvelle infamie de ce Cabrion!... Mais je vous dirai cela plus tard... Quant à votre jeune fille, soyez calme... je gage que j'amène la Séraphin à me demander de placer ma parente chez eux.

— Si vous réussissez, ma chère madame Pipelet, il y a cent francs pour vous. Je ne suis pas riche, mais...

— Est-que vous vous moquez du monde, monsieur Rodolphe? Est-ce que vous croyez que je fais ça par intérêt? Dieu de Dieu! c'est de la pure amitié... Cent francs!

— Mais jugez donc que si j'avais longtemps cette jeune fille à ma charge, cela me coûterait bien plus que cette somme... au bout de quelques mois...

— C'est donc pour vous rendre service que je prendrai les cent francs, monsieur Rodolphe; mais c'est un fameux quine à la loterie pour nous que vous soyez venu dans la maison. Je puis le crier sur les toits, vous êtes le roi des locataires... Tiens, un fiacre!... C'est sans doute la petite dame de M. Bradamanti... Elle est venue hier, je n'ai pu la voir... Je vas lanterner à lui répondre pour la bien dévisager; sans compter que j'ai inventé un moyen pour savoir son nom... Vous allez me voir *travailler*... ça nous amusera.

— Non, non, madame Pipelet, peu m'importent le nom et la figure de cette dame, — dit Rodolphe en se reculant dans le fond de la loge.

— Madame! — cria Anastasie en se précipitant au-devant de la personne qui entrait, — où allez-vous, madame?

— Chez M. Bradamanti, — dit la femme, visiblement contrariée d'être ainsi arrêtée au passage.

— Il n'y est pas...

— C'est impossible, j'ai rendez-vous avec lui.

— Il n'y est pas...

— Vous vous trompez...

— Je ne me trompe pas du tout... — dit la portière en manœuvrant toujours habilement afin de distinguer les traits de cette femme. M. Bradamanti est sorti, bien sorti, très-sorti... c'est-à-dire... excepté pour une dame...

— Eh bien, c'est moi... vous m'impatientez... laissez-moi passer.

— Votre nom, madame? je verrai bien si c'est le nom de la personne que M. Bradamanti m'a dit de laisser entrer. Si vous ne portez pas ce nom-là... il faudra que vous me passiez sur le corps pour monter...

— Il vous a dit mon nom? — s'écria la femme avec autant de surprise que d'inquiétude.

— Oui, madame.

— Quelle imprudence! murmura la jeune femme. Puis, après un moment d'hésitation, elle ajouta impatiemment, à voix basse et comme si elle eût craint d'être entendue : — Eh bien, je me nomme madame d'Orbigny.

A ce nom Rodolphe tressaillit... C'était le nom de la belle-mère de madame d'Harville. Au lieu de rester dans l'ombre, il s'avança, et, à la lueur du jour et de la lampe, il reconnut facilement cette femme, grâce au portrait que Clémence lui en avait plus d'une fois tracé.

— Madame d'Orbigny? — répéta madame Pipelet, — c'est bien ça le nom que m'a dit M. Bradamanti. Vous pouvez monter, madame.

La belle-mère de madame d'Harville passa rapidement devant la loge.

— Et allllez donc! — s'écria la portière d'un air triomphant. — Enfoncée la bourgeoise! je sais son nom, elle s'appelle d'Orbigny... Pas mauvais le moyen, hein... monsieur Rodolphe? Mais qu'est-ce que vous avez donc? vous voilà tout pensif!

— Cette dame est déjà venue voir M. Bradamanti? — demanda Rodolphe à la portière.

— Oui. Hier soir, dès qu'elle a été partie, M. Bradamanti est tout de suite sorti, afin d'aller probablement retenir sa place à la diligence pour aujourd'hui; car hier, en revenant, il m'a priée d'accompagner ce matin sa malle jusqu'au bureau des voitures, parce qu'il ne se fiait pas à ce petit gueux de Tortillard.

— Et où va M. Bradamanti? le savez-vous?

— En Normandie... route d'Alençon.

Rodolphe se souvint que la terre des Aubiers, qu'habitait M. d'Orbigny, était située en Normandie. Plus de doute, le charlatan se rendait auprès du père de Clémence, nécessairement dans de sinistres intentions!

— C'est son départ, à M. Bradamanti, qui va joliment *ostiner* la Séraphin! — reprit madame Pipelet. — Elle est comme une enragée pour voir M. Bradamanti, qui l'évite le plus qu'il peut; car il m'a bien recommandé de lui cacher qu'il partait ce soir à six heures : aussi, quand elle va revenir, elle trouvera visage de bois; je profiterai de ça pour lui parler de votre jeunesse. A propos, comment donc qu'elle s'appelle... *Cicé*...?

— Cécily...

— C'est comme qui dirait Cécile avec un *i* au bout. C'est égal, faudra que je fasse un nœud à mon mouchoir pour me rappeler ce diable de nom-là... *Cici*... *Caci*... *Cécily*, bon, m'y voilà.

— Maintenant, je monte chez mademoiselle Rigolette, — dit Rodolphe à madame Pipelet en sortant de sa loge.

— Et en redescendant, monsieur Rodolphe, est-ce que vous ne direz pas bonjour à ce pauvre vieux chéri? Il a bien du chagrin, allez! il vous contera cela... Ce monstre de Cabrion... a encore fait des siennes...

— Je prendrai toujours part aux chagrins de votre mari, madame Pipelet.

Et Rodolphe, singulièrement préoccupé de la visite de madame d'Orbigny à Polidori, monta chez mademoiselle Rigolette.

CHAPITRE II

LE PREMIER CHAGRIN DE RIGOLETTE

La chambre de Rigolette brillait toujours de la même propreté coquette; la grosse montre d'argent, placée sur la cheminée dans un cartel de bois, marquait quatre heures; la rigueur du froid ayant cessé, l'économe ouvrière n'avait pas allumé son poêle. A peine de la fenêtre apercevait-on un coin du ciel bleu à travers la masse irrégulière de toits, de mansardes et de hautes cheminées qui de l'autre côté de la rue formait l'horizon. Tout à coup un rayon de soleil, pour ainsi dire égaré, glissant entre deux pignons élevés, vint pendant quelques instants empourprer d'une teinte resplendissante les carreaux de la chambre de la jeune fille. Rigolette travaillait assise à côté de la croisée; le doux clair-obscur de son charmant profil se détachait alors sur la transparence lumineuse de la vitre comme un camée d'une blancheur rosée sur un front vermeil. De brillants reflets couraient sur sa noire chevelure, tordue derrière sa tête, et nuançaient d'une chaude couleur d'ambre l'ivoire de ces petites mains laborieuses, qui maniaient l'aiguille avec une incomparable agilité. Les longs plis de sa robe brune, sur laquelle tranchait la dentelure d'un tablier vert, cachaient à demi son fauteuil de paille ; ses deux jolis pieds, toujours parfaitement chaussés, s'appuyaient au rebord d'un tabouret placé devant elle. Ainsi qu'un grand seigneur s'amuse quelquefois par caprice à cacher les murs d'une chaumière sous d'éblouissantes draperies, un moment le soleil couchant illumina cette chambrette de mille feux chatoyants, moira de reflets dorés les rideaux de perse grise et verte, fit étinceler le poli des meubles de noyer, miroiter le carrelage du sol comme du cuivre rouge, et entoura d'un grillage d'or la cage des oiseaux de la grisette. Mais, hélas ! malgré la joyeuseté provocante de ce rayon de soleil, les deux canaris mâle et femelle voletaient d'un air inquiet et, contre leur habitude, ne chantaient pas. C'est que, contre son habitude, Rigolette ne chantait pas... Tous trois ne gazouillaient guère les uns sans les autres. Presque toujours le chant frais et matinal de celle-ci donnait l'éveil aux chansons de ceux-là, qui, plus paresseux, ne quittaient pas leur nid de si bonne heure. C'étaient alors des défis, des luttes de notes claires, sonores, perlées, argentines, dans lesquelles les oiseaux ne remportaient pas toujours l'avantage. Rigolette ne chantait plus... parce que pour la première fois de sa vie elle éprouvait un *chagrin*. Jusqu'alors, l'aspect de la misère des Morel l'avait souvent affectée, mais de tels tableaux sont trop familiers aux classes pauvres pour leur causer des ressentiments très-durables. Après avoir presque chaque jour secouru ces malheureux autant qu'elle le pouvait, sincèrement pleuré avec eux et sur eux, la jeune fille se sentait à la fois émue et satisfaite... émue de ces infortunes... satisfaite de s'y être montrée pitoyable... Mais ce n'était pas là un *chagrin*. Bientôt la gaieté naturelle du caractère de Rigolette reprenait son empire... Et puis, sans égoïsme, mais par un simple fait de comparaison, elle se trouvait si heureuse dans sa petite chambre en sortant de l'horrible réduit des Morel, que sa tristesse éphémère se dissipait bientôt. Cette mobilité d'impressions était si peu entachée de personnalité que, par un raisonnement d'une touchante délicatesse, la grisette regardait presque comme un devoir de faire la part des *plus malheureux qu'elle*, pour pouvoir jouir sans scrupule d'une existence bien précaire sans doute, et entièrement acquise par son travail, mais qui, auprès de l'épouvantable détresse de la famille du lapidaire, lui paraissait presque luxueuse.

— Pour chanter sans remords, lorsqu'on a auprès de soi des gens si à plaindre, — disait-elle naïvement, — il faut leur avoir été aussi charitable que possible.

Avant d'apprendre au lecteur la cause du *premier chagrin* de Rigolette, nous désirons le rassurer et l'édifier complétement sur la *vertu* de cette jeune fille. Nous regrettons d'employer le mot de *vertu*, mot grave, pompeux, solennel, qui entraîne presque toujours avec soi des idées de sacrifice douloureux, de lutte pénible contre les passions, d'austères méditations sur la fin des choses d'ici-bas. Telle n'était pas la vertu de Rigolette. Elle n'avait ni lutté ni médité. Elle avait travaillé, ri et chanté. Sa *sagesse*, ainsi qu'elle le disait simplement et sincèrement à Rodolphe, dépendait surtout de la question de *temps*... Elle n'avait pas le *loisir* d'être amoureuse... Avant tout, gaie, laborieuse, ordonnée, l'ordre, le travail, la gaieté, l'avaient, à son insu, défendue, soutenue, sauvée. On trouvera peut-être cette morale légère, facile et joyeuse ; mais qu'importe la cause, pourvu que l'effet subsiste? Qu'importe la direction des racines de la plante, pourvu que sa fleur s'épanouisse pure, brillante et parfumée?...

A propos de notre *utopie* sur les encouragements, les secours, les récompenses que la société devrait accorder aux artisans remarquables par d'éminentes qualités sociales, nous avons parlé de cet ESPIONNAGE DE LA VERTU, un des projets de l'empereur. Supposons cette féconde pensée du grand homme réalisée... Un de ces *vrais philanthrophes* chargés par lui de *rechercher le bien* a découvert Rigolette. Abandonnée, sans conseils, sans appui, exposée à tous les dangers de la pauvreté, à toutes les séductions dont la jeunesse et la beauté sont entourées, cette charmante fille est restée pure ; sa vie honnête, laborieuse, pourrait servir d'enseignement et d'exemple. Cette enfant ne méritera-t-elle pas, non une récompense, non un secours, mais quelques touchantes paroles d'approbation, d'encouragement, qui lui donneront la conscience de sa valeur, qui la rehausseront à ses propres yeux, qui l'*obligeront* même pour l'avenir? Au moins elle saura qu'on la suit d'un regard plein de sollicitude et de protection dans la voie difficile où elle marche avec tant de courage et de sérénité... Elle saura que si un jour *le manque d'ouvrage* ou *la maladie* menaçait de rompre l'équilibre de cette vie pauvre et occupée qui repose tout entière sur *le travail* et sur *la santé*, un léger secours dû à ces mérites passés lui viendraient en aide. L'on se récriera sans doute sur l'impossibilité de cette surveillance tutélaire dont seraient entourées les personnes *particulièrement dignes d'intérêt par leurs excellents antécédents*. Il nous semble que la société a déjà résolu ce problème. N'a-t-elle pas imaginé la *surveillance de la haute police* à vie ou à temps, dans le but, d'ailleurs fort utile, de contrôler incessamment la conduite des *personnes dangereuses signalées par leurs détestables antécédents*? Pourquoi la société n'exercerait-elle pas aussi une SURVEILLANCE DE HAUTE CHARITÉ MORALE? . . . .

(La suite au prochain numéro.)

ANNAH L'HÉBÉTÉE

(SUITE)

LES CONTES DE L'ATELIER (suite).

Le silence de la nuit cessa de régner dans les quartiers tout à l'heure déserts. Les volets des fenêtres s'ouvrirent, les portes crièrent sur leurs gonds, les forges s'allumèrent ; le bruit des métiers commença à se confondre avec le dernier chant des crieurs de nuit qui rentraient chez eux ; la population de Nuremberg se revêtit de ses habits de travail ; les portes de la ville livrèrent passage aux jardiniers qui venaient alimenter le marché ; enfin, il était grand jour quand Fritzler revint chez lui.

Son premier soin fut d'aller embrasser Marguerite, qui ne dormait plus. Elle tenait dans ses bras la toute petite Thérèse, dont la bouche se jouait sur le sein de sa mère.

Madame Lorhmann était auprès de sa fille, et elle paraissait lui parler avec chaleur. A l'arrivée du gendre, la belle-mère se tut. Fritzler caressa son enfant, puis, regardant sa femme, dont le teint était plus animé que de coutume, il lui dit :

— Je vois bien que tu sais déjà que quelqu'un a passé la nuit ici... Eh bien! femme, ne t'inquiète pas de ce surcroît de charge pour nous; ta mère m'a fait faire à ce sujet de sages réflexions : ce matin même je reconduirai la jeune fille chez M. le bourgmestre.

Il y avait de la résignation sur le visage de Marguerite lorsque son mari commença à parler; mais dès qu'il eut fait part de sa résolution nouvelle la joie la plus vive brilla dans les yeux de la jeune mère. Elle posa tout doucement son enfant à côté d'elle et étendit les bras vers le brave homme pour le remercier par un tendre baiser de ce qu'il prévenait ainsi son désir. Madame Lorhmann était triomphante, non pas qu'elle eût mauvais cœur; mais la pensée de voir une étrangère dans la maison lui déchirait l'âme. Elle se fût volontiers imposé une privation pour soulager le pauvre qui passait; mais elle ne pouvait supporter que quelqu'un vînt s'immiscer dans les détails du ménage qu'elle gouvernait despotiquement.

Une demi-heure ne s'était pas écoulée depuis le retour du crieur de nuit, quand Marie parut dans la salle basse. A ses yeux rouges et fatigués, à l'air abattu de son visage, il était facile de s'apercevoir que la pauvre enfant avait bien peu dormi. Elle fut reçue par la famille de Fritzler avec les témoignages du plus touchant intérêt, et tout bas elle se disait :

— Que je serai donc bien ici!

Mais la mère de Marguerite ne montrait tant de bontés pour l'orpheline que parce que celle-ci devait quitter la maison dans quelques heures. On mit la table du déjeuner auprès du lit de l'acouchée, et pendant ce repas, que les questions affectueuses des deux femmes prolongèrent au delà du temps accoutumé, Marie fut l'objet des prévenances de chacun des convives.

— En vérité, se disait-elle encore à part, je crois que Dieu m'a enfin regardée en pitié, puisque j'ai trouvé ici des amis véritables.

Enfin le déjeuner finit.

— Allons, ma petite, dit madame Lorhmann en se levant de table, nous ne vous retiendrons pas plus longtemps; M. le bourgmestre doit être levé; Fritzler va vous reconduire chez lui. J'espère qu'il sera pour vous un bon protecteur. Que je vous embrasse, mon enfant, et venez nous voir quelquefois.

Marie regarda tour à tour avec étonnement Fritzler, Marguerite et celle qui venait de lui parler; elle ne comprenait pas pourquoi on lui parlait de départ. Le crieur de nuit avait l'air presque aussi embarrassé qu'elle. Enfin la jeune fille demanda avec sa naïveté habituelle :

— Ce n'est donc pas ici que je dois demeurer?

— Non, mon enfant, reprit alors Fritzler; nos moyens ne nous permettent pas de faire pour vous tout ce que nous voudrions; c'est M. Hartzwald qui se chargera de votre sort.

— C'est dommage, répondit-elle, car vous auriez été bien bon pour moi, j'en suis sûre... Mais enfin!...

Elle soupira, embrassa avec résignation la femme Fritzler, madame Lorhmann, et la petite Thérèse, qui reposait sur un oreiller, puis elle se disposa à suivre le crieur de nuit.

Un nouveau malheur attendait Marie dans la maison du magistrat. Une foule considérable d'amis et de voisins allait et venait des appartements à la rue; des groupes s'étaient formés sous les fenêtres de M. Hartzwald, et ces mots :

— L'apoplexie, une chute mortelle, — circulaient dans toutes les bouches.

Fritzler crut d'abord qu'il s'agissait d'un événement tragique arrivé dans le voisinage, et dont le rapport venait d'être fait au bourgmestre; il pensa que tous ceux qu'il voyait monter et descendre étaient autant de témoins appelés pour déposer dans une cause assez grave pour occuper tous les esprits.

— Nous attendrons dans l'antichambre que M. Hartzwald en ait fini avec tous ces gens-là, dit-il; et quand il sera seul, je lui parlerai pour vous, ma petite.

Il monta donc avec Marie, et se disposait à s'asseoir auprès de la salle d'audience; mais la porte de cette pièce était ouverte, et les nombreux visiteurs entraient sans se faire annoncer; ils ressortaient aussitôt avec la douleur dans les yeux et l'effroi sur le visage. Fritzler, qui voulait savoir à son tour ce qui attirait un si grand concours de curieux, laissa pour un moment Marie dans la première chambre, et entra. Il sut alors qu'on ne venait là que pour dire un dernier adieu au cadavre du magistrat. Le père, frappé de saisissement en voyant tomber Paul sous le coup de l'encrier de plomb, ne s'était plus relevé de son siége de juge; et ses yeux gonflés de sang, sa bouche contractée, son front taché de bleu, disaient assez à quelle mort violente il avait succombé.

Quand Fritzler revint auprès de Marie pour l'instruire de cette affreuse catastrophe, la jeune fille n'était plus là. Un mot dit en passant devant elle lui avait révélé toute son infortune. Ne comptant plus sur la protection de personne, elle prit le chemin du pont le plus voisin.

III

JEAN KURSE L'APPRENTI

> De ta tige détachée,
> Pauvre feuille desséchée,
> Où vas-tu? — Je n'en sais rien.
>
> (ARNAULT.)

Elle allait, elle allait; et, dans sa marche rapide, Marie n'entendait pas une voix qui l'appelait depuis quelques secondes. Elle ne se retournait pas vers celui qui courait après elle et suivait tous les détours que prenait la jeune fille pour arriver au bord de la Peignitz. Enfin son pied allait toucher les premières planches du pont, quand un jeune homme, doublant le pas pour la rejoindre, l'atteignit à l'épaule, et, lui disant à deux fois son nom, la força de s'arrêter. Elle leva les yeux vers lui, et fut bien honteuse en le reconnaissant.

— C'est Jean Kurse! dit-elle.

— Oui, mademoiselle Marie; et que je suis donc bien aise de vous retrouver! Savez-vous que depuis hier je souffrais rudement de ne pas savoir ce que vous étiez devenue?... Et où alliez-vous donc si vite?

Marie rougit, pleura. Jean lui prit la main; il n'était guère moins ému qu'elle. D'une voix plus faible, il recommença la même question. L'orpheline lui montra la rivière.

— Oh! dit-il, vous croyez trop en Dieu pour faire cela, mademoiselle Marie.

— Eh! que voulez-vous donc que je devienne, Jean, puisque je n'ai personne ici-bas qui prenne pitié de moi?

— Vous avez au moins quelqu'un que votre mort rendrait bien malheureux.

— Ne parlons pas de cela, mon pauvre ami; n'en parlons plus. D'ailleurs, dans votre position, vous ne pouvez rien pour moi.

— Je peux au moins partager le pain que me donne mon maître, et tant que Jean Kurse en aura, mademoiselle Marie ne se couchera pas sans souper.

— Je connais votre bon cœur; je ne doute pas de votre amitié, vous qui preniez sur les heures de votre sommeil pour venir m'aider à veiller mon père malade.

— Eh bien! pour toute récompense des petites peines que je me suis données auprès du défunt, je vous en supplie, mademoiselle Marie, ne mourez pas; vivez pour que le jour où mon maître me dira : — Tu es libre, — nous puissions réaliser le projet dont nous parlions tous les soirs.

— Vous ne me diriez pas cela, Jean, si vous pouviez savoir tout mon malheur!

— Comment! si je le sais? et qui est-ce qui s'est jeté sur les gens de justice quand ils sont venus pour vous renvoyer de la maison du voisin Schroning? Est-ce que je ne me rongeais pas les poings de rage quand je vous ai vue sortir de chez vous? Je voulais courir, vous ramener d'autorité dans votre maison; mais mon maître et ses deux compagnons étaient là qui me retenaient. On m'a même enfermé sous clef pendant que vous vous en alliez. Après, j'ai brisé un carreau, j'ai passé par la fenêtre... un petit étage de rien : ça ne compte pas... j'ai été vous chercher chez toutes vos connaissances, partout enfin où vous pouviez être, et personne n'a pu me dire où je vous trouverais. A dix heures du soir, je rôdais encore dans la ville; je tournais autour du vieux cimetière, comme si j'avais pu vous rencontrer là.

— Près du cimetière! s'écria Marie, ah! c'est Dieu qui vous y conduisait sans doute! Mais, Jean Kurse, pourquoi n'êtes-vous pas entré? Je ne serais pas déshonorée aujourd'hui.

— Déshonorée, mademoiselle Marie! répliqua l'apprenti en la regardant fixement. Que voulez-vous dire par là?

Marie hésita un moment, elle regarda autour d'elle. Ils se trouvaient alors dans le quartier le plus reculé de la ville; la rue était déserte.

— Aussi bien, reprit-elle après un court silence, il faudra tôt ou tard que vous sachiez la vérité; autant que ce soit moi qui vous apprenne ma honte; au moins comme cela mon malheur sera complet.

Elle s'assit sur une pierre, Jean se plaça auprès d'elle, et là Marie détailla, avec la franchise dont elle avait usé auprès du bourgmestre, toutes les angoisses du jour et de la nuit passés. Elle dit aussi à l'apprenti son espérance trompée chez le crieur de nuit et la mort inopinée de M. Hartzwald. Puis, quand elle eut fini, elle regarda tristement Jean Kurse.

— Eh bien! reprit-elle, voulez-vous après tout cela que je vive encore? Dites, puis-je être la femme de quelqu'un? Ne suis-je pas destinée à mourir malheureuse, méprisée, et cependant bien innocente, mon Dieu!

On pourrait croire, d'après son surnom d'apprenti, que Jean Kurse était un enfant de quatorze à quinze ans; mais alors on se tromperait étrangement : Jean pouvait avoir vingt-cinq ans, c'était un robuste gaillard, qui avait fini son apprentissage de menuisier-ébéniste depuis huit ans et demi à peu près, et cependant il devait rester encore pendant dix-huit mois chez son maître avant de recevoir, comme les autres ouvriers, le prix de son travail au bout de chaque quinzaine. Vous allez savoir pourquoi Jean Kurse s'appelait l'apprenti, bien qu'il eût déjà plusieurs années de compagnonnage.

A une vingtaine d'années en deçà du temps où se passèrent les événements que je viens de rapporter, Pierre Kurse, le père de l'apprenti, avait fait un emprunt considérable à un riche marchand de meubles nommé Redsburg. Des liens d'amitié unissaient depuis longtemps le père de Jean et l'ébéniste. Ce dernier ne demanda aucun gage de la somme qu'il avait prêtée, tant il était certain de la bonne foi de son ami; d'ailleurs, Pierre Kurse devait s'acquitter envers Redsburg au moyen de rentrées de fonds qui ne pouvaient lui manquer vers la foire prochaine. L'imprimerie de Kurse était en pleine activité, et l'argent de l'ébéniste n'avait servi qu'à lui donner une vie nouvelle. Cependant l'espoir de l'imprimeur fut déçu; l'époque des rentrées arriva, et, au lieu des bénéfices qu'il attendait, il lui fallut supporter plusieurs banqueroutes qui ruinèrent sa maison. Le chagrin mina sa santé, et il eut le regret de mourir sans pouvoir payer une dette d'autant plus sacrée, que son ami commençait à éprouver aussi quelque gêne dans son commerce, et qu'il n'avait aucun titre contre son débiteur.

Jean Kurse était trop jeune alors pour comprendre quelque chose aux regrets que son père laissait échapper en mourant; mais plus tard il connut l'engagement d'honneur qui avait existé entre le défunt et l'ébéniste : c'était à l'époque où son apprentissage allait finir chez Redsburg; car le brave homme, non content de la perte qu'il avait faite, s'était encore chargé de nourrir le fils de son ami et de lui donner un métier. Jean, ai-je dit, allait sortir d'apprentissage, quand une conversation de son maître lui rappela tout ce que celui-ci avait autrefois perdu en obligeant de sa bourse l'imprimeur Kurse. Héritier de la bonne foi de son père, le jeune ébéniste offrit de payer cette dette; M. Redsburg sourit à cette proposition, et lui prouva que c'était, pour lui, vouloir entreprendre l'impossible.

— Au prix des journées que tu peux gagner, lui dit l'ébéniste, il faudrait bien des années de ton travail avant d'arriver à une pareille somme; et d'ailleurs ton père ne me doit rien aux yeux de la loi, puisque je n'ai pas même une signature pour prouver la créance en justice.

Ces mots piquèrent l'orgueil de Jean; il répondit d'un ton ferme :

— Qu'il faille vingt ou trente ans même, je m'engage à travailler jusqu'à ce que vous me donniez quittance de la dette de mon père.

D'abord le maître crut que son apprenti ne mettait qu'une obstination d'enfant à persévérer dans son honorable projet; mais, lorsque le jour où M. Redsburg lui dit :

— Maintenant te voilà compagnon.

Il entendit le jeune Kurse lui répondre :

— En ce cas, monsieur, donnez-moi mon congé, afin que je puisse gagner pour vous, chez un autre maître, l'argent que je vous apporterai toutes les semaines.

Alors l'ébéniste comprit que c'était vraiment un parti pris chez Jean d'essayer au moins d'acquitter la dette de famille.

— Eh bien! reprit le maître, puisqu'il en est ainsi, laisse-moi calculer ce qu'il te faudra d'années pour que je te donne ma quittance.

Le soir même M. Redsburg présenta à Jean Kurse un engagement ainsi conçu :

« Je, soussigné, déclare me reconnaître débiteur envers M. Redsburg d'une somme équivalente à dix ans de travail, au prix d'un florin par journée, et je m'engage, à partir de cejourd'hui, à travailler, comme doit le faire un bon et loyal compagnon, afin d'obtenir, au bout de ces dix années, quittance de la somme susdite; à charge pour le maître, pendant la durée de cet engagement, de me nourrir et de me loger comme au temps de mon apprentissage. »

L'acte fut aussitôt signé par Jean Kurse. Il continua depuis ce temps à se considérer comme apprenti, et voilà pourquoi il portait encore ce nom au temps du décès de M. Schroning.

Quant à sa liaison avec Marie, il est facile de l'expliquer. La maison de l'ébéniste Redsburg touchait à celle du défunt. Jean et la jeune fille se voyaient tous les jours depuis leur enfance. L'apprenti était, pour ainsi dire, de la famille de Marie, car il n'y avait pas un projet de réunion le soir, soit chez l'un ou chez l'autre des deux voisins, sans que Jean ne fût de la partie; et lorsque le mal du père de Marie empira, quand la petite garde-malade se vit forcée de veiller le moribond, Jean prenait sur son temps de repos pour faire les courses de sa petite amie dans le quartier, ou pour l'aider dans les soins assidus qu'elle donnait à son père. Ainsi cette tendre inclination n'eut pas de commencement : l'amitié d'enfance ne fit que se développer avec les années; elle prit un caractère plus tendre en même temps qu'elle devenait plus respectueuse. Il avait fallu le hasard d'un tel voisinage pour que Marie fût aimée d'amour par quelqu'un; car personne ne serait venu la chercher dans cette triste maison, et, pour elle, on sait que la pauvre enfant sortait si peu, que ce fut à grand'peine qu'elle put trouver le chemin du cimetière quand, proscrite de la maison paternelle, elle alla demander conseil pour mourir sur la fosse nouvellement creusée pour son père.

— Voilà un grand malheur, dit le jeune homme quand Marie eut cessé de parler; et si le ciel voulait permettre que je rencontrasse le scélérat qui a si indignement abusé de sa force pour vous perdre, je vous jure qu'il ne mourrait que de ma main... Mais ne vous désespérez pas ainsi, Marie; vous n'êtes point coupable, et je serais un malheureux à mon tour si je vous retirais à présent la parole que je vous ai donnée. Vous serez toujours à mes yeux Marie la bonne, Marie la patiente; et comme on ne cessera pas de vous estimer pour cela, eh bien! dans dix-huit mois, je vous promets que vous vous nommerez madame Kurse; soyez sûre qu'en changeant de nom vous cesserez tout à fait d'être malheureuse.

(La suite au prochain numéro.)

Le propriétaire-gérant : F. ROY.

LES MYSTÈRES DE PARIS

J'attendis Louise au passage, je lui mis l'argent dans la main. (Page 435.)

Mais descendons de la sphère des utopies, et revenons à la cause du premier chagrin de Rigolette. Sauf Germain, candide et grave jeune homme, les *voisins* de la grisette avaient pris tout d'abord son originale familiarité, ses offres de *bon voisinage* pour des agaceries très-significatives; mais ces messieurs avaient été obligés de reconnaître, avec autant de surprise que de dépit, qu'ils trouveraient dans Rigolette un aimable et gai compagnon pour leurs récréations dominicales, une voisine serviable et *bonne enfant*, mais pas une maîtresse. Leur surprise et leur dépit, très-vifs d'abord, cédèrent peu à peu devant la franche et charmante humeur de la grisette; et puis, ainsi qu'elle l'avait judicieusement dit à Rodolphe, ses voisins étaient fiers le dimanche d'avoir au bras une jolie fille qui leur *faisait honneur* de plus d'une manière (Rigolette se souciait peu des apparences), et qui ne leur coûtait que le partage de modestes plaisirs dont sa présence et sa gentillesse doublaient le prix. D'ailleurs la chère fille se contentait facilement!... Dans les jours de pénurie, elle dînait si bien et si gaiement avec un beau morceau de galette chaude, où elle mordait de toutes les forces de ses petites dents blanches; après quoi elle s'amusait tant d'une promenade sur les boulevards ou dans les passages! Si nos lecteurs ressentent quelque peu de sympathie pour Rigolette, ils conviendront qu'il aurait fallu être bien sot ou bien barbare pour refuser, une fois par semaine, ces modestes distractions à une si gracieuse créature, qui, du reste, n'ayant pas le droit d'être jalouse, n'empêchait jamais ses sigisbées de se consoler de ses rigueurs auprès de *belles* moins *cruelles*.

François Germain seul ne fonda aucune folle espérance sur la familiarité de la jeune fille; fut-ce instinct du cœur ou délicatesse d'esprit, il devina dès le premier jour tout ce qu'il pouvait y avoir de ravissant dans la camaraderie singulière que lui offrait Rigolette. Ce qui devait fatalement arriver arriva. Germain devint passionnément amoureux de sa voisine, sans oser lui dire un mot de cet amour. Loin d'imiter ses prédécesseurs, qui, bien convaincus de la vanité de leurs poursuites, s'étaient consolés par d'autres amours, sans pour cela vivre en moins bonne intelligence avec leur voisine, Germain avait délicieusement joui de son intimité avec la jeune fille, passant auprès d'elle non-seulement le dimanche, mais toutes les soirées où il n'était pas occupé. Durant ces longues heures, Rigolette s'était montrée, comme toujours, rieuse et folle; Germain, tendre, attentif, sérieux, souvent même un peu triste. Cette tristesse était son seul inconvénient; car ses manières, naturellement distinguées, ne pouvaient se comparer aux ridicules prétentions de M. Giraudeau, le commis-voyageur, ou aux turbulentes exentricités de Cabrion; mais M. Giraudeau, par son intarissable loquacité, et le peintre, par son hilarité non moins intarissable, l'emportaient sur Germain, dont la douce gravité imposait un peu à sa voisine.

Rigolette n'avait donc eu jusqu'alors de préférence marquée pour aucun de ses trois amoureux... Mais comme elle ne manquait pas de jugement, elle trouvait que Germain réunissait seul toutes les qualités nécessaires pour rendre heureuse une femme *raisonnable*. Ces antécédents posés, nous dirons pourquoi Rigolette était chagrine, et pourquoi ni elle ni ses oiseaux ne chantaient pas. Sa ronde et fraîche figure avait un peu pâli; ses grands yeux noirs, ordinairement gais et brillants, étaient légèrement battus et voilés, ses traits révélaient une fatigue inaccoutumée. Elle avait employé à travailler une grande partie de la nuit. De temps à autre, elle regardait tristement une lettre placée tout ouverte sur une table auprès d'elle; cette lettre venait de lui être adressée par Germain, et contenait ce qui suit :

« Prison de la Conciergerie.

« Mademoiselle,

« Le lieu d'où je vous écris vous dira l'étendue de mon malheur. Je suis incarcéré comme voleur... Je suis coupable aux yeux de tout le monde, et j'ose pourtant vous écrire!

« C'est qu'il me serait affreux de croire que vous me regardez aussi comme un être criminel et dégradé. Je vous en supplie, ne me condamnez pas avant d'avoir lu cette lettre... Si vous me repoussiez... ce dernier coup m'accablerait tout à fait!

« Voici ce qui s'est passé : depuis quelque temps, je n'habitais plus rue du Temple; mais je savais par la pauvre Louise que la famille Morel, à laquelle vous et moi nous nous intéressions tant, était de plus en plus misérable. Hélas! ma pitié pour ces pauvres gens m'a perdu! Je ne m'en repens pas, mais mon sort est bien cruel!...

« Hier, j'étais resté assez tard chez M. Ferrand, occupé d'écritures pressées. Dans la chambre où je travaillais se trouvait un bureau; mon patron y serrait chaque jour la besogne que j'avais faite. Ce soir-là il paraissait inquiet, agité; il me dit : « Ne vous en allez pas que ces comptes ne soient « terminés; vous les déposerez dans le bureau « dont je vous laisse la clef. » Et il sortit.

« Mon ouvrage fini, j'ouvris le tiroir pour l'y serrer; machinalement mes yeux s'arrêtèrent sur une lettre déployée où je lus le nom de *Jérôme Morel*, le lapidaire. Je l'avoue, voyant qu'il s'agissait de cet infortuné, j'eus l'indiscrétion de lire cette lettre; j'appris ainsi que l'artisan devait être le lendemain arrêté pour une lettre de change de treize cents francs, à la poursuite de M. Ferrand, qui, sous un nom supposé, le faisait emprisonner.

« Cet avis était de l'agent d'affaires de mon patron. Je connaissais assez la situation de la famille Morel pour savoir quel horrible coup lui porterait l'incarcération de son seul soutien... Je fus aussi désolé qu'indigné. Malheureusement je vis dans le même tiroir une boîte ouverte, renfermant de l'or; elle contenait deux mille francs... A ce moment, j'entendis Louise monter l'escalier; sans réfléchir à la gravité de mon action, profitant de l'occasion que le hasard m'offrait, je pris treize cents francs. J'attendis Louise au passage, je lui mis l'argent dans la main, et lui dis : « On doit arrêter votre père « demain au point du jour pour treize cents « francs : les voici, sauvez-le; mais ne dites pas « que c'est de moi que vous tenez cet argent... « M. Ferrand est un méchant homme... »

« Vous le voyez, mademoiselle, mon intention était bonne, mais ma conduite coupable; je ne vous cache rien... Maintenant voici mon excuse.

« Depuis longtemps, à force d'économies, j'avais réalisé et placé chez un banquier une petite somme de quinze cents francs. Il y a huit jours, il me prévint que, le terme de son obligation envers moi étant arrivé, il tenait mes fonds à ma disposition dans le cas où je ne les lui laisserais pas. Je possédais donc plus que je ne prenais au notaire : je pouvais le lendemain toucher mes quinze cents francs. Mais le caissier du banquier n'arrivait pas chez son patron avant midi, et c'est au point du jour qu'on devait arrêter Morel... il me fallait donc mettre celui-ci en mesure de payer de très-bonne heure; sinon, lors même que je serais allé dans la journée le tirer de prison, il n'en eût pas moins été arrêté et emmené aux yeux de sa femme, que ce dernier coup pouvait achever. De plus, les frais considérables de l'arrestation auraient été à la charge du lapidaire. Vous comprenez, n'est-ce pas? que tous ces malheurs n'arrivaient pas si je prenais les treize cents francs, que je croyais pouvoir remettre le lendemain matin dans le bureau, avant que M. Ferrand se fût aperçu de quelque chose. Malheureusement je me suis trompé!

« Je sortis de chez M. Ferrand, n'étant plus sous l'impression d'indignation et de pitié qui m'avait fait agir... Je réfléchis à tout le danger de ma position; mille craintes vinrent alors m'assaillir; je connaissais la sévérité du notaire, il pouvait après mon départ revenir fouiller dans son bureau... s'apercevoir du *vol;* car à ses yeux, aux yeux de tous... c'est un *vol.*

« Ces idées me bouleversèrent; quoiqu'il fût tard, je courus chez le banquier pour le supplier de me rendre mes fonds à l'instant; j'aurais motivé cette demande extraordinaire : je serais ensuite retourné chez M. Ferrand remplacer l'argent que j'avais pris.

« Le banquier, par un funeste hasard, était depuis deux jours à Belleville, dans une maison de campagne où il faisait faire des plantations. J'attendis le jour avec une angoisse croissante; enfin j'arrivai à Belleville... Tout se liguait contre moi : le banquier venait de repartir à l'instant pour Paris; j'y accours, j'ai enfin mon argent; je me présente chez M. Ferrand... tout était découvert!... Mais ce n'est là qu'une partie de mes infortunes : maintenant le notaire m'accuse de lui avoir volé quinze mille francs en billets de banque, qui étaient, dit-il, dans le tiroir du bureau, avec les deux mille francs en or. C'est une accusation indigne, un mensonge infâme! Je m'avoue coupable de la première soustraction; mais, par tout ce qu'il y a de plus sacré au monde, je vous jure, mademoiselle, que je suis innocent de la seconde... Je n'ai vu aucun billet de banque dans ce tiroir, il n'y avait que deux mille francs en or, sur lesquels j'ai pris treize cents francs que je rapportais.

« Telle est la vérité, mademoiselle : je suis sous le coup d'une accusation accablante, et pourtant j'affirme que vous devez me savoir incapable de mentir... Mais me croirez-vous?... Hélas! comme l'a dit M. Ferrand, celui qui a volé une faible somme peut en voler une plus forte, et ses paroles ne méritent aucune confiance.

« Je vous ai toujours vue si bonne et si dévouée pour les malheureux, mademoiselle, je vous sais si loyale et si franche, que votre cœur vous guidera, je l'espère, dans l'appréciation de la vérité... Je ne vous demande rien de plus... Ajoutez foi à mes paroles, et vous me trouverez aussi à plaindre qu'à blâmer; car, je le répète, mon intention était bonne, des circonstances impossibles à prévoir m'ont perdu. Ah! mademoiselle Rigolette... je suis bien malheureux!... Si vous saviez au milieu de quelles gens je suis destiné à vivre jusqu'au jour de mon jugement!

« Hier on m'a conduit dans un lieu qu'on appelle le Dépôt de la préfecture de police. Je ne saurais vous dire ce que j'ai éprouvé lorsqu'après avoir monté un sombre escalier je suis arrivé devant une porte à guichet de fer que l'on a ouverte et qui s'est bientôt refermée sur moi. J'étais si troublé que je ne distinguai d'abord rien. Un air chaud, nauséabond, m'a frappé au visage; j'ai entendu un grand bruit de voix mêlé çà et là de rires sinistres, d'accents de colère et de chansons grossières; je me tenais immobile près de la porte, regardant les dalles de grès de cette salle, n'osant ni avancer ni lever les yeux, croyant que tout le monde m'examinait.

« On ne s'occupait pas de moi; un prisonnier de plus ou de moins inquiète peu ces gens-là. Enfin, je me suis hasardé à lever la tête. Quelles horribles figures, mon Dieu! que de vêtements en lambeaux! que de haillons souillés de boue! Tous les dehors de la misère et du vice. Ils étaient là quarante ou cinquante, assis, debout ou couchés sur des bancs scellés dans le mur, vagabonds, voleurs, assassins, enfin tous ceux qui avaient été arrêtés dans la nuit ou dans la journée.

« Lorsqu'ils se sont aperçus de ma présence, j'ai éprouvé une triste consolation en voyant qu'ils reconnaissaient que je n'étais pas des leurs. Quelques-uns me regardèrent d'un air insolent et moqueur; puis ils se mirent à parler entre eux, à voix basse, je ne sais quel langage hideux que je ne comprenais pas. Au bout d'un moment, le plus audacieux vint me frapper sur l'épaule et me demander de l'argent pour payer ma *bienvenue*. J'ai donné quelques pièces de monnaie, espérant acheter ainsi le repos : cela ne leur a pas suffi, ils ont exigé davantage; j'ai refusé. Alors plusieurs m'ont entouré en m'accablant d'injures et de menaces; ils allaient se précipiter sur moi, lorsque, heureusement, attiré par le tumulte, un gardien est entré. Je me suis plaint à lui : il a exigé que l'on me rendît l'argent que j'avais donné, et m'a dit que, si je voulais, je serais, pour une modique somme, conduit à ce qu'on appelle la *pistole*, c'est-à-dire que je pourrais être seul dans une cellule. J'acceptai avec reconnaissance, et je quittai ces bandits au milieu de leurs menaces pour l'avenir; car nous devions, disaient-ils, nous retrouver, et alors je resterais sur la place.

« Le gardien me mena dans une cellule où je passai le reste de la nuit. C'est de là que je vous écris ce matin, mademoiselle Rigolette. Tantôt, après mon interrogatoire, je serai conduit à une autre prison qu'on appelle la Force, où je crains de retrouver plusieurs de mes compagnons du Dépôt. Le gardien, intéressé par ma douleur et par mes larmes, m'a promis de vous faire parvenir cette lettre, quoique de telles complaisances lui soient très-sévèrement défendues.

« J'attends, mademoiselle Rigolette, un dernier service de votre ancienne amitié, si toutefois vous ne rougissez pas maintenant de cette amitié. Dans le cas où vous voudriez bien m'accorder ma demande, la voici : vous recevrez avec cette lettre une petite clef et un mot pour le portier de la maison que j'habite, boulevard Saint-Denis, numéro 11. Je le préviens que vous pouvez disposer comme moi-même de tout ce qui m'appartient, et qu'il doit exécuter vos ordres... Il vous conduira dans ma chambre. Vous aurez la bonté d'ouvrir mon secrétaire avec la clef que je vous envoie; vous trouverez une grande enveloppe renfermant différents papiers que je vous prie de me garder; l'un d'eux vous était destiné, ainsi que vous le verrez par l'adresse... D'autres ont été écrits *à propos de vous*, et cela dans des temps bien heureux... Ne vous en fâchez pas... vous ne deviez jamais les connaître. Je vous prie aussi de prendre le peu d'argent qui est dans ce meuble, ainsi qu'un sachet de satin renfermant une petite cravate de soie orange que vous portiez lors de nos dernières promenades du dimanche, et que vous m'avez donnée le jour où j'ai quitté la rue du Temple. Je voudrais enfin qu'à l'exception d'un peu de linge que vous m'enverriez à la Force, vous fissiez vendre les meubles et effets que je possède : acquitté ou condamné, je n'en serai pas moins flétri et obligé de quitter Paris... Où irai-je?... Quelles seront mes ressources?... Dieu le sait!... Madame Bouvard, la marchande du Temple qui m'a déjà vendu et acheté plusieurs objets, se chargerait peut-être du tout; c'est une honnête femme; cet arrangement vous épargnerait beaucoup d'embarras, car je sais combien votre temps est précieux. J'avais payé mon terme d'avance, je vous prie donc de vouloir bien seulement donner une petite gratification au portier. Pardon, mademoiselle, de vous importuner de tous ces détails, mais vous êtes la seule personne au monde à laquelle j'ose et je puisse m'adresser. J'aurais pu réclamer ce service d'un des clercs de M. Ferrand avec lequel je suis assez lié; mais j'aurais craint son indiscrétion au sujet de plusieurs papiers; certains vous concernent, comme je vous l'ai dit; quelques autres ont rapport à de tristes événements de ma vie. Ah! croyez-moi, mademoiselle Rigolette, si vous me l'accordez, cette dernière preuve de votre ancienne affection sera ma seule consolation dans le grand malheur qui m'accable; malgré moi, j'espère que vous ne me refuserez pas. Je vous demande aussi la permission de vous écrire quelquefois... Il me serait si doux, si précieux, de pouvoir épancher dans un cœur bienveillant la tristesse qui m'accable!...

« Hélas! je suis seul au monde; personne ne s'intéresse à moi... Cet isolement m'était déjà bien pénible, jugez maintenant!... Et je suis honnête, pourtant... et j'ai la conscience de n'avoir jamais nui à personne, d'avoir toujours, même au péril de ma vie, témoigné de mon aversion pour ce qui était mal... ainsi que vous le verrez par les papiers que je vous prie de garder, et que vous pouvez lire... Mais quand je dirai cela, qui me croira?

(La suite au prochain numéro.)

ANNAH L'HÉBÉTÉE

(SUITE)

LES CONTES DE L'ATELIER (suite).

Il y avait plus de pitié que de franchise dans les paroles de l'apprenti; il ne disait pas à Marie le sentiment de honte et de dégoût que cette révélation avait fait naître dans son cœur; et la jeune fille, qui ne l'avait jamais surpris à mentir, crut si bien à la sincérité de cette promesse, qu'un rayon de plaisir, un sourire de bonheur se firent jour à travers la tristesse dont son visage était empreint.

— Jean, répondit-elle, je m'abandonne à vous; j'irai où vous voudrez me conduire; je ferai ce que vous m'ordonnerez de faire; c'est vous seul qui serez mon guide et mon conseil, puisque vous exigez que je vive encore.

L'apprenti, après avoir réfléchi pendant quelques secondes, se leva, prit le bras de Marie, et dit :

— Venez, je vous ai trouvé un asile.

D'abord Marie crut un instant que Jean Kurse allait la conduire chez son maître : cette espérance calmait un peu son inquiétude; elle marchait ignorant les chemins; mais elle se vit bientôt désabusée, quand le jeune ébéniste, après avoir parcouru avec elle deux ou trois rues qu'elle ne connaissait pas, la fit entrer dans une ruelle dont le bout opposé n'avait pas d'issue : deux murs noirs et percés çà et là de portes étroites et basses, des jours de souffrance à quelques toises au-dessus du sol, donnaient à cette impasse l'aspect d'une cour de prison. Jean s'arrêta devant une de ces portes, il tira à lui la corde noire et poissée qui retenait à l'intérieur le pêne dans sa gâche : la porte s'ouvrit, et laissa voir à Marie un escalier d'environ quinze marches, droit et grossièrement maçonné; elle le gravit derrière son guide, qui, arrivé sur un palier où deux personnes auraient pu à peine tenir, frappa rudement à l'unique porte qu'il y eût sur ce carré. Des cris d'enfant répondirent d'abord, et bientôt après une jeune femme, dont la mise accusait une extrême misère, vint ouvrir à Jean Kurse. Pour vous, qui savez ce que c'est que le chenil du pauvre, vous n'exigerez pas que j'interrompe mon récit par une description qui n'aurait rien de séduisant pour le conteur ni pour celui qui l'écoute. Quant à vous, qui vous donnez à votre gré des appartements bien frais l'été, bien chauds l'hiver, à quoi bon irais-je attrister votre vue accoutumée à ne se reposer que sur des objets agréables par une peinture qui ne vous causerait qu'un sentiment de déplaisir? encore douteriez-vous de la vérité des images : il faut avoir souffert la misère pour la comprendre.

— Annah, dit Jean Kurse en entrant, je vous amène une ancienne connaissance.

Celle-ci regarda Marie sans laisser lire sur sa physionomie aucune expression de plaisir ou de mécontentement; elle répondit seulement :

— Ah! oui, Marie Schroning!

— Qui va demeurer avec vous, Annah. Vous travaillerez toutes deux; je lui ferai avoir de l'ouvrage comme je vous en fais avoir pour vous-même.

— Comme vous voudrez, reprit Annah.

— C'est une bonne personne que Marie, elle prendra soin aussi de vos deux petits enfants.

— Mes petits! reprit la jeune femme en attirant ses enfants vers elle, comme pour les cacher sous un lambeau de fichu qui lui pendait au cou; oh! non, je les garde pour moi.

— Allons, Annah, il faut être raisonnable; vous voyez bien que c'est Marie qui est ici; vous la connaissez bien, elle, la fille du voisin de votre ancien maître M. Redsburg; elle va loger avec vous, parce qu'elle n'a plus de maison, parce que son père est mort.

— Et Niel aussi est mort, répondit Annah, et les pauvres enfants d'Annah n'ont plus de père non plus.

Ici l'hébétée se mit à sangloter.

Marie, pendant tout ce qui s'était passé, avait gardé le silence; elle essayait de retrouver dans les traits usés et flétris de la pauvre imbécile la physionomie vive et joyeuse de cette jeune et gentille Annah qui, trois ans auparavant, était connue dans le quartier sous le nom de Blondine la Rieuse. Marie avait bien entendu parler des malheurs de l'ancienne servante de M. Redsburg; mais elle était loin de se douter que les peines même les plus cruelles pussent apporter un tel changement dans un visage aussi frais, aussi enjoué que l'était celui d'Annah le jour où elle quitta son maître pour épouser Niel le couvreur.

La douleur d'Annah s'arrêta court, elle ne parut pas se rappeler le motif de son violent chagrin; car, cessant de pleurer aussi subitement qu'elle s'était laissé emporter à la plus vive expression de regrets, elle se mit à fredonner un refrain joyeux pour apaiser les cris du plus jeune de ses deux enfants.

— Voilà qui est bien convenu, reprit Jean Kurse quand il vit Annah redevenir tout à fait calme; vous vivrez ici toutes deux encore dix-huit mois, et après ce temps-là, comme je serai libre d'employer le gain de mes journées comme je l'entendrai, je m'arrangerai pour que vous ne soyez plus à plaindre. Mais il se fait tard, je ne suis pas maître de mon temps; à ce soir, je vous reverrai, et peut-être bien aussi vous apporterai-je de l'ouvrage.

Jean Kurse partit, et les deux femmes restèrent seules dans le chenil de la triste ruelle du faubourg.

Pour éviter les interruptions à l'avenir, je dois, avant de poursuivre, expliquer comment, en quelques années, la jeune mère était tombée dans ce misérable état qui lui avait valu le surnom d'Annah l'Hébétée.

On sait déjà qu'elle était sortie de chez M. Redsburg pour épouser un couvreur nommé Niel. C'était un de ces bons mariages du peuple, sans trop d'amour; mais mariage de confiance, où la sagesse de l'épousée et le courage au travail du mari répondent de l'avenir du ménage. Au bout de six mois d'union, les époux étaient devenus amants; et si une petite chambre proprement meublée, une montre d'argent dans le gousset du couvreur, une chaîne d'or au cou de madame Niel, disaient assez que l'ordre et l'activité régnaient dans la maison, deux enfants nés à dix mois l'un de l'autre prouvaient aussi qu'on ne négligeait aucun devoir dans cet heureux ménage. C'était plaisir que de voir ce jeune couple se promener par un beau dimanche, Niel portant fièrement ses deux enfants dans ses bras, et Annah le suivant par derrière, agaçant d'un sourire les petits marmots qui cachaient avec malice leur visage sur l'épaule du bon père. Bien qu'à Nuremberg il soit de notoriété publique que les maris commandent souvent le respect qu'une femme leur doit par des moyens qui ne réussiraient pas aussi bien à Paris, jamais Niel n'avait essayé d'éprouver la puissance maritale sur sa gentille moitié, et, en vérité, celle-ci ne lui donnait pas lieu de se repentir de sa douceur envers elle.

Tout semblait présager l'aisance pour le ménage du laborieux couvreur; déjà même il entreprenait pour son compte de petits travaux, et se voyait à la veille de prendre des ouvriers pour le seconder dans les commandes qu'il recevait chaque jour. Que c'était avec joie qu'il était venu faire part à sa femme de l'entreprise d'un bâtiment neuf dont on l'avait chargé de faire la couverture!

Il partit un matin pour se rendre à l'ouvrage; à neuf heures, Annah, traînant après elle ses deux petits enfants qui commençaient à marcher, arriva près du bâtiment pour prévenir son mari que l'heure du déjeuner venait de sonner. Niel, du haut du toit, crie à sa femme qu'il va descendre; le pied du malheureux glisse comme il se dispose à ressaisir l'échelle, il tombe et se brise sur le pavé. Annah pousse un cri, le regarde avec stupeur; ses yeux se troublent, sa raison s'égare, et depuis ce jour terrible la même expression de stupeur est restée dans son regard et sa mémoire incertaine ne lui rappelle plus que d'intervalle en intervalle la perte qu'elle a faite.

Insensible au froid, à la faim, à tout ce qu'on peut lui dire, elle n'a qu'un sentiment, celui qui survit à tous, l'amour maternel.

Le ménage d'Annah n'était riche que du travail de son mari; lui mort, peu à peu la misère a dévoré la montre d'argent, la chaîne d'or et les meubles. De grabat en grabat, la jeune mère est venue jusque dans ce chenil, où l'indulgence du propriétaire souffre sa pauvreté, tandis que quelques personnes charitables l'aident à vivre en payant au-dessus de leur valeur quelques ouvrages de couture qu'elle achève lentement, quand elle peut se rappeler comment on tient une aiguille.

IV

LES PAUVRES FEMMES

> La pauvreté est le plus grand des maux qui soient sortis de la boîte de Pandore, et l'on hait autant l'haleine d'un homme qui n'a rien que celle d'un pestiféré.
>
> (SAINT-ÉVREMONT.)

Comme il l'avait promis, Jean Kurse revint le soir même rendre visite aux deux femmes de la mansarde. Le compagnon-apprenti portait au bras un lourd panier recouvert d'une serviette blanche; il déposa son fardeau sur une vieille table de chêne, et dit de l'air le plus gai qu'il put prendre, car son cœur était singulièrement ému à l'aspect de Marie :

— Allons, à table; j'ai conservé mon appétit du dîner pour mieux souper avec vous. Nous allons pendre la crémaillère.

Tout en parlant ainsi, il étendit la serviette sur la table, et tira du fond de son panier d'abord quelques fruits de la saison, un fromage du pays, un morceau de jambon fumé, et deux grosses miches de pain. Le double cri de joie que poussèrent en même temps les deux enfants d'Annah à la vue d'un si copieux repas réveilla l'hébétée de son apathie habituelle; et tandis que Marie aidait le jeune ébéniste à mettre le couvert, Annah, tout occupée de ses petits affamés, remplissait leurs mains tendues vers la table de fruits, de fromage et de jambon, qu'elle hachait avec son vieux couteau rouillé.

— Eh bien! Marie, demanda Jean Kurse à l'orpheline, comment vous trouvez-vous ici?

— Mieux que je ne l'espérais d'abord, Jean. J'ai cru un moment qu'Annah ne voudrait pas me souffrir longtemps chez elle; car à peine avez-vous été parti qu'elle s'est réfugiée avec ses deux enfants dans le coin le plus obscur de cette chambre; elle y resta pendant une heure au moins sans vouloir me parler; et, je vous l'avoue, si ma présence lui inspirait de l'effroi, moi j'avais peur de son silence; enfin je me hasardai à prononcer le nom de Niel : à ce mot, Annah se retourna vers moi, et dit en me montrant l'aîné de ses deux fils : « Niel, le voilà! » Je m'approchai alors du petit, je le caressai; il s'attacha à ma robe, comme s'il voulait grimper sur mes genoux. Annah, voyant cela, l'aida à monter, et depuis ce moment-là nous sommes les meilleures amies du monde.

— Oui, ma pauvre Marie, aimez les enfants d'Annah, et la mère vous aimera. Je sais cela, moi qui ne viens jamais ici sans apporter quelque chose aux bambins.

— Enfin, reprit Marie, quand j'ai vu que j'avais trouvé le moyen de gagner sa confiance, je lui ait dit mes malheurs; elle m'écoutait bien, mais elle ne comprenait pas la moitié de mon récit, j'en suis sûre; sans cela elle n'eût pas chanté, comme elle le faisait de temps en temps, et ne m'aurait pas répondu : « Eh bien! après? » lorsqu'il ne me restait plus rien à lui apprendre sur ma misère et mon déshonneur.

— Voyons, n'allez-vous pas recommencer à pleurer, Marie, quand je fais tout ce que je peux pour vous rassurer sur l'avenir?.., On sait bien que le diable n'est pas toujours à la porte des pauvres gens; d'ailleurs mon engagement de dix ans avance... je ne vous dis que ça. Soyez sage et bonne fille, continua-t-il avec un pénible effort, et dame! le malheur qui vous est arrivé ne sera plus rien quand le mariage aura passé par là-dessus.

Durant le souper, auquel Marie ne fit pas grand honneur, mais qu'Annah dévora en silence, ne discontinuant de manger que pour répondre à ses enfants, Jean Kurse apprit à Marie les bruits de ville qui couraient sur la mort de M. Hartzwald, le bourgmestre. On croyait que le magistrat s'était trouvé surpris par une attaque d'apoplexie comme il se livrait au travail de sa charge, et que la chute de son fils avait été causée par le saisissement qu'il éprouva en voyant son père expirant sur un fauteuil. Paul Hartzwald n'avait pu encore démentir ces versions du quartier : sa blessure était trop grave pour que le médecin pût lui permettre de parler; et quand le délire de la fièvre s'empara du malade, ces mots : « Mon père! mon père!» qui revenaient toujours au milieu d'autres paroles dont le sens était insaisissable, achevèrent de confirmer la croyance du peuple.

A l'heure où le couvre-feu sonna, Jean Kurse se leva de table. Il laissa à sa protégée quelques raccommodages de toile qu'il avait mendiés pour elle parmi les connaissances de madame Redsburg, et il s'engagea à revenir le lendemain soir savoir s'il ne manquait rien aux habitantes de la ruelle du Forgeron : c'est ainsi que se nommait l'impasse obscure où logeait Annah depuis la ruine de son ménage.

Chaque soir, après sa journée de travail, Jean Kurse faisait une visite à Marie. Sous prétexte de souper en société, il entretenait le buffet de ce pauvre ménage avec les épargnes de son dîner; car le modeste produit du travail de l'ouvrière ne suffisait pas pour alimenter la maison. Jean ne gagnait rien chez son maître ; mais quand il allait travailler en ville, ou qu'il portait un meuble acheté chez M. Redsburg, le bourgeois laissait rarement partir l'ouvrier sans lui donner un léger pourboire. Ces petits bénéfices que l'économe Jean Kurse employait autrefois à son entretien, il les partageait entre ses besoins personnels et ceux de Marie. Celle-ci, qui n'était jamais aussi généreusement payée quand elle reportait son ouvrage que lorsque Jean se chargeait de le rendre à la pratique, devina sans peine les sacrifices que l'apprenti s'imposait pour elle. Un jour elle lui dit, le cœur navré de reconnaissance :

— Jean, je ne veux pas que vous vous priviez pour moi.

Mais celui-ci la fit taire en lui rappelant qu'elle lui avait promis une entière obéissance. Marie, bien heureuse d'inspirer autant d'intérêt, ne put lui prouver autrement que par ces paroles tout ce qu'elle ressentait d'estime et d'amour pour lui ;

— Oui, je vous obéirai, mon ami ; car je veux au moins, à force de soumission, vous faire oublier ce que je n'oublierai jamais moi-même, c'est-à-dire que, sans le vouloir, j'ai pourtant cessé d'être digne de l'amour d'un honnête homme comme vous. Aussi, commandez, ordonnez-moi tout ce que vous voudrez, je ne m'appartiens plus, Jean ; je suis à vous depuis le jour où vous m'avez dit : « Marie, je veux que vous viviez. »

Il y avait donc parfois des éclairs de bonheur dans cette triste mansarde. Le jour se passait en travaux d'aiguille pour Marie ; quant à l'hébétée, elle devenait de plus en plus communicative avec sa compagne ; et bien qu'elle comprît difficilement ce que Marie lui contait, on voyait qu'Annah prenait plaisir à l'entendre parler. Le chenil, soigné par Marie, avait gagné beaucoup du côté de la propreté ; et, à la lueur indécise du jour de souffrance, on n'apercevait plus sur le buffet cette nappe de poussière où les enfants traçaient autrefois des lignes bizarres, en suivant les caprices de leurs doigts ; la table de chêne reluisait sous la brosse, et le lit, toujours fait dès le matin, cachait toujours au moins les trous de ses draps sous un couvre-pieds de serge verte toujours propre et sans plis. A la prière de Marie, Annah s'occupait un peu plus de ses habits et de ceux de ses enfants ; elle ne courait plus dans les rues les cheveux en désordre, les pieds à demi chaussés, comme elle avait fait au premier temps de son veuvage, si bien qu'alors les petits vauriens du voisinage se ruaient sur elle et l'entouraient en se moquant de sa misère. Souvent les agaceries mutines de ces petits écoliers avaient failli changer son imbécillité en folie furieuse. Ce n'était qu'en revenant s'asseoir sur son grabat, où elle retrouvait ses deux enfants, qu'Annah redevenait calme, c'est-à-dire apathique et stupide.

Plus de quatre mois s'étaient passés depuis que Marie occupait la mansarde d'Annah, lorsqu'un soir, comme elle était avec celle-ci, les deux enfants et l'ébéniste, la jeune fille, au mimilieu d'une conversation assez insignifiante, poussa un cri, pâlit et tomba sans connaissance. Jean Kurse se précipita vers elle ; il lui jeta de l'eau au visage et lui frappa dans les mains pour la faire revenir. Annah, dans son attitude indifférente, le regardait faire et ne bougeait pas.

— Mon Dieu ! mon Dieu ! qu'a-t-elle donc? demanda l'ébéniste.

Annah passa la main sur son front, comme pour provoquer un souvenir, et dit après un moment de silence :

— Ah ! oui, hier encore, et puis l'autre jour aussi.

Après cet effort de mémoire, elle se tut et déshabilla lentement les petits, qui demandaient à dormir. Enfin Marie rouvrit les yeux. Jean eut une explosion de joie, à laquelle la jeune fille répondit par un torrent de larmes. Enfin, quand la violence de sa douleur fut passée, elle dit au jeune homme, qui ne cessait de l'interroger sur la cause de son évanouissement :

— Oh ! Jean Kurse, que vous avez donc bien fait de ne pas me laisser mourir ! j'aurais commis un crime plus affreux que celui que je soupçonnais ; ce n'est pas à moi seulement que j'allais ôter la vie.

— Que dites-vous, Marie? Se pourrait-il bien que vous fussiez...?

(La suite au prochain numéro.)

Le propriétaire-gérant : F. ROY.

LES MYSTÈRES DE PARIS

Rigolette fit pétiller une allumette chimique et alluma un petit bout de bougie. (Page 450.)

« M. Ferrand est respecté par tout le monde, sa réputation de probité est établie depuis longtemps, il a un juste grief à me reprocher... il m'écrasera. Je me résigne d'avance à mon sort. Enfin, mademoiselle Rigolette, si vous *me croyez*, vous n'aurez, je l'espère, aucun mépris pour moi... vous me plaindrez, et vous penserez quelquefois à un ami sincère. Alors, si je vous fais bien... bien pitié, peut-être vous pousserez la générosité jusqu'à venir un jour... *un dimanche* (hélas ! que de souvenirs ce mot me rappelle !), jusqu'à venir *un dimanche* affronter le parloir de ma prison... Mais non, non, vous revoir dans un pareil lieu... je n'oserais jamais... Pourtant, vous êtes si bonne... que...

« Je suis obligé d'interrompre cette lettre et de

vous l'envoyer ainsi avec la clef et le petit mot pour le portier, que je vais écrire à la hâte. Le gardien vient m'avertir que je vais être conduit devant le juge... Adieu, adieu, mademoiselle Rigolette... ne me repoussez pas; je n'ai d'espoir qu'en vous, qu'en vous seule!...

« François Germain.

« P. S. — Si vous me répondez, adressez votre lettre à la prison de la Force. »

On comprend maintenant la cause du premier chagrin de Rigolette. Son excellent cœur s'était profondément ému d'une infortune dont elle n'avait eu jusqu'alors aucun soupçon. Elle croyait aveuglément à l'entière véracité du récit de Germain, ce fils infortuné du Maître d'école... Assez peu rigoriste, elle trouvait même que son ancien voisin s'exagérait énormément sa faute. Pour sauver un malheureux père de famille, il avait pris une somme qu'il savait pouvoir rendre. Cette action, aux yeux de la grisette, n'était que généreuse.

Par une de ces contradictions naturelles aux femmes de sa classe, cette jeune fille, qui jusqu'alors n'avait éprouvé pour Germain, comme pour ses autres voisins, qu'une joyeuse et cordiale amitié, ressentit pour lui une vive préférence. Dès qu'elle le sut malheureux, injustement accusé, prisonnier, son souvenir effaça celui de ses anciens rivaux. Chez Rigolette, ce n'était pas encore de l'amour, c'était une affection vive, sincère, remplie de commisération, de dévouement résolu : sentiment très-nouveau pour elle en raison même de l'amertume qui s'y joignait.

Telle était la situation *morale* de Rigolette, lorsque Rodolphe entra dans sa chambre, après avoir discrètement frappé à la porte.

— Bonjour, ma voisine, — dit Rodolphe à Rigolette; — je ne vous dérange pas?

— Non, mon voisin; je suis au contraire très-contente de vous voir, car j'ai beaucoup de chagrin!

— En effet, je vous trouve pâle; vous semblez avoir pleuré!

— Je crois bien que j'ai pleuré!... Il y a de quoi... Pauvre Germain!... Tenez, lisez... — Et Rigolette remit à Rodolphe la lettre du prisonnier. — Si ce n'est pas à fendre le cœur! Vous m'avez dit que vous vous intéressiez à lui... voilà le moment de le montrer — ajouta-t-elle pendant que Rodolphe lisait attentivement. — Faut-il que ce vilain M. Ferrand soit acharné après tout le monde! D'abord ça été contre Louise, maintenant c'est contre Germain. Oh! je ne suis pas méchante... mais il arriverait quelque bon malheur à ce notaire, que j'en serais contente!... Accuser un si honnête garçon de lui avoir volé quinze mille francs!... Germain... lui!... la probité en personne, et puis si rangé, si doux... si triste..., va-t-il être à plaindre, mon Dieu!... au milieu de tous ces scélérats... dans sa prison!... Ah! monsieur Rodolphe, d'aujourd'hui je commence à voir que tout n'est pas couleur de rose dans la vie...

— Et que comptez-vous faire, ma voisine?

— Ce que je compte faire!... mais tout ce que Germain me demande, et cela le plus tôt possible... Je serais déjà partie sans cet ouvrage très-pressé que je finis et que je vais porter tout à l'heure rue Saint-Honoré, en me rendant à la chambre de Germain chercher les papiers dont il me parle. J'ai passé une partie de la nuit à travailler pour gagner quelques heures d'avance. Je vais avoir tant de choses à faire en dehors de mon ouvrage, qu'il faut que je me mette en mesure... D'abord, madame Morel voudrait que je pusse voir Louise dans sa prison... C'est peut-être très-difficile, mais enfin je tâcherai. Malheureusement je ne sais pas seulement à qui m'adresser...

— J'avais songé à cela...

— Vous, mon voisin?

— Voici une permission.

— Quel bonheur! Est-ce que vous ne pourriez pas m'en avoir une aussi pour la prison de ce malheureux Germain ?... ça lui ferait tant de plaisir!

— Je vous donnerai aussi les moyens de voir Germain.

— Oh! merci monsieur Rodolphe.

— Vous n'aurez donc pas peur d'aller dans sa prison?

— Bien sûr, le cœur me battra très-fort la première fois... Mais c'est égal, Est-ce que, quand Germain était heureux, je ne le trouvais pas toujours prêt à aller au-devant de toutes mes volontés, à me mener au spectacle ou promener, à me faire la lecture le soir? Eh bien, il est dans la peine, c'est à mon tour maintenant, Un pauvre petit rat comme moi ne peut pas grand'chose... je le sais... mais, enfin, tout ce que je pourrai, je le ferai... il peut y compter... il verra si je suis bonne amie! Tenez, monsieur Rodolphe, il y a une chose qui me désole... c'est sa défiance... Me croire capable de le mépriser!... moi! je vous demande un peu pourquoi? Ce vieil avare de notaire l'accuse d'avoir volé... qu'est-ce que ça me fait?... je sais bien que ça n'est pas vrai. La lettre de Germain ne m'aurait pas prouvé clair comme le jour qu'il est innocent, que je ne l'aurais pas cru coupable; il n'y a qu'à le voir, qu'à le connaître, pour être sûr qu'il est incapable d'une vilaine action. Il faut être aussi méchant que M. Ferrand pour soutenir des faussetés pareilles.

— Bravo, ma voisine!.., j'aime votre indignation.

— Oh! tenez... je voudrais être homme pour pouvoir aller trouver ce notaire... et lui dire : « Ah! vous soutenez que Germain vous a volé; eh bien, tenez, voilà pour vous, vieux menteur; il ne vous volera pas cela, toujours! » Et pan! pan! pan!... je le battrais comme plâtre...

— Vous avez une justice très-expéditive, — dit Rodolphe en souriant de l'animation de Rigolette.

— C'est que ça révolte aussi... et, comme dit Germain dans sa lettre, tout le monde sera du parti de son patron contre lui, parce que son patron est riche, considéré... et que Germain n'est qu'un pauvre jeune homme sans protection... à moins que vous ne veniez à son secours, monsieur Rodolphe, vous qui connaissez des personnes si bienfaisantes... Est-ce qu'il n'y aurait pas à faire quelque chose?

— Il faut qu'il attende son jugement... Une fois acquitté, comme je le crois, de nombreuses preuves d'intérêt lui seront données, je vous l'assure... Mais écoutez, ma voisine, je sais par expérience qu'on peut compter sur votre discrétion...

— Oh! oui, monsieur Rodolphe... je n'ai jamais été bavarde.

— Eh bien, il faut que personne ne sache, et que Germain lui-même ignore que des amis veillent sur lui... car il a des amis...

— Vraiment?

— De très-puissants, de très-dévoués.

— Ça lui donnerait tant de courage de le savoir!

— Sans doute; mais il ne pourrait peut-être pas s'en taire. Alors M. Ferrand, effrayé, se mettrait sur ses gardes, sa défiance s'éveillerait, et, comme il est très-adroit, il deviendrait difficile de l'atteindre; ce qui serait fâcheux, car il faut non-seulement que l'innocence de Germain soit reconnue, mais que son calomniateur soit démasqué.

— Je vous comprends, monsieur Rodolphe...

— Il en est de même de Louise; je vous apportais cette permission de la voir, afin que vous la priiez de ne parler à personne de ce qu'elle m'a révélé... elle saura ce que cela signifie.

— Cela suffit, monsieur Rodolphe.

— En un mot, que Louise se garde de se plaindre dans sa prison de la méchanceté de son maître, c'est très-important... Mais elle devra ne rien cacher à un avocat qui viendra de ma part s'entendre avec elle pour sa défense; faites-lui bien toutes ces recommandations.

— Soyez tranquille, mon voisin, je n'oublierai rien... j'ai bonne mémoire... Mais je parle de bonté!... c'est vous qui êtes bon et généreux! Quelqu'un est-il dans la peine, vous vous trouvez tout de suite là!...

— Je vous l'ai dit, ma voisine, je ne suis qu'un pauvre commis marchand; mais quand, en flânant de côté et d'autre, je trouve de braves gens qui méritent protection, j'en instruis une personne bienfaisante qui a toute confiance en moi, et on les secourt... Ça n'est pas plus malin que ça.

— Et où logez-vous, maintenant que vous avez cédé votre chambre aux Morel?

— Je loge... en garni.

— Oh! que je détesterais ça! Être où a été tout le monde, c'est comme si tout le monde avait été chez vous.

— Je n'y suis que la nuit, et alors...

— Je conçois... c'est moins désagréable... Ce que c'est que de nous, pourtant, monsieur Rodolphe!... Mon *chez moi* me rendait si heureuse, je m'étais arrangé une petite vie si tranquille, que je n'aurais jamais cru possible d'avoir un chagrin... et vous voyez, pourtant!... Non, je ne peux pas vous dire le coup que le malheur de Germain m'a porté. J'ai vu les Morel et d'autres encore bien à plaindre, c'est vrai; mais enfin la misère est la misère; entre pauvres gens on s'y attend, ça ne surprend pas, et l'on s'entr'aide comme on peut. Aujourd'hui c'est l'un, demain c'est l'autre. Quant à soi, avec du courage et de la gaieté, on se tire d'affaire. Mais voir un pauvre jeune homme, honnête et bon, qui a été votre ami pendant longtemps, le voir accusé de vol et emprisonné pêle-mêle avec des scélérats!... ah dame! monsieur Rodolphe, vrai, je suis sans force contre ça, c'est un malheur auquel je n'avais jamais pensé, ça me bouleverse...

Et les grands yeux de Rigolette se voilèrent de larmes.

— Courage, courage! votre gaieté reviendra quand votre ami sera acquitté...

— Oh ! il faudra bien qu'il soit acquitté... Il n'y aura qu'à lire aux juges la lettre qu'il m'a écrite... ça suffira, n'est-ce pas, monsieur Rodolphe?

— En effet, cette lettre simple et touchante a tout le caractère de la vérité; il faudra même que vous m'en laissiez prendre copie, cela sera nécessaire à la défense de Germain.

— Certainement, monsieur Rodolphe. Si je n'écrivais pas comme un vrai chat, malgré les leçons qu'il m'a données, ce bon Germain, je vous proposerais de vous la copier... mais mon écriture est si grose, si de travers; et puis il y a tant, tant... de fautes!

— Je vous demanderai de me confier seulement la lettre jusqu'à demain.

— La voilà, mon voisin; mais vous y ferez bien attention, n'est-ce pas?... J'ai brûlé tous les billets doux que M. Cabrion et M. Giraudeau m'écrivaient dans les commencements de notre connaissance avec des cœurs enflammés, et des colombes sur le haut du papier, quand ils croyaient que je me laisserais prendre à leurs cajoleries; mais cette pauvre lettre de Germain, je la garderai soigneusement, et les autres aussi, s'il m'en écrit... Car enfin, n'est-ce pas, monsieur Rodolphe, ça prouve en ma faveur qu'il me demande ces petits services?

— Sans doute, cela prouve que vous êtes la meilleure petite amie qu'on puisse désirer. Mais, j'y songe... au lieu d'aller tout à l'heure seule chez M. Germain, voulez-vous que je vous accompagne?

— Avec plaisir, mon voisin. La nuit vient, et le soir j'aime autant ne pas être toute seule dans les rues, sans compter qu'il faut que je porte de l'ouvrage près du Palais-Royal. Mais, d'aller si loin, ça va vous fatiguer et vous ennuyer peut-être?

— Pas du tout... nous prendrons un fiacre...

— Vraiment! Oh! comme ça m'amuserait d'aller en voiture si je n'avais pas du chagrin, car voilà la première fois depuis que je suis ici que je n'ai pas chanté de la journée... Mes oiseaux en sont tout interdits... Pauvres petites bêtes! ils ne savent pas ce que cela signifie : deux ou trois fois papa Crétu a chanté un peu pour m'agacer: j'ai voulu lui répondre, ah bien, oui! au bout d'une minute je me suis mise à pleurer... Ramonette a recommencé, mais je n'ai pas pu lui répondre davantage.

— Quels singuliers noms vous avez donnés à vos oiseaux : papa Crétu et Ramonette!

— Dame! monsieur Rodolphe, mes oiseaux font la joie de ma solitude, ce sont mes meilleurs amis ; je leur ai donné le nom des braves gens qui ont fait la joie de mon enfance et qui ont été aussi mes meilleurs amis; sans compter, pour achever la ressemblance, que papa Crétu et Ramonette étaient gais et chantaient comme les oiseaux du bon Dieu.

— Ah! maintenant... en effet... je me souviens... vos parents adoptifs s'appelaient ainsi...

— Oui, mon voisin : ces noms sont ridicules pour des oiseaux, je le sais, mais ça ne regarde que moi... Tenez, c'est à ce sujet-là que j'ai vu que Germain avait bien bon cœur.

— Comment donc?

— Certainement : M. Giraudeau et M. Cabrion... M. Cabrion surtout, étaient toujours à faire des plaisanteries sur les noms de mes oiseaux; appeler un serin papa Crétu, voyez donc! M. Cabrion n'en revenait pas, et il partait de là pour faire des gorges chaudes à n'en plus finir. « Si c'était un coq, disait-il, à la bonne heure, vous pourriez l'appeler Crétu. C'est comme le nom de la serine : Ramonette, ça ressemble à ramona. » Enfin, il m'a si fort impatientée, que j'ai été deux dimanches sans vouloir sortir avec lui, pour lui apprendre... et je lui ai dit très-sérieusement que s'il recommençait ses moqueries, qui me faisaient de la peine, nous n'irions plus jamais ensemble.

— Quelle courageuse résolution!

— Ça m'a coûté... allez, monsieur Rodolphe, moi qui attendais mes sorties du dimanche comme le Messie : j'avais le cœur bien gros de rester toute seule par un temps superbe; mais, c'est égal, j'aimais encore mieux sacrifier mon dimanche que de continuer à entendre M. Cabrion se moquer de ce que je respectais. Après ça, bien certainement que, sans l'idée que j'y attachais, j'aurais préféré donner d'autres noms à mes oiseaux... Tenez, il y a surtout un nom que j'aurais aimé à l'adoration : Colibri... Eh bien, je m'en suis privée, parce que jamais je n'appellerai les oiseaux que j'aurai autrement que Crétu et Ramonette ; sinon il me semblerait que je sacrifie, que j'oublie mes bons parents adoptifs, n'est-ce pas, monsieur Rodolphe?

— Vous avez raison, mille fois raison... Et Germain ne se moquait pas de ces noms, lui?

— Au contraire... seulement, la première fois, ils lui ont semblé drôles, ainsi qu'à tout le monde : c'était tout simple ; mais quand je lui ai expliqué mes raisons... comme je les avais pourtant expliquées à M. Cabrion, les larmes lui sont venues aux yeux. De ce jour-là je me suis dit : M. Germain est un bien bon cœur ; il n'a contre lui que sa tristesse... Alors je ne comprenais pas qu'on pût être triste... maintenant je ne le comprends que trop... Mais voilà mon paquet fini, mon ouvrage prêt à emporter : voulez-vous me donner mon châle, mon voisin ? il ne fait pas assez froid pour prendre un manteau, n'est-ce pas !

(*La suite au prochain numéro.*)

ANNAH L'HÉBÉTÉE

(SUITE)

LES CONTES DE L'ATELIER (suite).

Il n'acheva pas ; mais le regard pénible de l'apprenti compléta sa pensée.

— Non, Dieu ne m'aurait pas pardonné d'avoir tué du même coup la mère et l'enfant, reprit Marie, car mon infortune est complète. Tout à l'heure encore j'ai senti les mouvements de la pauvre petite créature qui me devra bientôt la vie ! vous n'osez plus me regarder, Jean, et cependant plus que jamais je mérite la pitié : je vais être mère !

Jean Kurse, abattu sous le coup qui venait de le frapper, ne levait plus les yeux sur Marie, il ne répondait pas ; mais Annah, dont un mot avait éveillé l'intelligence paresseuse, sembla pour un moment avoir recouvré la raison. Elle déposa brusquement son enfant sur le lit, et s'approchant de Marie, elle lui dit avec la plus touchante effusion du cœur :

— Oh, celui-là sera à nous deux !... C'est un frère pour mes petits... Patience, patience, pauvre mère, le bon Dieu ne nous abandonnera pas.

Après ces quelques mots, Annah redevint l'hébétée, car tournant un regard mort vers le jeune ébéniste, elle lui dit :

Il faudra prévenir le père, il sera bien content.

Sa mémoire l'avait abandonnée encore une fois ; le voile qui enveloppait son intelligence, soulevé un instant par la révélation de Marie, était retombé plus épais sur son imagination.

Jean Kurse, faisant un effort sur lui-même, essaya de rassurer Marie, quand celle-ci lui dit après un moment de silence :

— Vous ne pourrez jamais aimer mon enfant ; ce serait vous demander une chose qui est au-dessus du courage d'un homme. La naissance de ce pauvre petit doit m'ôter, je le sens bien, toute votre affection... Jean, vous m'abandonnerez à mon malheureux sort.

Il répondit :

— Non, je vous jure que non, Marie ! mais d'une voix si faible que la conviction ne put entrer dans le cœur de l'orpheline. Elle vit bien que c'en était fini de l'amour de Jean Kurse.

Cependant il revenait tous les soirs ; mais plus la grossesse de Marie avançait, plus l'apprenti-compagnon abrégait la durée convenue de ses visites. Il ne ramenait plus comme autrefois, par une gaieté feinte, l'espérance dans le cœur de la compagne d'Annah. Le front soucieux, la parole embarrassée, quelquefois une réponse brusque à la bouche, tel se montrait Jean Kurse à la pauvre Marie depuis que celle-ci lui avait fait l'aveu de sa pénible situation. L'innocence de la jeune fille se révoltait en secret contre ce qu'elle nommait l'injustice de son promis ; elle se sentait prête à lui dire :

— Mais est-ce donc ma faute ? Et puis les paroles expiraient sur ses lèvres ; car elle savait bien qu'il pouvait lui répondre :

— Ce n'est pas la mienne non plus !

Le terme de sa délivrance approchait, et ces apprêts de layette qui donnent tant de joie aux jeunes mères étaient pour Marie un sujet incessant de larmes et de craintes. Encore si elle avait pu consulter Annah ! Mais non, la pauvre hébétée regardait faire l'orpheline, elle l'écoutait parler et chantait à ses enfants quelques bribes d'une vieille complainte que sa mémoire incertaine lui renvoyait par lambeaux. Ces deux femmes ne s'entendaient que pour pleurer : une larme de Marie provoquait aussitôt celles d'Annah, et l'hébétée sanglotait, sans demander pourquoi, dès qu'elle voyait sa compagne en proie à ce chagrin qui ne la quittait jamais que pour revenir s'emparer d'elle avec plus de violence.

J'ai dit que Jean Kurse abrégait de beaucoup ses visites du soir. Quelques jours avant l'accouchement de Marie, on ne le vit pas revenir dans le chenil de la ruelle du Forgeron. Annah ne s'inquiéta guère de son absence, car il y avait encore du pain dans le buffet; pour Marie, elle comprit que la dernière apparition de l'ébéniste dans la maison avait été une visite d'adieu. Enfin les premières douleurs se firent sentir. Un tressaillement d'effroi s'empara de la patiente quand elle songea au peu de secours que pouvait lui donner Annah ; elle dit bien à celle-ci tout ce qu'elle éprouvait ; mais Annah, la regardant toujours avec son œil stupide, lui répondait :

— Courage ! tandis que tous les muscles de la figure de l'hébétée répétaient involontairement les contractions nerveuses du visage de Marie.

— Courage disait-elle, tranquillement assise sur son banc de bois, sans penser seulement que la présence d'une sage-femme devenait indispensable.

— Du courage, oui, j'en aurai pour mon enfant, reprit Marie.

Elle se leva avec effort de dessus son siége, jeta un fichu sur ses épaules, et se disposait à aller chercher au dehors les secours qu'elle ne pouvait espérer dans le chenil d'Annah, quand on frappa à la porte. L'hébétée alla ouvrir tout en se dandinant, comme elle faisait toujours.

Une femme que Marie ne connaissait pas entra dans la chambre ; elle déposa sur le buffet un paquet de linge qu'elle portait sous son tablier, et dit :

Il paraît que j'arrive à temps, ma chère petite ; mais dame ! je ne pouvais pas venir plus tôt ; nous avons tant de femmes en mal d'enfant dans le quartier ! C'est surprenant comme la population donne à présent ! Ce n'est pas la faute de ce pauvre Jean Kurse si je ne suis pas ici depuis hier soir. En a-t-il fait des pas et des démarches pour m'avoir ! Enfin il n'y a pas encore grand mal ; mais n'importe, j'ai bien fait de me presser.

Marie, dans ce bavardage de l'accoucheuse, n'avait fait attention qu'à ce qui concernait le jeune ébéniste. L'idée que celui-ci ne l'abandonnait pas tout à fait calma son profond chagrin, elle sentit qu'il lui serait facile alors de supporter les souffrances auxquelles son état la condamnait.

— Vous trouverez tout ce qu'il faut pour habiller mon pauvre enfant dans ce coffre, reprit Marie en désignant un bahut dans un coin obscur de la chambre.

Oh ! c'est inutile, répondit la sage-femme ; j'ai mon affaire dans le paquet, et c'est du bon et du bien chaud encore. Oh ! il s'y entend pour acheter, M. Jean Kurse. Une femme n'aurait pas mieux choisi.

— Comment ! c'est ce bon jeune homme qui vous a donné cela pour moi ?

— Oui... oui, ma petite mère ; ne vous inquiétez de rien ; le petit sera habillé comme un seigneur, et moi je suis payée d'avance... Ce n'est pas que je serais venue tout de même pour rien... Une femme à délivrer ; mais c'est le cœur qui vous donne des jambes dans un cas pareil.

En parlant toujours, mais veillant toujours aussi aux progrès du *travail*, la sage-femme encourageait Marie, qui s'armait d'une volonté ferme contre le besoin de manifester sa douleur par des cris. Annah, qui comprenait enfin qu'un enfant allait naître, paraissait reprendre peu à peu l'énergie qui devait l'abandonner lorsque tout serait fini. Son regard avait de l'intérêt pour la jeune mère ; elle lui prenait les bras et les enlaçait autour de son cou ; elle essuyait avec les pointes de son fichu la sueur qui coulait sur les joues de Marie, et, sans le désordre de ses paroles, sans ses questions insolites, on n'eût pas dit que celle qui secondait si bien la sage-femme était cette même Annah qui chaque jour paraissait mériter davantage le surnom de l'hébétée. En dépit de sa résolution, Marie, succombant à la souffrance, s'écria :

— Priez pour moi, je meurs !

— Ah ! que non, que vous n'en êtes pas morte, dit la sage-femme en souriant, ni ce petit gaillard-là non plus n'a pas l'air de vouloir s'en aller sitôt de ce monde. Tenez ! voilà qu'il éternue : une... deux... trois fois... Dieu t'exauce, petit !... C'est signe de bonheur, ma chère amie.

Marie recueillit cette prédiction avec des larmes de reconnaissance. Annah souriait à l'enfant en l'emmaillottant, et quand il fut bien entouré de son lange blanc et moelleux, elle le mit dans les bras de Marie.

— Baise ton petit, pauvre mère, dit l'hébétée, tu verras que c'est bon.

Durant la convalescence de Marie, le ménage de l'hébétée fut alimenté par la prévoyance attentive du jeune ébéniste. Il ne vint pas visiter l'accouchée; mais tous les soirs la sage-femme venait demander pour lui des nouvelles de la jeune mère. Quant à l'enfant, Jean Kurse n'en parlait jamais.

Enfin Marie put aller au temple remercier Dieu de sa délivrance, tandis qu'Annah, restée à la maison, soignait le tout petit enfant. C'était un dimanche; Marie était bien sûre de rencontrer Jean Kurse au prêche, et à toute force elle voulait savoir s'il n'y avait plus que de la pitié pour elle dans le cœur de ce jeune homme qui l'avait tant aimée. Elle écouta avec un religieux respect les paroles du pasteur; puis, quand la cérémonie sainte fut terminée, elle alla se placer près de la porte de la maison curiale, bien certaine qu'elle était que Jean ne passerait pas sans qu'elle l'aperçût. Au temple il n'avait pu la voir; car Marie, honteuse d'une faute qui n'était pas la sienne, avait eu soin de se cacher dans le coin le plus reculé du saint lieu. Comme elle l'avait prévu, le jeune ébéniste sortit du temple avec un groupe de fidèles; bientôt il se sépara de la foule; Marie hâta le pas, et quand elle se vit seule dans la rue avec Jean Kurse, qui marchait toujours en avant, elle éleva la voix et l'appela par son nom; Jean se retourna, et revint vivement vers elle.

— Quelle imprudence! Marie, vous sortez trop tôt. Il faut rentrer; l'air est vif.

— Non, rassurez-vous, Jean; on m'a dit qu'il n'y avait plus de danger... Et puis je n'y tenais pas, mon ami; je voulais absolument vous voir. Il y a si longtemps que vous m'avez abandonnée!... Sans vos bienfaits, j'aurais cru que vous ne pensiez plus à moi...

— Pouviez-vous avoir une pareille idée? Marie, ne suis-je pas toujours le même pour vous?... Et d'ailleurs ce serait un crime de vous en vouloir parce que vous êtes malheureuse... Je n'ai pas assez mauvais cœur pour cela; n'en doutez pas... Je vous aime comme autrefois.

— Alors pourquoi donc ne pas venir, Jean Kurse? Pourquoi donc me laisser seule?

— Pourquoi? reprit-il en la regardant d'un air qui voulait dire : Vous ne devriez pas me demander cela... Vous le savez aussi bien que moi.

Elle devina le regard du jeune homme, et continua :

— Mais, mon Dieu! ce pauvre innocent n'a pas demandé à naître; c'est aussi une chose affreuse que de le haïr, lui qui n'a fait de mal à personne.

— Je sais bien tout cela, ma pauvre Marie; mais que voulez-vous? on n'est pas maître de son cœur, n'est-ce pas?... Vous, sans lui, et je serais heureux, oh! oui, bien heureux, je vous le jure... Mais votre enfant, ne m'en parlez pas, je vous en prie... Je ne le verrai jamais!

— Alors c'est me dire un éternel adieu, monsieur Jean; car, je le jure devant Dieu qui m'a donné la force de survivre à ma honte afin que j'accomplisse mes devoirs de bonne mère, il n'y a que la mort qui me séparera de mon enfant.

— Marie! si vous vouliez entendre raison, je vous proposerais un moyen qui pourrait tout concilier. Il ne faudrait pour cela qu'un peu de bonne volonté.

— Eh! pourriez-vous me proposer, avec votre répugnance pour mon fils, autre chose qu'une séparation à laquelle je ne consentirai jamais?... Non, jamais, quand même ce serait pour voir mon fils plus riche et plus heureux qu'il ne pourra jamais l'être avec moi.

— Puisque c'est comme cela, répondit Jean Kurse, blessé au cœur par le refus de Marie, mettons qu'il n'y eut jamais rien de dit entre nous, et permettez-moi seulement de ne pas vous abandonner tout à fait... Marie, vous me faites bien de la peine, car je vous aimais de toutes mes forces; mais pour ce petit, je le répète, il ne sera jamais mon fils.

— Gardez donc vos bienfaits, alors, monsieur, reprit Marie tout éplorée; l'aumône des étrangers me sera moins amère; elle ne viendra pas de quelqu'un qui déteste mon enfant, et qui ne veut pas comprendre que c'est me tuer que de me séparer de lui.

— Adieu, Marie, interrompit Jean Kurse en cherchant à cacher sa vive émotion; nous nous reverrons quand vous ne voudrez plus me forcer à épouser, en même temps que vous, le fils d'un scélérat qui vous a déshonorée.

— Nous ne nous reverrons jamais!

Telle fut la dernière parole de Marie; et les deux promis s'éloignèrent chacun d'un côté opposé de la rue. Ce n'était pas un faux sentiment d'honneur qui faisait parler ainsi le jeune ébéniste. Du jour où Marie lui fit l'aveu de sa grossesse, il essaya d'interroger son cœur pour savoir s'il pourrait bien donner le nom de fils au fruit du sacrilége. Il combattit le mouvement de colère qu'il éprouvait intérieurement quand l'idée de voir cet enfant au milieu de son ménage, qu'il avait rêvé si pur et tout d'amour, tourmentait son esprit. Il pensa que d'autres enfants lui viendraient aussi, et qu'il y aurait à ses yeux et pour son cœur, entre ceux-ci et le fils illégitime de Marie, une différence dont la mère aurait trop à souffrir. C'était un intrus dans sa maison, qui devait faire un supplice de l'union que Jean Kurse désirait encore avec ardeur. L'apprenti-compagnon se connaissait assez pour savoir qu'il ne pourrait cacher sa haine, et qu'elle finirait peut-être par éclater si violemment, qu'une séparation deviendrait nécessaire entre lui et sa femme. Il pesa toutes ces raisons, il demanda conseil à son maître, il s'accusa même devant celui-ci de lâcheté et de folie. M. Redsburg, qui ne voyait dans ce mariage qu'une mauvaise spéculation de la part de son ouvrier, l'engagea à persévérer dans son projet de rupture, en lui disant qu'il y aurait de la lâcheté à reconnaître un bâtard pour satisfaire son caprice d'amoureux; de la folie à épouser une mendiante flétrie par un mauvais sujet, quand il pouvait aspirer, avec son talent d'ouvrier, à la main d'une fille sage et bien dotée. Bien que cette dernière considération ne fût pas la cause déterminante de la scène qui eut lieu plus tard entre lui et Marie, elle ne laissa pas que d'ébranler singulièrement l'amour qui tenait encore au cœur de Jean Kurse.

Marie, après l'avoir quitté, reprit le chemin de la ruelle du Forgeron. Sa tête était brûlante; toutes ses artères battaient à faire jaillir son sang; elle était enfin en proie à une horrible fièvre. Que se passa-t-il pendant un mois que dura son mal? comment Annah parvint-elle à faire vivre le ménage? c'est le secret de quelques personnes charitables qui jetaient, en passant le soir, une pièce de monnaie dans la main que l'hébétée leur tendait en disant :

Pour deux pauvres mères et trois petits enfants!

Les dons de Jean Kurse n'arrivaient plus chez Annah. Ce n'était pas indifférence absolue pour Marie; mais M. Redsburg, le maître ébéniste, avait mis bon ordre à la générosité et au chagrin de son ouvrier en l'envoyant travailler à dix lieues de Nuremberg, chez un confrère qui avait besoin d'un compagnon habile. Lorsque Jean, qui ne croyait faire là que quelques journées, fut arrivé chez son nouveau patron, il trouva une lettre de M. Redsburg, dans laquelle celui-ci lui disait :

« Je vous fais une remise, pour le moment, des six mois que vous avez encore à me donner; vous me payerez le reste de la somme que j'ai avancée à votre père sur la dot de mademoiselle Charlotte Spire, la fille de votre nouveau maître, avec lequel j'ai arrangé un mariage avantageux pour vous. Mon ami Spire voulait pour gendre un ouvrier instruit, qui eût de bons sentiments et du courage; vous êtes justement ce qu'il lui faut; soyez raisonnable, mon ami; pensez à votre avenir, et surtout n'allez pas faire la sottise de refuser la main de mademoiselle Charlotte, qui a dû vous recevoir comme un prétendu; car elle croit que tout a été convenu entre nous avant votre départ. »

Jean comprit alors la nature de l'accueil favorable qui lui avait été fait par la famille Spire. D'abord il voulut résister aux avances cordiales du maître de la maison; il cuirassa son cœur contre l'effet des charmes un peu prononcés de mademoiselle Charlotte; mais la bonne fille se faisait si aimable pour Jean, qu'il finit par être touché de ses marques d'intérêt; peu à peu l'affection arriva. Le père parlait de laisser à son gendre un magasin fort achalandé, et pour commencer il voulut l'intéresser dans son commerce. Enfin, après six semaines de pourparlers entre les futurs et le beau-père, M. Redsburg arriva chez son ami; on dressa le contrat; Jean eut quittance de la dette de son père, et Charlotte Spire s'appela madame Kurse.

Annah mendia jusqu'à l'entier rétablissement de Marie, puis, quand la jeune mère put reprendre ses travaux d'aiguille, elle retourna chez les pratiques qui l'occupaient par charité. C'était une faible ressource que celle de son travail; aussi tous les jours l'hébétée lui disait en regardant le buffet vide :

— Laisse-moi descendre, Marie; on trouve dans la rue du pain et de l'argent en tendant la main aux passants.

C'est ainsi qu'elle révéla à Marie comment le ménage avait pu subsister si longtemps.

— Non, répondait l'autre, je veillerai, je passerai toutes les nuits, s'il le faut, au travail; mais tu ne mendieras pas.

Ainsi qu'elle l'avait promis, elle redoubla de courage; mais bientôt ce fut l'ouvrage qui manqua. Enfin deux ans s'étaient écoulés depuis que Marie demeurait avec Annah, quand les deux mères, réduites au dernier degré du besoin, se virent obligées d'implorer la charité des passants pour faire vivre leurs petits.

(La suite au prochain numéro.)

Le propriétaire-gérant : F. ROY.

LES MYSTÈRES DE PARIS

— Tout est fini, dit M. Pipelet, plus d'espoir; il n'y a plus de justice en France. (Page 451.)

— Nous allons en voiture et je vous ramènerai.

— C'est vrai; nous irons et nous reviendrons plus vite; ce sera toujours ça de temps de gagné.

— Mais j'y songe, comment allez vous faire? Votre travail va souffrir de vos visites aux prisons.

— Oh! que non, que non... j'ai fait mon compte. D'abord j'ai mes dimanches à moi; j'irai voir Louise et Germain ces jours-là, ça me servira de promenade et de distraction; ensuite, dans la semaine, je retournerai à la prison une ou deux autres fois; chacune me prendra trois bonnes heures, n'est-ce pas? Eh bien, pour me trouver à mon aise, je travaillerai une heure de plus par jour, je me coucherai à minuit au lieu de me coucher à onze heures, ça me fera un gain tout clair de sept à huit heures par semaine que je pourrai dépenser pour aller voir Louise et Germain... Vous voyez, je suis plus riche que je n'en ai l'air, — ajouta Rigolette en souriant.

— Et vous ne craignez pas que cela vous fatigue?

— Bah! je m'y ferai; on se fait à tout... et puis ça ne durera pas toujours...

— Voilà votre châle, ma voisine...

— Attachez-le, et prenez garde de me piquer!

— Allons!... l'épingle est tordue.

— Eh bien, prenez-en une autre... là, sur la pelote... Ah! j'oubliais: voulez-vous être bien gentil, mon voisin?

— Ordonnez, ma voisine.

— Taillez-moi une bonne plume... bien grosse... pour que je puisse, en rentrant, écrire à ce pauvre Germain que ses commissions sont faites... Il aura ma lettre demain de bonne heure à sa prison, ça lui fera un bon réveil...

— Et où sont vos plumes?...

— Là, sur la table... Le canif est dans le tiroir... Attendez, je vais vous allumer ma bougie, car il commence à n'y plus faire clair.

— Ça ne sera pas de refus pour tailler la plume.

— Et puis il faut que je puisse attacher mon bonnet.

Rigolette fit pétiller une allumette chimique, et alluma un bout de bougie dans un petit bougeoir bien luisant.

— Diable!... de la bougie... ma voisine... quel luxe!

— Pour ce que j'en brûle, ça me coûte une idée plus cher que la chandelle, et c'est bien plus propre...

— Pas plus cher?

— Mon Dieu, non. J'achète ces bouts de bougie à la livre, et une demi-livre me fait presque mon année.

— Mais, — dit Rodolphe en taillant soigneusement la plume, pendant que la grisette nouait son bonnet devant son miroir, — je ne vois pas de préparatifs pour votre dîner.

— Je n'ai pas l'ombre de faim... J'ai pris une tasse de lait ce matin... j'en prendrai une ce soir... avec un peu de pain... j'en aurai bien assez.

— Vous ne voulez pas venir sans façon dîner avec moi, en sortant de chez Germain!

— Je vous remercie, mon voisin, j'ai le cœur trop gros; une autre fois... avec plaisir... Tenez, la veille du jour où ce pauvre Germain sortira de prison... je m'invite, et après vous me mènerez au spectacle. Est-ce dit?

— C'est dit, ma voisine; je vous assure que je n'oublierai pas cet engagement... Mais, aujourd'hui, vous me refuserez?

— Oui, monsieur Rodolphe, je vous serais une compagnie trop maussade, sans compter que ça me prendrait beaucoup de temps. Pensez donc... c'est surtout maintenant qu'il ne faut pas que je fasse la paresseuse... et que je dépense un quart d'heure mal à propos.

— Allons, je renonce à ce plaisir... pour aujourd'hui...

— Tenez, voilà mon paquet, mon voisin; passez devant, je fermerai la porte.

— Voici une plume excellente... maintenant, ce paquet...

— Prenez garde de le chiffonner... c'est du pou-de-soie... ça garde le pli... tenez-le à votre main... comme ça... légèrement... Bien... Passez, je vous éclairerai.

Et Rodolphe descendit, précédé de Rigolette.

Au moment où le voisin et la voisine passèrent devant la loge du portier, ils virent M. Pipelet qui, les bras pendants, s'avançait vers eux au fond de l'allée; d'une main il tenait l'enseigne qui annonçait au public qu'il faisait *commerce d'amitié* avec Cabrion, de l'autre main il tenait le portrait du damné peintre. Le désespoir d'Alfred était si écrasant, que son menton touchait à sa poitrine, et qu'on n'apercevait que le fond immense de son chapeau tromblon. En le voyant venir ainsi, la tête baissée, vers Rodolphe et Rigolette, on eût dit un bélier ou un brave champion breton se préparant au combat...

Anastasie parut bientôt sur le seuil de sa loge, et s'écria à l'aspect de son mari :

— Eh bien, vieux chéri... te voilà donc!... qu'est-ce qu'il t'a dit le commissaire?... Alfred!.. Alfred!... mais fais donc attention, tu vas *poquer* mon roi des locataires... qui te crève les yeux... Pardon, monsieur Rodolphe... c'est ce gueux de Cabrion qui l'abrutit de plus en plus... Il le fera, bien sûr, tourner en bourrique... ce vieux chéri!... Alfred! mais réponds donc.

A cette voix chère à son cœur, M. Pipelet releva la tête; ses traits étaient empreints d'une sombre amertume.

— Qu'est-ce qu'il t'a dit, le commissaire? — reprit Anastasie.

— Anastasie, il faudra rassembler le peu que nous possédons, serrer nos amis dans nos bras, faire nos malles... et nous expatrier... de Paris... de la France... de ma belle France ! car, sûr maintenant de l'impunité, le monstre est capable de me poursuivre partout... dans toute l'étendue des départements du royaume...

— Comment ! le commissaire ?...

— Le commissaire ! — s'écria M. Pipelet avec une indignation courroucée, — le commissaire !... il m'a ri au nez...

— A toi... un homme d'âge, qui as l'air si respectable que tu en paraîtrais bête comme une oie si on ne connaissait pas tes vertus ?

— Eh bien, malgré cela, lorsque j'eus respectueusement déposé par-devant lui mon amas de plaintes et de griefs contre cet infernal Cabrion... ce magistrat, après avoir regardé en riant, oui, en riant... et, j'ose le dire, en riant indécemment... l'enseigne et le portrait que j'apportais comme pièces justificatives, ce magistrat m'a répondu :

« — Mon brave homme, ce Cabrion est un très-drôle de corps, c'est un mauvais farceur ; ne faites pas attention à ses plaisanteries. Je vous conseille, moi, tout bonnement d'en rire, car il y a vraiment de quoi !

— D'en rire, *môssieurr* ! me suis-je écrié, d'en rire !... mais le chagrin me dévore... mais ce gueux-là empoisonne mon existence... il m'affiche, il me fera perdre la raison... Je demande qu'on l'enferme, qu'on l'exile... au moins de ma rue. »

« A ces mots, le commissaire a souri et m'a obligeamment montré la porte... J'ai compris ce geste du magistrat... et me voici...

— Magistrat de rien du tout !... — s'écria madame Pipelet.

— Tout est fini, Anastasie... tout est fini... plus d'espoir ! Il n'y a plus de justice en France... je suis atrocement sacrifié !...

Et pour péroraison, M. Pipelet lança de toutes ses forces l'enseigne et le portrait au fond de l'allée... Rodolphe et Rigolette avaient, dans l'ombre, un peu souri du désespoir de M. Pipelet. Après avoir adressé quelques mots de consolation à Alfred, qu'Anastasie calmait de son mieux, *le roi des locataires* quitta la maison de la rue du Temple avec Rigolette, et tous les deux montèrent en fiacre pour se rendre chez François Germain.

CHAPITRE III

LE TESTAMENT

François Germain demeurait boulevard Saint-Denis, numéro 11. Nous rappellerons au lecteur, qui l'a sans doute oublié, que madame Mathieu, la courtière en diamants dont nous avons parlé à propos de Morel le lapidaire, logeait dans la même maison que Germain. Pendant le long trajet de la rue du Temple à la rue Saint-Honoré, où demeurait la maîtresse couturière à qui Rigolette avait d'abord voulu rapporter son ouvrage, Rodolphe put apprécier davantage encore l'excellent naturel de la jeune fille. Ainsi que les caractères instinctivement bons et dévoués, elle n'avait pas la conscience de la délicatesse, de la générosité de sa conduite, qui lui semblaient fort simple. Rien n'eût été plus facile à Rodolphe que de libéralement assurer le présent et l'avenir de Rigolette, et de la mettre ainsi à même d'aller charitablement consoler Louise et Germain, sans qu'elle se préoccupât du *temps* que ses visites dérobaient à son travail, son unique ressource ; mais le prince craignait d'affaiblir le mérite du dévouement de la grisette en le rendant trop facile ; bien décidé à recompenser les qualités rares et charmantes qu'il avait découvertes en elle, il voulait la suivre jusqu'au terme de cette nouvelle et intéressante épreuve.

Est-il besoin de dire que, dans le cas où la santé de la jeune fille se fût le moins du monde altérée par le surcroit de travail qu'elle s'imposait vaillamment pour consacrer quelques heures chaque semaine à la fille du lapidaire et au fils du Maître d'école, Rodolphe fût à l'instant venu au secours de sa protégée ? Il étudiait avec autant de bonheur que d'émotion ce caractère si naturellement heureux et si peu habitué au chagrin, que ça et là un éclair de gaieté venait l'illuminer encore.

Au bout d'une heure environ, le fiacre, de retour de la rue Saint-Honoré, s'arrêta boulevard Saint-Denis, numéro 11, devant une maison de modeste apparence. Rodolphe aida Rigolette à descendre ; celle-ci entra chez le portier, et lui communiqua les intentions de Germain, sans oublier la gratification promise. Grâce à l'aménité de son caractère, le fils du Maître d'école était partout aimé. Le *confrère* de M. Pipelet fut consterné d'apprendre que la maison perdait un locataire si honnête et si tranquille... Telles furent ses expressions. La grisette, munie d'une lumière, rejoignit son compagnon, le portier ne devant monter que quelque temps après pour recevoir ses dernières instructions. La chambre de Germain était située au quatrième étage. En arrivant devant la porte, Rigolette dit à Rodolphe, en lui donnant la clef :

— Tenez, mon voisin... ouvrez ; la main me tremble trop... Vous allez vous moquer de moi ; mais en pensant que ce pauvre Germain ne reviendra plus jamais ici... il me semble que je vais entrer dans la chambre d'un mort...

— Soyez donc raisonnable, ma voisine : n'ayez pas de ces idées-là.

— J'ai eu tort, mais c'est plus fort que moi...

Et elle essuya une larme.

Sans être aussi ému que sa compagne, Rodolphe éprouvait néanmoins une impression terrible en pénétrant dans ce modeste réduit. Sachant de quelles détestables obsessions les complices du Maître d'école avaient poursuivi et poursuivraient peut-être encore Germain, il pressentait que cet infortuné avait dû passer de bien tristes heures dans cette solitude.

Rigolette posa la lumière sur une table. Rien de plus simple que l'ameublement de cette chambre de garçon, composé d'une couchette, d'une commode, d'un secrétaire de noyer, de quatre chaises de paille et d'une table ; des rideaux de coton blanc drapaient les fenêtres et l'alcôve ; pour tout ornement on voyait sur la cheminée une carafe et un verre. A l'affaissement du lit, qui n'était pas défait, on s'apercevait que Germain avait dû s'y jeter quelques instants tout habillé pendant la nuit qui avait précédé son arrestation.

— Pauvre garçon ! — dit tristement Rigolette en examinant avec intérêt l'intérieur de la chambre, — on voit bien qu'il ne m'a plus pour voisine... C'est rangé, mais ça n'est pas soigné ; il y a de la poussière partout, les rideaux sont enfumés, les vitres sont ternes, le carreau n'est pas ciré... Ah ! quelle différence !... Rue du Temple, ça n'était pas plus beau, mais c'était plus gai, parce que tout brillait de propreté, comme chez moi...

— C'est qu'aussi vous étiez là... pour donner vos avis.

— Mais voyez donc ! — s'écria Rigolette en montrant le lit, il ne s'est pas couché l'autre nuit, tant il était inquiet ! Tenez, ce mouchoir qu'il a laissé là, il a été tout trempé de larmes. Ça se voit bien... — Et elle reprit en ajoutant : — Germain a gardé une petite cravate de soie orange que je lui ai donnée quand nous étions heureux ; moi, je garderai ce mouchoir en souvenir de ses malheurs ; je suis sûre qu'il ne s'en fâchera pas...

— Au contraire, il sera très-heureux de ce témoignage de votre affection.

— Maintenant songeons aux choses sérieuses : je ferai tout à l'heure un paquet du linge que je trouverai dans la commode, afin de le lui porter en prison ; la mère Bouvard, que j'enverrai ici demain, s'arrangera du reste... Je vais d'abord ouvrir le secrétaire pour y prendre les papiers et l'argent que Germain me prie de lui garder.

— Mais j'y songe, — dit Rodolphe, — Louise Morel m'a remis hier les treize cents francs en or que Germain lui avait donnés pour acquitter la dette du lapidaire, que j'avais déjà payée ; j'ai cet argent : il appartient à Germain, puisqu'il a remboursé le notaire ; je vais vous le remettre, vous le joindrez à celui dont vous allez être dépositaire.

— Comme vous voudrez, monsieur Rodolphe : pourtant j'aimerais presque autant ne pas avoir chez moi une si grosse somme, il y a tant de voleurs maintenant !... Des papiers à la bonne heure... on n'a rien à craindre, mais de l'argent... c'est dangereux...

— Vous avez peut-être raison, ma voisine ; voulez-vous que je me charge de cette somme ? Si Germain a besoin de quelque chose, vous me le ferez savoir tout de suite ; je vous laisserai mon adresse et je vous enverrai ce qu'il vous demandera.

— Tenez, mon voisin, je n'aurais pas osé vous prier de nous rendre ce service ; cela vaut mieux ; je vous remettrai ce qui proviendra de la vente des effets... Voyons donc ces papiers, — dit la jeune fille en ouvrant le secrétaire et plusieurs tiroirs. — Ah ! c'est probablement cela... Voici une grosse enveloppe. Oh ! mon Dieu ! voyez donc, monsieur Rodolphe, comme c'est triste ce qu'il y a d'écrit dessus.

Et elle lut d'une voix émue :

« — Dans le cas où je mourrais de mort violente ou naturelle, je prie la personne qui ouvrira ce secrétaire de porter ces papiers chez mademoiselle Rigolette, couturière, rue du Temple, numéro 17. »

— Est-ce que je puis décacheter cette enveloppe, monsieur Rodolphe?

— Sans doute. Germain ne vous annonce-t-il pas qu'il y a parmi les papiers qu'elle contient une lettre qui vous est particulièrement adressée?

La jeune fille rompit le cachet : plusieurs écrits s'y trouvaient renfermés ; l'un d'eux, portant cette inscription : *A mademoiselle Rigolette*. contenait ces mots :

(*La suite au prochain numéro.*)

ANNAH L'HÉBÉTÉE

(SUITE)

LES CONTES DE L'ATELIER (suite).

Un soir de l'hiver suivant, comme Marie rentrait chez elle, après avoir évité la garde bourgeoise, qui faisait en ce temps-là une terrible chasse aux mendiants, son pied heurta un corps étendu dans l'escalier. Elle eut peur. Elle porta en tremblant la lumière vers l'individu gisant sur les marches du chenil. Quel ne fut pas son effroi en reconnaissant Annah tout ensanglantée! Au cri de désespoir de Marie, l'hébétée rouvrit les yeux, et dit d'une voix faible:

— Les méchants soldats... ils m'ont battue, parce que je ne voulais pas marcher en prison... Je n'ai rien fait, Marie... pas de mal à personne... je disais seulement : — Deux pauvres mères! trois petits enfants! — Et j'ai eu des coups!

Marie aida avec peine sa compagne d'infortune à remonter chez elle. La jeune mère bassina les plaies de l'hébétée; et puis, quand Annah se sentit soulagée, Marie reprit :

— C'est trop de malheur! il faut en finir, Annah nous ne mendierons plus.

V

L'INFANTICIDE.

> On a représenté sous la figure du pélican la tendresse paternelle se déchirant le sein pour nourrir de sang sa famille languissante.
>
> (BUFFON).

Les blessures d'Annah étaient si légères, que le lendemain, en s'éveillant, elle fredonnait déjà son air de complainte, et, comme si l'événement de la veille se fût effacé par enchantement de son souvenir, elle demanda à Marie :

— Qu'ai-je donc fait hier pour me sentir si lasse ce matin?

Sa compagne lui rappela la brutalité des gardes bourgeoises.

— Ah! oui, reprit Annah, ils ont voulu s'amuser de moi, parce qu'ils me croyaient menteuse, quand je disais aux passants que nos petits avaient faim ; mais ce soir j'emmènerai les enfants avec moi : on verra bien qu'Annah dit vrai.

— Eux mendier! dit Marie ; oh! non, non! car nous-mêmes nous ne tendrons plus la main pour ces pauvres petits.

— Jean Kurse est donc revenu? interrompit l'hébétée ; et se tournant vers les trois bambins qui jouaient à demi nus sur le plancher raboteux du chenil, elle leur dit :

— Nous allons revoir Jean Kurse... notre ami, qui nous apporte du pain tous les jours... Jouez, jouez, petits, vous souperez ce soir, et on ne battra pas la pauvre mère.

Le nom du jeune ébéniste avait réveillé dans l'âme de Marie un souvenir bien pénible; elle porta son mouchoir à ses yeux, et répliqua :

— Il ne faut plus penser à M. Jean, il est mort pour nous!

— Mort aussi! répéta l'hébétée, comme mon cher Niel! comme ton père, Marie!

Celle-ci ne répondit pas. Annah courba la tête, elle joignit les mains, et murmura une courte prière pour l'heureux époux de Charlotte Spire. Marie pensa qu'il était inutile de désabuser Annah ; elle continua, après un instant de silence :

— Je te disais que nous ne mendierons plus.

— Et qui est-ce qui nous donnera alors?

— Écoute moi bien, et si tu peux me comprendre, si tu veux me seconder, nos enfants n'iront plus gratter au buffet vide; ils auront des habits pour se couvrir, du feu pour chauffer leurs corps engourdis; ils ne respireront plus l'air malsain de ce grenier; on les élèvera bien, ils apprendront un métier; enfin ils seront heureux, et nous, nous ne souffrirons plus de la misère.

L'hébétée releva lentement la tête, elle fixa son regard étonné sur Marie :

— Parle, parle, dit-elle; c'est de nos petits qu'il s'agit; tu vois bien que je comprends.

— Il y a à Nuremberg un hôpital où l'on prend soin des petits enfants quand leurs parents ont cessé de vivre; tu sais, nous les voyons passer souvent ces orphelins; comme ils sont proprement tenus! comme ils sont bien portants! et comme ils ont l'air d'être contents de leur sort! Plus d'une pauvre famille a envié pour les siens ces soins et cette nourriture qui donnent aux élèves de l'hôpital une si belle santé... J'ai pensé que ce serait un crime que de priver les nôtres de cette existence heureuse, quand il nous est si facile de la leur procurer.

— Oui, oui, tu as raison, Marie; nous allons les porter à l'hôpital, et puis nous irons les voir tous les jours, n'est-ce pas?

— Mais, Annah, de nos mains on ne les recevrait pas; il faut, je te le répète, que les parents soient morts pour cela.

— Oh! il faut que nous soyons mortes!... On va donc nous tuer? demanda l'hébétée.

— Oui, si Dieu le veut; car la religion nous défend d'attenter nous-mêmes à notre vie; mais si ce sont les juges qui nous condamnent, notre mort ne sera plus un péché, Annah; c'est l'Être suprême qui aura disposé de nos jours.

— Des juges! répéta l'autre femme, et pourquoi faire?

— Pour nous faire mourir, Annah, afin que nos petits soient bien élevés, et pour toujours à l'abri du besoin...

— Oh! mais, reprit Marie en se parlant à elle-même, jamais elle ne pourra comprendre cela; mon Dieu! comment donc lui expliquer ce que je veux faire?

— Mais si! j'entends! répondit Annah, dont l'imagination fortement tendue commençait à entrevoir une partie du projet de Marie : il faut que nous soyons condamnées à mort, et puis les enfants n'auront plus besoin de rien... Est-ce que ce n'est pas cela que tu veux dire?

Un éclair de joie brilla dans ses yeux; son cœur de mère était compris par un autre cœur maternel : elle crut que la Providence, faisant un miracle pour l'accomplissement du projet qu'elle avait formé, envoyait une lueur de raison dans cette intelligence obscure. Elle continua :

— Tu te souviens qu'il y a un an, une petite fille, âgée de deux ou trois mois, a été trouvée morte sous un tas de pierres, près du rempart. On a cherché partout les auteurs de ce crime sans pouvoir les découvrir... Eh bien! cette petite fille, elle était à moi, entends-tu!

Annah eut un mouvement d'effroi

— Oui, reprit Marie, c'était aussi mon enfant dont j'étais accouchée ici en secret; toi seule savait sa naissance; la peur de la misère pour cette pauvre victime nous inspira la pensée de nous en défaire... nous l'avons étouffée, et puis tu m'as aidé à cacher son cadavre sous le tas de pierres où il a été trouvé le lendemain. Depuis ce temps, un remords affreux nous ronge le cœur; la vie nous est devenue insupportable : enfin nous sommes forcées de faire l'aveu de notre crime à la justice, afin qu'elle dispose de nos jours. Voilà, ma chère Annah, ce que tu me laisseras dire au juge; on me croira, si tu ne me démens pas, et nos enfants auront un asile, car nous serons condamnées.

— C'est donc vrai, Marie, que nous avons tué un petit enfant? demanda l'hébétée.

— Oui; il faut que ce soit vrai pour les autres, au moins, afin que nos petits entrent à l'hospice des orphelins.

— Alors, si c'est vrai, nous devons le dire... Tu parleras; je tâcherai de me souvenir de tout, et je répondrai : Oui.

Ce fut la dernière parole de l'hébétée au sujet de l'aveu qu'elle allait faire au juge. Marie, qui craignait de broncher dans sa résolution, voulut se présenter le même jour chez le magistrat. Après avoir distribué aux enfants ce qui restait de pain dans le buffet, elle dit à Annah :

— Tu vois bien qu'il faut mourir? car demain ils n'auraient plus rien ici.

Annah habilla les enfants le mieux qu'elle put, et tandis que la courageuse mère demandait tout bas à Dieu pardon pour le premier mensonge qu'elle allait faire, l'hébétée, retombée dans son état habituel, chantait machinalement, en couvrant de ses lambeaux de robes les petits qui s'agaçaient entre eux.

On fut bientôt prêt à partir. Avant de quitter le chenil où depuis deux ans les deux mères vivaient si malheureuses, la compagne de l'hébétée embrassa tendrement celle-ci :

— Tu me pardonneras, n'est-ce pas, si ma déposition te fait mourir !... Je voudrais me dévouer seule; mais que deviendront les tiens, si tu me survis?

— Je veux qu'ils soient bien habillés aussi, comme les orphelins de l'hospice, répondit Annah.

C'était tout ce que demandait Marie. Elle jeta un dernier regard sur ce pauvre ménage qu'elle abandonnait; peut-être eut-elle un mouvement de regret; mais la généreuse pensée qui la dominait étouffa le soupir qui soulevait sa poitrine :

— Partons! dit-elle en prenant son fils dans ses bras; et Annah, traînant après elle ses deux bambins, la suivit jusqu'à la demeure du juge.

Le magistrat à qui elles s'adressèrent était un de ces hommes, procès criminel incarné, qui prévoient d'avance ce que va leur répondre l'accusé qu'ils interrogent. Son œil exercé suivait sans peine le coupable dans les détours et les faux-fuyants qu'il pouvait prendre pour échapper à une sentence de mort. C'était enfin un rude joûteur avec le crime : il le débarrassait de ses plus ingénieuses enveloppes, il le traquait dans ses retraites les mieux choisies, et l'enfermait si bien dans un cercle de mais, de comment et de pourtant, que le pauvre criminel, à qui la tête tournait, tombait étourdi, haletant, devant ce malin juge, et lui disait :

— Prends-moi, je suis vaincu.

Or celui qui croyait savoir par cœur tous les coupables se trouva tout dérouté quand Marie lui révéla ingénument l'infanticide qu'elle n'avait pas commis; il fut sur le point de douter, tant il éprouvait de dépit en voyant son expérience ainsi mise en défaut !

— Nous éclaircirons cela, dit-il; mais en attendant, on va toujours vous faire conduire en prison.

— Et nos petits? dit Annah, que ce mot de prison venait de faire tressaillir.

— Ces petits misérables-là? reprit le juge d'un air plus que dédaigneux; on le mettra provisoirement à l'hospice des orphelins avec les autres.

Marie sentit son cœur battre avec force : tous ses vœux étaient exaucés. Elle saisit la main d'Annah, et lui dit bas :

— Entends-tu? ils seront admis à l'hospice.

L'hébétée ricana et répondit :

— Je comprends bien.

Sur un ordre du juge, des agents subalternes du tribunal vinrent s'emparer des deux femmes pour les mener à la maison d'arrêt, tandis qu'un autre valet de la justice se chargea de conduire les enfants à l'hospice. Marie, dans l'exaltation que lui causait son projet, n'avait pas encore songé à cette séparation inévitable. Le cri que fit Annah quand l'homme de la police s'empara de l'aîné de ses enfants réveilla dans le cœur de Marie toute cette force d'amour maternel dont il était doué; elle aussi disait comme l'hébétée :

— Je ne suis point coupable, monsieur le juge... je vous ai menti, je vous le jure; laissez-moi partir avec mon enfant.

Mais le magistrat, qui commençait à reconnaître le véritable cri du coupable dans cette dénégation violente, ordonna que l'on mît promptement fin aux embrassements maternels, et qu'on se pressât un peu de le débarrasser des cris de ces deux femmes qui l'étourdissaient depuis assez longtemps. La volonté du juge fut exécutée, bien qu'on eût grand'peine à détacher les enfants des bras de leurs pauvres mères.

Trois mois après cette pénible séparation, le procès des infanticides fut jugé. Marie, instruite du sort des trois orphelins par la femme du geôlier, qu'elle avait su intéresser à son malheur, persévéra dans sa première déposition. Annah disait comme elle quand on l'interrogeait en présence de Marie, et lorsque celle-ci n'était pas là, l'hébétée n'avait que ces mots à la bouche :

— Veillez bien, monsieur le juge, sur mon pauvre petit Niel et sur son frère Joseph.

Les preuves manquaient pour condamner les complices; mais le crime était certain. Marie, à force de l'expliquer, trouva le moyen de convaincre les juges de sa culpabilité; elle disait :

— Voilà comment j'ai fait; et Annah reprenait après elle :

— Oui, nous avons fait ainsi.

La pauvreté des accusées ne les empêcha pas de trouver un défenseur. Le tribunal allait en nommer un d'office, quand un jeune avocat se présenta, non avec l'espoir de soustraire absolument les infanticides à la justice, mais au moins pour les recommander à la clémence des juges.

C'était un jeune homme de la ville, dont la réputation d'honneur et d'humanité égalait au moins le talent : il se nommait Paul Hartzwald, et portait une cicatrice au front.

L'éloquent plaidoyer du jeune avocat enchanta l'oreille des magistrats ; il fit sur eux l'effet d'une musique mélodieuse et savante, mais il glissa sur leur cœur, et quand madame Paul Hartzwald eut dit :

« Votre haute sagesse découvrira sans doute le motif qui force les accusées à mentir ainsi à la justice ; mais je crois, sur ma conscience, qu'elles ne sont point coupables. »

Quand l'avocat eut parlé ainsi, disions-nous, le tribunal, pour toute réplique, fulmina une sentence de mort. Les condamnées rentrèrent dans leur prison. Marie, encore une fois, se jeta dans les bras d'Annah, en lui demandant pardon de ce qu'elle disposait ainsi de sa vie ; et comme la journée avait été bien remplie d'émotions, la courageuse fille se coucha sur la paille du cachot. Annah, qui croyait toujours bercer ses petits, s'endormit à côté d'elle en murmurant son refrain.

VI

BONHEUR, CALME ET REPOS.

Du Dieu qui nous créa la clémence infinie,
Pour adoucir les maux de cette courte vie,
A placé parmi nous deux êtres bienfaisants,
Soutiens dans les travaux, trésors dans l'indigence :
L'un est le doux sommeil, et l'autre est l'espérance.
L'un, quand l'homme accablé sent de son faible corps
Les organes vaincus sans force et sans ressorts,
Vient par un calme heureux secourir la nature,
Et lui porter l'oubli des peines qu'elle endure,
L'autre anime nos cœurs, enflamme nos désirs.
Et même, en nous trompant, donne de vrais plaisirs.

(VOLTAIRE)

Les deux condamnés dormaient depuis une heure quand la porte de la prison s'ouvrit. Un jeune homme entra : c'était Paul Hartzwald. Il dit à Marie qu'elle était libre, ainsi que sa compagne, et que toutes deux pouvaient sortir de leur cachot.

— Libres ! répéta Marie. Et qui donc nous rend le cruel service de nous enlever à la mort, quand c'était notre seul refuge contre la misère ?

Paul sourit avec intérêt, et reprit :

— Rassurez-vous, bonnes mères, vous ne souffrirez plus ; car le véritable auteur de l'infanticide a été découvert ; j'ai moi-même été chercher vos enfants à l'hospice ; ils sont chez moi. Et quelqu'un qui a eu des torts affreux envers vous, Marie, se charge de leur avenir. Oui, courageuse fille, le père de votre fils veut enfin se faire connaître ; il veut expier son crime, et vous offrir du bonheur et de l'amour en échange du pardon qu'il a mérité par ses remords.

Que l'on se figure, si cela est possible, la surprise de la pauvre Marie à ces paroles du jeune avocat ! Elle le regardait sans oser croire à ce qu'il venait de lui dire. Elle heureuse ! son enfant légitimé ! son amie à l'abri du besoin !

— Oh ! s'écria-t-elle, vous me trompez, monsieur ; vous vous jouez de ma crédulité, ou plutôt je me trompe moi-même, car tout ce que j'entends là, ce ne peut être qu'un rêve.

Et elle passait ses mains sur ses yeux humides de pleurs, mais de pleurs qui lui faisaient du bien, car c'était de joie qu'elle pleurait.

Paul Hartzwald continua en lui montrant la porte du cachot ouverte :

— Vous le voyez, Marie, il n'y a pas de soldats dans ce corridor ; si la sentence devait être exécutée, ce n'est pas moi qui serais là, mais bien le pasteur, pour vous exhorter à mourir en chrétienne. Encore une fois, ange de pureté, Dieu ne veut pas pousser jusqu'au martyre l'épreuve de votre courage ; il vous prend en pitié ; il m'a conduit vers vous pour que vous receviez enfin le prix de votre patience et de vos larmes.

Ces dernières paroles furent dites avec un tel accent de sincérité, que Marie cessa enfin de douter. Elle répétait à l'hébétée tout ce que Paul Hartzwald venait de lui dire ; et celle-ci riait et pleurait en même temps, parce qu'elle voyait Marie rire et pleurer tour à tour ; mais elle concevait si peu ce que sa compagne voulait lui dire, qu'elle continuait à répéter à l'avocat :

— Oui, monsieur le juge, nous avons tué la petite fille ; n'abandonnez pas nos trois enfants.

— Pauvre Annah ! dit Marie, elle ne peut pas m'entendre ; mais qu'elle embrasse ses deux petits, et je suis bien sûre qu'elle finira par comprendre.

(La suite au prochain numéro.)

Le propriétaire-gérant : F. ROY.

LES MYSTÈRES DE PARIS

— Oui, ma bourgeoise... n'oubliez pas le commissionnaire. (Page 459.)

« — Mademoiselle, lorsque vous lirez cette lettre, je n'existerai plus... Si, comme je le crains, je meurs de mort violente en tombant dans un guet-apens semblable à celui auquel j'ai dernièrement échappé, quelques renseignements joints ici sous le titre de : *Notes sur ma vie*, pourront mettre sur la trace de mes assassins... »

— Ah ! monsieur Rodolphe, — dit Rigolette en s'interrompant, — je ne m'étonne plus maintenant de ce qu'il était si triste !... Pauvre Germain ! toujours poursuivi de pareilles idées !...

— Oui, il a dû être bien affligé ; mais ses plus mauvais jours sont passés... croyez-moi...

— Hélas ! je le désire, monsieur Rodophe ; mais pourtant, être en prison... accusé de vol. .

— Soyez tranquille : une fois son innocence reconnue, au lieu de retomber dans l'isolement... il retrouvera des amis... vous d'abord, puis une mère bien-aimée, dont il a été séparé depuis son enfance.

— Sa mère!... il a encore sa mère?

— Oui... Elle le croyait perdu pour elle. Jugez de sa joie lorsqu'elle le reverra, mais absous de l'indigne accusation portée contre lui! J'avais donc raison de vous dire que ses plus mauvais jours étaient passés. Ne lui parlez pas de sa mère. Je vous confie ce secret, parce que vous vous intéressez si généreusement à Germain qu'il faut au moins qu'à votre dévouement ne se joignent pas de trop cruelles inquiétudes sur son sort à venir.

— Je vous remercie, monsieur Rodolphe; vous pouvez être tranquille, je garderai votre secret...

Et Rigolette continua de lire la lettre de Germain.

« — Si vous voulez, mademoiselle, jeter un coup d'œil sur ces notes, vous verrez que j'ai été toute ma vie malheureux... excepté pendant le temps que j'ai passé auprès de vous... Ce que je n'aurais jamais osé vous dire, vous le trouverez écrit dans une espèce de mémento intitulé : *Mes seuls jours de bonheur.*

« Presque chaque soir, en vous quittant, j'épanchais ainsi les consolantes pensées que votre affection m'inspirait, et qui seules adoucissaient l'amertume de ma vie... Ce qui était amitié chez vous était de l'amour chez moi. Je vous ai caché que je vous aimais ainsi jusqu'à ce moment où je ne suis plus pour vous qu'un triste souvenir... Ma destinée était si malheureuse que je ne vous aurais jamais parlé de ce sentiment; quoique sincère et profond, il vous eût porté malheur.

« Il me reste un dernier vœu à former, et j'espère que vous voudrez bien l'accomplir.

« J'ai vu avec quel courage admirable vous travailliez, et combien il vous fallait d'ordre, de sagesse, pour vivre du modique salaire que vous gagniez si péniblement. Souvent, sans vous le dire, j'ai tremblé en pensant qu'une maladie, causée peut-être par l'excès du labeur, pouvait vous réduire à une position si affreuse que je ne pouvais l'envisager sans frémir... Il m'est bien doux de penser que je pourrai du moins vous épargner en grande partie les tourments et peut-être... les misères que votre insouciante jeunesse ne prévoit pas, heureusement. »

— Que veut-il dire, monsieur Rodolphe ? — dit Rigolette étonnée.

— Continuez... nous allons voir...

Rigolette reprit :

« — Je sais de combien peu vous vivez et de quelle ressource vous serait, en des temps difficiles, la plus modique somme ; je suis bien pauvre; mais à force d'économie j'ai mis de côté quinze cents francs, placés chez un banquier; c'est tout ce que je possède. Par mon testament, que vous trouverez ici, je me permets de vous les léguer; acceptez cela d'un ami, d'un bon frère... qui n'est plus. »

— Ah ! monsieur Rodolphe ! — dit Rigolette en fondant en larmes et donnant la lettre au prince, — cela me fait trop de mal... Bon Germain, s'occuper ainsi de mon avenir!... Ah! quel cœur, mon Dieu ! quel cœur excellent !

— Digne et brave jeune homme! — reprit Rodolphe avec émotion. — Mais calmez-vous, mon enfant ; Dieu merci, Germain n'est pas mort; ce testament anticipé aura du moins servi à vous apprendre combien il vous aimait... combien il vous aime...

— Et dire, monsieur Rodolphe, — reprit Rigolette en essuyant ses larmes, — que je ne m'en étais jamais doutée! Dans les commencements de notre voisinage, M. Giraudeau et M. Cabrion me parlaient toujours de leur *passion enflammée*, comme ils disaient; mais, voyant que ça ne les menait à rien, ils s'étaient déshabitués de me dire de ces choses-là; Germain, au contraire, ne m'avait jamais parlé d'amour. Quand je lui ai proposé d'être bons amis, il a franchement accepté, et depuis nous avons vécu en vrais camarades. Mais... tenez... je peux bien vous le dire maintenant, monsieur Rodolphe, certainement je n'étais pas fâchée que Germain ne m'eût pas dit, comme les autres, qu'il m'aimait d'amour...

— Mais enfin, vous en étiez... étonnée?

— Oui monsieur Rodolphe, je pensais que c'était sa tristesse... qui le rendait ainsi...

— Et vous lui en vouliez un peu... de cette tristesse?

— C'était son seul défaut, — dit naïvement la grisette ; — mais maintenant je l'excuse... je m'en veux même de la lui avoir reprochée...

— D'abord parce que vous savez qu'il avait

malheureusement beaucoup de sujets de chagrin, et puis... peut-être parce que vous voilà certaine que, malgré cette tristesse... il vous aimait d'amour? — ajouta Rodolphe en souriant.

— C'est vrai... être aimée d'un si brave jeune homme, ça flatte le cœur... n'est-ce pas, monsieur Rodolphe?

— Et un jour peut-être vous partagerez cet amour.

— Dame! monsieur Rodolphe, c'est bien tentant; ce pauvre Germain est si à plaindre! Je me mets à sa place... si, au moment où je me croirais abandonnée, méprisée de tout le monde, une personne bien amie venait à moi encore plus tendre que je ne l'espérais, je serais si heureuse! — Après un moment de silence, Rigolette reprit avec un soupir : — D'un autre côté... nous sommes si pauvres tous les deux que ça ne serait peut-être pas raisonnable... Tenez, monsieur Rodolphe, je ne veux pas penser à cela, je me trompe peut-être. Ce qu'il y a de sûr, c'est que je ferai pour Germain tout ce que je pourrai tant qu'il restera en prison. Une fois libre, il sera toujours temps de voir si c'est de l'amour ou de l'amitié que j'aurai pour lui; alors, si c'est de l'amour... que voulez-vous, mon voisin? ça sera de l'amour... Jusque-là, ça me gênerait de savoir à quoi m'en tenir. Mais il se fait tard, monsieur Rodolphe. Voulez-vous rassembler ces papiers pendant que je vais faire un paquet du linge?... Ah! j'oubliais le sachet renfermant la petite cravate orange que je lui ai donnée. Il est dans ce tiroir, sans doute. Oui, le voilà... Oh! voyez donc comme il est joli, ce sachet... et tout brodé!... Pauvre Germain, il l'a gardée comme une relique, cette petite cravate!... Je me rappelle bien la dernière fois où je l'ai mise, et quand je la lui ai donnée. Il a été si content... si content!

A ce moment, on frappa à la porte de la chambre.

— Qui est là? — demanda Rodolphe.

— On voudrait parler à m'ame Mathieu, — répondit une voix grêle et enrouée, avec l'accent qui distingue la plus basse populace. (Madame Mathieu était la courtière en diamants dont nous avons parlé).

Cette voix, singulièrement accentuée, éveilla quelques vagues souvenirs dans la pensée de Rodolphe. Voulant les éclaircir, il prit la lumière et alla lui-même ouvrir la porte. Il se trouva face à face avec un des habitués du tapis-franc de l'ogresse, qu'il reconnut sur-le-champ, tant l'empreinte du vice était fatalement, profondément marquée sur cette physionomie imberbe et juvénile : c'était Barbillon; Barbillon, le faux cocher de fiacre qui avait conduit le Maître d'école et la Chouette au chemin creux de Bouqueval; Barbillon, l'assassin du mari de cette malheureuse laitière qui avait ameuté contre la Goualeuse les laboureurs de la ferme d'Arnouville. Soit que ce misérable eût oublié les traits de Rodolphe, qu'il n'avait vu qu'une fois au tapis-franc de l'ogresse, soit que le changement de costume l'empêchât de reconnaître le *vainqueur du Chourineur*, il ne manifesta aucun étonnement à son aspect.

— Que voulez-vous? — lui dit Rodolphe.

— C'est une lettre pour m'ame Mathieu... faut que je la lui remette à elle même, — répondit Barbillon.

— Ce n'est pas ici qu'elle demeure; voyez en face, — répondit Rodolphe.

— Merci, bourgeois; on m'avait dit la porte à gauche; je me suis trompé.

Rodolphe ne se souvenait pas du nom de la courtière en diamants, que Morel le lapidaire n'avait prononcé qu'une ou deux fois. Il n'avait donc aucun motif de s'intéresser à la femme auprès de laquelle Barbillon venait comme messager. Néanmoins, quoiqu'il ignorât les crimes de ce bandit, sa figure avait un tel caractère de perversité, qu'il resta sur le seuil de la porte, curieux de voir la personne à qui Barbillon apportait cette lettre.

A peine Barbillon eut-il frappé à la porte opposée à celle de Germain, qu'elle s'ouvrit, et que la courtière, grosse femme de cinquante ans environ, y parut tenant une chandelle à la main.

— M'ame Mathieu? — dit Barbillon.

— C'est moi, mon garçon.

— Voilà une lettre, il y a réponse...

Et Barbillon fit un pas pour entrer chez la courtière; mais celle-ci lui fit signe de ne pas avancer, décacheta la lettre tout en tenant son flambeau, lut et répondit d'un air satisfait :

— Vous direz que c'est bon, mon garçon; j'apporterai ce qu'on demande. J'irai à la même heure que l'autre fois. Bien des compliments... à cette dame...

— Oui, ma bourgeoise... n'oubliez pas le commissionnaire.

— Va! demande à ceux qui t'envoient; ils sont plus riches que moi...

Et la courtière ferma sa porte.

Rodolphe rentra chez Germain, voyant Barbillon descendre rapidement l'escalier. Le brigand trouva sur le boulevard un homme d'une mine basse et féroce, qui l'attendait devant une boutique. Quoique plusieurs personnes pussent l'entendre, mais non le comprendre, il est vrai, Barbillon semblait si satisfait qu'il ne put s'empêcher de dire à son compagnon :

— Viens *pitancher l'eau d'aff*, Nicolas; *la birbasse fauche dans le pont* à mort... elle *aboulera* chez la Chouette; la mère Martial nous aidera à lui *pesquiller d'esbrouffe ses durailles d'orphelin*, et après nous *trimballerons le refroidi* dans ton *passe-lance* [1].

— *Esbignons-nous* [2] alors : il faut que je sois à Asnières de bonne heure; je crains que mon frère Martial se doute de quelque chose.

Et les deux bandits, après avoir tenu cette conversation inintelligible pour ceux qui auraient pu les écouter, se dirigèrent vers la rue Saint-Denis.

. . . .

Quelques moments après, Rigolette et Rodolphe sortirent de chez Germain, remontèrent en fiacre et arrivèrent rue du Temple.

Le fiacre s'arrêta. Au moment où la portière s'ouvrit, Rodolphe reconnut, à la lueur des quinquets du rogomiste, son fidèle Murph qui l'attendait à la porte de l'allée.

La présence du squire annonçait toujours quelque événement grave ou inattendu, car lui seul savait où trouver le prince.

— Qu'y a-t-il? — lui demanda vivement Rodolphe pendant que Rigolette rassemblait plusieurs paquets dans la voiture.

— Un grand malheur, monseigneur!

— Parle, au nom du ciel!

— M. le marquis d'Harville...

— Tu m'effrayes!

— Il avait donné ce matin à déjeuner à plusieurs de ses amis... Tout s'était passé à merveille... lui surtout n'avait jamais été plus gai, lorsqu'une fatale imprudence...

— Achève... achève donc!

— En jouant avec un pistolet qu'il ne croyait pas chargé...

— Il s'est blessé grièvement?

1. Viens boire de l'eau-de-vie, Nicolas; la vieille donne dans le piége à mort; elle viendra chez la Chouette; la mère Martial nous aidera à lui prendre de force ses pierreries, et après nous emporterons le cadavre dans ton bateau. — 2. Dépêchons-nous.

— Monseigneur...

— Eh bien?

— Quelque chose de terrible!...

— Que dis-tu?

— Il est mort...

— D'Harville! ah! c'est affreux! — s'écria Rodolphe avec un accent si déchirant que Rigolette, qui descendait alors du fiacre avec ses paquets, s'écria:

— Mon Dieu! qu'avez-vous, monsieur Rodolphe?

— Une bien triste nouvelle que je viens d'apprendre à mon ami, mademoiselle, — dit Murph à la jeune fille; car le prince, accablé, ne pouvait répondre.

— C'est donc un bien grand malheur? — dit Rigolette toute tremblante.

— Un bien grand malheur, — répondit le squire.

— Ah! c'est épouvantable! — dit Rodolphe après quelques minutes de silence.

Puis se ressouvenant de Rigolette, il lui dit:

— Pardon, mon enfant... si je ne vous accompagne pas chez vous... Demain... je vous enverrai mon adresse et un permis pour entrer à la prison de Germain... bientôt je vous reverrai.

— Ah! monsieur Rodolphe, je vous assure que je prends bien part au chagrin qui vous arrive... Je vous remercie de m'avoir accompagnée... A bientôt, n'est-ce pas?

— Oui, mon enfant, à bientôt.

— Bonsoir, monsieur Rodolphe, — ajouta tristement Rigolette, qui disparut dans l'allée, avec les différents objets qu'elle rapportait de chez Germain.

Le prince et Murph montèrent dans le fiacre, qui les conduisit rue Plumet.

Aussitôt Rodolphe écrivit à Clémence le billet suivant :

« Madame,

« J'apprends à l'instant le coup inattendu qui vous frappe et qui m'enlève un de mes meilleurs amis; je renonce à vous peindre ma stupeur, mon chagrin.

« Il faut pourtant que je vous entretienne d'intérêts étrangers à ce cruel événement... Je viens d'apprendre que votre belle-mère, à Paris depuis quelques jours sans doute, repart ce soir pour la Normandie, emmenant avec elle Polidori.

« C'est vous dire le péril qui sans doute menace M. votre père. Permettez-moi de vous donner un conseil que je crois salutaire. Après l'affreux malheur de ce matin, on ne comprendra que trop votre besoin de quitter Paris pendant quelque temps... Ainsi, croyez-moi, partez, partez à l'instant pour les Aubiers, afin d'y arriver sinon avant votre belle-mère, du moins en même temps qu'elle. Soyez tranquille, madame : de près comme de loin, je veille sur vous... Les abominables projets de votre belle-mère seront déjoués.

« Adieu, madame, je vous écris ces mots à la hâte... J'ai l'âme brisée quand je songe à cette soirée d'hier où je l'*ai* quitté, *lui*... plus tranquille, plus heureux qu'il ne l'avait été depuis longtemps.

« Croyez, madame, à mon dévouement profond et sincère.

« RODOLPHE. »

Suivant les avis du prince, madame d'Harville, trois heures après avoir reçu cette lettre, était en route avec sa fille pour la Normandie. Une voiture de poste, partie de l'hôtel de Rodolphe, suivait la même route.

Malheureusement, dans le trouble où la plongèrent cette complication d'événements et la précipitation de son départ, Clémence oublia de faire savoir au prince qu'elle avait rencontré Fleur-de-Marie à Saint-Lazare.

On se souvient peut-être que, la veille, la Chouette était venue menacer madame Séraphin de dévoiler l'existence de la Goualeuse, affirmant savoir (et elle disait vrai) où était alors cette jeune fille. On se souvient encore qu'après cet entretien le notaire Jacques Ferrand, craignant la révélation de ses criminelles menées, se crut un puissant intérêt à faire disparaître la Goualeuse dont l'existence, une fois connue, pouvait le compromettre dangereusement. Il avait donc fait écrire à Bradamanti, un de ses complices, de venir le trouver pour tramer avec lui une nouvelle machination, dont Fleur-de-Marie devait être la victime. Bradamanti, occupé des *intérêts* non moins pressants de la belle-mère de madame d'Harville, qui avait de sinistres raisons pour emmener le charlatan auprès de M. d'Orbigny, Bradamanti, trouvant sans doute plus d'avantage à servir son ancienne amie, ne se rendit pas à l'invitation du notaire, et partit pour la Normandie sans voir madame Séraphin. L'orage grondait sur Jacques Ferrand ; dans la journée, la Chouette était venue réitérer ses menaces, et, pour prouver qu'elles n'étaient pas vaines, elle avait déclaré au notaire que la petite fille autrefois abandonnée par madame Séraphin était alors prisonnière à Saint-Lazare sous le nom de la Goualeuse, et que s'il ne donnait pas dix mille francs dans trois jours, cette jeune fille recevrait des papiers qui lui apprendraient qu'elle avait été dans son enfance confiée aux soins de Jacques Ferrand.

Selon son habitude, ce dernier nia tout avec audace, et chassa la Chouette comme une effrontée menteuse, quoiqu'il fût convaincu et effrayé de la dangereuse portée de ses menaces. Grâce à ses nombreuses relations, le notaire trouva moyen de s'assurer, dans la journée même (pendant l'entretien de Fleur-de-Marie et de madame d'Harville), que la Goualeuse était en effet prisonnière à Saint-Lazare, et si parfaitement citée pour sa bonne conduite qu'on s'attendait à voir cesser sa détention d'un moment à l'autre. Muni de ces renseignements, Jacques Ferrand, ayant mûri un projet diabolique, sentit que, pour l'exécuter, le secours de Bradamanti lui était de plus en plus indispensable ; de là les vaines instances de madame Séraphin pour rencontrer le charlatan. Apprenant le soir même le départ de ce dernier, le notaire, pressé d'agir par l'imminence de ses craintes et du danger, se souvint de la famille Martial, ces pirates d'eau douce établis près du pont d'Asnières, chez lesquels Bradamanti lui avait proposé d'envoyer Louise Morel pour s'en défaire impunément. Ayant absolument besoin d'un complice pour accomplir ses sinistres desseins contre Fleur-de-Marie, le notaire prit les précautions les plus habiles pour n'être pas compromis dans le cas où un nouveau crime serait commis, et, le lendemain du départ de Bradamanti pour la Normandie, madame Séraphin se rendit en hâte chez Martial.

CHAPITRE IV

L'ILE DU RAVAGEUR

Les scènes suivantes vont se passer pendant la soirée du jour où madame Séraphin, suivant les ordres du notaire Jacques Ferrand, s'est rendue chez les Martial, *pirates d'eau douce* établis à la pointe d'une petite île de la Seine, non loin du pont d'Asnières.

Le père Martial, mort sur l'échafaud comme son père, avait laissé une veuve, quatre fils et deux filles... Le second de ces fils était déjà condamné aux galères à perpétuité... De cette nombreuse famille, il restait donc à l'île du *Ravageur* (nom que dans le pays on donnait à ce repaire, nous dirons pourquoi), il restait, disons-nous :

La mère Martial ;

Trois fils : l'aîné (l'amant de la Louve) avait vingt-cinq ans ; l'autre, vingt ans ; le plus jeune, douze ;

Deux filles : l'une de dix-huit ans, la seconde de neuf ans.

Les exemples de ces familles, où se perpétue une sorte d'épouvantable hérédité dans le crime, ne sont que trop fréquents... Cela doit être. Répétons-le sans cesse : la société songe à *punir*, jamais à *prévenir* le mal.

Un criminel sera jeté au bagne pour sa vie... Un autre sera décapité... Ces condamnés laisseront de jeunes enfants... La société prendra-t-elle souci de ces orphelins?... de ces orphelins *qu'elle a faits*... en frappant leur père de mort civile, ou en lui coupant la tête? Viendra-t-elle substituer une tutelle salutaire, *préservatrice*, à la déchéance de celui que la loi a déclaré indigne, infâme... à la déchéance de celui que la loi a tué?

Non... — *Morte la bête... mort le venin...* — dit la société.

Elle se trompe. Le venin de la corruption est si subtil, si corrosif, si contagieux, qu'il devient presque toujours héréditaire ; mais, combattu à temps, il ne serait jamais incurable.

Contradiction bizarre !... L'autopsie prouve-t-elle qu'un homme est mort d'une maladie transmissible : à force de soins *préservatifs*, on mettra les descendants de cet homme à l'abri de l'affection dont il a été victime... Que les mêmes faits se reproduisent dans l'ordre moral... qu'il soit démontré qu'un criminel lègue presque toujours à son fils le germe d'une perversité précoce... fera-t-on pour le salut de cette jeune âme ce que le médecin fait pour le corps lorsqu'il s'agit de lutter contre un vice héréditaire? Non... Au lieu de guérir ce malheureux, on le laissera se gangrener jusqu'à la mort...

Et alors, de même que le peuple croit le fils du bourreau forcément bourreau... on croira le fils d'un criminel forcément criminel... Et alors on regardera comme le fait d'une hérédité inexorablement *fatale* une corruption causée par l'égoïste incurie de la société... De sorte que, si, malgré de funestes enseignements, l'*orphelin que la loi a fait*... reste par hasard laborieux et honnête, un préjugé barbare fera rejaillir sur lui la flétrissure paternelle. En butte à une réprobation imméritée, à peine trouvera-t-il du travail...

Et au lieu de lui venir en aide, de le sauver du découragement, du désespoir, et surtout des dangereux ressentiments de l'injustice, qui poussent quelquefois les caractères les plus généreux à la révolte, au mal... la société dira :

— Qu'il tourne à mal... nous verrons bien... N'ai-je pas là geôliers, gardes-chiourmes et bourreaux?

Ainsi, pour celui qui (chose aussi rare que belle) se conserve pur malgré de détestables exemples, aucun appui, aucun encouragement... Ainsi, pour celui qui, plongé en naissant dans un foyer de dépravation domestique, est vicié tout jeune encore, aucun espoir de guérison.

— Si ! si !! moi, je le guérirai, cet orphelin que j'ai fait ! — répond la société, — mais en temps et lieu... mais à ma mode... mais plus tard... Pour extirper la verrue, pour inciser l'apostème... il faut qu'ils soient à point... Un criminel demande à être attendu... Prisons et galères, voilà mes hôpitaux... Dans les cas incurables, j'ai le couperet... Quant à la cure de mon orphelin, j'y songerai, vous dis-je ; mais patience, laissons mûrir le germe de corruption héréditaire qui couve en lui, laissons-le grandir, laissons-le étendre profondément ses ravages... Patience, donc... patience !... Lorsque notre homme sera pourri jusqu'au cœur, lorsqu'il suintera le crime par tous les pores, lorsqu'un bon vol ou un bon meurtre l'auront jeté sur le banc d'infamie où s'est assis son père, oh ! alors nous guérirons l'héritier du mal... comme nous avons guéri le donateur... Au bagne ou sur l'échafaud, le fils trouvera la place paternelle encore toute chaude...

Oui, dans ce cas, la société raisonne ainsi... Et elle s'étonne, et elle s'indigne, et elle s'épouvante de voir des traditions de vol et de meurtre fatalement perpétuées de génération en génération...

Le sombre tableau qui va suivre, le *Pirate d'eau douce*, a pour but de montrer ce que peut être, dans une famille, l'*hérédité du mal*, lorsque la société ne vient pas, soit légalement, soit officieusement, préserver les *malheureux orphelins de la loi* des terribles conséquences de l'arrêt fulminé contre leur père [1]...

. . . .

1. A mesure que nous avançons dans cette publication, son but moral est attaqué avec tant d'acharnement, et selon nous avec tant d'injustice, qu'on nous

Le chef de la famille Martial, qui le premier s'établit dans cette petite île moyennant un loyer modique, était *ravageur*. Les *ravageurs*, ainsi que les *débardeurs* et les *déchireurs* de bateaux, restent pendant toute la journée plongés dans l'eau jusqu'à la ceinture pour exercer leur métier.

permettra d'insister sur la pensée sérieuse, honnête, qui, jusqu'à présent, nous a soutenu, guidé. Plusieurs esprits graves, délicats, élevés, ayant bien voulu nous encourager dans nos tentatives, et nous faire parvenir des témoignages flatteurs de leur adhésion, nous devons peut-être à ces amis connus et inconnus de répondre une dernière fois à des récriminations aveugles, obstinées, qui ont retenti, nous dit-on... jusqu'au sein de l'Assemblée législative. Proclamer l'ODIEUSE IMMORALITÉ de notre œuvre, c'est proclamer implicitement, ce nous semble, les tendances *odieusement immorales* des personnes qui nous honorent de leurs vives sympathies.

C'est donc au nom de ces sympathies autant qu'au nôtre que nous tènterons de prouver, par un exemple choisi parmi plusieurs, que cet ouvrage n'est pas complétement dépourvu d'idées généreuses et pratiques.

L'an passé, dans l'une des premières parties de ce livre, nous avons donné l'aperçu d'une *ferme-modèle*, fondée par Rodolphe pour *encourager, enseigner et rémunérer les cultivateurs pauvres, probes et laborieux.*

A ce propos, nous ajoutions : « Les honnêtes gens malheureux méritent au moins autant d'intérêt que les criminels ; pourtant il y a de nombreuses sociétés destinées au patronage des jeunes détenus ou libérés; mais aucune société n'est fondée dans le but de secourir les jeunes gens pauvres dont la conduite aurait toujours été exemplaire... De sorte qu'il faut nécessairement avoir commis un délit... pour être apte à jouir du bénéfice de ces institutions, d'ailleurs si méritantes et si salutaires. »

Et nous faisions dire à un paysan de la ferme de Bouqueval : « Il est humain et charitable de ne jamais désespérer les méchants; mais il faudrait aussi faire espérer les bons. Un honnête garçon, robuste et laborieux, ayant envie de bien faire, de bien apprendre, se présenterait à cette ferme de jeunes *ex-voleurs* qu'on lui dirait :

(La suite au prochain numéro.)

ANNAH L'HÉBÉTÉE

(SUITE ET FIN)

LES CONTES DE L'ATELIER (suite).

Les prisonnières sortirent avec Paul Hartzwald. Tous les habitants de la prison, réveillés par cette visite nocturne, envoyèrent, du guichet entr'ouvert de leur cachot, des vœux pour ces héroïnes de l'amour maternel. Le geôlier, les porte-clefs, les gardes bourgeoises se rangèrent sur leur passage avec respect, et ils leur souhaitèrent le bonheur qu'ils avaient acheté par assez de souffrances. Le jeune avocat conduisit Annah et Marie chez lui, où de nombreux amis attendaient leur arrivée.

L'hébétée ne jouissait que vaguement de ce triomphe de la vérité; mais elle se voyait entourée de tant de soins, les regards qui tombaient sur elle étaient empreints d'un intérêt si vif, qu'elle dit à Marie :

— On ne ne veut donc pas que nous mourions? Est-ce que quelqu'un leur a dit que nous n'avions tué personne?

— Tu le vois bien, Annah, puisqu'on va nous rendre nos enfants. Oh! oui, que je revoie mon fils! il y a si longtemps que nous sommes séparés!

Les trois enfants furent amenés aussitôt au milieu de l'assemblée. Ils ne portaient plus ni les haillons de la misère ni la livrée de la charité publique. Les deux mères ne se lassaient pas d'admirer ces chers petits sous le costume élégant que Paul Hartzwald leur avait fait donner.

Après les douces étreintes de l'amour maternel, Marie raconta aux nombreux témoins de son bonheur pourquoi elle et son amie avaient offert ainsi le sacrifice de leurs jours : il n'y eut qu'un cri d'admiration dans l'assemblée.

Le jeune avocat prit la parole à son tour; il dit l'infamie dont l'orpheline avait éte victime, il parla des remords du coupable, qui demandait à ne se faire connaître que le jour même de la réparation.

Ce jour arriva bientôt.

Sur les places publiques, dans les rues que le supplice des infanticides devait peupler de curieux qui n'auraient eu que de cruelles paroles pour les soi-disant coupables, Marie, en riches habits de mariée ; Annah, vêtue comme elle ne l'avait jamais été, même au temps de sa prospérité, traversèrent une double haie de spectateurs qui se foulaient pour voir passer les deux mères, et l'on battait des mains à leur aspect.

C'était à la fois un doux et pénible spectacle que de voir le sourire touchant et modeste des deux amies se mêler aux traces non encore effacées que le malheur avait profondément imprimées sur leurs traits.

Annah semblait comprendre enfin : il n'y avait plus de stupeur dans son regard, et sa démarche était naturelle et posée. Pour Marie, elle tournait de temps en temps les yeux vers son séducteur, qui la contemplait avec amour. Et le cœur de la jeune mariée palpitait doucement; car elle sentait qu'il ne lui serait pas impossible d'aimer celui qui réparait si noblement ses torts. Enfin, heureuse mère, fêtée de toutes parts, comblée des hommages de tout un peuple d'admirateurs, Marie arriva devant le péristyle du temple : les portes roulèrent avec bruit sur leurs gonds.

— Qu'est-ce qu'il y a? demanda Annah en se réveillant en sursaut.

Son exclamation fit ouvrir les yeux à Marie ; et, à la faible lueur de la lanterne du geôlier, elle reconnut le lit de paille et les murs humides de la prison.

— Ah ! se dit-elle avec résignation, quelque chose me disait bien que rien de tout cela ne pouvait être vrai.

— C'est M. le pasteur qui vient vous rendre visite, car voilà l'heure qui approche, dit le geôlier.

Le ministre entra :

— Lève-toi, reprit Marie en s'adressant à sa compagne, qui s'était retournée vers le mur, car elle avait peur.

— Pourquoi? il fait nuit.

— Tu sais bien qu'il ne fait jamais jour dans notre cachot... Allons, Annah, debout !

— Et qu'allons-nous faire?

— Prier pour nos enfants avec M. le pasteur, et puis après mourir.

Marie ne voulait pas mentir au prêtre ; aussi le pria-t-elle de ne pas parler du crime.

Les deux martyres recommandèrent leurs petits à la protection divine jusqu'au moment où l'on vint leur dire que l'exécuteur les attendait.

Comme dans le songe de Marie, elles traversèrent des places publiques et des rues où la foule affluait et s'ouvrait pour leur livrer passage ; mais il n'y avait pas de battements de mains, pas de regards amis, pas de séducteur repentant qui voulût donner un nom au fils de l'orpheline. L'hébétée courbait la tête et fermait les yeux afin de ne pas voir cette immense population, qui roulait comme une mer dont la tempête soulève les flots. Annah avait peur aussi de ces baïonnettes reluisant au soleil, qui lui rappelaient comment un jour on l'avait meurtrie parce qu'elle mendiait.

Un dernier baiser de Marie à sa compagne précéda le supplice.

Une heure après, on disait dans les ateliers de la ville :

— Elles sont mortes avec courage !

Ainsi, le bonheur pour Marie n'avait été qu'un rêve ; le calme, c'était l'état de sa conscience ; le repos, ce fut la mort.

FIN DE ANNAH L'HÉBÉTÉE

Le propriétaire-gérant : F. ROY.

LES MYSTÈRES DE PARIS

L'île d'Asnières était le rendez-vous des *Ravageurs*. (Page 466.)

Les *débardeurs* débarquent le bois flotté. Les *déchireurs* démolissent les trains qui ont amené le bois. Tout aussi aquatique que les industries précédentes, l'industrie des *ravageurs* a un but différent. S'avançant dans l'eau aussi loin qu'il peut aller, le ravageur puise, à l'aide d'une longue drague, le sable de rivière sous la vase; puis, le recueillant dans de grandes sébiles de

« — Mon gars, as-tu un brin volé et vagabondé ?
« — Non.
« — Eh bien, il n'y a point de place ici pour toi. »

Cette discordance avait aussi frappé des esprits meilleurs que le nôtre. Grâce à eux, ce que nous regardions comme une utopie vient d'être réalisé.

Sous la présidence d'un des hommes les plus éminents, les plus honorables de ce temps-ci, M. le comte bois, il le lave comme un minerai ou comme un gravier aurifère, et en retire ainsi une grande quantité de parcelles métalliques de toute sorte, fer, cuivre, fonte, plomb, étain, provenant des débris d'une foule d'ustensiles. Souvent même les ravageurs trouvent dans le sable des fragments de bijoux d'or ou d'argent apportés dans la Seine, soit par les égouts où se dégorgent les ruisseaux, soit par les masses de neige ou de glace ramassées dans les rues, et que l'hiver on jette à la rivière.

Nous ne savons en vertu de quelle tradition ou de quel usage ces industriels, généralement honnêtes, paisibles et laborieux, sont si formidablement baptisés. Le père Martial, premier habitant de l'île jusqu'alors inoccupée, étant *ravageur* (fâcheuse exception), les riverains du fleuve la nommèrent l'*île du Ravageur*. L'habitation des pirates d'eau douce est donc située à la partie méridionale de cette *terre*.

Dans le jour, on peut lire sur un écriteau qui se balance au-dessus de la porte:

AU RENDEZ-VOUS DES RAVAGEURS.

BON VIN, BONNE MATELOTE ET FRITURE.

On loue des bachots (bateaux) *pour la promenade.*

On le voit, à ses métiers patents ou occultes, le chef de cette famille maudite avait joint ceux de cabaretier, de pêcheur et de loueur de bateaux. La veuve de ce supplicié continuait de tenir la maison: des gens sans aveu, des vagabonds en rupture de ban, des montreurs d'animaux, des charlatans nomades, venaient y passer le dimanche et autres jours *non fériés*, en partie de plaisir. Martial (l'amant de la Louve), fils aîné de la famille, le moins coupable de tous, pêchait en fraude, et au besoin prenait en véritable *bravo*, et moyennant salaire, le parti des faibles contre les forts. Un de ses autres frères, Nicolas, le futur complice de Barbillon pour le meurtre de la courtière en diamants, était en apparence *ravageur*, mais de fait il se livrait à la piraterie d'eau douce sur la Seine et sur ses rives. Enfin François, le plus jeune des fils du supplicié, conduisait les curieux qui voulaient se promener en bateau. Nous parlerons pour mémoire d'Ambroise Martial, condamné aux galères pour vol de nuit avec effraction et tentative de meurtre. La fille aînée, surnommée *Calebasse*, aidait sa mère à faire la cuisine et à servir les hôtes; sa sœur Amandine, âgée de neuf ans, s'occupait aussi des soins du ménage selon ses forces.

Ce soir-là, au dehors, la nuit est sombre; de lourds nuages gris et opaques, chassés par le vent, laissent voir çà et là, à travers leurs déchirures bizarres, quelque peu de sombre azur scintillant d'étoiles. La silhouette de l'île, bordée de hauts peupliers dépouillés, se dessine vigoureusement en noir sur l'obscurité diaphane du ciel et sur la transparence blanchâtre de la rivière. La maison, à pignons irréguliers, est complétement ensevelie dans l'ombre; deux fenêtres du rez-de-chaussée sont seulement éclairées, leurs vitres flamboient; ces lueurs rouges se reflètent comme de longues traînées de feu dans les petites vagues qui baignent le débarcadère, situé proche de l'habitation. Les chaînes des bateaux qui y sont amarrés font entendre un cliquetis sinistre; il se mêle tristement aux rafales de la bise dans les branches des peupliers, et au sourd mugissement des grandes eaux.

Portalis, et sous l'intelligente direction d'un véritable philanthrope au cœur généreux, à l'esprit pratique et éclairé, M. Allier, une société vient d'être fondée dans le but de *venir au secours des jeunes gens pauvres du département de la Seine, et de les employer dans les colonies agricoles.*

Ce seul et simple rapprochement suffit pour constater la pensée morale de notre œuvre.

Nous sommes très-fier, très-heureux de nous être rencontré dans un même milieu d'idées, de vœux et d'espérances avec les fondateurs de cette nouvelle œuvre de patronage; car nous sommes un des propagateurs les plus obscurs, mais les plus convaincus, de ces deux grandes vérités: — qu'il est du devoir de la société de PRÉVENIR LE MAL et d'*encourager*, de RÉCOMPENSER LE BIEN autant qu'il est en elle.

Puisque nous avons parlé de cette nouvelle œuvre de charité dont la pensée juste et morale doit avoir une action salutaire et féconde, espérons que ses fondateurs songeront peut-être à combler une autre lacune, en étendant plus tard leur tutélaire patronage ou du moins leur sollicitude officieuse sur *les jeunes enfants dont le père aurait été supplicié ou condamné à une peine infamante entraînant la mort civile*, et qui, nous le répétons, SONT RENDUS ORPHELINS PAR LE FAIT DE L'APPLICATION DE LA LOI.

Ceux de ces malheureux enfants qui seraient déjà dignes d'intérêt par leurs saines tendances et par leur misère mériteraient encore une attention particulière en raison même de leur position exceptionnelle, pénible, difficile, dangereuse... Oui, pénible, difficile, dangereuse.

Disons-le encore: presque toujours victime de cruelles répulsions, souvent la famille d'un condamné, demandant en vain du travail, se voit, pour échapper à la réprobation générale, contrainte d'abandonner les lieux où elle trouvait des moyens d'existence. Alors, aigris, irrités par l'injustice, déjà flétris à l'égal des criminels pour des fautes dont ils sont innocents... quelquefois à bout de ressources honorables, ces infortunés ne

Une partie de la famille est rassemblée dans la cuisine de la maison. Cette pièce est vaste et basse; en face de la porte sont deux fenêtres, au-dessous desquelles s'étend un long fourneau; à gauche, une haute cheminée; à droite, un escalier qui monte à l'étage supérieur; à côté de cet escalier, l'entrée d'une grande salle, garnie de plusieurs tables destinées aux habitués du cabaret. La lumière d'une lampe, jointe aux flammes du foyer, fait reluire un grand nombre de casseroles et autres ustensiles de cuivre pendus le long des murailles ou rangés sur des tablettes avec différentes poteries; une grande table occupe le milieu de cette cuisine.

La veuve du supplicié, entourée de trois de ses enfants, est assise au coin du foyer. Cette femme, grande et maigre, paraît avoir quarante-cinq ans. Elle est vêtue de noir; un mouchoir de deuil noué *en marmotte*, cachant ses cheveux, entoure son front plat, blême, déjà sillonné de rides; son nez est long et droit, ses pommettes saillantes, ses joues creuses, son teint bilieux, blafard; les coins de sa bouche, toujours abaissés, rendent plus dure encore l'expression de ce visage froid, sinistre, impassible comme un masque de marbre. Des sourcils gris surmontent ses yeux d'un bleu terne. La veuve du supplicié s'occupe d'un travail de couture, ainsi que ses deux filles.

L'aînée, sèche et grande, ressemble beaucoup à sa mère... C'est sa physionomie calme, dure et méchante, son nez mince, sa bouche sévère, *son regard pâle*. Seulement, son teint terreux, jaune comme un coing, lui a valu le surnom de Calebasse. Elle ne porte pas le deuil : sa robe est brune, son bonnet de tulle noir laisse apercevoir deux bandeaux de cheveux rares, d'un blond fade et sans reflet.

François, le plus jeune des fils Martial, accroupi sur un escabeau, remaille un *aldret*, filet de pêche destructeur, sévèrement interdit sur la Seine. Malgré le hâle qui le brunit, le teint de cet enfant est florissant; une forêt de cheveux roux couvre sa tête; ses traits sont arrondis, ses lèvres grosses, son front saillant, ses yeux vifs, perçants : il ne ressemble ni à sa mère ni à sa sœur aînée; il a l'air sournois, craintif; de temps à autre, à travers l'espèce de crinière qui retombe sur son front, il jette obliquement sur sa mère un coup d'œil défiant, ou échange avec sa petite sœur Amandine un regard d'intelligence ou d'affection.

Celle-ci, assise à côté de son frère, s'occupe, non pas à marquer, mais à *démarquer* du linge volé la veille. Elle a neuf ans; elle ressemble autant à son frère que sa sœur ressemble à sa mère; ses traits, sans être plus réguliers, sont moins grossiers que ceux de François. Quoique couvert de taches de rousseur, son teint est d'une fraîcheur éclatante; ses lèvres sont épaisses, mais vermeilles; ses cheveux, roux, mais fins, soyeux, brillants; ses yeux, petits, mais d'un bleu pur et doux.

Lorsque le regard d'Amandine rencontre celui de son frère, elle lui montre la porte; à ce signe, François répond par un soupir; puis, appelant l'attention de sa sœur par un geste rapide, il compte distinctement du bout de son filoir dix mailles de filet... Cela veut dire, dans le langage symbolique des enfants, que leur frère Martial ne doit rentrer qu'à dix heures.

En voyant ces deux femmes silencieuses, à l'air méchant, et ces deux pauvres petits inquiets, muets, craintifs, on devine là deux bourreaux et deux victimes.

Calebasse, s'apercevant qu'Amandine cessait

sont-ils pas bien près de faillir, s'ils sont restés probes? Ont-ils, au contraire, déjà subi une influence presque inévitablement corruptrice, ne doit-on pas tenter de les sauver, lorsqu'il est temps encore?

La présence de ces *orphelins de la loi* au milieu des autres enfants recueillis par la Société dont nous parlons serait d'ailleurs pour elle d'un utile enseignement... Elle montrerait que, si le coupable est inexorablement puni, les siens ne perdent rien, gagnent même dans l'estime du monde, si, à force de courage, de vertus, ils parviennent à réhabiliter un nom déshonoré.

Dira-t-on que le législateur a voulu rendre le châtiment plus terrible encore, en frappant virtuellement le père criminel dans l'avenir de son fils innocent? Cela serait barbare, immoral, insensé. N'est-il pas, au contraire, d'une haute moralité de montrer au peuple :

Qu'il n'y a dans le mal aucune solidarité héréditaire; Que la tache originelle n'est pas ineffaçable?

Osons espérer que ces réflexions paraîtront dignes de quelque intérêt à la nouvelle société de patronage.

Sans doute, il est douloureux de songer que l'État ne prend jamais l'initiative dans toutes ces questions palpitantes qui touchent au vif de l'organisation sociale.

En peut-il être autrement?

A l'une des dernières séances législatives, un pétitionnaire, frappé, dit-il, de la misère et des souffrances des classes pauvres, a proposé, entre autres moyens d'y remédier, *la fondation de maisons d'invalides destinées aux travailleurs*.

Ce projet, sans doute défectueux dans sa forme, mais qui renfermait au moins une haute idée philanthropique, digne du plus sérieux examen, en cela qu'elle se rattache à l'immense question de l'organisation du travail; ce projet, disons-nous, *a été accueilli par une hilarité générale et prolongée.*

(E. S.)

un moment de travailler, lui dit d'une voix dure :

— Auras-tu bientôt fini de démarquer cette chemise?...

L'enfant baissa la tête sans répondre ; à l'aide de ses doigts et de ses ciseaux, elle acheva d'enlever à la hâte les fils de coton rouge qui dessinaient des lettres sur la toile.

Au bout de quelques instants, Amandine, s'adressant timidement à la veuve, lui présenta son ouvrage :

— Ma mère, j'ai fini, — lui dit-elle.

Sans lui répondre, la veuve lui jeta une autre pièce de linge. L'enfant ne put la recevoir à temps et la laissa tomber. Sa grande sœur lui donna de sa main dure comme du bois un coup vigoureux sur le bras en s'écriant :

— Petite bête ! ! !

Amandine regagna sa place et se mit activement à l'œuvre, après avoir échangé avec son frère un regard où roulait une larme.

Le même silence continua de régner dans la cuisine... Au dehors, le vent gémissait toujours et agitait l'enseigne du cabaret. Ce triste grincement et le sourd bouillonnement d'une marmite placée devant le feu étaient les seuls bruits qu'on entendît.

Les deux enfants observaient avec une secrète frayeur que leur mère ne parlait pas. Quoiqu'elle fût habituellement silencieuse, ce mutisme complet et certain pincement de ses lèvres leur annonçaient que la veuve était dans ce qu'ils appelaient ses *colères blanches*, c'est-à-dire en proie à une irritation concentrée.

Le feu menaçait de s'éteindre, faute de bois.

— François, une bûche ! — dit Calebasse.

Le jeune raccommodeur de filets défendus regarda derrière le pilier de la cheminée et répondit :

— Il n'y en a plus là...

— Va au bûcher, — reprit Calebasse.

François murmura quelques paroles inintelligibles et ne bougea pas.

— Ah çà ! François, m'entends-tu? dit aigrement Calebasse.

La veuve du supplicié posa sur ses genoux une serviette qu'elle démarquait aussi, et jeta les yeux sur son fils.

Celui-ci avait la tête baissée, mais il devina, mais il sentit pour ainsi dire le terrible regard de sa mère peser sur lui. Craignant de rencontrer ce visage redoutable, l'enfant restait immobile.

— Ah çà ! es-tu sourd, François? — reprit Calebasse irritée. — Ma mère... tu vois...

La grande sœur semblait avoir pour fonction d'accuser les deux enfants et de requérir les peines que la veuve appliquait impitoyablement.

Amandine, sans qu'on pût remarquer son mouvement, poussa doucement le coude de son frère pour l'engager tacitement à obéir à Calebasse. François ne bougea pas.

La sœur aînée regarda sa mère pour lui demander la punition du coupable, la veuve l'entendit. De son long doigt décharné, elle lui montra une baguette de saule forte et souple placée dans l'encoignure de la cheminée. Calebasse se pencha en arrière, prit cet instrument de correction et le remit à sa mère.

François avait parfaitement suivi le geste de sa mère ; il se leva brusquement, et d'un saut se mit hors de l'atteinte de la menaçante baguette.

— Tu veux donc que ma mère te roue de coups ! — s'écria Calebasse.

La veuve, tenant toujours le bâton à la main, pinçant de plus en plus ses lèvres pâles, regardait François d'un œil fixe, sans prononcer un mot.

Au léger tremblement des mains d'Amandine, dont la tête était baissée, à la rougeur qui couvrit subitement son cou, on voyait que l'enfant, quoique habituée à de pareilles scènes, s'effrayait du sort qui attendait son frère.

Celui-ci, réfugié dans un coin de la cuisine, semblait craintif et irrité.

— Prends garde à toi, ma mère va se lever, et il ne sera plus temps ! — dit la grande sœur.

— Ça m'est égal, — reprit François en pâlissant. — J'aime mieux être battu comme avant-hier... que d'aller dans le bûcher... et la nuit... encore...

— Et pourquoi ça? — reprit Calebasse avec impatience.

— J'ai peur dans le bûcher... moi... — répondit l'enfant en frissonnant malgré lui.

— Tu as peur... imbécile... et de quoi?

François hocha la tête sans répondre.

— Parleras-tu?... De quoi as-tu peur?

— Je ne sais pas... mais j'ai peur...

— Tu es allé là cent fois, et encore hier soir!

— Je ne veux plus y aller maintenant...

— Voilà ma mère qui se lève!...

(La suite au prochain numéro.)

COMMENT ON AIME

PAR ÉTIENNE ÉNAULT

DANIELLE

Un robuste gars, à la mine furieuse, le saisit à la poitrine. (Page 477.)

I

Le Nelhouët n'est pas un de ces vieux châteaux, sombres forteresses perdues au fond des châtaigneraies, comme la Bretagne en possède un grand nombre. C'est au contraire une villa toute moderne, gracieusement posée sur l'un des plateaux du Scorff, à deux lieues environ de

Lorient; de fraîches prairies s'étendent à ses pieds, et des bois en miniature lui font un délicieux ombrage à peu de distance. On se croirait là au milieu des belles campagnes de la Seine et de l'élégante villégiature parisienne, si le paysan bas-breton, avec son grand chapeau de feutre et ses larges *bragow-braz*, ne rappelait le Morbihan.

Depuis 1815, madame Grandchamp, veuve d'un général tombé à Waterloo, vivait retirée au Nelhouët. Elle aimait cette habitation solitaire et riante, en harmonie avec la douce gaieté de son esprit comme avec les douloureux souvenirs de son cœur. Mais il s'en fallait que son fils Octave, jeune homme de vingt-deux ans, âme enthousiaste, imagination impatiente, s'accommodât aussi bien de cette monotone existence. L'ennui l'oppressait comme si l'air lui eût manqué. Le château de sa mère lui paraissait froid et sombre, l'horizon étroit et morne. Une sourde aspiration vers l'inconnu, tourment des facultés inactives, l'agitait sans relâche. Craignant que cette ardeur sans issue n'altérât la santé de son fils, madame Grandchamp lui conseilla les voyages; il partit. Lorsqu'il revint, plus d'un an s'était écoulé. Il avait vu les lacs de la Suisse, les ruines du Colisée et du Parthénon, les pyramides d'Égypte, les grottes d'Éléphanta. Mais que rapportait-il de ces lointaines excursions? Un peu plus de vide et d'ennui; et ce découragement de l'âme qui s'est épuisée à la poursuite d'une ombre insaisissable. Il arriva au Nelhouët dans cette disposition morale. C'était le soir, un beau soir d'automne. La campagne souriait lumineuse et tranquille; il se sentit ému à ce doux aspect de sa terre natale qui contrastait avec toutes les agitations qu'il venait de traverser. Il s'arrêta un moment devant la porte du château, dont la gracieuse façade blanchissait au clair de lune. Une larme roula dans ses yeux, et il murmura tendrement :

— Il est sage de vivre où l'on aime : je ne vous quitterai plus, ma mère.

Cri de lassitude qu'un peu de repos fait vite oublier à vingt ans.

Il allait secouer la sonnette, lorsqu'il remarqua que la porte était entre-bâillée. Il entra dans la cour d'honneur, où il ne vit personne, monta rapidement un perron qui conduisait à la galerie des portraits de famille : cette pièce était déserte, mais une lampe brûlait sur une table en marqueterie. Après avoir promené un regard autour de lui, il laissa échapper une exclamation de surprise. Jamais cette galerie ne lui avait paru aussi coquette, aussi originale. Tentures de damas, meubles en tapisserie, porcelaines et fleurs, tout y était disposé dans un ordre inaccoutumé, avec un goût exquis; un livre de poésie étalait ses pages lustrées à la clarté de la lampe : c'était un volume de Lamartine, le sublime inspiré; une harpe dressait ses formes romantiques dans un angle, et soupirait encore par instants comme si ses cordes eussent récemment gémi. Octave ne comprenait rien à une semblable métamorphose : la galerie, comme pièce d'entrée, avait toujours été négligée; sa mère ne lisait d'habitude que les mémoires contemporains; et les sons classiques du piano éveillaient seuls autrefois les échos assoupis du Nelhouët... Le château était-il enchanté? la Malwina d'Ossian avait-elle abandonné les rivages de la Calédonie et s'était-elle réfugiée dans cette oasis armoricaine? Il sourit à cette ambitieuse pensée, et, autant pour obtenir une explication que pour embrasser sa mère, il se suspendit à un cordon de sonnette.

Au même instant il demeura comme ébloui : une admirable jeune fille venait d'entrer.

Sa merveilleuse beauté n'empruntait rien à la parure : un bonnet de mousseline garni de petite dentelle tuyautée, une robe de mérinos bleu à mille plis, un tablier de foulard uni composaient toute sa toilette. Mais son visage éclatant de blancheur, ses traits saisissants d'harmonie, sa taille d'une souveraine élégance rehaussaient d'une distinction incroyable la modestie de ses vêtements. Ses yeux ombrés de longs cils noirs avaient des reflets d'un gris soyeux et miroitant; ses cheveux tombaient sur le galbe de son front en deux bandeaux châtain clair d'une adorable nuance; un rayonnement de perles s'échappait de ses lèvres légèrement entr'ouvertes et fraîchement carminées; elle avait des mains et des pieds d'enfant, et, comme si toutes les perfections se fussent réunies dans un rare ensemble pour la faire accomplie, une grâce féerique accompagnait ses mouvements, et une intelligence radieuse illuminait sa physionomie.

La beauté est électrique. Octave sentit son cœur profondément remué; la voix lui manqua. Ce fut la jeune fille qui, la première, prit la parole.

— Monsieur, dit-elle, madame votre mère est au château de Kermartin, où l'a mandée M. de Kermartin, votre oncle.

Octave parvint à maîtriser son trouble; mais

il ne se remettait d'un étonnement que pour tomber en de nouvelles surprises.

— Ma mère à Kermartin? proféra-t-il ; c'est étrange !...

Cette nouvelle devait, en effet, lui sembler inexprimable, car depuis son mariage madame Grandchamp avait vu se briser toutes ses relations de famille. Il secoua cette préoccupation pour se demander comment il avait été reconnu si vite par une personne qu'il voyait pour la première fois. Le souvenir de son portrait pendu dans la galerie répondit aussitôt à sa muette question.

— N'importe ! continua-t-il à haute voix d'un ton moitié plaisant, moitié sérieux, il y a ici un peu de surnaturel dans tout ce que j'apprends, et particulièrement dans tout ce que je vois.

Le regard qui accompagnait ces mots était assez expressif pour en compléter le sens. Une légère nuance pourprée colora les joues de l'inconnue ; elle garda le silence. Octave remarqua son trouble et se sentit lui-même embarrassé. Pour se donner une contenance, il alla respirer les roses du Bengale et les violettes d'automne qui s'épanouissaient sur la cheminée, puis il s'arrêta devant la harpe, dont il caressa de la main les formes élégantes.

— Mademoiselle est musicienne? demanda-t-il ; c'est elle sans doute qui fait chanter ce noble instrument?

— Je me contente de le faire résonner, monsieur, répondit-elle avec une douce gravité.

Octave fut charmé de cette modestie. Il s'approcha de la table sur laquelle était ouvert le volume de Lamartine, et reprit :

— La poésie et la musique sont sœurs ; vous leur partagez, je le le vois, vos sympathies et vos loisirs : c'est justice.

Le début de cet entretien parut sans doute trop relevé à l'étrangère, car elle se hâta de lui donner une plus humble allure. Elle convint en souriant que les muses étaient fort dignes d'intérêt, mais elle estima qu'un voyageur devait leur préférer un peu de nourriture et de repos, et elle demanda la permission de dresser un couvert.

— Vous, mademoiselle? dit-il d'un air ébahi.

— Moi-même, monsieur, et je me flatte de m'y entendre mieux qu'aux belles choses dont vous parliez tout à l'heure.

Octave avait une âme ardente et mobile, facile à l'enthousiasme, plus facile encore au désenchantement; c'était un esprit romanesque, enclin à l'idéal, antipathique au vulgaire. Il trembla de comprendre la nature des relations de cette belle personne avec le château. Il eût souffert de la voir tomber des cimes lumineuses où déjà son imagination l'avait placée sur la sombre banquette d'une antichambre. Devina-t-elle cette secrète anxiété? voulut-elle détruire l'effet bizarre de ses dernières paroles? elle reprit avec une fine accentuation qu'il n'y avait pas un seul domestique au château, qu'elle avait consenti à surveiller le Nelhouët pendant l'absence de madame Grandchamp, et qu'elle avait permis à tous les serviteurs d'aller fêter au bourg voisin l'inauguration d'une aire nouvelle.

— Je ne vous attendais pas, monsieur, ajouta-t-elle; vous m'excuserez si le souper que je vais vous servir n'est pas de votre goût.

Les perplexités d'Octave étaient dissipées; il répondit avec élan :

— Ah! quelle était mon erreur ! J'imaginais que dans les contes de Perrault seulement les fées se faisaient les humbles servantes des voyageurs!

Une ombre passa sur le front de la jeune fille; elle répondit avec une ironie un peu froide qu'il n'y avait probablement plus de fées depuis qu'il existait des philosophes ; que, loin d'habiter les nuages, elle avait une très-modeste demeure à Pont-Scorff, et qu'elle ne s'appelait ni Berliquette ni Mélusine, mais tout simplement Danielle Penhoët. De plus en plus disposé à l'enchantement, Octave admira l'esprit et le bon goût de cette repartie : il trouva surtout au nom de Danielle une mélodieuse euphonie, il le répéta plusieurs fois avec une sorte de tendresse, mais tout bas et de manière à n'être entendu que de son propre cœur.

— Si vous le permettez, mademoiselle, dit-il, je souperai sur le coin de votre table, mais à la condition que vous ne dérangerez pas votre livre et que vous reprendrez votre lecture.

Elle accueillit cette fantaisie d'un air indifférent, s'inclina et disparut.

Seul, Octave passa la main sur son front comme pour en chasser les vapeurs d'un rêve. Il aimait à s'en croire le jouet. Les lettres de sa mère ne lui ayant jamais annoncé la nouvelle amie qu'il rencontrait à Nelhouët, il n'était pas étonnant qu'il se plût à la couronner d'une mystérieuse auréole. Il est vrai que son voyage avait été parfois si rapide que quelques-unes de ces lettres étaient restées dans les chancelleries françaises de l'étranger.

Hâtons-nous de le dire, cette rencontre n'était féerique que pour l'imagination séduite du jeune homme. Peu de jours après le départ de son fils, madame Grandchamp, se promenant dans la campagne, rencontra une charmante créature évanouie au revers d'un fossé : c'était Danielle. La noble dame lui porta secours. Ayant appris qu'elle se rendait à Pont-Scorff pour prendre possession d'un petit héritage, elle l'y accompagna elle-même dans sa voiture. Danielle paraissait si intéressante que la mère d'Octave retourna la voir et la reçut bientôt au Nelhouët. Toutes les voix du bourg n'en faisaient qu'une pour vanter sa vie douce et honnête et la distinction de son esprit. L'amitié qu'elle inspirait n'était égalée que par l'estime qu'on lui témoignait. Un jour, madame Grandchamp sut qu'elle jouait de la harpe; elle en fit aussitôt venir une de Paris et la lui donna. Puis, voulant lui offrir une plus grande preuve encore de sa tendresse et de sa confiance, elle la pria de la remplacer dans la direction de son château pendant une absence à laquelle l'obligeait un devoir de famille. Voilà pourquoi Octave la rencontrait au Nelhouët.

Cependant, comme il en avait exprimé le désir, son souper était servi sur la table en marqueterie. Il y fit honneur, mais non sans de grandes distractions. Danielle avait repris sa lecture, et il avait bien de la peine à détacher d'elle son regard pour le reporter sur son assiette. Le repas terminé, elle enleva le couvert : à peine l'entendait-on marcher ; chacun de ses pas éveillait comme un doux bruit d'ailes, et Octave craignait qu'elle ne s'envolât. Ses craintes n'étaient vraiment pas trop chimériques, car elle posa bientôt un trousseau de clefs devant le jeune homme et lui annonça qu'elle retournait à Pont-Scorff.

— Avez-vous donc coutume le soir de quitter le château? lui demanda-t-il d'un air stupéfait.

— Votre présence, monsieur, me dispense d'y séjourner plus longtemps.

— Juste ciel ! mais je n'entends rien à la surveillance d'une habitation ! reprit-il avec effroi. Je refuse votre démission.

— Il faut pourtant l'accepter, répliqua Danielle d'un ton souriant, mais ferme.

Octave eut beau lui déclarer qu'il préférait repartir pour Lorient, où ses malles étaient restées à l'hôtel; il ne réussit pas à changer la résolution de la jeune fille et dut se résigner.

— Au moins, reprit-il d'une voix suppliante, ne viendrez-vous pas m'aider à remplir ma tâche ? ne vous reverrai-je plus?

Elle hésita un moment, puis elle lui rappela que le dimanche suivant était la fête de madame Grandchamp, que ce jour-là les paysans d'alentour avaient coutume de s'assembler au Nelhouët.

— Madame votre mère, continua-t-elle, veut que tout se passe comme si elle était présente. Je suis chargée de présider aux préparatifs, et, si vous le permettez, je vous en épargnerai la fatigue.

Octave ne fut pas maître de réprimer un mouvement de joie qui déplut sans doute à Danielle, car un nuage assombrit son visage. Ce nuage parut se dissiper bientôt sous le souffle d'une pensée calme et forte.

Les serviteurs rentraient en ce moment. Ils aimaient leur jeune maître et le lui prouvèrent par de naïves et robustes démonstrations. Après quoi l'un d'eux, vieux cocher cumulant au besoin les fonctions de batelier, proposa à Danielle de la reconduire par le Scorff.

— La marée baisse, mademoiselle ; en quelques coups d'avirons nous serons devant les Glaïeuls.

— Les Glaïeuls ! répéta Octave, émerveillé de voir que tout concourait à poétiser cette simple et belle personne. Est-ce votre demeure, mademoiselle?

— Mon Dieu ! oui, monsieur, répondit-elle avec un peu de confusion. C'est du moins ainsi que les habitants de Pont-Scorff ont nommé ma rustique habitation, parce que j'y cultive quelques-unes de ces fleurs que j'aime beaucoup. Si j'avais pu prévoir...

— Ah ! croyez-moi, interrompit Octave, le paysan breton a l'instinct poétique ; à défaut de vos glaïeuls, il n'eût pas manqué d'imaginer quelque autre prétexte pour caractériser gracieusement ce qui vous entoure.

Danielle ne parut pas prendre garde à cette repartie, mais elle se mit à hâter son départ.

— Faut-il emporter votre harpe? lui demanda le batelier.

— Oui, répondit-elle avec gravité, car je ne reviendrai qu'une seule fois au Nelhouët jusqu'au retour de madame Grandchamp.

(La suite au prochain numéro.)

Le propriétaire-gérant : F. ROY.

LES MYSTÈRES DE PARIS

La veuve prit son fils par le bras, et, malgré les pleurs de l'enfant, l'entraina après elle. (Page 474.)

— Tant pis ! — s'écria l'enfant ; — qu'elle me batte, qu'elle me tue, elle ne me fera pas aller dans le bûcher.., la nuit... surtout...

— Mais, encore une fois, pourquoi ? — reprit Calebasse.

— Eh bien, parce que...

— Parce que ?

— Parce qu'il y a quelqu'un...

— Il y a quelqu'un ?

— D'enterré là... — murmura François en frissonnant.

La veuve du supplicié, malgré son impassibilité, ne put réprimer un brusque tressaillement ; sa fille l'imita : on eût dit ces deux femmes frappées d'une même secousse électrique.

— Il y a quelqu'un d'enterré dans le bûcher ?

— reprit Calebasse en haussant les épaules.

— Oui, — dit François d'une voix si basse qu'on l'entendit à peine.

— Menteur !... — s'écria Calebasse.

— Je te dis, moi, que tantôt, en rangeant du bois, j'ai vu dans le coin noir du bûcher un os de mort... il sortait un peu de la terre qui était humide... alentour... — répliqua François.

— L'entends-tu, ma mère? Est-il bête! — dit Calebasse en faisant un signe d'intelligence à la veuve; ce sont des os de mouton que je mets là pour la lessive...

— Ce n'était pas un os de mouton, — reprit l'enfant avec épouvante ; — c'étaient des os enterrés... des os de mort... un pied qui sortait de terre... je l'ai bien vu.

— Et tu as tout de suite raconté cette belle trouvaille-là... à ton frère... à ton bon ami Martial, n'est-ce pas? — dit Calebasse avec une ironie sauvage.

François ne répondit pas.

— Méchant petit *raille*[1], — s'écria Calebasse furieuse ; — parce qu'il est poltron comme une vache, il serait capable de nous faire *faucher* comme on a *fauché*[2] notre père.

— Puisque tu m'appelles *raille*, — s'écria François exaspéré, — je dirai tout à mon frère Martial. Je ne le lui avais pas dit encore, car je ne l'ai pas vu depuis tantôt... mais quand il reviendra ce soir... je...

L'enfant n'osa pas achever. Sa mère s'avançait vers lui, calme, mais inexorable. Quoiqu'elle se tînt habituellement un peu courbée, sa taille était très-haute pour une femme; tenant sa baguette d'une main, de l'autre la veuve prit son fils par le bras, et malgré la terreur, la résistance, les prières, les pleurs de l'enfant, l'entraînant après elle, elle le força de monter l'escalier du fond de la cuisine.

Au bout d'un instant, on entendit au-dessus du plafond des trépignements sourds, mêlés de cris et de sanglots... Quelques minutes après, ce bruit cessa. Une porte se referma violemment.

Et la veuve du supplicié redescendit. Puis, toujours impassible, elle remit la baguette de saule à sa place, se rassit auprès du foyer, et reprit son travail de couture sans prononcer une parole.

1. Mouchard. — 2. Guillotiné.

CHAPITRE V

LE PIRATE D'EAU DOUCE

Après quelques moments de silence, la veuve du supplicié dit à sa fille :

— Va chercher du bois ; cette nuit nous *rangerons le bûcher*... au retour de Nicolas et de Martial.

— De Martial? Vous voulez donc lui dire aussi que...

— Du bois... — reprit la veuve en interrompant sa fille.

Celle-ci, habituée à subir cette volonté de fer, alluma une lanterne et sortit. Au moment où elle ouvrit la porte, on vit au dehors la nuit noire, on entendit le craquement des hauts peupliers agités par le vent, le cliquetis des chaînes de bateaux, les sifflements de la bise, le mugissement de la rivière. Ces bruits étaient profondément tristes.

Pendant la scène précédente, Amandine, péniblement émue du sort de François, qu'elle aimait tendrement, n'avait osé ni lever les yeux ni essuyer ses pleurs, qui tombaient goutte à goutte sur ses genoux. Ses sanglots contenus la suffoquaient, elle tâchait de réprimer jusqu'aux battements de son cœur palpitant de crainte. Les larmes obscurcissaient sa vue. En se hâtant de démarquer la chemise qu'on lui avait donnée, elle s'était blessée à la main avec ses ciseaux ; la piqûre saignait beaucoup, mais la pauvre enfant songeait moins à sa douleur qu'à la punition qui l'attendait pour avoir taché de son sang cette pièce de linge. Heureusement, la veuve, absorbée dans une réflexion profonde, ne s'aperçut de rien.

Calebasse rentra portant un panier rempli de bois. Au regard de sa mère, elle répondit par un signe de tête affirmatif. Cela voulait dire qu'en effet le pied du mort sortait de terre...

La veuve pinça les lèvres et continua de travailler, seulement elle parut manier plus précipitamment son aiguille.

Calebasse ranima le feu, surveilla l'ébullition de la marmite qui cuisait au coin du feu, puis se rassit auprès de sa mère.

— Nicolas n'arrive pas ! — lui dit-elle. — Pourvu que la vieille femme de ce matin, en lui donnant un rendez-vous avec un bourgeois de la part de Bradamanti, ne l'ait pas mis dans une mauvaise affaire. Elle avait l'air si en dessous !

elle n'a voulu ni s'expliquer, ni dire son nom, ni d'où elle venait.

La veuve haussa les épaules.

— Vous croyez qu'il n'y a pas de danger pour Nicolas, ma mère?... Après tout, vous avez peut-être raison... La vieille lui demandait de se trouver à sept heures du soir quai de Billy, en face de la gare, et là d'attendre un homme qui voulait lui parler et qui lui dirait *Bradamanti* pour mot de passe... Au fait, ça n'est pas bien périlleux... Si Nicolas s'attarde, c'est qu'il aura comme avant-hier... peut-être trouvé quelque chose en route... ce linge-là... qu'il a *grinchi*[1] sur un bateau de blanchisseuse.

Et elle lui montra une des pièces que démarquait Amandine; puis, s'adressant à l'enfant :

— Qu'est-ce que ça veux dire, *grinchir*?

— Ça veut dire... prendre...— répondit l'enfant sans lever les yeux.

— Ça veux dire voler, petite sotte; entends-tu?... voler...

— Oui, ma sœur...

— Et quand on sait bien *grinchir* comme Nicolas, il y a toujours quelque chose à gagner... Le linge qu'il a volé hier nous a remontés et ne nous coûtera que la façon du démarquage... n'est-ce pas, ma mère? — ajouta Calebasse avec un éclat de rire qui laissa voir des dents déchaussées et jaunes comme son teint.

La veuve resta froide à cette plaisanterie.

— A propos de remonter notre ménage gratis, — reprit Calebasse, — nous pourrons peut-être nous fournir à une autre boutique. Vous savez bien qu'un vieux homme est venu habiter, depuis quelques jours, la maison de campagne de M. Griffon, le médecin de l'hospice de Paris... cette maison isolée, à cent pas du bord de l'eau, en face du four à plâtre.

La veuve baissa la tête.

— Nicolas disait hier que maintenant il y aurait peut-être là un bon coup à faire,— reprit Calebasse. — Et moi je sais depuis ce matin qu'il y a là du butin pour sûr; il faudra envoyer Amandine flâner autour de la maison, on n'y fera pas attention; elle aura l'air de jouer, regardera bien partout, et viendra nous rapporter ce qu'elle aura vu. Entends-tu ce que je te dis? — ajouta durement Calebasse en s'adressant à Amandine.

— Oui, ma sœur, j'irai, — répondit l'enfant en tremblant.

1. Volé.

— Tu dis toujours : « Je ferai, » et tu ne fais pas, sournoise! La fois où je t'avais commandé de prendre cent sous dans le comptoir de l'épicier d'Asnières pendant que je l'occupais d'un autre côté de sa boutique, c'était facile; on ne se défie pas d'un enfant. Pourquoi ne m'as-tu pas obéi?

— Ma sœur... le cœur m'a manqué... je n'ai pas osé.

— L'autre jour tu as bien osé voler un mouchoir dans la balle du colporteur, pendant qu'il vendait dans le cabaret... S'est-il aperçu de quelque chose, imbécile?

— Ma sœur, vous m'y avez forcée... le mouchoir était pour vous; et puis ce n'était pas de l'argent.

— Qu'est-ce que ça fait?

— Dame!... prendre un mouchoir, ça n'est pas si mal que de prendre de l'argent.

— Ma parole d'honneur! c'est Martial qui t'apprend ces *vertucheries*-là, n'est-ce pas? — reprit Calebasse avec ironie; — tu vas tout lui rapporter, petite moucharde!... crois-tu que nous ayons peur qu'il nous mange, ton Martial?...

Puis, s'adressant à la veuve, Calebasse ajouta :

— Vois-tu, ma mère, ça finira mal pour lui... Il veut faire la loi ici. Nicolas est furieux contre lui, moi aussi... Il excite Amandine et François contre nous, contre toi... Est-ce que ça peut durer?...

— Non... — dit la mère d'un ton bref et dur.

— C'est surtout depuis que sa Louve est à Saint-Lazare qu'il est comme un déchaîné après tout le monde... Est-ce que c'est notre faute, à nous, si elle est en prison... sa maîtresse?... Une fois sortie, elle n'a qu'à venir ici... et je la servirai... bonne mesure... quoiqu'elle fasse la méchante...

La veuve, après un moment de réflexion, dit à sa fille :

— Tu crois qu'il y a un coup à faire sur ce vieux qui habite la maison du médecin?

— Oui, ma mère...

— Il a l'air d'un mendiant!

— Ça n'empêche pas que c'est un noble.

— Un noble?

— Oui, et qu'il a de l'or dans sa bourse... quoiqu'il aille à Paris à pied tous les jours et qu'il revienne de même, avec son gros bâton pour toute voiture.

— Qu'en sais-tu, s'il a de l'or?

— Tantôt j'ai été au bureau de poste d'Asnières pour voir s'il n'y avait pas de lettre de Toulon...

A ces mots, qui lui rappelaient le séjour de son fils au bagne, la veuve du supplicié fronça ses sourcils et étouffa un soupir.

Calebasse continua :

—J'attendais mon tour, quand le vieux qui loge chez le médecin est entré ; je l'ai tout de suite reconnu à sa barbe blanche comme ses cheveux... à sa face couleur de buis... et à ses sourcils noirs. Il n'a pas l'air facile... Malgré son âge, ça doit être un vieux déterminé... Il a dit à la buraliste :

« — Avez-vous des lettres d'Angers pour M. le comte de Saint-Remy?

« — Oui, a-t-elle répondu, en voilà une.

« — C'est pour moi, a-t-il dit ; voilà mon passe-port. »

« Pendant que la buraliste l'examinait, le vieux, pour payer le port, a tiré sa bourse de soie verte. A un bout j'ai vu de l'or reluire à travers les mailles; il y en avait gros comme un œuf... au moins quarante à cinquante louis ! — s'écria Calebasse les yeux brillants de convoitise... — et pourtant il est mis comme un gueux... C'est un de ces vieux avares farcis de trésors... Allez, ma mère! nous savons son nom... ça pourra peut-être servir... pour s'introduire chez lui... quand Amandine nous aura dit s'il a des domestiques. »

Des aboiements violents interrompirent Calebasse.

— Ah ! les chiens crient, — dit-elle ; — ils entendent un bateau... C'est Martial ou Nicolas...

Au nom de Martial, les traits d'Amandine exprimèrent une joie contrainte.

Après quelques minutes d'attente, pendant lesquelles elle fixait un œil impatient et inquiet sur la porte, l'enfant vit, à son grand regret, entrer Nicolas, le futur complice de Barbillon. La physionomie de cet homme était à la fois ignoble et féroce : petit, grêle, chétif, on ne concevait pas qu'il pût exercer son dangereux et criminel métier. Malheureusement une sauvage énergie morale suppléait chez ce misérable à la force physique qui lui manquait. Par-dessus son bourgeron bleu, Nicolas portait une sorte de casaque sans manches, faite d'une peau de bouc à longs poils bruns; en entrant, il jeta par terre un saumon de cuivre qu'il avait péniblement apporté sur son épaule.

— Bonne nuit et bon butin, la mère! — s'écria-t-il d'une voix creuse et enrouée, après s'être débarrassé de son fardeau ; — il y a encore trois saumons pareils dans mon bachot, un paquet de hardes et une caisse remplie de je ne sais pas quoi ; car je ne me suis pas amusé à l'ouvrir. Peut-être que je suis volé... on verra !

— Et l'homme du quai de Billy ? — demanda Calebasse pendant que la veuve regardait silencieusement son fils.

Celui-ci, pour toute réponse, plongea sa main dans la poche de son pantalon, et, la secouant, il fit bruire un grand nombre de pièces d'argent.

— Tu lui as pris tout ça?... — s'écria Calebasse.

— Non, il a *aboulé* de lui-même deux cents francs ; et il en *aboulera* encore huit cents quand j'aurai... Mais suffit !... D'abord, déchargeons mon bachot, nous jaserons après... Martial n'est pas ici?

— Non,— dit la sœur.

— Tant mieux!... nous serrerons le butin sans lui... Autant qu'il ne sache pas...

— Tu as peur de lui, poltron? — dit aigrement Calebasse.

— Peur de lui? moi !... — il haussa les épaules : — j'ai peur qu'il ne nous vende... voilà tout. Quant à le craindre... *coupe-sifflet* [1] a la langue trop bien affilée !...

— Oh ! quand il n'est pas là, tu fanfaronnes... mais qu'il arrive, ça te clôt le bec.

Nicolas parut insensible à ce reproche, et dit :

— Allons, vite ! vite !... au bateau !... Où est donc François, la mère?... Il nous aiderait.

— Ma mère l'a enfermé là-haut après l'avoir rincé; il se couchera sans souper, — dit Calebasse.

— Bon, mais qu'il vienne tout de même aider à décharger le bachot, n'est-ce pas, la mère?... Moi, lui et Calebasse, en une tournée nous rentrerons tout ici...

La veuve leva le doigt au plafond. Calebasse comprit, et monta chercher François.

Le sombre visage de la mère Martial s'était quelque peu déridé depuis l'arrivée de Nicolas ; elle l'aimait plus que Calebasse, moins encore que *son fils de Toulon*, comme elle disait... car l'amour maternel de cette farouche créature s'élevait en proportion de la criminalité. Cette préférence perverse explique suffisamment l'éloignement de la veuve pour ses deux jeunes enfants, qui n'annonçaient pas de dispositions

1. Mon couteau.

mauvaises, et sa haine profonde pour Martial, son fils aîné, qui, sans mener une vie irréprochable, pouvait passer pour un très-honnête homme si on le comparait à Nicolas, à Calebasse et à son frère le forçat de Toulon.

— Où as-tu picoré cette nuit ? — dit la veuve à Nicolas.

— En m'en retournant du quai de Billy, où j'ai rencontré le bourgeois avec qui j'avais rendez-vous pour ce soir, j'ai reluqué, près du pont des Invalides, une galiote amarrée au quai. Il faisait noir ; j'ai dit : Pas de lumière dans la cabine... les mariniers sont à terre. J'aborde... Si je trouve un curieux, je demande un bout de corde, censé pour reficeler ma rame. J'entre dans la cabine... personne... Alors j'y rafle ce que je peux, des hardes, une grande caisse, et, sur le pont, quatre saumons de cuivre ; car j'ai fait deux tournées, la galiote était chargée de cuivre et de fer. Mais voilà François et Calebasse : vite au bachot !...

(La suite au prochain numéro.)

COMMENT ON AIME

DANIELLE

(SUITE)

Octave l'accompagna au bord de la rivière : il lui offrit la main pour l'aider à monter dans la barque ; mais, légère comme un oiseau, elle s'y élança sans même effleurer les doigts du jeune homme. Il suivit des yeux et de l'âme cette barque qui disparaissait entre deux sombres collines sous un ciel étoilé ; puis il regagna le château d'un air heureux et en répétant :

— Dans trois jours, je la reverrai !

II

Le lendemain, Octave se leva de grand matin, écrivit à sa mère, prit son fusil et s'élança dans la campagne.

La matinée était riante, le ciel bariolé de nuages blancs et de losanges bleus, l'herbe diamantée de rosée, les buissons étourdissants de mélodie. Pour la première fois, Octave se sentait vivre au sein de cette fraîche solitude ; une ardeur nouvelle circulait dans ses veines ; des effluves d'une inexprimable douceur inondaient son âme ; il chantait en marchant d'un pas vif et léger et cueillait toutes les fleurs à portée de sa main, sans songer à troubler son fusil au repos sur son épaule, tandis que les lapins broutaient tranquillement le serpolet autour de lui et que les alouettes le suivaient gaiement de sillons en sillons. Tout à coup il vit, à une centaine de pas, le clocher dentelé de Pont-Scorff et s'arrêta brusquement.

— Où vais-je ainsi, se demanda-t-il, et pourquoi ai-je pris cette direction ?

Il secoua la tête en souriant, caressa du regard les premiers chaumes du bourg, et, après un instant d'hésitation, il revint sur ses pas. Quelques minutes plus tard, un lièvre franchissait en deux bonds le sentier que suivait notre pacifique chasseur et disparaissait à travers les genêts dorés. Mais Octave n'était plus d'humeur à permettre que le gibier se moquât de lui ; il traversa la haie et lâcha ses deux coups de fusil. Au même instant retentit un cri de douleur ; ce cri venait d'être poussé par une jeune fille agenouillée dans un champ de blé noir derrière un pommier, tout près du lièvre abattu.

Quelle ne fut pas l'horrible émotion d'Octave en reconnaissant Danielle ! La violence de son angoisse paralysait ses forces ; il restait cloué sur place, lorsqu'un paysan, robuste gars à la mine furieuse, le saisit à la poitrine et leva sur lui une faucille. Un nouveau cri de Danielle arrêta le coup ; le paysan lâcha prise et retourna vers la jeune Bretonne, qui lui adressa des reproches qu'il écouta dans une attitude respectueuse et chagrine.

— Je n'aime pas qu'on vous fasse du mal, cousine, répondit-il d'une voix fortement émue, et vous êtes blessée.

Il accompagna ces mots de regards terribles lancés à Octave. Celui-ci était accouru, s'était jeté à deux genoux devant la jeune fille et avait saisi ses mains, sur lesquelles des gouttes de sang perlaient comme des rubis. Il était plus pâle qu'un mort, sa poitrine bondissait à se rompre, et son cœur saignait plus que les blessures qu'il étanchait en tremblant.

— Rassurez-vous, monsieur, lui dit Danielle, j'ai eu plus de peur que de mal. Pardonnez à mon cousin la menace qu'il vous a faite. Ce pauvre Marc m'aura crue morte.

— Ah ! c'est à moi d'implorer un pardon, répondit Octave. J'eusse mille fois moins souffert d'un coup de faucille que de mon odieuse maladresse.

— Votre maladresse ? répliqua-t-elle en souriant et en montrant le lièvre étendu sur des fétus de blé noir ; mais je vous trouve au contraire fort adroit, et il était impossible, en m'atteignant ainsi, de me faire moins de mal.

— Oh ! vous êtes bonne, s'écria Octave, le visage rayonnant de reconnaissance ; oh ! je vous remercie.

Quelques grains de plomb seulement avaient déchiré l'épiderme des mains qu'il pansait et dont il ne pouvait s'empêcher d'admirer la délicatesse et la blancheur. Aussi, quand il tira de sa poche un mouchoir de fine baptiste pour en faire des bandelettes, Danielle s'y opposa-t-elle en déclarant que ses blessures n'en valaient pas la peine, et qu'elles ne l'empêcheraient pas de continuer sa moisson.

— Votre moisson ? répéta Octave. Quoi ! mademoiselle, vous la faites vous-même ?

— Sans doute, monsieur. Qu'y a-t-il à cela de surprenant ? Cela n'est guère fatiguant, je vous assure ; d'autant moins que mon cousin Marc veut absolument abréger ma tâche. Il est si bon !

Le gars, en effet, liait en bottes le sarrasin sec et le chargeait sur un âne pour le rentrer. Aux derniers mots de sa cousine, un flux de sang jaillit à son visage hâlé. Octave réfléchit un instant, puis il s'écria :

— Et moi aussi, je vous aiderai ! Il ne sera pas dit que j'aurai paralysé l'activité de vos deux mains sans avoir mis les deux miennes à votre service ! Acceptez, je vous en supplie ; je mettrai tous mes soins à botteler votre blé noir, et je le placerai si délicatement sur l'âne qu'il ne s'en perdra pas un grain et que les moineaux m'en voudront à la mort.

L'originalité de cette proposition amena de nouveau le sourire sur les lèvres de Danielle, Marc se dérida, et le baudet lui-même poussa un braîment de satisfaction. Encouragé par cet accueil, Octave ramassa bien vite des épis, mais il les disposa si mal que Danielle le remercia de sa bonne volonté, ajoutant qu'elle n'avait nul besoin d'un si habile moissonneur. Un moment déconcerté, il reprit bientôt courage, regarda pendant quelques minutes le paysan travailler, puis il essaya de l'imiter, et répondit demi-sérieux à la belle moissonneuse qui insistait pour qu'il renonçât à sa fantaisie :

— Vous vous êtes moquée de moi, mademoiselle ; je veux absolument vous prouver que je ne suis pas plus maladroit qu'un autre, et dussé-je vous déplaire, c'est moi qui vous confectionnerai vos plus belles bottes de sarrasin.

Danielle prit le parti de rire. Après avoir convenablement entassé épis sur épis, Octave les ceignit d'un lien de paille ; mais, résolue à le décourager, la jeune fille fit un geste de désapprobation.

— Vous liez trop haut, dit-elle ; une bonne partie du blé s'échappera.

— Ah ! pardon, pardon ! proféra-t-il en abaissant un peu le lien.

— Bon ! reprit-elle, vous ne serrez pas assez, cela se dénouera en route.

— Je vais y remédier, mademoiselle.

Et il tortilla le lien de paille avec vigueur.

— Juste ciel ! mais vous allez couper votre botte en deux, ajouta-t-elle avec un mélange de raillerie et d'effroi. Décidément, vous n'avez aucune disposition pour les travaux des champs, et je vous engage à continuer votre chasse ; c'est bien plus dans vos moyens.

Mais Octave ne voulait pas abandonner cette charmante églogue en action : loin de se laisser décourager par la persistance des critiques qui lui était étaient adressées, il ne s'en remettait que plus intrépidement à l'œuvre.

— Ah ! mademoiselle, dit-il en s'animant, il ne m'est pas encore démontré que vous ne soyez pas Cérès elle-même se mêlant incognito aux moissonneurs de nos campagnes, et, vive Dieu ! je tiens à mériter l'estime d'une déesse.

Ces paroles enthousiastes produisirent sur la jeune fille un déplorable effet : sa bonne humeur s'évanouit, sa physionomie refléta cette teinte sérieuse et froide qui s'était déjà manifestée la veille, et elle répondit d'une voix grave et ferme :

— Hier, monsieur, j'étais une fée, aujourd'hui je suis une déesse ; que serai-je demain, s'il vous plaît encore de vous amuser à mes dépens? Ah! je vous prie, renoncez à ce vilain langage, trop exagéré pour être sincère. A mon avis, il abaisse toujours celle qu'il prétend élever, parce qu'il s'adresse à la vanité qu'on lui suppose. Je désire, monsieur, qu'on me laisse dans l'humble sphère où Dieu m'a placée, ni plus haut ni plus bas, et je sais trop le peu que je suis pour que l'exagération puisse jamais me flatter.

Son accent, son visage, son attitude, tout témoignait de sa profonde sincérité. Les sentiments, comme les métaux, ont un caractère et un timbre particulier auxquels ils se reconnaissent toujours. Octave ne s'y méprit pas cette fois; il avoua humblement ses torts, et voyant que ses excuses étaient agréées il reprit avec élan :

— Eh bien! je renonce à la mythologie. Je ne vous donnerai plus une seule occasion de vous plaindre de mes paroles... ni de mes œuvres, ajouta-t-il en soulevant une botte de sarrasin qu'il venait d'achever.

— Celle-ci est parfaite, dit Danielle dont le front reprit sa pureté. Mon cousin Marc n'eût pas fait mieux. Mais, croyez-moi, tenez-vous-en à ce succès, de peur d'un revers.

— Oh! maintenant, je suis certain de mon adresse, et j'irai jusqu'au bout.

Et, sans écouter aucune remontrance, il continua de botteler avec une habileté qui eût édifié les plus fins moissonneurs de la Bretagne. Comment n'eût-il pas fait merveille? Solitude riante, verdure diaprée, gerbes de soleil, tiède brise de la mer, mielleuses senteurs du blé noir, l'automne étalait en ce moment ses plus pénétrantes harmonies, et Danielle était là pour leur communiquer encore plus de grâce et de séduction, pour inspirer un goût irrésistible au rustique caprice d'une récolte de sarrasin.

Bientôt l'âne fut si chargé qu'il disparut sous son fardeau. Marc, qui avait souvent regardé d'un air soucieux les jeunes gens à la dérobée, le poussa brusquement sur la route en disant :

— Je m'en vais rentrer ce blé-ci, cousine.

— Je pars aussi, cousin, répondit-elle. Il est midi, il faut que j'aille préparer le dîner.

— Déjà ! murmura Octave en soupirant.

Danielle l'entendit sans doute, car elle le salua sans le regarder; le paysan la suivit.

— Au revoir, maître Marc! dit Octave avec cette inflexion courtisanesque que sait si bien prendre la voix des amoureux et des mendiants. J'espère que nous serons désormais les meilleurs amis du monde?

— Excusez, monsieur, mais je n'ai d'amis que dans les chaumières.

— Butor! pensa Octave.

Un moment après, il ramassait son fusil et son lièvre, lorsque parmi les débris de paille, à l'endroit même où Danielle avait été blessée, il aperçut un petit *agenda* en maroquin vert. Cet agenda était sans doute tombé de la poche de la moissonneuse quand elle en avait tiré son mouchoir pour essuyer le sang de ses mains. Il emporta sa trouvaille comme un trésor.

III

Est-il rien de plus aimable que cette facilité avec laquelle la jeunesse se crée un bonheur? Une fleur, un ruban, un rien vaut souvent pour elle mieux que toutes les richesses du monde entier. Radieux printemps de l'âme où les miasmes amers de la cupidité et de l'ambition n'étouffent pas encore le balsamique parfum des sentiments, où le cœur n'est pas un creuset, mais un calice !

Aux yeux d'Octave, le petit agenda de Danielle était une relique, une relique d'amour. Il en feuilletait à chaque instant les pages, dont les inscriptions quotidiennes, composant une semaine entière, étaient suivies de notes au crayon. Il s'efforçait de ne les pas lire, mais il les lut en dépit de lui-même. C'étaient pour la plupart des indications sur l'emploi des journées, mystérieux témoignages d'une vie limpide et tranquille comme l'eau d'une source sur un lit de mousse. Deux notes fixèrent surtout son attention : l'une était une date inscrite en ces termes à la journée du vendredi: 1er *janvier* 1822. L'autre se trouvait au feuillet du dimanche, portant ces mots : *Fête de madame Grandchamp, fête de mon cœur.* Octave posa avec transport ses lèvres sur cette dernière inscription; puis il chercha à deviner le sens de la première, dont les caractères à demi effacés accusaient l'ancienneté; des traces de larmes semblaient donner à ces caractères une signification douloureuse. Ne sachant à quelle supposition s'arrêter, il cessa de s'en préoccuper. Bientôt l'idée lui vint que Danielle, trop pauvre pour n'être pas sensible à la perte d'un objet qu'elle ne pouvait peut-être remplacer, regrettait son agenda. Il se frappa le front avec humeur, maudit son égoïsme et se jeta dans une barque que soulevait la haute marée. Comme il arrivait à l'entrée du bourg, le soleil disparu ne réfléchissait que de vacillantes clartés à l'horizon, la nuit enveloppait Pont-Scorff, nuit obscure, sans autres rayons que les lueurs rougeâtres des chandelles de résine qui s'allumaient sous les chaumes. Où allait Octave? Chez Danielle, dont les gens du Nelhouët lui avaient enseigné la demeure. Mais à mesure qu'il approchait de Pont-Scorff sa résolution l'abandonnait, il redoutait de déplaire en se présentant aux Glaïeuls sans y être autorisé, et déjà il rebroussait chemin, quand les sons d'une harpe suspendirent tout à coup le mouvement de ses avirons.

Nul doute, ces sons s'envolaient de la chaumière de Danielle. Attentif, respirant à peine, Octave n'en perdait pas une seule note : c'était un chant doux comme une mélodie éolienne, rhythmé avec lenteur, et accompagné de légers arpéges qui en rendaient plus profond et plus infini le sentiment rêveur.

— Mais quelle est donc cette créature qui unit tant de grâce à tant de talent, tant de supériorité à tant de modestie? proféra-t-il. Est-ce un ange, est-ce un démon? D'où vient-elle? Que fait-elle en ces campagnes, dont elle n'a ni les allures ni le langage? Quel mystère l'y a conduite? quel mystère l'y retient? Est-ce la vertu, est-ce le remords? Je ne sais que penser, et cependant je me sens irrésistiblement entraîné vers elle!

Il sautait à terre, amarrait sa barque, et se dirigeait dans l'ombre vers la demeure de Danielle. L'obscurité lui permettait à peine de l'apercevoir à dix pas. Mais comme il l'avait vue autrefois en descendant le Scorff, il s'en rappelait la position et la physionomie. C'était une petite chaumière isolée ; la paille moussue qui la couronnait tombait si bas qu'il suffisait de lever la main pour y atteindre. Un acre de terre ombragé de pommiers et entouré d'aubépine lui formait un jardinet par derrière. Elle se composait d'une seule pièce meublée d'un lit de chêne dans des rideaux de serge grise à fleurettes bleues; d'un bahut surmonté d'un vaissellier, d'une vaste armoire grossièrement sculptée, d'une huche d'osier, d'une table entre deux bancs, et de quelques escabeaux sous le manteau d'une cheminée. La terre battue servait de plancher.

Comme la croisée était en ce moment ouverte et qu'une lampe éclairait cet intérieur, Octave remarqua que tout y était disposé comme au temps de la vieille Penhoët, la plus soigneuse mégère assurément qui fut jamais dans Pont-Scorff. Mais il remarqua aussi que des fleurs en égayaient la vue, qui tout s'y animait du contact de la jeunesse et y rayonnait des reflets de la beauté. Assise sur un escabeau, sa harpe devant elle, l'humble Corinne bretonne préludait à une nouvelle mélodie, mélodie triste et sévère, à laquelle s'unirent les accents de sa voix, mais si contenus, si assoupis, que, pour les entendre, Octave dut se rapprocher encore de la fenêtre. Elle ne chantait pas, elle parlait, livrant au souffle de la solitude un soupir de son cœur, une fantaisie de ses souvenirs, des strophes d'une *Harmonie* de Lamartine, *le Vallon*. Elle disait :

Mon cœur lassé de tout, même de l'espérance,
N'ira plus de ses vœux importuner le sort :
Prêtez-moi seulement, vallon de mon enfance,
Un asile d'un jour pour attendre la mort.

Attachait-elle un sens mystérieux à ces vers? Les choisissait-elle comme l'expression de ses sentiments cachés, de ses intimes désirs? Une humide émotion imbibait sa voix, et des larmes ruisselaient sur ses joues lorsqu'elle murmura :

Repose-toi, mon âme, en ce dernier asile,
Ainsi qu'un voyageur, qui, le cœur plein d'espoir,
S'assied, avant d'entrer, aux portes de la ville,
Et respire un moment l'air embaumé du soir.

Cette dernière strophe fut suivie de quelques accords qui moururent en se prolongeant comme les vibrations d'un écho lointain. Puis Danielle rangea sa harpe et ferma ses volets. En ce moment, sa porte s'ouvrit, un homme en franchit le seuil. Cet homme n'était point Octave, et l'ombre était si épaisse qu'il avait été impossible à ce dernier de rien distinguer de la taille, des vêtements, du visage de celui qui venait de s'introduire aux Glaïeuls. Étourdi par cet incident auquel l'heure avancée prêtait une équivoque, notre romanesque jeune homme fut obligé de s'appuyer contre le mur de la chaumière. Il s'était plu à parer Danielle de toutes les vertus comme de toutes les beautés. Il lui avait voué spontanément un de ces intérêts sérieux quoique irréfléchis qui décident souvent des destinées de l'âme. Et tout cela n'était sans doute qu'une ridicule libéralité en faveur d'une coquette de village aux rendez-vous clandestins, et déjà il pleurait sa chimère évanouie.

(*La suite au prochain numéro.*)

Le propriétaire-gérant : F. ROY.

LES MYSTÈRES DE PARIS

— Quant à le craindre, dit-il, *coupe-sifflet* a la langue trop bien affilée !... (Page 476.)

— Allons, file aussi, toi, eh !... Amandine, tu porteras les hardes... Avant de chasser... faut rapporter...

Restée seule, la veuve s'occupa des préparatifs du souper de la famille, plaça sur la table des verres, des bouteilles, des assiettes de faïence et des couverts d'argent.

Au moment où elle terminait ces apprêts, ses enfants rentrèrent pesamment chargés. Le poids de deux saumons de cuivre qu'il portait sur ses épaules semblait écraser le petit François; Amandine disparaissait à moitié sous le monceau de hardes volées qu'elle tenait sur sa tête; enfin Nicolas, aidé de Calebasse, apportait une caisse de bois blanc sur laquelle il avait placé le quatrième saumon de cuivre.

— La caisse, la caisse! éventrons-la, la caisse! — s'écria Calebasse avec une sauvage impatience.

Les saumons de cuivre furent jetés sur le sol. Nicolas s'arma du fer épais de la hachette qu'il portait à sa ceinture, et l'introduisit sous le couvercle de la caisse placée au milieu de la cuisine, afin de le soulever. La lueur rougeâtre et vacillante du foyer éclairait cette scène de pillage: au dehors, les sifflements du vent redoublaient de violence. Nicolas, vêtu de sa peau de bouc, accroupi devant le coffre, tâchait de le briser, et proférait d'horribles blasphèmes en voyant l'épais couvercle résister à de vigoureuses pesées. Les yeux enflammés de cupidité, les joues colorées par l'emportement de la rapine, Calebasse, agenouillée sur la caisse, y faisait porter tout le poids de son corps afin de donner un point d'appui plus fixe à l'action du levier de Nicolas. La veuve, séparée de ce groupe par la largeur de la table où elle allongeait sa grande taille, se penchait aussi vers l'objet volé, le regard étincelant d'une fiévreuse convoitise.

Enfin, chose cruelle et malheureusement *humaine!* les deux enfants dont les bons instincts naturels avaient souvent triomphé de l'influence maudite de cette abominable corruption domestique; les deux enfants, oubliant leurs scrupules et leurs craintes, cédaient à l'attrait d'une curiosité fatale... Serrés l'un contre l'autre, l'œil brillant, la respiration oppressée, François et Amandine n'étaient pas les moins empressés de connaître le contenu du coffre, ni les moins irrités des lenteurs de l'effraction de Nicolas.

Enfin le couvercle sauta en éclats.

— Ah!... — s'écria la famille d'une seule voix, haletante et joyeuse.

Et tous, depuis la mère jusqu'à la petite fille, s'abattirent et se précipitèrent avec une ardeur sauvage sur la caisse effondrée... Sans doute expédiée de Paris à un marchand de nouveautés d'un bourg riverain, elle contenait une grande quantité de pièces d'étoffes à l'usage des femmes.

— Nicolas n'est pas volé! — s'écria Calebasse en déroulant une pièce de mousseline de laine.

— Non, — répondit le brigand en déployant à son tour un paquet de foulards; — j'ai fait mes frais...

— De la levantine... ça se vendra comme du pain... — dit la veuve en puisant à son tour dans la caisse.

— La recéleuse de Bras-Rouge, qui demeure rue du Temple, achètera les étoffes, — ajouta Nicolas; — et le père Micou, le logeur en garni du quartier Saint-Honoré, s'arrangera du *rouget*[1].

— Amandine, — dit tout bas François à sa petite sœur, — comme ça ferait une jolie cravate, un de ces beaux mouchoirs de soie... que Nicolas tient à la main!...

— Ça ferait aussi une bien jolie marmotte, — répondit l'enfant avec admiration.

— Faut avouer que tu as eu de la chance de monter sur cette galiote, Nicolas, — dit Calebasse. — Tiens, fameux!... maintenant, voilà des châles... il y en a trois... vraie bourre de soie... Vois donc, ma mère!...

— La mère Burette donnera au moins cinq cents francs du tout, — dit la veuve après un mûr examen.

— Alors ça doit valoir au moins quinze cents francs, — dit Nicolas; — mais, comme on dit, tout recéleur... tout voleur. Bah! tant pis... je ne sais pas chicaner... je serai encore assez colas cette fois-ci pour en passer par où la mère Burette voudra et le père Micou aussi; mais lui, c'est un ami.

— C'est égal, il est voleur comme les autres, le vieux revendeur de ferraille; mais ces canailles de recéleurs savent qu'on a besoin d'eux, — reprit Calebasse en se drapant dans un des châles, — et ils en abusent!

— Il n'y a plus rien, — dit Nicolas en arrivant au fond de la caisse.

— Maintenant il faut tout ressorrer, — dit la veuve.

— Moi, je garde ce châle-là, — reprit Calebasse.

— Tu gardes... tu gardes... — s'écria brusquement Nicolas, — tu le garderas... si je te le donne... Tu prends toujours... toi... madame *Pas-Gênée*.

— Tiens!... et toi donc, tu t'en prives... de prendre!

— Moi... je *grinchis* en risquant ma peau; c'est pas toi qui aurais été *enflaquée* si on m'avait pincé sur la galiote...

— Eh bien! le voilà, ton châle, je m'en moque pas mal! dit aigrement Calebasse en le rejetant dans la caisse.

— C'est pas à cause du châle... que je parle; je ne suis pas assez chiche pour lésiner sur un châle: un de plus ou un de moins, la mère Bu-

1. Cuivre.

rette ne changera pas son prix; elle achète en bloc, — reprit Nicolas. — Mais, au lieu de dire que tu prends ce châle, tu peux me demander que je te le donne... Allons, voyons, garde-le... Garde-le, je te dis... ou je l'envoie au feu pour faire bouillir la marmite!

Ces paroles calmèrent la mauvaise humeur de Calebasse; elle prit le châle sans rancune.

Nicolas était sans doute en veine de générosité; car, déchirant avec ses dents le chef d'une des pièces de soierie, il en détacha deux foulards et les jeta à Amandine et à François, qui n'avaient pas cessé de contempler cette étoffe avec envie.

— Voilà pour vous, gamins! cette bouchée-là vous mettra en goût de *grinchir*... L'appétit vient en mangeant... Maintenant allez vous coucher... j'ai à jaser avec la mère; on vous portera à souper là-haut.

Les deux enfants battirent joyeusement des mains, et agitèrent triomphalement les foulards volés qu'on venait de leur donner.

— Eh bien! petits bêtas, — dit Calebasse, — écouterez-vous encore Martial? est-ce qu'il vous a jamais donné des beaux foulards comme ça, lui?

François et Amandine se regardèrent, puis ils baissèrent la tête sans répondre.

— Parlez donc! — reprit durement Calebasse; — est-ce qu'il vous a jamais fait des cadeaux, Martial?

— Dame!... non... il ne nous en a jamais fait, dit François en regardant son mouchoir de soie rouge avec bonheur.

Amandine ajouta bien bas :

— Notre frère Martial ne nous fait pas de cadeaux... parce qu'il n'a pas de quoi...

— S'il volait, il aurait de quoi, — dit durement Nicolas; — n'est-ce pas, François?

— Oui, mon frère, — répondit François.

Puis il ajouta :

— Oh! le beau foulard!... quelle jolie cravate pour le dimanche!

— Et moi, quelle belle marmotte! — reprit Amandine.

— Sans compter que les enfants du chaufournier du four à plâtre rageront joliment en vous voyant passer, — dit Calebasse.

Et elle examina les traits des enfants pour voir s'ils comprendraient la méchante portée de ces paroles. L'abominable créature appelait la vanité à son aide pour étouffer les derniers scrupules de ces malheureux.

— Les enfants du chaufournier, — reprit-elle, — auront l'air de mendiants; ils en crèveront de jalousie; car vous autres... avec vos beaux mouchoirs de soie, vous aurez l'air de petits bourgeois!

— Tiens! c'est vrai, — reprit François; — alors je suis bien plus content de ma belle cravate, puisque les petits chaufourniers rageront de ne pas en avoir une pareille... n'est-ce pas, Amandine?

— Moi, je suis contente d'avoir ma belle marmotte... voilà tout...

— Aussi, toi, tu ne seras jamais qu'une colasse! — dit dédaigneusement Calebasse.

Puis, prenant sur la table du pain et un morceau de fromage, elle le donna aux enfants, et leur dit :

— Montez vous coucher... Voilà une lanterne, prenez garde au feu, et éteignez-la avant de vous endormir.

— Ah çà, — ajouta Nicolas, — rappelez-vous bien que si vous avez le malheur de parler à Martial de la caisse, des saumons de cuivre et des hardes, vous aurez une danse que le feu y prendra; sans compter que je vous retirerai les foulards.

Après le départ des enfants, Nicolas et sa sœur enfouirent les hardes, la caisse d'étoffes et les saumons de cuivre au fond d'un petit caveau, surbaissé de quelques marches, qui s'ouvrait dans la cuisine, non loin de la cheminée.

— Ah çà! la mère! à boire, et du chenu!... — s'écria le bandit; — du cacheté, de l'eau-de vie!... J'ai bien gagné ma journée... Sers le souper, Calebasse; Martial rongera nos os, c'est bon pour lui... Jasons maintenant du bourgeois du quai de Billy, car demain ou après-demain il faut que ça chauffe si je veux empocher l'argent qu'il m'a promis... Je vas te conter ça, la mère... Mais à boire, tonnerre!... à boire... c'est moi qui régale!

Et Nicolas fit de nouveau bruire les pièces de cent sous qu'il avait dans sa poche; puis, jetant au loin sa peau de bouc, son bonnet de laine noire, il s'assit à table devant un énorme plat de ragoût de mouton, un morceau de veau froid et une salade. Lorsque Calebasse eut apporté du vin et de l'eau-de-vie, la veuve, toujours impassible et sombre, s'assit d'un côté de la table, ayant Nicolas à sa droite, sa fille à sa gauche; en face d'elle étaient les places inoccupées de Martial et des deux enfants. Le bandit tira de sa poche un large et long couteau catalan à manche de corne, à lame aiguë. Contemplant cette arme meurtrière avec une sorte de satisfaction féroce, il dit à la veuve :

— *Coupe-sifflet* tranche toujours bien !... Passez-moi le pain, la mère.

— A propos de couteau, — dit Calebasse, — François s'est aperçu de la chose... dans le bucher.

— De quoi ? — dit Nicolas sans la comprendre.

— Il a vu un des pieds...

— De l'homme ? — s'écria Nicolas.

— Oui, — dit la veuve en mettant une tranche de viande dans l'assiette de son fils.

— C'est drôle !... la fosse était pourtant bien profonde, — dit le brigand ; mais depuis le temps... la terre aura tassé...

— Il faudra cette nuit jeter tout à la rivière, — dit la veuve.

— C'est plus sûr, — répondit Nicolas.

— On y attachera un pavé avec un brin de vieille chaîne de bateau, — dit Calebasse.

— Pas si bête !... — répondit Nicolas en se versant à boire; puis, s'adressant à la veuve, tenant la bouteille haute :

« Voyons, trinquez avec nous, ça vous égayera, la mère ! »

La veuve secoua la tête, recula son verre, et dit à son fils :

— Et l'homme du quai de Billy ?

— Voilà la chose... — dit Nicolas sans s'interrompre de manger et de boire... — En arrivant à la gare, j'ai attaché mon bachot et j'ai monté au quai ; sept heures sonnaient à la boulangerie militaire de Chaillot ; on ne s'y voyait pas à quatre pas. Je me promenais le long du parapet depuis un quart d'heure, lorque j'entends marcher doucement derrière moi ; je ralentis ; un homme embaluchonné dans un manteau s'approche de moi en toussotant ; je m'arrête, il s'arrête... Tout ce que je sais de sa figure, c'est que son manteau lui cachait le nez, et son chapeau les yeux.

(Nous rappellerons au lecteur que ce personnage mystérieux était Jacques Ferrand le notaire, qui, voulant se défaire de Fleur-de-Marie, avait, le matin même, dépêché madame Séraphin chez les Martial, dont il espérait faire les instruments de ce nouveau crime.)

« — *Bradamanti*, me dit le bourgeois, — reprit Nicolas ; — c'était le mot de passe convenu avec la vieille pour me reconnaître avec le particulier.

« — *Ravageur*, que je lui réponds, comme c'était encore convenu.

« — Vous vous appelez Martial ? — me dit-il.

« — Oui, bourgeois.

« — Il est venu ce matin une femme à votre île ; que vous a-t-elle dit ?

« — Que vous aviez à me parler de la part de M. Bradamanti.

« — Voulez-vous gagner de l'argent ?

« — Oui, bourgeois... beaucoup.

« — Vous avez un bateau ?

« — Nous en avons quatre, bourgeois, c'est notre partie : bachoteurs et ravageurs de père en fils, à votre service.

« — Voilà ce qu'il faudrait faire... si vous n'avez pas peur.

« — Peur... de quoi, bourgeois ?

« — De voir quelqu'un *se noyer par accident*... seulement il s'agirait d'aider à l'accident... comprenez-vous ?

« — Ah çà ! bourgeois, faut donc faire boire un particulier à même la Seine, comme par hasard ?... ça me va... mais comme c'est un fricot délicat, ça coûte cher d'assaisonnement...

« — Combien... pour deux ?...

« — Pour deux... il y aura deux personnes à mettre au court-bouillon dans la rivière ?

« — Oui...

« — Cinq cents francs par tête... bourgeois... c'est pas cher.

« — Va pour mille francs...

« — Payés d'avance, bourgeois ?

« — Deux cents francs d'avance, le reste après...

« — Vous vous défiez de moi, bourgeois ?

« — Non ; vous pouvez empocher mes deux cents francs sans remplir nos conventions.

« — Et vous, bourgeois, une fois le coup fait, quand je vous demanderai les huit cents francs, vous pouvez me répondre : Merci, je sors d'en prendre !

« — C'est une chance; ça vous convient-il, oui ou non ? Deux cents francs comptant, et après-demain soir, ici à neuf heures, je vous remettrai huit cents francs.

« — Et qui vous dira que j'aurai fait boire les deux personnes ?

« — Je le saurai... ça me regarde... Est-ce dit ?

« — C'est dit, bourgeois.

(*La suite au prochain numéro.*)

— A la santé de ma cousine Danielle !... (Page 488.)

COMMENT ON AIME (suite).

Les forces lui revinrent cependant. Alors, foulant aux pieds ses scrupules, il alla coller son oreille contre la fenêtre fermée; mais il n'entendit aucun bruit. Surexcité par un tourment insupportable, il enfonça ses doigts dans la jointure des volets, qui, n'étant pas encore fixés à l'intérieur, cédèrent à l'effort et s'ouvrirent.

Mais de quelle violente surprise ne fut-il pas saisi! La pièce, éclairée un instant auparavant, était plongée dans les ténèbres. Par un irrésistible élan, il escalada l'appui de la croisée; rien ne remua autour de lui. Il reconut qu'il était seul. Où donc s'étaient réfugiés Danielle et son visiteur nocturne? Un rayon de lumière, traversant une porte ouverte sur le jardin, vint répondre à l'anxiété d'Octave. Troublé encore, mais délivré d'une angoisse aiguë, il se glissa vers cette porte; il heurta du pied la harpe, qui rendit un son plaintif comme un reproche. Il tressaillit, et, plongeant un regard furtif dans le jardin, il vit Danielle, un gros bouquet à la main, près de Marc qui puisait de l'eau dans une citerne. Ce qu'il entendit acheva de dissiper toutes ses perplexités.

— Mes fleurs se conserveront parfaitement dans cette eau, disait la jeune fille. Et maintenant je vous remercie, cousin, d'avoir été les chercher à Lorient.

— Ah ! cousine, dit le gars en hochant la tête, cela vous coûte plus d'une privation, c'est sûr.

— Qu'importe ! madame Grandchamp est si bonne pour moi, et elle aime tant les camélias et les violettes de Parme !

— Pauvre noble Danielle ! murmura Octave dont la poitrine était gonflée ; et moi qui l'accusais !

Indigné contre lui-même, il allait se précipiter aux pieds de la jeune fille, quand elle prit sa lampe posée à terre et s'avança vers la porte. A cette vue, cédant à une indicible frayeur, il s'enfuit en renversant un escabeau dans sa précipitation. Marc et sa cousine accoururent au bruit, ils explorèrent tous les recoins de la chaumière.

— C'est quelque *poulpiquet* ou quelque chat qui aura passé par ici, dit Danielle.

— Ma cousine, vous ne croyez guère aux poulpiquets, et les chats ne renversent pas si rudement les meubles.

Disant cela, le gars remarquait que les volets étaient mal joints.

— N'allez-vous pas me faire peur, mon cousin ! Que supposez-vous donc?

— Oh ! rien, rien, dormez tranquille, répondit-il en serrant ses poings avec violence ; vous n'avez rien à craindre.

Il souhaita le bonsoir et quitta la chaumière. Mal rassurée, Danielle poussa soigneusement le verrou et accrocha solidement ses volets.

Une scène bizarre se passa bientôt sur le bord du Scorff.

Forcé d'attendre la marée montante pour retourner au Nelhouët, Octave, après avoir entendu le gars s'éloigner, s'était rapproché des Glaïeuls. Assis sur une marge d'herbe, absorbé en de doux rêves, il ne remarqua pas qu'un homme se plaçait comme lui sous la fenêtre de Danielle. Cet homme était Marc. Excité par le souvenir de l'escabeau renversé, le vague pressentiment d'un danger que courait sa cousine s'était emparé de son esprit ; et, animé pour elle d'un de ces dévouement énergiques qu'on ne retrouve plus guère que chez les êtres primitifs, âmes incultes mais puissantes où les sentiments poussent robustes comme des chênes dans un terrain vierge, il était revenu sur ses pas, et, accroupi comme un terre-neuve, il veillait.

Cependant une lueur blanchâtre glissait au travers de l'obscurité : on eût dit une de ces vapeurs fantastiques qui flottent dans l'atmosphère des songes. Peu à peu cette lueur prit de l'intensité, elle figura les reflets de l'aube ; onze heures seulement sonnaient aux cloches de Pont-Scorff. Bientôt la rivière dessina entre ses deux rives sombres une onde pâle et mâte comme l'étain d'une glace ; puis les chaumières, jusque-là perdues dans les ténèbres, se dégagèrent bizarrement et sans se soucier des lois ordinaires de la perspective. Ces douteuses clartés se transformèrent tout à coup : un rayon clair et ferme jaillit de la fente d'un nuage et illumina le village de Pont-Scorff. L'eau, les chaumières, le clocher, tout revêtit son aspect accoutumé, coloré de la poésie des belles nuits.

Jetant un regard devant lui, Marc aperçut alors Octave couché sur l'herbe, la tête dans ses mains, contemplant le disque de la lune qui nageait dans un lac d'azur entre des dunes de nuages frangés d'écume blanche. L'étonnement et la colère firent monter le sang au visage du paysan et donnèrent à ses yeux une fixité terrible. Il se leva silencieusement, et alla poser sa large et rude main sur l'épaule d'Octave, qui se retourna en tressaillant. Ils s'entre-regardèrent un moment, hésitant sans doute à élever la voix, de peur d'être entendus de Danielle. Octave rompit le premier ce silence, et dit tout bas :

— Que me voulez-vous ?

— Vous parler.

— Je vous écoute.

Marc fit brusquement signe à son interlocuteur de le suivre et s'éloigna d'une vingtaine de pas. Cette rude injonction déplut à Octave ; il y céda cependant, dans la crainte de paraître, en refusant, avoir peur.

— Pourquoi êtes-vous ici ? demanda alors le gars d'une voix rauque et sifflante.

— Eh ! que vous importe? répondit sèchement Octave. Ai-je des comptes à vous rendre ?

— Oui, répliqua résolûment le paysan ; vous avez fait une méchante action, et j'ai le droit de vous en dire ma pensée.

Cette âpre fermeté de Marc ébranla l'assurance d'Octave, qui, en hésitant, le pria de s'expliquer.

— Ai-je donc besoin de vous dire, monsieur, que vous avez pénétré ce soir aux Glaïeuls, et que vous en êtes sorti par la fenêtre en renversant un escabeau ? Ah ! jour de Dieu ! ne mentez pas !

— Vous m'avez vu ?

— J'ai vu votre ombre, j'ai entendu refermer les volets; enfin je suis certain du fait.

Sous la rude écorce de son caractère, Marc cachait un peu de la finesse et de la pénétration proverbiales du paysan. Il n'avait eu que des soupçons, mais il avait compris d'instinct que pour les vérifier sûrement il devait procéder par affirmation, quitte à s'excuser ensuite s'il se trompait.

Octave ne lui laissa pas le temps de déployer beaucoup de stratégie. Il détestait le mensonge, et, trop fier pour s'y retrancher, il répondit :

— Soit, je l'avoue, je suis le coupable; que comptez-vous faire de mon aveu?

Le gars n'entendit que les premiers mots de cette réponse : il devint furieux, ses poings se crispèrent, et il s'écria :

— Ah! tonnerre! pourquoi avez-vous agi de la sorte?

— Monsieur Marc répondit Octave opposant à ce ton menaçant un calme dédaigneux, il ne m'est pas bien prouvé que vous ayez le droit de m'adresser toutes ces questions. Si j'y réponds, c'est, veuillez le croire, par pure bienveillance!

— Enfin, répondez!

— Eh bien! j'ai craint un moment que votre cousine, à laquelle on s'intéresse au Nelhouët comme à la vertu même, ne fût pas digne de tant d'estime.

— Est-ce donc vrai? proféra Marc avec plus d'étonnement encore que d'irritation. Vous avez soupçonné Danielle, l'honnêteté même! Mais c'est impossible, monsieur! Mais ce serait indigne! reprit-il avec un éclat de colère, et je devrais vous tuer!...

— Taisez-vous, et trêve à vos menaces! dit Octave en l'interrompant. Vos menaces, je les méprise, mais je crains que Danielle ne vous entende et ne conçoive des soupçons. Ma conscience, croyez-le bien, m'adresse de plus sévères reproches que les vôtres, et je n'ai pas besoin de vos fureurs pour me repentir.

Il y avait tant de dignité dans cette réponse que Marc en fut irrésistiblement dominé. Aussi changea-t-il d'allure et de ton pour demander à Octave dans quelle intention il était venu à Pont-Scorff, et comment il avait pu douter de l'honnêteté de Danielle. Octave eut peine à réprimer un mouvement d'impatience.

— Vous êtes vraiment fort curieux, maître Marc, répondit-il. Expliquez-moi d'abord quel sentiment vous porte à m'interroger avec cette insistance.

— Mon amitié pour ma cousine, monsieur! dit le gars en frappant sa poitrine avec force, car je l'aime autant que je la respecte!

— Vous ne l'aimez que d'amitié? en êtes-vous sûr?

— Vous voulez rire, sans doute? répondit le paysan en secouant la tête pour cacher un peu d'embarras. Est-ce qu'un pauvre garçon comme moi, rustique de corps et d'esprit, peut aimer autrement une belle et savante fille comme elle? Je l'aime ainsi qu'un chien aime son maître, voilà tout. Aussi je déchirerais de mes dents et de mes ongles celui qui lui ferait du chagrin... Ah! je ne vous conseille pas de lui en faire, monsieur!

Ses yeux lancèrent de sinistres clartés, et ses mains se crispèrent de nouveau avec violence.

— Allez-vous recommencer? reprit Octave en frappant du pied la terre. Je vous préviens que cela commence à m'irriter. Voyons, soyez raisonnable, et nous nous entendrons à merveille. Vous désiriez tout à l'heure savoir le motif de ma présence à Pont-Scorff, ainsi que de ma folle entrée dans la chaumière des Glaïeuls? Je veux encore vous contenter.

Alors, tout en atténuant le vif intérêt qui l'avait fait agir, il raconta la vérité, donnant pour preuve l'agenda qu'il rapportait.

— Je vous charge de le rendre à votre cousine, ajouta-t-il, mais à la condition que vous ne révèlerez pas les circonstances au milieu desquelles je vous l'ai remis.

Après un instant d'hésitation, le gars consentit, et Octave, délivré d'une inquiétude secrète, protesta de sa ferme résolution de n'être jamais pour Danielle un sujet de tourment.

— Dieu vous entende! proféra Marc d'une voix solennelle.

Minuit sonnait, la marée montait depuis un moment, les deux interlocuteurs se séparèrent.

Pour regagner sa demeure, Marc passait devant les Glaïeuls. Tout à coup une voix mystérieuse, derrière les volets de la chaumière, lui demanda si ce n'était pas avec M. Octave Grandchamp qu'il venait d'avoir un entretien. Le gars reconnut la voix de Danielle. Après une minute d'indécision, il répondit en balbutiant :

— Oui, cousine, c'est avec lui. Il a trouvé votre agenda, et il me l'a confié pour vous le rendre.

— Vous me le remettrez demain, reprit-elle d'une voix altérée; bonne nuit!

Et on n'entendit plus sur la rive du Scorff

que le pas lourd de Marc et le bruit éloigné des avirons d'Octave.

IV

Il était petit jour lorsque Danielle partit pour le Nelhouët. Elle était pâle et pensive; ni les vapeurs roses du matin ni les joyeuses fanfares des oiseaux ne parvinrent à égayer son front. Une peine secrète isolait son âme de cet épanouissement de la nature.

Arrivée au château, elle plaça son bouquet dans une porcelaine de Sèvres au salon, et elle se mit en devoir de tout préparer pour la fête du jour. Cette fête se tenait dans un petit bois nommé LA CHÊNETTE; deux clairières sablées, entourées de belles marges d'herbe, étaient appropriées à cet usage. Dans l'une, on roula des tonnes de cidre et de vin, on dressa des tables chargées d'assiettes et de pichets; dans l'autre, on adossa à un chêne un orchestre rustique, où devaient résonner le biniou ronflant et la bombarde aiguë, éternelle harmonie, éternel amour du paysan breton. On apporta des bancs pour asseoir les anciens, et l'on fit courir au-dessus, d'arbre en arbre, des guirlandes de fleurs artificielles, passablement fanées par de nombreux et honorables services. Pendant ce temps, d'homériques quartiers de bœuf et de mouton tournaient devant l'âtre embrasé de la cuisine, promettant le plus formidable et le plus appétissant des galas.

Quoiqu'il eût mal dormi, Octave s'était levé de grand matin. En appercevant Danielle occupée aux préparatifs, il ressentit une émotion mêlée d'inquiétude et de joie. Il alla à sa rencontre, la remercia d'avoir tenu sa promesse, et lui demanda si Marc avait accompli la commission dont il l'avait chargé. Danielle lui fit une réponse brève et s'éloigna. A plusieurs reprises, il se replaça sur son chemin, mais elle détourna la tête et feignit de ne le point voir.

— Le misérable a tout dit! proféra-t-il avec colère.

Et il s'enfonça dans les allées de la Chênette, écrasant les feuilles jonchées sous ses pas.

Quand cet accès se fut dissipé, il revint à la fête. La ronde bretonne commençait ses bizarres évolutions, et gars et *pennères*, élégamment bariolés de ganses et de chenilles de toutes les couleurs, luttaient de bonne mine et d'intrépidité. Entre Marc se balançant avec une gravité magistrale et Yvon Trémic, jeune métayer du Nelhouët, qui gesticulait le plus vaillamment du monde, Octave aperçut tout de suite Danielle; elle dansait avec cette simplicité harmonieuse qui obéit naturellement à la mesure, mais il était facile de deviner qu'elle ne prenait aucun plaisir à cette danse, et que son âme n'était point complice des mouvements de son corps.

S'attribuant la cause de cette tristesse, Octave mit tout son repentir dans ses yeux; mais Danielle passait et repassait devant lui sans daigner le regarder. Désespéré, il s'éloignait de nouveau, lorsque une jeune artisane, plus hardie que les autres, lui cria :

— Eh bien! monsieur Octave, vous ne dansez donc pas avec nous cette année?

Il avait en effet plus d'une fois lutté, non sans succès, avec les jarrets campagnards; mais en ce moment il ne se sentait point en disposition, et il feignit de ne pas avoir entendu. Alors toute la bande joyeuse répéta en chœur :

— Dansez avec nous, monsieur Octave, dansez avec nous!

Il allait refuser en prétextant une indisposition, mais il vit Yvon Trémic abandonner la main de Danielle, et il s'élança pour la prendre. Soit maladresse de sa part, soit refus de la part de la danseuse qu'on lui offrait, il trouva la chaîne ressoudée; force lui fut de se placer entre une fermière obèse et une chevrière rougeaude qui l'enlevèrent sans cérémonie au passage. Il fit bonne contenance cependant, et se balança avec une résignation à la fois si touchante et si comique, qu'elle eût éveillé un sourire de compassion sur des lèvres moins sérieuses que les lèvres de Danielle.

Après la danse, on entraîna Octave dans la clairière qu'on appelait LE RÉFECTOIRE. Là un cidre généreux pétillait dans les pichets, des viandes dorées et fumantes s'étalaient dans de grands plats de terre brune. On mangea et on but à rendre jaloux un Gargantua. Bientôt circula le vin; selon la coutume, on trinqua en l'honneur de madame Grandchamp, d'Octave et des anciens qui étaient là en nombre, ce qui multiplia prodigieusement le chiffre des rasades. Cette ardeur bachique et trinquante ne savait plus trop sur qui se répandre, lorsque Marc, avec une solennité digne de la circonstance, ajouta :

— A la santé de ma cousine Danielle!

(La suite au prochain numéro.)

Le propriétaire-gérant : F. ROY.

LES MYSTÈRES DE PARIS

— Très-bien, bourgeois; j'ai justement un bateau à moitié pourri. (Page 490.)

« — Voilà deux cents francs... Maintenant, écoutez-moi : vous reconnaîtrez bien la vieille femme qui est allée vous trouver ce matin ?

« — Oui, bourgeois.

« — Demain, ou après-demain au plus tard, vous la verrez venir, vers les quatre heures du soir, sur la rive en face de votre île, avec une jeune fille blonde; la vieille vous fera un signal en agitant un mouchoir.

« — Oui, bourgeois.

« — Combien faut-il de temps pour aller de la rive à votre île?

« — Vingt bonnes minutes.

« — Vos bateaux sont à fond plat?

« — Plat comme la main, bourgeois.

« — Vous pratiquerez adroitement une sorte de large soupape dans le fond de l'un de ces bateaux, afin de pouvoir, en ouvrant cette soupape, le faire couler à volonté en un clin d'œil... Comprenez-vous?

« — Très-bien, bourgeois ; vous êtes malin ! J'ai justement un vieux bateau à moitié pourri; je voulais le déchirer... Il sera bon pour ce dernier voyage.

« — Vous partez donc de votre île avec ce bateau à soupape ; un bon bateau vous suit, conduit par quelqu'un de votre famille. Vous abordez, vous prenez la vieille femme et la jeune fille blonde à bord du bateau troué, et vous regagnez votre île ; mais, à une distance raisonnable du rivage, vous feignez de vous baisser pour raccommoder quelque chose, vous ouvrez la soupape et vous sautez lestement dans l'autre bateau, pendant que la vieille femme et la jeune fille blonde...

— Boivent à la même tasse... ça y est... bourgeois!

« — Mais êtes-vous sûr de n'être pas dérangé?... S'il venait des pratiques dans votre cabaret !...

« — Il n'y a pas de crainte, bourgeois. A cette heure-là, et en hiver surtout, il n'en vient jamais... c'est notre morte saison ; et il en viendrait, qu'ils ne seraient pas gênants... au contraire... c'est tous des amis connus...

« — Très-bien ! D'ailleurs vous ne vous compromettez en rien ; le bateau sera censé coulé par vétusté, et la vieille femme qui vous aura amené la jeune fille disparaîtra avec elle. Enfin, pour bien vous assurer que toutes deux seront noyées (toujours par accident), vous pourrez, si elles revenaient sur l'eau, ou si elles s'accrochaient au bateau, avoir l'air de faire tous vos efforts pour les secourir, et...

« — Et les aider... à replonger. Bien, bourgeois !

« — Il faudra même que la promenade se fasse après le soleil couché, afin que la nuit soit noire lorsqu'elles tomberont à l'eau.

« — Non, bourgeois ; car si on n'y voit pas clair, comment saura-t-on si les deux femmes ont bu leur soûl ou si elles en veulent encore ?

« — C'est juste ; alors l'accident aura lieu avant le coucher du soleil.

« — A la bonne heure, bourgeois ; mais la vieille ne se doutera de rien ?

« — Non... En arrivant, elle vous dira à l'oreille :

« — *Il faut noyer la petite; un peu avant de faire enfoncer le bateau, faites-moi signe pour que je sois prête à me sauver avec vous.* Vous répondrez à la vieille de manière à éloigner ses soupçons.

« — De façon qu'elle croira mener la petite blonde boire...

« — Et qu'elle boira avec la petite blonde.

« — C'est crânement arrangé, bourgeois.

« — Et surtout que la vieille ne se doute de rien !...

« — Calmez-vous, bourgeois, elle avalera ça doux comme miel.

« — Allons, bonne chance, mon garçon ! Si je suis content, peut-être je vous emploierai encore !

« — A votre service, bourgeois. »

« Là-dessus, — dit le brigand en terminant sa narration, — j'ai quitté l'homme au manteau, j'ai regagné mon bateau, et, en passant devant la galiote, j'ai raflé le butin de tout à l'heure. »

On voit, par le récit de Nicolas, que le notaire voulait, au moyen d'un double crime, se débarrasser à la fois de Fleur-de-Marie et de madame Séraphin, en faisant tomber celle-ci dans le piége qu'elle croyait seulement tendu à la Goualeuse. Avons-nous besoin de répéter que, craignant à juste titre que la Chouette n'apprît d'un moment à l'autre à Fleur-de-Marie qu'elle avait été abandonnée par madame Séraphin, Jacques Ferrand se croyait un puissant intérêt à faire disparaître cette jeune fille, dont les réclamations auraient pu le frapper mortellement et dans sa fortune et dans sa réputation ? Quant à madame Séraphin, le notaire, en la sacrifiant, se défaisait de l'un des deux complices (Bradamanti était l'autre) qui pouvaient le perdre en se perdant eux-mêmes, il est vrai ; mais Jacques Ferrand croyait ses secrets mieux gardés dans la tombe que par l'intérêt personnel.

La veuve du supplicié et Calebasse avaient attentivement écouté Nicolas, qui ne s'était interrompu que pour boire avec excès. Aussi commençait-il à parler avec une exaltation singulière.

— Ça n'est pas tout, — reprit-il; — j'ai emmanché une autre affaire avec la Chouette et Barbillon, de la rue aux Fèves. C'est un fameux coup, crânement monté ; et si nous ne le manquons pas il y aura de quoi frire, je m'en vante. Il s'agit de dépouiller une courtière en diamants, qui a quelquefois pour des cinquante mille francs de pierreries dans son cabas.

Sceaux. — Typ. et stér. M. et P.-E. Charaire.

— Cinquante mille francs! — s'écrièrent la mère et la fille, dont les yeux étincelèrent de cupidité.

— Oui... rien que ça... Bras-Rouge en sera. Hier il a déjà empaumé la courtière par une lettre que nous lui avons portée, nous deux Barbillon, boulevard Saint-Denis. C'est un fameux homme que Bras-Rouge. Comme il a de quoi, on ne se méfie pas de lui. Pour amorcer la courtière, il lui a déjà vendu un diamant de quatre cents francs. Elle ne se défiera pas de venir, à la tombée du jour, dans son cabaret des Champs-Élysées. Nous serons là cachés. Calebasse viendra aussi, elle gardera mon bateau le long de la Seine. S'il faut emballer la courtière morte ou vive, ça sera une voiture commode et qui ne laisse pas de traces. En voilà un plan!... Gueux de Bras-Rouge, quelle sorbonne!

— Je me défie toujours de Bras-Rouge, — dit la veuve. — Après l'affaire de la rue Montmartre, ton frère Ambroise a été à Toulon et Bras-Rouge a été relâché.

— Parce qu'il n'y avait pas de preuves contre lui; il est si malin!... Mais trahir les autres... jamais!

La veuve secoua la tête, comme si elle n'eût été qu'à demi convaincue de la *probité* de Bras-Rouge. Après quelques moments de réflexion, elle dit:

— J'aime mieux l'affaire du quai de Billy pour demain ou après-demain soir... la noyade des deux femmes... Mais Martial nous gênera... comme toujours...

— Le tonnerre du diable ne nous débarrassera donc pas de lui!... — s'écria Nicolas à moitié ivre, en plantant avec fureur son long couteau dans la table.

— J'ai dit à ma mère que nous en avions assez, que ça ne pouvait pas durer, — reprit Calebasse. — Tant qu'il sera ici, on ne pourra rien faire des enfants...

— Je vous dis qu'il est capable de nous dénoncer un jour ou l'autre, le brigand! — dit Nicolas. — Vois-tu, la mère... si tu m'en avais cru... — ajouta-t-il d'un air farouche et significatif en regardant sa mère, — tout serait dit...

— Il y a d'autres moyens.

— C'est le meilleur! — dit le brigand.

— Maintenant... non, — répondit la veuve d'un ton si absolu que Nicolas se tut, dominé par l'influence de sa mère, qu'il savait aussi criminelle, aussi méchante, mais encore plus déterminée que lui.

La veuve ajouta:

— Demain matin il quittera l'île pour toujours.

— Comment? — dirent à la fois Calebasse et Nicolas.

— Il va rentrer... cherchez-lui querelle... mais hardiment, en face, comme vous n'avez jamais osé le faire... Venez-en aux coups, s'il le faut... Il est fort, mais vous serez deux, et je vous aiderai... Surtout pas de couteaux... pas de sang... Qu'il soit battu, pas blessé.

— Et puis après, la mère? — demanda Nicolas.

— Après... on s'expliquera... Nous lui dirons de quitter l'île demain... sinon que tous les jours la scène de ce soir recommencera... Je le connais, ces batteries continuelles le dégoûteront. Jusqu'à présent on l'a laissé trop tranquille...

— Mais il est entêté comme un mulet, il est capable de vouloir rester tout de même à cause des enfants... — dit Calebasse.

— C'est un gueux fini... mais une batterie ne lui fait pas peur... — dit Nicolas.

— Une... oui, — dit la veuve, — mais tous les jours, tous les jours... c'est l'enfer... il cédera...

— Et s'il ne cédait pas?

— Alors j'ai un autre moyen sûr de le forcer à partir cette nuit, ou demain matin au plus tard, — reprit la veuve avec un sourire étrange.

— Vraiment, la mère?

— Oui, mais j'aimerais mieux l'effrayer par les batteries; si je n'y réussissais pas, alors... à l'autre moyen.

— Et si l'autre moyen ne réussissait pas non plus, la mère? — dit Nicolas...

— Il y en a un dernier qui réussit toujours, — répondit la veuve.

Tout à coup la porte s'ouvrit... Martial entra.

Il ventait si fort au dehors qu'on n'avait pas entendu les aboiements des chiens annonçant le retour du fils aîné de la veuve du supplicié.

CHAPITRE VI

LA MÈRE ET LE FILS

Ignorant les mauvais desseins de sa famille, Martial entra lentement dans la cuisine.

Quelques mots de la Louve, dans son entretien avec Fleur-de-Marie, ont déjà fait connaître la singulière existence de cet homme. Doué de bons instincts naturels, incapable d'une action positivement basse ou méchante, Martial n'en menait pas moins une conduite peu régulière. Il pêchait en fraude, et sa force, son audace, inspiraient assez de crainte aux gardes-pêche pour qu'ils fermassent les yeux sur son braconnage de rivière. A cette industrie déjà très-peu légale, Martial en joignait une autre fort illicite. *Bravo* redouté, il se chargeait volontiers, plus encore par excès de courage, par *crânerie*, que par cupidité, de venger dans des rencontres de pugilat ou de bâton les victimes d'adversaires d'une force trop inégale ; il faut dire que Martial choisissait d'ailleurs avec assez de droiture les *causes* qu'il plaidait à coups de poing ; généralement il prenait le parti du faible contre le fort. L'amant de la Louve ressemblait beaucoup à François et à Amandine : il était de taille moyenne, mais robuste, large d'épaules ; ses épais cheveux roux, coupés en brosse, formaient cinq pointes sur son front bien ouvert ; sa barbe épaisse, drue et courte, ses joues larges, son nez saillant carrément accusé, ses yeux bleus et hardis, donnaient à ce mâle visage une expression singulièrement résolue. Il était coiffé d'un vieux chapeau ciré ; malgré le froid, il ne portait qu'une mauvaise blouse bleue par-dessus sa veste et son pantalon de gros velours de coton tout usé. Il tenait à la main un énorme bâton noueux, qu'il déposa près de lui sur le buffet. Un gros chien basset, à jambes torses, au pelage noir marqué de feux très-vifs, était entré avec Martial; mais il restait auprès de la porte, n'osant approcher ni du feu ni des convives déjà attablés, l'expérience ayant prouvé au vieux Miraut (c'était le nom du basset, ancien compagnon de braconnage de Martial) qu'il était, ainsi que son maître, très-peu sympathique à la famille.

— Où sont donc les enfants ?

Tels furent les premiers mots de Martial lorsqu'il s'assit à table.

— Ils sont où ils sont, — répondit aigrement Calebasse.

— Où sont les enfants, ma mère? — reprit Martial sans s'inquiéter de la réponse de sa sœur.

— Ils sont couchés, — reprit sèchement la veuve.

— Est-ce qu'ils n'ont pas soupé, ma mère?

— Qu'est-ce que ça te fait, à toi? — s'écria brutalement Nicolas, après avoir bu un grand verre de vin pour augmenter son audace ; car le caractère et la force de son frère lui imposaient beaucoup.

Martial, aussi indifférent aux attaques de Nicolas qu'à celles de Calebasse, dit de nouveau à sa mère :

— Je suis fâché que les enfants soient déjà couchés.

— Tant pis... — répondit la veuve.

— Oui, tant pis !... car j'aime à les voir à côté de moi quand je soupe.

— Et nous, comme ils nous embêtent, nous les avons renvoyés, — s'écria Nicolas. — Si ça ne te plaît pas, va-t'en les retrouver !

Martial, surpris, regarda fixement son frère. Puis, comme s'il eût réfléchi à la vanité d'une querelle, il haussa les épaules, coupa un morceau de pain, et se servit une tranche de viande.

Le basset s'était approché de Nicolas, quoique à distance *très-respectueuse ;* le bandit, irrité de la dédaigneuse insouciance de son frère, et espérant lui faire perdre patience en frappant son chien, donna un furieux coup de pied à Miraut, qui poussa des cris lamentables... Martial devint pourpre, serra dans ses mains contractées le couteau qu'il tenait, et du manche frappa violemment sur la table ; mais, se contenant encore, il appela son chien et lui dit doucement :

— Ici, Miraut.

Le basset vint se coucher aux pieds de son maître.

Cette modération contrariait les projets de Nicolas ; il voulait pousser son frère à bout pour amener un éclat. Il ajouta donc :

— Je n'aime pas les chiens... moi... je ne veux pas que ton chien reste ici !...

Pour toute réponse, Martial se versa un verre de vin et but lentement.

Échangeant un coup d'œil rapide avec Nicolas, la veuve l'encouragea d'un signe à continuer ses hostilités contre Martial, espérant, nous l'avons dit, qu'une violente querelle amènerait une rupture et une séparation complète.

Nicolas alla prendre la baguette de saule dont s'était servie la veuve pour battre François, et, s'avançant vers le basset, il le frappa rudement en disant :

— Hors d'ici, hé, Miraut!

Jusqu'alors Nicolas s'était souvent montré sournoisement agressif envers Martial; mais jamais il n'avait osé le provoquer avec tant d'audace et de persistance. L'amant de la Louve, pensant qu'on voulait le pousser à bout dans quelque but caché, redoubla de modération.

Au cri de son chien battu par Nicolas, Martial

se leva, ouvrit la porte de la cuisine, mit le basset dehors, et revint continuer son souper. Cette incroyable patience, si peu en harmonie avec le caractère ordinairement emporté de Martial, confondit ses agresseurs... Ils se regardèrent profondément surpris. Lui, paraissant complétement étranger à ce qui se passait, mangeait glorieusement et gardait un profond silence.

(La suite au prochain numéro.)

COMMENT ON AIME

DANIELLE

(SUITE)

Tous les yeux la cherchèrent et la découvrirent au bout d'une table, découpant un vénérable morceau de bœuf rôti dont la fumée l'enveloppait d'un nuage au milieu duquel elle apparut comme une sainte aux plus gourmands.

— Oui, à la santé de la plus belle! reprit Yvon Trémic d'un air admiratif et respectueux.

— De la meilleure! continua la chevrière avec élan.

— De la plus sage! ajouta une matrone sévère.

— Oui! oui! à la santé de la plus belle! de la meilleure! de la plus sage! exclamèrent tous les paysans.

Tremblante, la poitrine soulevée, les joues humides, Danielle put à peine balbutier un remerciement. Les verres étaient déjà sur les lèvres, quand Octave fit signe qu'il voulait parler. On suspendit les libations commencées.

— Qu'il me soit permis, dit-il d'une voix émue, de m'associer à vos hommages. La place de ma mère, que j'occupe en ce moment, m'impose le devoir d'ajouter un mot à tant d'éloges. Mes amis, je bois à la prospérité de la plus belle, de la meilleure, de la plus sage, A son avenir! à son bonheur!

— A son avenir! répéta-t-on avec enthousiasme; à son bonheur!

Quand tous ces cris eurent cessé, Danielle, après avoir jeté sur Octave un regard empreint de tristesse et de reproche, répondit d'un ton calme et froid :

— Le bonheur, monsieur, réside surtout dans le repos de la conscience et l'estime des honnêtes gens. Je tâcherai de les obtenir et de les conserver.

A cette noble réponse, dont il comprit toute la portée, Octave inclina la tête en signe de respect et d'approbation. Aussitôt des hourras retentirent de tous côtés, interrompus seulement par l'action réitérée des verres que l'on vidait.

Leurs estomacs satisfaits, les plus jeunes retournèrent à la danse, où leur entrain redoubla, luttant de vigueur et de fantaisie avec le biniou énergiquement retrempé et la bombarde gaillardement rafraîchie. Mais toutes ces joies de la fête importunaient Octave; il avait perdu de vue Danielle, il la croyait repartie pour Pont-Scorff. Accablé de fatigue, de tourment, il rentra au château, se jeta sur un divan du salon, et plongea sa tête dans les oreillers. A quoi rêvait-il? A quoi rêve une âme saisie des premiers tressaillements de l'amour, sinon à son amour même? Mais, loin d'être couleur de rose et d'espérance, les rêves du jeune homme étaient sombres et découragés. Après avoir si mal réussi dans ce premier élan de son cœur, il se demandait s'il ne valait pas mieux replier ses ailes et s'arrêter au début d'une passion qu'entouraient d'ailleurs mille obstacles. L'indifférence ou la vertu de Danielle, les disproportions de rang, de fortune, tout ne lui montrait-il pas la folie d'un semblable attachement? tout ne lui prédisait-il pas qu'il n'en résulterait que du ridicule ou du désespoir? Tandis qu'il en était temps encore, il résolut d'échapper à cette cruelle alternative.

Un domestique lui remit en ce moment une lettre timbrée de Saint-Brieuc. Il déchira l'enveloppe et lut ce qui suit :

« Cher enfant,

« Te voilà enfin de retour! Quelle absence, et

comme elle m'a paru longue ! Ah ! le cœur d'une mère est un cadran qui marque les heures avec une lenteur mortelle quand l'enfant prodigue tarde trop à venir ! En apprenant que j'étais à Kermartin, n'as-tu donc pas songé à m'y rejoindre ? Combien, cependant, j'eusse été heureuse de te serrer dans mes bras, au lieu de les tendre vainement à travers les campagnes bretonnes qui te séparent encore de ma tendresse ! A la vérité, tu as dû être étrangement surpris en apprenant que je m'étais rendue au château de mon frère, cette sombre forteresse inexorablement fermée devant moi depuis de longues années, et je comprends que tu aies préféré attendre mes instructions.

« Tu n'ignores pas, mon ami, le terrible grief que le comte nourrit de vieille date contre ta mère : j'ai épousé, en dépit de son autorité fraternelle, un officier de l'Empire, fils d'un conventionnel, et le sévère champion de la légitimité ne me le pardonnait pas. Mais le temps et la souffrance ont amorti son ressentiment. Atteint d'une maladie dangereuse, il m'a mandée à son chevet ; et, après avoir satisfait ses vieux préjugés en m'adressant encore quelques reproches, il a protesté qu'il ne m'en voulait plus et m'a tendu la main.

« Tu connais ma suprême indulgence, cher enfant : je me suis empressée d'accepter cette réconciliation, offerte peut-être sur le bord d'une tombe. Le comte me présenta alors son fils, un élégant et beau jeune homme, et sa fille, une veuve jeune, jolie et spirituelle. Tous les deux, j'en suis convaincue, ont contribué à ce rapprochement; je les en remercie. Voilà donc nos liens de famille reformés, un peu tard sans doute, mais je ne suis pas plus pessimiste que le proverbe. Qui sait d'ailleurs si la destinée ne nous ménage pas des compensations dans l'avenir, en resserrant plus étroitement que nous ne le prévoyons encore les rapports qui nous unissent aux Kermartin ?

« Halte-là ! chère mère, vas-tu t'écrier ; que signifie cette phrase mystérieuse et solennelle ? Eh ! pourquoi ne t'en donnerais-je pas tout de suite le sens? Apprends donc, mon ami, que mon noble frère a le plus vif désir de remarier sa fille, la marquise de Blossac. J'ai deviné cela aisément à quelques mots échappés à sa préoccupation, car l'orgueil l'a empêché de s'ouvrir franchement à moi. Orgueil bien naturel et bien légitime ; juge toi-même : le marquis de Blossac, mort l'an dernier à la suite d'une chute de cheval, ayant été ruiné à la Bourse, n'a laissé après lui qu'une très-faible partie de la dot de sa femme. Léonie, par conséquent, n'a plus de fortune, et son père, engagé dans de fausses spéculations agricoles, est trop endetté pour lui en refaire une. Le comte adore sa fille. Il gémit de son impuissance à la doter de nouveau, et son tourment est d'autant plus amer qu'il eût été, j'en ai la conviction, heureux de l'offrir, aussi riche que belle, à un digne et bon jeune homme dont il me parle souvent avec un profond intérêt. Mais comment, quand on a l'âme haute et superbe, proposer un parti qui n'a guère d'autres qualités que ses mérites personnels? J'ai compris l'embarras du pauvre noble vieillard et, te l'avouerai-je, mon cher Octave? je suis allée au-devant de sa fierté, j'ai caressé ses secrtts désirs, et j'ai été accueillie à merveille. Mais je m'aperçois que mon explication n'est pas très-précise. Bah ! nous y reviendrons quand tu auras vu ta cousine, quand tu auras admiré sa grâce et son esprit. Ne va pas t'effrayer de son titre de veuve : elle n'a que dix-huit ans !

« Si demain l'état du comte est meilleur, je partirai, car je suis impatiente de t'embrasser, mon enfant. Mais je te préviens que je ne serai pas seule. J'emmène avec moi ma belle Léonie. Léon, ton cousin, retenu auprès de son père, nous suivra de près, j'en ai l'espoir, et tu feras bientôt au Nelhouët connaissance avec eux. Si, par malheur, la maladie du comte empirait, je m'empresserais de t'écrire, et tu viendrais me rejoindre à Kermartin.

« Mille baisers à compte sur l'avenir.

« Ta mère, veuve Grandchamp.

« Tu me parles avec éloge de la jeune gardienne de notre château; je le comprends aisément. Mais je m'étonne que tu paraisses surpris de l'y avoir rencontrée ; n'as-tu donc pas reçu la lettre dans laquelle je t'ai tracé le portrait de cette charmante personne? Le hasard l'a mise sur mon chemin, et depuis ce moment elle m'a inspiré une sérieuse amitié. Il n'est pas au monde, j'en suis sûre, de jeune fille plus intéressante par la beauté, la vertu et le talent. Présente-lui, mon ami, mes compliments affectueux. »

La lecture de cette lettre plongea Octave dans un dédale de contradictions. Il n'avait pas eu de peine à comprendre que le mariage dont lui parlait sa mère le concernait lui-même, et ce projet lui sourit d'abord comme une heureuse diversion à son tourment. Mais il relut ce que madame Grandchamp disait de Danielle en termes si convaincus et si touchants, et une réaction s'opéra dans son esprit; il n'envisagea plus qu'avec répugnance l'union que méditait sa famille : « Eh! que m'importent, disait-il, ces Kermartin qui ne daignent se souvenir de nous que parce que nous sommes riches et qu'ils sont ruinés! que m'importe cette race exclusive qui repousse la gloire impériale de mon père, la grandeur révolutionnaire de mon aïeul! Pourquoi ma mère pactise-t-elle avec des gens qui l'ont si longtemps méprisée? Ah! vrai Dieu! je n'ai pas encore oublié, moi, et je ne pardonne pas si vite! « Mais bientôt les obstacles que devait rencontrer son penchant pour Danielle lui apparurent avec des proportions infranchissables. Il s'avoua que le plus sage était de les éviter; et comme, au demeurant, les enfants du comte de Kermartin n'étaient pas responsables des fautes commises par leur père, et qu'ils semblaient au contraire avoir désapprouvé ses rigueurs, Octave prit la ferme résolution de détourner de Danielle sa pensée pour la reporter sur Léonie de Blossac.

Tout à coup un léger bruit de pas éveilla l'écho du salon. Octave vit Danielle se diriger vers une table où s'épanouissait son bouquet de fête. Cette soudaine apparition le secoua jusqu'au fond de l'âme. La beauté de la jeune fille, l'harmonie de ses mouvements lui sautèrent pour ainsi dire à la vue comme des rayonnements célestes. Rien cependant ne s'était ajouté à ses attraits. Elle était, au contraire, plus pâle et plus grave encore que dans la matinée. Mais ne venait-il pas de renoncer à l'aimer? Ne la voyait-il pas à travers le prisme du regret, le plus magique de tous les prismes qui se forment au cœur de l'homme?

N'ayant pas remarqué la présence d'Octave, Danielle demeura pensive devant ses fleurs, en redressa quelques-unes qui inclinaient au bord du vase, et murmura avec tendresse :

— Restez ainsi fraîches et pures jusqu'au retour de ma chère protectrice, comme un emblème de mes inaltérables sentiments pour elle!

Au son de cette voix caressante comme une mélodie, Octave sentit sa résolution l'abandonner. Il tenta de la ressaisir, mais vainement. Son effort se perdit dans un geste de découragement au bruit duquel Danielle se retourna, l'aperçut et rougit. Le regard attristé, la joue humide, il s'avança vers elle et lui tendit la lettre de sa mère.

— Je la reçois à l'instant, dit-il; on m'y parle de vous; mais, comme je crains d'affaiblir le sentiment et l'expression en les traduisant, je vous prie d'en prendre vous-même connaissance.

Elle parcourut rapidement le *post-scriptum*.

— Quelle bonté! quelle indulgence! Ah! reprit-elle en refoulant un soupir, une telle estime console de bien des ennuis!

Une violente expression de chagrin se peignit sur les traits d'Octave.

— Je vous comprends! s'écria-t-il. Marc vous a tout révélé, et vous êtes indignée, et vous me haïssez.

— Marc ne m'a rien révélé, monsieur. Marc est un cœur dévoué, et c'est aussi un caractère loyal.

— Vous savez cependant...

— Je sais tout, monsieur, mais le hasard seul m'a tout appris,

— Le hasard?

— Sans doute. Quelques paroles sont arrivées distinctement à mon oreille dans le silence de la nuit; elles ont suffi pour m'apprendre la cause de votre entretien avec Marc. Parlez plus bas, monsieur, quand désormais vous voudrez cacher une mauvaise action.

Ce froid et dur reproche tomba comme un morceau de glace sur le cœur d'Octave. Il en demeura suffoqué, interdit. La force et le courage lui revinrent cependant, et, sous les ardeurs de son repentir, de ses prières, il essaya, mais vainement, de fondre tant de rigueur. Insensible, du moins en apparence, Danielle se retirait avec fermeté, lorsque, par une heureuse inspiration, il la retint en s'écriant :

— Si ce n'est par pitié pour moi, Danielle, pardonnez-moi du moins par amour pour ma mère!

Ces derniers mots venaient de trouver le joint de son cœur; elle tressaillit et, après un court silence, elle répondit avec une mélancolique gravité :

— Soit, monsieur, je vous pardonne pour toute la tendresse et la reconnaissance que votre mère m'inspire.

Et elle sortit du salon.

Octave l'accompagna d'un regard éclatant d'admiration et d'allégresse. Lorsqu'il eut cessé de la voir :

— Elle m'a pardonné! proféra-t-il en serrant avec passion ses bras contre sa poitrine comme s'il y pressait un être invisible; elle m'a pardonné! Oh! merci, merci, âme fière et magnanime! Ah! par quel dévouement me rendrai-je digne de ton noble pardon? S'il te suffisait de toutes les joies de l'amour et de l'opulence, je te tendrais avec ravissement mon cœur et ma main, et je dirais : Prends, prends, créature d'élite! je te devrai d'avoir admirablement placé mes trésors!

V

Une après-midi, Octave, revenant de la chasse, le cœur plus rempli de la pensée de Danielle que son carnier ne l'était de gibier, aperçut sur le plateau de Nelhouët sa mère et une jeune personne brune et pâle, élégamment enveloppée dans un cachemire des Indes.

Madame Grandchamp avait cinquante ans, une forte corpulence, une physionomie fraîche et souriante sous le doux reflet d'une couronne de cheveux argentés; ses yeux caressaient, sa voix était onctueuse; en un mot, elle avait toutes les apparences de la plus exquise bienveillance. Elle était douée en effet, à un haut degré, de cette rare vertu, qu'elle exerçait parfois avec une admirable abnégation. Ce penchant de son cœur était même si impérieux que, en y cédant, elle se montrait par instants dure et cruelle. La bonté aussi a sa tyrannie.

Octave avait pour sa mère une de ces robustes affections que l'habitude d'une bonne vie de famille enracine comme un lierre au cœur de l'homme. En un bond, il fut dans ses bras, et tous deux se tinrent longtemps embrassés, comme s'ils eussent eu hâte de rétablir le niveau des tendresses refoulées par l'absence. Puis le jeune homme salua poliment mais un peu froidement l'étrangère.

— Ai-je besoin, mon cher enfant, de t'apprendre que tu salues madame la marquise de Blossac? s'empressa de dire madame Grandchamp. Toute étiquette est donc superflue entre vous, et il faut commencer par embrasser ta cousine; c'est le plus court chemin pour abréger les préliminaires de votre connaissance.

Si Léonie de Blossac avait été une cousine ordinaire, venant réclamer à ce titre seulement sa part des affections de famille, nul doute qu'Octave ne l'eût accueillie avec la plus franche cordialité. Mais cette entrevue avait une autre signification, et il n'était pas d'humeur à encourager les espérances. Il obéit à sa mère, mais ses lèvres effleurèrent à peine le front de la jeune femme, ses yeux prirent le ciel à témoin de la contrainte qu'il subissait, et son cœur murmura le nom de Danielle. Le véritable amour a ses recherches de délicatesse; il redoute jusqu'aux semblants d'inconstance, et se glorifie de la rigueur parfois insolente de sa vertu.

Après de nouvelles effusions et de doux reproches sur la cruelle éternité du voyage de son fils, madame Grandchamp lui dit qu'elle comptait bien qu'il ne repartirait plus, et que, pour le retenir, elle lui préparait des chaînes d'autant plus redoutables qu'elles seraient dissimulées sous les fleurs.

— Gare à tes ailes, mon cher alcyon! ajouta-t-elle en souriant et en regardant à la dérobée Léonie de Blossac, qui soutint ce regard sans le moindre embarras.

Octave n'eut pas de peine à comprendre le sens métaphorique des paroles de sa mère; peu s'en fallut qu'il ne laissât échapper un mouvement d'impatience. Il se maîtrisa cependant et répondit avec calme :

— Soyez tranquille, ma mère, je ne veux plus m'envoler. J'aime plus que jamais votre horizon; j'y découvre maintenant des beautés que je n'y remarquais pas jadis, et je commence à croire que c'est ici que je rencontrerai cette chimère de la jeunesse à la recherche de laquelle on se fatigue si souvent en vain.

En s'exprimant ainsi, il pensait à Danielle. Madame Grandchamp crut qu'il adressait une galanterie à sa cousine. Elle en parut heureuse.

— En effet, reprit-elle gaiement, notre pays a ses surprises qui le font aimer davantage à mesure qu'on le connaît mieux. Et vous aussi, ma belle nièce, ajouta-t-elle en pressant tendrement dans les siennes une main de la jeune marquise, et vous aussi, vous l'aimerez, je l'espère, pour la gracieuse physionomie de ses campagnes et l'affectueux accueil de ses habitants.

— Le peu que j'en connais me plaît déjà beaucoup, madame, répondit Léonie de Blossac avec aplomb; c'est très-charmant et très-aimable.

(*La suite au prochain numéro.*)

Le propriétaire-gérant : F. ROY.

LES MYSTÈRES DE PARIS

— Toi ! s'écria le bandit furieux en levant son dangereux couteau, tu me rosseras !.. (Page 498.)

— Calebasse, ôte le vin, — dit la veuve à sa fille.

Celle-ci se hâtait d'obéir, lorsque Martial dit :

— Attends... je n'ai pas fini de souper.

— Tant pis ! — dit la veuve en enlevant elle-même la bouteille.

— Ah ! c'est différent !... — reprit l'amant de la Louve.

Et, se versant un grand verre d'eau, il le but, fit claquer sa langue contre son palais, et dit :

— Voilà de fameuse eau !

Cet imperturbable sang-froid irritait la colère

haineuse de Nicolas, déjà très-exalté par de nombreuses libations; néanmoins il reculait encore devant une attaque directe, connaissant la force peu commune de son frère. Tout à coup il s'écria, ravi de son inspiration :

— Tu as bien fait de céder pour ton basset, Martial; c'est une bonne habitude à prendre; car il faut t'attendre à nous voir chasser ta maîtresse à coups de pied, comme nous avons chassé ton chien.

— Oh! oui... car si sa Louve avait le malheur de venir dans l'île en sortant de prison, — dit Calebasse qui comprit l'intention de Nicolas, — c'est moi qui la souffletterais drôlement!

— Et moi je lui ferais faire un plongeon dans la vase, près la baraque du bout de l'île, — ajouta Nicolas. — Et si elle en ressortait, je la renfoncerais dedans à coups de soulier... la carne...

Cette insulte adressée à la Louve, qu'il aimait avec une passion sauvage, triompha des pacifiques résolutions de Martial; il fronça ses sourcils, le sang lui monta au visage, les veines de son front se gonflèrent et se tendirent comme des cordes; néanmoins il eut assez d'empire pour dire à Nicolas d'une voix légèrement altérée par une colère contenue :

— Prends garde à toi... tu cherches une querelle et tu trouveras une tournée que tu ne cherches pas.

— Une tournée... à moi!

— Oui... meilleure que la dernière.

— Comment! Nicolas, — dit Calebasse avec un étonnement sardonique, — Martial t'a battu... Dites donc, ma mère, entendez-vous?... Ça ne m'étonne plus que Nicolas ait si peur de lui.

— Il m'a battu... parce qu'il m'a pris en traître, — s'écria Nicolas devenant blême de fureur.

— Tu mens; tu m'avais attaqué en sournois, je t'ai crossé et j'ai eu pitié de toi; mais si tu t'avises encore de parler de ma maîtresse... entends-tu bien, de ma maîtresse... cette fois-ci pas de grâce... tu porteras longtemps mes marques.

— Et si j'en veux parler, moi, de la Louve! — dit Calebasse.

— Je te donnerai une paire de calottes pour t'avertir, et si tu recommences je recommencerai à t'avertir.

— Et si j'en parle, moi? — dit lentement la veuve.

— Vous?

— Oui... moi.

— Vous? — dit Martial en faisant un violent effort sur lui-même, — vous?

— Tu me battras aussi, n'est-ce pas?

— Non, mais si vous me parlez de la Louve, je rosserai Nicolas; maintenant, allez... ça vous regarde... et lui aussi...

— Toi! — s'écria le bandit furieux en levant son dangereux couteau catalan, — tu me rosseras!

— Nicolas... pas de couteau! — s'écria la veuve en se levant promptement pour saisir le bras de son fils; mais celui-ci, ivre de vin et de colère, se leva, poussa rudement sa mère et se précipita sur son frère.

Martial se recula vivement, saisit le gros bâton noueux qu'il avait en entrant déposé sur le buffet, et se mit sur la défensive.

— Nicolas, pas de couteau! — répéta la veuve.

— Laissez-le donc faire! — cria Calebasse en s'armant de la hachette du ravageur.

Nicolas, brandissant toujours son formidable couteau, épiait le moment de se jeter sur son frère.

— Je te dis, — s'écria-t-il, — que toi et ta canaille de Louve je vous crèverai tous les deux, et je commence... A moi, ma mère!... à moi, Calebasse!... refroidissons-le, il y a trop longtemps qu'il dure!

Et, croyant le moment favorable à son attaque, le brigand s'élança sur son frère le couteau levé.

Martial, bâtonniste expert, fit une brusque retraite de corps, leva son bâton, qui, rapide comme la foudre, décrivit en sifflant un huit de chiffre et retomba si pesamment sur l'avant-bras droit de Nicolas, que celui-ci, frappé d'un engourdissement subit, douloureux, laissa échapper son couteau.

— Brigand... tu m'as cassé le bras! — s'écria-t-il en saisissant de sa main gauche son bras droit qui pendait inerte à son côté.

— Non, j'ai senti mon bâton rebondir... — répondit Martial en envoyant d'un coup de pied le couteau sous le buffet.

Puis, profitant de la souffrance qu'éprouvait Nicolas, il le prit au collet, le poussa rudement en arrière jusqu'à la porte du petit caveau dont nous avons parlé, l'ouvrit d'une main, de l'autre y jeta et y enferma son frère, encore tout étourdi de cette brusque attaque. Revenant ensuite aux deux femmes, il saisit Calebasse par les épaules, et, malgré sa résistance, ses cris et un coup de hachette qui le blessa légèrement à la main, il l'enferma dans la salle basse du cabaret qui communiquait à la cuisine.

Alors, s'adressant à la veuve encore stupéfaite de cette manœuvre aussi habile qu'inattendue, Martial lui dit froidement :

— Maintenant, ma mère... à nous deux...

— Eh bien ! oui... à nous deux !... — s'écria la veuve, et sa figure impassible s'anima, son teint blafard se colora, un feu sombre illumina sa prunelle jusqu'alors éteinte; la colère, la haine donnèrent à ses traits un caractère terrible; — oui... à nous deux !... — reprit-elle d'une voix menaçante ; — j'attendais ce moment; tu vas savoir à la fin ce que j'ai sur le cœur.

— Et moi aussi, je vais vous dire ce que j'ai sur le cœur.

— Tu vivrais cent ans, vois-tu, que tu te souviendrais de cette nuit.

— Je m'en souviendrai !... Mon frère et ma sœur ont voulu m'assassiner, vous n'avez rien fait pour les en empêcher. Mais voyons... parlez... qu'avez-vous contre moi?

— Ce que j'ai?

— Oui...

— Depuis la mort de ton père... tu n'as fait que des lâchetés !

— Moi?

— Oui, lâche !... Au lieu de rester avec nous pour nous soutenir, tu t'es sauvé à Rambouillet, braconner dans les bois avec ce colporteur de gibier que tu avais connu à Bercy.

— Si j'étais resté ici, maintenant je serais aux galères comme Ambroise, ou près d'y aller comme Nicolas; je n'ai pas voulu être voleur comme vous autres... de là votre haine.

— Et quel métier fais-tu? Tu volais du gibier, tu voles du poisson; vol sans danger, vol de lâche !...

— Le poisson comme le gibier n'appartient à personne : aujourd'hui chez l'un, demain chez l'autre : il est à qui sait le prendre... Je ne vole pas... Quant à être lâche...

— Tu bats pour de l'argent des hommes plus faibles que toi !

— Parce qu'ils avaient battu plus faibles qu'eux.

— Métier de lâche !... métier de lâche !...

— Il y en a de plus honnêtes, c'est vrai; ce n'est pas à vous à me le dire !

— Pourquoi ne les as-tu pas pris alors, ces métiers honnêtes, au lieu de venir ici fainéantiser et vivre à mes crochets?

— Je vous donne le poisson que je prends et l'argent que j'ai... ça n'est pas beaucoup, mais c'est assez... je ne vous coûte rien... J'ai essayé d'être serrurier pour gagner plus... mais quand depuis son enfance on a vagabondé sur la rivière et dans les bois on ne peut pas s'attacher ailleurs ; c'est fini... on en a pour sa vie... Et puis... — ajouta Martial d'un air sombre, — j'ai toujours mieux aimé vivre seul sur l'eau ou dans une forêt... là personne ne me questionne. Au lieu qu'ailleurs, qu'on me parle de mon père, faut-il pas que je réponde : « Guillotiné ! » de mon frère : « Galérien ! » de ma sœur : « Voleuse !»

— Et de ta mère, qu'en dis-tu?

— Je dis...

— Quoi?

— Je dis qu'elle est morte...

— Et tu fais bien; c'est tout comme... Je te renie, lâche ! Ton frère est au bagne ! ton grand-père et ton père ont bravement fini sur l'échafaud en narguant le prêtre et le bourreau ! Au lieu de les venger, tu trembles !...

— Les venger?

— Oui, te montrer *vrai Martial*, cracher sur le couteau de Charlot et sur la casaque rouge, et finir comme père et mère, frère et sœur...

Si habitué qu'il fût aux exaltations féroces de sa mère, Martial ne put s'empêcher de frissonner. La physionomie de la veuve du supplicié, en prononçant ces derniers mots, était épouvantable.

Elle reprit avec une fureur croissante :

— Oh ! lâche, encore plus crétin que lâche ! Tu veux être honnête !!! Honnête? Est-ce que tu ne seras pas toujours méprisé, rebuté, comme fils d'assassin, frère de galérien? Mais toi, au lieu de te mettre la vengeance et la rage au ventre, ça t'y met la peur ! au lieu de mordre, tu te sauves ! Quand ils ont eu guillotiné ton père... tu nous a quittés... lâche ! et tu savais que nous ne pouvions pas sortir de l'île pour aller au bourg sans qu'on hurle après nous, en nous poursuivant à coups de pierre comme des chiens enragés... Oh ! on nous payera ça, vois-tu ! on nous payera ça !!!

— Un homme, dix hommes ne me font pas peur ! mais être hué par tout le monde comme fils et frère de condamnés... eh bien, non ! je n'ai pas pu... j'ai mieux aimé m'en aller dans les bois et braconner avec Pierre, le vendeur de gibier.

— Fallait y rester... dans tes bois.

— Je suis revenu à cause de mon affaire avec un garde, et surtout à cause des enfants... parce qu'ils étaient en âge de tourner à mal, par l'exemple!

— Qu'est-ce que ça te fait?

— Ça me fait... que je ne veux pas qu'ils deviennent des gueux comme Ambroise, Nicolas et Calebasse...

— Pas possible!

— Et seuls, avec vous tous, ils n'y auraient pas manqué. Je m'étais mis en apprentissage pour tâcher de gagner de quoi les prendre avec moi... ces enfants, et quitter l'île... mais à Paris tout se sait, c'était toujours fils de guillotiné... frère de forçat... j'avais des batteries tous les jours... ça m'a lassé...

— Et ça ne t'a pas lassé d'être honnête... ça te réussissait si bien!... au lieu d'avoir le cœur de revenir avec nous, pour faire comme nous... comme feront les enfants... malgré toi... oui, malgré toi... Tu crois les enjôler avec ton prêche... mais nous sommes là... François est déjà à nous... à peu près... Une occasion, et il sera de la bande...

— Je vous dis que non...

— Tu verras que si... je m'y connais... Au fond, *il a du vice;* mais tu le gênes... Quant à Amandine, une fois qu'elle aura quinze ans, elle ira toute seule... Ah! on nous a jeté des pierres! ah! on nous a poursuivis comme des chiens enragés!... on verra ce que c'est que notre famille... excepté toi... lâche... car ici il n'y a que toi qui nous fasses honte[1]!

— C'est dommage...

— Et comme tu te gâterais avec nous... demain tu sortiras d'ici pour n'y jamais rentrer...

Martial regarda sa mère avec surprise; après un moment de silence, il lui dit :

— Vous m'avez cherché querelle à souper pour en arriver là?

— Oui, pour te montrer ce qui t'attend, si tu voulais rester ici malgré nous : un enfer... entends-tu?... un enfer!... chaque jour une querelle, des coups, des rixes; et nous ne serons pas seuls comme ce soir : nous aurons des amis qui nous aideront... tu n'y tiendras pas huit jours...

— Vous croyez me faire peur?

— Je ne te dis que ce qui t'arrivera...

— Ça m'est égal... je reste...

— Tu resteras ici?

— Oui.

— Malgré nous?

— Malgré vous, malgré Calebasse, malgré Nicolas, malgré tous les gueux de sa trempe!

— Tiens... tu me fais rire.

Dans la bouche de cette femme à figure sinistre et féroce, ces mots étaient horribles.

— Je vous dis que je resterai ici jusqu'à ce que je trouve le moyen de gagner ma vie ailleurs avec les enfants : seul, je ne serais pas embarrassé, je retournerais dans les bois; mais, à cause d'eux, il me faudra plus de temps... pour rencontrer ce que je cherche... En attendant, je reste.

— Ah! tu restes... jusqu'au moment où tu emmèneras les enfants?

— Comme vous dites!

— Emmener les enfants?

— Quand je leur dirai : « Venez, » ils viendront... et en courant, je vous en réponds.

La veuve haussa les épaules, et reprit:

— Écoute : je t'ai dit tout à l'heure que, quand bien même tu vivrais cent ans, tu te rappellerais cette nuit : je vais t'expliquer pourquoi; mais, avant, es-tu bien décidé à ne pas t'en aller d'ici?

— Oui! oui! mille fois oui!

— Tout à l'heure tu diras non! mille fois non! Écoute-moi bien... Sais-tu quel métier fait ton frère?

— Je m'en doute, mais je ne veux pas le savoir.

— Tu le sauras... il vole...

— Tant pis pour lui!...

— Et pour toi...

— Pour moi?

1. Ces effroyables enseignements ne sont malheureusement pas exagérés. Voilà ce que nous lisons dans l'excellent rapport de M. de Bretignières sur la colonie pénitentiaire de Mettray (séance du 12 mars 1843) :

« L'état civil de nos colons est important à constater; parmi eux nous comptons : 31 enfants naturels, 34 dont les pères et mères sont remariés, 51 *dont les parents sont en prison*, 124 dont les parents n'ont pas été l'objet de poursuites de la justice, mais sont plongés dans la plus profonde misère.

« Ces chiffres sont éloquents et gros d'enseignements; ils permettent de remonter des effets aux causes, et donnent l'espoir d'arrêter les progrès d'un mal dont l'origine est ainsi constatée. Le nombre des *parents criminels fait apprécier l'éducation qu'ont dû recevoir les enfants sous la tutelle de semblables guides. Instruits au mal par leurs pères, les fils ont failli sous leurs ordres*, et ont cru bien faire en suivant leur exemple. Atteints par la justice, ils se résignent à partager dans la prison le destin de leur famille, ils n'y apportent que l'émulation du vice, et il faut vraiment qu'une lueur de la grâce divine existe encore au fond de ces rudes et grossières natures pour que tous germes honnêtes ne soient pas éteints. »

— Il vole la nuit avec effraction, cas de galères ; nous recélons ses vols ; qu'on le découvre, nous sommes condamnés à la même peine que lui comme recéleurs, et toi aussi ; on rafle la famille, et les *enfants* seront sur le pavé, où ils apprendront l'état de ton père et de ton grand-père aussi bien qu'ici.

— Moi, arrêté comme recéleur, comme votre complice ! Sur quelle preuve ?

(La suite au prochain numéro.)

COMMENT ON AIME

DANIELLE

(SUITE)

L'accent clair et décidé qui accompagnait ces mots, l'assurance de femme du monde qui les appuyait, ne furent pas de nature à vaincre la systématique et froide politesse d'Octave. « Serait-elle suffisante ? se demanda-t-il, enchanté de lui trouver si vite un défaut. Elle paraît avoir le sentiment de son mérite, de sa supériorité. »

Le souvenir de Danielle, dont la voix était si douce et la tenue si modeste, vint s'offrir en contraste à son esprit.

Madame Grandchamp reprit :

— Mais je n'oublie pas, ma chère Léonie, que, ayant vécu surtout à Paris, au milieu d'un tourbillon de plaisirs, vous n'avez pas un grand goût pour la vie solitaire et tranquille de la campagne. Eh bien ! afin que vous ne regrettiez pas trop vivement vos anciennes habitudes, je vous promets que nous verrons du monde et que nous donnerons des fêtes.

— Ce sera délicieux ! répondit Léonie ; je l'avoue, j'aurais eu quelque peine à renoncer à tous ces frivoles mais adorables ornements de l'existence.

— Il faudrait être bien cruel pour vous en priver, repartit Octave avec une imperceptible ironie ; et cette fois encore il se dit : « Quelle différence avec Danielle, cette violette qui se cache sous l'herbe et qui n'en a qu'un plus doux parfum. »

La jeune marquise devina-t-elle le sentiment qui se dérobait au fond du cœur de son cousin ? Il était permis de le supposer au regard rapide et profond qu'elle jeta sur lui.

Madame Grandchamp, Léonie de Blossac et Octave pénétraient en ce moment dans la cour d'honneur du Nelhouët. Octave alla donner l'ordre à un domestique de se rendre immédiatement à Pont-Scorff pour annoncer à Danielle l'arrivée de madame Grandchamp ; puis il entra au salon, où sa mère s'était arrêtée devant la porcelaine de Sèvres dans laquelle s'épanouissait, frais et vivace encore, le bouquet de camélias et de violettes de Parme. Elle en détachait un camélia blanc veiné de rose qu'elle offrit à Léonie. Après quoi, se tournant vers son fils, elle lui dit en souriant :

— J'ai appris que ces belles fleurs me venaient de Danielle. Ah ! la malheureuse enfant, elle se sera ruinée pour moi ; je la gronderai bien fort.

— Et vous aurez raison, ma mère ; elle a l'amitié vraiment trop prodigue.

— Est-ce une amie ? demanda la jeune marquise.

— Une charmante personne, répondit madame Grandchamp. Elle habite dans un bourg voisin. Je vous la présenterai Léonie ; je suis certaine qu'elle vous plaira comme à tout le monde.

— Elle n'est pas trop provinciale ? elle a de l'esprit ?

— Oh ! un esprit aussi gracieux que modeste. Quant au reste, elle a été élevée à Paris, et fort bien élevée, je vous assure. Après la mort d'un oncle, qui lui tenait lieu de père, les ressources commençant à lui manquer, elle est venue sagement s'établir à Pont-Scorff, son bourg natal, où, fort à propos, elle héritait d'une chaumière et de quelques arpents de terre. Paris est une ville de perdition pour les jeunes filles pauvres et libres; elle a fui cette Sodome moderne, et c'est une vertueuse action.

— Se résigner à venir habiter une chaumière, et une chaumière bretonne encore! répondit Léonie d'une voix dédaigneuse; ah! ma tante, c'est mieux que de la vertu, c'est de l'héroïsme!

Cette raillerie, qui, comme la piqûre d'un insecte invisible, se sent plus qu'elle ne s'aperçoit, blessa Octave dans la personne de Danielle. Il dut recueillir toutes ses forces pour cacher sous la douceur de sa voix toute l'aigreur de sa réponse.

— En effet, dit-il, combien d'autres à sa place, jeunes et belles, eussent préféré au cours paisible d'une existence de village l'enivrant tourbillon des galanteries de la capitale!

A son tour, Léonie se sentit atteinte dans son penchant avoué pour la vie parisienne et les plaisirs mondains. Toutefois, ne sachant si le coup était volontaire et prémédité, elle lança à son cousin un nouveau regard acéré qui tenta de pénétrer jusqu'au fond de sa pensée. Mais Octave demeura si impassible qu'elle ne sut, en définitive, à quoi s'en tenir. Elle soulagea néanmoins son orgueil blessé en se disant que ce don Quichotte des vertus de chaumière avait probablement été plutôt maladroit qu'impertinent.

Trop simple de cœur pour avoir vu dans cette sourde escarmouche autre chose que l'échange de propos insignifiants, madame Grandchamp reprit, en s'adressant à sa nièce :

— Vous serez, chère belle, d'autant plus enchantée de Danielle qu'elle est assez bonne musicienne.

— Elle touche du piano?

— Non, elle joue de la harpe.

— De la harpe! exclama Léonie de son ton souriant et railleur. Oh! mais c'est tout à fait charmant! La harpe est l'instrument des séraphins du ciel, et ce serait à mon avis l'instrument du plus haut goût, s'il n'était trop souvent rabaissé par les prétentions musicales des virtuoses ambulantes. Il faut absolument être un ange ou une bohémienne pour oser de nos jours jouer de la harpe, et votre amie, ma tante, ne peut être qu'un ange.

La marquise laissa tomber de ses lèvres cette dernière phrase avec une bonne humeur sournoise qui s'efforçait d'en dissimuler la moquerie. Madame Grandchamp ne s'y trompa point; mais elle attribua cette saillie piquante à une pointe de jalousie, et elle en augura bien pour le sentiment qu'inspirait déjà son fils.

— Ah! fi! dit-elle en riant, voilà que vous plaisantez ma bonne Danielle! Eh bien! vous vous en repentirez, je vous en avertis, quand vous connaîtrez cette chère enfant.

— Sans doute, repartit Octave avec une froideur glaciale, car le repentir est surtout facile à la bonté, et ma cousine paraît être si bonne! Ah! le cœur d'une femme est un bien doux trésor quand le ciel lui a donné en partage beaucoup d'indulgence et de charité!

A ces paroles, à cet accent dont elle ne put méconnaître cette fois l'hostilité flagrante, de rapides éclairs jaillirent des yeux noirs de Léonie; ses lèvres fines et mobiles se contractèrent en murmurant très-bas : « Quelle mouche le pique, cet ombrageux cousin? Pourquoi se pose-t-il ainsi en champion d'une paysanne d'opéra-comique? Est-ce qu'il l'aimerait? » Et le reste de sa pensée s'évapora dans un sourire hautain et méprisant, puis elle redevint calme et enjouée.

Deux heures d'entretien avaient suffi à Octave pour qu'il prît de sa cousine une opinion décisive et défavorable. Déjà elle lui était antipathique, et, comme une électricité contraire, elle le repoussait au premier choc. Non que Léonie de Blossac ne fût belle et gracieuse; mais sa beauté était plus souveraine qu'attrayante, sa grâce plus recherchée, plus altière que facile et harmonieuse. Elle eût ressemblé à Junon, si Junon avait jamais eu la physionomie d'une femme d'esprit.

Octave, de son côté, n'avait rien moins qu'éveillé l'intérêt de sa cousine. Elle le trouvait joli homme, assez spirituel, mais manquant de monde et fort peu galant. Elle lui reprochait surtout de prendre si bénévolement contre elle la défense d'une personne de mince mérite, telle qu'elle estimait devoir être Danielle. Toutefois elle ne voulut pas en témoigner son mécontentement et reprit l'entretien en lui donnant une allure moins scabreuse; elle parla musique. Madame Grandchamp la pria de se mettre au piano; elle ne fit point de façons, jeta négligemment sur la tablette le camélia que lui avait donné sa tante, frotta ses belles mains brunes et les laissa courir sur les touches avec légèreté; puis, s'arrêtant brusquement après une gamme chromatique d'une brillante exécution, elle vanta les sons de l'instrument.

— Un piano peut-il jamais être mauvais sous vos doigts! dit madame Granchamp. Au besoin, vous sauriez lui communiquer tout le charme qu'il n'aurait pas.

Léonie remercia sa tante par un sourire où perçait un peu trop peut-être la conscience de son talent. Dans la disposition d'esprit où il se trouvait, cette remarque choqua Octave; il garda le silence, refusant ainsi à l'orgueil ce qu'il eût volontiers accordé à la modestie. L'admiration n'aime pas la contrainte. Ce silence n'échappa point à la jeune femme, et il commençait à impatienter madame Grandchamp, quand un domestique annonça l'arrivée de Danielle.

Madame Grandchamp alla vivement au-devant d'elle, et l'embrassant avec tendresse :

— Chère enfant, lui dit-elle, je suis heureuse de vous revoir. Venez, que je vous donne une nouvelle amie, bonne et belle comme vous.

Et la prenant par la main elle la conduisit vers Léonie. Celle-ci, au timide salut de Danielle, répondit par un élégant mouvement de tête assez semblable à celui d'une reine accueillant une sujette. Puis, de ce ton bienveillant que donne le sentiment de la supériorité, elle lui adressa quelques compliments.

— Il paraît, mademoiselle, que vous êtes excellente musicienne, continua-t-elle en enchérissant sur les expressions de sa tante, et que vous jouez parfaitement de la harpe? C'est un talent rare aujourd'hui, et qui n'en est que plus précieux. Vous m'offrirez bientôt l'occasion de le juger, n'est-il pas vrai?

Qu'il y eût de l'affectation au fond de ce gracieux accueil, Danielle n'y prit garde. Toute confuse, elle répondit qu'il ne fallait pas accorder une grande confiance aux éloges dont on daignait l'honorer au Nelhouët, parce qu'ils étaient beaucoup plus généreux que mérités.

— Votre demeure est-elle bien éloignée? lui demanda Léonie cédant à un élan de curiosité. Ne peut-on envoyer prendre votre harpe? Pourquoi n'improviserions-nous pas un petit concert? Avons-nous rien de mieux à faire en ce moment?

Cette idée obtint l'assentiment d'Octave et de sa mère, mais Danielle en conçut une sorte d'effroi; toute tremblante, elle balbutia quelques excuses qui ne furent pas acceptées, et un domestique fut expédié aux Glaïeuls.

— Attendrons-nous la harpe pour commencer notre concert? demanda madame Grandchamp. Je vous préviens que, quand il s'agit pour moi d'entendre de belle et bonne musique, je déteste les retards. Ainsi, ma chère nièce, vite une ouverture, ou je fais cabale, comme on dit à Paris!

La jeune marquise obéit; elle entama la *Sonate pathétique*, cette magistrale composition, avec une ampleur et une pureté qui eussent fait honneur à plus d'un artiste de bonne réputation. Salves d'accords retentissants, jets rapides de gammes ardentes, bouquet éblouissant de notes précipitées, tout un feu d'artifice d'harmonie jaillissait sous ses mains avec une remarquable aisance et un étonnant éclat. Mais on eût attendu vainement, dans tout ce bruit pour ainsi dire lumineux, un éclair de sentiment, une électrique vibration de l'âme. L'oreille était surprise, étourdie, séduite, mais le cœur restait calme et froid. L'inspiration du maître était rendue dans sa lettre, non dans son esprit.

— Elle a des doigts de fée, murmura Octave, mais elle a une âme de statue.

Enthousiasmée, madame Grandchamp embrassa Léonie avec effusion; elle déclara que Liszt et Thalberg ne lui eussent pas fait un plus grand plaisir.

— C'est du prestige! dit ensuite Danielle avec une admiration sincère : j'en suis éblouie.

Léonie fut moins sensible à ces hommages qu'au silence obstiné que gardait Octave. Impatientée, elle se tourna vers lui comme pour provoquer son opinion. A cette muette mise en demeure, sous peine de manquer aux lois de la plus stricte politesse, il fut contraint de répondre. Il ne le fit cependant qu'avec de malicieuses restrictions, autant pour battre un peu en brèche l'assurance de la pianiste que pour venger Danielle des airs protecteurs de la marquise.

— C'est éblouissant en effet, dit-il, et je ne vois qu'une chose à reprendre dans tout cela, c'est le choix du morceau. En général, les sonates font valoir la dextérité des doigts plus que les qualités du cœur. Ah! si j'étais femme et musicienne, elles n'auraient pas mes préférences.

Léonie ne fut pas dupe de cet artifice de langage. Elle comprit fort bien que c'était moins à la composition qu'à l'exécution qu'était adressé le reproche de manquer de sentiment. Elle tressaillit de dépit, se mordit les lèvres, et dédaigna de répliquer. Vivement contrariée par les critiques aigres-douces de son fils, madame Grandchamp s'efforça d'en détruire l'effet sur l'esprit de sa nièce; elle déclara péremptoirement que ce qu'elle venait d'entendre était parfait de tous points, et qu'il fallait ne pas s'y connaître pour y trouver à reprendre.

Comme elle achevait, la harpe entrait au salon, et Octave, la prenant des mains du domestique, allait la placer lui-même devant Danielle qu'il essaya d'encourager du regard; mais elle n'en fut que plus intimidée. Elle supplia qu'on la dispensât de jouer. Madame Grandchamp fut inflexible. Alors, recueillant toutes ses forces, la jeune fille tira de sa harpe quelques accords pleins de gravité, puis elle commença la mélodie des *Souvenirs*, délicieuse élégie de la vie humaine qui chante d'abord une espérance, soupire ensuite un regret, exhale parfois un remords. Rien de plus pénétrant que ces accents, tantôt gais comme le gazouillement d'une fauvette, tantôt plaintifs comme la voix d'un cerf qui brame, tantôt grondeurs comme le sifflement d'une bise d'hiver. Ah! la harpe est vraiment habile à exprimer toutes les sensations du cœur, et c'est une injustice de notre siècle de la condamner à la solitude et à l'abandon! L'œil rêveur, mais calme, le corps penché, mais immobile, Danielle interprétait les divers sentiments de la mélodie avec une expression d'autant plus émouvante que rien dans son attitude ni dans son jeu ne visait à l'effet. Elle contenait, au contraire, son âme, et son exécution était parfaite en s'efforçant de ne l'être pas.

Madame Grandchamp et son fils avaient de l'admiration et des larmes dans le regard, mais Léonie se montrait indifférente et distraite. Ce fut elle cependant qui la première prit la parole pour complimenter Danielle.

— C'est fort joli, dit-elle d'un ton de froide politesse. Ma tante a raison, mademoiselle, vous avez du talent. Vous possédez surtout ce jeu sentimental, reprit-elle avec un sourire ambigu, tel que paraît le préférer M. Octave. Je vous en félicite bien sincèrement.

Attentif et silencieux comme s'il écoutait encore l'écho mourant des vibrations de la harpe, Octave sortit brusquement de sa rêverie à cette apostrophe dont il devina l'ironie.

— Et je me joins à vous, ma cousine, répondit-il en feignant de prendre l'éloge au sérieux. Je remercie mademoiselle de réaliser si bien mon idéal dans la poésie des sons.

— Le fait est que les séraphins doivent être jaloux de vous, Danielle, reprit madame Grandchamp avec onction.

Puis, se tournant vers sa nièce, elle poursuivit d'un air heureux :

— En vérité, tout cela nous enchante! Allons, Léonie, à votre tour maintenant. Lorsqu'on vous a entendue, on n'a plus qu'un désir, celui de vous entendre encore.

Mais la jeune marquise, méprisant le goût d'Octave et de sa mère, qui à la vigueur de son talent préféraient évidemment ce qu'elle appelait tout bas la *sensiblerie* de Danielle, se plaignit d'un peu de migraine et se leva pour aller prendre l'air au jardin. D'un geste impatient, elle fit tomber sur le parquet le camélia qu'elle avait posé sur la tablette du piano, et elle l'écrasa sous son pied.

— Ah! ma nièce, s'écria madame Grandchamp, prenez garde, vous marchez sur la fleur que je vous ai donnée! c'est la plus jolie du bouquet de Danielle.

Léonie balbutia une excuse assez brève; elle ne daigna pas se baisser, et sortit du salon, suivie de sa tante. Octave ne fit qu'un bond, il ramassa le camélia brisé, le plaça silencieusement à sa boutonnière.

Danielle avait vu ce mouvement, un flux de sang courut sous l'épiderme de son front; elle se hâta de ranger sa harpe dans un angle du salon et fit quelques pas pour rejoindre madame Grandchamp. Mais, tremblant, le visage humide, Octave fléchit le genou devant elle et proféra ces mots avec une inexprimable ardeur :

— Danielle! Danielle! je vous aime!

Elle poussa un cri étouffé et voulut s'enfuir; Octave l'arrêta d'un geste suppliant.

— Ah! reprit-il avec exaltation, ne m'accablez pas de votre indifférence ou de votre colère! ne m'écrasez pas comme cette pauvre fleur que je tiens mourante sur ma poitrine! Par pitié, un peu d'espoir! un peu d'amour!

Danielle rassembla tout son courage par un effort suprême, et répondit d'une voix résolue :

— Jamais! jamais!

Puis elle sortit du salon en dévorant ses larmes.

VI

Le soir même, Léonie écrivit à son frère, le vicomte de Kermartin. Voici ce que contenait sa lettre :

« Mon cher Léon,

« Je me hâte de te jeter quelques lignes à la poste. Mes impressions sont assez curieuses pour que je te les communique au plus vite. Je ne te parlerai pas du Nelhouët, une propriété bourgeoise assez confortable, mais sans caractère, qu'on ose appeler un château.

(La suite au prochain numéro.)

Le propriétaire-gérant : F. ROY.

LES MYSTÈRES DE PARIS

Il vit un des pieds de l'homme qui sortait de terre. (Page 506.)

— On ne sait pas comment tu vis : tu vagabondes sur l'eau, tu as la réputation d'un mauvais homme, tu habites avec nous; à qui feras-tu croire que tu ignores nos vols et nos recels?

— Je prouverai que non.

— Nous te chargerons comme notre complice.

— Me charger! pourquoi?

— Pour te récompenser d'avoir voulu rester ici malgré nous.

— Tout à l'heure vous vouliez me faire peur d'une façon, maintenant c'est d'une autre; ça ne prend pas : je prouverai que je n'ai jamais volé... Je reste.

— Ah! tu restes? Écoute donc encore : te rappelles-tu, l'an dernier... ce qui s'est passé ici pendant la nuit de Noël?

— La nuit de Noël? — dit Martial en cherchant à rassembler ses souvenirs.

— Cherche bien... cherche bien...

— Je ne me rappelle pas...

— Tu ne te rappelles pas que Bras-Rouge a amené ici, le soir, un homme bien mis, qui avait besoin de se cacher?...

— Oui, maintenant je me souviens; je suis monté me coucher, et je l'ai laissé souper avec vous... Il a passé la nuit dans la maison; avant le jour, Nicolas l'a conduit à Saint-Ouen...

— Tu es sûr que Nicolas l'a conduit à Saint-Ouen?

— Vous me l'avez dit le lendemain matin.

— La nuit de Noël, tu étais donc ici?

— Oui... eh bien?

— Cette nuit-là... cet homme, qui avait beaucoup d'argent sur lui... a été assassiné dans cette maison.

— Lui!... ici?...

— Et volé... et enterré dans le petit bûcher.

— Cela n'est pas vrai! — s'écria Martial devenant pâle de terreur, et ne voulant pas croire à ce nouveau crime des siens. — Vous voulez m'effrayer... Encore une fois, ça n'est pas vrai!

— Demande à ton protégé François ce qu'il a vu ce matin dans le bûcher.

— François! Et qu'a-t-il vu?

— Un des pieds de l'homme qui sortait de terre... Prends la lanterne, vas-y, tu t'en assureras.

— Non, — dit Martial en essuyant son front baigné d'une sueur froide, — non, je ne vous crois pas... Vous dites cela pour...

— Pour te prouver que, si tu demeures ici malgré nous, tu risques à chaque instant d'être arrêté comme complice de vol et de meurtre; tu étais ici la nuit de Noël; nous dirons que tu nous a aidés à faire le coup. Comment prouveras-tu le contraire?

— Mon Dieu! mon Dieu! — dit Martial en cachant sa figure dans ses mains.

— Maintenant, t'en iras-tu? — dit la veuve avec un sourire sardonique.

Martial était atterré : il ne doutait malheureusement pas de ce que venait de lui dire sa mère; la vie vagabonde qu'il menait, sa cohabitation avec une famille si criminelle devaient en effet faire peser sur lui de terribles soupçons, et ces soupçons pouvaient se changer en certitude aux yeux de la justice, si sa mère, son frère, sa sœur le désignaient comme leur complice.

La veuve jouissait de l'abattement de son fils.

— Tu as un moyen de sortir d'embarras: dénonce-nous!

— Je le devrais... Mais je ne le ferai pas... vous le savez bien.

— C'est pour cela que je t'ai tout dit... Maintenant, t'en iras-tu?

Martial voulut tenter d'amoindrir cette mégère; d'une voix moins rude, il lui dit:

— Ma mère, je ne vous crois pas capable de ce meurtre...

— Comme tu voudras, mais va-t'en...

— Je m'en irai à une condition.

— Pas de condition!

— Vous mettrez les enfants en apprentissage... loin d'ici... en province...

— Ils resteront ici...

— Voyons... ma mère... quand vous les aurez rendus semblables à Nicolas, à Calebasse, à Ambroise, à mon père... à quoi ça vous servira-t-il?

— A faire de bons coups avec leur aide... Nous ne sommes pas déjà de trop... Calebasse reste ici avec moi pour tenir le cabaret... Nicolas est seul. Une fois dressés, François et Amandine l'aideront. On leur a aussi jeté des pierres à eux, tout petits... faut qu'ils se vengent!

— Ma mère, vous aimez Calebasse et Nicolas, n'est-ce pas?

— Après?

— Que les enfants les imitent... que vos crimes et les leurs se découvrent...

— Après?

— Ils vont à l'échafaud comme mon père...

— Après, après?

— Et leur sort ne vous fait pas trembler?

— Leur sort sera le mien, ni meilleur ni pire... Je vole, ils volent... je tue, ils tuent... Qui prendra la mère prendra les petits... Nous ne nous quitterons pas... Si nos têtes tombent, elles tomberont dans le même panier... où elles se diront adieu! Nous ne reculerons pas; il n'y a que toi de lâche dans la famille, nous te chassons... Va-t'en!...

— Mais les enfants! les enfants!...

— Les enfants deviendront grands; je te dis que sans toi ils seraient déjà formés. François est presque prêt; quand tu seras parti, Amandine rattrapera le temps perdu...

— Ma mère, je vous en supplie, consentez à

envoyer les enfants en apprentissage loin d'ici.

— Combien de fois faut-il te dire qu'ils y sont en APPRENTISSAGE, ICI?...

La veuve du supplicié articula ces derniers mots d'une façon si inexorable que Martial perdit tout espoir d'amollir cette âme de bronze.

— Puisque c'est ainsi... — reprit-il d'un ton bref et résolu, — écoutez-moi bien à votre tour, ma mère... Je reste.

— Ah! ah!...

— Pas dans cette maison... je serais assassiné par Nicolas ou empoisonné par Calebasse; mais comme je n'ai pas de quoi me loger ailleurs, moi et les enfants, nous habiterons la baraque du bout de l'île: la porte est solide, je la renforcerai encore... Une fois là, bien barricadé, avec mon fusil, mon bâton et mon chien, je ne crains personne. Demain matin j'emmènerai les enfants... Le jour ils viendront avec moi, soit dans mon bateau, soit dehors; la nuit ils coucheront près de moi dans la cabane; nous vivrons de ma pêche; ça durera jusqu'à ce que j'aie trouver à les placer, et je trouverai...

— Ah ! c'est ainsi?

— Ni vous, ni mon frère, ni Calebasse ne pouvez empêcher que ça soit, n'est-ce pas?... Si on découvre vos vols ou votre assassinat durant mon séjour dans l'île... tant pis, j'en cours la chance ! j'expliquerai que je suis revenu, que je suis resté à cause des enfants, pour les empêcher de devenir des gueux... on jugera... Mais que le tonnerre m'écrase si je quitte l'île, et si les enfants restent un jour de plus dans cette maison!... Oui, et je vous défie, vous et les vôtres, de me chasser de l'île!

La veuve connaissait la résolution de Martial; les enfants aimaient leur frère aîné autant qu'ils la redoutaient; ils le suivraient donc sans hésiter lorsqu'il le voudrait. Quant à lui, bien armé, bien résolu, toujours sur ses gardes, dans son bateau pendant le jour, retranché et barricadé dans la cabane de l'île pendant la nuit, il n'avait rien à redouter des mauvais desseins de sa famille.

Le projet de Martial pouvait donc de tout point se réaliser... Mais la veuve avait beaucoup de raisons pour en empêcher l'exécution. D'abord, ainsi que les honnêtes artisans considèrent quelquefois le nombre de leurs enfants comme une richesse, en raison des services qu'ils en retirent, la veuve comptait sur Amandine et sur François pour l'assister dans ses crimes. Puis ce qu'elle avait dit de son désir de venger son mari et son fils était vrai. Certains êtres, nourris, vieillis, durcis dans le crime, entrent en révolte ouverte, en guerre acharnée contre la société, et croient par de nouveaux crimes se venger de la juste punition qui a frappé eux ou les leurs.

Puis enfin les sinistres desseins de Nicolas contre Fleur-de-Marie, et plus tard contre la courtière, pouvaient être contrariés par la présence de Martial. La veuve avait espéré amener une séparation immédiate entre elle et Martial, soit en lui suscitant la querelle de Nicolas, soit en lui révélant que, s'il s'obstinait à rester dans l'île, il risquait de passer pour complice de plusieurs crimes. Aussi rusée que pénétrante, la veuve, s'apercevant qu'elle s'était trompée, sentit qu'il lui fallait recourir à la perfidie pour faire tomber son fils dans un piége sanglant... Elle reprit donc, après un assez long silence, avec une amertume affectée :

— Je vois ton plan, tu ne veux pas nous dénoncer toi-même; tu veux nous faire dénoncer par les enfants.

— Moi !

— Ils savent maintenant qu'il y a un homme enterré ici; ils savent que Nicolas a volé... Une fois en apprentissage, ils parleraient, on nous prendrait, et nous y passerions tous... toi comme nous; voilà ce qui arriverait si je t'écoutais, si je te laissais chercher à placer les enfants ailleurs... Et pourtant tu dis que tu ne nous veux pas de mal !... Je ne te demande pas de m'aimer; mais ne hâte pas le moment où nous serons pris.

Le ton radouci de la veuve fit croire à Martial que ses menaces avaient produit sur elle un effet salutaire; il donna dans un piége affreux.

— Je connais les enfants, — reprit-il ; — je suis sûr qu'en leur recommandant de ne rien dire ils ne diraient rien... D'ailleurs, d'une façon ou d'une autre, je serais toujours avec eux et je répondrais de leur silence.

— Est-ce qu'on peut répondre des paroles d'un enfant... à Paris surtout, où l'on est si curieux et si bavard !... C'est autant pour qu'ils puissent nous aider à faire nos coups que pour qu'ils ne puissent pas nous vendre que je veux les garder ici.

— Est-ce qu'ils ne vont pas quelquefois au bourg et à Paris? qui les empêcherait de parler... s'ils ont à parler?... S'ils étaient loin d'ici, à la bonne heure ! ce qu'ils pourraient dire n'aurait aucun danger...

— Loin d'ici? et où ça, — dit la veuve en regardant fixement son fils.

— Laissez-moi les emmener... peu vous importe...

— Comment vivras-tu, et eux aussi?

— Mon ancien bourgeois serrurier est brave homme; je lui dirai ce qu'il faudra lui dire, et peut-être qu'il me prêtera quelque chose à cause des enfants; avec ça, j'irai les mettre en apprentissage loin d'ici. Nous partons dans deux jours, et vous n'entendrez plus parler de nous.

— Non, au fait... je veux qu'ils restent avec moi; je serai plus sûre d'eux.

— Alors je m'établis demain à la baraque de l'île, en attendant mieux... J'ai une tête aussi, vous le savez...

— Oui, je le sais... Oh! que je voudrais te voir loin d'ici!... Pourquoi n'es-tu pas resté dans tes bois?

— Je vous offre de vous débarrasser de moi et des enfants.

— Tu laisseras donc ici la Louve, que tu aimes tant?... — dit tout à coup la veuve.

— Ça me regarde : je sais ce que j'ai à faire; j'ai mon idée...

— Si je te les laissais emmener, toi, Amandine et François vous ne remettriez jamais les pieds à Paris?

— Avant trois jours nous serions partis et comme morts pour vous.

— J'aime encore mieux cela que de t'avoir ici et d'être toujours à me méfier d'eux... Allons, puisqu'il faut s'y résigner, emmène-les... et allez-vous-en tous le plus tôt possible... que je ne vous revoie jamais!...

— C'est dit?

— C'est dit. Rends-moi la clef du caveau, que j'ouvre à Nicolas.

— Non, il y cuvera son vin; je vous rendrai la clef demain matin.

— Et Calebasse?

— C'est différent; ouvrez-lui quand je serai monté, elle me répugne à voir.

— Va... que l'enfer te confonde!

— C'est votre bonsoir, ma mère?

— Oui...

— Ce sera le dernier, heureusement, — dit Martial.

— Le dernier, reprit la veuve.

Son fils alluma une chandelle, puis il ouvrit la porte de la cuisine, siffla son chien, qui accourut tout joyeux du dehors et suivit son maître à l'étage supérieur de la maison.

— Va... ton compte est bon! — murmura la mère en montrant le poing à son fils qui venait de monter l'escalier; c'est toi qui l'auras voulu.

Puis, aidée de Calebasse, qui alla chercher un paquet de fausses clefs, la veuve crocheta le caveau où se trouvait Nicolas, et remit celui-ci en liberté.

CHAPITRE VII

FRANÇOIS ET AMANDINE

François et Amandine couchaient dans une pièce située immédiatement au-dessus de la cuisine, à l'extrémité d'un corridor sur lequel s'ouvraient plusieurs autres chambres servant de *cabinets de société* aux habitués du cabaret.

Après avoir partagé leur repas frugal, au lieu d'éteindre leur lanterne, selon les ordres de la veuve, les deux enfants avaient veillé, laissant leur porte entr'ouverte pour guetter leur frère Martial au passage, lorsqu'il rentrerait dans sa chambre. Posée sur un escabeau boiteux, la lanterne jetait de pâles clartés à travers sa corne transparente. Des murs de plâtre rayés de voliges brunes, un grabat pour François, un vieux petit lit d'enfant beaucoup trop court pour Amandine, une pile de débris de chaises et de bancs brisés par les hôtes turbulents de la taverne de l'île du Ravageur, tel était l'intérieur de ce réduit.

Amandine, assise sur le bord du grabat, s'étudiait à se coiffer en *marmotte* avec le foulard volé, don de son frère Nicolas. François, agenouillé, présentait un fragment de miroir à sa sœur qui, la tête à demi tournée, s'occupait alors d'épanouir la grosse rosette qu'elle avait faite en nouant les deux pointes du mouchoir. Fort attentif et fort émerveillé de cette coiffure, François négligea un moment de présenter le morceau de glace de façon que l'image de sa sœur pût s'y réfléchir.

— Lève donc le miroir plus haut, — dit Amandine; — maintenant je ne me vois plus... Là... bien... attends encore un peu... voilà que j'ai fini... Tiens, regarde! Comment me trouves-tu coiffée?

— Oh! très-bien! très-bien!... Dieu! Oh! la belle rosette! Tu m'en feras une pareille à ma cravate, n'est-ce pas?

— Oui, tout à l'heure... mais laisse-moi me promener un peu. Tu iras devant moi... à reculons, en tenant toujours le miroir haut... pour que je puisse me voir en marchant.

François exécuta de son mieux cette manœuvre difficile, à la grande satisfaction d'Amandine, qui se prélassait, triomphante et glorieuse, sous les cornes et sous l'énorme bouffette de son foulard. Très-innocente et très-naïve dans toute autre circonstance, cette coquetterie devenait coupable en s'exerçant à propos du produit d'un vol que François et Amandine n'ignoraient pas. Autre preuve de l'effrayante facilité avec laquelle des enfants, même bien doués, se corrompent presque à leur insu, lorsqu'ils sont continuellement plongés dans une atmosphère criminelle.

(La suite au prochain numéro.)

La jeune fille tira de sa harpe quelques accords pleins de gravité. (Page 504.)

COMMENT ON AIME (suite).

« Je ne te dirai pas un mot des campagnes d'alentour, qui me paraissent insignifiantes. Tu sais d'ailleurs que les idylles et les bucoliques m'amusent médiocrement, et que je préfère les rues animées de Paris à tous les bocages endormis de la Bretagne. Chacun son goût.

« Je vais donc droit à ce qui intéresse notre famille, à ce qui surtout t'intéresse particulièrement, puisque c'est ton éloquence habile et tenace qui a décidé enfin notre père à faire la démarche de réconciliation qui lui répugnait si profondément. Ah! mon ami, quelle malheureuse idée tu as eue là! et quel accueil j'ai reçu de mon aimable cousin! As-tu jamais vu (permets-moi cette comparaison, empruntée au langage des petites gens) un chien et un chat en présence? Ils se dressent sur leurs pattes, s'observent avec méfiance, se menacent sourdement. Eh bien! mon cher Léon, tel à peu près a été le caractère de mon entrevue avec mon gracieux parent. Ma foi! tant pis pour ta fraternelle sollicitude envers moi! tant pis surtout pour les espérances dorées que faisait luire à tes yeux la seule idée de ce rapprochement! mais c'est comme j'ai l'honneur de te le raconter.

« Ne va pas croire cependant que j'aie négligé de me montrer aimable, de déployer le peu de talent dont la nature et l'éducation ont pu me douer. Sois assuré que sur ce point je ne mérite aucun reproche. Mais, par une étrange fatalité, sous un souffle mystérieux et funeste, l'esprit a tourné à l'aigre, et le talent a produit l'effet diamétralement opposé à celui sur lequel on était peut-être en droit de compter. Selon toi, cependant, la conquête était certaine. Un pauvre provincial ne résisterait pas au piquant d'une Parisienne du grand monde!

« Ah! mon cher vicomte, tu ne sais pas ce que c'est qu'un provincial comme notre modeste cousin! D'abord, c'est un assez joli blond qui paraît s'estimer le prix qu'il vaut, en y comprenant le chiffre de sa dot et de ses espérances. Ensuite, c'est un esprit tranchant qui a des idées arrêtées sur beaucoup de choses, et particulièrement sur la musique. N'a-t-il pas osé me dire à demi-mot qu'il n'aimait pas mon genre d'exécution, l'impertinent! Ah! je devine que ma personne ne lui semble pas beaucoup plus attrayante, le fat!

« Je ne me pique guère, mon cher Léon, d'une grande patience; aussi me serais-je déjà enfuie à tire-d'aile, s'il était convenable qu'une jeune femme s'envolât toute seule par les grands chemins. Empresse-toi donc, je t'en supplie, de venir te constituer mon compagnon. Ne permettons pas que notre orgueil de vieille souche soit plus longtemps blessé au vif par les brutales atteintes d'une branche dégénérée. A ta considération, je veux bien accorder encore à ce cousin jusqu'au jour de ton arrivée, pour qu'il apprenne à me mieux connaître et se décide à me rendre l'hommage qui m'est dû. Mais je ne supporterai pas une minute de plus son indifférence ou son dédain.

« J'ose espérer que le comte, notre père, est maintenant en bonne voie de guérison. Ne lui dis rien de mes ennuis; ne lui parle que des vœux que je forme pour son prompt rétablissement.

« Je t'attends, mon chevalier; accours au plus vite!

« MARQUISE LÉONIE DE B...

« P.-S. — A propos, j'oubliais de te parler d'un personnage fort curieux que j'ai rencontré au Nelhouët. C'est une jeune fille qui habite une chaumière et qui joue de la harpe. As-tu jamais rien vu de plus romantique, de plus pittoresque? Elle est d'ailleurs assez jolie et possède un petit talent. Si je ne me trompe, notre cousin la trouve fort à son goût. Qui sait? peut-être médite-t-il d'en faire sa maîtresse, si elle ne l'est déjà. Ah! frère imprudent, où m'as-tu entraînée? Enfin il faut bien se dévouer pour les siens, et je m'offre en holocauste sur l'autel de nos lares domestiques. »

Cette lettre dessinait en relief Léonie de Blossac, orgueilleuse, mondaine, spirituelle et froide. Elle montrait aussi le véritable auteur du rapprochement des deux familles, qui était le vicomte Léon de Kermartin, un des charmants adeptes de la *fashion*, une des folles illustrations de Frascati, un des don Juan irrésistibles du faubourg Saint-Germain, surtout un des plus criblés de dettes, des plus harcelés de recors. Son but, en réconciliant les Kermartin et les Grandchamp, n'était d'ailleurs rien moins que désintéressé : il espérait d'abord faire contracter un riche mariage à sa sœur; il comptait ensuite, cette union accomplie, emprunter cent mille francs à Octave pour payer ses plus redoutables créanciers, qu'il avait momentanément apaisés en leur offrant cet éventuel appât.

Cependant madame Grandchamp était fort inquiète. Connaissant seulement pour en avoir entendu parler, l'excellente femme, ces répulsions spontanées qui se produisent à première vue et qu'il est si difficile de vaincre, elle appréhendait qu'il n'y eût quelque chose de semblable dans le sentiment que sa nièce inspirait à son fils; elle tremblait que l'ouverture faite par elle aux Kermartin ne pût aboutir; elle se désolait par avance de cette blessure à leur orgueil, et, qui pis est, à leur pauvreté. Ne pouvant plus tenir à son incertitude, elle se rendit à l'appartement d'Octave.

Dix heures sonnaient aux pendules du château, la nuit était calme et douce; accoudé sur l'appui d'une fenêtre ouverte, Octave laissait son regard pensif errer de la terre au ciel, comme à la poursuite d'un fantôme capricieux et insaisissable. Il tenait dans l'une de ses mains le camélia brisé, et par instants ses yeux se repliaient douloureusement sur la pauvre fleur; alors le souvenir de la scène où elle avait figuré se retraçait à son esprit. Ces mots : « Jamais! jamais! » retombaient sur son cœur en le meurtrissant. Mais la jeunesse découragée est comme l'herbe foulée des champs : elle se relève fraîche et vivace au premier souffle qui la caresse. Bientôt Octave se rappela l'émotion de Danielle en l'écoutant; il revit des yeux de la pensée les larmes qu'elle avait essayé vainement de lui cacher dans sa fuite; il se dit qu'elle n'avait peut-être repoussé son amour que parce qu'elle n'en avait pas compris toute la pureté, et il s'écria d'un ton résolu :

— Oui, oui! je l'épouserai!

Il sentit une main se poser sur son épaule, se retourna et vit sa mère le regarder d'un air heureux.

— Ah! voilà une bonne parole! lui dit-elle en l'embrassant. Et moi qui redoutais qu'elle ne te déplût! Où donc avais-je l'esprit? j'étais folle!

Octave devina sans peine la méprise de sa mère, mais la joie qu'elle manifestait lui enleva la force de la détromper immédiatement. Il la fit asseoir dans un fauteuil et s'accroupit à ses pieds sur un tabouret.

— Et d'ailleurs, reprit madame Grandchamp, n'est-ce pas notre devoir de venir au secours de cette pauvre noble famille des Kermartin, qui, comme je te l'ai écrit, est entraînée sur la pente d'une ruine? Nous relèverons sa fortune, nous redorerons son blason; cela nous coûtera sans doute quelques bonnes inscriptions de rentes, mais aussi, à coup sûr, cela nous rapportera de douces satisfactions de conscience et de charmantes amitiés de famille.

— A Dieu ne plaise, ma mère, que je m'oppose à ce que vous rendiez aux Kermartin les services qu'ils peuvent attendre de votre bonté! répondit Octave. Je souscris d'avance à tout ce que vous conseillera votre cœur. Il est cependant un point sur lequel je ne saurais satisfaire vos désirs.

— Et quel est ce point, mon ami?

— Mon mariage avec ma cousine.

Madame Grandchamp resta stupéfaite.

— Je ne te comprends pas! balbutia-t-elle.

— Cela tient à ce que vous vous méprenez sur mes sentiments, ma mère. Je n'ai nulle envie d'épouser la marquise de Blossac.

— Que me dis-tu là! s'écria madame Grandchamp en se levant avec agitation. Mais songe, reprit-elle, que j'ai pour ainsi dire arrêté ce projet de mariage avec le comte mon frère, et que je serais au désespoir de lui manquer de parole.

Octave se recueillit un moment, puis il répondit avec une animation croissante :

— Cette raison ne m'émeut pas, ma mère. Il s'agit de ma destinée, de mon bonheur, j'ai bien le droit d'émettre mon avis, et de me prononcer contre une combinaison de famille dont je me considérerais comme la victime.

— La victime?...

— Oui, ma mère. Passe encore si la tendresse des Kermartin ne vous eût jamais manqué! Passe encore s'ils n'eussent jamais séparé leurs mains de votre main, leurs cœurs de votre cœur! Mais depuis vingt ans vous n'avez reçu d'eux que dédain, qu'humiliation. Et parce qu'aujourd'hui il leur plaît de vous honorer d'un retour intéressé j'irai faire acte envers eux d'abnégation, de générosité! Non! mille fois non! qu'ils gardent leur affection tardive et menteuse! Je ne veux pas lui sacrifier mes sentiments!

— Tu es trop sévère, mon fils; tu ne tiens pas assez compte des convenances, des préjugés...

— Je les méprise, ma mère, puisque vous, si noble, si bonne, vous en avez souffert!

Embarrassée par la fermeté des réponses d'Octave, madame Grandchamp demeura silencieuse, irrésolue. Mais, se rappelant tout à coup les paroles qu'il prononçait au moment où elle l'avait surpris, elle dit bientôt avec un peu d'humeur :

— Mais alors qui donc voulais-tu épouser tout à l'heure?

Ce fut le tour d'Octave à se montrer interdit.

— Est-ce qu'il s'agirait d'un mariage disproportionné? poursuivit madame Grandchamp.

— Quant à la fortune, oui, ma mère, répondit-il enfin d'un ton résolu; mais si j'en dois juger d'après le projet que vous aviez formé de m'unir à madame de Blossac, cette considération n'est pas de nature à vous dicter un refus. Comme moi, vous pensez que je suis assez riche pour deux.

— En vérité, c'est donc sérieux? vous aimez?

— J'aime, ma mère.

— Mais qui donc? qui donc?

— Danielle.

Madame Grandchamp eut à peine la force de répéter ce nom, tant elle fut suffoquée par l'étonnement. Après un instant de silence pendant lequel l'orage s'amassait sourdement en elle, elle s'écria avec une explosion de colère :

— Ah ! vous aimez Danielle, monsieur ! ah ! vous voulez épouser Danielle ! et c'est pourquoi vous refusez la main de votre cousine ! J'en suis bien fâchée, mais vous n'aurez jamais mon consentement, jamais, entendez-vous? Pardieu ! votre père rirait fort s'il vous entendait ! Quoi ! vous, fils d'un général, petit-fils d'un comte de Kermartin, vous épouseriez une Penhoët, l'enfant d'un ancien métayer du pays, la nièce d'un ménétrier parisien ! Allons, vous n'y avez pas songé! Après mûre réflexion, vous abandonnerez une si folle idée, une si inconvenante fantaisie.

Octave avait vu venir le *grain*, comme disent les matelots. Loin de chercher à lui résister, il avait plié toutes ses voiles et il attendait dans le silence et l'inertie que la tourmente se fût dissipée d'elle-même. L'expérience lui avait démontré que les rares emportements de sa mère étaient toujours de courte durée, quand on les laissait passer sans opposition. C'est ce qui advint cette fois encore : ne rencontrant aucun obstacle, l'orage se calma, et madame Grandchamp continua d'un ton radouci :

— Voyons, recueillez toute votre raison, Octave ; envisagez de sang-froid l'étrange projet que vous avez conçu, et vous avouerez qu'il n'a pas le sens commun. Connaissez-vous seulement cette Danielle ? Savez-vous quelle conduite elle a tenue à Paris? Est-ce que je le sais moi-même? Qui pourrait nous en instruire ? Avez-vous, enfant, réfléchi à tout cela? Pour moi, je n'ai jamais entrevu de sa vie passée que le coin du voile qu'elle a bien voulu soulever à mes yeux, et je me suis vraiment montrée imprudente en accueillant si facilement une personne sur la moralité de laquelle j'étais si peu renseignée. Ah ! prenez garde ! en donnant étourdiment votre nom à une inconnue, vous risquez de le tacher !

— Ma mère, répondit Octave avec un mouvement d'impatience... Ma mère, reprit-il avec douceur, vous êtes cruelle. Tout le monde au pays, vous le savez, proclame Danielle un modèle de sagesse, depuis bientôt deux ans qu'elle est établie à Pont-Scorff. Pourquoi supposer qu'elle ait été moins sage à Paris ? Son présent ne semble-t-il pas répondre de son passé?

— Eh ! que voulez-vous que j'en augure, en conscience? est-ce qu'elle ne vient pas de méconnaître mes bontés en vous tournant la tête?...

— Ah ! ma mère, interrompit vivement Octave, vous vous repentirez de parler ainsi de ce noble cœur, de cette âme délicate. Sa conduite envers moi a toujours été, au contraire, d'une indifférence décourageante, d'une froideur glaciale.

Il y avait dans cette réplique une si sincère vibration que madame Grandchamp en fut comme remuée. Elle fléchit encore et répondit avec hésitation :

— Je veux bien te croire, mon fils. Non, il n'est pas possible que Danielle ait tenté de s'emparer de ton esprit. Ou je me trompe fort, ou elle n'est ni coquette ni dissimulée ; mais je n'en suis pas moins affligée de tout ce que tu m'apprends ; je gémis des entraves que tu apportes à mes projets de réconciliation et de bonheur.

— Et moi, ma mère, ne me désespérez-vous pas, en ne voyant dans le soin de mon avenir qu'une affaire à régler suivant vos convenances et vos calculs ? Ah ! vous poussez vraiment la bonté envers mes nobles parents jusqu'à la tyrannie envers moi !

— Tu es injuste, Octave ; je renoncerai, s'il le faut, à mes chères espérances. Mais ne compte pas que je consente jamais à te laisser épouser une personne dont la position est infime et dont je ne connais pas même tous les antécédents.

— Que ne l'interrogez-vous alors? Elle ne doit pas savoir mentir ; elle vous dirait sa vie entière, soyez-en sûre, et sans en rien cacher.

— Je n'accepte pas ce rôle d'inquisiteur, répliqua madame Grandchamp avec un peu d'affectation. J'ose espérer d'ailleurs qu'en apprenant à mieux connaître votre cousine vous vous sentirez capable de l'estimer et de l'aimer.

— Je n'ai qu'un cœur, et je l'ai donné, ma mère ! répondit Octave avec fermeté.

A ces mots, il alla s'accouder sur l'appui de la fenêtre en dévorant ses larmes. Sa mère, plus émue qu'elle ne voulait le laisser paraître, sortit pour cacher l'attendrissement qui la gagnait.

VII

Cette entrevue avait navré l'âme d'Octave. Une tristesse sombre s'empara de lui. Prétextant une indisposition, il s'enferma dans son appartement. Lorsqu'il fut parvenu à dissiper sa mélancolie, il parut au salon, mais le temps strictement nécessaire pour n'être pas taxé d'impertinence.

(La suite au prochain numéro.)

Le propriétaire-gérant : F. ROY.

LES MYSTÈRES DE PARIS

François, agenouillé, présentait un fragment de miroir à sa sœur. (Page 508.)

Et, d'ailleurs, le seul mentor de ces petits malheureux, leur frère Martial, n'était pas lui-même irréprochable, nous l'avons dit; incapable de commettre un vol ou un meurtre, il n'en menait pas moins une vie vagabonde et peu régulière. Sans doute les crimes de sa famille le révoltaient; il aimait tendrement les deux enfants, il les défendait contre les mauvais traitements; il tâchait de les soustraire à la pernicieuse influence de sa famille; mais n'étant pas appuyés sur des enseignements d'une moralité rigoureuse, absolue, ses conseils sauvegardaient faiblement ses protégés. Ils se refusaient à commettre certaines mauvaises actions, non par honnêteté, mais pour obéir à Martial, qu'ils aimaient, et pour désobéir à leur mère, qu'ils redoutaient et haïssaient. Quant aux notions du juste et de l'injuste, ils n'en avaient aucune, familiarisés qu'ils étaient avec les détestables exemples qu'ils avaient chaque jour sous les yeux, car, nous l'avons dit, ce *cabaret champêtre*, hanté par le rebut de la plus basse populace, servait de théâtre à d'ignobles orgies, à de crapuleuses débauches; et Martial, si ennemi du vol et du meurtre, se montrait assez indifférent à ces immondes saturnales. C'est dire combien les instincts de moralité des enfants étaient douteux, vacillants, précaires, chez François surtout, arrivé à ce terme dangereux où l'âme hésitant, indécise, entre le bien et le mal, peut être en un moment à jamais perdue ou sauvée...

. . . .

— Comme ce mouchoir rouge te va bien, ma sœur! — reprit François; — est-il joli! Quand nous irons jouer sur la grève devant le four à plâtre du chaufournier, faudra te coiffer comme ça, pour faire enrager ses enfants, qui sont toujours à nous jeter des pierres et à nous appeler *petits guillotinés*... Moi, je mettrai aussi ma belle cravate rouge, et nous leur dirons: « C'est égal, vous n'avez pas de beaux mouchoirs de soie comme nous deux! »

— Mais, dis donc, François... — reprit Amandine après un moment de réflexion, — s'ils savaient que les mouchoirs que nous portons sont volés... ils nous appelleraient petits voleurs...

— Avec ça qu'ils s'en gênent de nous appeler voleurs!

— Quand c'est pas vrai... c'est égal... Mais maintenant...

— Puisque Nicolas nous les a donnés, ces mouchoirs, nous ne les avons pas volés.

— Oui, mais lui, il les a pris sur un bateau, et notre frère Martial dit qu'il ne faut pas voler.

— Mais puisque c'est Nicolas qui a volé, ça ne nous regarde pas.

— Tu crois, François?

— Bien sûr!

— Pourtant il me semble que j'aimerais mieux que la personne à qui ils étaient nous les eût donnés... Et toi, François?

— Moi, ça m'est égal... On nous en a fait cadeau; c'est à nous.

— Tu en es bien sûr?

— Mais oui, oui, sois donc tranquille!

— Alors... tant mieux! nous ne faisons pas ce que mon frère Martial nous défend, et nous avons de beaux mouchoirs.

— Dis donc, Amandine, s'il savait que l'autre jour Calebasse t'a fait prendre ce fichu à carreaux dans la balle du colporteur pendant qu'il avait le dos tourné?

— Oh! François, ne dis pas cela! — dit la pauvre enfant dont les yeux se mouillèrent de larmes. — Mon frère Martial serait capable de ne plus nous aimer... vois-tu... de nous laisser tout seuls ici...

— N'aie donc pas peur... est-ce que je lui en parlerai jamais? Je riais...

— Oh! ne ris pas de cela, François; j'ai eu assez de chagrin, va: mais il a bien fallu; ma sœur m'a pincée jusqu'au sang, et puis elle me faisait des yeux... des yeux... et pourtant par deux fois le cœur m'a manqué; je croyais que je ne pourrais jamais... Enfin le colporteur ne s'est aperçu de rien, et ma sœur a gardé le fichu. Si on m'avait prise pourtant, François, on m'aurait mise en prison...

— On ne t'a pas prise, c'est comme si tu n'avais pas volé.

— Tu crois?

— Pardi!

— Et en prison, comme on doit être malheureux!

— Ah! bien oui... au contraire...

— Comment, François, au contraire?

— Tiens! tu sais bien le gros boiteux, qui loge à Paris chez le père Micou, le revendeur de Nicolas... qui tient un garni à Paris, passage de la Brasserie?

— Un gros boiteux?

— Mais oui, qui est venu ici, à la fin de l'automne, de la part du père Micou, avec un montreur de singes et deux femmes.

— Ah! oui, oui; un gros boiteux qui a dépensé tant, tant d'argent.

— Je le crois bien, il payait pour tout le monde... Te souviens-tu, les promenades sur l'eau?... c'est moi qui les menais... même que le montreur de singes avait emporté son orgue pour faire de la musique dans le bateau...

— Et puis, le soir, le beau feu d'artifice qu'ils ont tiré, François!

— Et le gros boiteux n'était pas chiche! il m'a donné dix sous pour moi!! Il ne prenait jamais que du vin cacheté; ils avaient du poulet à tous leurs repas; il en a eu au moins pour quatre-vingts francs.

— Tant que ça, François?

— Oh! oui...

— Il était donc bien riche?

Sceaux. — Typ. et stér. M. et P.-E. Charaire.

— Du tout... ce qu'il dépensait, c'était de l'argent qu'il avait gagné en prison, d'où il sortait.

— Il avait gagné tout cet argent-là en prison?

— Oui... il disait qu'il lui restait encore sept cents francs ; que quand il ne lui resterait plus rien... il ferait un bon coup... et que si on le prenait... ça lui était bien égal, parce qu'il retournerait rejoindre les *bons enfants de la geôle*, comme il dit.

— Il n'avait donc pas peur de la prison, François?

— Mais au contraire... il disait à Calebasse qu'ils sont là un tas d'amis et de noceurs ensemble... qu'il n'avait jamais eu un meilleur lit et une meilleure nourriture qu'en prison... de la bonne viande quatre fois la semaine, du feu tout l'hiver, et une bonne somme en sortant... tandis qu'il y a des bêtes d'ouvriers honnêtes qui crèvent de faim et de froid, faute d'ouvrage...

— Pour sûr, François, il disait ça, le gros boiteux?

— Je l'ai bien entendu... puisque c'est moi qui ramais dans le bachot, pendant qu'il racontait son histoire à Calebasse et aux deux femmes, qui disaient que c'était la même chose dans les prisons de femmes d'où elles sortaient.

— Mais alors, François, faut donc pas que ça soit si mal de voler, puisqu'on est si bien en prison?

— Dame! je ne sais pas, moi... ici, il n'y a que notre frère Martial qui dise que c'est mal de voler... peut-être qu'il se trompe...

— C'est égal, il faut le croire, François, il nous aime tant!

— Il nous aime, c'est vrai... quand il est là, il n'y a pas de risque qu'on nous batte... S'il avait été ici ce soir, notre mère ne m'aurait pas roué de coups... Vieille bête! est-elle méchante!... oh! je la hais... je la hais!... Que je voudrais être grand pour lui rendre tous les coups qu'elle nous a donnés... à toi, surtout, qui es bien moins dure que moi!...

— Oh! François, tais-toi... ça me fait peur d'entendre dire que tu voudrais battre notre mère! — s'écria la pauvre petite en pleurant et en jetant ses bras autour du cou de son frère, qu'elle embrassa tendrement.

— Non, c'est que c'est vrai aussi, — reprit François en repoussant Amandine avec douceur, — pourquoi ma mère et Calebasse sont-elles toujours si acharnées sur nous?...

— Je ne sais pas, — reprit Amandine en essuyant ses yeux du revers de sa main; — c'est peut-être parce qu'on a mis notre frère Ambroise aux galères et qu'on a guillotiné notre père qu'elles sont injustes pour nous...

— Est-ce que c'est notre faute?

— Mon Dieu! non; mais que veux-tu?

— Ma foi! si je devais recevoir ainsi toujours, toujours des coups, à la fin j'aimerais mieux voler comme ils veulent, moi... A quoi ça m'avance-t-il de ne pas voler?...

— Et Martial, qu'est-ce qu'il dirait?

— Oh! sans lui... il y a longtemps que j'aurais dit oui, car ça lasse aussi d'être battu; tiens, ce soir, jamais ma mère n'avait été aussi méchante... c'était comme une furie... il faisait noir, noir... elle ne disait pas un mot... je ne sentais que sa main froide qui me tenait par le cou pendant que de l'autre elle me battait... et puis il me semblait voir ses yeux reluire...

— Pauvre François... pour avoir dit que tu avais vu un os de mort dans le bûcher.

— Oui, un pied qui sortait de dessous terre, — dit François en tressaillant d'effroi; — j'en suis bien sûr.

— Peut-être qu'il y aura eu autrefois un cimetière ici, n'est-ce pas?

— Faut croire... mais alors pourquoi notre mère m'a-t-elle dit qu'elle m'abîmerait encore si je parlais de l'os de mort à mon frère Martial?... Vois-tu, c'est plutôt quelqu'un qu'on aura tué dans une dispute et qu'on aura enterré là pour que ça ne se sache pas.

— Tu as raison... car, te souviens-tu? un pareil malheur a déjà manqué d'arriver.

— Quand cela?

— Tu sais, la fois où M. Barbillon a donné un coup de couteau à ce grand qui est si décharné, si décharné, si décharné, qu'il se fait voir pour de l'argent.

— Ah! oui, le *squelette ambulant*... comme ils l'appellent; ma mère est venue, les a séparés... sans ça Barbillon aurait peut-être tué le grand décharné! As-tu vu comme il écumait et comme ses yeux lui sortaient de la tête, à Barbillon?... Oh! il n'a pas peur de vous allonger un coup de couteau pour rien... C'est lui qui est un crâne!

— Si jeune et si méchant... François!

— Tortillard est bien plus jeune, et il serait au moins aussi méchant que lui s'il était assez fort...

— Oh! oui, il est bien méchant... L'autre jour, il m'a battue parce que je n'ai pas voulu jouer avec lui...

— Il t'a battue?... Bon... la première fois qu'il viendra...

— Non, non, vois-tu, François... c'était pour rire...

— Bien sûr?

— Oui, bien vrai.

— A la bonne heure... sans ça... Mais je ne sais pas comment il fait, ce gamin-là, pour avoir toujours autant d'argent; est-il heureux! La fois qu'il est venu ici avec la Chouette, il nous a montré des pièces d'or de vingt francs. Avait-il l'air moqueur, quand il nous a dit :

« — Vous en auriez comme moi, si vous n'étiez pas des petits *sinves*.

— Des *sinves* ?

— Oui; en argot, ça veut dire des bêtes, des imbéciles.

— Ah! oui, c'est vrai.

— Quarante francs... en or... comme j'achèterais des belles choses avec ça... Et toi, Amandine?

— Oh! moi aussi.

— Qu'est-ce que tu achèterais?

— Voyons... — dit l'enfant en baissant la tête d'un air méditatif, — j'achèterais d'abord pour mon frère Martial une bonne casaque bien chaude pour qu'il n'ait pas froid dans son bateau.

— Mais pour toi?... pour toi?...

— J'aimerais bien un petit Jésus en cire avec son mouton et sa croix, comme ce marchand de figures de plâtre en avait dimanche... tu sais, sous le porche de l'église d'Asnières?

— A propos, pourvu qu'on ne dise pas à ma mère ou à Calebasse qu'on nous a vus dans l'église!

— C'est vrai, elle qui nous a toujours tant défendu d'y entrer... C'est dommage, car c'est bien gentil en dedans, une église... n'est-ce pas, François?

— Oui... quels beaux chandeliers d'argent!

— Et le portrait de la sainte Vierge... comme elle a l'air bonne!..

— Et les belle lampes... as-tu vu?... Et la belle nappe sur le grand buffet du fond où le prêtre disait la messe avec ses deux amis habillés comme lui... et qui lui donnaient de l'eau et du vin?

— Dis donc, François, te souviens-tu, l'autre année, à la Fête-Dieu, quand nous avons d'ici vu passer sur le pont toutes ces petites communiantes avec leurs voiles blancs?

— Avaient-elles de beaux bouquets!

— Comme elles chantaient d'une voix douce en tenant les rubans de leur bannière!

— Et comme les broderies d'argent de leur bannière reluisaient au soleil!... C'est ça qui doit coûter cher!...

— Mon Dieu!... que c'était donc joli, hein, François!

— Je crois bien! Et les communiants avec leurs bouflettes de satin blanc au bras... et leurs cierges à poignée de velours rouge avec de l'or après!

— Ils avaient aussi leur bannière, les petits garçons, n'est-ce pas, François? Ah! mon Dieu! ai-je été battue encore ce jour-là, pour avoir demandé à notre mère pourquoi nous n'allions pas à la procession comme les autres enfants!

— C'est alors qu'elle nous a défendu d'entrer jamais dans l'église, quand nous irions au bourg ou à Paris, à moins que ça ne soit pour y voler le tronc des pauvres, ou dans les poches des paroissiens, pendant qu'il écouteraient la messe... a ajouté Calebasse en riant et en montrant ses vieilles dents jaunes. Mauvaise bête, va!

— Oh! pour ça... voler dans une église, on me tuerait plutôt... N'est-ce pas, François?

— Là ou ailleurs, qu'est-ce que ça fait, une fois qu'on est décidé!

— Dame! je ne sais pas... j'aurais bien plus peur... je ne pourrais jamais...

— A cause des prêtres?

— Non... peut-être à cause de ce portrait de la sainte Vierge, qui a l'air si douce, si bonne.

— Qu'est-ce que ça fait, ce portrait? il ne te mangerait pas, grosse bête!...

— C'est vrai.... mais enfin je ne pourrais pas.. Ça n'est pas ma faute...

— A propos de prêtres, Amandine, te souviens tu ce jour... où Nicolas m'a donné deux si grands soufflets, parce qu'il m'avait vu saluer le curé qui passait sur la grève? Je l'avais vu saluer, je le saluai; je ne croyais pas faire mal... moi.

— Oui, mais cette fois-là, par exemple, notre frère Martial a dit, comme Nicolas, que nous n'avions pas besoin de saluer les prêtres.

A ce moment, François et Amandine entendirent marcher dans le corridor. Martial regagnait sa chambre sans défiance, après son entretien avec sa mère, croyant Nicolas enfermé jusqu'au lendemain matin. Voyant un rayon de lumière s'échapper du cabinet des enfants par la porte entr'ouverte, Martial entra chez eux.

Tous deux coururent à lui; il les embrassa tendrement.

— Comment! vous n'êtes pas encore couchés, petits bavards?

— Non, mon frère... nous attendions pour vous voir rentrer chez vous et vous dire bonsoir, — dit Amandine.

— Et puis nous avions entendu parler bien fort en bas... comme si on s'était disputé, — ajouta François.

— Oui, — dit Martial, — j'ai eu des raisons avec Nicolas... Mais ce n'est rien... Du reste, je suis content de vous trouver encore debout, j'ai une bonne nouvelle à vous apprendre.

— A nous, mon frère?

(*La suite au prochain numéro.*)

COMMENT ON AIME

DANIELLE

(SUITE)

Le reste du temps, le fusil sur l'épaule, il s'égarait à travers la campagne, presque toujours dans la direction de Pont-Scorff. L'amour, comme l'aiguille aimantée, tend sans cesse vers un mystérieux pôle.

Octave nourrissait l'espoir de rencontrer Danielle, mais le hasard le secondait bien mal, car il ne l'aperçut pas une seule fois. Tout contristé, et ne pouvant plus tenir à son tourment, il poussa un soir jusqu'au bourg et passa devant les Glaïeuls : les volets étaient fermés, aucun rayon de lumière ne s'échappait des fentes. Il revint le lendemain dans la matinée : même aspect. Saisi d'inquiétude, il courut à la chaumière de Marc : le gars était parti pour assister au *pardon* d'un village lointain ; il ne devait pas être de retour avant une semaine. Le cœur serré, Octave retournait lentement au château, lorsque l'orage le surprit en chemin. Ni la pluie, ni les éclairs, ni la foudre ne l'arrachèrent à ses douloureuses préoccupations ; il ne songeait même pas à profiter de l'abri d'une métairie devant laquelle il passait. Une voix lui cria :

— Vous serez tout trempé avant d'arriver au château, monsieur Octave! Entrez donc vite vous mettre à couvert chez nous !

Il leva la tête et reconnut dans ce qui l'entourait une dépendance du Nelhouët. Celui qui lui avait adressé la parole était Yvon Trémic, le jeune métayer qui, à la danse, avait lâché la main de Danielle pour lui en faire honneur. La vue de ce garçon lui causa un vif plaisir, car tout ce qui rappelle la personne aimée réjouit le cœur. Il hésitait cependant à entrer dans la chaumière, quand Yvon reprit :

— Ma mère a été bien malade, monsieur Octave ; elle va mieux à cette heure ; elle sera heureuse de vous voir... et peut-être bien aussi mademoiselle Danielle, qui la soigne depuis quelques jours, comme un petit ange du bon Dieu qu'elle est, c'est sûr.

De violents coups de tonnerre avaient plusieurs fois retenti sans ajouter un battement aux pulsations du cœur d'Octave ; les simples paroles qu'il venait d'entendre les précipitèrent à le suffoquer. D'un pas chancelant, il pénétra sous le chaume, où, à la lueur d'un éclair, il aperçut en effet Danielle assise au chevet de la mère du jeune métayer.

L'accueil de la jeune fille fut calme et grave. Elle jeta une fascine dans l'âtre, plaça un escabeau devant le feu, puis se remit silencieusement à donner ses soins à la malade. Octave la remercia d'une voix un peu émue, et, après avoir adressé à la vieille Trémic quelques mots d'amitié, il alla sécher ses vêtements à la flamme. Merveilleuse influence de l'amour ! Il se sentait presque heureux dans cette pauvre chaumière. Il en admirait la poétique et touchante rusticité. Il voyait avec peine venir le moment où il la quitterait pour reprendre le chemin du Nelhouët. C'est qu'une baguette de fée projetait sa magie dans cet humble intérieur ! C'est que Danielle était là, reflétant sur tout ce qui l'entourait le charme infini de sa grâce et de sa charité.

L'orage se dissipait; les nuées, éparses et floconneuses, couraient sur le ciel bleu comme les dernières tristesses de l'adversité sur un front rasséréné ; quelques rayons de soleil couchant moiraient les flaques d'eau de la campagne et diamantaient les gouttelettes suspendues à la verdure pourprée des pommiers. En prenant congé de ses hôtes, Octave pria Danielle de l'accompagner un moment sur le chemin ; il ajouta qu'il avait à lui parler de la part de madame Grandchamp. Étonnée de ce mystère, elle ne fit cependant pas difficulté de le suivre. Après une vingtaine de pas pendant lesquels il avait gardé un silence embarrassé, il dit avec explosion :

— Pardonnez-moi Danielle, il ne s'agit pas de ma mère, mais de moi ; de moi qui vous aime de toute mon âme ! de moi qui brûle de vous convaincre que mon respect égale mon amour, et que ma main dépend de mon cœur !

Elle l'interrompit par un léger froncement de sourcils, et lui répondit avec tranquillité :

— Vous avez eu tort de me déranger, monsieur ; je ne dois ni ne veux vous entendre plus longtemps.

Et elle s'éloigna. Il la suivit.

— Vous me désobligez, dit-elle en s'arrêtant.

— Écoutez-moi, de grâce, proféra-t-il avec élan. Vous refusez de croire à ma sincérité ? vous doutez de la pureté de mes sentiments? Ah ! je vous jure.....

— Pourquoi jurer ? je ne vous demande rien, monsieur, rien que la permission de retourner au chevet de la mère Trémic.

— Danielle, je veux vous convaincre, et je reviendrai !

— Ce serait une mauvaise action, monsieur Octave, car vous me forceriez d'abandonner ma malade.

Après cette réponse pleine de fermeté, elle se remit en devoir de rentrer à la métairie.

— Ah ! s'écria Octave d'une voix altérée, elle est sans pitié ! elle ne m'aime pas ! elle ne m'aimera jamais !

A ce cri, Danielle ne se retourna pas, mais elle ralentit sa marche comme si elle chancelait.

Le cœur ulcéré, Octave continua lentement de cheminer vers le château. La colère se mêlait à sa souffrance, et il maudissait son amour.

— Non, non, murmurait-il avec amertume, cette créature n'a pas d'âme ! c'est un de ces êtres étranges qui brillent sans chaleur, qui charment et restent insensibles, qui communiquent la joie ou la douleur sans les partager jamais ! Son pouvoir est fatal ! je veux m'en affranchir ! je m'en affranchirai, dussé-je faire le tour du monde ou épouser la marquise de Blossac !

Mais au Nelhouët son exaltation était tombée. Il ne se montra pas plus empressé que de coutume auprès de sa cousine. Retiré dans son appartement, il aperçut dans un vase de Chine son camélia brisé ; il le contempla avec mélancolie. Peu à peu l'attendrissement le gagna, il se prit à dire comme un enfant qui parle à un jouet :

— N'est-ce pas, ô mon pauvre confident, que Danielle n'est pas seulement une belle fleur humaine, mais qu'elle est encore une fleur embaumée de tendresse, et que si elle cache précieusement son parfum, c'est qu'elle a peur qu'on ne sache pas le respirer? Si tu savais, reprenait-il, comme je l'aime en dépit de ses rigueurs ! Je donnerais pour elle ma fortune, ma jeunesse, mon âme ! mais elle ne le croit pas, hélas ! Ah ! sois témoin de mes souffrances et de mes larmes, et peut-être un jour les lui rediras-tu ? Car je veux te garder éternellement sur mon cœur, ô triste souvenir de mon premier, de mon ardent amour !

Les jours suivants, et comme involontairement, il se dirigea vers la métairie des Trémic, mais il n'osa pas y entrer. Tout en rôdant aux environs comme une ombre inquiète, il avait gravi une petite colline du sommet de laquelle le regard dominait la campagne. Il passait là des heures entières, couché sur l'herbe au pied d'un chêne, dans l'espérance d'entrevoir Danielle. Plusieurs fois, pendant que la vieille Trémic reposait, elle vint en effet s'asseoir et filer à la porte de la chaumière, et il put s'enivrer de sa vue de loin, à la dérobée. Mais un matin elle l'aperçut sans doute, car elle rentra précipitamment, et depuis elle ne reparut plus. Octave s'en affligeait lorsqu'un soir, toujours placé à son poste d'observation, il la vit quitter la métairie et prendre le chemin de Pont-Scorff. Il se leva d'un bond pour s'élancer après elle, mais une main le retint, celle de sa mère. Madame Grandchamp était accompagnée de Léonie.

— En nous promenant, lui dit-elle, nous t'avons aperçu, et nous sommes venues te prier de nous reconduire au château.

Disant cela de sa voix la plus douce, elle regardait dans la direction de Danielle. Bientôt elle ajouta tout bas, d'un ton affectueux et triste :

— Ah ! mon ami, tu me causes bien du chagrin, et tu mériterais que je fusse inflexible. Mais je crois bien que je n'en aurai pas le courage.

Octave se montra surpris de ces paroles ; d'un coup d'œil il en demanda le sens à sa mère, mais elle n'ajouta pas un mot, ne voulant point être entendue de Léonie qui se rapprochait d'eux.

La jeune marquise avait reconnu Danielle au loin, et d'un ton moqueur :

— N'est-ce pas votre amie, cette charmante créature à la Florian qui s'en va là-bas, ma tante ? demanda-t-elle.

Madame Grandchamp répondit par un signe de tête, devint pensive et garda le silence jusqu'au Nelhouët.

Cependant la santé d'Octave s'altérait visiblement. Sa mère en conçut de vives alarmes. Elle avait cru d'abord que la passion de son fils n'était qu'un feu de paille destiné à s'éteindre faute d'aliment. Mais elle commençait à redouter que cette passion ne fût persistante et durable en dépit des obstacles qu'on lui opposait. Son amour maternel et son orgueil de millionnaire étaient aux prises. Elle souffrait de voir son fils malheureux, mais elle ne pouvait se résoudre encore à lui donner un bonheur qu'elle considérait comme une humiliation infligée aux Grandchamp, comme une injure faite aux Kermartin. Sa conscience lui disait bien en secret qu'elle avait autrefois sacrifié ses préjugés à son amour, et que son fils ne demandait qu'à accomplir le même sacrifice. Mais le cœur humain est ainsi fait : souvent on refuse aux autres ce qu'on s'est accordé bénévolement à soi-même. Madame Grandchamp était en proie à une violente perplexité.

Devinant ce qui se passait, Léonie de Blossac se montrait de plus en plus hautaine et railleuse. Elle ne manquait pas une seule occasion d'égratigner de son esprit, d'accabler de son orgueil sa tante, son cousin et surtout Danielle. Elle écrivait lettre sur lettre à son frère pour qu'il vînt l'enlever au fade spectacle d'une idylle où ne manquaient pas même les ennuyeuses amours d'une Estelle et d'un Némorin. Mais le vicomte ne se hâtait pas d'arriver.

Souffrant et découragé, Octave ne sortait presque plus de sa chambre. Un matin, cependant, qu'un beau rayon de soleil l'avait ranimé, il se promenait dans les verts sentiers du Nelhouët, lorsque Marc parut devant lui.

— Vous êtes venu chez moi sans me rencontrer, monsieur, dit le paysan de sa voix rude ; je viens vous rendre votre politesse.

Octave lui tendit la main avec une joie mélancolique. Le gars la laissa retomber sans la presser. Après avoir un moment envisagé le jeune homme, il s'écria :

— Saint Dieu ! c'est comme elle !

— Que voulez-vous dire ? demanda Octave étonné.

— Je veux dire que vous voilà bien pâle, bien défait, bien changé.

— Je suis un peu malade.

— Eh bien ! elle aussi, elle est malade ! reprit Marc avec une violence pleine d'attendrissement.

Octave frissonna.

— Danielle malade ? proféra-t-il.

— Oh ! ce n'est pas qu'elle se plaigne, la chère âme ! bien au contraire. Mais elle souffre, c'est aussi visible que la lumière du ciel.

— En savez-vous la cause, Marc ?

— Oui, répondit le gars dont le visage s'assombrit. Et vous la connaissez peut-être bien aussi, vous, monsieur ?

— Moi ? j'ignore...

— C'est bien étrange ! reprit Marc en hochant la tête avec incrédulité. A la vérité, poursuivit-il, vous n'avez pas l'air plus heureux qu'elle, et ça trouble un peu mes idées. Mais, après tout, qu'est-ce que ça me fait à moi, vos chagrins ? ça ne me regarde nullement. Pour ce qui est de ceux de Danielle, ah ! c'est bien différent, et tenez, je suis venu pour vous dire tout net que vous n'êtes pas un brave jeune homme. Non, Saint Dieu ! non !

Disant cela, il frappait la terre du bout de son bâton ferré.

— Expliquez-vous, je ne vous comprends pas, dit Octave.

— Est-ce que vous avez déjà oublié votre promesse, monsieur ? Est-ce que vous n'avez pas promis de mourir plutôt que de causer un tourment à Danielle ?

— Mais, mon bon Marc...

— Non, je ne suis pas bon ! je deviens mauvais, au contraire, quand je songe qu'avant votre retour de voyage elle était si heureuse ! elle réjouissait l'âme des pauvres gens que c'était une bénédiction. Mais aujourd'hui la voilà toute languissante, toute navrée, et l'on pleurerait rien qu'à la voir.

— Vous me fendez le cœur.

— La belle avance ! Il ne fallait pas briser le

sien, ça eût bien mieux valu. Ah! monsieur, je sens que je commence à vous haïr!

— Écoutez-moi tranquillement, lui dit Octave avec une douceur impérieuse. Vous m'accusez à tort, Marc. J'aime Danielle autant qu'il est possible d'aimer. Mon dévouement pour elle est sans bornes, et je ne suis pas la cause, du moins volontaire, du mal qu'elle paraît ressentir.

— Mais alors pourquoi souffre-t-elle? pourquoi pleure-t-elle? car elle pleure en secret, et j'ai de bons yeux pour découvrir la trace de ses larmes.

— Demandez-moi plutôt pourquoi je souffre et pourquoi je pleure; ma réponse sera plus facile. Je vous répondrai: Parce qu'elle ne m'aime pas.

— Elle ne vous aime pas! répéta Marc en tressaillant. Êtes-vous sûr de ce que vous dites là, monsieur?

— Oui, Marc. Je lui ai avoué que je l'aimais, je lui ai fait le serment de l'épouser; j'ai imploré un peu d'espoir...

— Eh bien? interrompit le gars dont la poitrine était visiblement oppressée.

— Eh bien! elle m'a répondu: « Jamais! jamais! »

Marc laissa échapper comme un cri de joie. Mais presque aussitôt son front se rembrunit et un sourire d'incrédulité erra sur ses lèvres.

— Non, non, dit-il, c'est impossible qu'elle ne vous aime pas! un monsieur beau et instruit comme vous. Elle cache sans doute ce qu'elle a dans le cœur à cause de la différence des positions. On est pauvre, mais on est fier, voyez-vous.

— Vous croyez, Marc, que ce soit ce motif?

— Si je le crois! Ah! je la connais, la brave et honnête fille! Mais la fierté n'empêche pas les autres sentiments, et je suis sûr que Danielle est malheureuse à cause de vous. La laisserez-vous mourir de chagrin?

— Vite! courons chez elle! dit Octave avec exaltation. Je veux vaincre ses scrupules! je veux lui prouver qu'en s'unissant à moi ce n'est pas moi, c'est elle qui déroge! Moi, je ne suis qu'un homme; mais elle, elle est un ange!

— Bien! bien! proféra Marc en pâlissant et en appuyant sa large main sur sa poitrine comme pour y refouler une douleur.

Et tous deux s'éloignèrent du Nelhouët à pas précipités.

VIII

Cependant madame Grandchamp était allée de bon matin à Pont-Scorff. Cette promenade avait sans doute un but qu'elle voulait tenir secret, car elle n'en avait rien dit à personne. Arrivée devant les Glaïeuls, elle en poussa la porte entr'ouverte, et elle vit Danielle occupée à coudre un petit paquet. La jeune fille était vêtue comme un jour de fête, mais l'humide pâleur de son visage n'annonçait guère le bonheur. Madame Grandchamp la considéra un moment en silence et sans être remarquée.

— Pauvre petite! murmura-t-elle. Elle aussi, elle semble souffrir! Allons, il faut en finir, il le faut!

Elle éleva la voix et reprit:

— Ma chère Danielle a donc oublié le chemin du Nelhouët? Je viens lui prouver, moi, que je n'ai pas oublié celui des Glaïeuls.

Aux premiers mots, Danielle avait relevé la tête en tressaillant et passé furtivement la main sur ses joues pour les essuyer; puis elle balbutia quelques excuses, auxquelles madame Grandchamp répondit en souriant:

— Vous ne paraissez pas me dire vos vrais motifs, chère enfant. Mais qu'importe, puisque je les ai devinés, comme je vous le prouverai tout à l'heure?

Elle s'assit sur un escabeau; Danielle se tint debout devant elle. Il y eut instant de recueillement et d'embarras.

— Permettez-moi de m'expliquer avec franchise, ma toute belle, reprit enfin madame Grandchamp. Souffrez que je vous dise tout de suite que je viens vous parler d'Octave, de la passion qu'il a conçue pour vous, passion que vous avez remarquée sans aucun doute, ce qui vous empêche de revenir au Nelhouët comme par le passé. Ai-je deviné juste?

Danielle répondit par une inclinaison de tête affirmative.

— Ai-je besoin de vous assurer, madame, ajouta-t-elle, que je n'ai rien provoqué, rien encouragé?

— Je rends hommage à votre loyauté, chère enfant.

—Merci, madame; en m'accusant, vous m'eussiez déchiré le cœur.

(La suite au prochain numéro.)

Le propriétaire-gérant: F. ROY.

LES MYSTÈRES DE PARIS

— Prends bien garde, mon frère! — dit tout bas Amandine. (Page 524

— Seriez-vous contents de vous en aller d'ici et de venir avec moi ailleurs, bien loin?

— Oh! oui, mon frère!...

— Oui, mon frère.

— Eh bien! dans deux ou trois jours nous quitterons l'île tous les trois.

— Quel bonheur! — s'écria Amandine en frappant joyeusement dans ses mains.

— Et où irons-nous? — demanda François.

— Tu le verras, curieux... mais n'importe! où nous irons tu apprendras un bon état... qui te mettra à même de gagner ta vie... voilà ce qu'il y a de sûr.

— Je n'irai plus à la pêche avec toi, mon frère?

— Non, mon garçon, tu iras en apprentissage

chez un menuisier ou chez un serrurier; tu es fort, tu es adroit; avec du cœur et en travaillant ferme, au bout d'un an tu pourras déjà gagner quelque chose. Ah çà!... qu'est-ce que tu as?... tu n'a pas l'air content?

— C'est que... mon frère... je...

— Voyons, parle!

— C'est que j'aimerais mieux ne pas te quitter, rester avec toi à pêcher... à raccommoder tes filets, que d'apprendre un état.

— Vraiment?

— Dame! être enfermé dans un atelier toute la journée... c'est triste... et puis être apprenti, c'est ennuyeux...

Martial haussa les épaules.

— Vaut mieux être paresseux, vagabond, flâneur, n'est-ce pas? — lui dit-il sévèrement, — en attendant qu'on devienne voleur...

— Non, mon frère, mais je voudrais vivre avec toi ailleurs comme nous vivons ici, voilà tout...

— Oui, c'est ça, boire, manger, dormir et t'amuser à pêcher comme un bourgeois, n'est-ce pas?

— J'aimerais mieux ça...

— C'est possible, mais tu aimeras autre chose... Tiens, vois-tu, mon pauvre François, il est crânement temps que je t'emmène d'ici; sans t'en douter, tu deviendrais aussi gueux que les autres... Ma mère avait raison, je crains que tu n'aies du *vice*... Et toi, Amandine, est-ce que ça ne te plairait pas d'apprendre un état?

— Oh! si, mon frère... j'aimerais bien à apprendre, j'aime mieux tout que de rester ici. Je serais si contente de m'en aller avec vous et avec François!

— Mais qu'est-ce que tu as là sur la tête, ma fille? — dit Martial en remarquant la triomphante coiffure d'Amandine.

— Un foulard que Nicolas m'a donné...

— Il m'en a donné un aussi, à moi, — dit orgueilleusement François.

— Et d'où viennent-ils, ces foulards? Ça m'étonnerait que Nicolas les ait achetés pour vous en faire cadeau.

Les deux enfants baissèrent la tête sans répondre.

Au bout d'une seconde, François dit résolûment :

— Nicolas nous les a donnés; nous ne savons pas d'où ils viennent, n'est-ce pas, Amandine?

— Non... non... mon frère... — ajouta Amandine en balbutiant et en devenant pourpre, sans oser lever les yeux sur Martial.

— Ne mentez pas... — dit sévèrement Martial.

— Nous ne mentons pas, — ajouta hardiment François.

— Amandine, mon enfant... dis la vérité, — reprit Martial avec douceur.

— Eh bien! pour dire toute la vérité, — reprit timidement Amandine, — ces beaux mouchoirs viennent d'une caisse d'étoffes que Nicolas a rapportée ce soir dans son bateau...

— Et qu'il a volée?

— Je crois que oui, mon frère... sur une galiote.

— Vois-tu, François, tu mentais! — dit Martial.

L'enfant baissa la tête sans répondre.

— Donnez-moi ce foulard, Amandine; donne-moi aussi le tien, François.

La petite se décoiffa, regarda une dernière fois l'énorme rosette qui ne s'était pas défaite, et remit le foulard à Martial en étouffant un soupir de regret. Francois tira lentement le mouchoir de sa poche, et, comme sa sœur, le rendit à Martial.

— Demain matin, — dit celui-ci, — je rendrai les foulards à Nicolas. Vous n'auriez pas dû les prendre, mes enfants; profiter d'un vol, c'est comme si on volait soi-même.

— C'est dommage! ils étaient bien jolis, ces mouchoirs! — dit François.

— Quand tu auras un état et que tu gagneras de l'argent en travaillant, tu en achèteras d'aussi beaux... Allons, couchez-vous, il est tard, mes enfants.

— Vous n'êtes pas fâché, mon frère? — dit timidement Amandine.

— Non, non, ma fille, ce n'est pas votre faute... Vous vivez avec des gueux, vous faites comme eux sans savoir... Quand vous serez avec de braves gens, vous ferez comme les braves gens; et vous y serez bientôt... ou le diable m'emportera... Allons, bonsoir!

— Bonsoir, mon frère!

Martial embrassa les enfants.

Ils restèrent seuls.

— Qu'est-ce que tu as donc, François? tu as l'air tout triste! — dit Amandine.

— Tiens! mon frère m'a pris mon beau foulard; et puis, tu n'as donc pas entendu?

— Quoi?

— Il veut nous emmener pour nous mettre en apprentissage...

— Ça ne te fait pas plaisir?

— Ma foi! non...

— Tu aimes mieux rester ici à être battu tous les jours?

— Je suis battu, mais au moins je ne travaille pas; je suis toute la journée en bateau, ou à pêcher, ou à jouer, ou à servir les pratiques, qui quelquefois me donnent pour boire, comme le gros boiteux; c'est bien plus amusant que d'être du matin au soir enfermé dans un atelier à travailler comme un chien.

— Mais tu n'as donc pas entendu?... Mon frère nous a dit que si nous restions ici plus longtemps nous deviendrions des gueux!

— Ah! bah! ça m'est bien égal... puisque les autres enfants nous appellent déjà petits voleurs, petits guillotinés... Et puis, travailler... c'est trop ennuyeux...

— Mais ici on nous bat toujours, mon frère!

— On nous bat parce que nous écoutons plutôt Martial que les autres...

— Il est si bon pour nous!

— Il est bon, il est bon, je ne dis pas... aussi je l'aime bien... On n'ose pas nous faire du mal devant lui... Il nous emmène promener... c'est vrai... mais c'est tout... il ne nous donne jamais rien...

— Dame! il n'a rien... ce qu'il gagne, il le donne à notre mère pour sa nourriture.

— Nicolas a quelque chose, lui... Bien sûr que si nous l'écoutions, et ma mère aussi, ils ne nous rendraient pas la vie si dure... ils nous donneraient de belles nippes comme aujourd'hui... ils ne se défieraient plus de nous... nous aurions de l'argent comme Tortillard.

— Mais, mon Dieu! pour ça il faudrait voler! et ça ferait tant de peine à notre frère Martial!

— Eh bien! tant pis!

— Oh! François... et puis, si on nous prenait, nous irions en prison...

— Être en prison ou être enfermé dans un atelier toute la journée... c'est la même chose... D'ailleurs le gros boiteux dit qu'on s'amuse en prison.

— Mais le chagrin que nous ferions à Martial... tu n'y penses donc pas?... Enfin, c'est pour nous qu'il est revenu ici et qu'il y reste; pour lui tout seul, il ne serait pas gêné, il retournerait être braconnier dans les bois qu'il aime tant.

— Eh bien! qu'il nous emmène avec lui dans les bois, — dit François, — ça vaudrait mieux que tout. Je serais avec lui que j'aime bien, et je ne travaillerais pas à des métiers qui m'ennuient.

La conversation de François et d'Amandine fut interrompue... Du dehors, on ferma leur porte à double tour.

— On nous enferme! — s'écria François.

— Ah! mon Dieu... et pourquoi donc, mon frère? Qu'est-ce qu'on va nous faire?

— C'est peut-être Martial.

— Écoute... écoute... comme son chien aboie!... — dit Amandine en prêtant l'oreille.

Au bout de quelques instants, François ajouta : — On dirait qu'on frappe à sa porte avec un marteau... on veut l'enfoncer peut-être!

— Oui, oui, son chien aboie toujours...

— Écoute, François!... maintenant c'est comme si on clouait quelque chose... Mon Dieu! mon Dieu! j'ai peur... Qu'est-ce donc qu'on fait à notre frère? Voilà son chien qui hurle, maintenant.

— Amandine... on n'entend plus rien... — reprit François en s'approchant de la porte.

Les deux enfants, suspendant leur respiration, écoutaient avec anxiété.

— Voilà qu'ils reviennent chez mon frère, — dit François à voix basse; — j'entends marcher dans le corridor.

— Jetons-nous sur nos lits; ma mère nous tuerait si elle nous trouvait levés, — dit Amandine avec terreur.

— Non... — reprit François en écoutant toujours, — ils viennent de passer devant notre porte... ils descendent l'escalier en courant...

— Mon Dieu! mon Dieu! qu'est-ce que c'est donc!...

— Ah! on ouvre la porte de la cuisine... maintenant...

— Tu crois?...

— Oui, oui... j'ai reconnu son bruit...

— Le chien de Martial hurle toujours... — dit Amandine en écoutant.

Tout à coup elle s'écria :

— François! mon frère nous appelle...

— Martial?

— Oui... entends-tu? entends-tu?...

En effet, malgré l'épaisseur des deux portes fermées, la voix retentissante de Martial, qui de sa chambre appelait les deux enfants, arriva jusqu'à eux.

— Mon Dieu, nous ne pouvons aller à lui... nous sommes enfermés, — dit Amandine; — on veut lui faire du mal, puisqu'il nous appelle...

— Oh! pour ça... si je pouvais les empêcher,

— s'écria résolûment François, — je les en empêcherais, quand on devrait me couper en morceaux !...

— Mais notre frère ne sait pas qu'on a donné un tour de clef à notre porte ; il va croire que nous ne voulons pas aller à son secours ; crie-lui donc que nous sommes enfermés, François !

Ce dernier allait suivre le conseil de sa sœur, lorsqu'un coup violent ébranla au dehors la persienne de la petite fenêtre du cabinet des deux enfants.

— Ils viennent par la croisée pour nous tuer ! — s'écria Amandine, et, dans son épouvante, elle se précipita sur son lit et cacha sa tête dans ses mains.

François resta immobile, quoiqu'il partageât la terreur de sa sœur.

Pourtant, après le choc violent dont on a parlé, la persienne ne s'ouvrit pas ; le plus profond silence régna dans la maison. Martial avait cessé d'appeler les enfants.

Un peu rassuré, et excité par une vive curiosité, François se hasarda d'entre-bâiller doucement sa croisée, et tâcha de regarder au dehors à travers les feuilles de la persienne.

— Prends bien garde, mon frère ! — dit tout bas Amandine qui, entendant François ouvrir la fenêtre, s'était mise sur son séant. — Est-ce que tu vois quelque chose ? ajouta-t-elle.

— Non... la nuit est trop noire.

— Tu n'entends rien ?

— Non, il fait trop grand vent.

— Reviens... reviens, alors !

— Ah ! maintenant je vois quelque chose.

— Quoi donc ?

— La lueur d'une lanterne... elle va et elle vient.

— Qui est-ce qui la porte ?

— Je ne vois que la lueur... Ah ! elle se rapproche... on parle.

— Qui ça ?

— Écoute... écoute... c'est Calebasse.

— Que dit-elle ?

— Elle dit de bien tenir le pied de l'échelle.

— Ah ! vois-tu, c'est en prenant la grande échelle qui était appuyée contre notre persienne qu'ils auront fait le bruit de tout à l'heure.

— Je n'entends plus rien.

— Et qu'est-ce qu'ils en font de l'échelle, maintenant ?

— Je ne peux plus voir...

— Tu n'entends plus rien ?

— Non...

— Mon Dieu ! François, c'est peut-être pour monter chez notre frère Martial par la fenêtre... qu'ils ont pris l'échelle !

— Ça se peut bien.

— Si tu ouvrais un tout petit peu la jalousie, pour voir...

— Je n'ose pas...

— Rien qu'un peu...

— Oh ! non, non. Si ma mère s'en apercevait...

— Il fait si noir, il n'y a pas de danger...

François se rendit, quoique à regret, au désir de sa sœur, entre-bâilla la persienne et regarda.

— Eh bien, mon frère ? — dit Amandine en surmontant ses craintes et s'approchant de François sur la pointe du pied.

— A la clarté de la lanterne, — dit celui-ci, — je vois Calebasse qui tient le pied de l'échelle... ils l'ont appuyée à la fenêtre de Martial.

— Et puis ?

— Nicolas monte à l'échelle, il a sa hachette à la main, je la vois reluire...

— Ah ! vous n'êtes pas couchés et vous nous espionnez ! — s'écria tout à coup la veuve en s'adressant du dehors à François et à sa sœur.

Au moment de rentrer dans la cuisine, elle venait d'apercevoir la lueur qui s'échappait de la persienne entr'ouverte.

Les malheureux enfants avaient négligé d'éteindre la lumière.

— Je monte, — ajouta la veuve d'une voix terrible, — je monte vous trouver, petits mouchards !

Tels étaient les événements qui se passèrent à l'île du Ravageur la veille du jour où madame Séraphin devait y amener Fleur-de-Marie.

CHAPITRE VIII

UN GARNI

Le passage de la Brasserie, passage ténébreux et assez peu connu, quoique situé au centre de Paris, aboutit d'un côté à la rue Traversière-Saint-Honoré, de l'autre à la cour Saint-Guillaume. Vers le milieu de cette ruelle humide, boueuse, sombre, triste, où presque jamais le soleil ne pénètre, s'élevait une maison garnie (vulgairement un *garni*, en raison du bas prix de ses loyers). Sur un méchant écriteau, on lisait : *Chambres et cabinets meublés;* à droite d'une allée obscure s'ouvrait la porte d'un magasin non moins obscur, où se tenait habituellement le principal locataire de ce *garni*. Cet homme, dont le nom a été plusieurs fois prononcé à l'île du Ravageur, se nomme Micou : il est ouvertement marchand de vieilles ferrailles, mais secrètement il achète et recèle les métaux volés, tels que fer, plomb, cuivre et étain.

(La suite au prochain numéro.)

Madame Grandchamp la considéra un moment en silence sans être remarquée. (Page 520.)

COMMENT ON AIME (suite).

Madame Grandchamp lui prit la main et la pressa tendrement dans les siennes.

— Écoutez, poursuivit-elle, je fais grand cas de votre caractère, j'ai la plus haute estime pour toutes les qualités de votre âme, et la démarche que je me suis décidée à faire auprès de vous vous en paraîtra, je l'espère, la preuve la plus convaincante.

— Parlez, madame, parlez, dit Danielle avec un tremblement intérieur.

— Apprenez d'abord que j'avais formé le projet d'unir Octave à sa cousine, la marquise Léonie de Blossac. Il ne manquait plus que le consentement de mon fils : il l'a refusé. Je ne vous cacherai pas que j'en ai ressenti une violente contrariété. Aussi, lorsqu'il m'a fait l'aveu de ses sentiments, de son désir de vous épouser, me suis-je montrée sévère, inexorable. Rigueur d'un moment qui s'est bientôt dissipée à la vue du chagrin qu'elle causait, et me voici toute prête à accorder ce que je n'ai plus la force de refuser.

Une sorte d'effroi mêlé de désespoir traversa comme un éclair les yeux profondément tristes de Danielle. Toute préoccupée de ce qu'elle allait ajouter, madame Grandchamp n'en vit rien.

— Mais le mariage, poursuivit-elle, est une chose solennelle et décisive, mon enfant, c'est le grand acte de la vie, et si les considérations de rang, de fortune, n'y doivent pas toujours prévaloir, il importe que les considérations de probité, d'honneur, y soient absolument respectées. Qu'une jeune fille humble et pauvre épouse un jeune homme riche et distingué, j'y consens, mais pourvu cependant qu'elle soit d'une honnêteté irréprochable, et qu'aucun soupçon ne puisse planer sur son présent ni sur son passé, car sa dot c'est sa vertu : n'êtes-vous pas de mon avis, Danielle ?

— Oui, madame.

— Sa vertu doit être pour ainsi dire prouvée. Mais comment, si comme vous, par exemple, elle est orpheline, si elle a passé sa première jeunesse loin du pays où elle s'est fixée depuis deux années à peine? Je ne vois alors qu'un seul moyen de découvrir promptement la vérité, c'est de s'adresser à elle-même, de lui demander l'histoire franche et sincère de sa vie. Avec un noble cœur comme le vôtre, chère enfant, la confiance est toujours la plus habile diplomatie.

Un frisson parcourut le corps de Danielle. Elle n'eut pas la force de répondre, et s'appuya d'une main défaillante sur sa harpe qui se dressait derrière elle et qui exhala un triste et long gémissement. Craignant d'avoir, malgré ses précautions oratoires, blessé l'âme timide et délicate dont elle cherchait à sonder les replis, madame Grandchamp ajouta de sa voix la plus onctueuse :

— Loin de mon esprit le soupçon que votre existence ait été moins belle, moins pure à Paris qu'à Pont-Scorff. Je suis convaincue, au contraire, qu'elle est de tous points irréprochable...

Danielle eut quelque peine à étouffer un soupir sur le bord de ses lèvres qui se contractèrent.

— ... Mais je serais heureuse, continua madame Grandchamp, trop occupée à rendre sa pensée avec ménagement pour avoir remarqué cette contraction, je serais heureuse d'en recevoir l'assurance de votre bouche qui ne sait pas mentir. Si, comme personne n'en doute ici, aucune ombre ne s'étend sur votre passé, aucun souvenir troublé sur votre cœur, eh bien ! je vous demanderai votre main pour Octave et je vous nommerai ma fille. Si au contraire... mais non, je ne veux pas le supposer...

— Achevez, madame, je vous en prie.

— Il m'en coûte, mais vous le voulez, je reprends : si au contraire, et par impossible, mes pressentiments me trompent, eh bien, je vous supplierai de quitter ce pays, afin que, cessant de vous voir, Octave puisse, avec le temps, cesser de vous aimer. Oh ! alors, mon enfant, vous emporteriez mes regrets, mieux encore, mon estime, car après avoir failli il est beau de se relever par un effort de vertu. Soyez sûre que je ne révélerais votre confidence à personne, pas même à mon fils.

Tandis que madame Grandchamp parlait, Danielle pâlissait et rougissait tour à tour; ses bras se contractaient sur sa poitrine comme pour en comprimer les battements. Il semblait que son âme eût envie d'éclater, tant elle s'élançait à ses yeux en rapides éclairs; ses lèvres s'entr'ouvraient comme pour en laisser échapper l'expression d'une pensée résolue, mais elles se refermèrent sans avoir rien articulé. Une ombre de découragement, ou peut-être de honte, glissa sur son front penché, et ce fut d'une voix lente et faible qu'elle répondit après un instant de réflexion :

— Madame, l'insigne bienveillance dont vous daignez m'honorer mérite sans doute une entière confiance, et vous êtes la personne à laquelle j'ouvrirais mon cœur avec le plus d'abandon. Mais, hélas ! la demande que vous me faites est telle que je n'y puis répondre. En effet, madame, vous me placez dans la cruelle alternative ou de faire mon propre éloge ou de m'accuser moi-même. Si mon existence, comme il me conviendrait de vous la raconter, est un modèle de sagesse, de vertu, devrez-vous me croire ? Quel moyen cependant aurez-vous d'en contrôler la sincérité ?

— Je vous le répète, Danielle, j'ai la conviction que vos lèvres se sécheraient plutôt que de proférer un mensonge.

— Je vous remercie, madame, de cette bonne opinion. Peut-être n'en suis-je pas indigne ? Mais je n'en considère pas moins comme inutile, comme impossible, la confidence que vous me demandez.

Madame Grandchamp parut désappointée, elle

pressa vivement Danielle de s'expliquer ; celle-ci reprit après un moment d'hésitation :

— J'ai fait un vœu, madame. Ce vœu m'oblige à ne me marier que dans des conditions déterminées, et, je vous l'avoue, je ne puis, sans manquer à cet engagement de ma conscience, devenir la femme de M. Octave Grandchamp.

— Mais ce vœu, quel est-il? je ne le devine pas.

— C'est mon secret, madame. De grâce, ne m'interrogez pas davantage.

L'esprit égaré en un dédale de suppositions, madame Grandchamp mit en œuvre toute son adresse pour obtenir une réponse qui fixât son incertitude ; elle n'y put réussir.

— Consentez-vous du moins à vous exiler pendant quelque temps? reprit-elle avec un peu de froideur.

— Je m'y préparais quand vous êtes entrée, madame, et je vais m'éloigner à l'instant même.

Après l'avoir remerciée de ce sacrifice avec un accent où le mécontentement le disputait à la satisfaction, madame Grandchamp la salua poliment, mais sans l'embrasser comme d'habitude, et elle se disposait à sortir de la chaumière, lorsqu'un bruit de sanglots mal étouffés la retint. Elle vit alors Danielle pâle, défaillante, et elle s'élança pour la soutenir.

— Juste ciel! qu'avez-vous? lui demanda-t-elle d'une voix émue.

— Ce n'est rien, madame... presque rien.

— Mais vous vous soutenez à peine... vous vous trouvez mal.

— Pardon! c'est sans doute le chagrin d'avoir perdu votre amitié.

— Chère enfant!... mais je ne vous en veux pas... mais je vous aime toujours...

— Bien vrai, madame? Ah! vous me rendez tout mon courage! Maintenant j'ai de la force pour partir. Adieu! adieu!

Elle essuya ses pleurs, et d'un pas ferme elle reconduisit madame Grandchamp jusqu'au seuil de la chaumière.

Madame Grandchamp ne savait que penser de tout ce mystère ; cependant elle était moins fâchée que peut-être elle ne se l'imaginait de l'obstacle inconnu qui s'opposait inopinément à ce qu'elle regardait comme une grosse mésalliance. Déjà même l'espoir lui venait qu'après une telle déconvenue son fils se retournerait vers Léonie de Blossac. Une déception rend le cœur plus conciliant, pensait-elle, et l'absence guérit l'amour. En thèse générale, elle n'avait vraiment pas tort.

Lorsqu'elle eut visité quelques pauvres du bourg, l'excellente dame retourna au Nelhouët. A mi-chemin, elle rencontra Octave accompagné de Marc.

— Où cours-tu ainsi? demanda-t-elle à son fils.

— Aux Glaïeuls, ma mère, répondit celui-ci d'un ton résolu.

— Aux Glaïeuls, mon ami? Danielle n'y est plus : elle est partie depuis une heure.

— Partie ! dit Octave en tressaillant.

— Partie! exclama violemment Marc ; c'est impossible!

— Ah! ma mère, reprit Octave avec l'accent du désespoir, c'est vous qui avez provoqué ce départ! Oui, oui, je devine tout! Vous avez fait valoir des considérations de délicatesse, de reconnaissance, de générosité! que sais-je! Vous avez exercé sur Danielle une contrainte morale, et elle s'est sacrifiée! Ah! c'est affreux!

Madame Grandchamp recevait cet élan d'indignation avec une pitié sympathique.

— Tu te trompes, mon ami, répondit-elle, elle est partie de son propre mouvement. Ce matin, voulant mettre à profit une idée que tu m'as suggérée toi-même, je suis allée lui demander l'histoire de sa vie...

— Quoi ! ma mère, vous consentiez?...

— A te faire heureux, oui, mon fils. Mais Danielle m'a répondu qu'elle ne serait jamais ta femme, qu'elle était liée par un vœu qui s'opposait à ce qu'elle le devînt, et que pour ne te laisser aucun espoir elle abandonnait Pont-Scorff.

Octave fléchit, comme s'il eût été atteint au cœur, et tourna vers Marc son regard désolé.

— Je vous l'avais bien dit qu'elle ne m'aimait pas ! murmura-t-il.

Le gars était stupide d'étonnement ; deux grosses larmes brillaient immobiles sur son visage hâlé. Ce fut par une secousse énergique qu'il échappa à cette pétrification.

— Ah! je veux la ramener ! s'écria-t-il en bondissant.

— Oui! oui! il faut qu'elle revienne! proféra Octave. Ce n'est pas à elle, c'est à moi de quitter le pays !

Et, sans écouter les supplications de sa mère, il s'élança sur les pas de Marc.

La chaumière des Glaïeuls n'était fermée qu'au

loquet. Ils y entrèrent. Le premier objet qui frappa leur vue fut une lettre posée sur le vaisselier; elle était à l'adresse de Marc. Le gars se hâta de la décacheter. Danielle lui confiait qu'elle se rendait à Rennes, où elle comptait demeurer pendant un an au moins. Elle le priait d'avoir soin de sa chaumière et lui recommandait de ne révéler le lieu de son refuge à *personne*. Ce mot était souligné. Personne, c'était Octave sans doute. Mais il n'était plus temps de lui cacher le contenu de la lettre : il l'avait dévorée d'un seul regard.

— Vite ! deux chevaux ! s'écria-t-il. Hâtez-vous, Marc.

Marc sortit pour se les procurer. Octave resta seul dans cette chaumière où il n'était entré qu'une seule fois et comme un larron. Il la contempla avec mélancolie : tout y était rangé, frais et doux; tout y respirait un parfum virginal. Le lit était chastement enseveli sous des rideaux de serge bleue; la harpe, couverte de sa housse blanche, reposait dans un coin comme le génie voilé de la mélodie; des pots de glaïeuls, d'une floraison tardive, ornaient le bahut et le manteau de la cheminée. Ces élégantes fleurs, vermillonnées, violettes et roses, semblaient être là comme un emblème de la noblesse des sentiments dans une modeste existence.

— Ah! soupira tendrement Octave, que les beaux esprits se moquent de ces naïves pensées des âmes aimantes qui rêvent le bonheur jusque dans la pauvreté ! Moi, je sens bien qu'ici je vivrais dans la joie avec l'amour de Danielle, tandis que loin d'elle je vais languir dans l'opulence ! « Une chaumière et son cœur ! » dit en riant le monde. Riez, sceptiques ! riez, vaniteux ! mais laissez-moi pleurer, car pour ce ridicule et vrai bonheur que j'envie, je donnerais tout l'or que coûtent d'ordinaire vos plaisirs orgueilleux et menteurs.

Marc était de retour avec deux chevaux; Octave sauta en selle, et les deux cavaliers s'élancèrent à franc étrier sur la route d'Hennebon, présumant que Danielle l'avait prise pour aller à Lorient monter en diligence.

Après une demi-heure de cette course rapide, ils l'aperçurent gravissant une colline; ils poussèrent encore leurs montures. En ce moment, un cavalier d'une tournure élégante, descendant à l'amble de son cheval, se croisait avec la jeune fille. Après l'avoir lorgnée avec une impertinence toute parisienne, il laissa échapper un mouvement de surprise, s'arrêta, et parut délibérer avec lui-même. En passant à côté de lui, Marc le heurta brutalement.

— Qu'est-ce qu'il a donc, ce mirliflor, à envisager ainsi Danielle? grommela-t-il.

A ce nom, l'étranger tressaillit; il hésita encore un instant sur le parti qu'il devait prendre, puis il continua son chemin, mais en retournant souvent la tête pour lorgner avec une étrange persistance.

Octave et Marc avaient mis pied à terre; ils abordèrent Danielle.

Danielle était très-pâle ; elle paraissait violemment émue.

IX

A la vue d'Octave et de Marc, Danielle fit un suprême effort pour cacher son émotion. Elle les accueillit avec calme et même avec froideur. D'une voix grave et résolue, Octave lui dit qu'il venait d'être instruit de son départ subit, ainsi que des motifs qui l'y avaient déterminée, et qu'il accourait pour s'opposer de toutes ses prières à cet exil immérité.

— Non, poursuivit-il, il n'est pas juste que vous abandonniez votre demeure, vos habitudes, votre vie paisible, parce qu'il a convenu à un fou de vous importuner d'un sentiment que vous n'avez pas provoqué et que vous refusez de partager. Si l'un de nous deux est de trop dans l'étroit horizon de la vallée où nous vivons, c'est moi; c'est donc à moi d'en sortir. Oui, tel est mon devoir, et je le remplirai.

— Et votre mère, monsieur ? dit Danielle d'un ton de reproche. Vous ne craignez donc pas de l'affliger par un nouveau départ?

— Ma mère!... Est-il préférable qu'elle assiste chaque jour au spectacle de mes remords? Car ne me reprocherais-je pas sans cesse le bannissement auquel vous vous seriez condamnée par ma faute? Croyez-moi, il vaut mieux pour tout le monde que j'aille demander l'oubli à l'inconstance des voyages. Qui sait? de retour au Nelhouët, tout me sera peut-être devenu indifférent, et, s'il en est temps encore, j'épouserai la marquise de Blossac.

Sa poitrine se gonfla avec effort comme si elle soulevait un fardeau.

— Vous voyez, ajouta-t-il en souriant péniblement, que j'ai confiance en l'avenir.

(*La suite au prochain numéro.*)

Le propriétaire-gérant : F. ROY.

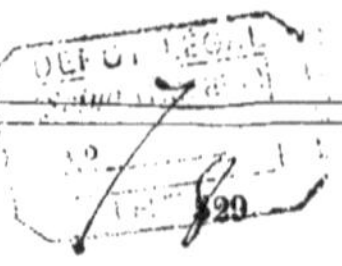

LES MYSTÈRES DE PARIS

Trois coups frappés à la porte, d'une façon particulière, attirèrent l'attention du logeur.(Page 530.)

Dire que le père Micou était en relation d'*affaires* et d'*amitié* avec les Martial, c'est apprécier suffisamment sa moralité. Il est, du reste, un fait à la fois curieux et effrayant : c'est l'espèce d'affiliation, de communion mystérieuse qui relie presque tous les malfaiteurs de Paris. Les *prisons en commun* sont les grands centres où affluent et d'où refluent incessamment ces flots de corruption qui envahissent peu à peu la *capitale* et y laissent de si sanglantes épaves. Le père Micou est un gros homme de cinquante ans, à physionomie basse et rusée, au nez bourgeonnant, aux joues avinées; il porte un bonnet de loutre et s'enveloppe dans un vieux carrick vert. Au-dessus du petit poêle de fonte auprès duquel il se chauffe, on remarque une planche numérotée attachée au mur; là sont accrochées les clefs des chambres dont les locataires sont absents. Les carreaux de la devanture vitrée qui s'ouvrait sur la rue sont peints de façon que du dehors on ne puisse voir (et pour cause) ce qui se passait dans la boutique.

Il règne dans ce vaste magasin une assez grande obscurité; aux murailles noirâtres et humides pendent des chaînes rouillées de toutes grosseurs et de toutes longueurs; le sol disparaît presque entièrement sous des monceaux de débris de fer et de fonte.

Trois coups frappés à la porte, d'une façon particulière, attirèrent l'attention du logeur-vendeur-recéleur.

— Entrez ! — cria-t-il.

On entra... C'était Nicolas, le fils de la veuve du supplicié. Il était très-pâle; sa figure semblait encore plus sinistre que la veille, et pourtant on le verra feindre une sorte de gaieté bruyante pendant l'entretien suivant. (Cette scène se passait le lendemain de la querelle de ce bandit avec son frère Martial.)

— Ah! te voilà, bon sujet! — lui dit cordialement le logeur.

— Oui, père Micou; je viens faire affaire avec vous.

— Ferme donc la porte, alors... ferme donc la porte...

— C'est que mon chien et ma petite charrette sont là... avec la chose...

— Qu'est-ce que tu m'apportes? du *gras-double* [1]?

— Non, père Micou.

— C'est pas du *ravage* [2]; t'es trop *feignant* maintenant; tu ne travailles plus... c'est peut-être du *dur* [3] ?

— Non, père Micou; c'est du *rouget* [4]... quatre saumons... il doit y en avoir au moins cent cinquante livres; mon chien en a tout son tirage.

— Va me chercher le *rouget;* nous allons peser.

— Faut que vous m'aidiez, père Micou; j'ai mal au bras.

Et, au souvenir de sa lutte avec son frère Martial, les traits du bandit exprimèrent à la fois un ressentiment de haine et de joie féroce, comme si déjà sa vengeance eût été satisfaite.

1. Lames de plomb généralement volées sur les toits. — 2. Débris métalliques recueillis par les ravageurs. — 3. Fer. — 4. Cuivre.

— Qu'est-ce que tu as donc au bras, mon garçon ?

— Rien... une foulure.

— Il faut faire rougir un fer au feu, le tremper dans l'eau, et mettre ton bras dans cette eau presque bouillante; c'est un remède de ferrailleur, mais excellent.

— Merci, père Micou.

— Allons, viens chercher le *rouget;* je vais t'aider, paresseux !

En deux voyages, les saumons furent retirés par un énorme dogue, et apportés dans la boutique.

— C'est une bonne idée, ta charrette! — dit le père Micou en ajustant les plateaux de bois d'énormes balances pendues à une des solives du plafond.

— Oui, quand j'ai quelque chose à apporter, je mets mon dogue et la charrette dans mon bachot, et j'attelle en abordant. Un fiacre jaserait peut-être, mon chien ne jase pas.

— Et on va toujours bien chez toi? — demanda le recéleur en pesant le cuivre;—ta mère et ta sœur sont en bonne santé ?

— Oui, père Micou.

— Les enfants aussi ?

— Les enfants aussi. Et votre neveu André, où donc est-il ?

— Ne m'en parle pas! il était en ribotte hier; Barbillon et le gros boiteux me l'ont emmené, il n'est rentré que ce matin; il est déjà en course... au grand bureau de la poste, rue Jean-Jacques-Rousseau... Et ton frère Martial, toujours sauvage ?

— Ma foi ! je n'en sais rien.

— Comment! tu n'en sais rien ?

— Non, — dit Nicolas en affectant un air indifférent, — depuis deux jours nous ne l'avons pas vu... il sera peut-être retourné braconner dans les bois, à moins que son bateau, qui était vieux, vieux... n'ait coulé bas au milieu de la rivière, et lui avec...

— Ça ne te ferait pas de peine, garnement, car tu ne pouvais pas le sentir, ton frère !

— C'est vrai... on a comme ça des idées sur les uns et sur les autres... Combien y a-t-il de livres de cuivre ?

— T'as le coup d'œil juste... cent quarante-huit livres, mon garçon.

— Et vous me devez?

— Trente francs tout au juste.

— Trente francs, quand le cuivre est à vingt sous la livre? trente francs! ! !

— Mettons trente-cinq francs et ne souffle pas, ou je t'envoie au diable, toi, ton cuivre, ton chien et ta charrette.

— Mais, père Micou, vous me filoutez par trop! il n'y a pas de bon sens.

— Veux-tu me prouver comme quoi il t'appartient, ce cuivre? et je t'en donne quinze sous la livre.

— Toujours la même chanson... Vous vous rassemblez tous, allez, tas de brigands! Peut-on écorcher les amis comme ça! Mais ce n'est pas tout : si je vous prends de la marchandise en troc, vous me ferez bonne mesure au moins?

— Comme de juste. Qu'est-ce qu'il te faut? des chaînes ou des crampons pour tes bachots?

— Non, il me faudrait quatre ou cinq plaques de tôle très-forte, comme qui dirait pour doubler des volets.

— J'ai ton affaire... quatre lignes d'épaisseur... une balle de pistolet ne traverserait pas ça.

— C'est ce que je veux... justement!...

— Et de quelle grandeur?

— Mais... en tout, sept à huit pieds carrés.

— Bon! qu'est-ce qu'il te faudrait encore?

— Trois barres de fer de trois à quatre pieds de long et de deux pouces carrés.

— J'ai démoli l'autre jour une grille de croisée, ça t'ira comme un gant... Et puis?

— Deux fortes charnières et un loquet, pour ajuster et fermer à volonté une soupape de deux pieds carrés.

— Une trappe, tu veux dire?

— Non, une soupape...

— Je ne comprends pas à quoi ça peut te servir, une soupape.

— C'est possible; moi, je le comprends.

— A la bonne heure; tu n'auras qu'à choisir, j'ai là un tas de charnières... Et qu'est-ce qu'il te faudra encore?

— C'est tout.

— Ça n'est guère.

— Préparez-moi tout de suite ma marchandise, père Micou, je la prendrai en repassant; j'ai encore des courses à faire.

— Avec ta charrette? Dis donc, farceur, j'ai vu un ballot au fond; c'est encore quelque *friandise* que tu as prise dans le buffet à *tout le monde*, petit gourmand?

— Comme vous dites, père Micou; mais vous ne mangez pas de ça. Ne me faites pas attendre mes ferrailles, car faut que je sois à l'île avant midi.

— Sois tranquille, il est huit heures; si tu ne vas pas loin... dans une heure tu peux revenir, tout sera prêt, argent et fournitures... Veux-tu boire la goutte?

— Toujours... vous me la devez bien!...

Le père Micou prit dans une vieille armoire une bouteille d'eau-de-vie, un verre fêlé, une tasse sans anse, et versa.

— A la vôtre, père Micou!

— A la tienne, mon garçon, et à ces dames de chez toi!

— Merci... Et ça va bien toujours, votre garni?

— Comme ci, comme ça... J'ai toujours quelques locataires pour qui je crains les descentes du commissaire... mais ils payent en conséquence.

— Pourquoi donc?

— Es-tu bête!... Quelquefois je loge comme j'achète... à ceux-là je ne demande pas plus de passe-port que je ne te demande de facture de vente, à toi.

— Connu!... Mais à ceux-là vous louez aussi cher que vous m'achetez bon marché.

— Faut bien se rattraper... J'ai un de mes cousins qui tient une belle maison garnie de la rue Saint-Honoré, même que sa femme est une forte couturière qui emploie jusqu'à des vingt ouvrières, soit chez elle, soit dans leur chambre.

— Dites donc, vieux obstiné, il doit y en avoir de *girondes* [1] là-dedans.

— Je crois bien! il y en a deux ou trois que j'ai vues quelquefois apporter leur ouvrage... Mille z'yeux! sont-elles gentilles! Une petite surtout, qui travaille en chambre, qui rit toujours et qui s'appelle Rigolette... Dieu de Dieu! mon fiston, quel dommage de ne plus avoir ses vingt ans!

— Allons, papa, éteignez-vous, ou je crie au feu!

— Mais c'est honnête... mon garçon... c'est honnête...

— *Colasse*... va!... Et vous disiez que votre cousin...

— Tient très-bien sa maison, et, comme il est du même numéro que cette petite Rigolette...

— Honnête?

1. Jolies.

— Tout juste.

— *Colas !*

— Il ne veut que des locataires à passe-port ou à papiers... mais s'il s'en présente qui n'en aient pas, comme il sait que j'y regarde moins, il m'envoie ces pratiques-là...

— Et elles payent en conséquence.

— Toujours.

— Mais c'est tous amis de la *pègre* [1], ceux qui n'ont pas de papiers?

— Eh non ! Tiens, justement, à propos de ça, mon cousin m'a envoyé, il y a quelques jours, une pratique... que le diable me brûle si j'y comprends rien... Encore une tournée?

— Ça va... le liquide est bon... A la vôtre, père Micou !

— A la tienne, garçon ! Je te disais donc que l'autre jour mon cousin m'a envoyé une pratique où je ne comprends rien. Figure-toi une mère et sa fille qui avaient l'air bien panées et bien râpées, c'est vrai ; elles portaient leur butin dans un mouchoir... eh bien, quoique ça doive être des rien du tout, puisqu'elles n'ont pas de papiers et qu'elles logent à la quinzaine... depuis qu'elles sont ici elles ne bougent pas plus que des marmottes... il n'y vient jamais d'hommes... mon fiston... jamais d'hommes... Et pourtant, si elles n'étaient pas si maigres et si pâles, ça ferait deux fameux brins de femme, la fille surtout ! ça vous a quinze ou seize ans tout au plus... c'est blanc comme un lapin blanc, avec des yeux noirs grands comme ça... Nom de nom !... quels yeux ! quels yeux !

— Vous allez encore vous incendier... Et qu'est-ce qu'elles font, ces deux femmes?

— Je te dis que je n'y comprends rien... il faut qu'elles soient honnêtes, et pourtant pas de papiers... Sans compter qu'elles reçoivent des lettres sans adresse... faut que leur nom soit guère bon à écrire.

— Comment cela?

— Elles ont envoyé ce matin mon neveu André au bureau de la poste restante, pour réclamer une lettre adressée à madame X. Z. La lettre doit venir de Normandie... d'un bourg appelé les Aubiers. Elles ont écrit cela sur un papier, afin qu'André puisse réclamer la lettre en donnant ces renseignements-là... Tu vois que ça n'a pas l'air de grand'chose, des femmes qui prennent le nom d'un X et d'un Z... Eh bien, pourtant, jamais d'hommes !

1. Voleurs.

— Elles ne vous payeront pas !

— Ce n'est pas à un vieux singe comme moi qu'on apprend des grimaces. Elles ont pris un cabinet sans cheminée que je leur fais payer vingt francs par quinzaine et d'avance. Elles sont peut-être malades, car depuis deux jours elles ne sont pas descendues. C'est toujours pas d'indigestion qu'elles seraient malades; car je ne crois pas qu'elles aient jamais allumé un fourneau pour leur manger depuis qu'elles sont ici. Mais j'en reviens toujours là : jamais d'hommes... et pas de papiers !...

— Si vous n'avez que des pratiques comme ça, père Micou...

— Ça va et ça vient... Si je loge des gens sans passe-port, dis donc, je loge aussi des gens calés ; j'ai dans ce moment-ci deux commis-voyageurs, un facteur de la poste, le chef d'orchestre du café des Aveugles et une rentière, tous gens honnêtes ; ce sont eux qui sauveraient la réputation de la maison, si le commissaire voulait y regarder de trop près... c'est pas des locataires de nuit, ceux-là, c'est des locataires de plein soleil.

— Quand il en fait dans votre passage, père Micou.

— Farceur !... Encore une tournée?...

— Mais la dernière, faut que je file... A propos, Robin le gros boiteux loge donc encore ici?

— En haut, la porte à côté de la mère et de la fille. Il finit de manger son argent de prison... et je crois qu'il ne lui en reste guère.

— Dites donc, garde à vous ! il est en rupture de ban.

— Je sais bien ; mais je ne peux pas m'en dépêtrer. Je crois qu'il monte quelque coup : le petit Tortillard, le fils de Bras-Rouge, est venu ici l'autre soir avec Barbillon pour le chercher... J'ai peur qu'il ne fasse tort à mes bons locataires, ce damné Robin ; aussi, une fois sa quinzaine finie... je le mets dehors, en lui disant que son cabinet est retenu par un ambassadeur ou par le mari de madame Saint-Ildefonse, ma rentière.

— Une rentière?

— Je crois bien ! trois chambres et un cabinet sur le devant, rien que ça... remeublés à neuf, sans compter une mansarde pour sa bonne... quatre-vingts francs par mois... et payés d'avance par son oncle, à qui elle donne une de ses chambres en pied-à-terre... quand il vient de la campagne. Après ça, je crois bien que sa campagne est comme qui dirait rue Vivienne, rue Saint-Honoré, ou dans les environs de ces paysages-là

— Connu!... Elle est rentière parce que le vieux lui fait des rentes.

— Tais-toi donc!... justement voilà sa bonne!...

Une femme assez âgée, portant un tablier blanc d'une propreté douteuse, entra dans le magasin du revendeur.

— Qu'est-ce qu'il y a pour votre service, madame Charles?

— Père Micou, votre neveu n'est pas là?

(La suite au prochain numéro.)

COMMENT ON AIME

DANIELLE

(SUITE)

— Pourquoi ne pas accepter le présent? lui dit Danielle en roidissant pour ainsi dire sa voix. Pourquoi ne pas combler sans retard les vœux de votre mère? En consentant à resserrer vos liens de parenté avec la famille des Kermartin, vous rendriez tout le monde heureux.

— Parce qu'il faut au blessé le temps de la guérison; parce que j'ai besoin de retremper mon courage et mes forces avant d'achever moi-même la ruine de mes rêves et de mes espérances.

A ces mots proférés avec une inexprimable mélancolie succéda un moment de silence pendant lequel on n'entendit que le doux bruissement des arbres agités par une tiède brise d'automne et le gai pépiement des moineaux qui voltigeaient au soleil sur les buissons. Car la nature est insensible à nos tristesses comme à nos joies. Dans son ordre immuable, que lui importe l'agitation imperceptible de quelques atomes humains?

Octave insista de nouveau pour que Danielle renonçât à son projet. A cette condition seulement, il promettait de l'oublier.

— Autrement, dit-il, vous me rencontrerez sans cesse sur vos pas; et, dussé-je m'attirer votre haine, je vous persécuterai de mes supplications. Ah! par pitié, reprit-il, ne me forcez pas à devenir votre éternel tourment!

Quoique ébranlée par la touchante vivacité de cette menace, Danielle eut la force d'y résister. Tout ce qu'elle promit fut de rentrer dans sa chaumière dès qu'elle aurait appris le départ d'Octave.

— Marc viendra m'en prévenir à Lorient, où je demeurerai quelques jours chez une amie, dit-elle, et je retournerai alors à Pont-Scorff.

En jetant les yeux dans la direction de ce bourg, elle vit à une centaine de pas, immobile et le visage tourné vers elle, le cavalier dont la rencontre l'avait si fort impressionnée. Une vive rougeur se répandit sur son front; Marc s'en aperçut, et, pensant que sa cousine était confuse d'être observée, il s'écria d'un air irrité :

— Ah çà! pourquoi donc se plante-t-il là-bas à nous espionner, ce beau monsieur? Je vas lui dire de passer son chemin, moi!

Il mettait le pied dans l'étrier, Danielle le retint. L'étranger, comprenant sans doute que sa curiosité devenait blessante, s'éloigna au galop.

— Ce cavalier a sa valise en croupe, observa tristement Octave. C'est sans doute un voyageur, un touriste. Comme lui, je serai bientôt sur les chemins, solitaire et pensif.

— Mais pas indiscret comme celui-là, grommela Marc avec une expression de rancune.

— Hélas! reprit Octave sans prendre garde à l'interruption de son rustique compagnon, je ne me plaindrais pas si, en quittant le Nelhouët et en pénétrant par le cœur jusqu'au bourg de Pont-Scorff, je pouvais me dire : Elle est là; ma folle passion n'a troublé qu'un moment sa calme et pure existence. Ah! Danielle, Danielle, soyez généreuse! accordez-moi cette consolation.

C'était sans espoir de réussir, mais pour obéir à une dernière inspiration de sa conscience, qu'Octave tentait ce dernier effort. Il s'attendait à échouer contre un refus invincible. Mais on n'est jamais si près du succès que lorsqu'on s'en croit le plus éloigné.

Danielle parut indécise, son regard ne quittait pas l'horizon où l'étranger commençait à disparaître, et le symptôme d'une mystérieuse préoccupation se lisait dans ses yeux profondément endoloris. Tout à coup prenant une énergique résolution :

— Soit, monsieur, dit-elle, je regagnerai à l'instant même ma demeure, je vous le promets.

Marc fit un si rude bond que les deux chevaux qu'il tenait par la bride se cabrèrent de peur.

— Ah ! merci, mille fois merci ! dit Octave. Désormais je partirai moins malheureux, car je vous saurai heureuse.

Il se remit aussitôt en selle, et repartit suivi de Marc.

— Heureuse ! murmura Danielle d'une voix brisée, heureuse ! quand tout s'accorde à me déchirer l'âme, quand le hasard même conspire ma perte ! heureuse ! quand je souffre en secret d'un secret sans espoir, quand demain peut-être je mourrai d'un mal plus cruel encore ! Heureuse ! heureuse !...

Et elle appuya son mouchoir sur sa bouche pour étouffer ses sanglots.

Lorsque Octave arriva au Nelhouët, sa mère était au salon en compagnie de Léonie et d'un jeune homme dont la figure charmante et la tournure distinguée se remarquaient tout de suite. Sa petite moustache brune, galamment retroussée, accentuait avec grâce sa physionomie. Octave le reconnut, c'était le voyageur qu'il avait rencontré sur la route d'Hennebon.

— Mon cher neveu, dit madame Grandchamp, voici mon fils.

Léon de Kermartin (car c'était lui) fit quelques pas à la rencontre d'Octave et lui serra la main.

— Combien je suis ravi ! dit-il. Cette réconciliation me rend le plus heureux des hommes ! Comment avons-nous pu rester si longtemps désunis? Pour moi, j'en ai toujours été désolé.

Si mal disposé qu'il fût à l'égard des Kermartin, Octave ne résista pas à l'affectueux empressement de son cousin. Il accueillit ses avances avec cordialité.

— Si nous voulons regagner le temps perdu, reprit gaiement le vicomte, il nous faudra redoubler d'amitié quand nous nous connaîtrons mieux. Ne pensez-vous pas comme moi, chère tante ?

Madame Grandchamp remarquait avec un secret plaisir le bon effet produit sur son fils par les excellentes manières de Léon de Kermartin.

— Absolument, mon neveu, répondit-elle ; j'y suis fort disposée.

Léonie haussa les épaules de manière à n'être remarquée que de son frère et lui lança un coup d'œil impatienté.

— De notre côté, poursuivit le vicomte sans prendre garde à la pantomime de sa sœur, tout ce qu'il sera possible de faire pour cimenter notre réconciliation, nous le ferons de grand cœur.

De plus en plus captivé par tant de bonne grâce, Octave protesta de ses excellentes intentions. Mais, se rappelant aussitôt la promesse qu'il avait faite à Danielle, il reprit :

— Malheureusement, mon cousin, il me sera impossible de profiter de quelque temps des dispositions toutes sympathiques que vous me montrez. Après-demain j'entreprends un nouveau voyage ; je m'embarque pour l'Amérique.

Cette nouvelle tomba comme une avalanche sur madame Grandchamp et sur le vicomte. Ils en demeurèrent un instant étourdis.

— Dis-tu vrai ? s'écria sa mère avec anxiété.

— Chercherais-je à me jouer de votre cœur ? répondit Octave.

— Eh quoi ! à peine de retour, voilà que vous vous remettez en route ? reprit Léon de Kermartin. Ah çà ! vous êtes donc un Aashvérus ?

— Il faut que je parte, mon cousin. Vous m'excuserez, et vous voudrez bien ajourner de quelques mois l'occasion que vous m'offrez de devenir votre ami.

— Comme il vous plaira, répondit le vicomte avec une politesse singulièrement refroidie.

— Au moins, ne saurais-tu retarder ce départ? demanda madame Grandchamp; les mauvais jours approchent ; remets ton voyage au printemps.

— Impossible, ma mère. Je vous dirai mes motifs et vous m'approuverez, j'en suis sûr.

Léon de Kermartin venait d'éprouver un vif désappointement. Il était venu au Nelhouët dans l'intention d'essayer ce que n'avait pu faire sa sœur, c'est-à-dire de captiver Octave. Il comptait employer ensuite son influence sur son cousin à lui inspirer des sentiments favorables à Léonie de Blossac. Il était fort capable de réussir, car l'empire de son amabilité s'était souvent exercé avec succès, non-seulement sur le cœur des femmes, mais encore sur l'esprit des hommes. Mais cette fois son habileté devenait inutile; elle échouait de prime-abord contre un projet de voyage dont il ne connaissait pas même la raison déterminante, et que par conséquent il ne pouvait combattre avec avantage. Découragé par ce contre-temps, il allait abandonner la partie, lorsqu'il se rappela ce que lui avait écrit sa sœur touchant le goût prononcé d'Octave pour une virtuose de campagne. Un sourire de triomphe s'épanouit sur ses lèvres, et il se dit à lui-même en manière d'aparté :

— C'est cela même, ils vont visiter amoureusement ensemble les savanes de Paul et de Virginie, de Chactas et d'Atala, de Manon et de des Grieux. Ah! parbleu ! s'il en est ainsi, reprit-il avec ironie en appuyant sur ces deux derniers noms, je jure Dieu que vous ne ferez pas votre voyage, mon cher cousin. Je saurai bien vous en empêcher, jeune insensé !

Il reprit alors à haute voix, d'un air singulier :

— N'est-ce pas vous, Octave, que j'ai aperçu sur la route d'Hennebon?

— En effet.

— N'étiez-vous pas accompagné d'un paysan, et n'avez-vous pas abordé une jeune fille? une jeune fille fort jolie, ma foi!

Le front d'Octave se plissa d'impatience. Le vicomte le remarqua.

— Pardonnez-moi mon indiscrétion, reprit-il. Je crois connaître cette personne. Voulez-vous me dire son nom ?

— Elle se nomme Danielle Penhoët, répondit Octave, qui se sentit pénétré d'une inexplicable inquiétude.

— La charmante artiste de Pont-Scorff, ajouta Léonie de son ton doucement sardonique. Tu sais, mon frère? la chaumière... la harpe... Je t'ai conté tout cela.

— Danielle Penhoët, murmura le vicomte, c'est bien ce nom. Harpiste, c'était encore, sinon la profession, du moins le mérite de celle que j'ai connue. Et d'ailleurs son visage, quoique un peu changé, est toujours reconnaissable, toujours ravissant. Non, non, je ne me trompe pas.

Madame Grandchamp, Octave et Léonie l'écoutaient avec étonnement et perplexité.

— Elle a passé quelques années à Paris, dit madame Grandchamp ; il est donc possible que vous l'y avez rencontrée, mon neveu. En ce cas, veuillez nous dire quelle opinion on avait d'elle à l'époque où vous la connaissiez.

Le vicomte devint tout à coup soucieux. Un observateur eût compris que des sentiments opposés s'agitaient tumultueusement en lui. En moins d'une minute, sa physionomie refléta en nuances presque imperceptibles la colère, la pitié, la vengeance, le remords.

— Eh bien? reprit madame Grandchamp visiblement tourmentée.

— Eh bien ! répondit-il non sans un peu d'hésitation, elle avait, si je me souviens bien, la réputation d'une jeune fille pauvre et honnête.

— Ah! tant mieux! proféra madame Grandchamp en respirant plus librement. J'aime cette belle enfant, et je suis vraiment heureuse que tout le monde s'accorde à faire son éloge.

— A merveille! repartit Léonie dissimulant mal la déception que lui causait la réponse du vicomte. Il paraît que cette Danielle mérite le prix de vertu.

— Pourquoi pas? répondit vivement Octave. La vertu n'est pas plus un privilége que la beauté!

— Croyez-moi, cher cousin, ne vous fiez pas trop à cette phrase-là, ajouta le vicomte en secouant la tête. D'ailleurs je ne suis pas absolument certain que votre Danielle soit bien celle que j'ai connue à Paris. Il faudra que je m'en assure.

— Ce sera facile, dit Octave ; elle doit être en ce moment de retour à Pont-Scorff.

Madame Grandchamp lui fit observer qu'il se trompait sans doute, l'absence de Danielle devant être de longue durée.

— Non, ma mère, répondit Octave, je l'ai suppliée de revenir sur ses pas, et elle a cédé à mes instances, à mes promesses.

— Eh bien ! s'il en est ainsi, je n'en suis pas fâchée! reprit madame Grandchamp d'un ton résolu.

— Parbleu! ni moi non plus ! ajouta le vicomte devenu pensif.

Quelques instants plus tard, Léonie et son frère se promenaient seuls dans le jardin. La jeune marquise avait cueilli un magnifique dahlia du Roi, et l'effeuillait avec impatience en adressant de vifs reproches au vicomte.

— Mes lettres n'étaient-elles pas assez claires? lui disait-elle. Qu'espérais-tu encore? Ne t'avais-je pas démontré suffisamment l'impossibilité de tes ridicules projets?

— Mais, chère sœur...

— Mais, cher frère, tu ne voulais pas renoncer encore à une espérance où ton intérêt est en jeu, voilà la vérité. Et cependant je restais exposée aux dédains d'un Céladon amoureux d'une paysanne d'opéra-comique. Tu es par trop égoïste et cruel!

— Mon Dieu, ma sœur, je ne prenais pas fort au sérieux, je l'avoue, ce que tu m'écrivais au sujet de la pittoresque passion de notre naïf cousin. J'avais la conviction (là est ma faute) qu'il te suffirait de quelques semaines pour ramener un pauvre cœur égaré à des sentiments plus dignes de lui.

— Tu es charmant avec tes imperturbables suppositions. Est-ce pour ramener ce pauvre cœur égaré, dis-moi, que tu faisais si bien tout à l'heure l'éloge de l'héroïne de Pont-Scorff?

— Bon! ne fallait-il pas avoir l'air de saisir aux cheveux cette occasion de nous venger? Et d'ailleurs...

— Et d'ailleurs?...

— Eh bien! je ne me suis pas senti le courage de dire du mal de cette jeune fille, reprit-il d'un ton sérieux.

— Est-ce que tu sais quelque chose sur son compte? demanda vivement Léonie.

— Curieuse! fit le vicomte en montrant des yeux à sa sœur madame Grandchamp qui venait à leur rencontre.

Il alla avec empressement au-devant de sa tante et lui offrit son bras. Remarquant sur son visage un vague reflet de tristesse, il lui en demanda la cause.

— Est-ce que notre aimable cousin, poursuivit-il, persiste toujours dans ses projets? N'y a-t-il pas un moyen de le retenir?

— Peut-être en est-il un, répondit madame Grandchamp en poussant un profond soupir; mais je redoute que tout cela ne compromette un peu la réconciliation que je désire si ardemment voir se cimenter entre nous. J'ai peur...

— Rassurez-vous, chère tante, interrompit Léon de Kermartin. Pouvons-nous en vouloir à Octave d'aimer follement les voyages? Eh! mon Dieu! aimât-il tout autre chose, ce serait encore son droit, et nous n'y verrions pas le plus petit mot à reprendre, car ses sentiments ne s'adresseraient jamais, nous en sommes convaincus, qu'à des objets honorables et dignes de tous nos respects.

A l'accentuation de ces paroles, madame Grandchamp fut convaincue que le vicomte avait deviné la passion d'Octave pour Danielle, et qu'il y faisait allusion. Enchantée de voir que l'on pouvait s'entendre à demi-mot, elle reprit avec assurance:

— Mon fils a des principes sévères; il ne manquera pas de placer honnêtement ses affections. Aussi, pour le décider à ne point partir, suis-je prête à faire tout ce qui dépendra de moi. Seulement j'ai besoin de vous entendre me répéter que, quoi qu'il arrive, nous ne demeurerons pas moins parents dévoués. Me le promettez-vous?

— Je vous le promets, chère tante, et de grand cœur.

— Je prends acte de votre bonne parole, Léon. Je n'attendais pas moins de votre excellent esprit. Léonie, je l'espère, ne sera pas moins généreuse?

— N'en doutez pas, madame, répondit la jeune marquise; ma sympathie pour vous et votre fils ne saurait changer désormais.

— Afin de vous prouver, reprit le vicomte, combien est sincère l'engagement que nous prenons ici, nous vous demandons la permission de demeurer près de vous quelques jours au Nelhouët, surtout si, contre votre espérance, Octave persiste à vous abandonner.

— Vous êtes un homme adorable, mon neveu.

Et, prétextant quelques ordres à donner, madame Grandchamp quitta Léon et sa sœur, qui poursuivirent seuls leur promenade dans le jardin.

— As-tu compris? demanda ironiquement la jeune marquise à son frère.

— Parfaitement.

— Elle va donner son fils à cette Danielle.

— C'est clair comme le jour.

— Après tout, une fille pauvre et honnête mérite bien ça. Le vicomte sourit.

— Bah! dit-il, ce mariage n'est pas encore fait. Ce serait pourtant une jolie vengeance!...

— Pourquoi? Que signifie?

— Oh! c'est tout un secret. Plus tard peut-être je t'en ferai part.

En ce moment, madame Grandchamp entrait chez Octave; elle le trouvait occupé à préparer ses malles de voyage.

— Ne te presse pas, mon ami, lui dit-elle. Puisque Danielle est à Pont-Scorff, j'irai la revoir, et si vraiment un vœu l'oblige, eh bien! je ferai toutes les démarches nécessaires pour obtenir qu'elle en soit relevée.

(La suite au prochain numéro.)

Le propriétaire-gérant : F. ROY.

LES MYSTÈRES DE PARIS

— Père Micou, dit M. Badinot, j'ai des reproches à vous faire. (Page 538.)

— Il est en course au grand bureau de la poste aux lettres; il va rentrer tout à l'heure.

— M. Badinot voudrait qu'il portât tout de suite cette lettre à son adresse; il n'y a pas de réponse... mais c'est très-pressé.

— Dans un quart d'heure, il sera en route, madame Charles.

— Et qu'il se dépêche...

— Soyez tranquille.

La bonne sortit.

— C'est donc la bonne d'un de vos locataires, père Micou?

— Eh non! *colas*, c'est la bonne de ma rentière, madame Saint-Ildefonse. Mais M. Badinot est son oncle; il est venu hier de la campagne, — dit le logeur qui examinait la lettre;

puis il ajouta en lisant l'adresse : — Vois donc : que ça de belles connaissances ! Quand je te dis que c'est des gens calés ! il écrit à un vicomte.

— Ah bah !

— Tiens, vois plutôt : *A monsieur le vicomte de Saint-Remy, rue de Chaillot... Très-pressée... A lui-même...* J'espère que quand on loge des rentières qui ont des oncles qui écrivent à des vicomtes, on peut bien ne pas tenir aux passeports de quelques locataires du haut de la maison, hein ?

— Je crois bien... Allons, à tout à l'heure, père Micou. Je vas attacher mon chien à votre porte avec sa charrette; je porterai ce que j'ai à porter à pied... Préparez ma marchandise et mon argent... que je n'aie qu'à filer.

— Sois tranquille : quatre bonnes plaques de tôle de deux pieds carrés chaque, trois barres de fer de trois pieds et deux charnières pour ta soupape. Cette soupape me paraît drôle ; enfin, c'est égal... Est-ce là tout ?

— Oui ; et mon argent ?

— Et ton argent, tu l'auras... Mais dis donc, avant de t'en aller, faut que je te dise... depuis que tu es là... je t'examine...

— Eh bien ?

— Je ne sais pas... mais tu as l'air d'avoir quelque chose.

— Moi?

— Oui.

— Vous êtes fou... Si j'ai quelque chose... c'est que... j'ai faim.

— Tu as faim... tu as faim... c'est possible... mais on dirait que tu veux avoir l'air gai, et qu'au fond tu as quelque chose qui te pince et qui te cuit... *une puce à la muette* [1], comme dit l'autre... et pour que ça te démange il faut que ça te gratte fort... car tu n'es pas bégueule.

— Je vous dis que vous êtes fou, père Micou, — dit Nicolas en tressaillant malgré lui.

— On dirait que tu viens de trembler, vois-tu.

— C'est mon bras qui me fait mal.

— Alors, n'oublie pas ma recette, ça te guérira.

— Merci, père Micou... à tout à l'heure.

Et le bandit sortit.

Le recéleur, après avoir dissimulé les saumons de cuivre derrière son buffet, s'occupait de rassembler les différents objets que lui avait demandés Nicolas, lorsqu'un nouveau personnage entra dans sa boutique. C'était un homme de cinquante ans environ, à figure fine et sagace, portant un épais collier de favoris gris très-touffus et des besicles d'or; il était vêtu avec assez de recherche ; les larges manches de son paletot brun, à parements de velours noir, laissaient voir des mains gantées de gants paille ; ses bottes devaient avoir été enduites la veille d'un brillant verni. Tel était M. Badinot, l'oncle de la rentière, cette madame Saint-Ildefonse dont la position sociale faisait l'orgueil et la sécurité du père Micou.

On se souvient peut-être que M. Badinot, ancien avoué, chassé de sa corporation, alors chevalier d'industrie et agent d'affaires équivoques, servait d'espion au baron de Graün, et avait donné à ce diplomate des renseignements assez nombreux et très-précis sur bon nombre de personnages de cette histoire.

— Madame Charles vient de vous donner une lettre à porter ? — dit M. Badinot au logeur.

— Oui, monsieur... mon neveu va rentrer... dans un moment il partira.

— Non, rendez-moi cette lettre... je me suis ravisé, j'irai moi-même chez le vicomte de Saint-Remy, — dit M. Badinot en appuyant avec intention et fatuité sur cette adresse aristocratique.

— Voici la lettre, monsieur... Vous n'avez pas d'autre commission?

— Non, père Micou, — dit M. Badinot d'un air protecteur, — mais j'ai des reproches à vous faire.

— A moi, monsieur?

— De très-graves reproches.

— Comment, monsieur ?

— Certainement... Madame de Saint-Ildefonse paye très-cher votre premier; ma nièce est une de ces locataires auxquelles on doit les plus grands égards; elle est venue de confiance dans cette maison ; redoutant le bruit des voitures, elle espérait être ici comme à la campagne.

— Et elle y est; c'est ici comme un hameau... Vous devez vous y connaître, vous, monsieur, qui habitez la campagne... c'est ici comme un vrai hameau.

— Un hameau ?... Il est joli !... toujours un tapage infernal.

— Pourtant il est impossible de trouver une maison plus tranquille ; au-dessus de madame, il y a le chef d'orchestre du café des Aveugles et un commis-voyageur... au-dessus, un autre commis-voyageur. Au-dessus, il y a...

— Il ne s'agit pas de ces personnes-là, elles

1. A la conscience.

sont fort tranquilles et fort honnêtes, ma nièce n'en disconvient pas; mais il y a au quatrième un gros boiteux que madame de Saint-Ildefonse a rencontré hier encore dans l'escalier; il poussait des cris de sauvage; elle en a eu presque une révolution, tant elle a été effrayée... Si vous croyez qu'avec de tels locataires votre maison ressemble à un hameau...

— Monsieur, je vous jure que je n'attends que l'occasion pour mettre ce gros boiteux à la porte; il m'a payé sa dernière quinzaine d'avance, sans quoi il serait déjà dehors.

— Il ne fallait pas l'accepter pour locataire.

— Mais, sauf lui, j'espère que madame n'a pas à se plaindre; il y a un facteur à la petite poste qui est la crème des honnêtes gens; et au-dessus, à côté de la chambre du gros boiteux, une femme et sa fille qui ne bougent pas plus que des marmottes.

— Encore une fois, madame de Saint-Ildefonse ne se plaint que du gros boiteux : c'est le cauchemar de la maison que ce drôle-là!... Je vous en préviens, si vous le gardez, il fera déserter tous les honnêtes gens.

— Je le renverrai, soyez tranquille... je ne tiens pas à lui!

— Et vous ferez bien... car on ne tiendrait pas à votre maison.

— Ce qui ne ferait pas mon affaire... Aussi, monsieur, regardez le gros boiteux comme déjà parti, car il n'a plus que quatre jours à rester ici.

— C'est beaucoup trop; enfin ça vous regarde... A la première algarade, ma nièce abandonne cette maison.

— Soyez tranquille, monsieur.

— Tout ceci est dans votre intérêt, mon cher... faites-en votre profit... car je n'ai qu'une parole, — dit M. Badinot d'un air protecteur.

Et il sortit.

Avons-nous besoin de dire que cette femme et cette jeune fille, qui vivaient si solitaires, étaient les deux victimes de la cupidité du notaire? Nous conduirons le lecteur dans le triste réduit qu'elles habitaient.

CHAPITRE IX

LES VICTIMES D'UN ABUS DE CONFIANCE [1].

Que le lecteur se figure un cabinet situé au quatrième étage de la triste maison du passage de la Brasserie. Un jour pâle et sombre pénètre à peine dans cette pièce étroite par une petite fenêtre à un seul ventail, garnie de trois vitres fêlées, sordides; un papier délabré, d'une couleur jaunâtre, recouvre les murailles; aux angles du plafond lézardé pendent d'épaisses toiles d'araignée. Le sol, décarrelé en plusieurs endroits, laisse voir çà et là les poutres et les lattes qui supportent les carreaux. Une table de bois blanc, une chaise, une vieille malle sans serrure, et un lit de sangle à dossier de bois, garni d'un mince matelas, de draps de grosse toile bise et d'une vieille couverture de laine brune, tel est le mobilier de ce *garni*.

Sur la chaise est assise madame la baronne de Fermont. Dans le lit repose mademoiselle Claire de Fermont (tel était le nom des deux victimes de Jacques Ferrand). Ne possédant qu'un lit, la mère et la fille s'y couchaient tour à tour, se partageant ainsi les heures de la nuit. Trop d'inquiétudes, trop d'angoisses torturaient la mère pour qu'elle cédât souvent au sommeil; mais sa fille y trouvait du moins quelques instants de repos et d'oubli. Dans ce moment, elle dormait. Rien de plus touchant, de plus douloureux, que le tableau de cette misère imposée par la cupidité du notaire à deux femmes jusqu'alors habituées aux modestes douceurs de l'aisance, et entourées dans leur ville natale de la considération qu'inspire toujours une famille honorable et honorée. Madame de Fermont a trente-six ans environ; sa physionomie est à la fois remplie de douceur et de noblesse; ses traits, autrefois d'une beauté remarquable, sont pâles et altérés; ses cheveux noirs, séparés sur son front et aplatis en bandeaux, se tordent derrière sa tête; le chagrin y a déjà mêlé quelques mèches argentées. Vêtue d'une robe de deuil rapiécée en plusieurs endroits, madame de Fermont, le front appuyé sur sa main, s'accoude au misérable chevet de sa fille, et la regarde avec une affliction inexprimable.

Claire n'a que seize ans; le candide et doux profil de son visage, amaigri comme celui de sa mère, se dessine sur la couleur grise des gros draps dont est recouvert son traversin, rempli de sciure de bois. Le teint de la jeune fille a perdu de son éclatante pureté; ses grands yeux fermés projettent jusque sur ses joues creuses leur double frange de longs cils noirs. Autrefois roses et humides, mais alors sèches, pâles, gercées, ses lèvres entr'ouvertes laissent entrevoir

1. Lorsque l'abus de confiance est puni, terme moyen de la punition : deux mois de prison et 25 francs d'amende (art. 406 et 408 du Code pénal).

le blanc émail de ses dents; le rude contact des draps grossiers et de la couverture de laine avait rougi, marbré en plusieurs endroits la carnation délicate du cou, des épaules et des bras de la jeune fille. De temps à autre, un léger tressaillement rapprochait ses sourcils minces et veloutés, comme si elle eût été poursuivie par un rêve pénible. L'aspect de ce visage, déjà empreint d'une expression morbide, est pénible; on y découvre les sinistres symptômes d'une maladie qui couve et menace.

Depuis longtemps madame de Fermont n'avait plus de larmes; elle attachait sur sa fille un œil sec et enflammé par l'ardeur d'une fièvre lente qui la minait sourdement. De jour en jour, madame de Fermont se trouvait plus faible; ainsi que sa fille, elle ressentait ce malaise, cet accablement, précurseurs certains d'un mal grave et latent; mais, craignant d'effrayer Claire et ne voulant pas surtout, si cela peut se dire, s'effrayer elle-même, elle luttait de toutes ses forces contre les premières atteintes de la maladie.

Par des motifs d'une générosité pareille, Claire, afin de ne pas inquiéter sa mère, tâchait de dissimuler ses souffrances. Ces deux malheureuses créatures, frappées des mêmes chagrins, devaient être encore frappées des mêmes maux. Il arrive un moment suprême dans l'infortune où l'avenir se montre sous un aspect si effrayant que les caractères les plus énergiques, n'osant l'envisager en face, ferment les yeux et tâchent de se tromper par de folles illusions. Telle était la position de madame et de mademoiselle de Fermont.

Exprimer les tortures de cette femme pendant les longues heures où elle contemplait ainsi son enfant endormi, songeant au passé, au présent, à l'avenir, serait peindre ce que les augustes et saintes douleurs d'une mère ont de plus poignant, de plus désespéré, de plus insensé : souvenirs enchanteurs, craintes sinistres, prévisions terribles, regrets amers, abattement mortel, élans de fureur impuissante contre l'auteur de tant de maux, supplications vaines, prières violentes, et enfin... enfin doutes effrayants sur la toute-puissante justice de Celui qui reste inexorable à ce cri arraché des entrailles maternelles... à ce cri sacré dont le retentissement doit pourtant arriver jusqu'au ciel : *Pitié pour ma fille!*

— Comme elle a froid maintenant! — disait la pauvre mère en touchant légèrement de sa main glacée les bras glacés de son enfant; — elle a bien froid! il y a une heure elle était brûlante... c'est la fièvre!... heureusement elle ne sait pas l'avoir... Mon Dieu! qu'elle a froid!... cette couverture est si mince aussi... Je mettrais bien mon vieux châle sur le lit... Mais si je l'ôte de la porte où je l'ai suspendu... ces hommes ivres viendront encore comme hier regarder au travers des trous qui sont à la serrure, ou par les ais disjoints du chambranle. Quelle horrible maison, mon Dieu! Si j'avais su comment elle était habitée... avant de payer notre quinzaine d'avance... nous ne serions pas restées ici... mais je ne savais pas, moi... Quand on est sans papiers, on est repoussé des autres maisons garnies. Pouvais-je deviner que j'aurais jamais besoin de passeport?... Quand je suis partie d'Angers dans ma voiture... parce que je ne croyais pas convenable que ma fille voyageât dans une voiture publique... pouvais-je croire que...

Puis s'interrompant avec un élan de colère :

— Mais c'est pourtant infâme, cela!... Parce que ce notaire a voulu me dépouiller, me voici réduite aux plus affreuses extrémités, et contre lui je ne puis rien!... rien!... Si... dans le cas où j'aurais de l'argent, je pourrais plaider; plaider... pour entendre traîner dans la boue la mémoire de mon bon et noble frère... pour entendre dire que dans sa ruine il a mis fin à ses jours, après avoir dissipé toute ma fortune et celle de ma fille!... Plaider... pour entendre dire qu'il nous a réduites à la dernière misère! Oh! jamais! jamais! Pourtant... si la mémoire de mon frère est sacrée... la vie... l'avenir de ma fille... me sont aussi sacrés... Mais je n'ai pas de preuves contre le notaire, moi! et c'est soulever un scandale inutile... Ce qui est affreux... affreux, — reprit-elle après un moment de silence, — c'est que quelquefois, aigrie, irritée par ce sort atroce, j'ose accuser mon frère... donner raison au notaire contre lui... comme si, en ayant deux noms à maudire, ma peine serait soulagée... et puis je m'indigne de mes suppositions injustes, odieuses... contre le meilleur, le plus loyal des frères. Oh! ce notaire, il ne sait pas toutes les effroyables conséquences de son vol... Il n'a pas cru que voler de l'argent ce sont deux âmes qu'il torture... deux femmes qu'il fait mourir à petit feu. Hélas! oui, je n'ose jamais dire à ma pauvre enfant toutes mes craintes, pour ne pas la désoler... mais je souffre... j'ai la fièvre... je ne me soutiens qu'à force d'énergie; je sens en moi les germes d'une maladie... dangereuse peut-être... oui, je la sens venir... elle s'approche... ma poitrine brûle, ma tête se fend... Ces symptômes sont plus graves que je ne veux me l'avouer à moi-même. Mon Dieu!... si j'allais tomber tout à fait malade... si j'allais mourir !

« Non ! non ! — s'écria madame de Fermont avec exaltation, — je ne veux pas... je ne veux pas mourir...

(La suite au prochain numéro.)

« Misérable! misérable! tu vas mourir. » Et ses doigts s'enfoncèrent dans le cou de Léon. (Page 543.)

COMMENT ON AIME (suite).

— Un vœu! répondit Octave avec incrédulité. Elle ne m'aime pas, voilà tout.

— Crois-moi, mon enfant, elle aime trop la mère pour ne pas aimer un peu le fils.

X

La matinée était brumeuse et froide. Assise à la fenêtre de sa chaumière, Danielle cousait. Elle était triste. Que se passait-il en son âme que l'amour et la fortune conviaient à la joie, et qui préférait obstinément la pauvreté et les larmes?

Bizarre créature, elle aimait cependant Octave. Mais plus ce sentiment la sollicitait, plus elle refusait d'y céder. Était-ce l'orgueil, cette vertu des humbles, qui lui inspirait une inflexible réserve ? Était-ce quelque secret mobile plus impérieux encore? C'est ce qu'elle cachait dans les replis impénétrables de sa conscience ; et, en dépit de son mystérieux chagrin, elle laissait partir Octave, qu'un mot d'elle eût retenu à ses pieds.

Pendant qu'elle cousait avec une ardeur fébrile, Marc, portant sur l'épaule une bêche et un râteau, entra. Il s'approcha d'elle sans qu'elle remarquât sa présence. Elle essuyait une larme. A cette vue, le gars étouffa un soupir et sortit sans bruit par la porte du jardin. A tous les degrés de la vie sociale, les âmes sérieuses ont le respect de la douleur.

Bientôt la poitrine de Danielle se souleva avec

précipitation, l'aiguille s'échappa de ses doigts découragés. Elle fit au hasard quelques pas dans sa chambre, puis elle retomba sur un escabeau, cacha sa figure entre ses mains et sanglota. Lorsqu'elle releva la tête, le premier objet qui frappa sa vue fut sa harpe, qui se dressait tout près d'elle ; elle la considéra de ce regard navré qui appelle une sympathie, une consolation ; puis elle l'attira jusqu'à ses pieds et en fit doucement vibrer les cordes. A ces sons assoupis, qui s'exhalaient comme des battements d'ailes, elle mêla ses accents plus mélancoliques que les soupirs d'une brise d'automne. Ces accents s'articulèrent peu à peu et devinrent des mots ; puis ces mots se modulèrent naturellement, et l'on eût dit qu'elle chantait sa tristesse sur le rhythme doux et monotone d'un *sône* breton.

— Viens, ô ma harpe aimée! disait-elle. Touchante amie de ma solitude, viens bercer mes douleurs!

« A l'ombre de ces campagnes tranquilles où j'ai caché ma vie, pauvre violette craintive, j'espérais le repos et l'oubli!

« Mais l'orage n'épargne aucune retraite, et déjà je sens sur mon front courir son souffle ardent et mortel. »

Elle achevait ces mots lorsqu'une ombre glissa devant sa fenêtre. Danielle l'avait à peine aperçue, et cependant tout son corps trembla comme si un redoutable événement la menaçait. Elle repoussa sa harpe, et, maîtrisant tout à coup son émotion, elle croisa ses bras sur sa poitrine d'un air ferme et déterminé.

En ce moment, Léon de Kermartin entrait dans la chaumière.

— Je vous attendais, monsieur, lui dit Danielle d'une voix brève et résolue.

Le vicomte avait le sourire sur les lèvres. Ce sourire s'évanouit à cet accueil, et une sorte d'embarras se peignit sur son visage. Il ne tarda pas à ressaisir sa présence d'esprit, et s'approchant de la jeune fille avec un gracieux empressement :

— Vous me faisiez l'honneur de m'attendre? lui dit-il. Vous m'aviez donc reconnu sur la route d'Hennebon?

— Oui, monsieur, répondit-elle en contenant par un regard glacial cet élan d'amabilité.

— Mais quelle raison vous portait à croire que je me présenterais chez vous?

— Un pressentiment, monsieur. C'était sans doute la voix de ma conscience qui m'annonçait un nouveau malheur.

Pour la seconde fois, le vicomte demeura interdit. La solennité de ces paroles, et plus encore peut-être l'expressive beauté de Danielle, agissaient puissamment sur son esprit. Ce fut par une sorte d'explosion qu'il répondit :

— Est-il possible, en effet, de vous revoir sans brûler de vous revoir encore? Mais que parlez-vous d'un nouveau malheur? C'est un ami qui vous revient : cœur coupable sans doute, mais repentant, mais dévoué pour la vie! Ah! ne le repoussez pas, Danielle, car il vous aime! car il n'a jamais cessé de vous aimer! car il est prêt à vous le prouver en consacrant désormais toutes les puissances de son âme à vous rendre heureuse!

Il ploya le genou devant elle et saisit une de ses mains qu'elle retira vivement avec répugnance en reculant de quelques pas.

— Épargnez-moi, dit-elle, l'expression de vos sentiments. Vos sentiments, quels qu'ils soient, je les considère comme une injure, comme une cruelle injure. Ils ravivent en moi des souvenirs mal éteints; ils marquent le peu d'estime que vous inspire mon caractère. Entre nous, monsieur, il ne doit plus y avoir de commun que l'indifférence et l'oubli. Respectez ma retraite et mon repos. Croyez-moi, c'est bien assez de tout le mal que vous m'avez déjà fait. Je cache mes blessures dans l'ombre, passez votre chemin!

La voix de Danielle, quoique émue, était pleine de force et de gravité. Confus et un peu piqué, le vicomte se releva. Évidemment il n'était pas venu aux Glaïeuls en vue d'une déclaration, et sa flamme amoureuse s'était soudainement produite sous le charme électrique de la beauté de cette jeune fille. Mais l'accueil qu'il recevait d'elle n'était guère de nature à augmenter l'ardeur de sa passion improvisée. Aussi le vague reflet d'une pensée railleuse et vindicative erra-t-il sur le charmant visage de Léon. Mais ce fut l'affaire d'un instant. Une expression de tendresse chagrine, où perçait une pointe de coquetterie, se répandit sur sa physionomie, et il reprit en s'appuyant contre la harpe avec un gracieux abattement :

— Ah! vous êtes sans miséricorde! Ah! vous me déchirez l'âme! Sans doute j'ai mérité tant de rigueur! Sans doute ma conduite fut envers vous d'une odieuse légèreté! Mais quand vous saurez que j'ai expié ma folle inconstance, quand vous saurez que depuis deux ans ma vie n'a été qu'un éternel ennui, un éternel repentir, serez-vous inexorable, inflexible? votre âme généreuse ne s'attendrira-t-elle pas jusqu'au pardon? Par pitié! poursuivit-il avec une sombre véhémence, ne me désespérez pas, Danielle! Songez que le remords a de terribles accès! que je puis me punir de m'être attiré votre haine et de n'avoir pas su la fléchir!

Soit que les griefs de Danielle fussent trop bien fondés pour être aisément détruits, ou soit que les supplications du vicomte parussent plus déclamatoires que sincères, cette seconde tentative de séduction n'eut pas plus de succès que la première.

— Brisons là, monsieur, répondit Danielle calme et froide. Je n'éprouve aucun ressentiment contre vous. Si j'en veux à quelqu'un, c'est à moi, à moi seule. Ainsi, cessez vos instances, elles sont inutiles : je suis morte pour vous.

Et elle se dirigea lentement vers la porte de la chaumière, comme pour y reconduire le vicomte. Celui-ci, au lieu de répondre à cette muette invitation, s'assit tranquillement sur un escabeau, et, changeant tout à coup de ton et d'allure, il reprit d'une voix ironique en souriant :

— Êtes-vous également morte pour Octave Grandchamp?

Danielle tressaillit comme si une vipère l'eût piquée.

— Un bien aimable jeune homme, poursuivit Léon. Je m'honore d'être son proche parent. Car il faut que je vous dise que je suis le vicomte de Kermartin.

Danielle poussa un cri de stupéfaction, et, toute suffoquée :

— Vous êtes le vicomte de Kermartin, vous? proféra-t-elle. Mais vous me trompiez donc à Paris?

— Que voulez-vous? j'étais poursuivi par d'implacables créanciers, et je me dérobais sous le nom de Léon Didier. Ce fut alors que je vous connus. Je me gardai bien de vous dire mon secret : je vous aimais et je craignais, en me découvrant à vous, de perdre votre confiance. Maintenant, reprit-il, je n'ai plus, hélas! les mêmes motifs pour vous cacher mes qualités. Vous voyez donc en moi le neveu de cette chère dame Grandchamp qui vous tient en si grande estime, et le cousin germain de cet excellent Octave qui est si sérieusement épris de vous.

Sous le coup de cette révélation inattendue et de cette parole railleuse, Danielle demeurait accablée. Le vicomte la considérait avec un mélange de triomphe et de compassion.

— Comme je me vengerais de vos dédains, si je voulais! dit-il avec une douceur amère. Ne craignez rien cependant; je me tairai, mais à une condition.

— Je n'en accepte aucune, monsieur! répondit Danielle en relevant fièrement la tête. Faites comme il vous plaira. Je ne veux pas plus de vos transactions que de vos faux semblants d'amour!

— Prenez garde alors! répliqua Léon en réprimant mal un geste de colère, car je ne souffrirai pas que vous vous jetiez au travers des projets de deux familles! car je vous empêcherai bien de vous emparer d'Octave! d'Octave et de ses millions! ajouta-t-il avec un sourd emportement. C'est un trop beau rêve, chère belle! Gare au réveil!

L'indignation paralysait la voix de Danielle.

— Croyez-moi, reprit le vicomte d'un ton plus calme, abandonnez le pays, soustrayez-vous à la folle passion de mon jeune cousin. C'est le seul moyen de lui épargner une faute et de vous éviter un scandale. Où que vous portiez vos pas, les bienfaits des Kermartin ne vous oublieront jamais. En outre, je vous le répète, vous pourrez compter sur mon silence absolu. Je vous offre la paix ou la guerre : choisissez.

Frémissante, éperdue, Danielle étendit le bras vers la porte de la chaumière, et s'écria avec une sombre énergie :

— Pas un mot de plus, monsieur! retirez-vous.

— Soit! répondit le vicomte d'un air menaçant; je retourne au Nelhouët.

— Hâtez-vous! car j'y serai dans un instant pour être témoin de votre... lâcheté!

Ce dernier mot frappa le vicomte comme d'un soufflet à la joue. Il s'élança vers Danielle et lui secoua les mains avec violence.

— Taisez-vous! proférait-il. Taisez-vous! ou je vous accable d'une parole!

Au même instant, il se sentit étreint à la gorge par un bras de fer et fut renversé. Marc lui apparut alors, le visage cramoisi, les yeux flamboyants, la lèvre écumante. Il appuya son genou sur la poitrine du vicomte en rugissant sourdement ces mots :

— Misérable! misérable! tu vas mourir!

Et ses doigts s'enfoncèrent dans le cou de Léon de Kermartin. Saisie d'épouvante, Danielle se jeta sur Marc. Elle le menaça de sa haine, de sa malédiction s'il ne lâchait prise à l'instant même. A cette menace, le gars tressaillit; ses doigts, déjà profondément incrustés dans les chairs, se détendirent. Il se releva tout soucieux, et sortit de la chaumière sur un geste de sa cousine.

Le vicomte ne respirait plus qu'avec peine. Il ne tarda cependant pas à reprendre tous ses sens, et s'éloigna en lançant à Danielle un regard terrible.

Lorsqu'il arriva au Nelhouët, madame Grandchamp, Léonie et Octave étaient réunis au salon. La causerie s'animait, le nom de Danielle avait été prononcé. A peine le vicomte fut-il aperçu, que sa sœur lui dit en souriant avec une joie maligne :

— Accours à mon aide, mon ami. Selon ma détestable habitude, j'ai encore plaisanté sur le compte de la belle héroïne des Glaïeuls. Aussitôt ma tante et mon cousin ont lancé contre moi une sorte de réquisitoire, et je vais être infailliblement condamnée si tu ne me prêtes le secours de ton éloquence.

— De quoi s'agit-il ? demanda le vicomte en s'efforçant de dissimuler l'altération de sa voix.

— Il s'agit des plus graves insinuations, répondit madame Grandchamp d'un ton moitié plaisant, moitié sérieux. Votre sœur semble croire que vous n'avez pas dit hier l'exacte vérité sur Danielle. Est-ce vrai, Léon ? Nous cachez-vous quelque chose ? De grâce, parlez franchement. J'y attache le plus grand intérêt.

Cette interpellation directe sur ce qui faisait justement l'objet de sa plus intime préoccupation lui causa une sorte de saisissement. Il jeta à Léonie un coup d'œil de satisfaction et, surexcité par l'esprit de vengeance, il remua les lèvres pour rétracter ce qu'il avait dit la veille. Mais un accès de honte s'empara de lui, il garda le silence. Il ne tarda cependant pas à avoir raison de ses mystérieux scrupules en pensant que, dans l'intérêt même d'Octave et de sa mère, son devoir était de parler, et cette fois il répondit sans hésitation :

— Eh bien ! chère tante, je l'avoue, je n'ai pas osé être sincère. L'amitié que vous inspire cette jeune fille m'en ôtait le courage. Mais enfin je me décide à vous révéler...

Il s'arrêta comme si un remords l'empêchait de continuer.

— Achevez ! achevez, de grâce ! proféra madame Grandchamp violemment agitée.

— Mon Dieu ! que vous dirai-je ? poursuivit le vicomte avec effort, sinon que votre protégée n'est pas digne d'autant d'estime que vous lui en témoignez.

— Qu'osez-vous prétendre ? s'écria Octave dont le regard s'enflamma et dont la poitrine bondit à se rompre. Prenez garde, monsieur de Kermartin !

Le vicomte éprouvait visiblement une grande répugnance à compléter sa révélation. Sa conscience murmurait sans doute ; mais la menace d'Octave, en mettant en jeu son amour-propre et son courage, lui en donna la force.

— A quoi voulez-vous que je prenne garde, mon cousin ? demanda-t-il d'un air dédaigneux. C'est surtout à vous, croyez-moi, qu'il convient d'adresser cet avertissement. Car la personne au sujet de laquelle vous montrez une si flatteuse susceptibilité ne mérite vraiment pas tant d'honneur, je vous le répète. Je la connais mieux que vous ne la connaissez, soyez-en sûr, et j'ai le regret de vous apprendre qu'elle a eu... un amant.

— C'est un infâme mensonge ! s'écria Octave en se précipitant sur le vicomte, et vous m'en rendrez raison !

Toute tremblante, madame Grandchamp se jeta entre les deux jeunes gens et parvint à les séparer.

Au même instant, Danielle parut, blême, brisée, mourante.

— C'est la vérité ! dit-elle.

Et elle tomba évanouie dans les bras de Marc qui la suivait.

XI

Danielle reprit ses sens. L'intelligence de sa situation lui revint dès qu'elle eut reconnu les personnes qui s'empressaient autour d'elle. Son âme fléchit encore sous la douleur et sous la honte. Elle couvrit son visage de ses deux mains et sanglota. Cet accès de désespoir fut de courte durée. Ressaisissant sa volonté et sa force, elle dit bientôt d'une voix presque ferme :

— Accordez-moi, je vous prie, un moment d'attention. J'ai fait un aveu, souffrez qu'il soit complet.

Vivement touchée du profond chagrin de la pauvre enfant, madame Grandchamp lui conseilla d'ajourner sa douloureuse confidence ; mais Danielle insista.

— Hélas ! madame, plus tard le courage me manquerait peut-être. L'excès de mon tourment me l'inspire aujourd'hui.

(*La suite au prochain numéro.*)

Le propriétaire-gérant : F. ROY.

LES MYSTÈRES DE PARIS

— Rassure-toi, dit Mme de Fermont en embrassant sa fille, ce misérable est parti. (Page 548.)

«Laisser Claire... à seize ans... sans ressource, seule, abandonnée au milieu de Paris... est-ce que cela est possible?... Non! je ne suis pas malade, après tout... Qu'est-ce que j'éprouve? un peu de chaleur à la poitrine, quelque pesanteur à la tête; c'est la suite du chagrin, des insomnies, du froid, des inquiétudes; tout le monde à ma place ressentirait cet abattement... mais cela n'a rien de sérieux... Allons, allons, pas de faiblesse... mon Dieu! c'est en se laissant aller à des idées pareilles, c'est en s'écoutant ainsi... que l'on tombe réellement malade... et j'en ai bien le loisir, vraiment!... Ne faut-il pas que je m'occupe de trouver de l'ouvrage pour moi et pour Claire, puisque ce misérable qui nous donnait des gravures à colorier... a osé... »

Après un moment de silence, madame de Fermont, sans achever sa phrase, ajouta avec indignation :

— Oh! cela est abominable!... mettre ce travail au prix de la honte de Claire!... nous retirer impitoyablement ce chétif moyen d'existence, parce que je n'ai pas voulu que ma fille allât travailler seule le soir chez lui!... Peut-être trouverons-nous de l'ouvrage ailleurs, en couture ou en broderie... Mais quand on ne connaît personne, c'est si difficile!... Dernièrement encore, j'ai tenté en vain... Lorsqu'on est si misérablement logé, on n'inspire aucune confiance; et pourtant, la petite somme qui nous reste une fois épuisée, que faire?... que devenir?... Il ne nous restera plus rien... mais plus rien... sur la terre... mais pas une obole... et j'étais riche, pourtant!... Ne songeons pas à cela... ces pensées me donnent le vertige... me rendent folle... Voilà ma faute, c'est de trop m'appesantir sur ces idées, au lieu de tâcher de m'en distraire... C'est cela qui m'aura rendue malade... Non, non, je ne suis pas malade... je crois même que j'ai moins de fièvre, — ajouta la malheureuse mère en se tâtant le pouls elle-même.

Mais, hélas! les pulsations précipitées, saccadées, irrégulières qu'elle sentit battre sous sa peau à la fois sèche et froide ne lui laissèrent pas d'illusion. Après un moment de morne et sombre désespoir, elle dit avec amertume :

— Seigneur, mon Dieu, pourquoi nous accabler ainsi? quel mal avons-nous jamais fait? Ma fille n'était-elle pas un modèle de candeur et de piété, son père l'honneur même? N'ai-je pas toujours vaillamment rempli mes devoirs d'épouse et de mère? Pourquoi permettre qu'un misérable fasse de nous ses victimes... cette pauvre enfant surtout?... Quand je pense que sans le vol de ce notaire je n'aurais aucune crainte sur le sort de ma fille... Nous serions à cette heure dans notre maison, sans inquiétude pour l'avenir, seulement tristes et malheureuses de la mort de mon pauvre frère; dans deux ou trois ans, j'aurais songé à marier Claire, et j'aurais trouvé un homme digne d'elle, si bonne, si charmante, si belle!... Qui n'eût pas été heureux d'obtenir sa main?... Je voulais d'ailleurs, me réservant une petite pension pour vivre auprès d'elle, lui abandonner en mariage tout ce que je possédais, cent mille écus au moins... car j'aurais pu encore faire quelques économies; et quand une jeune personne aussi jolie, aussi bien élevée que mon enfant chérie, apporte en dot plus de cent mille écus...

Puis, revenant par un douloureux contraste à la triste réalité de sa position, madame de Fermont s'écria dans une sorte de délire :

— Mais il est pourtant impossible que, parce que le notaire le veut, je voie patiemment ma fille réduite à la plus affreuse misère... elle qui avait droit à tant de félicité... Si les lois laissent ce crime impuni, je ne le laisserai pas, moi; car, enfin, si le sort me pousse à bout... si je ne trouve pas moyen de sortir de l'atroce position où ce misérable m'a jetée avec mon enfant, je ne sais pas ce que je ferai... je serai capable de le tuer, cet homme... Après, on me fera ce qu'on voudra... j'aurai pour moi toutes les mères... Oui... mais ma fille?... ma fille? La laisser seule, abandonnée, voilà ma terreur, voilà pourquoi je ne veux pas mourir... voilà pourquoi je ne puis pas tuer cet homme. Que deviendrait-elle? elle a seize ans... elle est jeune et sainte comme un ange... mais elle est si belle!... Mais l'abandon, mais la misère, mais la faim... quel effrayant vertige tous ces malheurs réunis ne peuvent-ils pas causer à un enfant de cet âge?... et alors... et alors dans quel abîme ne peut-elle pas tomber?... Oh! c'est affreux! A mesure que je creuse ce mot, *misère*, j'y trouve d'épouvantables choses. La misère... la misère atroce pour tous, mais peut-être plus atroce pour ceux qui ont toute leur vie vécu dans l'aisance!... Ce que je ne pardonne pas, c'est, en présence de tant de maux menaçants, de ne pouvoir vaincre un malheureux sentiment de fierté. Il me faudrait voir ma fille manquer absolument de pain pour me résigner à mendier... Comme je suis lâche pourtant!...

Et elle ajouta avec une sombre amertume :

— Ce notaire m'a réduite à l'aumône, il faut pourtant que je me rompe aux nécessités de ma position; il ne s'agit plus de scrupules, de délicatesse, cela était bon autrefois; maintenant il faut que je tende la main pour ma fille et pour moi; oui, si je ne trouve pas de travail... il faudra bien me résoudre à implorer la charité des autres, puisque le notaire l'a voulu... Il y a sans doute là-dedans une adresse, un art que l'expérience vous donne; j'apprendrai... C'est un métier comme un autre, — ajouta-t-elle avec une sorte d'exaltation délirante. — Il me semble pourtant que j'ai tout ce qu'il faut pour intéresser... des malheurs horribles, immérités, et une fille de seize ans... un ange... oui; mais il faut savoir, il faut oser faire valoir ces avantages : j'y parviendrai. Après tout, de quoi me plaindrais-je? — s'écria-t-elle avec un éclat de rire sinistre. — La fortune est précaire, périssable... Le notaire m'aura au moins appris un état.

Madame de Fermont resta un moment absorbée dans ses pensées; puis elle reprit avec plus de calme :

— J'ai souvent pensé à demander un emploi; ce que j'envie, c'est le sort de la domestique de cette femme qui loge au premier; si j'avais cette place, peut-être, avec mes gages, pourrais-je suffire aux besoins de Claire... peut-être, par la protection de cette femme, pourrais-je trouver quelque ouvrage pour ma fille... qui resterait ici... Comme cela, je ne la quitterais pas. Quel bonheur... si cela pouvait s'arranger ainsi !... Oh! non, non, ce serait trop beau... ce serait un rêve! Et puis, pour prendre sa place, il faudrait faire renvoyer cette servante... et peut-être son sort serait-il alors aussi malheureux que le nôtre... Eh bien! tant pis!... tant pis!... a-t-on mis du scrupule à me dépouiller, moi? Ma fille avant tout... Voyons, comment m'introduire chez cette femme du premier? par quel moyen évincer sa domestique? car une telle place serait pour nous une position inespérée...

Deux ou trois coups violents frappés à la porte firent tressaillir madame de Fermont et éveillèrent sa fille en sursaut.

— Mon Dieu! maman, qu'y a-t-il? — s'écria Claire en se levant brusquement sur son séant; puis, par un mouvement machinal, elle jeta ses bras autour du cou de sa mère, qui, aussi effrayée, se serra contre sa fille en regardant la porte avec terreur.

— Maman, qu'est ce donc? — répéta Claire.

— Je ne sais, mon enfant... Rassure-toi... ce n'est rien... on a seulement frappé... c'est peut-être la réponse qu'on nous apporte de la poste restante...

A cet instant, la porte vermoulue s'ébranla de nouveau sous le choc de plusieurs vigoureux coups de poing.

— Qui est là? — dit madame de Fermont d'une voix tremblante.

Une voix ignoble, rauque, enrouée, répondit :

— Ah çà! vous êtes donc sourdes, les voisines? Ohé!... les voisines! ohé!

— Que voulez-vous?... Monsieur... je ne vous connais pas... — dit madame de Fermont en tâchant de dissimuler l'altération de sa voix.

— Je suis Robin... votre voisin... donnez-moi du feu pour allumer ma pipe... allons, houp! et plus vite que ça!

— Mon Dieu!... c'est cet homme boiteux qui est toujours ivre, — dit tout bas la mère à sa fille.

— Ah çà!... allez-vous me donner du feu, ou j'enfonce tout... nom d'un tonnerre!...

— Monsieur... je n'ai pas de feu...

— Vous devez avoir des allumettes chimiques... tout le monde en a... Ouvrez-vous... voyons?

— Monsieur... retirez-vous...

— Vous ne voulez pas ouvrir, une fois... deux fois?...

— Je vous prie de vous retirer, ou j'appelle...

— Une fois... deux fois... trois fois... non... vous ne voulez pas! Alors je démolis tout!... hue donc!

Et le misérable donna un si furieux coup dans le porte qu'elle céda, la méchante serrure qui la fermait ayant été brisée.

Les deux femmes poussèrent un grand cri d'effroi. Madame de Fermont, malgré sa faiblesse, se précipita au-devant du bandit au moment où il mettait un pied dans le cabinet, et lui barra le passage.

— Monsieur, cela est indigne, vous n'entrerez pas! — s'écria la malheureuse mère en retenant de toutes ses forces la porte entre-bâillée. — Je vais crier au secours...

Et elle frissonnait à l'aspect de cet homme à figure hideuse et avinée.

— De quoi! de quoi!... — reprit-il; — est-ce que l'on ne s'oblige pas entre voisins?... Fallait m'ouvrir, j'aurais rien enfoncé.

Puis, avec l'obstination stupide de l'ivresse, il ajouta, en chancelant sur ses jambes inégales :

— Je veux entrer, j'entrerai... et je ne sortirai pas que je n'aie allumé ma pipe.

— Je n'ai ni feu ni allumettes... Au nom du ciel... monsieur, retirez-vous!...

— C'est pas vrai, vous dites ça pour que je ne voie pas la petite qui est couchée... Hier vous avez bouché les trous de la porte. Elle est gentille, je veux la voir... Prenez garde à vous!... Je vous casse la figure si vous ne me laissez pas entrer... Je vous dis que je verrai la petite dans son lit et que j'allumerai ma pipe... ou bien je démolis tout! et vous avec !!!

— Au secours, mon Dieu!... au secours!... — cria madame de Fermont qui sentit la porte céder sous un violent coup d'épaule du gros boiteux.

Intimidé par ces cris, l'homme fit un pas en arrière et montra le poing à madame de Fermont en lui disant :

— Tu me payeras ça, va... Je reviendrai cette nuit, je t'empoignerai la langue, et tu ne pourras pas crier...

Et le gros boiteux, comme on l'appelait à l'île du Ravageur, descendit l'escalier en proférant d'horribles menaces.

Madame de Fermont, craignant qu'il ne revînt sur ses pas et voyant la serrure brisée, traîna la table contre la porte afin de la barricader. Claire avait été si émue, si bouleversée de cette horrible scène, qu'elle était retombée sur son grabat presque sans mouvement, en proie à une crise nerveuse. Sa mère, oubliant sa propre frayeur, courut à elle, la serra dans ses bras, lui fit boire un peu d'eau, et à force de soins, de caresses, parvint à la ranimer. Elle la vit bientôt reprendre peu à peu ses sens et lui dit :

— Calme-toi... rassure-toi, ma pauvre enfant... Ce méchant homme s'en est allé...

Puis la malheureuse mère s'écria avec un accent d'indignation et de douleur indicible :

— C'est pourtant ce notaire qui est la cause première de toutes nos tortures.

Claire regardait autour d'elle avec autant d'étonnement que de crainte.

— Rassure-toi, mon enfant, — reprit madame de Fermont en embrassant tendrement sa fille, — ce misérable est parti...

— Mon Dieu! maman, s'il allait remonter? Tu vois bien, tu as crié au secours, et personne n'est venu... Oh! je t'en supplie, quittons cette maison... j'y mourrais de peur...

— Comme tu trembles!... Tu as la fièvre.

— Non, non, — dit la jeune fille pour rassurer sa mère, — ce n'est rien, c'est la frayeur... cela passe... Et toi... comment vas-tu? Donne tes mains... Mon Dieu! comme elles sont brûlantes! Vois-tu, c'est toi qui souffres, tu veux me le cacher.

— Ne crois pas cela, je me trouvais mieux que jamais; c'est l'émotion que cet homme m'a causée qui me rend ainsi; je dormais sur la chaise très-profondément, je ne me suis éveillée qu'en même temps que toi...

— Pourtant, maman, tes pauvres yeux sont bien rouges... bien enflammés!

— Ah! tu conçois, mon enfant, sur une chaise, le sommeil repose moins... vois-tu?

— Bien vrai? tu ne souffres pas?

— Non, non, je t'assure... Et toi?

— Ni moi non plus; seulement je tremble encore de peur. Je t'en supplie, maman, quittons cette maison...

— Et où irons-nous? Tu sais avec combien de peine nous avons trouvé ce malheureux cabinet... car nous sommes malheureusement sans papiers, et puis nous avons payé quinze jours d'avance, on ne nous rendra pas notre argent... et il nous reste si peu, si peu... que nous devons ménager le plus possible.

— Peut-être M. de Saint-Rémy te répondra-t-il un jour ou l'autre!

— Je ne l'espère plus... il y a si longtemps que je lui ai écrit.

— Il n'aura pas reçu ta lettre... Pourquoi ne lui écrirais-tu pas de nouveau? D'ici à Angers ce n'est pas si loin, nous aurions bien vite sa réponse.

— Ma pauvre enfant, tu sais combien cela m'a coûté... déjà...

— Que risques-tu? il est si bon malgré sa brusquerie? N'était-il pas un des plus vieux amis de mon père?... Et puis il est notre parent...

— Mais il est pauvre lui-même; sa fortune est bien modeste... Peut-être ne nous répond-il pas pour s'éviter le chagrin de nous refuser.

— Mais s'il n'avait pas reçu ta lettre, maman?

— Et s'il l'a reçue, mon enfant?... De deux choses l'une : ou il est lui-même dans une position trop gênée pour venir à notre secours... ou il ne ressent aucun intérêt pour nous; alors, à quoi bon nous exposer à un refus ou à une humiliation?

— Allons, courage, maman, il nous reste encore un espoir... Peut-être ce matin nous rapportera-t-on une bonne réponse...

— De M. d'Orbigny?

— Sans doute... Cette lettre dont vous aviez fait autrefois le brouillon était si simple, si touchante.. exposait si naturellement notre malheur, qu'il aura pitié de nous... Vraiment, je ne sais qui me dit que vous avez tort de désespérer de lui.

— Il a si peu de raisons de s'intéresser à nous! Il avait, il est vrai, autrefois connu ton père, et j'avais souvent entendu mon pauvre frère parler de M. d'Orbigny comme d'un homme avec lequel il avait eu de très-bonnes relations avant que celui-ci quittât Paris pour se retirer en Normandie avec sa jeune femme...

— C'est justement cela qui me fait espérer ; il a une jeune femme, elle sera compatissante... Et puis, à la campagne, on peut faire tant de bien ! Il vous prendrait, je suppose, pour femme de charge, moi je travaillerais à la lingerie... Puisque M. d'Orbigny est très-riche, dans une grande maison il y a toujours de l'emploi.

— Oui ; mais nous avons si peu de droits à son intérêt !...

(La suite au prochain numéro.)

COMMENT ON AIME

DANIELLE

(SUITE)

On se mit en devoir d'écouter. Octave avait le visage bouleversé ; une violente déception lui déchirait la poitrine. Léon de Kermartin était pâle et troublé ; son cœur n'était pas foncièrement méchant ; il n'avait fait que céder à un souffle d'irritation, à un accès de convoitise. Quant à Léonie, elle paraissait aussi émue que le comportait son étroite sensibilité. Sombre et résolu, Marc s'était appuyé contre le chambranle de la porte du salon : il avait l'air de l'âpre et rustique personnification du dévouement.

Après d'héroïques efforts pour ramener entièrement le calme dans son esprit, Danielle s'exprima ainsi d'une voix faible et lente :

— C'est une humble histoire que celle de ma vie. A peine quelques événements obscurs comme le rang où Dieu m'a fait naître ; et cependant autant de cruelles infortunes dont mon cœur a gardé l'empreinte ineffaçable.

« Lorsque je vins au monde, je coûtai la vie à ma mère. Mon premier jour fut un jour de deuil. Mon père, métayer à Pont-Scorff, entoura mon enfance de soins plus tendres que n'en accordent d'ordinaire à leur famille les pauvres et laborieux cultivateurs de nos campagnes. J'étais bien heureuse, lorsqu'un jour d'été un épouvantable ouragan ravagea toutes nos récoltes. Le même jour, une maladie terrible se déclara sur nos bestiaux. En moins d'une semaine, nos vaches et nos moutons tombèrent presque tous comme atteints de la foudre, et notre ruine fut complète. Cette violence de la destinée n'épargna pas même mon malheureux père : il fut frappé d'apoplexie, et mourut dans mes bras en laissant échapper ces seuls mots : « Pauvre « petite ! » Il avait peut-être, hélas! une vision de l'avenir.

« Je fus recueillie par ma grand'mère, femme rigide et grondeuse, toujours courbée sur les sillons, et qui me reprochait avec dureté de n'être pas robuste et infatigable comme elle. Je supportais ses reproches en silence, je redoublais d'ardeur au travail ; mais ma santé s'altérait, et je crois bien que je n'eusse pas tardé à rejoindre ma mère et mon père, lorsqu'un événement inattendu vint renouveler mes forces et ranimer mon courage.

« Un matin, un homme d'une quarantaine d'années frappa à notre porte. C'était le frère de mon père. Son costume était celui des villes, sa physionomie respirait la franchise, la bonté. J'avais souvent entendu parler de lui. Il était ménétrier à Pont-Scorff, quand un jour une folle bouffée d'ambition le poussa jusqu'à Paris. Il espérait y faire fortune avec sa bombarde et son biniou, mais son espoir s'évanouit bien vite. Il nous conta qu'il allait revenir au pays un peu plus pauvre qu'il n'en était parti, lorsqu'il fit la rencontre d'un vieil artiste qui le prit en amitié, lui enseigna la musique, et le mit bientôt en état de gagner sa vie avec un violon. Après des années d'oubli, il s'était ressouvenu de son pays, et il avait voulu le revoir. Les désastres de ma famille firent couler ses larmes. Il me plaignit, et sa tendresse pour moi s'accrut de sa compassion. Indigné des rigueurs de ma grand'mère à mon égard, il demanda à m'emmener avec lui, et nous partîmes bientôt pour Paris.

« Alors commença pour moi une existence souriante, occupée, tranquille, d'autant plus charmante à mes yeux que, depuis la mort de mon père, j'en avais perdu l'habitude. J'avais treize ans à peine, et cependant mon oncle me confia la direction de son petit ménage, trois belles mansardes au fond du plus solitaire quartier de la capitale. J'en pris un soin passionné, et mon oncle me disait gaiement :

« — Chère petite, j'ai eu là une bonne idée de t'enlever à ta grand'mère ! »

« Douces paroles qui m'encourageaient à faire mieux encore.

« Les seules ressources de mon oncle consistaient en un emploi dans un petit orchestre. Je me reprochais souvent de ne rien ajouter à de si modiques revenus. Je voulus me procurer des travaux à l'aiguille, mais il s'y opposa en me disant que puisque j'avais des loisirs il m'enseignerait la musique. Son vieux professeur, en mourant, lui avait légué quelques instruments, parmi lesquels une harpe. Il avait eu la fantaisie d'apprendre à en jouer, et déjà il était en mesure de donner les premières leçons. Après deux ans d'une étude où la constance du maître surpassait encore l'ardeur de l'élève, je fus capable de l'accompagner. Pas un jour ne s'écoulait sans que nous prissions de bonnes heures de récréation musicale. Il semblait qu'une voix mystérieuse murmurât à nos oreilles : « Hâtez-vous ! rien ne dure, et vos plus doux accords peuvent être étouffés par un coup de foudre ! » Mais cette voix fatale ne parlait pas assez haut pour arriver jusqu'à nos cœurs, et les vibrations de nos instruments en couvraient les derniers murmures.

« Un soir d'hiver, mon oncle rentra, accompagné d'un jeune homme que j'avais aperçu quelquefois au balcon d'une maison voisine. Ce jeune homme venait de le secourir contre des malfaiteurs qui l'avaient assailli dans une rue obscure et déserte. Une lutte s'en était suivie, dans laquelle l'étranger avait été blessé au front. La blessure, heureusement, était légère, et il ne voulut pas même qu'on s'en occupât. Il nous apprit qu'il se nommait Léon Didier. Ses manières étaient distinguées, sa conversation intéressante. Il revint nous voir, parut s'attacher à nous, et conquit le cœur de mon oncle, qui rêva bientôt mariage. J'entrais alors dans ma seizième année, l'âge de la confiance et des illusions. Je me croyais aimée, j'avais foi dans l'avenir. Car on n'apprend le doute qu'à l'enseignement des déceptions de la vie ; car on ne se méfie qu'après s'être heurté contre une trahison !

« Cependant un événement terrible vint troubler le mirage de bonheur qui brillait à mes yeux. Par une soirée pluvieuse et glaciale, on rapporta mon oncle sur une civière. Le malheureux avait fait une chute violente sur le pavé, il s'était cassé le bras droit. Je me précipitai vers lui, et, n'ayant pas la force de proférer un seul mot, je le couvris de mes larmes. Le chirurgien qui lui avait posé le premier appareil avait déclaré qu'il ne pourrait plus se servir de sa main. Cet arrêt fatal lui causait un violent désespoir. La guérison s'opéra, mais la science avait dit vrai : les muscles s'étaient roidis, les articulations des doigts ne jouaient plus. Le pauvre artiste, qui sans doute espérait un miracle, vit alors tomber sa dernière espérance. Un découragement profond, incurable, s'empara de son âme. Je le surprenais souvent, les yeux noyés de pleurs, regardant ses doigts roidis, et murmurant d'une voix brisée : « Plus « jamais ! plus jamais ! j'ai perdu ma joie et « mon gagne-pain ! » Et de jour en jour cette pensée revenait plus sombre et plus inexorable à son esprit.

« Déjà nos modestes économies s'étaient épuisées. Nos seules ressources ne provenaient plus que d'un travail de couture que j'accomplissais durant une partie du jour et de la nuit. Devinant mes fatigues à la pâleur de mon visage, et s'autorisant de l'intimité de nos relations, M. Didier me pressait d'accepter ses services : « Vous tomberez malade, me disait-il ; alors, « que deviendra votre oncle ? que deviendrai-je « moi-même ? Ah ! ne vous tuez pas ainsi, Da- « nielle ! car j'en mourrais ! » J'étais heureuse d'être l'arbitre de sa destinée, de lui inspirer un dévouement si profond. Parfois, cependant, je m'étonnais qu'il tardât à demander ma main. Je m'en attristais même, mais sans qu'aucun soupçon s'élevât contre lui dans ma pensée.

« Un matin, mon oncle était absent, M. Didier entre, se jette à mes pieds, et m'apprend qu'il va partir. Sa famille l'appelait, et son absence devait durer un mois. Il paraissait fort ému, me disait des choses étranges, et me pressait sur sa poitrine à m'étouffer. Je le supplie de s'éloigner, je me dégage de son étreinte. Alors un mouvement d'impatience, de colère, lui échappe. Il sort violemment ; mais, rentrant aussitôt d'un air calme et souriant, il me tend la main, s'excuse et part.

« Cette scène aurait dû être une révélation pour moi. Mais il m'en eût trop coûté sans doute de renoncer à ma confiance, à mes rêves. Je me dis qu'un vertige avait troublé son esprit au moment de se séparer de moi, et que je ne pouvais sans injustice lui en vouloir de s'être laissé dominer par la force de ses émotions. J'avais tant besoin, d'ailleurs, de me rattacher à une illusion! La réalité était si cruelle, si impitoyable! L'amer désespoir de mon oncle commençait à altérer sa raison. Déjà je l'avais surpris devant un pupitre, simulant le mouvement des doigts et de l'archet sur un violon invisible. Il me dit un jour avec une tendresse poignante : « Danielle, prends ta harpe, et accompagne-moi. « Il y a bien longtemps que nous n'avons fait de « musique ensemble, ma chère petite élève! C'est « pourtant une si douce chose que l'union de nos « âmes et de nos instruments! » Et remarquant que je pleurais il reprit avec exaltation ; « Oh! n'est-ce pas que c'est beau, ce que je joue là? Ah! vois-tu, Danielle, c'est que c'est un mystérieux génie qui chante ainsi sur mon violon! Il chante la vie, et la vie fait toujours pleurer, mon enfant! » Et le pauvre artiste, emporté au souffle de son étrange rêverie, ne s'arrêtait que quand l'émotion et la fatigue lui communiquaient le sommeil.

« Cependant notre position devenait affreuse. L'ouvrage me manquait. Je fus contrainte de vendre tout ce qui n'était pas pour nous d'une absolue nécessité. Ma harpe seule trouva grâce. Mon oncle aimait tant à l'entendre! c'était son unique consolation quand une lueur de raison brillait dans l'ombre de son esprit, et je ne vous lais lui enlever qu'à la dernière extrémité ce dernier bonheur. Bientôt notre détresse fut à son comble, il n'y avait plus à hésiter. Je saisis le dernier vestige de notre luxe d'artiste, je l'emportai pour le vendre. C'était — je ne l'oublierai de ma vie — le 1er janvier 1822, jour sombre et néfaste, date écrite à jamais avec mon désespoir! Le prix qu'on m'offrit de ma harpe était une dérision. On spéculait sur mes sanglots visiblement contenus. Mon indignation égalait mon angoisse. Tout à coup une pensée jaillit à mon cerveau dans un flot de larmes. Je la repoussai d'abord, mais elle revint avec plus de force. Je voulus fuir, mes pieds se clouèrent sur place. Puis, comme à l'insu de ma volonté, ma harpe se dressa devant moi. Je l'entendis résonner. Une foule s'était amassée, elle m'écoutait en silence. Quelques pièces de monnaie vinrent tomber à mes pieds. Je sentis alors comme un incendie m'embraser les joues; mes yeux se fermèrent, mes jambes fléchirent et je perdis connaissance.

« Quand je revins à moi, j'étais dans un appartement inconnu. M. Didier se tenait à mes genoux; il me rappelait à la vie. Peu à peu je recueillis mes souvenirs, et je lui témoignai une surprise mêlée d'effroi. Il m'apprit que, à peine de retour de voyage, il m'avait rencontrée marchant à pas précipités avec ma harpe entre les bras. Cette singularité lui avait suggéré l'idée de me suivre. Il était entré après moi, pour s'informer du motif de ma démarche, chez le marchand sans conscience auquel je m'étais adressée. Puis il m'avait perdue de vue et ne m'avait retrouvée qu'au moment où mes forces m'abandonnaient, au bruit de l'aumône qui m'était faite. Il s'était hâté de me dérober à la pitié publique, et il m'avait emportée chez lui pour épargner à mon oncle le spectacle de mon évanouissement. « Hélas! lui dis-je, c'était inutile! mon pauvre oncle n'eût pas compris : il est fou! » A cette nouvelle, deux grosses larmes jaillirent de ses yeux. Il appuya sur sa poitrine ma tête encore tout étourdie; et avec une ardeur indicible il protesta qu'il était prêt à me donner sa vie, à m'entourer de tendresse et de sollicitude, à devenir ma providence, la providence du malheureux qui m'inspirait un dévouement poussé jusqu'à la mendicité! Que vous dirai-je? Je tressaillais de reconnaissance. Affaiblie par les secousses de cette journée, il ne me restait plus assez d'énergie pour supporter sans fléchir le retour soudain de mes espérances. Il le comprit et je fus perdue au moment même où je me croyais sauvée. Quand je réfléchis que pas une seule fois je n'avais entendu dire : « Vous serez ma femme! » il était trop tard.

« Je ne me plaignis pas : à quoi bon? Avais-je le droit de me plaindre, après n'avoir pas eu le courage de résister? Patiente et résignée, j'attendis. M. Didier se montrait affectueux et bon, mais il évitait de s'expliquer. Le bien-être avait reparu dans notre demeure, mais le bonheur en était parti sans retour. Et, comme si Dieu voulût me punir par l'inutilité de mon sacrifice, ce fut à peine si mon oncle en profita; il mourut d'un épanchement au cerveau. Jusqu'à l'heure suprême il joua de ce violon idéal que lui avait donné sa folle chimère, et il s'éteignit sur mon cœur avec le dernier écho de ses secrètes mélodies.

« Il y a des douleurs qu'on ne peut pas dire. Par cette mort commençait mon châtiment. Il ne devait pas s'arrêter là. En effet, M. Didier n'était déjà plus le même. Soit qu'en ma présence il ressentît des remords, ou soit que les traces de mon chagrin lui fussent importunes, ses visites devenait plus rares de jour en jour. Sous les plus frivoles prétextes il m'abandonnait à ma solitude ; et bientôt il m'annonça qu'il allait faire un nouveau voyage dans sa famille. Sa famille ! j'imaginais qu'elle s'opposait à notre union et qu'il n'osait me l'avouer. C'était son excuse à mes yeux. Allait-il tenter de la fléchir ? J'en conçus l'espoir. L'âme penchée sur un abîme ne cherche-t-elle pas à se retenir, même à une ombre ?

« Aussitôt après sa sortie, j'aperçus un billet de banque sur ma cheminée. Cette libéralité avait lieu de me surprendre. Une horrible anxiété m'agita le cœur. Entraînée comme malgré moi, je m'élance sur les traces de Didier ; je le joins à l'instant où il montait en chaise de poste au détour de notre rue. Je m'arrête suffoquée, mourante, saisie d'un horrible pressentiment. Puis, par un prompt effort, je cours à la portière, et je vois... je le vois aux bras d'une jeune femme élégante qui crie toute joyeuse au postillon : « Route d'Italie ! hâtons-nous ! « l'amour payera les guides ! » Et la voiture roula en passant sur mon cœur et en écrasant ma dernière illusion.

« Vers le soir seulement, ma stupeur tomba, je repris courage. Je m'étonnai même du calme avec lequel mon parti fut arrêté. Plutôt que de m'exposer encore à une si cruelle trahison, je fis le serment d'avoir de nouveau recours à l'humiliation de l'aumône ! Je distribuai aussitôt aux pauvres tout ce que je tenais de la honte, et je ne me sentis soulagée que lorsqu'il ne me resta plus rien pour me la rappeler. Alors je me mis en quête d'un peu de travail, mais ce fut en vain. Découragée, j'allais ressaisir ma harpe, en faire mon gagne-pain, lorsqu'une lettre vint m'apprendre que ma grand'mère était morte et que j'héritais de sa chaumière et de ses champs. Dieu ne voulait pas que je busse jusqu'à la lie mon vase d'amertume. Je courus me jeter à genoux sur la tombe de mon oncle, j'y priai longtemps, puis je fis un vœu : « Ma vie est flé« trie ! m'écriai-je. Elle ne sera désormais « qu'une expiation ou un sacrifice ! » De pauvres petites fleurs croissaient dans l'herbe, sur la tombe : c'étaient de modestes glaïeuls, plantes aimées de mon bienfaiteur, et dont j'avais entouré son ombre. J'en cueillis un bouquet que j'emportai comme un témoignage de mon irrévocable vœu.

« Le jour même, je réalisai une somme suffisante à mon voyage, et je partis pour la Bretagne. Arrivée à Rennes, ma bourse était vide : dans ma joie, je l'avais semée sur mon chemin. Je fus obligée de terminer ma route à pied. J'avais du courage, mais mes forces s'épuisèrent, et je m'évanouis de lassitude dans un sentier à peu de distance de ce château. Un moment après, madame Grandchamp me rappelait à la vie, et, avec une bonté touchante, me conduisait elle-même à Pont-Scorff.

« Voilà l'histoire de ma jeunesse, reprit Danielle en terminant. Ma conduite, ma réserve, mes refus, tout s'explique maintenant, n'est-ce pas ? Ma vie ne peut être, vous le voyez, qu'une expiation ou un sacrifice. J'expie, en attendant que Dieu permette que je me sacrifie !... Un mot encore, ajouta-t-elle ; depuis hier seulement, je sais que celui qui a si profondément troublé mes jours ne s'appelle pas Léon Didier. Si vous voulez connaître son véritable nom, demandez-le à M. Léon de Kermartin. »

Elle se tut. La fatigue et l'émotion de ce récit l'avaient brisée. Cependant elle se leva pour se retirer. Pâle et tremblant comme un remords, le vicomte s'avança vers elle et la retint.

— Ah ! Danielle, proféra-t-il avec un accent de repentir sincère, j'ai commis une action odieuse !

— J'ai déjà pardonné à M. Didier, répondit la jeune fille avec douceur, et je pardonne encore à M. de Kermartin.

— Chère infortunée ! soupira madame Grandchamp dont la poitrine était gonflée ; on ne saurait vous blâmer, on ne peut que vous plaindre.

— Oh ! merci, madame ! répondit la pauvre enfant dans un sanglot.

— Comptez sur mon dévouement ! s'écria Octave en laissant éclater sa tendresse et sa douleur.

— La maîtresse de Léon Didier, répliqua gravement Danielle, ne doit compter que sur votre oubli.

Et, d'un pas chancelant, elle sortit du Nelhouët, appuyée sur le bras de Marc.

(La suite au prochain numéro.)

Le propriétaire-gérant : F. ROY.

LES MYSTÈRES DE PARIS

— Monsieur, lui dit-elle avec indignation, j'avais un sac d'argent dans cette malle... on me l'a volé! (Page 557.)

— Nous sommes si malheureuses!...

— C'est un titre aux yeux des gens très-charitables, il est vrai.

— Espérons que M. d'Orbigny et sa femme le sont...

— Enfin, dans le cas où il ne faudrait rien attendre de lui, je surmonterais encore ma fausse honte, et j'écrirais à madame la duchesse de Lucenay.

— Cette dame dont M. de Saint-Remy nous parlait si souvent, dont il vantait sans cesse le bon cœur et la générosité?

— Oui, la fille du prince de Noirmont. Il l'a connue toute petite, et il la traitait presque comme son enfant... car il était intimement lié avec le prince... Madame de Lucenay doit avoir de nombreuses connaissances, elle pourrait peut-être trouver à nous placer.

— Sans doute, maman ; mais je comprends ta réserve : tu ne la connais pas du tout, tandis qu'au moins mon père et mon pauvre oncle connaissaient un peu M. d'Orbigny.

— Enfin, dans le cas où madame de Lucenay ne pourrait rien faire pour nous, j'aurais recours à une dernière ressource.

— Laquelle, maman ?

— C'est une bien faible... une bien folle espérance, peut-être ; mais pourquoi ne pas la tenter ?... le fils de M. de Saint-Remy est...

— M. de Saint-Remy a un fils ? — s'écria Claire en interrompant sa mère avec étonnement.

— Oui, mon enfant, il a un fils...

— Il n'en parlait jamais... il ne venait jamais à Angers.

— En effet, et pour des raisons que tu ne peux connaître, M. de Saint-Remy, ayant quitté Paris il y a quinze ans, n'a pas revu son fils depuis cette époque.

— Quinze ans sans voir son père... cela est-il possible, mon Dieu !...

— Hélas ! oui, tu le vois... Le fils de M. de Saint-Remy étant fort répandu dans le monde et fort riche.

— Fort riche ?... et son père est pauvre ?

— Toute la fortune de M. de Saint-Remy fils vient de sa mère...

— Mais il n'importe... Comment laisse-t-il son père...

— Son père n'aurait rien accepté de lui.

— Pourquoi cela ?

— C'est encore une question à laquelle je ne puis répondre, ma chère enfant. Mais j'ai entendu dire par mon pauvre frère qu'on vantait beaucoup la générosité de ce jeune homme... Jeune et généreux, il doit être bon... Aussi, apprenant par moi que mon mari était l'ami intime de son père, peut-être voudra-t-il bien s'intéresser à nous pour tâcher de nous trouver de l'ouvrage ou de l'emploi... Il a des relations si brillantes, si nombreuses, que cela lui sera facile.

— Et puis l'on saurait par lui peut-être si M. de Saint-Remy, son père, n'aurait pas quitté Angers avant que vous lui ayez écrit ; cela expliquerait alors son silence.

— Je crois que M. de Saint-Remy, mon enfant, n'a conservé aucune relation... Enfin, c'est toujours à tenter...

— A moins que M. d'Orbigny ne vous réponde d'une manière favorable... et, je vous le répète, je ne sais pourquoi, malgré moi, j'ai de l'espoir.

— Mais voilà plusieurs jours que je lui ai écrit, mon enfant, lui exposant les causes de notre malheur, et rien... rien encore... Une lettre mise à la poste avant quatre heures du soir arrive le lendemain à la terre des Aubiers... depuis cinq jours, nous pourrions avoir reçu sa réponse...

— Peut-être cherche-t-il avant de t'écrire de quelle manière il pourra nous être utile avant de nous répondre.

— Dieu t'entende, mon enfant !

— Cela me paraît tout simple, maman... s'il ne pouvait rien pour nous, il t'en aurait instruite tout de suite.

— A moins qu'il ne veuille rien faire...

— Ah ! maman... est-ce possible ?... dédaigner de nous répondre et nous laisser espérer quatre jours, huit jours peut-être... car lorsqu'on est malheureux on espère toujours...

— Hélas ! mon enfant, il y a quelquefois tant d'indifférence pour les maux que l'on ne connaît pas !

— Mais votre lettre...

— Ma lettre ne peut lui donner une idée de nos inquiétudes, de nos souffrances de chaque minute ; ma lettre lui peindra-t-elle notre vie si malheureuse, nos humiliations de toute sorte, notre existence dans cette affreuse maison, la frayeur que nous avons eue tout à l'heure encore ?... ma lettre lui peindra-t-elle enfin l'horrible avenir qui nous attend, si... Mais, tiens... mon enfant, ne parlons pas de cela... Mon Dieu !... tu trembles... tu as froid...

— Non, maman... ne fais pas attention ; mais, dis-moi, supposons que tout nous manque, que le peu d'argent qui nous reste là, dans cette malle, soit dépensé... il serait donc possible que dans une ville riche comme Paris... nous mourions toutes les deux de faim et de misère... faute d'ouvrage, et parce qu'un homme t'a pris tout ce que tu avais ?...

— Tais-toi, malheureuse enfant !...

— Mais enfin, maman, cela est donc possible ?

— Hélas !...

— Mais Dieu, qui sait tout, qui peut tout, comment nous abandonne-t-il ainsi, lui que nous n'avons jamais offensé ?

— Je t'en supplie, mon enfant, n'aie pas de ces idées désolantes... j'aime mieux encore te voir espérer, sans grande raison peut-être... Allons, rassure-moi au contraire par tes chères illusions; je ne suis que trop sujette au découragement... tu sais bien...

— Oui! oui! espérons... cela vaut mieux. Le neveu du portier va sans doute revenir aujourd'hui de la poste restante avec une lettre... Encore une course à payer... sur votre petit trésor... et par ma faute... Si je n'avais pas été si faible hier et aujourd'hui, nous serions allées à la poste nous-mêmes, comme avant-hier... mais vous n'avez pas voulu me laisser seule ici en y allant vous-même.

— Le pouvais-je... mon enfant?... Juge donc... tout à l'heure... ce misérable qui a enfoncé cette porte... si tu t'étais trouvée seule ici, pourtant!

— Oh! maman, tais-toi... rien qu'à y songer, cela m'épouvante.

A ce moment, on frappa assez brusquement à la porte.

— Ciel!... c'est lui! — s'écria madame de Fermont encore sous sa première impression de terreur... et elle poussa de toutes ses forces la table contre la porte.

Ses craintes cessèrent lorsqu'elle entendit la voix du père Micou.

— Madame, mon neveu André arrive de la poste restante.. C'est une lettre avec un X et un Z pour adresse... ça vient de loin... il y a huit sous de port et la commission... c'est vingt sous...

— Maman... une lettre de province, nous sommes sauvées... c'est de M. de Saint-Remy ou de M. d'Orbigny! Pauvre mère, tu ne souffriras plus, tu ne t'inquièteras plus de moi, tu seras heureuse... Dieu est juste... Dieu est bon!... — s'écria la jeune fille. Et un rayon d'espoir éclaira sa douce et charmante figure.

— Oh! monsieur, merci... donnez... donnez vite! dit madame de Fermont en dérangeant la table à la hâte et en entre-bâillant la porte.

— C'est vingt sous, madame, — dit le recéleur en montrant la lettre si impatiemment désirée.

— Je vais vous payer, monsieur.

— Ah! madame, par exemple... il n'y a pas de presse. Je monte aux combles; dans dix minutes je redescends, je prendrai l'argent en passant.

Le revendeur remit la lettre à madame de Fermont et disparut.

— La lettre est de Normandie... Sur le timbre il y a *les Aubiers*... c'est de M. d'Orbigny! — s'écria madame de Fermont en examinant l'adresse : *A Madame X. Z., poste restante, à Paris*[1].

— Eh bien! maman, avais-je raison?... Mon Dieu, comme le cœur me bat?

— Notre bon ou mauvais sort est là pourtant... — dit madame de Fermont d'une voix altérée en montrant la lettre.

Deux fois sa main tremblante s'approcha du cachet pour le rompre... Elle n'en eut pas le courage. Peut-on espérer de peindre la terrible angoisse à laquelle sont en proie ceux qui, comme madame de Fermont, attendent d'une lettre l'espoir ou le désespoir?

La brûlante et fiévreuse émotion du joueur dont les dernières pièces d'or sont aventurées sur une carte, et qui, haletant, l'œil enflammé, attend d'un coup décisif sa ruine ou son salut, cette émotion si violente donnerait pourtant à peine une idée de la terrible angoisse dont nous parlons. En une seconde, l'âme s'élève jusqu'à la plus radieuse espérance, ou retombe dans un découragement mortel. Selon qu'il croit être secouru ou repoussé, le malheureux passe tour à tour par les émotions les plus violemment contraires : ineffables élans de bonheur et de reconnaissance envers le cœur généreux qui s'est apitoyé sur un sort misérable, amers et douloureux ressentiments contre l'égoïste indifférence! Lorsqu'il s'agit d'infortunes méritantes, ceux qui donnent souvent donneraient peut-être toujours... et ceux qui refusent toujours donneraient peut-être souvent, s'ils savaient ou s'ils voyaient ce que l'espoir d'un appui bienveillant ou ce que la crainte d'un refus dédaigneux... ce que *leur volonté* enfin... peut soulever d'ineffable ou d'affreux dans le cœur de ceux qui les implorent.

— Quelle faiblesse! — dit madame de Fermont avec un triste sourire, en s'asseyant sur le lit de sa fille; — encore une fois, ma pauvre Claire, notre sort est là...

Elle montrait la lettre.

— Je brûle de le connaître et je n'ose... Si c'est un refus, hélas! il sera toujours assez tôt...

— Et si c'est une promesse de secours, dis, maman... Si cette pauvre petite lettre contient de bonnes et consolantes paroles qui nous rassureront sur l'avenir en nous promettant un modeste

1. Madame de Fermont ayant écrit cette lettre dans son dernier domicile, et ignorant alors où elle irait se loger, avait prié M. d'Orbigny de lui répondre poste restante; mais, faute de passeport pour retirer sa lettre au bureau, elle avait indiqué une de ces adresses d'initiales qu'il suffit de désigner pour qu'on vous remette la lettre qui porte cette suscription.

emploi dans la maison de M. d'Orbigny, chaque minute de perdue n'est-elle pas un moment de bonheur perdu?

— Oui, mon enfant; mais si, au contraire...

— Non, maman, vous vous trompez, j'en suis sûre. Quand je vous disais que M. d'Orbigny n'avait autant tardé à vous répondre que pour pouvoir vous donner quelque certitude favorable... Permettez-moi de voir la lettre, maman : je suis sûre de deviner, seulement à l'écriture, si la nouvelle est bonne ou mauvaise... Tenez, j'en suis sûr maintenant, — dit Claire en prenant la lettre; — rien qu'à voir cette bonne écriture simple, droite et ferme, on devine une main loyale et généreuse, habituée à s'offrir à ceux qui souffrent.

— Je t'en supplie, Claire, pas de folles espérances, sinon j'oserais encore moins ouvrir cette lettre...

— Mon Dieu! bonne petite maman, sans l'ouvrir, moi, je puis te dire à peu près ce qu'elle contient; écoute-moi :

« Madame, votre sort et celui de votre fille sont si dignes d'intérêt, que je vous prie de vouloir bien vous rendre auprès de moi dans le cas où vous voudriez vous charger de la surveillance de ma maison... »

— De grâce, mon enfant, je t'en supplie encore... pas d'espoir insensé... le réveil serait affreux... Voyons, du courage, — dit madame de Fermont en prenant la lettre des mains de sa fille et s'apprêtant à briser le cachet.

— Du courage? Pour vous, à la bonne heure! —dit Claire souriant et entraînée par un de ces accès si naturels à son âge; — moi, je n'en ai pas besoin; je suis sûre de ce que j'avance. Tenez, voulez-vous que j'ouvre la lettre, que je la lise?... Donnez, peureuse...

— Oui, j'aime mieux cela, tiens... Mais non, non, il vaut mieux que ce soit moi.

Et madame de Fermont rompit le cachet avec un terrible serrement de cœur... Sa fille, aussi profondément émue malgré son apparente confiance, respirait à peine.

— Lis tout haut, maman, — dit-elle.

— La lettre n'est pas longue; elle est de la comtesse d'Orbigny, — dit madame de Fermont en regardant la signature.

— Tant mieux, c'est bon signe... Vois-tu, maman, cette excellente jeune dame aura voulu te répondre elle-même.

— Nous allons voir.

Et madame de Fermont lut ce qui suit d'une voix tremblante :

« Madame,

« M. le comte d'Orbigny, fort souffrant depuis quelque temps, n'a pu vous répondre pendant mon absence... »

— Vois-tu, maman, il n'y a pas de sa faute.

— Écoute, écoute...

« Arrivée ce matin de Paris, je m'empresse de vous écrire, madame, après avoir conféré de votre lettre avec M. d'Orbigny. Il se rappelle fort confusément les relations que vous dites avoir existé entre lui et M. votre frère. Quant au nom de M. votre mari, madame, il n'est pas inconnu à M. d'Orbigny; mais il ne peut se rappeler en quelle circonstance il l'a entendu prononcer. La prétendue spoliation dont vous accusez si légèrement M. Jacques Ferrand, que nous avons le bonheur d'avoir pour notaire, est, aux yeux de M. d'Orbigny, une cruelle calomnie dont vous n'avez sans doute pas calculé la portée. Ainsi que moi, madame, mon mari connaît et admire l'éclatante probité de l'homme respectable et pieux que vous attaquez si aveuglément. C'est vous dire, madame, que M. d'Orbigny, prenant sans doute part à la fâcheuse position dans laquelle vous vous trouvez, et dont il ne lui appartient pas de rechercher la véritable cause, se voit dans l'impossibilité de vous secourir.

« Veuillez recevoir, madame, avec l'expression de tous les regrets de M. d'Orbigny, l'assurance de mes sentiments les plus distingués.

« Comtesse d'Orbigny. »

La mère et la fille se regardèrent avec une stupeur douloureuse, incapables de prononcer une parole.

Le père Micou frappa à la porte et dit :

— Madame, est-ce que je peux entrer pour le port et pour la commission? C'est vingt sous.

— Ah! c'est juste, une si bonne nouvelle... vaut bien ce que nous dépensons en deux jours pour notre existence... — dit madame de Fermont avec un sourire amer; et laissant la lettre sur le lit de sa fille elle alla vers une vieille malle sans serrure, se baissa et l'ouvrit.

— Nous sommes volées!... — s'écria la malheureuse femme avec épouvante; — rien... plus rien, — ajouta-t-elle d'une voix morne.

Et, anéantie, elle s'appuya sur la malle.

— Que dis-tu, maman?... le sac d'argent?...

Mais madame de Fermont, se relevant vivement, sortit de la chambre, et s'adressant au revendeur qui se trouvait ainsi avec elle sur le palier :

— Monsieur, — lui dit-elle, l'œil étincelant, les joues colorées par l'indignation et par l'épouvante, — j'avais un sac d'argent dans cette malle... on me l'a volé avant-hier sans doute, car je suis sortie pendant une heure avec ma fille... Il faut que cet argent se retrouve... entendez-vous? vous en êtes responsable.

(*La suite au prochain numéro.*)

COMMENT ON AIME

DANIELLE

(SUITE)

XII

Le lendemain, tout Pont-Scorff connaissait l'histoire de Danielle, mais l'histoire dénaturée, travestie à ne plus la reconnaître. Quolibets, médisances, calomnies commençaient à glapir avec un effrayant *crescendo*. Car si Danielle était généralement aimée, considérée, sa bonne réputation même lui avait fait des envieux, ravis de pouvoir enfin mépriser celle que jusqu'à ce jour ils avaient été contraints d'estimer et de respecter. Quelques voix généreuses essayèrent de la défendre, mais elles furent étouffées par les cris pudibonds des filles jalouses et des galants éconduits. Marc seul, comme un roc au milieu des flots, tenait tête à l'orage et menaçait d'écraser ceux qui devant lui s'attaqueraient à sa cousine.

Quoique enfermée dans sa chaumière et absorbée dans sa douleur, Danielle n'ignorait pas que de funestes bruits couraient déjà sur son compte. Des impertinences proférées à haute voix devant sa demeure ne lui laissaient aucun doute sur ce point. Mais elle ne soupçonnait pas encore avec quelle violence se déchaînaient les langues. Cette triste révélation ne se fit pas attendre. Vers le soir, tandis que, le front dans ses mains, le cœur ulcéré, elle délibérait avec elle-même sur le parti qui lui restait à prendre, et qu'elle se décidait à quitter Pont-Scorff, tout à coup un bruit étrange, rauque, aigu, sifflant, infernal, retentit devant sa chaumière. Elle pousse un cri déchirant, s'élance à sa fenêtre, et voit un groupe d'hommes, de femmes, d'enfants qui entre-choquaient des instruments de fer et de cuivre, mêlant l'outrage et l'injure à cette horrible musique. Ses jambes se dérobèrent sous elle : elle tomba sur ses genoux, épuisée, haletante. Au-dessus des vibrations furieuses des instruments de honte perçaient ces cris délirants :

— L'hypocrite!

— Comme elle nous a trompés avec ses grands airs de vertu!

— Une mendiante de Paris!

— Une enjôleuse d'hommes riches!

— Une fille à amants!

— Un mensonge, un masque, un rien qui vaille!

Et toutes ces vociférations stupides résonnaient de plus en plus stridentes, de plus en plus féroces, semblables au déchaînement d'un pandémonium. Affaissée sur elle-même, la pauvre martyre les recevait sur sa poitrine comme autant de balles meurtrières. Son cœur saignait, mais ses yeux étaient secs. Sans doute elle ressentait au travers de ses angoisses un suprême dédain pour ces élans de la foule toujours immodérée dans ses admirations comme dans ses mépris, de cette foule qui hier encore l'élevait jusqu'aux nues, et qui aujourd'hui l'écrasait sous ses pieds sans pitié ni merci. Mais soudain le charivari cesse, un bruit nouveau se fait entendre : ce sont des gémissements de douleur, des cris de rage, un effroyable tumulte de combat au milieu duquel rugit la voix de Marc :

— Les infâmes! les lâches!

Et Danielle le voit, le visage en feu, bondissant comme un lion et frappant autour de lui avec fureur. En une minute, il a culbuté les uns, mis les autres en fuite. Alors, posant le pied sur un gars terrassé, brandissant son bâton ferré, il semble défier de nouveaux adversaires. Une trentaine de paysans, fourches et fléaux en mains, accourent en ce moment sur lui. Il les attend sans pâlir, sans rompre d'une semelle. Un combat inégal, où Marc vendra chèrement sa vie, mais où sa mort est inévitable, va cette fois s'engager. Heureusement, les anciens du bourg interviennent, et l'intrépide défenseur de Danielle est sauvé.

Danielle le remercia de cette nouvelle preuve de dévouement, mais elle lui défendit de s'exposer pour elle à l'avenir. Après quoi, pressant entre ses petites mains la main large et calleuse du paysan, elle lui dit adieu d'une voix triste et solennelle, comme si elle ne devait plus le revoir. Marc en parut frappé, cependant il ne hasarda aucune question : ce rude paysan avait une délicatesse d'âme inexprimable.

— Cousine, dit-il bientôt d'un air embarrassé, comme je revenais des champs, j'ai rencontré M. Octave ; il s'en allait en voyage. Il m'a confié qu'il avait bien du chagrin, qu'il vous aimait toujours, et qu'il ne vous oublierait jamais ; et je suis accouru pour vous répéter tout ça, cousine. Ai-je bien fait ?

— Merci, mon bon Marc ; je suis contente, reprit Danielle avec un peu d'effort, que M. Octave ait pris le parti de voyager. Les voyages, assure-t-on, sont le remède des affligés. Ils le consoleront, je l'espère.

Quand elle fut seule dans sa chaumière, elle acheva de mettre tout en ordre. Elle y promena ensuite un regard tendre et navré.

— Ici j'étais presque heureuse ! murmura-t-elle d'une voix altérée. Ici je vivais selon mon cœur ! Mais le repos n'est pas longtemps possible à qui cache une faute. La fatalité n'oublie pas, et le monde ne pardonne jamais. Point de réhabilitation pour la pauvre fille qui se repent et expie. Il ne lui reste tôt ou tard d'autre alternative que la honte ou la mort !

Elle répéta ce dernier mot avec une sorte de frémissement, et elle tomba dans une rêverie profonde. Lorsqu'elle en sortit, elle était calme et résolue.

— Allons, reprit-elle avec une douceur sinistre, l'heure est venue d'entonner le chant du cygne.

Elle s'empara de sa harpe, en tira quelques accords d'une mélancolie suave comme la prière d'un ange. Puis elle embrassa avec effusion ce sylphe mélodieux, cher présent d'une noble amitié, et elle sortit de sa chaumière à laquelle, en s'éloignant, elle jeta un long regard de tendresse et de regret.

La soirée était tranquille et pure, rare soirée de l'automne expirant, où la nature prend des airs de jeunesse et de grâce en dépit de son dénûment et de ses rides. Le vague reflet des étoiles dissipait seul les ombres, adoucissant les formes sévères des arbres qui se dépouillaient de leurs dernières feuilles. Pas un souffle n'agitait l'air, et l'on n'entendait que le clair murmure des sources qui tombaient dans le Scorff. Heure charmante, qui semblait faite pour endormir toute souffrance, pour éveiller la rêverie avec l'espoir au cœur du malheureux.

Danielle s'assit au bord de l'eau, à l'endroit le plus profond ; elle y demeura quelques instants immobile, recueillie en une suprême méditation. Mais les harmonies nocturnes ne communiquèrent pas à son âme une influence consolatrice, car tout à coup un sanglot sortit de sa poitrine, le nom d'Octave s'échappa de ses lèvres, l'onde gémit et se rida : Danielle avait disparu.

Un homme qui, protégé par l'obscurité, avait suivi tous ses mouvements, se précipita aussitôt dans le Scorff et la ramena mourante sur la rive. C'était Marc.

. . . .

Un mois après, Danielle, qu'une attaque de fièvre cérébrale avait jusque-là tenue au lit, entrait en convalescence. Par un tiède rayon de soleil d'hiver, elle était assise, faible et blanche comme un lis, dans une allée de son jardin, où des giroflées et des perce-neige remplaçaient ses chers glaïeuls. Quelques paysannes l'entouraient et lui prodiguaient leurs soins. L'opinion, si mobile, si inconstante de sa nature, lui était revenue aussi bienveillante que dans le passé. Mieux connue, son histoire avait été équitablement jugée, et sa tentative de suicide avait achevé d'attendrir les cœurs les plus durs. Peu s'en fallait que sa conduite ne fût estimée la plus haute de toutes les vertus. Elle se réjouissait de ce retour, mais elle n'osait s'y fier, et elle attendait que ses forces lui fussent rendues pour quitter le pays. Elle avait déjà fait part de son intention. On s'efforçait de l'en dissuader.

— Où serez-vous mieux qu'au milieu de nous ? lui disait une vieille Bretonne. Nous savons maintenant que vous êtes une digne et courageuse fille, et vous n'avez plus rien à redouter des méchants. Nous vous aimons autant que nous vous admirons. Que pouvez-vous espérer de plus ailleurs?

— Si vous abandonnez Pont-Scorff, reprenait une jeune paysanne, vous affligerez bien du monde, et surtout ce pauvre Marc, qui se ferait hacher pour vous... Un si brave garçon!...

Danielle demeurait pensive et ne répondait pas.

Marc, cependant, se montrait soucieux. On remarquait que sa santé s'en allait à mesure que revenait celle de sa cousine.

— Êtes-vous toujours décidée à nous quitter? lui demandait-il parfois avec inquiétude.

— Toujours, mon cousin, répondait-elle, quoique cela me fasse bien de la peine. Mais j'ai tant de raisons!...

— Qu'il soit donc fait ainsi que vous le voulez! reprenait le gars en étouffant un soupir.

Madame Grandchamp visitait souvent Danielle. L'excellente femme avait beaucoup aidé à dissiper la malveillance et à ramener les sympathies. Quand elle connut le projet de la pauvre enfant, elle essaya de le combattre par bonté naturelle; mais, dans son égoïsme de mère, elle se félicita de n'obtenir aucun succès. Danielle le comprit, et ce fut pour elle un motif de plus pour persévérer dans sa résolution.

Un matin donc, quoique faible encore, elle annonça qu'elle se sentait assez forte pour se mettre en route. Cette fois, elle ne confiait à personne où elle allait, pas même à son cousin. Peut-être ne le savait-elle pas bien elle-même, et laissait-elle au hasard le soin de la conduire.

Tandis qu'elle prenait ses dernières dispositions, Marc la suivait des yeux. Il paraissait stupéfait, étourdi, chancelant, et s'appuyait de la main contre le vaissellier. Tout à coup, et comme si l'intelligence d'un grand malheur lui eût violemment frappé l'esprit, il poussa un cri déchirant et il éclata en sanglots. Toute frémissante, Danielle s'élança vers lui et l'interrogea avec anxiété.

— Partez! partez! s'écria-t-il. Laissez-moi, oh! laissez-moi pleurer! il y a si longtemps que cela m'étouffe!

— Mais vous me brisez le cœur, mon cousin! Au nom du ciel, expliquez-vous?

— A quoi bon? Je dois me taire, puisque vous ne voulez pas deviner!

Ces paroles furent pour Danielle un trait de lumière qui éclaira l'âme tout entière de Marc. Jusqu'alors elle n'avait fait que l'entrevoir. Cette découverte ajouta encore à ses tourments, car elle savait tout ce qu'on souffre à refouler les élans de son cœur.

— Eh quoi! vous m'aimez? lui dit-elle avec abattement. Vous m'aimez d'une autre affection que celle de la famille?

— Je vous aime à mourir! répondit le gars dont la poitrine bondissait à se rompre. J'ai caché ça tant que j'ai pu! Mais la force m'a manqué en songeant que je ne vous verrais plus!

Et, vaincu par la douleur, il tombait en chancelant sur un escabeau.

— O mon Dieu! tout m'accable! proféra Danielle. Mais que voulez-vous que je fasse, mon cousin? Je ne puis cependant demeurer à Pont-Scorff, car je ne dois pas compter, hélas! sur l'éternel pardon, sur l'éternel oubli, et je sens que de nouveaux outrages me tueraient.

— Eh bien! fuyez! fuyez alors! reprit-il en joignant ses mains suppliantes. Mais laissez-moi vous suivre à distance, comme un ami, comme un chien; je ne vous importunerai pas, soyez tranquille! Je saurai respecter vos chagrins, votre solitude; mais du moins je vous apercevrai quelquefois, et cela me suffira, voyez-vous! Les pauvres gens comme moi savent se contenter de peu; ils sont habitués à toutes les pauvretés, même à celle du cœur.

— Suis-je donc à ce point nécessaire à votre existence, Marc? demanda Danielle avec effroi. Non, non! vous vous trompez sur vos sentiments. Mais songez donc que je ne suis pas digne d'occuper la pensée d'un honnête homme! Vous oubliez...

— Je n'oublie rien, répondit le gars en l'interrompant, et vous êtes pour moi la plus honnête et la meilleure âme du monde entier.

Un rayonnement d'enthousiasme, à travers leur humidité, avait illuminé ses yeux. Il se leva par une sorte d'inspiration et fléchit le genou devant Danielle.

— Que faites-vous là, mon cousin? lui dit-elle en souriant avec tristesse; vous vous prosternez comme si vous étiez coupable. A moi seule convient cette humble attitude devant Dieu! Relevez-vous et écoutez-moi, poursuivit-elle d'un air réfléchi. Il faut que je parte, que je m'éloigne pour quelque temps, cela est indispensable, et je ne puis, je ne dois pas vous autoriser à me suivre. Mais je vous promets de vous écrire, à la condition que vous respecterez ma retraite et que vous n'en parlerez à personne. Dans un an, au plus tard, je reviendrai, je l'espère, et si ma vie alors vous est nécessaire, eh bien! Marc, je vous la donnerai! Comptez sur mon amitié, comptez sur mon dévouement!

Marc poussa un cri, et séchant aussitôt ses larmes :

— Vous me promettez cela? dit-il avec transport; vous me le promettez, Danielle? Ah! je n'osais pas tant espérer! Ah! partez! partez maintenant! j'ai du courage pour attendre et souffrir!

Un moment après, Danielle s'en allait tristement sur le chemin de l'exil.

Lorsqu'elle revint, plus d'un an s'était écoulé. Elle tint promesse, elle épousa Marc, qui, en la revoyant, avait failli mourir de saisissement et de joie. Personne ne s'y trompa, tout le monde comprit qu'il y avait là un dévouement, et que ce dévouement ne venait pas de Marc. Quelques malveillants chuchotèrent un peu, mais pas bien haut, car c'eût été dangereux. Ce mariage, d'ailleurs, était généralement approuvé. Ce fut une union tranquille et douce, où de mutuelles concessions établirent une touchante harmonie. Marc modérait son bonheur pour n'en pas importuner Danielle. Danielle refoulait parfois un soupir pour n'en pas affliger Marc. Ils étaient cités comme le meilleur ménage de Pont-Scorff.

Quelques mois auparavant, pressé par de nouvelles sollicitations de sa mère, Octave avait consenti à épouser sa cousine, Léonie de Blossac, et il était allé passer l'hiver à Paris. Si Léonie n'avait pas assez de cœur pour en faire un homme heureux, elle avait du moins assez d'esprit pour adoucir, par mille distractions, l'amertume de ses souvenirs.

Un jour d'été, de retour au Nelhouët, il se promenait rêveur dans les verts sentiers de la campagne. Tout à coup, au milieu d'un pré, il aperçut Danielle et Marc fanant du regain au soleil. Caché par un haie d'aubépine, il les considéra un moment dans une immobilité pensive. C'était la première fois qu'il les revoyait. La jeune femme était aussi jolie, mais plus pâle, que le jour où elle lui avait appris à botteler le blé noir. Son cœur se serra, une larme tomba de ses yeux, et il s'éloigna d'un pas rapide.

Depuis ce jour, on ne le revit presque jamais au Nelhouët.

FIN DE DANIELLE

BERGERONNETTE

— Pourquoi ne vous mariez-vous point, mon cher Frédéric?

— Parce que je n'aime personne.

— Quelle naïveté! Pourquoi n'aimez-vous personne?

— Parce que je ne puis plus aimer.

— Peste! Pourquoi ne pouvez-vous plus aimer?

— Parce que j'ai trop aimé.

— Vous m'intéressez. Pourquoi?...

— Allez au diable avec vos pourquoi! Vous êtes un véritable inquisiteur.

— Eh non! je ne suis qu'un anatomiste, mon cher Frédéric, et vous êtes un sujet curieux que j'aimerais à disséquer, je ne vous le cache pas.

— Laissez là votre scalpel, je vous prie; je consens à vous dire moi-même ce que vous désirez savoir.

— L'esthétique de votre âme n'en sera que mieux faite. Je vous écoute.

— Railleur incorrigible!

Frédéric Talhouët sourit, ce qui lui arrivait rarement. Il se jeta sur son divan, cacha pendant une minute dans ses mains son grand visage expressif et pâle, puis il reprit en ces termes :

— Plus j'examine mon cœur, plus je remarque avec tristesse que c'est une sorte d'ossuaire où gisent les débris de bien des amours depuis longtemps expirées. Les années disparues de ma jeunesse ont laissé là des traces nombreuses de leurs passions éteintes : caprices d'un jour, tendresses exquises, adorations profondes.

(La suite au prochain numéro.)

Le propriétaire-gérant : F. ROY.

LES MYSTÈRES DE PARIS

Il possédait une charmante petite maison, bâtie entre cour et jardin. (Page 562.)

— On vous a volée! ça n'est pas vrai; ma maison est honnête, — dit insolemment et brutalement le recéleur; — vous dites cela pour ne pas me payer mon port de lettre et ma commission.

— Je vous dis, monsieur, que cet argent était tout ce que je possédais au monde, on me l'a volé; il faut qu'il se retrouve, ou je porte ma plainte. Oh! je ne ménagerai rien, je ne respecterai rien... voyez vous... Je vous en avertis!

— Ça serait joli... vous qui n'avez pas seulement de papiers... allez-y donc porter votre plainte!... allez-y donc tout de suite... je vous en défie... moi!...

La malheureuse femme était atterrée. Elle ne pouvait sortir et laisser sa fille seule, alitée depuis la frayeur que le gros boiteux lui avait faite le matin, et surtout après les menaces que lui adressait le revendeur.

Celui-ci reprit :

— C'est une frime, vous n'aviez pas plus de sac d'argent que de sac d'or; vous voulez ne pas me payer mon port de lettre, n'est-ce pas? Bon! ça m'est égal!... Quand vous passerez devant ma porte, je vous arracherai votre vieux châle noir... des épaules; il est bien pané, mais il vaut toujours au moins vingt sous.

— Ah! monsieur, — s'écria madame de Fermont en fondant en larmes, — de grâce, ayez pitié de nous... cette faible somme était tout ce que nous possédions, ma fille et moi; cela volé, mon Dieu! il ne nous reste plus rien... rien, entendez-vous?... rien... qu'à mourir de faim!

— Que voulez-vous que j'y fasse... moi? S'il est vrai qu'on vous a volée... et de l'argent encore (ce qui me paraît louche), il y a longtemps qu'il est frit... l'argent!

— Mon Dieu! mon Dieu!...

— Le gaillard qui a fait le coup n'aura pas été assez bon enfant pour marquer les pièces et les garder ici pour se faire pincer, si c'est quelqu'un de la maison, et je ne le crois pas; car, ainsi que je le disais encore ce matin à l'oncle de la dame du premier, ici c'est un vrai hameau; si l'on vous a volée, c'est un malheur. Vous déposeriez cent mille plaintes que vous n'en retireriez pas un centime... Vous n'en serez pas plus avancée... je vous le dis... croyez-moi... Eh bien! — s'écria le recéleur en s'interrompant et en voyant madame de Fermont chanceler, — qu'est-ce que vous avez?... vous pâlissez!... Prenez donc garde!... Mademoiselle, votre mère se trouve mal!... ajouta le revendeur en s'avançant assez à temps pour retenir la malheureuse mère, qui, frappée par ce dernier coup, se sentait défaillir; l'énergie factice qui la soutenait depuis si longtemps cédait à cette nouvelle atteinte.

— Ma mère... mon Dieu! qu'avez-vous? — s'écria Claire toujours couchée.

Le recéleur, encore vigoureux malgré ses cinquante ans, saisi d'un mouvement de pitié passagère, prit madame de Fermont entre ses bras, poussa du genou la porte pour entrer dans le cabinet et dit :

— Mademoiselle, pardon d'entrer pendant que vous êtes couchée; mais faut pourtant que je vous ramène votre mère... elle est évanouie... ça ne peut pas durer.

En voyant cet homme entrer, Claire poussa un cri d'effroi, et la malheureuse enfant se cacha du mieux qu'elle put sous sa couverture. Le revendeur assit madame de Fermont sur la chaise à côté du lit de sangle, et se retira, laissant la porte entr'ouverte, le gros boiteux en ayant brisé la serrure.

. . . .

Une heure après cette dernière secousse, la violente maladie qui depuis longtemps couvait et menaçait madame de Fermont avait éclaté.

En proie à une fièvre ardente, à un délire affreux, la malheureuse femme était couchée dans le lit de sa fille, et celle-ci, éperdue, épouvantée, seule, presque aussi malade que sa mère, n'avait ni argent ni ressources, et craignait à chaque instant de voir entrer le bandit qui logeait sur le même palier.

. . . .

CHAPITRE X

LA RUE DE CHAILLOT

Nous précéderons de quelques heures M. Badinot, qui, du passage de la Brasserie, se rendait en hâte chez le vicomte de Saint-Remy. Ce dernier, nous l'avons dit, demeurait rue de Chaillot, et occupait seul une charmante petite maison, bâtie entre cour et jardin dans ce quartier solitaire, quoique très-voisin des Champs-Élysées, la promenade la plus à la mode de Paris.

Il est inutile de nombrer les avantages que M. de Saint-Remy, spécialement homme à bonnes fortunes, retirait de la position d'une demeure si savamment choisie. Disons seulement qu'une femme pouvait entrer très-secrètement chez lui, par une petite porte de son vaste jardin qui s'ouvrait sur une ruelle absolument déserte, communiquant de la rue Marbeuf à la rue de Chaillot. Enfin, par un miraculeux hasard, l'un des plus beaux établissements d'horticulture de Paris ayant aussi, dans ce passage écarté, une sortie peu fréquentée, les mystérieuses visiteuses de M. de Saint-Remy, en cas de surprise ou de rencontre imprévue, étaient armées d'un prétexte parfaitement plausible et *bucolique* pour s'aventurer dans la ruelle fatale : elles allaient (pouvaient-elles dire) choisir des fleurs rares chez un célèbre jardinier-fleuriste renommé par la beauté de ses serres chaudes. Ces belles visiteuses n'auraient d'ailleurs menti qu'à demi : le vicomte, largement doué de tous les goûts d'un luxe distingué, avait une charmante serre chaude qui s'étendait en partie le long de la ruelle dont nous avons parlé; la petite porte dérobée donnait dans ce délicieux jardin d'hiver, qui aboutissait à un boudoir (qu'on nous pardonne cette expression surannée) situé au rez-de-chaussée de la maison. Il serait donc permis de dire sans métaphore qu'une femme qui passait ce seuil dangereux pour entrer chez M. de Saint-Remy courait à sa perte *par un sentier fleuri;* car, l'hiver surtout, cette élégante allée était bordée de véritables buissons de fleurs éclatantes et parfumées. Madame de Lucenay, jalouse comme une femme passionnée, avait exigé une clef de cette petite porte.

Si nous insistons quelque peu sur le *caractère* général de cette habitation, c'est qu'elle reflétait, pour ainsi dire, une de ces existences dégradantes qui, de jour en jour, deviennent heureusement plus rares, mais qu'il est bon de signaler comme une des bizarreries de l'époque : nous voulons parler de l'existence de ces hommes qui sont aux femmes ce que les courtisanes sont aux hommes; faute d'une expression plus particulière, nous appellerions ces gens-là des *hommes-courtisanes*, si cela se pouvait dire. L'intérieur de la maison de M. de Saint-Remy offrait, sous ce rapport, un aspect curieux, ou plutôt cette maison était séparée en deux zones très-distinctes :

Le rez-de-chaussée, où il recevait les femmes;

Le premier étage, où il recevait ses compagnons de jeu, de table, de chasse, ce qu'on appelle enfin *des amis*...

Ainsi au rez-de-chaussée se trouvait une chambre à coucher qui n'était qu'or, glaces, fleurs, satin et dentelles; puis un petit salon de musique où l'on voyait une harpe et un piano (M. de Saint-Remy était excellent musicien); enfin un cabinet de tableaux, et ensuite le boudoir communiquant à la serre chaude. Une salle à manger pour *deux personnes*, servie et desservie par un tour; une salle de bain, modèle achevé du luxe et du raffinement oriental, et tout auprès une petite bibliothèque en partie formée d'après le catalogue scandaleux de celle que La Mettrie avait colligée pour le grand Frédéric, tel était le complément de cet appartement.

Il est inutile de dire que toutes ces pièces, meublées avec un goût exquis, avec une recherche véritablement *sardanapalesque*, avaient pour ornements des Watteau *peu connus*, des Boucher *inédits*, peintures lascives, autrefois payées des prix fous; plus loin étaient des groupes libertins, modelés en terre cuite par Clodion, et çà et là, sur des socles de jaspe ou de brèche antique, quelques précieuses copies, en marbre blanc, des plus jolies bacchanales du musée secret de Naples. Joignez à cela, l'été, pour perspective, les vertes profondeurs d'un jardin touffu, solitaire, encombré de fleurs, peuplé d'oiseaux, arrosé d'un petit ruisseau d'eau vive, qui, avant de se répandre sur la fraîche pelouse, tombe du haut d'une roche noire et agreste, y brille comme un pli de gaze d'argent, et se fond en lame nacrée dans un bassin limpide où de beaux cygnes blancs se jouent avec grâce. Aussi, quand venait la nuit tiède et sereine, que d'ombre, que de parfum, que de silence dans ces bosquets odorants dont l'épais feuillage servait de dais aux sofas rustiques faits de joncs et de nattes indiennes! Pendant l'hiver, au contraire, excepté la porte de glace qui s'ouvrait sur la serre chaude, tout était bien clos : la soie transparente des stores, le réseau de dentelle des rideaux rendaient le jour plus mystérieux encore; sur tous les meubles, des masses de végétaux exotiques semblaient jaillir de grandes coupes étincelantes d'or et d'émail. Dans cette retraite silencieuse, remplie de fleurs odorantes, de tableaux plus que voluptueux, on aspirait une sorte d'atmosphère amoureuse, enivrante, lascive, qui plongeait l'âme et les sens dans de brûlantes langueurs.

Enfin, pour *faire les honneurs* de ce temple, qui paraissait élevé à l'Amour antique ou aux divinités nues de la Grèce, un homme, jeune et beau, élégant et distingué, tour à tour spirituel ou tendre, romanesque ou libertin, tantôt moqueur et gai jusqu'à la folie, tantôt plein de charme et de grâce, excellent musicien, doué d'une de ces voix vibrantes, passionnées, que les femmes ne peuvent entendre chanter sans ressentir une impression profonde... presque physique; enfin un homme amoureux surtout... amoureux toujours... tel était le vicomte. A Athènes, il eût sans doute été admiré, exalté, déifié à l'égal d'Alcibiade; de nos jours, et à l'époque dont nous parlons, le vicomte n'était plus qu'un ignoble faussaire, qu'un misérable escroc.

Le premier étage de la maison de M. de Saint-Remy avait au contraire un aspect tout viril. C'est là qu'il recevait ses nombreux amis, tous d'ailleurs de la meilleure compagnie. Là, rien de coquet, rien d'efféminé : un ameublement simple et sévère; pour ornements de belles armes, des portraits de chevaux de course qui avaient gagné au vicomte bon nombre de magnifiques vases d'or et d'argent posés sur les meubles; la tabagie et le salon de jeu avoisinaient une joyeuse salle à manger, où huit personnes (nombre de convives strictement limité lorsqu'il s'agit d'un dîner *savant*) avaient bien des fois apprécié l'excellence du cuisinier et le non moins excellent mérite de la cave du vicomte, avant de tenir contre lui quelque *nerveuse* partie de whist de cinq à six cents louis, ou d'agiter bruyamment les cornets d'un creps infernal.

Ces deux nuances assez tranchées de l'habitation de M. de Saint-Remy exposées, le lecteur voudra bien nous suivre dans des régions plus infimes, entrer dans la cour des remises et monter le petit escalier qui conduisait au très-confortable appartement d'Edwards Patterson, chef d'écurie de M. de Saint-Remy. Cet illustre *coachman* avait invité à déjeuner M. Boyer, valet de chambre de confiance du vicomte. Une très-jolie servante anglaise s'étant retirée après avoir apporté la théière d'argent, nos deux personnages restèrent seuls.

Edwards était âgé de quarante ans environ; jamais plus habile et plus gros cocher ne fit gémir son siége sous une rotondité plus imposante, n'encadra dans sa perruque blanche une figure plus rubiconde, et ne réunit plus élégamment dans sa main gauche les quadruples guides d'un *four-in-hand*. Aussi fin connaisseur en chevaux que Tatersall de Londres, ayant été dans sa jeunesse aussi bon *entraîneur* que le vieux et célèbre Chiffey, Edwards avait été pour le vicomte un excellent cocher et un homme très-capable de diriger l'entraînement de quelques chevaux de course qu'il avait eus pour tenir des paris. Lorsqu'il n'étalait pas sa somptueuse livrée brune et argent sur la housse blasonnée de son siége, Edwards ressemblait fort à un honnête fermier anglais; c'est sous cette dernière apparence que nous le présenterons au lecteur, en ajoutant toutefois que, sous cette face large et colorée, on devinait l'impitoyable et diabolique astuce d'un maquignon.

M. Boyer, son convive, valet de chambre de confiance du vicomte, était un grand homme mince, à cheveux gris et plats, au front chauve, au regard fin, à la physionomie froide, discrète et réservée; il s'exprimait en termes choisis, avait des manières polies, aisées, quelque peu de lettres, des opinions politiques légitimistes, et pouvait honorablement tenir sa partie de premier violon dans un quatuor d'amateurs; de temps en temps, il prenait du meilleur air du monde une prise de tabac dans une tabatière d'or rehaussée de perles fines... après quoi il secouait négligemment du revers de sa main, aussi soignée que celle de son maître, les plis de sa chemise de fine toile de Hollande.

— Savez-vous, mon cher Edwards, — dit Boyer, — que votre servante Betty fait une petite cuisine bourgeoise fort supportable? Ma foi! de temps en temps, ça délasse de la grande chère.

— Le fait est que Betty est une bonne fille, — dit Edwards qui parlait parfaitement français; — je l'emmènerai avec moi dans mon établissement, si toutefois je me décide à le prendre; et à ce propos, puisque nous voici seuls, mon cher Boyer, parlons affaires, vous les entendez très-bien.

— Mais oui, un peu, — dit modestement Boyer en prenant une prise de tabac. — Cela s'apprend si naturellement... quand on s'occupe de celles des autres.

— J'ai donc un conseil très-important à vous demander; c'est pour cela que je vous avais prié de venir prendre une tasse de thé avec moi.

— Tout à votre service, mon cher Edwards.

— Vous savez qu'en dehors des chevaux de course j'avais un forfait avec M. le vicomte pour l'entretien complet de son écurie, bêtes et gens, c'est-à-dire huit chevaux et cinq ou six grooms et *boys*, à raison de vingt-quatre mille francs par an, mes gages compris.

— C'était raisonnable.

— Pendant quatre ans, M. le vicomte m'a exactement payé; mais vers le milieu de l'an passé il m'a dit :

« — Edwards, je vous dois environ vingt-quatre mille francs. Combien estimez-vous, au plus bas prix, mes chevaux et mes voitures?

« — Monsieur le vicomte, les huit chevaux ne peuvent pas être vendus moins de trois mille francs chaque, l'un dans l'autre, et encore c'est donné (et c'est vrai, Boyer; car la paire de chevaux de phaéton a été payée cinq cents guinées), ça fera donc vingt-quatre mille francs pour les chevaux. Quant aux voitures, il y en a quatre, mettons douze mille francs, ce qui, joint aux vingt-quatre mille francs des chevaux, fait trente-six mille francs.

« — Eh bien, a repris M. le vicomte, achetez-moi le tout à ce prix-là, à condition que pour les douze mille francs que vous me redevrez, vos avances remboursées, vous entretiendrez et laisserez à ma disposition chevaux, gens et voiture pendant six mois. »

— Et vous avez sagement accepté le marché, Edwards! C'était une affaire d'or.

— Sans doute; dans quinze jours, les six mois seront écoulés, je rentre dans la propriété des chevaux et des voitures.

— Rien de plus simple. L'acte a été rédigé par M. Badinot, l'homme d'affaires de M. le vicomte... En quoi avez-vous besoin de mes conseils?

(*La suite au prochain numéro.*

Nous montâmes dans son bateau; elle le conduisit seule avec habileté. (Page 566.)

COMMENT ON AIME (suite).

« Le hasard a brisé les uns, l'inconstance a flétri les autres, les froids calculs du monde ont détruit les plus nobles et les plus pures entre toutes ces affections. Que de vaines agitations dont il ne reste plus qu'un peu de poussière! Que de radieuses espérances, que d'amours éternels dont j'ai gardé à peine un souvenir!

« Il est cependant, parmi tant de vestiges décolorés, une image douce, suave, mélancolique, qui demeure inaltérable comme une perle au fond de mon âme : c'est l'image d'une pauvre enfant que j'aimais et qui ne m'a jamais aimé. Elle se nommait Bergeronnette, elle était belle, noble, touchante et dévouée jusqu'à l'héroïsme le plus émouvant.

« La première fois que je vis Bergeronnette, ce fut en Bretagne, sur les grèves de Loc-Tudi, par une radieuse matinée d'été. Elle était assise au bord de la mer, pieds nus, cheveux au vent; elle chantait un *guerz* ou ballade du pays d'une voix fraîche et mélodieuse; son visage, délicat et charmant, reflétait douze ou treize ans à peine. Elle tenait avec soin sur ses genoux un livre richement relié, qui contrastait avec la pauvreté de son accoutrement. Je m'arrêtai pour lui adresser la parole. Elle se tut et fixa sur moi un regard humide et brillant.

« — Dites-moi, ma belle enfant, lui demandai-je en lui indiquant du doigt un parc qui côtoyait le rivage, n'est-ce pas la propriété de M. de Tyvouarlen? »

« Elle se leva vivement et me répondit avec un sourire :

« — Oui, monsieur, mais l'entrée du château est sur le chemin de Loc-Tudi. »

« Elle reprit d'un air embarrassé :

« — Est-ce que monsieur va chez M. de Tyvouarlen?

« — J'irai bientôt, ma belle enfant; mais il faut que je me rende d'abord à l'île Tudi où j'ai affaire.

— A l'île Tudi? reprit-elle. Ah! bien, vous pouvez la voir d'ici; et, si vous voulez, je vais vous y mener?

« — A pied? fis-je avec une gravité comique.

« — Oh! répliqua-t-elle en riant, je ne marche pas sur l'eau comme Jésus-Christ, et je ne crois pas que vous osiez vous y hasarder comme saint Pierre. Mais j'ai un bateau amarré à deux pas d'ici, et je vous ferai passer l'eau.

« — Volontiers, lui répondis-je enchanté de sa repartie; je vous aiderai à ramer.

« — Je rame bien toute seule, dit-elle avec une certaine expression de fierté; soyez tranquille, vous arriverez à bon port. Mais, pour ma peine, vous me rendrez un service.

« — Je suis à votre disposition, ma petite amie, lui dis-je de plus en plus étonné de son langage et de sa gentillesse.

« — Merci, monsieur, fit-elle avec une jolie révérence. Je vous prierai, quand vous irez à Loc-Tudi, chez M. le comte de Tyvouarlen, de remettre ce livre à M. Robert, son fils. »

« Elle me montra le beau volume qu'elle tenait à la main; je le pris et l'ouvris : c'était *Paul et Virginie*.

« — De quelle part lui rendrai-je ce livre?

« — De la part de Bergeronnette, monsieur, et vous lui direz, s'il vous plaît, que si je ne suis pas venue hier le lui rendre et jouer avec lui sur la grève, comme nous en étions convenus, c'est que mon père m'a retenue pour raccommoder ses filets. Aujourd'hui, je comptais le rencontrer, car il est presque tous les matins ici; mais voici deux heures que je l'attends, et il ne vient pas. C'est dommage : il m'aurait peut-être encore prêté un autre beau livre.

« — Vous aimez donc bien les livres?

« — Oh! beaucoup, monsieur, me répondit-elle d'un air expansif et passionné. Je lis toujours quand j'ai le temps. Si vous saviez! M. Robert est bien bon pour moi : grâce à lui, je connais les plus jolies histoires du monde. »

« En parlant ainsi de M. Robert, jeune garçon de quatorze ans à peine, les joues de Bergeronnette s'empourpraient légèrement, et ses paupières, aux longs cils blonds, s'abaissaient avec une sorte de pudeur instinctive. Je soupçonnai que l'amour de la lecture n'était pas le seul sentiment qui commençât à fleurir dans le cœur à peine éclos de Bergeronnette.

« — Venez, me dit-elle, mon bateau est dans une petite crique du rivage. »

« Nous nous dirigeâmes vers l'endroit indiqué. Bergeronnette marchait à pas pressés. Je me tins derrière elle, considérant avec enchantement la grâce ailée de sa démarche enfantine, la perfection vraiment étonnante de sa taille que dessinait une pauvre robe de toile grise. Sa chevelure, d'un blond cendré délicieux, retombait en boucles mollement arrondies sur ses épaules rondes et blanches; ses yeux, d'un bleu de turquoise, réfléchissaient une douceur angélique, en même temps qu'ils révélaient un esprit précoce et méditatif; ses lèvres avaient des sourires fins et charmants, ses joues des nuances rosées d'une délicatesse infinie, et ses dents l'éclatante blancheur de l'écume des vagues. Dans mes pérégrinations à travers ma Bretagne aimée, j'avais rencontré souvent, au sein des campagnes les plus ignorées, de ravissantes *pennèrez* ou jeunes filles, qui me rappelaient un peu les villageois de Marmontel, mais je n'avais pas encore vu une enfant aussi intéressante que Bergeronnette; sous ses modestes vêtements, elle avait l'élégante simplicité de l'oiseau dont elle portait le nom; elle en avait aussi la vivacité coquette.

« Nous montâmes dans son bateau. Elle le conduisit seule avec une habileté où l'adresse se mariait à la force, la grâce à l'insouciance. J'admirais cette organisation à la fois énergique et frêle, souple et infatigable; je la complimentai : elle sourit et me répondit coquettement que ce n'était rien que cela, qu'elle savait déjà conduire une chaloupe à la voile, et que souvent elle allait avec son père, marinier de l'île Tudi, promener en mer la famille de Tyvouarlen. En parlant ainsi, elle imprimait de rapides mouvements aux avirons, et nous abordâmes dans l'île, pauvre coin de terre où s'élèvent quelques chaumes misérables, où végètent quelques arbres rabougris et brûlés par le vent de mer; poétique d'ailleurs par sa mélancolie profonde et la monotone grandeur de l'Océan qui l'environne.

« Bergeronnette m'indiqua la demeure de la

personne que j'allais voir, et je la quittai en lui promettant de me rendre bientôt à sa chaumière pour lui demander le livre que je devais remettre au jeune Robert. Une heure après, j'entrais sous le chaume du père de Bergeronnette, nommé Coëtdro. Il me reçut avec la cordialité d'un marin breton, gravement et franchement; il dit à sa fille de mettre sur la table le pain, le beurre, le lard, le cidre et l'eau-de-vie. Tandis que Bergeronnette s'évertuait à dresser le couvert rustique, j'exprimai au père Coëtdro la surprise et le plaisir que j'avais ressentis à la vue de sa fille si mignonne et si spirituelle. Aussitôt les lèvres du marinier éprouvèrent un bizarre frémissement; ses yeux, qui avaient d'abord essayé un sourire de satisfaction et d'orgueil, se voilèrent sous un léger brouillard qui se condensa bientôt en une larme. Il se dirigea vers le seuil de sa chaumière en me faisant signe de le suivre.

« — Vous avez bien raison, me dit-il tout bas avec une expression touchante, Bergeronnette est bien jolie et bien bonne. C'est mon bonheur à moi, cette enfant! Quand je la vois, je suis content. Quand elle chante, et elle aime beaucoup chanter, ça me rend gai. Quand je l'embrasse... j'ai encore envie de l'embrasser... Eh bien! je connais une personne qui demeure à Paris, qui est établie et riche, à ce qu'on dit, une brave femme tout de même; bref, elle m'a demandé ma fille pour l'élever, pour lui donner un bel état, m'assurant que c'est pour son bien, ce que tout le monde dans l'île m'assure aussi; de sorte que j'ai promis d'envoyer bientôt Bergeronnette à la capitale, de me séparer d'elle. Comprenez-vous, monsieur? Cette pauvre petite! m'en séparer! Je crois que je n'en aurai jamais le courage.

« — Je vous comprends, père Coëtdro. A votre place, j'hésiterais comme vous.

« — N'est-ce pas, monsieur? Si loin de moi, ma pauvre petite Bergeronnette! mais j'en mourrais de chagrin, c'est sûr! »

« Comme il achevait ces mots, la jeune fille nous avertit que tout était prêt sur la table. Son père se retourna brusquement et fit avec vivacité quelques pas dans l'intérieur pour que son enfant ne vît pas les larmes qui affluaient à ses yeux. J'étais ému. J'avais bien envie de conseiller au père Coëtdro de ne point envoyer sa Bergeronnette à Paris, en lui traçant un sombre tableau des dangers qui assiégent les pauvres filles du peuple dans notre Babylone moderne; mais je n'osai pas prendre sur moi la responsabilité de ce conseil décisif.

« Après avoir fait honneur au repas breton du marinier, je pris congé de lui. Bergeronnette me donna le beau livre que je devais remettre au jeune Tyvouarlen.

« — Merci de votre bonté, monsieur, me dit-elle; M. Robert verra que je ne mets pas de négligence à lui rendre ses livres; c'est ce que je désire de tout mon cœur.

« — Dans une heure, votre commission sera remplie, ma belle enfant. »

« Je serrai la main du père Coëtdro qui regardait sa fille en souriant, et qui, reportant son regard sur moi, me dit en haussant doucement les épaules :

« — Elle aime beaucoup ce petit Robert!... Enfantillage! »

« Bergeronnette m'accompagna au débarcadère. Là elle sauta dans son bateau.

« — Vous voulez donc encore que nous voguions ensemble.

« — Pourquoi pas, monsieur? Ne suis-je pas assez bonne marinière pour vous conduire?

« — Excellente! » fis-je en m'élançant près d'elle.

« Et dix minutes après nous atteignîmes au rivage de Loc-Tudi. Je voulus offrir à ma batelière quelque argent, elle refusa; je lui promis alors de lui adresser, dès mon retour à Paris, de jolis livres instructifs et amusants. Elle frappa dans ses mains avec joie, et, présentant à mes lèvres son beau front bombé d'une blancheur merveilleuse pour un enfant du rivage :

« — Les livres ne se refusent pas, dit-elle d'un ton charmant, et je les lirai avec bien du plaisir en souvenir de vous, monsieur. »

« Elle reprit ses rames, et je m'éloignai, non sans jeter de temps en temps un regard derrière moi sur la gentille marinière, qui regagnait l'île en chantant un *sône* plaintif comme un adieu. Je sentis, à une vague impression de regret, que j'avais laissé une parcelle de mon cœur sur le front candide et pur de la petite néréide de l'île Tudi.

« Arrivé chez le comte de Tyvouarlen, avec lequel j'avais été en relation à Paris, et que je désirais visiter en passant, je remis *Paul et Virginie* au petit Robert, qui était bien, par parenthèse, le plus aimable garçon du monde : physionomie ouverte et impressionnable, traits incorrects mais gracieux, œil vif et noir, allures pétulantes et tendres à la fois, déjà sensible, exalté, profond. En un mot, Robert avait en soi le germe d'une riche et bonne nature, qui devait porter les fruits les plus généreux, si le monde ne réussissait point à les gâter à peine éclos.

« — Est-ce qu'*elle* est malade? me dit-il avec émotion.

— Bergeronnette! mais non, elle se porte très-bien.

« — Pourquoi n'est-elle donc pas venue hier jouer avec moi? Elle me l'avait promis.

« — Parce que son père l'a retenue pour raccommoder des filets.

« — Ah! vraiment?

« — Elle vous attendait aujourd'hui devant le parc, lorsque je l'ai rencontrée, » repris-je.

« Les larmes lui vinrent aux yeux.

« — J'en étais sûr! dit-il avec un accent où perçait la colère. Pendant ce temps, moi j'étais à déjeuner avec papa dans un château voisin. Dieu sait pourtant que je ne peux pas souffrir ce château! Un grand vilain château où l'on s'ennuie, tandis qu'on s'amuse si bien sur la grève de Tudi! »

« Je souris. La boutade enfantine de Robert me révélait un amour ingénu, le plus doux, le plus poétique, le plus vrai, assurément; un jeune amour sans honte, sans orgueil, sans respect pour les convenances, un bel amour entre un grand seigneur magnifiquement habillé et une humble enfant aux pieds nus. « Si tu avais cinq ans de plus, tu cacherais avec soin cette passion-là, » pensais-je en regardant Robert, qui s'envola tout à coup du côté du parc, sans doute pour voir si Bergeronnette n'était point encore sur le rivage.

« Le lendemain, de bon matin, j'allai me promener sur la grève. C'était un dimanche; le temps était doux et tiède, le ciel argenté, la mer souriante; une brise molle soufflait du large et venait se jouer au milieu des bruyères roses et des genêts dorés. C'était une matinée ravissante, dont je savourais les pénétrantes délices, lorsque, parvenu à la hauteur de la plage d'où l'on découvre l'île Tudi, je vis un bateau paré d'une voile latine qui cinglait de mon côté, et presque aussitôt je reconnus que Bergeronnette le dirigeait. J'étais sur le point de lui faire un signe de la main; mais à l'instant même un bruit se fit entendre du côté du parc de Tyvouarlen, et j'aperçus Robert qui accourait en poussant des cris de joie. Je me jetai derrière un bouquet de verdure, autant pour ne pas troubler ce rendez-vous enfantin que pour épier curieusement ce qui pouvait se passer entre Bergeronnette et Robert. Je demeurai ainsi à portée de voir et d'entendre.

« Bergeronnette aborda et tendit la main à Robert, qui la pressa avec effusion. Puis elle cargua sa voile, s'élança gaiement sur la plage et amarra sa barque. Cette fois, elle était coquettement parée : elle avait un petit chapeau de paille qui lui seyait à ravir, une robe de cotonnade blanche qui lui faisait une taille délicieuse, et des sabots lustrés qui n'étaient guère plus grands qu'une paire de pantoufles chinoises. Elle n'avait pas l'air beaucoup plus fier pour cela, vraiment; mais elle paraissait bien heureuse de revoir enfin Robert de Tyvouarlen.

« Robert l'entraîna justement vers l'endroit où j'étais caché. Ils s'assirent au pied de la charmille. Là il lui mit sur les genoux des fruits et des gâteaux, en lui disant avec une exquise délicatesse :

« — Voici la part de ma petite Bergeronnette. Il faut bien songer un peu à ceux qu'on aime, n'est-il pas vrai, Ninette? »

« La jeune Bretonne ne répondit pas tout de suite; elle était doucement émue.

« — Que vous êtes bon! dit-elle enfin; vous ne m'oubliez jamais, vous. Ni moi non plus, je ne vous oublie guère; mais j'ai si peu de chose à vous apporter : à peine quelques pauvres petites fleurs que j'ai cueillies sur le môle. Voyez! »

« Elle prit à son corsage un bouquet d'œillets de falaise et l'offrit à Robert, qui sourit de plaisir et le respira avec empressement.

« — Oh! comme ces fleurs sentent bon! dit-il, et comme elles sont fraîches! fraîches comme vous, Ninette!

« Bergeronnette rougit légèrement.

« — Eh bien! vous ne mangez pas? reprit-il. Est-ce que vous n'aimez pas les gâteaux et les fruits?

« — Si fait, si fait, beaucoup. Mais...

« — Mais quoi? dites donc, Ninette!

« — Mais j'ai envie de les garder... longtemps...

« — Quelle idée!... Pourquoi cela?

« — Parce qu'ils me viennent de vous, c'est bien naturel! »

« Robert partit d'un franc éclat de rire, et tout joyeux il embrassa Bergeronnette au front.

(La suite au prochain numéro.)

Le propriétaire-gérant : F. ROY.

LES MYSTÈRES DE PARIS

M. l'intendant valet de chambre Boyer (24,000 fr. par an) et M. Edwards, cocher, discutant leurs petites affaires. (Page 569.)

— Que dois-je faire? Vendre les chevaux et les voitures par cause de départ de M. le vicomte; et tout se vendra très-bien, car il est connu pour le premier amateur de Paris; ou bien dois-je m'établir marchand de chevaux, avec mon écurie, qui ferait un joli commencement? Que me conseillez-vous?

— Je vous conseille de faire ce que je ferai moi-même.

— Comment?

— Je me trouve dans la même position que vous.

— Vous?

— M. le vicomte déteste les détails; quand je suis entré ici, j'avais d'économies et de patrimoine une soixantaine de mille francs; j'ai fait les dépenses de la maison comme vous celles de l'écurie, et tous les ans M. le vicomte m'a payé sans examen ; à peu près à la même époque que vous, je me suis trouvé à découvert, pour moi, d'une vingtaine de mille francs, et, pour les fournisseurs, d'une soixantaine; alors M. le vicomte m'a proposé comme à vous, pour me rembourser, de me vendre le mobilier de cette maison, y compris l'argenterie qui est très-belle, de très-bons tableaux, etc. ; le tout a été estimé au plus bas prix cent quarante mille francs. Il y avait quatre-vingt mille francs à payer, restait soixante mille francs que je devais affecter, jusqu'à leur entier épuisement, aux dépenses de la table, aux gages des gens, etc., et non à autre chose : c'était une condition du marché.

— Parce que sur ces dépenses vous gagniez encore.

— Nécessairement, car j'ai pris des arrangements avec les fournisseurs, que je ne payerai qu'après la vente, — dit Boyer en aspirant une forte prise de tabac, — de sorte qu'à la fin de ce mois-ci...

— Le mobilier est à vous comme les chevaux et les voitures sont à moi.

— Évidemment. M. le vicomte a gagné à cela de vivre pendant les derniers temps comme il aime à vivre... en grand seigneur, et ceci à la barbe de ses créanciers ; car mobilier, argenterie, chevaux, voitures, tout avait été payé comptant à sa majorité, et était devenu notre propriété à vous et à moi.

— Ainsi, M. le vicomte se sera ruiné?...

— En cinq ans...

— Et M. le vicomte avait hérité?...

— D'un pauvre petit million comptant, — dit assez dédaigneusement M. Boyer en prenant une prise de tabac ; — ajoutez à ce million deux cent mille francs de dettes environ, c'est passable... C'était donc pour vous dire, mon cher Edwards, que j'avais eu l'intention de louer cette maison, admirablement meublée comme elle l'est, à des Anglais, linge, cristaux, porcelaine, argenterie, serre chaude; quelques-uns de vos compatriotes auraient payé cela fort cher.

— Sans doute. Pourquoi ne le faites-vous pas?

— Oui, mais les non-valeurs ! c'est chanceux : je me décide donc à vendre le mobilier. M. le vicomte est aussi tellement cité comme connaisseur en meubles précieux, en objets d'art, que ce qui sortira de chez lui aura toujours une double valeur ; de la sorte, je réaliserai une somme ronde. Faites comme moi, Edwards, réalisez, réalisez, et n'aventurez pas vos gains dans des spéculations ; vous, premier cocher de M. le vicomte de Saint-Remy, c'est à qui voudra vous avoir : on m'a justement parlé hier d'un mineur émancipé, un cousin de madame la duchesse de Lucenay, le jeune duc de Montbrison, qui arrive d'Italie avec son précepteur, et qui monte sa maison. Deux cent cinquante bonnes mille livres de rentes en terres... mon cher Edwards, deux cent cinquante mille livres de rentes... Et avec cela entrant dans la vie... Vingt ans, toutes les illusions de la confiance, tous les enivrements de la dépense.... prodigue comme un prince... Je connais l'intendant, je puis vous dire cela en confidence : il m'a déjà presque agréé comme premier valet de chambre... il me protége... le niais !

Et M. Boyer leva les épaules en aspirant violemment sa prise de tabac.

— Vous espérez le débusquer?

— Parbleu ! c'est un imbécile... ou un impertinent. Il me met là... comme si je n'étais pas à craindre pour lui ! Avant deux mois je serai à sa place.

— Deux cent cinquante mille livres de rentes en terre !... — reprit Edwards en réfléchissant, — et jeune homme... c'est une bonne maison.

— Je vous dis qu'il y a de quoi faire... Je parlerai pour vous à mon protecteur, — dit M. Boyer avec ironie. — Entrez là... c'est une fortune qui a des racines et à laquelle on peut s'attacher pour longtemps. Ce n'est pas comme ce malheureux million de M. le vicomte, une vraie boule de neige : un rayon du soleil parisien, et tout est dit. J'ai bien vu tout de suite que je ne serais ici qu'un oiseau de passage; c'est dommage, car cette maison nous faisait honneur, et jusqu'au dernier moment je servirai M. le vicomte avec le respect et l'estime qui lui sont dus.

— Ma foi, mon cher Boyer, je vous remercie, et j'accepte votre proposition; mais j'y songe, si je proposais à ce jeune duc l'écurie de M. le vicomte? elle est toute prête, elle est connue et admirée de tout Paris.

— C'est juste, vous pouvez faire là une affaire d'or.

— Mais vous-même, pourquoi ne pas lui proposer cette maison si admirablement montée en tout? que trouverait-il de mieux?

— Pardieu ! Edwards, vous êtes un homme d'esprit, ça ne m'étonne pas ; mais vous me donnez là une excellente idée. Il faut nous adresser à M. le vicomte, il est si bon maître qu'il ne nous refusera pas de parler pour nous au jeune duc; il lui dira que, partant pour la légation de Gérolstein, où il est attaché, il veut se défaire de tout son établissement. Voyons : cent soixante mille francs pour la maison toute meublée; vingt mille francs pour l'argenterie et les tableaux; cinquante mille francs pour l'écurie et les voitures, ça fait deux cent trente mille francs. C'est une affaire excellente pour un jeune homme qui veut se monter de tout; il dépenserait trois fois cette somme avant de réunir quelque chose d'aussi complétement élégant et choisi que l'ensemble de cet établissement... Car, il faut l'avouer, Edwards, il n'y en a pas un second comme M. le vicomte pour entendre la vie...

— Et les chevaux!

— Et la bonne chère! Godefroi, son cuisinier, sort d'ici cent fois meilleur qu'il n'y est entré; M. le vicomte lui a donné d'excellents conseils, l'a énormément raffiné.

— Par là-dessus, on dit que M. le vicomte est si beau joueur!

— Admirable... gagnant de grosses sommes avec encore plus d'indifférence qu'il ne perd... Et pourtant je n'ai jamais vu perdre plus galamment.

— Et les femmes! Boyer, les femmes! Ah! vous pourriez en dire long là-dessus, vous qui entrez seul dans les appartements du rez-de-chaussée...

— J'ai mes secrets comme vous avez les vôtres, mon cher.

— Les miens?

— Quand M. le vicomte faisait courir, n'aviez-vous pas aussi vos confidences? Je ne veux pas attaquer la probité des jockeys de vos adversaires... mais enfin certains bruits...

— Silence! mon cher Boyer; un gentleman ne compromet pas plus la réputation d'un jockey adverse qui a eu la faiblesse de l'écouter...

— Qu'un galant homme ne compromet la réputation d'une femme qui a eu des bontés pour lui; aussi, vous dis-je, gardons nos secrets, ou plutôt les secrets de M. le vicomte, mon cher Edwards.

— Ah çà!... qu'est-ce qu'il va faire maintenant?

— Partir pour l'Allemagne avec une bonne voiture de voyage et sept ou huit mille francs qu'il saura bien trouver. Oh! je ne suis pas embarrassé de M. le vicomte; il est de ces personnages qui retombent toujours sur leurs jambes, comme on dit...

— Et il n'a plus aucun héritage à attendre?

— Aucun, car son père a tout juste une petite aisance.

— Son père?

— Certainement...

— Le père de M. le vicomte n'est pas mort?

— Il ne l'était pas, du moins, il y a cinq ou six mois; M. le vicomte lui a écrit pour certains papiers de famille...

— Mais on le voit jamais ici...

— Par une bonne raison : depuis une quinzaine d'années il habite en province, à Angers.

— Mais M. le vicomte ne va pas le visiter?

— Son père?

— Oui.

— Jamais... jamais... Ah bien, oui!

— Ils sont donc brouillés?

— Ce que je vais vous dire n'est pas un secret, car je le tiens de l'ancien homme de confiance de M. le prince de Noirmont.

— Le père de madame de Lucenay? — dit Edwards avec un regard malin et significatif dont M. Boyer, fidèle à ses habitudes de réserve et de discrétion, n'eut pas l'air de comprendre la signification; il reprit donc froidement : — Madame la duchesse de Lucenay est, en effet, fille de M. le prince de Noirmont; le père de M. le vicomte était intimement lié avec le prince, madame la duchesse était alors toute jeune personne, et M. de Saint-Remy père, qui l'aimait beaucoup, la traitait aussi familièrement que si elle eût été sa fille. Je tiens ces détails de Simon, l'homme de confiance du prince. Je puis parler sans scrupules, car l'aventure que je vais vous raconter a été dans le temps la fable de tout Paris. Malgré ses soixante ans, le père de M. le vicomte est un homme d'un caractère de fer, d'un courage de lion, d'une probité que je me permettrai d'appeler fabuleuse; il ne possédait presque rien et avait épousé par amour la mère de M. le vicomte, jeune personne assez riche, qui possédait le million à la fonte duquel nous venons d'avoir l'honneur d'assister.

Et M. Boyer s'inclina. Edwards l'imita.

— Le mariage fut très-heureux jusqu'au moment où le père de M. le vicomte trouva, dit-on, par hasard, de diables de lettres qui prouvaient évidemment que, pendant une de ses absences, trois ou quatre ans après son mariage, sa femme avait eu une tendre faiblesse pour un certain comte polonais.

— Cela arrive souvent aux Polonais. Quand

j'étais chez M. le marquis de Senneval, madame la marquise... une enragée...

M. Boyer interrompit son compagnon.

— Vous devriez, mon cher Edwards, savoir les alliances de nos grandes familles avant de parler; sans cela, vous vous réservez de cruels mécomptes.

— Comment?

— Madame la marquise de Senneval est la sœur de M. le duc de Montbrison, où vous désirez entrer...

— Ah diable!

— Jugez de l'effet, si vous aviez été parler d'elle en des termes pareils devant des envieux ou des délateurs! vous ne seriez pas resté vingt-quatre heures dans la maison.

— C'est juste, Boyer... je tâcherai de connaître les alliances.

— Je reprends... Le père de M. le vicomte découvrit donc, après douze ou quinze ans d'un mariage jusque-là fort heureux, qu'il avait à se plaindre d'un comte polonais. Malheureusement ou heureusement, M. le vicomte était né neuf mois après que son père... ou plutôt que M. le comte de Saint-Remy était revenu de ce fatal voyage, de sorte qu'il ne pouvait pas être certain, malgré de grandes probabilités, que M. le vicomte fût le fruit de l'adultère. Néanmoins, M. le comte se sépara à l'instant de sa femme, ne voulut pas toucher à un sou de la fortune qu'elle lui avait apportée, et se retira en province avec environ quatre-vingt mille francs qu'il possédait. Mais vous allez voir la rancune de ce caractère diabolique. Quoique l'outrage datât de quinze ans lorsqu'il le découvrit, et qu'il dût y avoir prescription, le père de M. le vicomte, accompagné de M. de Fermont, un de ses parents, se mit aux trousses du Polonais séducteur et l'atteignit à Venise, après l'avoir cherché pendant dix-huit mois dans presque toutes les villes de l'Europe.

— Quel obstiné!...

— Une rancune de démon, vous dis-je, mon cher Edwards!... A Venise eut lieu un horrible duel, dans lequel le Polonais fut tué. Tout s'était passé loyalement; mais le père de M. le vicomte montra, dit-on, une joie si féroce de voir le Polonais blessé mortellement, que son parent, M. de Fermont, fut obligé de l'arracher du lieu du combat... le comte voulait voir, disait-il, expirer son ennemi sous ses yeux.

— Quel homme! quel homme!

— Le comte, lui, revint à Paris, alla chez sa femme, lui annonça qu'il venait de tuer le Polonais, et repartit. Depuis, il n'a jamais revu ni elle ni son fils, et il s'est retiré à Angers; c'est là qu'il vit, dit-on, comme un vrai loup-garou, avec ce qui lui reste de ses quatre-vingt mille francs, bien écornés par ses courses après le Polonais, comme vous pensez. A Angers, il ne voit personne, si ce n'est la femme et la fille de son parent, M. de Fermont, qui est mort depuis quelques années. Du reste, cette famille a du malheur, car le frère de madame de Fermont s'est brûlé, dit-on, la cervelle il y a plusieurs mois.

— Et la mère de M. le vicomte?

— Il l'a perdue il y a longtemps. C'est pour cela que M. le vicomte, à sa majorité, a joui de la fortune de sa mère... Vous voyez bien, mon cher Edwards, qu'en fait d'héritage M. le vicomte n'a rien ou presque rien à attendre de son père...

— Qui du reste doit le détester?

— Il n'a jamais voulu le voir depuis la découverte en question, persuadé sans doute qu'il est fils du Polonais.

L'entretien des deux personnages fut interrompu par un valet de pied géant, soigneusement poudré, quoiqu'il fût à peine onze heures.

— Monsieur Boyer, M. le vicomte a sonné deux fois, — dit le géant.

Boyer parut désolé d'avoir manqué à son service, se leva précipitamment et suivit le domestique avec autant d'empressement et de respect que s'il n'eût pas été le propriétaire de la maison de son maître.

CHAPITRE XI

LE COMTE DE SAINT-REMY

Il y avait environ deux heures que Boyer, quittant Edwards, s'était rendu auprès de M. de Saint-Remy, lorsque le père de ce dernier vint frapper à la porte cochère de la maison de la rue de Chaillot. Le comte de Saint-Remy était un homme de haute taille, encore alerte et vigoureux malgré son âge; la couleur presque cuivrée de son teint contrastait étrangement avec la blancheur éclatante de sa barbe et de ses cheveux; ses épais sourcils restés noirs recouvraient à demi ses yeux perçants, profondément enfoncés dans leur orbite. Quoiqu'il portât, par une sorte de manie misanthropique, des vêtements presque sordides, il avait dans toute sa personne quelque chose de calme, de fier, qui commandait le respect.

La porte de la maison de son fils s'ouvrit, il entra. Un portier en grande livrée brune et argent, parfaitement poudré et chaussé de bas de soie, parut sur le seuil d'une loge élégante, qui avait autant de rapport avec l'antre enfumé des Pipelet que le tonneau d'une ravaudeuse peut en avoir avec la somptueuse boutique d'une lingère à la mode.

(La suite au prochain numéro.)

COMMENT ON AIME

BERGERONNETTE

(SUITE)

« — Mais vous n'y pensez pas, chère Ninette ! ils se moisiront si vous les gardez. Allons, allons, dévorez-moi ça tout de suite.

« — C'est juste ! fit Bergeronnette un peu confuse. Je n'y avais pas songé du tout. »

« Et elle se mit en devoir de manger la petite provision.

« — Toute seule?... oh ! jamais ! reprit-elle en présentant à Robert un beau gâteau, le plus beau.

« — A deux, soit, Ninette, pour vous faire plaisir. »

« La collation dura longtemps, car les deux enfants entremêlaient chaque morceau de gais propos et de fous rires. Ils étaient ravissants ainsi, et je les admirais de tout mon cœur. Je quittai enfin ma cachette et m'approchai d'eux.

« — Salut à Paul et à Virginie ! » m'écriai-je en les abordant.

« A ma vue, ils se levèrent d'un air radieux et me prodiguèrent leurs caresses. Je les leur rendis libéralement ; après quoi, d'un commun accord, nous résolûmes de faire une promenade sur mer, à la voile, dans la barque de Bergeronnette.

« La promenade fut charmante. La jeune fille nous dirigea à merveille. Elle était toute fière et toute glorieuse de faire seule ainsi les honneurs de son bateau et de l'Océan.

« Au retour, et sur le point de quitter notre jolie marinière pour regagner le château de Tyvouarlen, Robert s'approcha vivement d'elle, et, l'embrassant encore au front avec tendresse :

« — Adieu, Virginie, dit-il en souriant.

« — Adieu, monsieur Paul, répondit timidement Bergeronnette.

« — Monsieur ! fi donc ! reprit Robert sur un ton de reproche. Jamais Virginie n'a dit à Paul : Monsieur ! »

« Bergeronnette hocha la tête.

« — C'est que Virginie, dit-elle, n'était pas une simple paysanne de l'île Tudi. »

« Elle étouffa un soupir.

« Pauvre Bergeronnette ! Elle mesurait déjà sans doute la distance qui la séparait de Robert, et déjà peut-être elle en souffrait. Hélas ! elle devait un jour en souffrir bien plus cruellement.

« Tandis qu'elle regagnait l'île en chantant, selon son habitude, Robert et moi, nous nous retournâmes plusieurs fois pour lui dire adieu de la main ; elle était penchée à l'arrière du bateau et nous suivait des yeux.

« Je passai une nuit encore au château de Tyvouarlen, et le jour suivant je dirigeai mes pérégrinations de touriste vers le nord du Finistère. Un mois après, j'étais de retour à Paris. Les incidents de mon voyage avaient été nombreux, et j'en avais déjà oublié le plus grand nombre ; mais la rencontre de Bergeronnette restait toujours présente à ma pensée comme une de ces fantaisies pittoresques que les poëtes aiment à imaginer, sans beaucoup y croire d'ailleurs. Je tins ma promesse, et j'envoyai à ma petite marinière une quantité fort honorable de livres de science élémentaire et de récits amusants, dont elle m'accusa réception en quelques mots. J'ai encore sa lettre ; la voici :

« Monsieur,

« J'ai reçu vos livres, et j'ai pleuré un peu,
« c'est-à-dire j'ai pleuré *baucoup* de bonheur.
« Ah ! vous êtes vraiment bien bon, et je ne

« sais comment vous remercier. Je *voudrai* « bien vous envoyer quelque chose, mais quoi? « du poisson : papa dit qu'il serait gâté avant « d'arriver jusqu'à vous. Quel *domage!* Je suis « bien embarrassée, car je n'ai rien autre « chose à vous offrir que l'amitié pour toujours,

« De votre petite servante,

« Bergeronnette. »

« Plus bas, en caractères grossiers, qui contrastent avec l'écriture fine et l'orthographe assez régulière de Bergeronnette, se trouve ce post-scriptum :

« Mon chair mosieu,

« Mersi, mersi bien. La petite ai contant et « moi ossi. Véné nous voire quan vous pourré, « sa me fera un gran plésire.

« Bonjour, vot serviteur,

« Coetdro. »

« Cette lettre rustique et touchante me charma singulièrement. Je l'ai souvent relue alors, et chaque fois j'ai ressenti en la lisant un plaisir doux et pour ainsi dire rêveur, car elle éveillait en moi de mélancoliques souvenirs. Elle me faisait songer à la majestueuse tristesse de l'Océan, au morne dénuement de l'île Tudi, aux pieds nus de Bergeronnette, au pauvre chaume du marinier. Une telle réminiscence, au milieu du confortable prosaïque de notre civilisation parisienne, ne manque pas d'un certain attrait maritime et piquant qui plaît aux natures comme la mienne. Du reste, l'impression que cette lettre produisait sur moi a bien changé depuis un an. Il est vrai que les souvenirs qu'elle éveille en mon cœur se sont accrus : je ne saurais la lire aujourd'hui sans avoir envie de pleurer.

« A la réception de cette lettre, je me promis d'établir une correspondance avec Bergeronnette et de renouveler le bonheur que je lui avais procuré déjà : il est si bon de faire un heureux! Je n'ai cependant point réalisé mon projet, distrait par l'entraînement de nouvelles affaires et de nouveaux desseins. L'existence humaine est un tissu dont presque tous les fils se composent d'espérances vaines et de résolutions avortées. Les années s'écoulèrent donc sans que j'écrivisse à Bergeronnette, sans que je reçusse de ses nouvelles. Cependant je ne songeais jamais à ce que j'appelais ambitieusement mes voyages, sans que la délicieuse image de la jeune Bretonne surgît tout à coup du fond de mon cœur, pour s'élancer sur le bord de la mer et me faire passer l'eau dans la nacelle du pêcheur. Mais, tandis que mon imagination évoquait la jolie insulaire avec ses treize ans en fleur et ses attraits enfantins, je ne réfléchissais pas que le temps nous avait entraînés, que j'avais pris des étés et qu'elle avait augmenté ses printemps. Elle devait être une grande personne, une belle personne sans doute. Mais était-elle toujours aussi spirituelle, aussi gracieuse, aussi pittoresque? Probablement non. Les enfants du pauvre, élevés au hasard, exposés à tous les vents, à toutes les fatigues, vieillissent vite, et voient bientôt se faner leur grâce et leur beauté natives. Peut-être Bergeronnette n'avait-elle plus ni éclat ni jeunesse. Peut-être même n'était-elle plus digne de mes souvenirs. Cette supposition m'attristait; car, comme il arrive souvent aux esprits quelque peu romanesques, je m'intéressais à Bergeronnette comme à l'héroïne d'un roman dont je n'avais encore lu que la première page.

« Devais-je lire d'autres pages encore de ce roman au début? C'est ce que je ne pouvais prévoir; c'est ce dont bientôt je ne me préoccupai plus. Les travaux actifs, les bruyantes distractions de la vie parisienne étouffaient la voix de mes souvenirs. Le passé dormait dans l'ombre de mon cœur; j'étais tout au présent, à la minute qui passe, à l'amour, à la joie, au chagrin, à toutes ces fugitives chimères du moment. Le tourbillon m'entraînait sans me permettre de jeter un regard en arrière.

« Un soir d'été, cependant, le souvenir de Bergeronnette se présenta à mon esprit, brusquement, sans motif bien distinct. C'était plusieurs années après mon voyage en Bretagne.

« Je me promenais sur l'un de nos boulevards et je rêvais en me promenant. Les rumeurs de Paris me rappelaient sans doute le bruit retentissant de la mer. Mon esprit s'était transporté sur les grèves de Loc-Tudi, dans la barque de la gracieuse enfant du père Coëtdro. Tout à coup je m'arrête très-ému. Une jeune fille d'une extrême beauté, portant le costume à la fois élégant et simple de nos ouvrières parisiennes, venait de passer près de moi. Nul doute, c'était Bergeronnette! Je me retourne, je regarde, j'hésite, je m'élance... Mais la foule était si compacte en ce moment et en cet endroit, que, en dépit de tous mes efforts, je ne pus retrouver cette apparition charmante, qui d'ailleurs n'était peut-être qu'une hallucination.

« Une autre fois, je crus l'apercevoir encore; je cherchai à l'atteindre; mais une sorte de fatalité semblait se jouer de moi, et ma jeune Bretonne m'échappa de nouveau au moment où je me hâtais pour la saisir. Ces deux mésaventures aiguillonnèrent vivement ma curiosité; je ne fis plus un pas sans regarder autour de moi, dans l'espérance de rencontrer Bergeronnette. Je brûlais de reprendre mon roman à la page où je l'avais laissé, et de savoir s'il était toujours digne d'intérêt et d'estime. Vaines recherches. Bien des mois s'écoulèrent sans que j'entrevisse même l'ombre de mon héroïne.

« Enfin, un matin (c'était, je crois, six ans après mon petit séjour à Loc-Tudi), j'étais à ma fenêtre, qui donnait sur l'une des rues les plus tranquilles de Paris. Je humais l'air printanier, vif et pur, secouant de son aile lutine les senteurs enlevées à un parterre voisin. Le soleil montait radieux dans un ciel bleuâtre, les moineaux pépiaient avec acharnement, tandis qu'une fauvette, dans les lilas en fleur, chantait ses plus douces mélodies. Je laissais errer nonchalamment mon regard et ma pensée sans les arrêter à rien, et j'allais même me retirer de la fenêtre, lorsque le son d'une voix, s'échappant d'une mansarde située en face de ma demeure, m'émut étrangement et captiva toute mon attention. Je levai la tête avec vivacité, et je vis une belle figure blonde qui se détachait au milieu d'un cadre de verdure et de capucines élégantes. Je tressaillis, je redoublai d'attention, je rappelai mes souvenirs, et je poussai un cri : je venais de reconnaître Bergeronnette! Elle chantait un sône breton, tout en arrosant une caisse de fleurs sur l'appui de sa croisée. La jeune fille me regarda avec étonnement, demeura immobile, son arrosoir à la main, et sembla se souvenir. Cette fois je ne me trompais pas, et je saisissais enfin ma chimère. Alors, sans hésiter, je m'élance hors de chez moi, je franchis quatre étages de la maison voisine, j'arrive : une porte était ouverte, la porte de Bergeronnette; elle m'attendait sur le seuil, et me reçut avec un air à la fois de cordialité et de réserve qui m'imposa et me charma tout à coup. J'étais si content que je l'eusse follement embrassée; mais son maintien calme et doux comprima mon enthousiasme. Elle me devina sans doute, car le sourire qui s'épanouissait sur ses lèvres s'évanouit aussitôt, et elle me fit entrer avec une grâce toute charmante, mais un peu cérémonieuse. Je ne tardai pas à remarquer que la pauvre marinière aux pieds nus s'était transformée en une ravissante personne, mise avec une simplicité d'un goût exquis, et chaussée de brodequins aussi petits que ses fériques sabots du dimanche.

— Je vous ai reconnu tout de suite, me dit-elle d'un ton amical.

« — Et moi donc! il m'a suffi de vous entendre chanter, repartis-je avec joie. Vous chantez donc toujours comme une bergeronnette, mademoiselle?

« — Oh! plus que jamais, rien ne saurait m'en empêcher. Chanter est devenu pour moi une habitude, et je crois que je mourrai en chantant. »

« Elle me présenta une chaise près de sa fenêtre, puis elle s'assit à une table chargée de rubans, de dentelles, de mousseline, de fleurs et d'une tête de carton coiffée d'un riche bonnet, qui me parut un chef-d'œuvre de grâce et d'harmonie. Je n'eus pas de peine à deviner que Bergeronnette était lingère. Je l'avoue, j'en fus désappointé. En général, la réputation des lingères n'est pas ce qui existe de plus intact ni de plus pur à Paris, ni même ailleurs. Inique préjugé, sans aucun doute; mais je le partageais alors avec tout le monde, et je craignais de voir Bergeronnette descendre du piédestal que je lui élevais déjà dans mon cœur. Je craignais que mon héroïne ne fût qu'une grisette ordinaire, avec ses mille défauts et ses mille qualités : séduisante et facile, dévouée et coquette, rangée six jours, dissipée le septième, active au travail, ardente au plaisir : étrange produit de notre civilisation, qui s'épanouit un moment sous le soleil comme une fleur vivace, et se flétrit si vite, hélas! au souffle impur de la misère et du vice. Pauvre créature qu'il faut plaindre plutôt que blâmer, et qu'il vaudrait mieux encore secourir que plaindre, en améliorant le salaire ingrat dont plus d'une est la victime. Mais, Dieu merci! Bergeronnette ne ressemblait point à une jeune fille vulgaire. Je reconnus bientôt, ou plutôt je sentis d'instinct, qu'elle était la plus noble et la plus innocente lingère de la capitale. Comme elle avait un talent vraiment supérieur dans son art, et qu'elle était très-laborieuse, je sus plus tard qu'elle gagnait assez pour subvenir à ses modestes besoins.

« — Comment votre père s'est-il décidé à vous laisser venir à Paris ? » lui demandai-je.

« Une larme, à ces mots, brilla sur sa prunelle veloutée.

« — Il ne s'y est jamais décidé, me répondit-elle ; je n'y suis venue qu'après sa mort.

« — Quoi ! votre père est mort ?

« — Il a péri dans une bourrasque en mer, il y a quatre ans. »

« Cette nouvelle m'affecta réellement. Le bonhomme Coëtdro, que je n'avais vu qu'un instant, était cependant une des meilleures sympathies de mes souvenirs ; il m'avait si bien accueilli ! il était si franc, si cordial ! il aimait tant sa petite Bergeronnette !

« Je sentis que mes yeux se mouillaient aussi.

« — Qu'il a dû souffrir, dis-je avec émotion, quand il s'est vu perdu et qu'il a songé qu'il ne vous embrasserait plus, vous, sa joie, son orgueil, son bonheur !...

« — Jugez-en, monsieur : lorsqu'on retrouva le corps de mon malheureux père, sa main, contractée, tenait encore un petit sachet que je lui avais donné pour sa fête et qu'il portait toujours avec lui. »

« A ce souvenir, Bergeronnette devint extrêmement pâle, son cœur s'était serré ; nous demeurâmes un instant silencieux ; puis elle me raconta qu'une lingère de Paris l'avait fait venir et l'avait installée chez elle comme sa propre fille. Mais, sur ces entrefaites, la pauvre femme s'était remariée, et elle était tombée dans la dépendance d'un homme dont les dissipations avaient dévoré ce qu'elle possédait ; elle s'était vue contrainte un jour de vendre son fonds de lingerie et de partir pour les États-Unis, où on lui offrait une place dans une maison de commerce. Bergeronnette avait été si heureuse en compagnie de l'excellente femme, qu'elle avait craint d'être moins bien traitée par une autre maîtresse, et avait formé le projet de louer une mansarde pour y travailler à son compte.

« — Je ne suis pas fâchée de ma résolution, ajouta-t-elle, car on m'adresse plus de bonnets à faire que je n'en puis vraiment confectionner.

« — Voilà ce que c'est que de composer des chefs-d'œuvre, répliquai-je galamment en lui montrant la tête de carton. »

« Elle sourit ; je la contemplai avec admiration, et plus je la contemplais, plus je remarquais en elle une perfection de beauté aussi délicate qu'expressive. Elle s'aperçut de mon attention fixée sur elle et la détourna avec simplicité en me priant de voir, sur une étagère suspendue à la muraille, si je ne trouverais pas les livres que je lui avais envoyés jadis. Je les trouvai, en effet, avec beaucoup d'autres symétriquement rangés sur des rayons. Cette circonstance, si ordinaire d'ailleurs, me toucha vivement, et je dis alors avec émotion :

« — Ah ! vous me permettrez, mademoiselle, de vous en offrir de nouveaux. Je possède quelques livres modernes qui renferment de jolies histoires et de jolies gravures ; je serais heureux de vous les faire agréer.

« — Je vous remercie, monsieur, ma petite bibliothèque est complète ainsi ; je n'ai pas besoin d'autres livres, » me répondit-elle d'un ton calme et un peu froid qui équivalait à un refus positif.

« Je vis bien que j'avais commis une étourderie ; je n'insistai pas. Elle redevint enjouée, et nous causâmes longtemps de son enfance et de l'île Tudi, de sa jeunesse et de la capitale, de ma vie passée et de mes espérances d'avenir, enfin de tout ce qui nous concernait l'un et l'autre, excepté peut-être du seul point sur lequel j'aurais voulu pourtant amener l'entretien, de ses amours enfantines avec Robert de Tyvouarlen. Bergeronnette, comme un pilote qui s'écarte habilement de l'écueil vers lequel l'entraîne un courant opiniâtre, évitait avec une adresse infinie d'aborder ce sujet. Je craignis de la blesser ou de lui déplaire en ayant l'air d'insister, et je ne prononçai pas même le nom du jeune homme. Je fus du reste merveilleusement charmé de son esprit et de son instruction, l'une puisée dans ses lectures, l'autre au fond de son cœur même. Tout ce qu'elle me dit était remarquable de finesse et de sensibilité. Bientôt je pris congé d'elle. Elle me permit de revenir quelquefois lui rendre visite, et j'en fus ravi comme d'une grande faveur.

« Trois quarts d'heure de causerie m'avaient suffi pour prendre de Bergeronnette, devenue jeune fille, l'idée la plus honorable. D'ordinaire passablement incrédule sur le chapitre de l'innocence des grisettes, je demeurai pourtant convaincu que si la vertu, cette perle délicate et rare, se cachait quelque part, ce devait être dans l'humble mansarde de Bergeronnette, où il me semblait avoir respiré ce parfum virginal dont parlent les poëtes.

(La suite au prochain numéro.)

Le propriétaire-gérant : F. ROY.

LES MYSTÈRES DE PARIS

— Clotilde! s'écria le comte stupéfait; vous... ici... chez mon fils! (Page 579.)

— M. de Saint-Remy? — demanda le comte d'un ton bref.

Le portier, au lieu de répondre, examinait avec une dédaigneuse surprise la barbe blanche, la redingote râpée et le vieux chapeau de l'inconnu, qui tenait à la main une grosse canne.

— M. de Saint-Remy? — reprit impatiemment le comte, choqué de l'impertinent examen du portier.

— M. le vicomte n'y est pas.

Ce disant, le confrère de M. Pipelet tira le cordon, et d'un geste significatif invita l'inconnu à se retirer.

— J'attendrai, — dit le comte.

Et il passa outre.

— Eh! l'ami! l'ami! on n'entre pas ainsi dans les maisons! — s'écria le portier en courant après le comte, et en le prenant par le bras.

— Comment, drôle! — répondit le vieillard d'un air menaçant, en levant sa canne, — tu oses me toucher!...

— J'oserai bien autre chose, si vous ne sortez pas tout de suite. Je vous ai dit que M. le vicomte n'y était pas, ainsi allez-vous-en.

A ce moment, Boyer, attiré par ces éclats de voix, parut sur le perron de la maison.

— Quel est ce bruit? — demanda-t-il.

— Monsieur Boyer, c'est cet homme qui veut absolument entrer, quoique je lui aie dit que M. le vicomte n'y était pas.

— Finissons, — reprit le comte en s'adressant à Boyer qui s'était approché ; — je veux voir mon fils... s'il est sorti, je l'attendrai...

Nous l'avons dit, Boyer n'ignorait ni l'existence ni la misanthropie du père de son maître; assez physionomiste d'ailleurs, il ne douta pas un moment de l'identité de comte, le salua respectueusement, et répondit :

— Si monsieur le comte veut bien me suivre, je suis à ses ordres...

— Allez... — dit M. de Saint-Remy, qui accompagna Boyer, au profond ébahissement du portier.

Toujours précédé du valet de chambre, le comte arriva au premier étage et suivit son guide, qui, lui faisant traverser le cabinet de travail de Florestan de Saint-Remy (nous désignerons désormais le vicomte par ce nom de baptême pour le distinguer de son père), l'introduisit dans un petit salon communiquant à cette pièce, et situé immédiatement au-dessus du boudoir du rez-de-chaussée.

— M. le vicomte a été obligé de sortir ce matin, — dit Boyer; — si monsieur le comte veut prendre la peine de l'attendre, il ne tardera pas à rentrer.

Et le valet de chambre disparut.

Resté seul, le comte regarda autour de lui avec assez d'indifférence; mais tout à coup il fit un brusque mouvement, sa figure s'anima, ses joues s'empourprèrent, la colère contracta ses traits. Il venait d'apercevoir le portrait de sa femme... de la mère de Florestan de Saint-Remy. Il croisa ses bras sur sa poitrine, baissa la tête comme pour échapper à cette vision, et marcha à grands pas.

— Cela est étrange! — disait-il, — cette femme est morte : j'ai tué son amant, et ma blessure est aussi vive, aussi douloureuse qu'au premier jour... ma soif de vengeance n'est pas encore éteinte; ma farouche misanthropie, en m'isolant presque absolument du monde, m'a laissé face à face avec la pensée de mon outrage... oui, car la mort du complice de cette infâme a vengé mon outrage, mais ne l'a pas effacé de mon souvenir! Oh! je le sens, ce qui rend ma haine incurable, c'est de songer que pendant quinze ans j'ai été dupe; c'est que pendant quinze ans j'ai entouré d'estime, de respects, une misérable qui m'avait indignement trompé... c'est que j'ai aimé son fils... le fils de son crime... comme s'il eût été mon enfant... car l'aversion que m'inspire maintenant ce Florestan ne me prouve que trop qu'il est le fruit de l'adultère! Et pourtant je n'ai pas la certitude absolue de son illégitimité; il est possible enfin qu'il soit mon fils... quelquefois ce doute m'est affreux! S'il était mon fils, pourtant! Alors l'abandon où je l'ai laissé, l'éloignement que je lui ai toujours témoigné, mon refus de le jamais voir, seraient impardonnables. Mais, après tout, il est riche, jeune, heureux... à quoi lui aurais-je été utile? Oui, mais sa tendresse eût peut-être adouci les chagrins que m'a causés sa mère!...

Après un moment de réflexion profonde, le comte reprit en haussant les épaules :

— Encore ces suppositions insensées... sans issue... qui ravivent toutes mes peines!... soyons homme, et surmontons la stupide et pénible émotion que je ressens en songeant que je vais revoir celui que, pendant dix années, j'ai aimé avec la plus folle idolâtrie, que j'ai aimé... comme mon fils... lui!... lui!... l'enfant de cet homme que j'ai vu tomber sous mon épée avec tant de bonheur, de cet homme dont j'ai vu couler le sang avec tant de joie!... et ils m'ont empêché d'assister à son agonie, à sa mort! Oh! ils ne savaient pas ce que c'est que d'avoir été frappé aussi cruellement que je l'ai été!... Et puis penser que mon nom, toujours respecté, honoré, a dû être si souvent prononcé avec insolence et dérision... comme on prononce celui d'un mari trompé!... Penser que mon nom... mon nom dont j'ai toujours été si fier, appartient à cette heure au fils de l'homme dont j'aurais voulu arracher le cœur!... Oh! je ne sais pas comment je ne deviens pas fou quand je songe à cela...

Et M. de Saint-Remy, continuant de marcher avec agitation, souleva machinalement la portière qui séparait le salon du cabinet de travail de Florestan, et fit quelques pas dans cette dernière pièce.

Il avait disparu depuis un instant lorsqu'une

petite porte masquée dans la tenture s'ouvrit doucement, et madame de Lucenay, enveloppée d'un grand châle de cachemire vert, coiffée d'un chapeau de velours noir très-simple, entra dans le salon que le comte venait de quitter pour un moment.

Expliquons la cause de cette apparition inattendue. Florestan de Saint-Remy avait donné, la veille, rendez-vous à la duchesse pour le lendemain matin. Celle-ci ayant, nous l'avons dit, une clef de la petite porte de la ruelle, était, comme d'habitude, entrée par la serre chaude, comptant trouver Florestan dans l'appartement du rez-de-chaussée; ne l'y trouvant pas, elle crut (ainsi que cela était arrivé quelquefois) le vicomte occupé à écrire dans son cabinet... Un escalier dérobé conduisait du boudoir au premier. Madame de Lucenay monta sans crainte, supposant que M. de Saint-Remy avait, comme toujours, défendu sa porte. Malheureusement, une visite assez menaçante de M. Badinot ayant obligé Florestan de sortir précipitamment, il avait oublié le rendez-vous de madame de Lucenay. Celle-ci, ne voyant personne, allait entrer dans le cabinet, lorsque les rideaux de la portière s'écartèrent, et la duchesse se trouva face à face avec le père de Florestan.

Elle ne put retenir un cri d'effroi.

— Clotilde ! — s'écria le comte stupéfait.

Intimement lié avec le prince de Noirmont, père de madame de Lucenay, M. de Saint-Remy, ayant connu celle-ci enfant et toute jeune fille, l'avait autrefois ainsi familièrement appelée par son nom de baptême. La duchesse restait immobile, contemplant avec surprise ce vieillard à barbe blanche et mal vêtu, dont elle se rappelait pourtant confusément les traits.

— Vous, Clotilde !... — répéta le comte avec un accent de reproche douloureux, — vous... ici... chez mon fils !

Ces derniers mots fixèrent les souvenirs indécis de madame de Lucenay; elle reconnut enfin le père de Florestan et s'écria :

— M. de Saint-Remy !

La position était tellement nette et significative, que la duchesse, dont on sait d'ailleurs le caractère excentrique et résolu, dédaigna de recourir à un mensonge pour expliquer le motif de sa présence chez Florestan; comptant sur l'affection toute paternelle que le comte lui avait jadis témoignée, elle lui tendit la main, et lui dit de cet air à la fois gracieux, cordial et hardi qui n'appartenait qu'à elle :

— Voyons... ne me grondez pas... Vous êtes mon plus vieil ami... Souvenez-vous qu'il y a vingt ans vous m'appeliez votre chère Clotilde...

— Oui, je vous appelais ainsi.. mais...

— Je sais d'avance tout ce que vous allez me dire; vous connaissez ma devise : *Ce qui est est... ce qui sera sera...*

— Ah ! Clotilde !...

— Épargnez-moi vos reproches, laissez-moi plutôt vous parler de ma joie de vous revoir; votre présence me rappelle tant de choses : mon pauvre père, d'abord, et puis mes quinze ans... Ah ! quinze ans, que c'est beau !

— C'est parce que votre père était mon ami que...

— Oh ! oui, — reprit la duchesse en interrompant M. de Saint-Remy, — il vous aimait tant ! Vous souvenez-vous, il vous appelait en riant *l'homme aux rubans verts*... Vous lui disiez toujours : « Vous gâtez Clotilde... prenez garde ! » et il vous répondait en m'embrassant : « Je crois bien que je la gâte; et il faut que je me dépêche et que je redouble, car bientôt le monde me l'enlèvera pour la gâter à son tour. » Excellent père ! quel ami j'ai perdu !

Une larme brilla dans les beaux yeux de madame de Lucenay; puis, tendant la main à M. de Saint-Remy, elle lui dit d'une voix émue :

— Vrai, je suis heureuse, bien heureuse de vous revoir; vous éveillez des souvenirs si précieux, si chers à mon cœur !...

Le comte, quoiqu'il connût dès longtemps ce caractère original et délibéré, restait confondu de l'aisance avec laquelle Clotilde acceptait cette position si délicate : rencontrer chez son amant le père de son amant !

— Si vous êtes à Paris depuis longtemps, — reprit madame de Lucenay, — il est mal à vous de n'être pas venu me voir plus tôt; nous aurions tant causé du passé... car savez-vous que je commence à atteindre l'âge où il y a un charme extrême à dire à de vieux amis : Vous souvenez-vous ?

Certes, la duchesse n'eût pas parlé avec un plus tranquille nonchaloir si elle eût reçu une visite du matin à l'hôtel de Lucenay.

M. de Saint-Remy ne pût s'empêcher de lui dire sévèrement :

— Au lieu de parler du passé, il serait plus à propos de parler du présent... mon fils peut rentrer d'un moment à l'autre, et...

— Non, — dit Clotilde en l'interrompant, — j'ai la clef de la petite porte de la serre, et on annonce toujours son arrivée par un coup de timbre lorsqu'il rentre par la porte cochère ; à ce bruit je disparaîtrai aussi mystérieusement que je suis venue, et je vous laisserai tout à votre joie de revoir Florestan. Quelle douce surprise vous allez lui causer... depuis si longtemps vous l'abandonnez !... Tenez, c'est moi qui aurais des reproches à vous faire.

— A moi?... à moi?...

— Certainement... Quel guide, quel appui a-t-il eu en entrant dans le monde ? et pour mille choses positives les conseils d'un père sont indispensables... Aussi, franchement, il est très-mal à vous de...

Ici madame de Lucenay, cédant à la bizarrerie de son caractère, ne put s'empêcher de s'interrompre en riant comme une folle, et de dire au comte :

— Avouez que la position est au moins singulière, et qu'il est très-piquant que ce soit moi qui vous sermonne.

— Cela est étrange, en effet ; mais je ne mérite ni vos sermons ni vos louanges : je viens chez mon fils... mais ce n'est pas pour mon fils... A son âge, il n'a pas, ou il n'a plus besoin de mes conseils...

— Que voulez-vous dire ?

— Vous devez savoir pour quelles raisons j'ai le monde et surtout Paris en horreur, — dit le comte avec une expression pénible et contrainte. — Il a donc fallu des circonstances de la dernière importance pour m'obliger à quitter Angers, et surtout à venir ici... dans cette maison... Mais j'ai dû braver mes répugnances et recourir à toutes les personnes qui pouvaient m'aider ou me renseigner à propos de recherches d'un grand intérêt pour moi.

— Oh ! alors, — dit madame de Lucenay avec l'empressement le plus affectueux, — je vous en prie, disposez de moi, si je puis vous être utile à quelque chose. Est-il besoin de sollicitations ? M. de Lucenay doit avoir un certain crédit, car les jours où je vais dîner chez ma grand'tante de Montbrison, il donne à manger chez moi à des députés ; on ne fait pas ça sans motifs ; cet inconvénient doit être racheté par quelque avantage probablement... comme qui dirait une certaine influence sur des gens qui en ont beaucoup dans ce temps-ci, dit-on. Encore une fois, si nous pouvons vous servir, regardez-nous comme à vous. Il y a encore mon jeune cousin, le petit duc de Montbrison, qui, par lui-même, est lié avec toute la jeune pairie... Pourrait-il aussi quelque chose ? En ce cas, je vous l'offre. En un mot, disposez de moi et des miens : vous savez si je puis me dire amie vaillante et dévouée !

— Je le sais... et je ne refuse pas votre appui... quoique pourtant....

— Voyons, mon cher Alceste, nous sommes gens du monde, agissons donc en gens du monde. Que nous soyons ici ou ailleurs, cela importe peu, je suppose, à l'affaire qui vous intéresse, et qui maintenant m'intéresse extrêmement, puisqu'elle est vôtre. Causons donc de cela, et très à fond... je l'exige.

Ce disant, la duchesse s'approcha de la cheminée, s'y appuya et avança vers le foyer le plus joli petit pied du monde, qui, pour le moment, était glacé. Avec un tact parfait, madame de Lucenay saisissait l'occasion de ne plus parler du vicomte, et d'entretenir M. de Saint-Remy d'un sujet auquel ce dernier attachait beaucoup d'importance. La conduite de Clotilde eût été différente en présence de la mère de Florestan ; c'est avec bonheur, avec fierté, qu'elle lui eût longuement avoué combien il lui était cher.

. . . .

Malgré son rigorisme et son âpreté, M. de Saint-Remy subit l'influence de la grâce cavalière et cordiale de cette femme qu'il avait vue et aimée tout enfant, et il oublia presque qu'il parlait à la maîtresse de son fils... Comment d'ailleurs résister à la contagion de l'exemple, lorsque le héros d'une position souverainement embarrassante ne semble pas même se douter ou vouloir se douter de la difficulté de la circonstance où il se trouve ?

— Vous ignorez peut-être, Clotilde, — dit le comte, — que depuis très-longtemps j'habite Angers.

— Non, je le savais.

— Malgré l'espèce d'isolement que je recherchais, j'avais choisi cette ville, parce que là habitait un de mes parents, M. de Fermont, qui, lors de l'affreux malheur qui m'a frappé, s'est conduit pour moi comme un frère... Après m'avoir accompagné dans toutes les villes de l'Europe où j'espérais rencontrer... un homme que je voulais tuer, il m'avait servi de témoin lors d'un duel...

— Oui, un duel terrible, mon père m'a tout dit autrefois, — reprit tristement madame de Lucenay ; — mais heureusement Florestan ignore ce duel... et aussi la cause qui l'a amené...

— J'ai voulu lui laisser respecter sa mère,

— répondit le comte en étouffant un soupir.

Il continua :

— Au bout de quelques années, M. de Fermont mourut à Angers, dans mes bras, laissant une fille et une femme que, malgré ma misanthropie, j'avais été obligé d'aimer, parce qu'il n'y avait rien au monde de plus pur, de plus noble que ces deux excellentes créatures.

(*La suite au prochain numéro.*)

COMMENT ON AIME

BERGERONNETTE

(SUITE)

« Chose étrange ! je me complaisais dans cette idée, comme si j'avais intérêt à ce que cela fût ainsi.

« Matin et soir, Bergeronnette arrosait ses fleurs en chantant. J'avais soin d'être alors à ma fenêtre pour la saluer. Le reste de la journée, elle travaillait sans relâche. La nuit, j'apercevais parfois, sur les rideaux de sa croisée, sa silhouette un livre à la main. Rarement avais-je entrevu des femmes chez elle, jamais un homme, et j'admirais cette conduite douce, studieuse, régulière. Déjà même je me croyais le seul admis dans son modeste gynécée, et cette remarque me réjouissait. C'était avec un bonheur indicible que j'allais la voir, en ayant soin que mes visites ne fussent ni importunes, ni fréquentes. Elle paraissait me recevoir avec plaisir, quoique ses manières à mon égard restassent toujours d'une politesse cérémonieuse.

« — Combien je vous suis reconnaissant, lui dis-je un jour avec une vivacité mal contenue, de la bienveillance que vous me témoignez en me recevant ainsi ! j'en suis d'autant plus touché, que votre chambrette est sans doute un sanctuaire impénétrable, dont à moi seul vous permettez l'accès. »

« Bergeronnette me regarda en souriant, et presque aussitôt elle baissa son front qui s'empourprait légèrement.

« — Je crains, me répondit-elle avec un peu d'embarras, que vous n'ayez quelques illusions sur mon compte, monsieur. Je ne suis peut-être pas aussi sévère que vous semblez le croire. Ma mansarde n'est point un sanctuaire, c'est un simple atelier.

« — Frais et modeste atelier, répliquai-je, que remplissent votre travail assidu et votre mystérieuse rêverie, et dans lequel je n'entre jamais qu'avec une émotion inexprimable. Ah ! si j'avais une sœur, mademoiselle, je ne la voudrais ni plus noble, ni plus belle, ni meilleure que vous ! Combien je l'aimerais alors ! »

« Je prononçai ces derniers mots d'un ton passionné. Bergeronnette ne répondit pas, ses sourcils se rapprochèrent d'un air soucieux, et l'aiguille qu'elle tenait à la main précipita son mouvement. Je compris que ce ton lui déplaisait et je l'abandonnai, non sans un grand effort, car je me sentais ému près d'elle, et j'éprouvais à tout instant le désir de me laisser entraîner aux élans de mon cœur. Mais elle était parvenue à m'inspirer un si profond respect, que la vivacité de mes sentiments expirait sur mes lèvres. Et d'ailleurs j'étais heureux ainsi, pourquoi risquer de détruire mon bonheur ? je me croyais le seul homme admis chez Bergeronnette : pourquoi lui faire sentir qu'elle commettait une imprudence ?

« — Non, non, me disais-je avec une secrète exaltation, je ne veux pas troubler la paix de ton âme, ô tranquille et suave enfant ! Je ne veux pas tromper ta confiance généreuse et sainte ! Je serai ton ami dévoué, rien de plus. Et si jamais ta beauté, ton esprit, tes vertus éveillent mon amour, je saurai si bien en étouffer la voix, que tu ne pourras même en soupçonner l'existence ! »

« Je tins promesse. Bergeronnette parut me savoir bon gré de ma réserve ; moi, j'étais de plus en plus édifié de sa vie ; je me félicitais de jour en jour davantage d'être le seul accueilli dans son doux et chaste nid d'oiseau. Hélas ! cette croyance fut de courte durée. Un soir, je vis un homme d'une beauté ramarquable, d'une mise recherchée, se pencher à la fenêtre de la jeune lingère et respirer le muguet qui fleurissait dans la caisse. De ma vie je n'éprouvai une déception plus poignante. Au délabrement de cœur que je ressentis, je compris avec quelle force j'aimais déjà Bergeronnette.

« — Bergeronnette ! Bergeronnette ! m'écriai-je en fermant ma croisée avec une violence égale à ma douleur, voilà donc ce qu'il en est ! Vous n'êtes qu'une grisette hypocrite ! »

« Ce cri d'indignation était souverainement ridicule, car la présence de ce jeune homme chez cette jeune fille ne prouvait pas plus contre sa vertu que ma présence même. Mais tel est le cœur humain : on ne peut souffrir chez les autres les plus insignifiantes libertés que l'on s'accorde bénévolement à soi-même. Il me sembla que j'étais mystifié, outragé, et, dans ma dignité sottement blessée, je restai tout un jour sans paraître à ma fenêtre. J'étais indigné, j'étais furieux, je souffrais, je pleurais et je faisais le serment de ne plus chercher à revoir celle qui venait de me causer un si cruel tourment. Un quart d'heure après, pour ainsi dire à mon insu, j'étais à ma fenêtre, épiant à travers mes rideaux le moment où je pourrais apercevoir Bergeronnette sans être remarqué. Elle parut, son petit arrosoir vert à la main ; elle dirigea son regard de mon côté, puis le replia sur son jardin suspendu, d'un air qui me parut absolument calme. Je demeurai stupéfait de tant d'impudence, et je résolus d'aller chez elle le lendemain pour la railler effrontément.

« J'étais fou.

« Le lendemain, en effet, je me rendis à la mansarde de Bergeronnette ; j'avais un sourire ironique sur les lèvres. La jeune fille me reçut, comme elle l'avait fait déjà, simplement et gracieusement, sans s'apercevoir d'ailleurs du changement de mes manières. Il y avait un superbe bouquet de fleurs sur la cheminée ; je soupçonnai tout de suite que le galant de la veille le lui avait offert. J'essayai une plaisanterie à ce sujet ; cette plaisanterie fut de mauvais goût ; Bergeronnette parut étonnée ; elle fixa sur moi des yeux si graves et si pénétrants, que je me sentis rougir et que je balbutiai une excuse. Elle sourit tristement et me dit avec une douceur ineffable :

« — Vous êtes toujours prêts, messieurs, à mal penser des femmes. Vraiment, vous n'êtes pas généreux. »

« Puis elle pencha mélancoliquement son visage et n'ajouta pas un mot. Son silence pensif, son mouvement attristé, son attitude sérieuse produisirent sur moi l'effet d'un rayon de soleil sur un nuage qu'il dissout en pluie : mon cœur se fondit, des larmes s'en échappèrent, et j'allais me jeter aux genoux de la belle enfant pour lui demander pardon de mes soupçons absurdes, lorsqu'on frappa à la porte de la mansarde. La clef était à la serrure, un jeune homme entra : c'était celui-là même que j'avais aperçu la veille. Bergeronnette et moi nous nous levâmes, elle pour recevoir le visiteur, moi pour me retirer. Je la saluai avec froideur ; elle rougit, puis, d'un geste doux et cependant impérieux, elle me fit signe de rester.

« — Vous vous connaissez un peu, messieurs, dit-elle après nous avoir fait asseoir et avoir repris son travail. Monsieur Frédéric Talhouët a remis autrefois de ma part à monsieur Robert de Tyvouarlen un beau livre intitulé *Paul et Virginie*. Vous en souvenez-vous, messieurs ? »

« Il y avait bien longtemps que j'avais cessé tout rapport avec la famille de Tyvouarlen. Je me rappelai parfaitement l'incident dont parlait Bergeronnette, mais je ne reconnus pas le jeune Robert. Peut-être y mettais-je un peu de mauvaise volonté, car ce jeune homme était si beau, que son aspect me communiquait une vive impression de jalousie dont vainement je cherchais à me défendre. Quant à lui, il m'avait reconnu dès l'abord, et me le dit avec une politesse gracieuse qui me fit un peu honte à moi-même.

« — J'étais encore tout jeune la dernière fois que vous vîntes au château de mon père, monsieur, reprit-il avec un sourire triste et doux. J'ai bien changé depuis, et ne suis point sans doute reconnaissable.

« — Vous étiez un charmant enfant, répondis-je avec une légère ironie, et vous êtes maintenant un jeune homme charmant ; votre taille seule a changé, monsieur.

« — Plût à Dieu ! dit-il sans remarquer ce que ma réponse avait de désobligeant ; vous m'avez vu plus heureux, plus insouciant que je ne le suis. Les années modifient aussi notre caractère, et c'est souvent aux dépens de notre bonheur. »

« Robert avait une voix touchante et une façon de s'exprimer qui allait au cœur ; cela m'indisposa plus encore contre lui.

« — N'avez-vous donc plus cet esprit vif, enjoué, romanesque, que je vous ai connu autrefois? repris-je d'un ton légèrement railleur. C'est dommage.

« — Je n'ai plus du moins l'imprévoyance et la gaieté d'un enfant.

« — C'est la loi commune ; et vous ressemblez en cela à tous ceux qui prennent des années, répliquai-je avec un sourire ironique. Vous n'êtes pas exceptionnel, je vous assure.

« — Je ne prétends point l'être, répondit-il en me regardant avec surprise, mais sans croire encore que je cherchasse à le blesser. Je regrettais seulement, devant une personne qui m'a vu si imprévoyant et si heureux, le temps écoulé et le bonheur perdu. »

« Il se tut alors, et regarda Bergeronnette avec une mélancolique tendresse. La jeune fille cousait avec une activité fébrile, causée sans doute par l'impatience que lui communiquaient mes paroles. Elle leva sur moi ses grands yeux bleus avec une expression de reproche qui me serra le cœur, puis elle les reporta sur Robert avec une douceur ineffable ; il me sembla voir leurs âmes se fondre dans ce regard, et j'en ressentis une douleur aiguë.

« — Je ne comprends pas, monsieur, repris-je bientôt, que vous vous plaigniez de n'être plus aussi heureux que vous l'étiez jadis. N'habitez-vous pas Paris, ce centre de toutes les distractions, de tous les plaisirs, de toutes les folies? N'avez-vous pas l'opulence, cette clef d'or de toutes les joies de la terre?

« — Quant à l'opulence, monsieur, je ne l'ai plus. Cette clef d'or s'est brisée entre les mains de mon père, et je ne le regretterais pas, si je ne savais, hélas! que la fortune donne l'indépendance.

« — Jeune, noble et brillant, je comprends combien cette perte doit vous être pénible. Les héritiers d'un grand nom ont, en effet, un impérieux besoin de la fortune, car, à tort ou à raison, on ne leur fait point contracter l'habitude du travail, et il doit leur être bien dur de s'y soumettre quand la nécessité les y oblige... Aussi je vous plains de tout mon cœur, monsieur le comte. »

« L'ironie perçait de plus en plus au travers de mes paroles.

« — C'est trop de bonté, vraiment, répondit Robert avec une dignité froide. Oui, je suis à plaindre, reprit-il, et plus que vous ne pensez sans doute, monsieur ; non pas, croyez-le bien, parce que je serai peut-être forcé de demander ma vie au travail ; le travail honore! mais parce que mon rang, dont je fais d'ailleurs fort peu de cas, me cause de plus grands tourments que la perte de ma fortune. Noblesse oblige, dit-on. Cette loi a de dures exigences que je ne veux pas subir, et voilà pourquoi je suis à plaindre. »

« Je ne compris pas bien ce que signifiaient ces mots, échappés sans doute à une forte préoccupation, et qui paraissaient être adressés à la jeune ouvrière plutôt qu'à moi. Je cherchai à en obtenir le sens ; mais Robert de Tyvouarlen évita de s'expliquer plus clairement. Je le plaisantai d'un ton amer, sans égard pour la présence de Bergeronnette. Il se contenta de me répondre avec un fin sourire :

« — Il me semble, monsieur, que vous avez bien changé aussi vous-même. Qu'est devenue, en effet, cette bienveillance exquise que vous manifestiez au petit Robert dans les campagnes de Loc-Tudi? Ai-je donc démérité à vos yeux? ou plutôt vos dernières relations avec mon père vous ont-elles indisposé contre sa famille? Il me semble pourtant que le comte de Tyvouarlen vous a toujours reçu comme un ami quand vous avez daigné le visiter jadis, et que vous devez avoir gardé un bon souvenir de son accueil.

« — Je n'ai jamais eu qu'à me louer de votre père, répondis-je sèchement, et je ne crois pas avoir ici manqué au respect que je dois à sa mémoire.

« — Assurément non, répliqua Robert; mais je crains que vous ne soyez pas disposé à reporter sur le fils l'affection que vous ressentiez pour le père, et cela m'afflige. Si le hasard, comme je l'espère, me fait vous rencontrer encore chez mademoiselle Bergeronnette, je m'efforcerai, monsieur, de mériter un peu mieux votre amitié. »

« Cette politesse railleuse, cette douceur sarcastique acheva de m'irriter. Je comprenais parfaitement qu'il avait deviné mes sentiments pour Bergeronnette, et je m'imaginais qu'il ne m'avait manifesté avec tant de tranquillité l'espérance de me revoir chez elle, que pour me faire sentir combien je l'inquiétais peu et combien il avait confiance en ses mérites. Mon amour-propre fut froissé, je devins impertinent ; mais il releva encore mes impertinences avec tant d'à-propos, que je sentis une colère sourde gronder en moi. J'eus assez de présence d'esprit pour me retirer, dans la crainte de la voir éclater. J'avais été suffisamment ridicule, sans y ajouter encore l'inconvenance brutale de la colère.

« L'amour est la pierre de touche des caractères, et j'aurais pu apprécier le mien dès lors, si je ne l'eusse connu depuis bien des années : tourmenté, soupçonneux, amer et jaloux, avec accompagnement d'élans généreux et de bonté intermittente. Je ne suis pas, du reste, un être étrange et rare. Dans le cours de mon existence, j'ai rencontré beaucoup d'hommes qui me ressemblaient. J'en ai même rencontré de pires, mais en petit nombre ; cela me console un peu.

« La première pensée qui s'empara de mon esprit, après avoir quitté la mansarde, c'est que Robert de Tyvouarlen était l'amant de Bergeronnette, je n'en faisais aucun doute. Bizarre réaction de nos opinions fragiles : autant je m'étais plu à la couronner d'une auréole de pureté idéale, autant je l'abaissais par mes soupçons, autant je souillais de mon imagination pervertie son âme que je taxais d'hypocrisie et de fausseté. « L'esprit le plus froid et le plus sceptique, a dit avec raison un romancier moderne, ne prête jamais à une femme toute l'infamie dont l'accuse un amoureux, lorsque la jalousie parle en lui. » Cependant ce paroxysme ne tarda pas à tomber de soi-même. Insensiblement je revins à des idées plus raisonnables, et je passai la nuit tourmenté, souffrant, à bâtir mille projets tour à tour détruits et reconstruits. Enfin je m'endormis au lever du jour, après m'être arrêté à une détermination singulière : c'était de déclarer à Bergeronnette que je l'aimais, de l'enlever à Robert de Tyvouarlen, et, s'il le fallait même, de l'épouser. Oui, je voulais désormais faire ma femme de celle que, la veille, je flétrissais de mes injurieuses pensées. S'il est quelque chose de plus mobile que la mer, c'est, sans contredit, notre cœur.

« Il était environ dix heures du matin quand j'ouvris ma fenêtre. Bergeronnette avait déjà arrosé ses fleurs. Je l'aperçus près des rideaux soulevés de sa croisée ; elle travaillait. Il y a toujours, dans l'aspect d'une personne qui travaille, je ne sais quoi de saint et de touchant qui l'ennoblit et pénètre d'un sentiment de respect.

« Je la considérai quelques minutes avec attendrissement, lui demandant pardon de toutes les flétrissures que mes soupçons lui avaient faites, et sentant glisser sur mes joues ardentes les larmes d'un amer repentir.

« — Oh ! pardonne ! m'écriai-je, pardonne à l'insensé qui t'a méconnue dans sa folie. Je t'aime et je souffre ! je t'aime et je suis jaloux ! je t'aime et j'ai peur que ton âme ne se soit donnée irrévocablement à un autre ! Mais non, non, je ne veux pas prévoir ce malheur ! Je veux espérer que tu pourras accepter le dévouement et la fortune que je t'apporte avec joie. »

« Je me rendis alors chez Bergeronnette. Arrivé à la porte de sa mansarde, j'entendis qu'elle chantait ; sa voix me sembla moins gaie que de coutume ; je fus ému et j'entrai d'un air embarrassé. Elle m'accueillit avec bonté, mais avec tristesse. Cette réception me troubla un peu ; j'hésitais à lui déclarer mes sentiments et mes projets. Enfin je fis étourdiment une déclaration avec l'offre de ma main ; elle n'en parut pas étonnée, leva sur moi ses beaux yeux inondés de bienveillance, et me répondit avec une exquise douceur :

« — Si vous étiez un homme ordinaire, monsieur Frédéric, je me contenterais de vous répondre que je ne veux point me marier. Mais je préfère être franche avec vous et vous dire la vérité, pour motiver le refus que j'ai le regret de vous faire ici. »

« Alors elle m'apprit, ce que je savais bien d'ailleurs, qu'elle aimait Robert de Tyvouarlen et qu'elle était aimée de lui. Cet amour, qui avait grandi avec eux sur les rivages de l'Océan, s'était conservé pur et vivace jusque sous le ciel de Paris, où se flétrissent pourtant bien des amours éclos loin du monde, dans la solitude, sous le charme attendrissant de la nature qui fait aimer. La dignité indicible dont Bergeronnette accompagna son aveu ne me permit pas un seul instant de supposer autre chose entre elle et Robert que les relations ingénues de l'amour le plus chaste.

« Après un moment de silence, où l'élan d'une généreuse admiration combattait en moi l'aigreur de ma passion désappointée, je lui dis d'une voix altérée :

— Robert de Tyvouarlen est d'une famille noble de Bretagne : qu'espérez-vous de votre amour ?

« — Rien, répondit-elle avec tristesse. M. Robert est l'idole de sa mère, et cependant sa mère, qui convoite pour lui un magnifique parti, lui a dit hier qu'elle ne consentirait jamais à notre union.

(*La suite au prochain numéro.*)

Le propriétaire-gérant : F. ROY.

LES MYSTÈRES DE PARIS

La duchesse s'approcha de la cheminée et avança vers le foyer le plus joli pied du monde. (Page 584.)

« Je vivais seul dans un faubourg éloigné de la ville; mais quand mes accès de noire tristesse me laissaient quelque relâche j'allais chez madame de Fermont parler avec elle et avec sa fille de celui que nous avions perdu... Comme de son vivant, je venais me retremper, me calmer dans cette douce intimité où j'avais désormais concentré toutes mes affections. Le frère de madame de Fermont habitait Paris; il se chargea de toutes les affaires de sa sœur lors de la mort de son mari, et plaça chez un notaire cent mille écus environ, qui composaient toute la fortune de la veuve. Au bout de quelque temps, un nouveau et affreux malheur frappa madame de Fermont : son frère, M. de Renneville, se suicida il y a de cela environ huit mois. Je la consolai du mieux que je pus. Sa première douleur calmée, elle partit pour Paris afin de mettre ordre à ses affaires. Au bout de quelque temps, j'appris que l'on vendait par son ordre le modeste mobilier de la maison qu'elle louait à Angers, et que cette somme avait été employée à payer quelques dettes laissées par elle. Inquiet de cette circonstance, je m'informai et j'appris vaguement que cette malheureuse femme et sa fille se trouvaient dans la détresse, victimes sans doute d'une banqueroute. Si madame de Fermont pouvait, dans une extrémité pareille, compter sur quelqu'un, c'était sur moi... pourtant je ne reçus d'elle aucune nouvelle... Ce fut surtout en perdant cette intimité si douce que j'en reconnus toute la valeur. Vous ne pouvez vous figurer mes souffrances, mes inquiétudes depuis le départ de madame de Fermont et de sa fille... Leur père, leur mari était pour moi un frère... il me fallait donc absolument les retrouver, savoir pourquoi dans leur ruine elles ne s'adressaient pas à moi, tout pauvre que j'étais; je partis pour venir ici, laissant à Angers une personne qui, si par hasard on apprenait quelque chose de nouveau, devait m'en instruire.

— Eh bien?

— Hier encore j'ai reçu une lettre d'Anjou... on ne sait rien... En arrivant à Paris, j'ai commencé mes recherches... je suis allé d'abord à l'ancien domicile du frère de madame de Fermont... Là on m'a dit qu'elle demeurait sur le quai du canal Saint-Martin.

— Et cette adresse?...

— Avait été la sienne, mais on ignorait son nouveau logement... Malheureusement, jusqu'à présent, mes recherches ont été inutiles. Après mille vaines tentatives, avant de désespérer tout à fait, je me suis décidé à venir ici. Peut-être madame de Fermont, qui, par un motif inexplicable, ne m'a demandé ni aide ni appui, aura eu recours à mon fils comme au fils du meilleur ami de son mari... Sans doute ce dernier espoir est bien peu fondé... mais je ne veux rien avoir négligé pour retrouver cette pauvre femme et sa fille.

Depuis quelques minutes madame de Lucenay écoutait le comte avec un redoublement d'attention; tout à coup elle dit : — En vérité, il serait bien singulier qu'il s'agît des mêmes personnes auxquelles s'intéresse madame d'Harville.

— Quelles personnes? — demanda le comte.

— La veuve dont vous parlez est jeune encore, n'est-ce pas? sa figure est très-noble?

— Sans doute... mais comment savez-vous...

— Sa fille, belle comme un ange, a seize ans au plus?

— Oui... oui...

— Et elle s'appelle Claire?

— Oh! de grâce! dites, où sont-elles?

— Hélas! je l'ignore...

— Vous l'ignorez?

— Voici ce qui est arrivé : une femme de ma société, madame d'Harville, est venue chez moi me demander si je ne connaissais pas une femme veuve, dont la fille se nommait Claire, et dont le frère se serait suicidé; madame d'Harville s'adressait à moi, parce qu'elle avait vu ces mots : *Écrire à madame de Lucenay*, tracés au bas d'un brouillon de lettre que cette malheureuse femme écrivait à une personne inconnue, dont elle réclamait l'appui.

— Elle voulait vous écrire... à vous?... Et pourquoi?

— Je l'ignore... je ne la connais pas...

— Mais elle vous connaissait, elle! — s'écria M. de Saint-Remy frappé d'une idée subite.

— Que dites-vous?

— Cent fois elle m'avait entendu parler de votre père, de vous, de votre généreux et excellent cœur... Dans son infortune, elle aura songé à recourir à vous...

— En effet, cela peut s'expliquer ainsi...

— Et madame d'Harville... comment avait-elle eu ce brouillon de lettre en sa possession?

— Je l'ignore; tout ce que je sais, c'est que, sans savoir encore où étaient réfugiées cette pauvre mère et sa fille, elle était, je crois, sur leurs traces...

— Alors je compte sur vous, Clotilde, pour m'introduire auprès de madame d'Harville; il faut que je la voie aujourd'hui.

— Impossible!... Son mari vient d'être victime d'un effroyable accident : une arme qu'il ne croyait pas chargée est partie entre ses mains, il a été tué sur le coup.

— Ah! c'est horrible!...

— La marquise est aussitôt partie pour aller passer les premiers temps de son deuil chez son père, en Normandie...

— Clotilde, je vous en conjure, écrivez-lui aujourd'hui, demandez-lui les renseignements qu'elle possède déjà; puisqu'elle s'intéresse à ces pauvres femmes, dites-lui qu'elle n'aura pas de plus chaleureux auxiliaire que moi; mon seul désir est de retrouver la veuve de mon ami et de partager avec elle et avec sa fille le peu que je possède. Maintenant, c'est ma seule famille.

— Toujours le même; toujours généreux et dévoué! Comptez sur moi, j'écrirai aujourd'hui même à madame d'Harville. Où adresserai-je ma réponse?

— A Asnières, poste restante.

— Quelle bizarrerie! Pourquoi vous loger là, et pas à Paris?

— J'exècre Paris, à cause des souvenirs qu'il me rappelle, — dit M. de Saint-Remy d'un air sombre; — mon ancien médecin, le docteur Griffon, avec qui je suis resté en correspondance, possède une petite maison de campagne sur le bord de la Seine, près d'Asnières; il ne l'habite pas l'hiver, il me l'a proposée; c'était presque un faubourg de Paris : je pouvais, après m'être livré à mes recherches, trouver là l'isolement qui me plaît... J'ai accepté.

— Je vous écrirai donc à Asnières; je puis d'ailleurs vous donner déjà un renseignement qui pourra vous servir peut-être... et que je dois à madame d'Harville... La ruine de madame de Fermont a été causée par la friponnerie du notaire chez qui était placée toute la fortune de votre parente... Ce notaire a nié le dépôt.

— Le misérable!... Et il se nomme?...

— M. Jacques Ferrand, — dit la duchesse, sans pouvoir dissimuler son envie de rire.

— Que vous êtes étrange, Clotilde! Il n'y a rien que de sérieux, que de triste dans tout ceci, et vous riez! — dit le comte surpris et mécontent.

En effet, madame de Lucenay, au souvenir de l'amoureuse déclaration du notaire, n'avait pu réprimer un mouvement d'hilarité.

— Pardon, mon ami, — reprit-elle; — c'est que ce notaire est un homme fort singulier... et l'on raconte de lui des choses fort ridicules... Mais sérieusement, si sa réputation d'honnête homme n'est pas plus méritée que sa réputation de saint homme (et je déclare celle-ci usurpée), c'est un grand misérable!

— Et il demeure?

— Rue du Sentier.

— Il aura ma visite... Ce que vous me dites de lui coïnciderait alors assez avec certains soupçons...

— Quels soupçons?

— D'après quelques renseignements pris sur la mort du frère de ma pauvre amie, je serais presque tenté de croire que ce malheureux, au lieu de se suicider... a été victime d'un assassinat.

— Grand Dieu! Et qui vous ferait supposer...

— Plusieurs raisons qui seraient trop longues à vous dire; je vous laisse... N'oubliez pas les offres de services que vous m'avez faites en votre nom et en celui de M. de Lucenay.

— Comment! vous partez... sans voir Florestan?

— Cette entrevue me serait trop pénible, vous devez le comprendre... Je la bravais dans le seul espoir de trouver ici quelques renseignements sur madame de Fermont, voulant n'avoir au moins rien négligé pour la retrouver; maintenant, adieu...

— Ah! vous êtes impitoyable!

— Ne savez-vous pas?...

— Je sais que votre fils n'a jamais eu plus besoin de vos conseils...

— Comment? N'est-il pas riche, heureux?...

— Oui, mais il ne connaît pas les hommes. Aveuglément prodigue, parce qu'il est confiant et généreux, en tout, partout et toujours très-grand seigneur, je crains qu'on n'abuse de sa bonté. Si vous saviez ce qu'il y a de noblesse dans ce cœur! Je n'ai jamais osé le sermonner au sujet de ses dépenses et de son désordre, d'abord parce que je suis au moins aussi folle que lui, et puis... pour d'autres raisons; mais vous, au contraire, vous pourriez...

Madame de Lucenay n'acheva pas.

Tout à coup on entendit la voix de Florestan de Saint-Remy. Il entra précipitamment dans le cabinet voisin du salon; après en avoir brusquement fermé la porte, il dit d'une voix altérée à quelqu'un qui l'accompagnait :

— Mais c'est impossible!....

— Je vous répète, — répondit la voix claire et perçante de M. Badinot, — je vous répète que, sans cela, avant quatre heures vous serez arrêté... Car s'il n'a pas l'argent tantôt, notre homme va déposer sa plainte au parquet du roi, et vous savez ce que vaut un FAUX comme celui-là : les galères, mon pauvre vicomte!...

CHAPITRE XII

L'ENTRETIEN

Il est impossible de peindre le regard qu'échangèrent madame de Lucenay et le père de Florestan en entendant ces terribles paroles : *Il y va pour vous... des galères!* — Le comte devint livide; il s'appuya au dossier d'un fauteuil, ses genoux se dérobaient sous lui. Son nom vénérable et respecté... son nom déshonoré par un homme qu'il accusait d'être le fruit de l'adultère! Ce premier abattement passé, les traits courroucés du vieillard, un geste menaçant qu'il fit en s'avançant vers le cabinet, révélèrent une résolution si effrayante que madame de Lucenay lui saisit la main, l'arrêta, et lui dit à voix basse, avec l'accent de la plus profonde conviction :

— Il est innocent... je vous le jure!... Écoutez en silence...

Le comte s'arrêta. Il voulait croire à ce que lui disait la duchesse. Celle-ci était en effet persuadée de la loyauté de Florestan. Pour obtenir de nouveaux sacrifices de cette femme si aveuglément généreuse, sacrifices qui avaient pu seuls le mettre à l'abri d'une prise de corps et des poursuites de Jacques Ferrand, le vicomte avait affirmé à madame de Lucenay que, dupe d'un misérable dont il avait reçu en paiement une traite fausse, il risquait d'être regardé comme complice du faussaire, ayant lui-même mis cette traite en circulation. Madame de Lucenay savait le vicomte imprudent, prodigue, désordonné; mais jamais elle ne l'aurait un moment supposé capable, non pas d'une bassesse ou d'une infamie, mais seulement de la plus légère indélicatesse. En lui prêtant par deux fois des sommes considérables dans des circonstances très-difficiles, elle avait voulu lui rendre un service d'*ami*, le vicomte n'acceptant jamais ces avances qu'à la condition expresse de les rembourser; car on lui devait, disait-il, plus du double de ces sommes. Son luxe apparent permettait de le croire. D'ailleurs madame de Lucenay, cédant à l'impulsion de sa bonté naturelle, n'avait songé qu'à être utile à Florestan, et nullement à s'assurer s'il pouvait s'acquitter envers elle. Il l'affirmait; elle n'en doutait pas; eût-il accepté sans cela des prêts aussi importants? En répondant de l'honneur de Florestan, en suppliant le vieux comte d'écouter la conversation de son fils, la duchesse pensait qu'il allait être question de l'abus de confiance dont le vicomte se prétendait victime, et qu'il serait ainsi complétement innocenté aux yeux de son père.

— Encore une fois, — reprit Florestan d'une voix altérée, — ce Petit-Jean est un infâme; il m'avait assuré n'avoir pas d'autres traites que celles que j'ai retirées de ses mains hier et il y a trois jours... Je croyais celle-ci en circulation, elle n'était payable que dans trois mois, à Londres, chez Adams et Compagnie.

— Oui, oui, — dit la voix mordante de Badinot, — je sais, mon cher vicomte, que vous aviez adroitement combiné votre affaire; vos faux ne devaient être découverts que lorsque vous seriez déjà loin... Mais vous avez voulu attraper plus fin que vous.

— Eh! il est bien temps maintenant de me dire cela, malheureux que vous êtes!... — s'écria Florestan furieux; — n'est-ce pas vous qui m'avez mis en rapport avec celui qui m'a négocié ces traites?

— Voyons, mon cher aristocrate, — répondit froidement Badinot, — du calme!... Vous contrefaites habilement les signatures de commerce; c'est à merveille, mais ce n'est pas une raison pour traiter vos amis avec une familiarité désagréable. Si vous vous emportez encore... je vous laisse; arrangez-vous comme vous voudrez...

— Eh! croyez-vous qu'on puisse conserver son sang-froid dans une position pareille?... Si ce que vous me dites est vrai, si cette plainte doit être déposée aujourd'hui au parquet du procureur du roi, je suis perdu...

— C'est justement ce que je vous dis, à moins que... vous n'ayez encore recours à votre charmante providence aux yeux bleus...

— C'est impossible.

— Alors, résignez-vous. C'est dommage, c'était la dernière traite... et pour vingt-cinq mauvais mille francs... aller prendre l'air du Midi à Toulon... c'est maladroit, c'est absurde, c'est bête! Comment un habile homme comme vous peut-il se laisser acculer ainsi?

— Mon Dieu! que faire? que faire?... rien de ce qui est ici ne m'appartient plus, je n'ai pas vingt louis à moi...

— Vos amis?

— Eh! je dois à tous ceux qui pourraient me prêter; me croyez-vous assez sot pour avoir attendu jusqu'à aujourd'hui pour m'adresser à eux?

— C'est vrai; pardon... Tenez, causons tranquillement, c'est le meilleur moyen d'arriver à une solution raisonnable. Tout à l'heure je voulais vous expliquer comment vous vous étiez attaqué à plus fin que vous... vous ne m'avez pas écouté.

— Allons, parlez si cela peut être bon à quelque chose.

(*La suite au prochain numéro.*)

— Je désirerais parler à mademoiselle Bergeronnette. (Page 590.)

COMMENT ON AIME (suite).

« — Mais Robert peut vous épouser sans son consentement? » repris-je avec anxiété.

« Bergeronnette releva fièrement son front penché.

« — Il me l'a proposé, dit-elle, et j'ai refusé. Je puis l'aimer contre le vœu de sa famille, mais l'épouser, jamais ! »

« Tandis qu'elle proférait ces mots, deux grosses larmes vinrent se suspendre au bord de ses longs cils et glissèrent lentement sur ses joues pâles; elle les essuya tout à coup, et reprit en souriant :

« — Tenez, dit-elle, j'étais vraiment plus heureuse lorsque, insoucieuse enfant, je courais pieds nus et cheveux au vent sur les grèves de Loc-Tudi. »

« Je pris doucement une de ses mains dans les miennes et lui dis d'une voix pénétrée :

« — C'est vous qui avez fait votre malheur, ma pauvre Bergeronnette, en acceptant un amour déraisonnable et fatal. Ah ! croyez-moi, ayez le courage de renoncer à Robert. Il n'y a pour vous de repos qu'à ce prix.

« — Renoncer n'est pas guérir, et je sens là que je ne guérirai jamais.

« — L'âme n'a pas de souffrance incurable, Bergeronnette, quand on veut y appliquer le remède. Cessez de voir Robert, ne vous refusez pas aux consolations d'un ami dévoué, combattez toute rêverie funeste, ne repoussez point l'occasion de vous étourdir, de vous distraire, d'oublier; et peut-être qu'un jour vous ne dédaignerez point de mettre votre main dans la mienne qui se tendra encore vers vous.

« — Il y a dix ans que j'aime Robert, répondit la jeune fille avec une lenteur solennelle et des larmes dans la voix. Cet amour a poussé des racines profondes. Les efforts que je ferais pour l'arracher me briseraient, n'en doutez pas. Laissez-moi donc le conserver intact au fond de mon cœur, jusqu'au jour où l'orage, en le détruisant, me fera mourir. »

« Elle détourna son visage, pour que je ne visse pas qu'il était inondé de pleurs.

« — Cruelle enfant, m'écriai-je, vous êtes donc sans pitié pour moi!

« — Taisez-vous! dit-elle en s'efforçant de se calmer. C'est vous qui êtes impitoyable. Vous avez ravivé mes douleurs assoupies; n'est-il pas toujours assez temps quand elles se réveillent d'elles-mêmes?

« — Elles sont alors plus cuisantes, et l'on a moins de force pour les combattre, chère insensée!

« — N'importe! monsieur, je ne veux plus que vous me parliez ainsi. Respectez ma folie, car, si amère qu'elle soit, je m'y plais et je l'aime. »

« Elle devint froide et sévère et se remit à l'ouvrage. Je n'osai plus ajouter un seul mot, et je tombai dans une rêverie douloureuse. Sombre et désolé, je mesurais l'abîme dans lequel je roulais, et je voyais avec désespoir que le franc et noble aveu de Bergeronnette, loin d'arrêter ma funeste passion sur la pente, ne faisait qu'en précipiter l'élan. Il était peut-être temps encore d'échapper; mais, oubliant de mettre à profit pour moi-même les conseils que je venais de donner à la pauvre enfant, je fermai les yeux et je m'abandonnai au hasard. Je plaçai mon espérance sur les ailes du temps, qui nous porte si souvent au but qu'on désespérait d'atteindre; je comptai sur l'avenir : je sentais que j'aimais assez pour attendre.

« Lorsque j'ouvris la porte de la mansarde pour me retirer, une dame s'y présenta. A ma grande surprise, je reconnus la comtesse de Tyvouarlen.

« — Monsieur Frédéric Talhouët! » fit-elle en me saluant d'un air légèrement ironique.

« Et, sans me donner le temps de répondre, elle s'adressa à Bergeronnette.

« — Je désirerais parler à mademoiselle Bergeronnette Coëtdro?

« — C'est moi, madame, répondit celle-ci en se levant avec émotion.

« — Madame de Tyvouarlen! » dis-je interdit; puis je fis un mouvement pour sortir.

« A ce nom, Bergeronnette pâlit; elle s'appuya de la main sur la table à ouvrage. Madame de Tyvouarlen jeta sur elle un regard rapide, dont le résultat me parut flatteur pour Bergeronnette; puis, se tournant vers moi, elle ajouta avec une imperceptible nuance de raillerie :

« — Votre présence n'est pas de trop ici en ce moment, monsieur Talhouët, au contraire; je désire vous avoir pour appui dans la prière que je vais adresser à mademoiselle. »

« J'hésitai quelques secondes, mais je crus lire dans les yeux de Bergeronnette qu'elle désirait que je restasse; je restai, résolu de ramener madame de Tyvouarlen dans les bornes des convenances et de la politesse, si par hasard elle s'en écartait.

« Madame de Tyvouarlen était une femme de cinquante ans environ, d'une grande et belle taille, d'une figure fine et gracieuse; ses manières avaient de l'élégance et de l'affabilité; sa voix était pleine d'onction et allait au cœur. Comme elle était foncièrement bonne, il était difficile de la voir sans être bientôt captivé.

« Nous nous assîmes. Il y eut un moment de silence et d'embarras.

« — Vous connaissez M. Robert de Tyvouarlen, mon fils? dit enfin la comtesse d'une voix douce et bienveillante.

« — Oui, madame, balbutia Bergeronnette.

« — Depuis longtemps, n'est-ce pas?

« — Depuis mon enfance, madame, répondit Bergeronnette en s'efforçant de calmer une émotion violente.

« — Je me souviens, en effet, que votre père, marinier de l'île Tudi, dirigeait souvent nos promenades en mer, et vous l'accompagniez presque toujours. N'est-ce pas ainsi que vous avez connu mon fils? »

« Bergeronnette fit un signe de tête affirmatif.

« — Il allait souvent vous voir dans l'île, reprit la comtesse, et vous veniez quelquefois au château où l'on vous aimait beaucoup, car vous étiez une toute gracieuse et toute belle enfant. »

« La comtesse prononça ces mots avec une amabilité parfaite, et reprit :

« — Robert surtout vous recevait avec joie et semblait vous chérir vivement. Caprice enfantin auquel on ne faisait guère attention ! On vous voyait souvent ensemble sur la grève, en bateau, et l'on souriait de votre tendresse mutuelle, sans songer qu'elle pût devenir sérieuse et croître dans l'avenir. L'enfance n'a-t-elle pas toujours ses petites passions naïves, dont plus tard on ne se souvient même plus? »

« Et s'adressant à moi :

« — N'est-il pas vrai, monsieur Talhouët? ajouta-t-elle avec sa grâce indicible.

« — Sans doute, madame, répondis-je. Le cœur d'un enfant n'a pas assez de profondeur pour qu'une sympathie puisse y germer fortement. Le moindre souffle l'emporte, et il n'en reste bientôt plus de trace. Il arrive toutefois, mais rarement, que la semence se cache dans un repli de notre âme; alors il suffit de quelques circonstances favorables pour la féconder et la développer.

« — C'est ce qui a eu lieu cette fois, reprit-elle en se tournant vers Bergeronnette. Une tendresse enfantine est devenue une passion sérieuse; si sérieuse, je ne vous le cache pas, mademoiselle, que mon fils m'a exprimé le désir... de vous épouser. »

« Bergeronnette tressaillit légèrement, et garda encore le silence.

« La comtesse reprit avec affabilité :

« — Cette intention de mon fils vous honore à mes yeux, mademoiselle, et je suis convaincue que vous en êtes digne autant par votre caractère que par votre... beauté. »

« Elle appuya sur ce mot avec une grâce exquise qui en excluait l'ombre même d'une impertinence. Bergeronnette rougit beaucoup. La comtesse continua.

« — Oui, mademoiselle, c'est parce que j'ai bien auguré de votre caractère, d'après ce que m'en a dit Robert lui-même, que je suis venue vers vous. Voici ce que j'ai à vous demander, voici la prière que je viens vous adresser, avec l'espérance de voir votre noble cœur souscrire à nos vœux et en préparer la réalisation. »

« Il était évident que la comtesse allait réclamer un sacrifice; elle avait mis du miel au bord du vase d'amertume. Bergeronnette en fut vivement touchée; la pauvre enfant s'efforçait de dévorer une larme où brillait autant de reconnaissance affectueuse que de douloureuse prévision. Alors madame de Tyvouarlen lui expliqua longuement que son mari avait fait, de son vivant, des pertes considérables dans diverses entreprises malheureuses, et que, d'une grande fortune qu'elle avait possédée, il ne lui restait plus à elle ainsi qu'à son fils, depuis la liquidation effectuée après la mort de M. de Tyvouarlen, qu'un médiocre revenu, fort insuffisant pour la représentation que Robert devait garder en sa qualité de comte et de descendant d'une des premières maisons de France. Elle eut soin de mettre en relief ces dernières paroles, probablement pour faire apprécier à Bergeronnette toute la distance qui séparait l'humble fille du pêcheur de l'illustre rejeton qu'elle aimait.

« Bergeronnette courba la tête en silence avec accablement. La comtesse émue reprit :

« — Mon fils peut retrouver l'opulence que nous avons perdue; il peut redevenir riche à millions. Il suffit pour cela qu'il épouse sa cousine. Ce mariage serait brillant et convenable sous tous les rapports; il ferait le bonheur de Robert, j'en suis persuadée. Et cependant mon fils s'y refuse depuis un an, et la cause de ce refus, vous la connaissez... Oui, mademoiselle, vous êtes le seul obstacle aux projets de deux familles unies, qui veulent se lier plus étroitement encore. »

« La comtesse se tut un instant et sembla scruter la pensée de Bergeronnette. Bergeronnette releva avec lenteur son visage humide et pâle, elle fixa sur madame de Tyvouarlen un regard interrogateur. La comtesse, s'approchant d'elle avec intérêt, lui prit doucement la main.

— Il dépend de vous, dit-elle, que les choses s'arrangent, si vous avez le courage d'un effort généreux.

« — Hélas! madame, dit Bergeronnette avec douleur, que puis-je, que dois-je donc faire?

« — Il faudrait, mon enfant, vous absenter pendant un an. »

« Bergeronnette frémit.

« — Il faudrait que mon fils ne sût pas ce que vous êtes devenue, reprit la comtesse de sa voix la plus insinuante. Il vous croira oublieuse, inconstante, et, je connais mon fils, il ne tardera pas alors à réaliser nos vœux, car il n'a pas d'éloignement invincible pour sa jolie cousine. »

« Bergeronnette fondit en larmes. Mon cœur se serra.

« — Ne pleurez pas ainsi, mon enfant, dit la comtesse avec onction. Soyez forte et magnanime, et montrez-vous aussi grande en vous éloignant de mon fils qu'il s'est montré désintéressé en voulant vous épouser. Croyez-moi, votre conscience vous louera toujours d'une telle action, et deux familles vous seront reconnaissantes d'avoir noblement secondé leurs projets. »

« Madame de Tyvouarlen dit alors à la jeune fille qu'elle pourrait choisir pour résidence telle ville éloignée qui lui conviendrait, et qu'elle recevrait exactement les quartiers d'une rente viagère qu'on lui constituait désormais.

« A ces mots, Bergeronnette fit un mouvement de surprise ; elle essuya vivement les pleurs qui obscurcissaient son regard, et arrêta avec une douce fierté ses yeux sur la comtesse.

« — Dieu merci ! madame, dit-elle d'une voix grave et pénétrante, mon travail a toujours suffi à mes modestes besoins. En quelque lieu que ce soit, je saurai me suffire encore sans profiter d'aucune obligeance. Je ne puis donc accepter votre offre, et je vous prie de ne point insister pour me la faire agréer : ce serait inutile et cruel. »

« Elle reprit avec effort :

« — Je ferai cependant ce que vous désirez, madame; sous peu de jours je ne serai plus à Paris; M. Robert ne saura point où je suis allée, au moins par ma volonté. Vous pouvez compter sur ma parole, madame.

« — Noble enfant ! s'écria la comtesse dans un sincère élan de joie et de reconnaissance. Ah ! je ne m'étais pas trompée en pressentant que vous étiez aussi généreuse que belle ! Ah ! mille fois merci de votre courageuse résolution !

« — Ne me remerciez pas, madame. Vous venez d'accomplir votre devoir de mère sans doute ; moi, je vais faire le mien : aimer, n'est-ce pas se dévouer ? »

« En ce moment, Bergeronnette était admirable de noblesse et de résignation, de douleur et de fierté. Madame de Tyvouarlen, qui s'attendait à plus de résistance et qui s'était fiée surtout à l'argument de la rente pour obtenir ce qu'elle voulait, était vraiment touchée en voyant ses prévisions déçues. Elle semblait même courber la tête sous un remords secret, sous une rapide irrésolution, et peut-être aussi sous le sentiment de son infériorité en face de cette pauvre et belle enfant qui, sans hésiter, consentait à faire le sacrifice de ses espérances, de son amour, de son bonheur. Bergeronnette dominait alors la grande dame de toute la hauteur de la souffrance et du renoncement : elle était sublime ! Un grand poëte de nos jours l'a dit : « Il y a des natures qui se développent d'elles-mêmes dans toutes les positions où il plaît au hasard de les faire naître. La noblesse du cœur est, comme la vivacité de l'esprit, une flamme que rien ne peut étouffer et qui tend sans cesse à s'élancer, comme pour rejoindre le foyer de grandeur et de bonté éternelles dont elle émane. »

« La comtesse se leva, regarda Bergeronnette avec tendresse, prit une de ses mains qu'elle porta à ses lèvres, et dit avec émotion :

« — Adieu, mademoiselle, je ne vous oublierai jamais, car vous êtes un ange !

« — Un ange ! répondit Bergeronnette en soupirant : les anges sont heureux, madame ! »

« Madame de Tyvouarlen combla encore la jeune fille d'expressions de regret et de reconnaissance ; puis elle lui baisa de nouveau la main et se retira. Je la suivis, sentant que Bergeronnette avait besoin d'être seule après une si violente secousse.

« — Croyez-vous qu'elle parte en effet? me demanda la comtesse.

« — N'en doutez pas, madame, lui répondis-je.

« — Ah ! je comprends maintenant que mon fils l'aime si follement ! Elle est vraiment charmante !

« — Mais vous ne comprendriez pas qu'il l'épousât? répliquai-je.

« — Et les convenances?

« — C'est juste ! il s'agit bien de sympathie entre gens qui se marient !

« — Et d'ailleurs la position précaire de mon fils n'a-t-elle pas ses exigences de fortune?

« — Qui passent avant les exigences du cœur. C'est l'ordinaire. Voilà pourquoi il y a tant d'heureuses unions ; on les compte.

(La suite au prochain numéro.)

Le propriétaire-gérant : F. ROY.

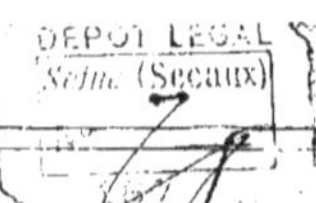

LES MYSTÈRES DE PARIS

— Les galères, mon pauvre vicomte, voilà ce que vaut un faux comme celui-là. (Page 587.)

— Récapitulons; vous m'avez dit il y a deux ans : « J'ai pour cent treize mille francs de traites sur différentes maisons de banque à longues échéances; mon cher Badinot, trouvez moyen de me les négocier... »

— Eh bien!... ensuite?...

— Attendez... Je vous ai demandé à voir ces valeurs... Un certain je ne sais quoi m'a dit que ces traites étaient fausses, quoique parfaitement imitées. Je ne vous soupçonnais pas, il est vrai, un talent calligraphique aussi avancé; mais, m'occupant du soin de votre fortune depuis que vous n'aviez plus de fortune, je vous savais complétement ruiné. J'avais fait passer l'acte par lequel vos chevaux, vos voitures, le mobilier de cet hôtel appartenaient à Boyer et à Edwards...

il n'était donc pas indiscret à moi de m'étonner de vous voir possesseur de valeurs de commerce si considérables, hein?

— Faites-moi grâce de vos étonnements; arrivons au fait.

— M'y voici... J'ai assez d'expérience ou de timidité... pour ne pas me soucier de me mêler directement d'affaires de cette sorte; je vous adressai donc à un tiers qui, non moins clairvoyant que moi, soupçonna le mauvais tour que vous vouliez lui jouer.

— C'est impossible; il n'aurait pas escompté ces valeurs s'il les avait crues fausses.

— Combien vous a-t-il donné d'argent comptant pour ces cent treize mille francs?

— Vingt-cinq mille francs comptant, et le reste en créances à recouvrer...

— Et qu'avez-vous retiré de ces créances?

— Rien, vous le savez bien; elles étaient illusoires... mais il aventurait toujours vingt-cinq mille francs.

— Que vous êtes jeune, mon cher vicomte! Ayant à recevoir de vous ma commission de cent louis si l'affaire se faisait, je m'étais gardé de dire au tiers l'état réel de vos affaires... Il vous croyait encore à votre aise, et il vous savait surtout très-adoré d'une grande dame puissamment riche qui ne vous laisserait jamais dans l'embarras : il était donc à peu près sûr de rentrer au moins dans ses fonds, par transaction; il risquait sans doute de perdre, mais il risquait aussi de gagner beaucoup, et son calcul était bon; car, l'autre jour, vous lui avez déjà compté bel et bien cent mille francs pour retirer la fausse traite de cinquante-huit mille francs, et hier trente mille pour la seconde... Pour celle-ci, il s'est contenté, il est vrai, du remboursement intégral. Comment vous êtes-vous procuré ces trente mille francs d'hier? que le diable m'emporte si je le sais! car vous êtes un homme unique... Vous voyez donc qu'en fin de compte si Petit-Jean vous force à payer la dernière traite de vingt-cinq mille francs, il aura reçu de vous cent cinquante-cinq mille francs pour vingt-cinq mille qu'il vous aura comptés ; or j'avais raison de dire que vous vous étiez joué à plus fin que vous.

— Mais pourquoi m'a-t-il dit que cette dernière traite, qu'il présente aujourd'hui, était négociée?

— Pour ne pas vous effrayer, il vous avait dit aussi qu'excepté celle de cinquante-huit mille francs les autres étaient en circulation : une fois la première payée, hier est venue la seconde, et aujourd'hui la troisième.

— Le misérable!...

— Écoutez donc, chacun pour soi. Mais causons de sang-froid : ceci vous prouve que le Petit-Jean (et entre nous je ne serais pas étonné que, malgré sa sainte renommée, le Jacques Ferrand ne fût de moitié dans ses spéculations); ceci vous prouve, dis-je, que le Petit-Jean, alléché par vos premiers payements, spécule sur cette dernière traite, comme il a spéculé sur les autres, bien certain que *vos amis* ne vous laisseront pas traduire en cour d'assises. C'est à vous de voir si ces amitiés ne sont pas exploitées, pressurées jusqu'à l'écorce, et s'il ne reste pas encore quelques gouttes d'or à en exprimer; car si dans trois heures vous n'avez pas les vingt-cinq mille francs, mon noble vicomte, vous êtes coffré.

— Quand vous me répéterez cela sans cesse...

— A force de m'entendre, vous consentirez peut-être à essayer de tirer une dernière plume de l'aile de cette généreuse duchesse...

— Je vous répète qu'il n'y faut pas songer... En trois heures, trouver encore vingt-cinq mille francs, après les sacrifices qu'elle a déjà faits, ce serait folie que de l'espérer.

— Pour vous plaire, heureux mortel, on tente l'impossible...

— Eh! elle l'a déjà tenté, l'impossible... c'était d'emprunter cent mille francs à son mari et de réussir; mais ce sont de ces phénomènes qui ne se reproduisent pas deux fois. Voyons, mon cher Badinot, jusqu'ici vous n'avez pas eu à vous plaindre de moi... j'ai toujours été généreux... tâchez d'obtenir quelque sursis de ce misérable Petit-Jean... Vous le savez, je trouve toujours moyen de récompenser qui me sert; une fois cette dernière affaire assoupie, je prends un nouvel essor... vous serez content de moi.

— Petit-Jean est aussi inflexible que vous êtes peu raisonnable.

— Moi!...

— Tâchez seulement d'intéresser encore votre généreuse amie à votre *funeste sort*... Que diable! dites-lui nettement ce qu'il en est : non plus, comme déjà, que vous avez été dupe de faussaires, mais que vous êtes faussaire vous-même.

— Jamais je ne lui ferai un tel aveu, ce serait une honte sans avantage.

— Aimez-vous mieux qu'elle apprenne demain la chose par la *Gazette des tribunaux?*

— J'ai trois heures devant moi, je puis fuir.

— Et où irez-vous sans argent? Jugez donc, au contraire; ce dernier faux retiré, vous vous trouverez dans une position superbe, vous n'aurez plus que des dettes... Voyons, promettez-moi de parler encore à la duchesse. Vous êtes si roué! vous saurez vous rendre intéressant malgré vos erreurs; au pis-aller, on vous estimera peut-être un peu moins ou plus du tout, mais on vous tirera d'affaire. Voyons, promettez-moi de voir votre belle amie; je cours chez Petit-Jean; je me fais fort d'obtenir une heure ou deux de sursis...

— Enfer! il faut boire la honte jusqu'à la lie!

— Allons! bonne chance; soyez tendre, passionné, charmant; je cours chez Petit-Jean, vous m'y trouverez jusqu'à trois heures... plus tard il ne serait plus temps... le parquet du procureur du roi n'est ouvert que jusqu'à quatre heures...

Et M. Badinot sortit.

Lorsque la porte fut fermée, on entendit Florestan s'écrier avec un profond désespoir :

— Mon Dieu!... mon Dieu!... mon Dieu!

Pendant cet entretien, qui dévoilait au comte l'infamie de son fils, et à madame de Lucenay l'infamie de l'homme qu'elle avait aveuglément aimé, tous deux étaient restés immobiles, respirant à peine, sous cette épouvantable révélation. Il serait impossible de rendre l'éloquence muette de la scène douloureuse qui se passa entre cette jeune femme et le comte lorsqu'il n'y eut plus de doute possible sur le crime de Florestan. Étendant le bras sur la pièce où se trouvait son fils, le vieillard sourit avec une ironie amère, jetant un regard écrasant sur madame de Lucenay, et sembla lui dire : « Voilà celui pour lequel vous avez bravé toutes les hontes, consommé tous les sacrifices! voilà celui que vous me reprochiez d'avoir abandonné!... »

La duchesse comprit le reproche : un moment elle baissa la tête sous le poids de sa honte. La leçon était terrible... Puis, peu à peu, à l'anxiété cruelle qui avait contracté les traits de madame de Lucenay succéda une sorte d'indignation hautaine. Les fautes inexcusables de cette femme étaient au moins palliées par la loyauté de son amour, par la hardiesse de son dévouement, par la grandeur de sa générosité, par la franchise de son caractère et par son inexorable aversion pour tout ce qui était bas ou lâche. Encore trop jeune, trop belle, trop recherchée pour éprouver l'humiliation d'avoir été exploitée, une fois le prestige de l'amour subitement évanoui chez elle, cette femme altière et décidée ne ressentit ni haine ni colère; instantanément, sans transition aucune, un dégoût mortel, un dédain glacial, tua son affection jusqu'alors si vivace; ce ne fut plus une maîtresse indignement trompée par son amant, ce fut une femme de bonne compagnie découvrant qu'un homme de sa société était un escroc et un faussaire, et le chassant de chez elle. En supposant même que quelques circonstances eussent pu atténuer l'ignominie de Florestan, madame de Lucenay ne les aurait pas admises; selon elle, l'homme qui franchissait certaines limites d'honneur, soit par vice, entraînement ou faiblesse, *n'existait plus à ses yeux*, l'honorabilité étant pour elle une question d'*être* ou de *non-être*. Le seul ressentiment douloureux qu'éprouva la duchesse fut excité par l'effet terrible que cette révélation inattendue produisait sur le comte, son vieil ami.

Depuis quelques moments il semblait ne pas voir, ne pas entendre; ses yeux étaient fixes, sa tête baissée, ses bras pendants, sa pâleur livide; de temps à autre un soupir convulsif soulevait sa poitrine. Chez un homme aussi résolu qu'énergique, un tel abattement était plus effrayant que les transports de la colère. Madame de Lucenay le regardait avec inquiétude.

— Courage, mon ami! — lui dit-elle à voix basse. — Pour vous... pour moi... pour cet homme... je sais ce qu'il me reste à faire...

Le vieillard la regarda fixement; puis, comme s'il eût été arraché à sa stupeur par une commotion violente, il redressa la tête, ses traits devinrent menaçants, et oubliant que son fils pouvait l'entendre il s'écria :

— Et moi aussi, pour vous, pour moi, pour cet homme, je sais ce qu'il me reste à faire.

— Qui est donc là? — demanda Florestan surpris.

Madame de Lucenay, craignant de se trouver avec le vicomte, disparut par la petite porte et descendit l'escalier dérobé. Florestan ayant encore demandé qui était là, et ne recevant pas de réponse, entra dans le salon. Il s'y trouva seul avec le comte. La longue barbe du vieillard le changeait tellement, il était si pauvrement vêtu, que son fils, qui ne l'avait pas vu depuis plusieurs années, ne le reconnaissant pas d'abord, s'avança vers lui d'un air menaçant.

— Que faites-vous là?... Qui êtes-vous?

— Le mari de cette femme! — répondit le comte en montrant le portrait de madame de Saint-Remy.

— Mon père!!! — s'écria Florestan en reculant avec frayeur. Et il se rappela les traits du comte, depuis longtemps oubliés.

Debout, formidable, le regard irrité, le front empourpré par la colère, ses cheveux blancs rejetés en arrière, ses bras croisés sur sa poitrine, le comte dominait, écrasait son fils, qui, la tête baissée, n'osait lever les yeux sur lui. Pourtant M. de Saint-Remy, par un secret motif, fit un violent effort pour rester calme et pour dissimuler ses terribles ressentiments.

— Mon père! — reprit Florestan d'une voix altérée; — vous étiez là?...

— J'étais là...

— Vous avez entendu?

— Tout...

— Ah!!! — s'écria douloureusement le vicomte en cachant son visage dans ses mains.

Il y eut un moment de silence... Florestan, d'abord aussi étonné que chagrin de l'apparition inattendue de son père, songea bientôt, en homme de ressource, au parti qu'il pourrait tirer de cet incident.

— Tout n'est pas perdu, se dit-il. La présence de mon père est un coup du sort. Il sait tout, il ne voudra pas laisser flétrir son nom; il n'est pas riche, mais il doit toujours posséder plus de vingt-cinq mille francs. Jouons serré... De l'adresse, de l'entrain, de l'émotion... je laisse reposer la duchesse, et je suis sauvé!

Puis, donnant à ses traits charmants une expression de douloureux abattement, mouillant son regard des larmes du repentir, prenant sa voix la plus vibrante, son accent le plus pathétique, il s'écria en joignant les mains avec un geste désespéré :

— Ah! mon père... je suis bien malheureux!... après tant d'années... vous revoir... dans un tel moment!... Je dois vous paraître si coupable! Mais daignez m'écouter, je vous en supplie; permettez-moi, non de me justifier, mais de vous expliquer ma conduite... Le voulez-vous, mon père?...

M. de Saint-Remy ne répondit pas un mot; ses traits restèrent impassibles; il s'assit dans un fauteuil, où il s'accouda, et là, le menton appuyé sur la paume de sa main, il contempla le vicomte en silence. Si Florestan eût connu les motifs qui remplissaient l'âme de son père de haine, de fureur et de vengeance, épouvanté du calme apparent du comte, il n'eût pas sans doute essayé de le duper, ni plus ni moins qu'un bonhomme Géronte. Mais ignorant les funestes soupçons qui pesaient sur la légitimité de sa naissance, mais ignorant la faute de sa mère, Florestan ne douta pas du succès de sa piperie, croyant n'avoir à attendrir qu'un père qui, à la fois très-misanthrope et très-fier de son nom, serait capable, plutôt que de le laisser déshonorer, de se décider aux derniers sacrifices.

— Mon père, — reprit timidement Florestan, — me permettez-vous de tâcher, non de me disculper, mais de vous dire par suite de quels entraînements involontaires... je suis arrivé presque malgré moi jusqu'à des actions infâmes... je l'avoue?...

Le vicomte prit le silence de son père pour un consentement tacite, et continua :

— Lorsque j'eus le malheur de perdre ma mère... ma pauvre mère, qui m'avait tant aimé... je n'avais pas vingt ans... Je me trouvai seul... sans conseil... sans appui... Maître d'une fortune considérable... habitué au luxe dès mon enfance... je m'en étais fait une habitude... un besoin... Ignorant combien il était difficile de gagner de l'argent, je le prodiguais sans mesure... Malheureusement... et je dis malheureusement parce que cela m'a perdu, mes dépenses, toutes folles qu'elles étaient, furent remarquables par leur élégance... A force de goût, j'éclipsai des gens dix fois plus riches que moi... Ce premier succès m'enivra, je devins homme de luxe comme on devient homme de guerre, homme d'État; oui, j'aimai le luxe, non par ostentation vulgaire, mais je l'aimai comme le peintre aime la peinture, comme le poëte aime la poésie; comme tout artiste, j'étais jaloux de mon œuvre... et mon œuvre, à moi, c'était mon luxe... Je sacrifiai tout à sa perfection... Je le voulus beau, grand, complet, splendidement harmonieux en toutes choses... depuis mon écurie jusqu'à ma table, depuis mon habit jusqu'à ma maison... je voulus que ma vie fût comme un enseignement de goût et d'élégance. Comme un artiste, enfin, j'étais à la fois avide des applaudissements de la foule et de l'admiration des gens d'élite; ce succès si rare, je l'obtins...

En parlant ainsi, les traits de Florestan perdaient peu à peu leur expression hypocrite, ses yeux brillaient d'une sorte d'enthousiasme. Il disait vrai; il avait d'abord été séduit par cette manière assez peu commune de comprendre le luxe.

Le vicomte interrogea du regard la physionomie de son père : elle lui parut s'adoucir un peu. Il reprit avec une exaltation croissante :

— Oracle et régulateur de la mode, mon blâme ou ma louange faisait loi; j'étais cité, copié, vanté, admiré, et cela par la meilleure compagnie de Paris, c'est-à-dire de l'Europe, du monde...

(*La suite au prochain numéro.*

COMMENT ON AIME

BERGERONNETTE

(SUITE)

« — Vous êtes enfant !

« — J'entends bien l'être longtemps encore, madame.

« — A votre aise, cher monsieur. »

« Et elle me salua en souriant. Je rentrai chez moi, en proie à je ne sais quel tumulte de sensations, au milieu desquelles je distinguai bientôt deux choses : c'est que j'étais sincèrement affligé de sentir Bergeronnette malheureuse, et qu'en même temps j'étais heureux de voir qu'elle allait à jamais briser avec Robert. Mon espérance combattait avec force les élans de ma compassion. Mon égoïsme l'emportait sur ma générosité.

« A la fois triste et content, je m'assis à ma fenêtre; le soleil venait de disparaître derrière les maisons voisines, une ombre grise et calme enveloppait les alentours, un ciel bleu planait au-dessus de ma tête, le parfum des lilas montait jusqu'à moi du parterre, et le chant de quelques oiseaux égayait cette tranquille perspective. Tout en ce moment et en cet endroit était pénétré de quiétude et de bonheur, tout restait indifférent aux chagrins de Bergeronnette, tout, excepté moi seul. J'avais les yeux fixés sur sa croisée, dans l'espérance que je la verrais s'ouvrir ; mris elle resta fermée toute la journée, et j'en éprouvai une inquiétude inexprimable.

« La nuit, je me levai plusieurs fois; je vis de la lumière dans la mansarde de la jeune fille. Son ombre passait et repassait sur les rideaux, et parfois demeurait immobile, pour ainsi dire pétrifiée. Comme elle devait souffrir alors! comme elle devait pleurer, hélas! Mon cœur se serrait violemment à cette pensée, et des larmes s'échappaient de mes yeux. Vers quatre heures du matin, j'entendis un bruit qui m'était bien connu : c'était la croisée de Bergeronnette qui s'ouvrait. Le jour commençait à poindre, la lune brillait encore, et ces deux pâles clartés, se mêlant dans une teinte étrange et fantastique, semblèrent éclairer l'apparition d'un spectre. Bergeronnette, sombre et blême, était penchée à sa fenêtre, le regard perdu au ciel, dans l'attitude d'une rêverie profonde. Bientôt son front retomba comme accablé sous le poids des tourments, et elle demeura longtemps ainsi. Puis elle se retira, reparut avec son petit arrosoir, mouilla ses fleurs, en cueillit quelques-unes, effleura les autres de ses lèvres comme pour leur faire ses adieux, et referma la fenêtre. Je crus qu'elle partait déjà, mais il n'en était rien.

« Quand il fut grand jour, je montai chez elle; elle était extrêmement faible, elle se soutenait à peine; sa voix avait une expression poignante. Un homme entra, c'était un marchand à qui elle vendit ses meubles de merisier. Je voulus les acheter, elle s'y opposa. Quand nous fûmes seuls, elle les regarda avec mélancolie.

« — Pauvres chers petits meubles ! murmura-t-elle ; j'avais eu tant de peine à économiser la somme avec laquelle je vous ai payés. Hélas! je ne vous verrai plus!

« — Ah! Bergeronnette, m'écriai-je, si vous aviez voulu, je les eusse gardés comme un dépôt! Un jour vous les eussiez retrouvés. »

« Elle hocha la tête en souriant péniblement.

« — Je ne compte plus revenir, dit-elle.

« — Mais quand donc partez-vous, et où allez-vous, cruelle enfant?

« — Je pars demain au point du jour, et je vais... Mais, reprit-elle, je m'étais promis de ne le révéler à personne.

« — Craignez-vous que je ne le redise? Ah! soyez tranquille! ajoutai-je d'un ton singulièrement animé.

« — En effet, dit tristement Bergeronnette en me regardant avec une imperceptible ironie, je suis certaine que vous ne me trahirez pas, vous.

« — Je vous le jure!

« — C'est inutile. Je vais à l'île Tudi. M. Robert ne songera sans doute pas à me venir chercher là, sachant que je n'y ai plus ni parents ni amis.

« — Vous avez peut-être raison.

« — Tout est prêt pour mon départ. Quand M. Robert sera de retour de la campagne, où il est allé passer deux jours, il trouvera ma mansarde vide et une lettre pour lui. »

« Chaque fois qu'elle avait prononcé le nom de Robert, on eût dit qu'une fibre de son cœur s'était brisée. Elle parvint cependant à reprendre du calme, un calme héroïque, car son âme était dévorée de douleur sous cette tranquillité apparente. Je ne songeais pas à la quitter, je ne pouvais m'arracher d'auprès d'elle. Ce fut elle qui me dit adieu la première en prétextant quelques devoirs à remplir. Alors je m'emparai de ses mains que je couvris follement de baisers et de larmes, et je m'enfuis.

« Le lendemain, au jour naissant, elle monta dans une voiture de place. Je guettai l'instant de son départ, et je m'élançai sur ses traces. Je sanglotais. Ne trouvant pas de voiture sur mon chemin, je suivis celle de la jeune fille en courant toujours, et j'arrivai exténué, brisé, à l'entrée d'un petit village situé près Paris. C'est là que Bergeronnette se fit descendre à une auberge. Elle tressaillit de surprise en m'apercevant. Je fus frappé de la profonde altération de ses traits.

« — Pourquoi m'avez-vous suivie? me dit-elle avec un ton de reproche.

« — Pour vous voir encore, lui répondis-je d'une voix étouffée par la fatigue et la douleur.

« — Quelle imprudence!

« — Je serais allé jusqu'au bout du monde, Bergeronnette, si votre voiture ne se fût arrêtée! »

« Elle sourit avec une tristesse angélique et me prit le bras. Nous entrâmes dans une auberge où elle me dit qu'elle n'avait pas voulu monter en diligence aux messageries de Paris, dans la crainte que Robert n'y allât aux informations. Pauvre Bergeronnette! elle avait toute sa présence d'esprit en un si cruel moment. Elle ajouta avec une mélancolie navrante :

« — Je reverrai avec plaisir mon île Tudi, le chaume où j'ai vécu enfant et la tombe de mon père. Je n'aurais jamais dû les quitter.

« — Et moi aussi, j'irai bientôt les voir! lui dis-je avec élan. Me le permettez-vous, Bergeronnette? »

« Elle fixa sur moi ses grands yeux bleus, endoloris et pensifs.

« — A quoi bon? répondit-elle; cela vous attristerait encore. Une petite île sans verdure et sans charme, une fille sans insouciance et sans gaieté. Oh! non, ne venez pas, monsieur!

« — J'irai, Bergeronnette, j'irai! Puis-je me passer de vous voir désormais? »

« Elle réfléchit un instant, parut faire un effort sur elle-même, puis, avec une franchise désespérante :

« — Eh bien! oui, dit-elle, venez... vous m'apprendrez s'il m'a oubliée, lui, s'il est marié enfin! »

« Robert seul l'occupait! Robert seul remplissait sa vie! Et son esprit noble et ferme se refusait à me laisser aucune vaine espérance. Un découragement inexprimable s'empara de mon cœur. J'aurais voulu la haïr pour sa droiture. Je ne pus que détester Robert de Tyvouarlen pour tout l'amour qu'il inspirait.

« La diligence arriva. Bergeronnette y prit place; elle me tendit à la portière sa main que je baignai de pleurs. La diligence repartit, mon cœur se brisa.

« Durant toute la matinée j'errai dans la campagne, livré à mille inspirations douloureuses et confuses, répétant sans cesse le nom de Bergeronnette. Que devais-je faire? l'oublier? l'aimer encore? la suivre ou ne jamais la revoir? Je m'arrêtai tour à tour à chacune de ces résolutions, sans en pouvoir fixer aucune dans mon esprit troublé.

« Midi sonnait quand je fus de retour chez moi. Robert de Tyvouarlen m'y attendait; sa figure était toute contractée, sa main froissait une lettre avec énergie, il tremblait d'impatience.

« — Ah! monsieur, me dit-il d'une voix vibrante aussitôt qu'il m'aperçut, vous savez où est Bergeronnette, n'est-ce pas? et vous allez me l'apprendre tout de suite? »

« Je regardai froidement Robert et lui répondis plus froidement encore :

« — Elle est partie ce matin, monsieur.

« — Eh! pourquoi, juste ciel!

« — Pour cesser tout rapport avec vous, sans doute.

« — Mais où donc est-elle allée?

« — Je l'ignore absolument.

« — Non, monsieur, non! Une voix secrète me dit que vous ne l'ignorez pas!

« — Cette voix secrète vous trompe complétement, monsieur.

« — Ah! je vous supplie, je vous adjure!...

« — C'est inutile, monsieur.

« — Vous êtes donc sans pitié?

« — Comme il vous plaira.

« — Oh! je la trouverai bien! » s'écria-t-il en éclatant en sanglots.

« Et il s'enfuit.

« Sa douleur ne me fléchit point et m'émut à peine. La jalousie rend impitoyable, elle envenime les meilleurs instincts, elle flétrit les sentiments les plus généreux, elle fait haïr. J'étais presque content : Robert souffrait plus que moi, plus que moi qui souffrais tant déjà!

« Huit jours après seulement, je le revis; il était horriblement changé. Ce qu'il fit d'efforts pour m'arracher mon secret fut inouï : il pleura, il me conjura, il se traîna à mes pieds, il me maudit, il me menaça; en un mot, il fut incroyablement émouvant, et je demeurai inflexible! Alors il se redressa froid, résolu, terrible, et s'avançant sur moi en silence, le regard glacé, les bras roidis, il me souffleta des deux mains.

« — Oh! m'écriai-je en bondissant, je vous tuerai demain, comte Robert de Tyvouarlen! »

« Le lendemain, en effet, nous nous battîmes. Robert tira le premier et me blessa légèrement d'une balle à la cuisse. J'étais sûr de mon sang-froid et de mon coup d'œil, je baissai mon arme avec une lenteur ferme et une implacable résolution; mais, au moment de faire feu, l'image de Bergeronnette se dressa tout à coup devant moi, sombre et désolée; un remords rapide me saisit, je levai mon pistolet, et la balle se perdit dans l'espace. J'en eus presque du regret.

« Robert voulut qu'on rechargeât les armes; les témoins s'y opposèrent, et nous nous séparâmes.

« Depuis ce duel, je n'ai pas revu Robert, mais je sais qu'il a été longtemps et gravement malade. Six mois après son rétablissement, fléchi par les instances de sa mère, il a épousé sa cousine, mademoiselle Cornélie de Tyvouarlen.

« Quand j'appris cette nouvelle, — et je n'en pouvais apprendre une qui me causât un plus immense plaisir, — on était en automne. Je ne comptais partir qu'à la fin de la saison, mais cet événement me fit hâter mon départ. Je mourais d'envie de revoir Bergeronnette, de lui annoncer le mariage de Robert. Son éloignement, loin de diminuer ma folle passion, n'avait fait qu'en augmenter l'énergie. L'absence, qui dissipe tant d'affections humaines, et surtout le mariage de Robert, me firent espérer que Bergeronnette reporterait facilement sur moi son amour désormais sans espoir et sans but. Je partis donc, le cœur joyeux comme à la pensée d'une bonne action; mais peu à peu la réflexion changea la nature de mes sentiments, et j'arrivai en face de l'île Tudi avec une tristesse amère et un découragement indicibles, inévitable effet d'une inspiration égoïste et méchante.

« J'étais enfin sur la grève où pour la première fois j'avais rencontré Bergeronnette assise et chantant. La grève était déserte cette fois; — plus de petite néréide communiquant un charme poétique à ce paysage maritime et désolé.

« Je traversai l'eau dans une barque conduite par un vieux batelier : je songeai à la jeune marinière qui m'y avait fait voguer jadis; je me retraçai sa grâce, sa force, son adresse à manier les rames, à diriger une voile. L'alcyon n'était pas plus familiarisé qu'elle avec la vague.

« Nous abordâmes à l'île Tudi : elle était toujours bien morne et bien dénudée; les pâles harmonies de l'automne y ajoutaient encore leur mélancolie pénétrante. Plus une feuille aux arbres, plus un brin d'herbe sur le sol sablonneux; l'hiver avait déjà commencé pour elle.

« Mon batelier, auquel je m'informai de Bergeronnette, me dit qu'elle habitait sous le chaume qui avait appartenu à son père. Je me dirigeai vers cette demeure où je ne devais plus revoir le bonhomme Coëtdro. Mon cœur battait avec force; tantôt je hâtais, tantôt je ralentissais le pas, suivant la nature de mes pensées, le retour de mes espérances et de mes craintes. Tout à coup je m'arrête à l'angle d'un mur, je venais d'entendre et de distinguer la voix de Bergeronnette.

« Bergeronnette chantait encore! Bergeronnette chantait toujours!

« — Bravo! m'écriai-je avec joie. »

Et je franchis la distance qui me séparait d'elle.

« Je la vis; elle filait une quenouille à la fenêtre de sa chaumière, et, le front penché en arrière, laissait errer au ciel un regard humide et pensif. Je demeurai stupéfait à la considérer; un moment même je fus tenté de croire que ce n'était point Bergeronnette, tant elle me parut changée, tant elle était pâle et défaite : ce n'était plus que l'ombre d'elle-même. J'entrai vivement sous le chaume; elle me reconnut et se leva avec émotion, puis, me tendant la main:

« — Ah! vous voici, me dit-elle. Je commençais à croire que je ne vous reverrais plus.

« — Oh! je n'oublie pas si vite! lui dis-je en m'animant. Le temps et l'absence n'ont pas de prise sur mon cœur, à moi! »

« Bergeronnette frémit.

« — Je vous devine, me dit-elle avec effort. Il m'a oubliée, lui, n'est-ce pas?

« — Il s'est marié, » répondis-je sans hésiter.

« Elle pâlit horiblement et porta la main à son cœur; puis elle s'assit sans dire un mot, en inclinant la tête de manière à m'empêcher de voir qu'elle dévorait des larmes. Je m'en aperçus cependant, et je me repentis de mon impitoyable précipitation. Mais telle est la force d'un sentiment jaloux que je n'avais pu résister au désir d'apprendre tout de suite à Bergeronnette une nouvelle qui ne pouvait que la frapper cruellement. Elle parvint bientôt à se donner un air calme, mais je remarquai que la nuance bleuâtre qui sillonnait ses paupières s'assombrit tout à coup; il était facile de voir qu'elle concentrait une douleur affreuse. Je m'efforçai d'adoucir la violence du coup que je lui avais porté. Mon cœur m'inspira, je fus éloquent. Elle me sut gré de mon repentir et de ma tendresse; pour me prouver qu'elle ne m'en voulait pas, la bonne fille me prit amicalement le bras, et nous allâmes nous promener sur le rivage. Alors elle me sourit, elle se donna un air enjoué, elle fut charmante de grâce et de bonne humeur. Sa bienveillance seule la faisait sans doute agir ainsi, mais j'espérais que l'amour viendrait plus tard. Quand on aime, n'espère-t-on pas toujours?

« Cette journée me parut délicieuse. Une vieille paysanne nous servit à souper sous le chaume, souper breton, que le contentement et l'appétit me firent trouver excellent. Bergeronnette pourtant ne mangea pas; mon ardeur dévorante s'en ralentit un peu. Après le souper, elle se plaignit d'être fatiguée; elle paraissait en effet très-abattue, et je me retirai de bonne heure pour la laisser se reposer; mais nous convînmes que si le lendemain le temps était beau nous ferions une promenade en mer, à la voile. Bergeronnette devait se charger de la manœuvre comme autrefois. Je regagnai l'auberge où j'étais descendu à Loc-Tudi. J'étais presque heureux; mon âme vibrait avec exaltation.

« — Oh! je t'aimerai tant, Bergeronnette, murmurais-je les larmes aux yeux, je t'aimerai tant que tu oublieras Robert et que tu m'aimeras, pauvre ange! »

« Je passai une nuit presque sans sommeil, le cœur rempli tour à tour des songes les plus ravissants et des plus terribles fantaisies. Le jour vint dissiper tout cela; la matinée était radieuse, le soleil souriait à la mer, le vent d'est soufflait frais et léger, la vague ondulait mollement, les mouettes se jouaient en chantant dans l'air. Je me hâtai d'aller à l'île Tudi. Arrivé à quelques pas de la chaumière de Bergeronnette, je m'arrêtait et je prêtai l'oreille avec enfantillage pour savoir si elle ne chantait pas, elle aussi, comme les oiseaux de mer; je n'entendis rien. Chose étrange! mon cœur se serra; je haussai les épaules en me moquant de moi-même.

« En ce moment deux mariniers, les avirons sur l'épaule, passèrent devant moi et s'emparèrent de mon attention.

« — Cette famille-là n'a pas de bonheur! disait l'un.

« — Une si jolie fille! disait l'autre.

« — Mais de quoi est-elle donc morte?

« — D'un anévrisme au cœur, a dit le médecin.

« — Bien sûr, elle a rapporté ça de Paris.

« — Voilà ce que c'est que de quitter le pays.

« — Pauvre petite! elle aurait fait une bonne femme pour un de nos gars.

« — Bah! elle fera encore mieux un bel ange pour le bon Dieu. »

(La suite au prochain numéro.)

Le propriétaire-gérant : F. ROY.

LES MYSTÈRES DE PARIS

Le comte se leva. « Je ne veux pas que mon nom soit déshonoré. » (Page 603.)

« Les femmes partagèrent l'engouement général; les plus charmantes se disputaient le plaisir de venir à quelques fêtes très-restreintes que je donnais, et partout et toujours on s'extasiait sur l'élégance incomparable, sur le goût exquis de ces fêtes... que les millionnaires ne pouvaient ni égaler ni éclipser; enfin je fus ce que l'on appelle *le roi de la mode*... Ce mot vous dira tout, mon père, si vous le comprenez.

— Je le comprends... et je suis sûr qu'au bagne vous inventeriez quelque élégance raffinée dans la manière de porter votre chaîne... cela deviendrait à *la mode* dans la chiourme et s'appellerait... *à la Saint-Remy*, — dit le vieillard avec une sanglante ironie... Puis il ajouta :

— Et Saint-Remy... c'est MON NOM!...

Et il se tut, restant toujours accoudé, toujours le menton dans la paume de sa main.

Il fallut à Florestan beaucoup d'empire sur lui-même pour cacher la blessure que lui fit ce sarcasme acéré. Il reprit d'un ton plus humble :

— Hélas! mon père, ce n'est pas par orgueil que j'évoque le souvenir de ce succès... car, je vous le répète, ce succès m'a perdu... Recherché, envié, flatté, adulé, non par des parasites intéressés, mais par des gens dont la position dépassait de beaucoup la mienne, et sur lesquels j'avais seulement l'avantage que donne l'élégance... qui est au luxe ce que le goût est aux arts... la tête me tourna. Je ne calculai plus : ma fortune devait être dissipée en quelques années, peu m'importait. Pouvais-je renoncer à cette vie fiévreuse, éblouissante, dans laquelle les plaisirs succédaient aux plaisirs, les jouissances aux jouissances, les fêtes aux fêtes, les ivresses de toute sorte aux enchantements de toute sorte?... Oh! si vous saviez, mon père, ce que c'est que d'être partout signalé comme le héros du jour... d'entendre le murmure qui accueille votre entrée dans un salon... d'entendre les femmes se dire : «C'est lui!.. le voilà!... » Oh! si vous saviez...

— Je sais... — dit le vieillard en interrompant son fils et sans changer d'attitude; — je sais... Oui, l'autre jour, sur une place publique, il y avait foule; tout à coup on entendit un murmure... pareil à celui qui vous accueille quand vous entrez quelque part; puis les regards des femmes surtout se fixèrent sur un très-beau garçon... toujours comme ils se fixent sur vous... et elles se le montraient les unes aux autres en se disant : « C'est lui... le voilà... » toujours comme s'il s'était agi de vous...

— Mais cet homme, mon père?...

— Était un faussaire que l'on mettait au carcan.

— Ah! — s'écria Florestan avec une rage concentrée. Puis, feignant une affliction profonde, il ajouta :

« Mon père, vous êtes sans pitié... que voulez-vous que je vous dise pourtant? Je ne cherche pas à nier mes torts... je veux seulement vous expliquer l'entraînement fatal qui les a causés. Eh bien! oui, dussiez-vous encore m'accabler de sanglants sarcasmes, je tâcherai d'aller jusqu'au bout de cette confession, je tâcherai de vous faire comprendre cette exaltation fiévreuse qui m'a perdu, parce qu'alors peut-être vous me plaindrez... oui, car on plaint un fou... et j'étais fou... Fermant les yeux, je m'abandonnais à l'étincelant tourbillon dans lequel j'entraînais avec moi les femmes les plus charmantes, les hommes les plus aimables. M'arrêter, le pouvais-je? Autant dire au poëte qui s'épuise, et dont le génie dévore la santé : Arrêtez-vous au milieu de l'inspiration qui vous emporte!... Non, je ne pouvais pas, moi!... Moi... abdiquer cette royauté que j'exerçais, et rentrer honteux, ruiné, moqué, dans la plèbe inconnue; donner ce triomphe à mes envieux que j'avais jusqu'alors défiés, dominés, écrasés!... Non, non, je ne le pouvais pas... volontairement du moins! Vint le jour fatal où pour la première fois l'argent m'a manqué. Je fus surpris comme si ce moment n'avait jamais dû arriver. Cependant j'avais encore à moi mes chevaux, mes voitures, le mobilier de cette maison... Mes dettes payées, il me serait resté soixante mille francs peut-être... Qu'aurais-je fait de cette misère? Alors, mon père, je fis le premier pas dans une voie infâme... J'étais encore honnête... je n'avais dépensé que ce qui m'appartenait; mais alors je commençai à faire des dettes que je ne pouvais pas payer... Je vendis tout ce que je possédais à deux de mes gens, afin de m'acquitter envers eux et de pouvoir pendant six mois encore, malgré mes créanciers, jouir du luxe qui m'enivrait... Pour subvenir à mes besoins de jeu et de folles dépenses, j'empruntai d'abord à des Juifs; puis, pour payer les Juifs, à mes amis, et, pour payer mes amis, à mes maîtresses. Ces ressources épuisées, il y eut un nouveau temps d'arrêt dans ma vie... D'honnête homme, j'étais devenu chevalier d'industrie... mais je n'étais pas encore criminel... Cependant j'hésitai... je voulus prendre une résolution violente... J'avais prouvé dans plusieurs duels que je ne craignais pas la mort... je voulus me tuer!...

— Ah bah!... vraiment? — dit le comte avec une ironie farouche.

— Vous ne me croyez pas, mon père?

— C'était bien tôt ou bien tard! — ajouta le vieillard toujours impassible et dans la même attitude.

Florestan, pensant avoir ému son père en lui parlant de son projet de suicide, crut nécessaire de remonter la scène par un coup de théâtre. Il ouvrit un meuble, y prit un petit flacon de cristal verdâtre, et dit au comte en le posant sur la table :

— Un charlatan italien m'a vendu ce poison...

— Et... il était pour vous... ce poison? — dit le vieillard toujours accoudé.

Florestan comprit la portée des paroles de son père. Ses traits exprimèrent cette fois une indignation réelle, car il disait vrai... Un jour il avait eu la fantaisie de se tuer : fantaisie éphémère! les gens de sa sorte sont trop lâches pour se résoudre froidement et sans témoins à la mort qu'ils affrontent par point d'honneur dans un duel. Il s'écria donc avec l'accent de la vérité :

— Je suis tombé bien bas... mais du moins pas jusque-là, mon père! C'était pour moi que je réservais ce poison!

— Et vous avez eu peur? — fit le comte sans changer de position.

— Je l'avoue, j'ai reculé devant cette extrémité terrible; rien n'était encore désespéré; les personnes auxquelles je devais étaient riches et pouvaient attendre... A mon âge, avec mes relations, j'espérais un moment, sinon refaire ma fortune, du moins m'assurer une position honorable, indépendante, qui m'en eût tenu lieu... Plusieurs de mes amis, peut-être moins bien doués que moi, avaient fait un chemin rapide dans la diplomatie. J'eus une velléité d'ambition... Je n'eus qu'à vouloir, et je fus attaché à la légation de Gérolstein... Malheureusement, quelques jours après cette nomination, une dette de jeu contractée envers un homme que je haïssais me mit dans un cruel embarras... J'avais épuisé mes dernières ressources... Une idée fatale me vint. Me croyant certain de l'impunité, je commis une action infâme... Vous le voyez, mon père, je ne vous ai rien caché... j'avoue l'ignominie de ma conduite, je ne cherche à l'atténuer en rien... Deux partis me restent à prendre, et je suis également décidé à tous deux... le premier est de me tuer... et de laisser votre nom déshonoré, car si je ne paye pas aujourd'hui même vingt-cinq mille francs la plainte est déposée, l'éclat a lieu, et, mort ou vivant, je suis flétri. Le second moyen est de me jeter dans vos bras, mon père... de vous dire : Sauvez votre fils, sauvez votre nom de l'infamie... et je vous jure de partir demain pour l'Afrique, de m'y engager soldat et d'y trouver la mort ou de vous revenir un jour vaillamment réhabilité... Ce que je vous dis là, mon père, voyez-vous, est vrai... En présence de l'extrémité qui m'accable, je n'ai pas d'autre parti... Décidez... ou je mourrai couvert de honte, ou, grâce à vous... je vivrai pour réparer ma faute... Ce ne sont pas là des menaces et des paroles de jeune homme, mon père... J'ai vingt-cinq ans, je porte votre nom, j'ai assez de courage ou pour me tuer... ou pour me faire soldat, car je ne veux pas aller au bagne...

Le comte se leva.

— Je ne veux pas que mon nom soit déshonoré, — dit-il froidement à Florestan.

— Ah! mon père!... mon sauveur! — s'écria chaleureusement le vicomte; et il allait se précipiter dans les bras de son père, lorsque celui-ci, d'un air glacial, calma cet entraînement.

— On vous attend jusqu'à trois heures... chez cet homme qui a le faux?

— Oui, mon père... et il est deux heures...

— Passons dans votre cabinet... donnez-moi de quoi écrire.

— Voici, mon père.

Le comte s'assit devant le bureau de Florestan et écrivit d'une main ferme :

« Je m'engage à payer, ce soir à dix heures, les vingt-cinq mille francs que doit mon fils.

« Comte DE SAINT-REMY. »

— Votre créancier ne veut que de l'argent; malgré ses menaces, cet engagement de moi le fera consentir à un nouveau délai : il ira chez M. Dupont, banquier, rue de Richelieu, numéro 7, qui lui répondra de la valeur de cet acte.

— Oh! mon père!... comment jamais...

— Vous m'attendrez ce soir... à dix heures, je vous apporterai l'argent... Que votre créancier se trouve ici...

— Oui, mon père, et après-demain je pars pour l'Afrique... Vous verrez si je suis ingrat! Alors, peut-être, lorsque je serai réhabilité, vous accepterez mes remerciements.

— Vous ne me devez rien; j'ai dit que mon nom ne serait pas déshonoré davantage, il ne le sera pas, — dit simplement M. de Saint-Remy en prenant sa canne qu'il avait déposée sur le bureau, et il se dirigea vers la porte.

— Mon père, votre main au moins?... — reprit Florestan d'un ton suppliant.

— Ici, ce soir, à dix heures, — dit le comte en refusant sa main.

Et il sortit.

— Sauvé!... — s'écria Florestan radieux. — Sauvé!

Puis il reprit, après un moment de réflexion :

— Sauvé, à peu près... N'importe, c'est toujours cela... Peut-être ce soir lui avouerai-je l'*autre chose*. Il est en train... il ne voudra pas s'arrêter en si beau chemin, et que son premier sacrifice reste inutile faute d'un second... Et encore, pourquoi lui dire?... Qui saura jamais?... Au fait, si rien ne se découvre, je garderai l'argent qu'il me donnera pour éteindre cette dernière *dette*... J'ai eu de la peine à l'émouvoir, ce diable d'homme!!!... L'amertume de ses sarcasmes m'avait fait douter de sa bonne résolution; mais ma menace de suicide, la crainte de voir son nom flétri l'ont décidé; c'était bien là qu'il fallait frapper... Il est sans doute beaucoup moins pauvre qu'il n'affecte de l'être... S'il possède une centaine de mille francs, il a dû faire des économies en vivant comme il vit... Encore une fois, sa venue est un coup du sort... Il a l'air sauvage, mais au fond je le crois bon homme... Courons chez cet huissier!

Il sonna, M. Boyer parut.

— Comment ne m'avez-vous pas averti que mon père était ici? Vous êtes d'une négligence...

— Par deux fois j'ai voulu adresser la parole à monsieur le vicomte qui rentrait avec M. Badinot par le jardin; mais monsieur le vicomte, probablement préoccupé de son entretien avec M. Badinot, m'a fait signe de la main de ne pas l'interrompre... Je ne me suis pas permis d'insister... Je serais désolé que monsieur le vicomte pût me croire coupable de négligence...

— C'est bien... dites à Edwards de me faire tout de suite atteler *Orion*... non... *Plower* au cabriolet...

M. Boyer s'inclina respectueusement. Au moment où il allait sortir, on frappa. M. Boyer regarda le vicomte d'un air interrogatif.

— Entrez! — dit Florestan.

Un second valet de chambre parut, tenant à la main un petit plâteau de vermeil. M. Boyer s'empara du plateau avec une sorte de jalouse prévenance, de respectueux empressement, et vint le présenter au vicomte.

Celui-ci prit une assez volumineuse enveloppe, scellée d'un cachet de cire noire.

Les deux serviteurs se retirèrent discrètement.

Florestan ouvrit l'enveloppe. Elle contenait vingt-cinq mille francs en bons du Trésor., sans autre avis.

— Décidément, — s'écria-t-il avec joie, — la journée est bonne... Sauvé!... cette fois, et pour le coup complétement sauvé... Je cours chez le joaillier... et encore... — se dit-il, — peut-être... Non, attendons... on ne peut avoir aucun soupçon sur moi... vingt-cinq mille francs sont bons à garder... Pardieu!... je suis bien sot de jamais douter de mon étoile... au moment où elle semble obscurcie, ne reparaît-elle pas plus brillante encore? Mais d'où vient cet argent?... l'écriture de l'adresse m'est inconnue... Voyons le cachet... le chiffre... Mais... oui... oui... je ne me trompe pas... un N et un L... c'est Clotilde?... Comment a-t-elle su?... et pas un mot... C'est bizarre! Quel à-propos!... Ah! mon Dieu! j'y songe... je lui avais donné rendez-vous ce matin... Ces menaces de Badinot m'ont bouleversé... J'ai oublié Clotilde... Après m'avoir attendu au rez-de-chaussée, elle s'en sera allée!... Sans doute cet envoi est un moyen délicat de me faire entendre qu'elle craint de se voir oubliée pour des embarras d'argent... Oui, c'est un reproche indirect... de ne m'être pas adressé à elle, comme toujours... Bonne Clotilde... toujours la même!... généreuse comme une reine!... Quel dommage d'en être venu là avec elle... encore si jolie!... Quelquefois j'en ai regret... mais je ne me suis adressé à elle qu'à la dernière extrémité... j'y ai été forcé.

— Le cabriolet de monsieur le vicomte est avancé, — vint dire M. Boyer.

—Qui a apporté cette lettre? — lui demanda Florestan.

— Je l'ignore, monsieur le vicomte...

— Au fait, je le demanderai en bas. Mais, dites-moi, il n'y a *personne* au rez-de-chaussée? — ajouta le vicomte en regardant Boyer d'un air significatif.

— Il n'y a *plus* personne, monsieur le vicomte.

— Je ne m'étais pas trompé, — pensa Florestan, — Clotilde m'a attendu et s'en est allée.

— Si monsieur le vicomte voulait avoir la bonté de m'accorder deux minutes? — dit Boyer.

— Dites... et dépêchez-vous...

— Edwards et moi, nous avons appris que M. le duc de Montbrison désirait monter sa maison... Si monsieur le vicomte voulait être assez bon pour lui proposer la sienne toute meublée... ainsi que son écurie toute montée... ce serait pour moi et pour Edwards une très-bonne occasion de nous défaire de tout, et, pour monsieur le vicomte, peut-être une bonne occasion de motiver cette vente.

— Mais vous avez, pardieu! raison, Boyer... pour moi même... je préfère cela... je verrai Montbrison, je lui parlerai. Quelles sont vos conditions?

— Monsieur le vicomte comprend bien... que nous devons tâcher de profiter le plus possible de sa générosité.

— Et gagner sur votre marché, rien de plus simple!... Voyons... le prix?

(La suite au prochain numéro.)

Le cheval se cabra, d'un bond de côté brisa le garde-fou. (Page 608.)

COMMENT ON AIME (suite).

« Un horrible frisson me parcourut tout le corps. D'un bond, je fus dans la chaumière.

« Deux cierges brûlaient près du lit, deux femmes priaient à genoux sur la terre. Je poussai un cri déchirant et je tombai à la renverse.

« Bergeronnette ne chantait plus!!! »

Frédéric Talhouët se tut. Il pleurait. Après un moment de silence, il reprit :

— Voilà pourquoi j'ai trop aimé! voilà pourquoi je n'aimerai plus!

Il y eut encore une pause, pendant laquelle, Frédéric et moi, nous restâmes muets et pensifs, sous l'empire de nos tristes impressions. L'histoire de Bergeronnette m'avait vivement ému, et je comprenais que la pauvre et belle enfant eût laissé dans l'âme de mon ami un navrant souvenir et un profond regret. Cependant l'expérience de la vie m'a rendu trop sceptique pour que je croie à une constance inébranlable, inspirée par ceux qui ne sont plus. Aussi la conclusion de Frédéric me fit-elle sourire.

— Depuis combien de temps Bergeronnette a-t-elle cessé de vivre? lui demandai-je.

— Depuis un an.

— Votre cœur a porté convenablement le deuil d'une morte bien-aimée.

— Mon cœur le portera toujours!

— Enfant! cela ne vous empêchera pas de vous marier bientôt peut-être.

— Je ne me marierai jamais!

— Jamais! toujours! quels mots ingénus!

Il y a peu de temps, de retour d'un assez long voyage, environ deux ans après la scène que nous venons de rapporter, j'ai rencontré Frédéric Talhouët sur le boulevard. Il avait au bras une jeune personne élégante et jolie. Il rougit un peu en me voyant et me présenta à sa femme.

Je me mordis la lèvre pour ne pas sourire comme Démocrite.

— Et Bergeronnette? pensai-je.

FIN DE BERGERONNETTE

LA PIERRE DE TOUCHE

I

Mademoiselle de Lormand ne comptait que dix-sept ans lorsqu'elle épousa M. Davenel, qui avait juste cinquante-cinq ans de plus qu'elle. Ce mariage souleva une désapprobation générale, et l'on cria bien haut que c'était le double produit de la folie et du calcul. Le vieillard fut jugé digne d'être mis aux Petites-Maisons, et la jeune fille parut apte à tenir un comptoir d'usurier pour y faire des règles d'intérêt. Comme, en thèse générale, la vérité des choses d'ici-bas est le contraire des opinions du monde, toute cette belle malignité n'avait pas le sens commun. La vérité, c'est que Juliette de Lormand n'avait fait que céder aux tendres sollicitations d'une mère malade et aux nobles instances de M. Davenel, qui lui avait dit : « Vous avez déjà perdu votre père, mon enfant; votre mère peut succomber à ses souffrances; vous resterez alors orpheline, sans guide, sans appui. Confiez-moi votre main; accordez-moi le droit de vous diriger; à mon âge, on n'a plus d'un mari que le titre, mais on a le cœur d'un père. Vous serez ma fille, et vous trouverez en moi une tendresse toute paternelle. »

Comme si madame de Lormand n'eût attendu que ce moment pour quitter la vie, elle mourut, emportant dans la tombe la consolation de savoir sa fille adorée au sein de la douce atmosphère de la richesse. « Juliette sera heureuse, ma vieille amie, » lui avait dit M. Davenel. Il était homme à tenir parole. Il se montra avec Juliette d'une bienveillance exquise, d'une humeur égale et charmante. Connaissant toutes les aspirations mystérieuses d'un cœur de dix-huit ans, il s'efforçait de leur donner le change au moyen de mille distractions. Il croyait pouvoir ainsi prévenir ou retarder l'épanouissement presque inévitable de cette fleur de la jeunesse qu'on appelle l'amour, et il n'avait pas tort : la solitude fait plus aimer et rêver une jeune fille que le monde. Juliette était d'ailleurs une bonne nature, tendre et reconnaissante; son amitié pour M. Davenel datait de loin; elle la sentit redoubler devant tant de témoignages de sollicitude et d'affection. Mais, soit que la sève se fût naturellement tarie en lui, soit que le genre de vie auquel il se livrait eût accéléré sa fin, il se plaignit un jour de ressentir un vague malaise, garda le lit et ne se releva plus. Quelques heures avant de mourir, il prit la main de Juliette, l'attira vers lui, et lui dit d'une voix à demi éteinte : « Mon enfant, vous allez être veuve, libre et riche, en butte à toutes les convoitises, à toutes les séductions. Soyez bien prudente, bien en garde contre les faux sentiments qu'on étalera devant vous, et tâchez de n'épouser qu'un homme qui vous aimera pour vous-même, non pour votre opulence. Vous trouverez dans mes papiers une lettre qui vous est particulièrement adressée; lisez-la, et ne l'oubliez pas : elle sera peut-être votre salut. » Il porta à ses lèvres décolorées la main de sa jeune femme en pleurs, et rendit le dernier soupir en souriant.

Juliette regretta sincèrement M. Davenel; elle avait perdu en lui un second père. Elle passa l'année de son deuil à la campagne, dans l'isolement, car elle avait la religion du souvenir. Quand elle fit sa rentrée dans le monde, elle se vit entourée, choyée, fêtée à l'envi par tout ce que Paris comptait de plus élégant; et, comme un oiseau qui s'est longtemps reposé à l'ombre dans un nid de mousse, fatiguée de la solitude et du calme, elle s'élançait à tire-d'aile au milieu des plaisirs qui sollicitaient ses vingt ans. Adulée par les jeunes gens à la mode, recherchée par les hommes les plus éminents, l'accès de son salon était le rêve, l'ambition d'un nombre illimité de fils de famille, de personnages importants, de marquis ruinés, d'agents de change dans l'embarras, désireux de faire leur cour à la belle et jeune millionnaire.

Dans le nombre des personnages qui semblaient être le mieux accueillis, il y en avait surtout trois qui, prétendait-on, présentaient les plus grandes chances d'obtenir la main de Juliette : l'un était le marquis du Croisil, jeune homme d'une beauté d'Antinous, d'une grâce exquise, fort goûté dans les salons; sa fortune, des plus médiocres, ne lui permettait pas de faire grande figure, mais ses façons aristocratiques, dans leur simplicité même, suffisaient à le faire distinguer. L'autre était un député des mieux écoutés à la Chambre, ayant trente-cinq ans environ, une figure agréable, des manières élégantes; il jouissait d'un grand crédit auprès des ministres, qui appréciaient ses discours, et d'un crédit non moins grand auprès des femmes, qui prisaient son amabilité. Le troisième était un riche négociant de Paris, négociant non par goût, mais par autorité paternelle, s'occupant peu des affaires, dépensant beaucoup, très-sentimental et presque poëte, n'ambitionnant, disait-il, qu'une vie toute de calme et de tendresse, loin des insupportables soucis du haut commerce; d'ailleurs joli garçon, charmant caractère et très-aimé de tout le monde; il s'appelait Norval. Notre député, lui, s'appelait Desmarest. Tous les trois, compagnons de plaisirs, faisaient assidûment leur cour à la jeune veuve. Elle les recevait avec un égal empressement, et ne témoignait de préférence décisive à aucun. Quand du Croisil lui rendait visite, elle admirait sa beauté merveilleuse, elle se laissait légèrement éprendre de sa grâce pénétrante, et volontiers pensait-elle alors que c'était là le mari qu'elle choisirait entre tous. Mais lorsque Desmarest venait caresser son oreille de cette phraséologie élégante, harmonieuse, qu'il maniait à ravir, elle se demandait si, à tout prendre, elle ne le préférerait pas aux autres. Puis c'était le tour de Norval, dont la galanterie sentimentale lui allait souvent au cœur et lui donnait fort à réfléchir.

Juliette avait l'habitude de passer la belle saison à la campagne, à quatre lieues de Mantes, dans un vieux manoir caché comme un nid au milieu de la verdure, entre le village de Dammartin et celui de Montchauvet. Ce manoir portait le nom de Trois-Fontaines, à cause de trois sources qui jaillissaient dans les prairies environnantes. L'habitation n'était pas des plus confortables, mais le pays, pittoresque, accidenté, vert et boisé, est plein de grâce et de charme.

En mémoire de M. Davenel, qui avait affectionné cette résidence, Juliette aimait Trois-Fontaines comme un vieil ami. Elle n'avait pas, au reste, à y craindre la solitude; les visites ne lui manquaient pas, tant des châteaux d'alentour que de la capitale même. Du Croisil, Desmarest et Norval y mettaient une assiduité exemplaire; et, comme s'ils se fussent donné le mot, ils arrivaient toujours à tour de rôle. Toutefois l'époque de la chasse les réunit, et, en gens d'une éducation parfaite, ils se témoignèrent la plus franche amitié, du moins en apparence. Un jour même que tous trois revenaient de battre les guérets du voisinage, la conversation, lasse de se renfermer dans quelques banalités, venait de tomber sur leur belle hôtesse, et chacun de vanter à l'envi ses grâces, sa beauté, son esprit : c'était peut-être la première fois qu'ils abordaient si résolûment ce sujet.

— Parbleu! s'écria du Croisil s'arrêtant tout à coup au milieu d'un sentier et s'appuyant sur le canon de son fusil, soyons francs, messieurs, et avouons que nous sommes trois chasseurs sur la même piste : nous voulons épouser madame Davenel.

— A quoi bon l'avouer? dit Desmarest en faisant halte aussi; c'est clair comme le jour, nous sommes rivaux.

— Quant à moi, dit Norval en imitant ses deux compagnons, cette union est ma plus chère espérance, et je mourrais plutôt que d'y renoncer.

— Tout beau! reprit du Croisil en souriant, ceci est presque une provocation; c'est de mauvais ton, mon cher.

— Du Croisil a raison, dit Desmarest. L'amour n'est plus une arène où l'on entre l'épée à la main pour se combattre; c'est un théâtre où la beauté couronne, non celui qui a le mieux combattu, mais celui qui semble avoir le mieux aimé. Soyons de notre siècle, siècle de tolérance en politique, en religion, en amour : il y a des antagonistes, il n'y a plus d'ennemis; et les choses n'en vont pas plus mal que je sache... Mais à propos, reprit-il, où en sont nos affaires? Nous voici arrivés aux demi-aveux; pourquoi ne continuerions-nous pas? En est-il un de nous plus avancé que les deux autres? Je vous avoue, pour ma part, que je ne sais trop à quoi m'en tenir sur les véritables dispositions de madame Davenel, et cette incertitude me tourmente plus qu'une triste réalité.

— Ma foi! dit du Croisil, j'affirme n'avoir jamais récolté que des sourires ravissants, des mots délicieux; rien de plus significatif.

— Moi, dit Norval, je déclare n'avoir jamais obtenu une meilleure moisson; je souffre de la disette.

— Hélas! j'ai à peine glané dans votre champ, messieurs, reprit Desmarest; notre récolte, je le vois, ne saurait guère nourrir une robuste espérance. Et pourtant on répète partout que nous sommes les mieux accueillis, et les autres concurrents se retirent devant nous.

— Il faut pourtant bien savoir à quoi nous en tenir, palsambleu! dit du Croisil; c'est facile : nous quittons Trois-Fontaines après-demain; demandons chacun un entretien particulier à notre châtelaine, déclarons-lui nos sentiments, et pressons-la de s'expliquer.

— J'appuie la proposition de l'honorable préopinant, dit Desmarest en souriant. Aujourd'hui même, montons à l'assaut de la citadelle inexpugnable, et celui de nous trois qui aura planté son étendard sur la brèche recevra les félicitations des deux autres.

— Je ne promets pas de le féliciter de bon cœur, dit Norval.

— Nous vous donnons le droit de lui faire la grimace, répliqua en riant du Croisil.

Ils jetèrent alors le fusil sur l'épaule et se remirent en marche. A peine avaient-ils fait quelques pas, qu'ils aperçurent, dans un petit chemin dont ils étaient séparés par le ruisseau de Vaucouleurs, madame Davenel qui venait à leur rencontre. Elle était à cheval, vêtue d'une robe blanche amazone, et vraiment délicieuse dans ce costume qui faisait admirablement ressortir ses formes élégantes et délicates. Un vieux domestique la suivait. Du Croisil cambra sa belle taille, Desmarets fit appel à ses plus jolis mots, et Norval prépara ses regards les plus expressifs. Il fallait, pour se joindre, traverser un pont de bois jeté sur le ruisseau large et débordé. Comme les chasseurs en étaient encore à une certaine distance, Juliette poussa son cheval pour le franchir; soit que l'animal eût senti fléchir le pont sous ses pieds, soit que le bruit de l'eau, qui formait une cascade en cet endroit, l'eût effrayé, il se cabra, fit un bond de côté, brisa l'échalier qui servait de garde-fou et tomba à l'eau avec Juliette, désarçonnée par ce brusque mouvement. De grands cris retentirent dans la campagne; nos trois chasseurs accoururent en toute hâte. Arrivés sur le pont, ils allaient se jeter à l'eau, quand le vieux domestique leur fit remarquer qu'un homme les avait devancés. Cet homme avait déjà saisi un pan de la robe de madame Davenel et la ramenait sur la rive en luttant contre la rapidité du courant. Ils s'élancèrent aussitôt vers l'endroit où le nageur allait aborder et reçurent la jeune femme évanouie.

Juliette eut bientôt repris ses sens; elle parut rassembler ses souvenirs, regarda autour d'elle à plusieurs reprises, et dit d'un air étonné :

— Eh bien! où est-il donc?

Il était facile de comprendre qu'il s'agissait de la personne qui l'avait retirée de l'eau. On chercha de tous côtés.

— Parti, répondit du Croisil.

— Ah! fit Juliette d'un air affligé.

— Tenez, le voilà là-bas qui gravit un coteau, dit Desmarest.

Juliette regarda vivement dans la direction indiquée, et vit un jeune homme en blouse, regagnant à pas pressés le village de Dammartin.

— Oui, oui, murmura-t-elle avec émotion, c'est lui, c'est bien lui!

Et elle demeura pensive.

En ce moment, le vieux domestique ramenait le cheval qui avait abordé plus bas. Juliette se remit aussitôt en selle, et l'on se dirigea vers Trois-Fontaines. Juliette ne hâta pas l'allure de sa bête; ses yeux se reportaient souvent sur l'horizon derrière lequel avait disparu celui qui l'avait sauvée.

(La suite au prochain numéro.)

Le propriétaire-gérant : F. ROY.

LES MYSTÈRES DE PARIS

Un second valet de chambre parut, tenant à la main un plateau de vermeil. (Page 604.)

— Le tout, deux cent soixante mille francs... monsieur le vicomte.

— Vous gagnez là-dessus, vous et Edwards?...

— Environ quarante mille francs, monsieur le vicomte.

— C'est joli!... Du reste, tant mieux, car après tout je suis content de vous... et si j'avais eu un testament à faire, je vous aurais laissé cette somme, à vous et à Edwards.

Et le vicomte sortit pour se rendre d'abord chez son créancier, puis chez madame de Lucenay, qu'il ne soupçonnait pas d'avoir assisté à son entretien avec Badinot.

CHAPITRE XIII

LA PERQUISITION

L'hôtel de Lucenay était une de ces royales habitations du faubourg Saint-Germain que le *terrain perdu* rendait si grandioses ; une maison moderne tiendrait à l'aise dans la cage de l'escalier d'un de ces palais, et on bâtirait un quartier tout entier sur l'emplacement qu'ils occupent.

Vers les neuf heures du soir de ce même jour, les deux battants de l'énorme porte de cet hôtel s'ouvrirent devant un étincelant coupé qui, après avoir décrit une courbe savante dans la cour immense, s'arrêta devant un large perron abrité qui conduisait à une première antichambre. Pendant que le piétinement de deux chevaux ardents et vigoureux retentissait sur le pavé sonore, un gigantesque valet de pied ouvrit la portière armoriée ; un jeune homme descendit lestement de cette brillante voiture, et monta non moins lestement les cinq ou six marches du perron. Ce jeune homme était le vicomte de Saint-Remy. En sortant de chez son créancier, qui, satisfait de l'engagement du père de Florestan, avait accordé le délai demandé et devait revenir toucher son argent à dix heures du soir, rue de Chaillot, M. de Saint-Remy s'était rendu chez madame de Lucenay pour la remercier du nouveau service qu'elle lui avait rendu ; mais n'ayant pas rencontré la duchesse le matin il arrivait triomphant, certain de la trouver en *prima sera*, heure qu'elle lui réservait habituellement.

A l'empressement de deux des valets de pied de l'antichambre qui coururent ouvrir la porte vitrée dès qu'ils reconnurent la voiture de Florestan, à l'air profondément respectueux avec lequel le reste de la livrée se leva spontanément sur le passage du vicomte, enfin à quelques nuances presque imperceptibles, on devinait enfin le *second* ou plutôt le véritable maître de la maison. Lorsque M. le duc de Lucenay rentrait chez lui, son parapluie à la main et les pieds chaussés de socques démesurés (il détestait de sortir dans le jour en voiture), les mêmes évolutions domestiques se répétaient tout aussi respectueuses ; cependant, aux yeux d'un observateur, il y avait une grande différence de physionomie entre l'accueil fait au mari et celui qu'on réservait à l'amant. Le même empressement se manifesta dans le salon des valets de chambre lorsque Florestan y entra ; à l'instant, l'un d'eux le précéda pour aller l'annoncer à madame de Lucenay.

Jamais le vicomte n'avait été plus glorieux, ne s'était senti plus léger, plus sûr de lui, plus conquérant... La *victoire* qu'il avait remportée le matin sur son père, la nouvelle preuve d'*attachement* de madame de Lucenay, la joie d'être sorti si miraculeusement d'une position terrible, sa renaissante confiance dans son étoile donnaient à sa jolie figure une expression d'audace et de bonne humeur qui la rendait plus séduisante encore ; jamais enfin il ne s'était senti *mieux*... Et il avait raison. Jamais sa taille mince et flexible ne s'était dressée plus cavalière ; jamais il n'avait porté le front et le regard plus haut ; jamais son orgueil n'avait été plus délicieusement chatouillé par cette pensée : « La très-grande dame, maîtresse de ce palais, est à moi, est à mes pieds... ce matin encore elle m'attendait chez moi... »

Florestan s'était livré à ses réflexions singulièrement vaniteuses en traversant trois ou quatre salons qui conduisaient à une petite pièce où la duchesse se tenait habituellement. Un dernier coup d'œil jeté sur une glace compléta l'excellente opinion que Florestan avait de soi-même. Le valet de chambre ouvrit les deux battants de la porte du salon et annonça :

— Monsieur le vicomte de Saint-Remy !...

L'étonnement et l'indignation de la duchesse furent inexprimables... Elle croyait que le comte n'avait pas caché à son fils qu'elle aussi avait tout entendu...

Nous l'avons dit : en apprenant combien Florestan était infâme, l'amour de madame de Lucenay, subitement éteint, s'était changé en un dédain glacial. Nous l'avons dit encore : au milieu de ses légèretés, de ses erreurs, madame de Lucenay avait conservé purs et intacts des sentiments de droiture, d'honneur, de loyauté chevaleresque d'une vigueur et d'une exigence toutes viriles ; elle avait les qualités de ses défauts, les vertus de ses vices : traitant l'amour aussi cavalièrement qu'un homme le traite, elle poussait aussi loin, plus loin qu'un homme le dévouement, la générosité, le courage, et surtout l'horreur de toute bassesse. Madame de Lucenay, devant aller le soir dans le monde, était, quoique *sans diamants*, habillée avec son goût et sa magnificence habituelle ; cette toilette splendide, le *rouge* vif qu'elle portait franchement, hardiment, en femme de cour, jusque sous les paupières, sa beauté surtout éclatante aux lumières, sa taille de *déesse marchant sur les nues*, rendaient plus frappant encore ce grand air que personne au monde ne possédait comme elle, et qu'elle poussait, s'il le fallait, jusqu'à une foudroyante insolence... On connaît le caractère altier, déterminé, de la duchesse : qu'on se figure donc sa physionomie, son regard, lorsque le vicomte s'avançant, pimpant, souriant et confiant, lui dit avec amour :

— Ma chère Clotilde... combien vous êtes bonne !... combien vous...

Le vicomte ne put achever.

La duchesse était assise et n'avait pas bougé ; mais son geste, son coup d'œil, révélèrent un mépris à la fois si calme et si écrasant... que Florestan s'arrêta court... Il ne put dire un mot ou faire un pas de plus. Jamais madame de Lucenay ne s'était montrée à lui sous cet aspect. Il ne pouvait croire que ce fût la même femme qu'il avait toujours trouvée douce, tendre, passionnément soumise ; car rien n'est plus humble, plus timide, qu'une femme résolue devant l'homme qu'elle aime et qui la domine.

Sa première surprise passée, Florestan eut honte de sa faiblesse ; son audace habituelle reprit le dessus. Faisant un pas vers madame de Lucenay pour lui prendre la main, il lui dit de sa voix la plus caressante :

— Mon Dieu ! Clotilde, qu'est-ce donc ?... Je ne t'ai jamais vue si jolie, et pourtant...

— Ah ! c'est trop d'impudence ! — s'écria la duchesse en se reculant avec tant de dégoût et de hauteur que Florestan demeura de nouveau surpris et atterré.

Reprenant pourtant un peu d'assurance, il lui dit :

— M'apprendrez-vous au moins, Clotilde, la cause de ce changement si soudain ? Que vous ai-je fait ?... que voulez-vous ?

Sans lui répondre, madame de Lucenay le regarda, comme on dit vulgairement, des pieds à la tête, avec une expression si insultante, que Florestan sentit le rouge de la colère lui monter au front, et il s'écria :

— Je sais, madame, que vous brusquez habituellement les ruptures... Est-ce une rupture que vous voulez ?

— La prétention est curieuse ! — dit madame de Lucenay avec un éclat de rire sardonique ; — sachez, monsieur, que lorsqu'un laquais me vole... je ne *romps* pas *avec lui*... je le chasse...

— Madame !...

— Finissons, — dit la duchesse d'une voix brève et insolente ; — votre présence me répugne ! Que voulez-vous ici ? Est-ce que vous n'avez pas eu votre argent ?

— Il était donc vrai... je vous avais devinée... Ces vingt-cinq mille francs...

— Votre dernier FAUX est retiré, n'est-ce pas ? l'honneur du nom de votre famille est sauvé ?... C'est bien... allez-vous-en...

— Ah ! croyez...

— Je regrette fort cet argent, il aurait pu secourir tant d'honnêtes gens ! mais il fallait songer à la honte de votre père et à la mienne.

— Ainsi, Clotilde, vous saviez tout ?... Oh ! voyez-vous ! maintenant... il ne me reste plus qu'à mourir... — s'écria Florestan du ton le plus pathétique et le plus désespéré.

Un impertinent éclat de rire de la duchesse accueillit cette exclamation tragique, et elle ajouta entre deux accès d'hilarité :

— Mon Dieu ! je n'aurais jamais cru que l'infamie pût être si ridicule !

— Madame !... — s'écria Florestan, les traits contractés par la rage.

Les deux battants de la porte s'ouvrirent avec fracas, et on annonça :

— M. le duc de Montbrison !

Malgré son empire sur lui-même, Florestan contint à peine la violence de ses ressentiments, qu'un homme plus observateur que le duc eût certainement remarqués.

M. de Montbrison avait à peine dix-huit ans. Qu'on s'imagine une ravissante figure de jeune fille blonde, blanche et rose, dont les lèvres vermeilles et le menton satiné seraient légèrement ombragés d'une barbe naissante ; qu'on ajoute à cela de grands yeux bruns encore un peu timides, qui ne demandent qu'à s'émérillonner, une taille aussi svelte que celle de la duchesse, et l'on aura peut-être l'idée de ce jeune duc, le *Chérubin* le plus idéal que jamais *comtesse* et *suivante* aient coiffé d'un bonnet de femme, après avoir remarqué la blancheur de son cou d'ivoire.

Le vicomte eut la faiblesse ou l'audace de rester.

— Que vous êtes aimable, Conrad, d'avoir pensé à moi ce soir ! — dit madame de Lucenay du ton le plus affectueux en tendant sa belle main au jeune duc.

Celui-ci allait donner un *shake-hands* à sa cousine, mais Clotilde haussa légèrement la main et lui dit gaiement :

— Baisez-la, mon cousin, vous avez vos gants.

— Pardon... ma cousine, — dit l'adolescent.

Et il appuya ses lèvres sur la main nue et charmante qu'on lui présentait.

— Que faites-vous ce soir, Conrad? — lui demanda madame de Lucenay, sans paraître s'occuper le moins du monde de Florestan.

— Rien, ma cousine; en sortant de chez vous, j'irai au club.

— Pas du tout, vous nous accompagnerez, M. de Lucenay et moi, chez madame de Senneval, c'est son jour; elle m'a déjà demandé plusieurs fois de vous présenter à elle...

— Ma cousine, je serai trop heureux de me mettre à vos ordres.

— Et puis, franchement, je n'aime pas vous voir déjà ces habitudes et ces goûts de club; vous avez tout ce qu'il faut pour être parfaitement accueilli et même recherché dans le monde... il faut donc y aller beaucoup.

— Oui, ma cousine.

— Et comme je suis avec vous à peu près sur le pied d'une grand'mère, mon cher Conrad, je me dispose à exiger infiniment. Vous êtes émancipé, c'est vrai, mais je crois que vous aurez encore longtemps besoin d'une tutelle... et il faudra vous résoudre à accepter la mienne.

— Avec joie, avec bonheur, ma cousine! — dit vivement le jeune duc.

Il est impossible de peindre la rage muette de Florestan, toujours debout, appuyé à la cheminée. Ni le duc ni Clotilde ne faisaient attention à lui. Sachant combien madame de Lucenay *se décidait vite*, il s'imagina qu'elle poussait l'audace et le mépris jusqu'à vouloir se mettre aussitôt et devant lui en coquetterie réglée avec M. de Montbrison.

Il n'en était rien : la duchesse ressentait alors pour son cousin une affection toute maternelle, l'ayant presque vu naître. Mais le jeune duc était si joli, il semblait si heureux du gracieux accueil de sa cousine, que la jalousie, ou plutôt l'orgueil de Florestan, s'exaspéra ; son cœur se tordit sous les cruelles morsures de l'envie que lui inspirait Conrad de Montbrison, qui, riche et charmant, entrait si splendidement dans cette vie de plaisirs, d'enivrements et de fêtes, d'où il sortait, lui, ruiné, flétri, méprisé, déshonoré. M. de Saint-Remy était brave de cette bravoure de tête, si cela peut se dire, qui fait par colère ou par vanité affronter un duel; mais, vil et corrompu, il n'avait pas ce courage de cœur qui triomphe des mauvais penchants, ou qui, du moins, vous donne l'énergie d'échapper à l'infamie par une mort volontaire. Furieux de l'infernal mépris de la duchesse, croyant voir un successeur dans le jeune duc, M. de Saint-Remy résolut de lutter d'insolence avec madame de Lucenay, et, s'il le fallait, de chercher querelle à Conrad.

La duchesse, irritée de l'audace de Florestan, ne le regardait pas, et M. de Montbrison, dans son empressement auprès de sa cousine, oubliant un peu les convenances, n'avait pas salué ni dit un mot au vicomte, qu'il connaissait pourtant. Celui-ci, s'avançant vers Conrad, qui lui tournait le dos, lui toucha légèrement le bras, et lui dit d'un ton sec et ironique :

— Bonsoir, monsieur... mille pardons de ne pas vous avoir encore aperçu.

M. de Montbrison, sentant qu'il venait en effet de manquer à la politesse, se retourna vivement, et dit cordialement au vicomte :

— Monsieur, je suis confus, en vérité... Mais j'ose espérer que ma cousine, qui a causé ma distraction, voudra bien l'excuser auprès de vous... et...

— Conrad, — dit la duchesse poussée à bout par l'impudence de Florestan, qui persistait à rester chez elle et à la braver, — Conrad, c'est bon, pas d'excuses... ça n'en vaut pas la peine.

M. de Montbrison, croyant que sa cousine lui reprochait en plaisantant d'être trop formaliste, dit gaiement au vicomte blême de colère :

— Je n'insisterai pas, monsieur... puisque ma cousine me le défend... Vous le voyez, sa tutelle commence.

— Et cette tutelle ne s'arrêtera pas là... mon cher monsieur, soyez-en certain. Aussi, dans cette prévision (que madame la duchesse s'empressera de réaliser, je n'en doute pas), dans cette prévision, dis-je, il me vient l'idée de vous faire une proposition...

— A moi, monsieur? — dit Conrad commençant à se choquer du ton sardonique de Florestan.

— A vous-même... Je pars dans quelques jours pour la légation de Gerolstein, à laquelle je suis attaché... Je voudrais me défaire de ma maison toute meublée, de mon écurie toute montée; vous devriez *vous en arranger aussi*...

Et le vicomte appuya insolemment sur ces

derniers mots en regardant madame de Lucenay.

« Ce serait fort piquant, n'est-ce pas, madame la duchesse?

— Je ne vous comprends pas, monsieur, — dit M. de Montbrison de plus en plus étonné.

— Je vous dirai, Conrad, pourquoi vous ne pouvez accepter l'offre qu'on vous fait, — dit Clotilde.

— Et pourquoi monsieur ne peut-il pas accepter mon offre, madame la duchesse?

(La suite au prochain numéro.)

COMMENT ON AIME

LA PIERRE DE TOUCHE

(SUITE)

Tout le reste de la journée, elle parut préoccupée; ses hôtes en firent encore la remarque.

— Madame Davenel est bien rêveuse, bien distraite, dit Norval en soupirant.

— Tubleu! est-ce qu'elle songerait à ce petit paysan? dit du Croisil avec un sourire dédaigneux.

— Hum! dit Desmarest, cœur de femme, énigme de sphinx. Mais n'oublions pas nos conventions.

II

Juliette, en effet, pensait au jeune homme qui l'avait secourue si fort à propos. Avant qu'elle se fût évanouie, elle l'avait reconnu au moment où il s'approchait d'elle à la nage, et c'était le premier souvenir qui se fût éveillé dans son esprit lorsqu'elle avait recouvré connaissance. Dans son enfance, quand Juliette venait avec sa mère à Trois-Fontaines, elle y avait souvent rencontré un jeune garçon qui s'était fait le compagnon de ses jeux. C'était le fils d'un propriétaire du voisinage lié avec M. Davenel. L'enfant n'était pas beau, mais il se montrait si bon, si caressant, si gracieux, que tout le monde l'aimait, et que Juliette l'avait pris en grande affection. Plus tard, placé dans un collége de Paris, Maurice ne revint plus que rarement à Trois-Fontaines; le temps des vacances seul le réunissait à sa jeune amie. C'étaient alors des folâtreries charmantes et des gaietés intarissables auxquelles, toujours trop tôt, on coupait court. Les enfants, comme les oiseaux, ne se fatiguent jamais à voltiger. Mais bientôt vint l'adolescence, et avec elle son cortége virginal de timidité, de pudeur, de réserve : on se revit moins souvent encore que par le passé; on ne courut plus joyeusement ensemble dans les prairies et sous les ombrages; on ne se parla plus qu'avec discrétion; on ne se regarda plus qu'en rougissant; bref, on ne s'aimait plus comme autrefois, mais on était sur le point de s'aimer autrement. Maurice, devenu jeune homme, n'avait que trop bien tenu toutes les promesses de son enfance : il était petit, grêle, presque laid, mais expressif, gracieux, spirituel. Juliette était déjà une belle et bonne jeune fille, si bonne qu'elle ne voulait pas convenir que Maurice fût laid; elle ne voyait sans doute que son âme.

Un malheur soudain vint interrompre cette charmante pastorale à peine ébauchée. Le père de Maurice, imprudemment engagé dans une entreprise agricole, avait vu sa fortune dévorée en un jour par un procès. Il résolut de s'expatrier. Maurice dut suivre son père en Amérique. Ce départ lui causa bien des larmes. A peine eut-il le temps de faire ses adieux à sa compagne de Trois-Fontaines. Juliette conserva longtemps son souvenir, et ce ne fut sans doute pas un des moindres motifs qui la portèrent à refuser d'abord la main de M. Davenel. Mais, un poëte l'a dit, l'amour que rien ne vient raviver est comme une flamme de punch qui s'éteint faute d'aliment. L'image de Maurice s'effaça peu à peu de la mémoire de Juliette. Une fois, cependant, — il y avait peu de jours de cela, — se promenant seule par une belle soirée dans la campagne, comme elle approchait de l'une des trois sources de ses prairies, elle s'arrêta soudain en voyant un homme assis au bord de l'eau. Les clartés du ciel constellé n'étaient pas assez vives pour lui permettre de distinguer cet homme.

Au bruit qu'elle fit, il se leva, la regarda, parut hésiter, puis s'éloigna rapidement. Juliette était médiocrement brave ; elle craignit que ce ne fût un malfaiteur et revint sur ses pas. Tandis qu'elle regagnait le château, elle fit un brusque mouvement, frappée qu'elle était d'une idée subite ; elle venait d'imaginer que l'étranger qu'elle avait aperçu près de la fontaine n'était autre que Maurice ; il lui semblait avoir reconnu, à travers le clair-obscur de la campagne, sa physionomie et sa démarche.

Ne comprenant pas cependant comment il se fût éloigné d'elle, au lieu de se faire reconnaître, elle conclut que ce ne devait pas être lui et n'y pensa bientôt plus. Mais, après l'accident du ruisseau, elle ne pouvait plus douter que Maurice ne fût dans le pays, et cette découverte réveilla mille souvenirs endormis dans un repli de son cœur. Ce n'est pas que Juliette retrouvât en elle les sentiments à la fois passionnés et naïfs qu'elle avait ressentis pour son pauvre compagnon ; mais, à défaut d'un penchant qui n'existait plus, elle éprouvait du moins de la reconnaissance, et cette reconnaissance était bien suffisante pour qu'elle s'intéressât à Maurice. Au village de Dammartin habitait une bonne femme, nommée la Guérin, qui avait été la nourrice de ce jeune homme ; elle se promit de l'aller voir et de l'interroger.

Comme elle formait ce projet en se promenant dans son jardin, le marquis du Croisil l'aborda d'un air plus cérémonieux que d'habitude.

Juliette, nous l'avons dit, n'était pas insensible à la beauté d'Antinoüs du marquis du Croisil. Les grands yeux noirs de ce jeune homme, sa taille admirablement dessinée, ses élégantes façons avaient trouvé l'accès de son cœur. Si elle ne l'aimait pas positivement, elle le goûtait fort. Peut-être aussi n'eût-elle pas été fâchée de recevoir de lui le titre de marquise, car les femmes aiment toutes les futilités, les titres comme les bijoux. Il cueillit une rose du Bengale, et la présentant à Juliette :

— Prenez, madame, dit-il en souriant et en faisant briller ainsi les plus belles dents du monde sous sa moustache noire. J'ai à vous parler... sérieusement. Si mes paroles obtiennent votre approbation, vous me rendrez cette rose ; sinon vous l'effeuillerez, et je me résignerai à perdre tout espoir.

Juliette prit la fleur et regarda le marquis avec surprise.

— De quoi s'agit-il, monsieur? demanda-t-elle en souriant. Je ne comprends pas...

— Je m'explique, madame.

Et aussitôt il lui peignit toute la vivacité de son amour. Il le fit avec une grâce parfaite, qui n'était pas exempte de sincérité, car Juliette méritait certes d'inspirer les plus tendres sentiments. Lorsque du Croisil eut terminé sa déclaration dans les formes, avec l'offre de sa main, il en attendit le résultat. Juliette, la tête légèrement inclinée sur l'épaule, dans une attitude réfléchie, les joues animées d'un vif incarnat, marchait toujours en silence dans une allée ombreuse ; elle tourmentait les pétales de la rose.

— Eh bien! madame? reprit du Croisil d'une voix émue, que dois-je espérer? que dois-je craindre? Me rendrez-vous cette fleur, ou l'effeuillerez-vous? Je tremble!

Juliette n'était pas moins troublée ; prise un peu à l'improviste, elle ne savait que décider. Elle n'avait pas assez interrogé son cœur et craignait de se tromper sur son véritable penchant. Toutefois elle ne voulait pas décourager le marquis. Elle recula la difficulté, dans l'espoir de la mieux résoudre.

— Cette fleur est charmante et me plaît, monsieur, dit-elle avec un certain embarras. Je désire la garder quelque temps comme souvenir. Si vous voulez bien me le permettre, j'attendrai, pour me déterminer, mon retour à Paris.

— Cette rose sera flétrie alors, madame!

— Qu'importe, pourvu qu'elle ait toujours la signification convenue?

— Ah! madame, s'écria du Croisil en inclinant le genou, je la trouverai plus fraîche et plus brillante qu'aujourd'hui si elle m'apporte alors le bonheur!

Desmarest, Norval et quelques dames installées au château parurent en ce moment au détour du sentier que suivaient Juliette et du Croisil. On se réunit et l'on continua la promenade. Après quelques instants, Juliette se détacha du groupe et gagna le château où elle avait des ordres à donner. Lorsqu'elle voulut rejoindre ses hôtes, ils avaient quitté le jardin et étaient entrés dans le bois. Ne les voyant pas, elle se rendit au salon, où elle se mit au piano. Le jour commençait à tomber et prédisposait à l'émotion. Juliette laissa errer ses doigts sur les touches, et préluda avec une gracieuse mélancolie: un accompagnement succéda à ce prélude, et une voix fraîche et pure commença l'une des plus charmantes mélodies d'Hérold :

Pourquoi trembler ? c'est moi qui vous implore !
Qu'un seul regard daigne tomber sur moi !

Elle chanta surtout délicieusement ce délicieux passage :

Ah ! dans vos yeux laissez-moi lire
Ce mot qui doit combler mes vœux !
Tout en ces lieux semble nous dire :
L'amour est là, soyez heureux !

A peine eut-elle terminée cette mélodie, qu'elle entendit applaudir doucement à ses côtés ; elle se retourna et vit Desmarest.

— Ah ! madame, murmura-t-il avec passion, c'est mon âme qui vient de chanter avec votre voix, et c'est à vous que s'adressait cet hymne de *Zampa!*

Juliette tressaillit malgré elle. Desmarest s'en aperçut et reprit aussitôt avec une accentuation qu'il modulait à ravir :

Pourquoi trembler? c'est moi qui vous implore !
Qu'un seul regard daigne tomber sur moi !
J'y vois encore
Et le trouble et l'effroi !
Quand vous adorer est ma loi !

Prédisposée à l'émotion par les influences du soir, par son propre chant même, Juliette se sentit de plus en plus troublée et garda le silence, de peur que sa voix ne trahît son trouble. Desmarest continua en s'animant :

Ah ! dans vos yeux laissez-moi lire
Ce mot qui doit combler mes vœux !
Tout en ces lieux semble nous dire :
L'amour est là, soyez heureux !

— A merveille ! dit enfin Juliette avec un peu de calme ; vous récitez les vers dans la perfection.

— C'est que ces vers, se hâta de répliquer Desmarest, sont en harmonie parfaite avec les impressions de mon cœur, madame !

Juliette se leva pour n'en point entendre davantage, mais Desmarest la fit se rasseoir doucement et la contraignit de l'écouter. Embarrassée, elle laissa errer ses doigts sur le piano et en tira des sons vagues et mélodieux, tandis que le jeune député lui parlait, avec une éloquence vraiment pénétrante, de l'admiration qu'elle lui inspirait, des espérances qu'il avait osé concevoir, et la suppliait de réaliser enfin le bonheur qui avait été jusque-là son rêve le plus radieux et le plus constant. Cette parole habile, tour à tour suave, veloutée, vibrante et passionnée, arrivait toujours au cœur de Juliette ; toutefois elle n'en était pas si bien maîtrisée qu'elle ne pût résister à l'entraînement.

— Vous me voyez confuse, monsieur, dit-elle, et je ne sais que répondre.

— Eh bien ! madame, ne répondez pas ! s'écria Desmarest, mais si vous daignez accéder à ma prière, si votre main ne repousse pas la mienne qui se tend vers vous suppliante, oh ! chantez ! chantez encore la romance de *Zampa!* ce chant sera votre réponse ; je le considérerai comme l'expression d'un cœur qui consent à exaucer mes vœux !

Juliette n'y consentait pas tout à fait. Desmarest lui plaisait tout autant que du Croisil, et elle n'eût pas été moins flattée d'être la femme d'un député que la femme d'un marquis. Mais une voix intérieure lui criait de ne se point engager encore. Toutefois elle ne voulait pas éloigner d'elle un homme d'une position si éminente, d'une amabilité si parfaite, au moins tant que son choix ne serait pas définitivement arrêté. Elle lui répondit comme à du Croisil.

— Le sens que vous voulez donner à cette mélodie, dit-elle en souriant, ne me permet pas de la répéter ce soir. Mais plus tard, si vous me l'entendez chanter devant vous, c'est que j'agréerai la main que vous avez la bonté de m'offrir.

— Ah ! madame, laissez-moi insister pour obtenir aujourd'hui ma sentence !

— N'insistez pas, je vous prie : à Paris seulement, je prendrai une décision.

Et elle sonna pour qu'on apportât de la lumière.

Presque au même instant, les promeneurs entrèrent au salon, et l'on annonça quelques hobereaux d'alentour. On fit un peu de musique et l'on dansa. On valsa surtout : la valse est toujours en vogue où se trouvent de bons valseurs. Du Croisil, Desmarest y étaient fort habiles ; mais Norval l'emportait évidemment à cet égard sur ses deux compétiteurs. Il avait une souplesse, une légèreté merveilleuses, et semblait effleurer à peine le parquet. Juliette aimait à valser avec lui : il se hâta de l'inviter. Se doutant bien que du Croisil avait dû tirer parti de sa promenade au jardin, que Desmarest n'avait pas manqué de mettre à profit son tête-à-tête au salon, il résolut de bien employer les instants de la valse. En effet, laissant à son instinct musical et à sa grande habitude le soin de le diriger, il dit à Juliette, en phrases courtes, vives et passionnées, à peu près tout ce que du Croisil et Desmarest lui avaient déclaré avec beaucoup de verve et d'éloquence. Toutes les déclarations se ressemblent : elles n'ont pas le sens commun, c'est leur plus grand charme. Juliette regarda son valseur avec finesse, commençant à soupçonner que les trois amis s'étaient donné le mot. Elle ne leur en voulut pas. Il lui paraissait naturel qu'ils s'entendissent pour apprendre enfin lequel était le préféré. Sur ce point, elle aimait mieux le système de l'entente cordiale que celui des hostilités, et ne tenait nullement à ce que ses adorateurs tranchassent la question avec l'épée ou le pistolet.

— Écoutez-moi, dit-elle à Norval d'un ton enjoué, j'avais décidé que je ne valserais plus, car le docteur me l'a formellement défendu dans l'intérêt de ma santé. Je n'ai pu cependant résister à l'entraînement, et j'ai accepté votre invitation. Ce sera la dernière fois durant mon séjour à la campagne.

— Quoi ! même ce soir, vous ne valserez plus ?

— Même ce soir, c'est l'ordonnance, et je ne l'ai déjà que trop enfreinte. Mais retenez bien ceci : de retour à Paris, si je présente jamais à monsieur Norval ma main pour valser, c'est que j'aurai résolu de la laisser dans la sienne.

— Juste ciel ! s'écria Norval, je ne valse plus désormais que votre main dans la mienne !

— Gardez-vous-en bien ! répliqua Juliette avec une douce malice.

— Pourquoi, madame ?

— Parce que, si vous ne valsiez plus, la valse en mourrait de chagrin !

— Et moi donc ! fit Norval avec une parfaite sentimentalité, car il faudrait alors renoncer à vous !...

En ce moment, les derniers accords d'une valse de Strauss se faisaient entendre. Juliette sourit à son cavalier et le quitta.

Le lendemain, du Croisil, Desmarest et Norval se rencontrèrent au jardin.

— Eh bien ! messieurs, dit du Croisil dissimulant mal un air de triomphe, j'ai formulé mes vœux.

— Et moi, messsieurs, j'ai nettement posé la question, dit Desmarest d'un ton parlementaire.

— Je n'ai pas été moins empressé que vous, messieurs, dit Norval avec assurance ; j'ai fait l'offre de mon cœur et de ma main.

— A parler franc, reprit du Croisil, on me donnera la réponse à Paris. Mon bonheur dépend d'une rose.

— C'est aussi à Paris que je connaîtrai mon sort, dit Desmarest plus surpris que glorieux. Ma plus grande joie est attachée à une romance.

— Chose singulière ! s'écria Norval encore plus étonné, je suis, comme vous, renvoyé à Paris : mon rêve et mon espoir tiennent à une valse. Eh ! eh ! ne pensez-vous pas que l'on se moque de nous ?

— Vive Dieu ! j'en ai peur, dit du Croisil en fronçant ses beaux sourcils noirs, et je me vengerai !...

— Tout doux ! monsieur le marquis, tout doux ! interrompit Desmarest. Je penche plutôt à croire que madame Davenel est embarrassée de son choix. Elle nous estime tous les trois également, et elle désire interroger son cœur avant de prendre un parti définitif.

A ces mots, Desmarest regarda ses interlocuteurs avec un imperceptible dédain ; du Croisil se redressa avec une fierté hautaine, Norval enfonça les mains dans ses poches avec une bourgeoise importance. Chacun d'eux, bien entendu, se croyait supérieur aux deux autres, celui-ci par son titre, celui-là par sa position, le troisième par sa fortune.

Au moment fixé pour leur départ, quand Juliette reçut leurs adieux, du Croisil s'approcha d'elle, lui baisa la main et lui dit à voix basse :

— N'oubliez pas la rose du Bengale.

Desmarest en fit autant.

— Pensez à la romance de *Zampa*, dit-il.

— Souvenez-vous de la valse de Strauss, dit à son tour Norval.

— A Paris, messieurs, répondit Juliette en leur tirant une révérence un peu sournoise.

III

Pendant les dernières semaines de l'automne, Juliette recevait fort peu de visites. A cette époque, elle avait l'habitude de vivre dans la solitude et le recueillement. La première chose qui la préoccupa, quand elle se vit seule, fut la promesse qu'elle avait faite à ses trois adorateurs. Que devait-elle préférer, la rose, la romance ou la valse ?

(La suite au prochain numéro.)

Le propriétaire-gérant : F. ROY.

LES MYSTÈRES DE PARIS

— Monsieur... — dit le magistrat, — épargnez-vous ce spectacle, quittez cette maison. (Page 627.)

— Mon cher Conrad, ce qu'on vous propose de vous vendre est déjà vendu à d'autres... vous comprenez... vous auriez l'inconvénient d'être volé comme dans un bois.

Florestan se mordit les lèvres de rage.

— Prenez garde, madame ! — s'écria-t-il.

— Comment! des menaces... ici... monsieur ! — s'écria Conrad.

— Allons donc ! Conrad, ne faites pas attention, — dit madame de Lucenay en prenant une pastille dans une bonbonnière avec un imperturbable sang-froid, — un homme d'honneur ne doit ni ne peut plus se commettre avec monsieur. S'il y tient, je vais vous dire pourquoi !

Un terrible éclat allait avoir lieu peut-être, lorsque les deux battants de la porte s'ouvrirent de nouveau, et M. le duc de Lucenay entra bruyamment, violemment, étourdiment, selon sa coutume.

— Comment, ma chère, vous êtes déjà prête? — dit-il à sa femme ; — mais c'est étonnant!... mais c'est surprenant!... Bonsoir, Saint-Remy! bonsoir, Conrad!... Ah! vous voyez le plus désespéré des hommes... c'est-à-dire que je n'en dors pas, que je n'en mange pas, que j'en suis abruti; je ne peux pas m'y habituer... Pauvre d'Harville! quel événement!

Et M. de Lucenay, se jetant à la renverse sur une sorte de causeuse à deux dossiers, lança son chapeau loin de lui avec un geste de désespoir, et, croisant sa jambe gauche sur son genou droit, il prit par manière de contenance son pied dans sa main, continuant de pousser des exclamations désolées.

L'émotion de Conrad et de Florestan put se calmer sans que M. de Lucenay, d'ailleurs l'homme le moins clairvoyant du monde, se fût aperçu de rien.

Madame de Lucenay, non par embarras, elle n'était pas femme à s'embarrasser jamais, on le sait, mais parce que la présence de Florestan lui était aussi répugnante qu'insupportable, dit au duc :

— Quand vous voudrez, nous partirons; je présente Conrad à madame de Senneval.

— Non, non, non! — se mit à crier le duc en abandonnant son pied pour saisir un des coussins sur lequel il frappa violemment de ses deux poings, au grand émoi de Clotilde, qui, aux cris inattendus de son mari, bondit sur son fauteuil.

— Mon Dieu! monsieur, qu'avez-vous? — lui dit-elle; — vous m'avez fait une peur horrible.

— Non! — répéta le duc, et, repoussant le coussin, il se leva brusquement et se mit à gesticuler en marchant, — je ne puis me faire à l'idée de la mort de ce pauvre d'Harville; et vous, Saint-Remy?

— En effet, cet événement est affreux! — dit le vicomte, qui, la haine et la rage dans le cœur, cherchait le regard de M. de Montbrison; mais celui-ci, d'après les derniers mots de sa cousine, non par manque de cœur, mais par fierté, détournait sa vue d'un homme si cruellement flétri.

— De grâce, monsieur, — dit la duchesse à son mari en se levant, — ne regrettez pas M. d'Harville d'une façon si bruyante et surtout si singulière. Sonnez, je vous prie, pour demander ma voiture.

— C'est que c'est vrai aussi, — dit M. de Lucenay en saisissant le cordon de la sonnette; — dire qu'il y a trois jours il était plein de vie et de santé... et aujourd'hui, de lui, que reste-t-il? Rien... rien... rien!!!

Ces trois dernières exclamations furent accompagnées de trois secousses si violentes que le cordon de sonnette que le duc tenait à la main, toujours en gesticulant, se sépara du ressort supérieur, tomba sur un candélabre garni de bougies allumées, en renversa deux; l'une, s'arrêtant sur la cheminée, brisa une charmante petite coupe de vieux sèvres; l'autre roula à terre sur un tapis de foyer en hermine, qui, un moment enflammé, fut presque aussitôt éteint sous le pied de Conrad. Au même instant deux valets de chambre, appelés par cette sonnerie formidable, accoururent en hâte et trouvèrent M. de Lucenay le cordon de sonnette à la main, la duchesse riant aux éclats de cette ridicule cascatelle de bougies, et M. de Montbrison partageant l'hilarité de sa cousine. M. de Saint-Remy seul ne riait pas. M. de Lucenay, fort habitué à ces sortes d'accidents, conservait un sérieux parfait; il jeta le cordon de sonnette à un des gens, et leur dit :

— La voiture de madame.

Clotilde, un peu calmée, reprit :

— En vérité, monsieur, il n'y a que vous au monde capable de donner à rire à propos d'un événement aussi lamentable...

— Lamentable!... mais dites donc effroyable... mais dites donc épouvantable! Tenez, depuis hier, je suis à chercher combien il y a de personnes, même dans ma propre famille, que j'aurais voulu voir mourir à la place de ce pauvre d'Harville. D'abord mon neveu d'Emberval, qui est si impatientant à cause de son bégayement; et puis ensuite votre tante Mérinville, qui parle toujours de ses nerfs, de sa migraine, et qui vous avale tous les jours, pour attendre le dîner, une abominable croûte au pot, comme une vraie portière! Est-ce que vous y tenez beaucoup, à votre tante Mérinville?

— Allons donc, monsieur, vous êtes fou? — dit la duchesse en haussant les épaules.

— Mais c'est que c'est vrai, — reprit le duc, — on donnerait vingt indifférents pour un ami... n'est-ce pas, Saint-Remy?

— Sans doute.

— C'est toujours cette vieille histoire du tailleur. La connais-tu, Conrad, l'histoire du tailleur?

— Non, mon cousin.

— Tu vas comprendre tout de suite l'allégorie. Un tailleur est condamné à être pendu; il n'y avait que lui de tailleur dans le bourg; que font les habitants? Ils disent au juge : « Monsieur le juge, nous n'avons qu'un tailleur, et nous avons trois cordonniers; si ça vous était égal de pendre un des trois cordonniers à la place du tailleur, nous aurions bien assez de deux cordonniers. » Comprends-tu l'allégorie, Conrad?

— Oui, mon cousin.

— Et vous, Saint-Remy?

— Moi aussi.

— La voiture de madame la duchesse! — dit un des gens.

— Ah çà! mais pourquoi donc n'avez-vous pas mis vos diamants? — dit tout à coup M. de Lucenay; avec cette toilette-là, ils iraient joliment bien!

Saint-Remy tressaillit.

— Pour une pauvre fois que nous allons dans le monde ensemble, — reprit le duc, — vous auriez bien pu m'en faire honneur, de vos diamants... C'est qu'ils sont beaux, les diamants de la duchesse... les avez-vous vus, Saint-Remy?

— Oui... Monsieur les connaît... parfaitement, — dit Clotilde; puis elle ajouta : — Votre bras, Conrad...

M. de Lucenay suivit la duchesse avec Saint-Remy, qui ne se possédait pas de colère.

— Est-ce que vous ne venez pas avec nous chez les Senneval, Saint-Remy? — lui dit M. de Lucenay.

— Non... impossible, — répondit-il brusquement.

— Tenez, Saint-Remy, madame de Senneval, voilà encore une personne... Qu'est-ce que je dis, une?... deux... que je sacrifierais volontiers; car son mari est aussi sur ma liste.

— Quelle liste?

— Celle des gens qu'il m'aurait été bien égal de voir mourir, pourvu que d'Harville nous fût resté.

Au moment où, dans le salon d'attente, M. de Montbrison aidait la duchesse à mettre sa mante, M. de Lucenay, s'adressant à son cousin, lui dit :

— Puisque tu viens avec nous, Conrad... dis à ta voiture de suivre la nôtre... à moins que vous ne veniez, Saint-Remy; alors vous me donneriez une place... et je vous raconterais une autre bonne histoire, qui vaut bien celle du tailleur.

— Je vous remercie, — dit sèchement Saint-Remy; — je ne puis vous accompagner.

— Alors, au revoir, mon cher... Est-ce que vous êtes en querelle avec ma femme? la voilà qui monte en voiture sans vous dire un mot.

En effet, la berline de la duchesse étant avancée au bas du perron, elle y monta légèrement.

— Mon cousin?... — dit Conrad en attendant M. de Lucenay par déférence.

— Monte donc! monte donc!... — dit le duc qui, arrêté un moment au haut du perron, considérait l'élégant attelage de la voiture du vicomte. — Ce sont vos chevaux alezans... Saint-Remy?

— Oui...

— Et votre gros Edwards... quelle tournure!... Voilà ce qui s'appelle un cocher de bonne maison!... Voyez comme il a bien ses chevaux en main! Il faut être juste, il n'y a pourtant que ce diable de Saint-Remy pour avoir ce qu'il y a de mieux en tout.

— Madame de Lucenay et son cousin vous attendent, mon cher, — dit M. de Saint-Remy avec amertume.

—C'est pardieu vrai!... suis-je assez grossier! Au revoir, Saint-Remy!... Ah! j'oubliais,—dit le duc en s'arrêtant au milieu du perron, — si vous n'avez rien de mieux à faire, venez donc dîner avec nous demain : lord Dudley m'a envoyé d'Écosse des grouses (espèce de coqs de bruyère). Figurez-vous que c'est quelque chose de monstrueux... C'est dit, n'est-ce pas?

Et le duc rejoignit sa femme et Conrad.

Saint-Remy, resté seul sur le perron, vit la voiture partir. La sienne avança. Il y monta en jetant un regard de colère, de haine et de désespoir sur cette maison, où il était entré si souvent en maître, et qu'il quittait ignominieusement chassé.

— Chez moi! — dit-il brusquement.

— A l'hôtel! — dit le valet de pied à Edwards en fermant la portière.

On comprend quelles furent les pensées amères et désolantes de Saint-Remy en revenant chez lui.

Au moment où il rentra, Boyer, qui l'attendait sous le péristyle, lui dit :

— M. le comte est en haut... qui attend M. le vicomte.

— C'est bien...

— Il y a aussi là un homme à qui monsieur le vicomte a donné rendez-vous à dix heures, M. Petit-Jean.

— Bien, bien... Oh ! quelle soirée ! — dit Florestan en montant rejoindre son père, qu'il trouva dans le salon du premier étage, où s'était passée leur entrevue du matin. — Mille pardons ! mon père, de ne pas m'être trouvé ici lors de votre arrivée... mais je...

— L'homme qui a en mains cette traite fausse est-il ici ? — dit le comte en interrompant son fils...

— Oui, mon père, il est en bas...

— Faites-le monter...

Florestan sonna, Boyer parut.

— Dites à M. Petit-Jean de monter.

— Oui, monsieur le vicomte.

Et Boyer sortit.

— Combien vous êtes bon, mon père, de vous être souvenu de votre promesse !...

— Je me souviens toujours de ce que je promets...

— Que de reconnaissance !... Comment jamais vous prouver...

— Je ne voulais pas que mon nom fût déshonoré... Il ne le sera pas...

— Il ne le sera pas !... non... et il ne le sera plus, je vous le jure, mon père !...

Le comte regarda son fils d'un air singulier, et il répéta :

— Non, il ne le sera plus.

Puis il ajouta d'un air sardonique :

— Vous êtes devin !

— C'est que je lis ma résolution dans mon cœur...

Le père de Florestan ne répondit rien. Il se promena de long en large dans la chambre, les deux mains plongées dans les poches de sa longue redingote... Il était pâle.

— M. Petit-Jean, — dit Boyer en introduisant un homme à figure basse, sordide et rusée.

— Où est cette traite ? — dit le comte.

— La voici, monsieur, — dit Petit-Jean (l'*homme de paille* de Jacques Ferrand le notaire) en présentant le titre au comte.

— Est-ce bien cela ? — dit celui-ci à son fils en lui montrant la traite d'un coup d'œil.

— Oui, mon père...

Le comte tira de la poche de son gilet vingt-cinq billets de mille francs, les remit à son fils et lui dit :

— Payez.

Florestan paya et prit la traite avec un profond soupir de satisfaction.

M. Petit-Jean plaça soigneusement les billets dans un vieux portefeuille et salua.

M. de Saint-Remy sortit avec lui du salon, pendant que Florestan déchirait prudemment la traite.

— Au moins les vingt-cinq mille francs de Clotilde me restent. Si rien ne se découvre... c'est une consolation... Mais comme elle m'a traité !... Ah çà ! qu'est-ce que mon père peut avoir à dire à M. Petit-Jean ?

Le bruit d'une serrure que l'on fermait à double tour fit tressaillir le vicomte.

Son père rentra...

Sa pâleur avait augmenté.

— Il me semble, mon père, avoir entendu fermer la porte de mon cabinet !

— Oui, je l'ai fermée...

— Vous, mon père ?... Et pourquoi ? — demanda Florestan stupéfait.

— Je vais vous le dire.

Et le comte se plaça de manière que son fils ne pût passer par l'escalier dérobé qui conduisait au rez-de-chaussée.

Florestan, inquiet, commençait à remarquer la physionomie sinistre de son père, et suivait tous ses mouvements avec défiance. Sans pouvoir se l'expliquer, il ressentait une vague terreur.

— Mon père... qu'avez-vous ?...

— Ce matin, en me voyant, votre pensée a été celle-ci : Mon père ne laissera pas déshonorer son nom, il payera... si je parviens à l'étourdir par quelques feintes paroles de repentir.

— Ah ! vous pouvez croire que...

— Ne m'interrompez pas... Je n'ai pas été votre dupe : il n'y a chez vous ni honte, ni regrets, ni remords ; vous êtes vicié jusqu'au cœur, vous n'avez jamais eu un sentiment honnête ; vous n'avez pas volé tant que vous avez possédé de quoi satisfaire vos caprices, c'est ce qu'on appelle la probité des riches de votre espèce ; puis sont venues les indélicatesses, puis les bassesses, puis le crime, les faux... Ceci n'est que la première période de votre vie... elle est belle et pure, comparée à celle qui vous attendrait...

— Si je ne changeais pas de conduite, je l'avoue ; mais j'en changerai... mon père... je vous l'ai juré.

— Vous n'en changeriez pas...

— Mais...

— Vous n'en changeriez pas... Chassé de la société où vous avez jusqu'ici vécu, vous deviendriez criminel à la manière des misérables parmi lesquels vous serez rejeté, voleur inévitablement... et si besoin est .. assassin... Voilà votre avenir.

— Assassin !... moi ?

(La suite au prochain numéro.)

Maurice ne bougea pas, mais il pâlit. (Page 623.)

COMMENT ON AIME (suite).

La rose avait bien son parfum, la romance possédait un grand attrait, la valse ne manquait pas d'entraînement ; mais il lui était impossible de prendre une détermination, et pourtant elle ne pouvait rester veuve toute sa vie, bien que ce soit une fort aimable indépendance. Tout lui commandait le mariage : les convenances du monde, le soin de sa propre fortune, et sans doute aussi les vagues sollicitations de son cœur. La pauvre Juliette était dans le plus grand embarras ; trois personnes lui plaisaient également, mais peut-être n'en aimait-elle aucune. Le véritable amour n'hésite guère. Elle se lassa bientôt de toute cette vaine préoccupation, et se livra tout entière au charme mélancolique qu'on ressent à rêver dans la campagne, quand l'automne étale ses dernières et ses plus douces harmonies.

Un jour qu'elle s'avançait sur la marge herbeuse d'un sentier pierreux conduisant à Dammartin, elle aperçut à quelques pas une paysanne qui poussait deux vaches devant elle ; c'était la Guérin. Elle l'aborda.

— J'allais chez vous, la mère, dit Juliette, pour vous voir et vous demander si Maurice n'est pas de retour au pays.

La Guérin était une femme de cinquante ans, petite, toute ronde, haute en couleur, la figure avenante et le cœur sur la main.

— Madame est bien bonne de venir visiter les pauvres gens, répondit-elle. Quant à ce qui est de Maurice, il y a bien quinze jours qu'il est chez nous.

— Et pourquoi n'est-il donc pas venu au château ?

— Ah ! vraiment je n'en sais trop rien. Seulement je vois bien que les grands voyages ne l'ont pas rendu très-gai ; il est tout triste et tout sauvage, le cher enfant.

— Il a peut-être du chagrin, mère? Ne savez-vous pas ce qu'il a ?

— En vérité, non. Je lui en ai bien touché quelques mots, mais c'est à peine s'il m'a répondu ; et, au fait, ça ne me regarde point, quoique je l'aime beaucoup : il est si bon ! Un matin, il arrive, il m'embrasse et me demande de le loger; je lui donne ma plus belle chambre, et le voilà installé. Depuis ce temps, il va, il vient, il sort, il rentre comme il veut ; je ne le gêne en rien, et je tâche qu'il se trouve pour le mieux dans notre chaumière.

— Ne savez-vous pas, mère Guérin, qu'il y a trois ou quatre jours il m'a sauvé la vie en me retirant du ruisseau de Vaucouleurs, où j'étais tombée à l'endroit le plus rapide et le plus profond ?

— Non, jarnidieu ! dit la Guérin avec un mouvement de surprise ; il ne m'en a rien dit. Mais bah ! cela ne m'étonne pas beaucoup. Ce garçon-là ne fait pas grand bruit, et je suis sûre qu'il est capable de se mettre au feu et à l'eau pour les gens, pour vous surtout peut-être, ma bonne dame.

— Pour moi ? dit Juliette ; est-ce qu'il se souvient de moi ? reprit-elle avec vivacité ; est-ce qu'il vous a parlé de moi ?

— Oh ! pour ça, non, jamais il n'a prononcé votre nom une seule fois, au moins devant moi. Mais, à vous parler franchement, reprit-elle d'un air fin et mystérieux, un soir que je ramenais mes vaches du grand préau, je l'ai aperçu assis sur le coteau, là-bas; il regardait du côté de Trois-Fontaines, et je crois bien qu'il pleurait un peu.

— Il pleurait? dit Juliette avec émotion.

— Je n'en suis pas très-sûre, car j'étais assez loin de lui. Quand il m'a vue, il s'est levé et a disparu. Ça lui arrive quelquefois de s'en aller à l'approche du monde : il est si timide !

Juliette garda le silence; elle sentait son cœur se gonfler. Ce que lui disait la Guérin avec tant de naïveté éveillait en elle un tendre intérêt pour Maurice. Maurice n'avait-il pas été l'ami de son enfance ? Ne venait-il pas de l'arracher à un grand danger? Elle se promit de pénétrer la cause de sa tristesse et de le consoler si cela était possible : ses souvenirs et sa reconnaissance ne lui en faisaient-ils pas un devoir?

La chaumière à la Guérin était placée presque à l'entrée du village de Dammartin. Les deux vaches y étaient déjà arrivées, mais leur conductrice et Juliette, ayant ralenti leur marche pour mieux causer, en étaient encore à quelque distance. Soudain un jeune homme entra dans la chaumière. La Guérin le vit et s'écria :

— Tenez, ma brave dame, voilà justement Maurice de retour à la maison ! vous allez pouvoir lui parler.

Et elle hâta le pas; Juliette la suivit avec un léger battement de cœur. Dans la chaumière, la Guérin chercha Maurice; elle l'appela, mais vainement. Il était reparti par la porte du jardin qui donnait sur les champs.

— C'est singulier, dit la bonne femme, il nous a pourtant aperçues, j'en suis certaine.

C'était la troisième fois que Maurice fuyait devant Juliette. Elle en éprouva du dépit et résolut de ne plus s'occuper de ce sauvage. Toutefois elle ne pouvait oublier le service qu'il lui avait rendu, et, pour ne pas se montrer ingrate, elle écrivit quelques mots au crayon, détacha un bouquet de son corsage, et pria la Guérin de mettre le tout dans la chambre de Maurice.

Le billet était conçu ainsi :

« Monsieur,

« Vous m'évitez, je le vois, et m'empêchez

ainsi de vous témoigner ma vive gratitude. Je ne veux pas vous troubler dans vos goûts solitaires; toutefois je dois vous dire que je n'ai pas oublié le doux poëme de notre enfance, et je m'empresse de vous offrir, comme gage de ma reconnaissance, ces fleurs que j'ai portées. Elles ne vous seront pas longtemps importunes : elles durent si peu! Mes sentiments du moins sont éternels.

« JULIETTE DAVENEL. »

Juliette s'en retourna avec un sentiment de tristesse qu'elle ne pouvait définir. Le lendemain, elle revint chez la mère Guérin, voulant savoir comment Maurice avait accueilli le bouquet et la lettre.

— Tout ce que je puis vous dire, madame, c'est qu'il est resté deux heures enfermé. Quand il a été sorti, j'ai fureté dans sa chambre et je n'y ai pas trouvé la plus petite trace de la lettre ou du bouquet. Il les aura emportés.

— Ou si bien détruits qu'il n'en reste plus rien... Enfin j'ai fait ce que je devais faire... Je ne le tourmenterai plus... Adieu donc, bonne mère voici pour vous.

Et elle posa sa bourse sur le dressoir de la chaumière.

Au lieu de s'en retourner par le chemin le plus court, Juliette fit le grand tour, prit à travers les prairies, de manière à revenir par l'avenue de la ferme, de l'autre côté du château. C'était vers la fin d'une journée tiède et triste; une grande nappe de nuages dérobait l'azur du ciel, filtrant une lumière grise et terne. La nature était pénétrée de mélancolie et la communiquait à l'âme. Juliette, rêveuse, la tête inclinée sur l'épaule, marchait lentement dans une *traîne*, poussant du pied les feuilles tombées, quand tout à coup, au détour du sentier qu'elle suivait et qui était encaissé entre deux haies d'aubépine, elle se trouva en face de Maurice. Un léger cri leur échappa. Juliette rougit un peu malgré elle; Maurice eut une contenance embarrassée : mais l'un et l'autre se remirent bientôt de leur surprise. Un petit mur fermait le sentier en cet endroit; il fallait le franchir pour continuer le chemin.

— Ah! cette fois, monsieur, dit Juliette en souriant, vous ne pourrez pas facilement m'éviter, à moins que vous n'escaladiez ce mur, car je vous barre le passage.

Maurice parut déconcerté; son front se plissa soucieusement, mais sa physionomie reprit bientôt la tristesse calme qui lui était habituelle.

— Vous éviter, madame? répondit-il; telle n'est pas mon intention. Seulement j'aime la solitude et la recherche, comme d'autres aiment et recherchent le monde.

S'il y avait dans ces mots une épigramme à son adresse, c'est ce que Juliette ne put savoir, car le visage de Maurice ne trahit aucune arrière-pensée maligne.

— Le temps de vous féliciter de votre courage et de vous remercier de mon salut, monsieur! reprit-elle; je vous laisse ensuite à vos rêveries.

— Si j'ai pu me porter le premier à votre secours, madame, le hasard seul en est la cause. Tout autre à ma place se fût conduit comme je l'ai fait, vous n'en doutez pas; je ne mérite donc aucun remerciement.

En achevant cette phrase, il salua Juliette d'un air cérémonieux, comme pour la prier de le laisser s'éloigner.

— Un mot encore, monsieur, dit-elle un peu blessée de cette froideur, mais voulant mettre de son côté tout l'avantage des égards.

— Je vous écoute, madame.

— Vous ne l'avez peut-être pas oublié, monsieur, j'ai beaucoup aimé votre père : il était si bon pour nous! Permettez-moi donc de m'informer de lui.

— Il est mort à Philadelphie, il y a près d'un an; c'est ce qui m'a déterminé à quitter l'Amérique et à revenir en France, madame.

— Mort! dit Juliette d'un ton ému. Mon Dieu! reprit-elle avec une charmante mélancolie, comme tout passe, comme tout nous abandonne, famille, amitiés, relations, et jusqu'à nos souvenirs! La vie est un perpétuel adieu à tout ce que nous avons aimé.

Un léger soupir vint expirer sur ses lèvres. Maurice parut tressaillir.

— Adieu donc, monsieur! dit Juliette. Je ne veux pas vous distraire plus longtemps de vos goûts; donnez-moi la main pour m'aider à franchir ce petit mur.

Maurice ne bougea pas, mais il pâlit.

— Vous refusez! reprit-elle avec un accent de doux reproche.

Il fit un brusque mouvement et lui tendit la main. Mais, plus légère qu'une gazelle, Juliette s'était élancée sur les pierres disposées en marches, et avait sauté de l'autre côté du mur. Elle se retourna alors et salua gracieusement de la main. Maurice la suivit d'un regard désolé jusqu'à ce qu'elle eût disparu derrière les buissons. Quand il ne la vit plus, il s'assit sur le mur, posa sa tête dans ses mains, et demeura ainsi plus d'une heure immobile et silencieux. Lorsqu'il releva le front, son visage était trempé de larmes.

— Allons, dit-il d'une voix brisée, c'est au-dessus de mes forces! Je ne veux plus la voir!

Le surlendemain, en effet, il avait quitté le pays, et nul ne savait où il était allé, pas même la mère Guérin.

IV

Juliette chercha à s'expliquer la conduite de Maurice et n'y put parvenir. « C'est un misanthrope! » se dit-elle, et elle ne pensa plus à lui. L'époque fixée pour son retour à Paris étant arrivée, elle fit ses préparatifs de départ avec joie, car six mois passés à la campagne ravivaient son goût pour la vie parisienne. Mais, en même temps qu'elle se réjouissait à la pensée des plaisirs qui l'attendaient dans les salons, elle songeait avec peine qu'elle allait retomber dans ses perplexités. Elle avait pourtant bien promis de prendre un parti : lequel? La rose du Bengale, la mélodie d'Hérold, la valse de Strauss se représentaient à son esprit, mais sans y éveiller une préférence.

Un matin qu'elle était dans son boudoir et relisait nonchalamment quelques-unes des lettres renfermées dans un coffret d'ébène, elle tomba sur celle qui accompagnait le testament de M. Davenel, et qui lui était particulièrement adressée. C'était une lettre pleine de sollicitude et de bons avis, une lettre telle qu'un père en sait écrire à sa fille. Juliette s'étonna de l'avoir oubliée, la relut plusieurs fois, et tomba dans une rêverie profonde.

— Oui, oui, dit-elle bientôt avec vivacité, M. Davenel a raison, et je suivrai son conseil, si je puis.

Elle serra précieusement la lettre dans un charmant portefeuille, referma le coffret, et acheva ses préparatifs. Deux jours après, elle était à Paris. Sa première visite fut pour son homme d'affaires, M. Ducoudrais, ancien ami de M. Davenel, caractère honorable, esprit fin et adroit. Leur conversation dura près d'une heure. Quand Juliette le quitta, elle avait le sourire sur les lèvres; toutefois ce sourire laissait entrevoir un arrière-sentiment de tristesse, comme lorsque l'on doute du résultat heureux d'une bonne résolution. Les soirées et les bals renaissaient, attirant à leur éclat le fol essaim de nos femmes élégantes. Juliette ne fut pas des dernières à s'y élancer, suivie de son cortége d'adorateurs : astre radieux environné de satellites. Du Croisil, Desmarest, Norval se trouvaient sans cesse sur ses pas, sollicitant un regard, attendant avec anxiété le signe convenu pour chacun d'eux; mais bals et soirées se succédaient sans que Juliette songeât à choisir un mari. L'impatience les gagnait.

— Et la rose? répétait parfois du Croisil.

— Et la romance? disait à son tour Desmarest.

— Et la valse? soupirait aussi Norval.

— Pas encore, répondait Juliette avec une expression singulière; mais bientôt...

Elle avait annoncé qu'elle ne tarderait pas à ouvrir son salon. Tout à coup une vague rumeur s'éleva dans le monde élégant : on prétendit que madame Davenel ne recevrait pas pendant l'hiver, qu'un grand malheur l'avait frappée, qu'elle avait même renoncé à aller dans le monde. Ce bruit se propagea, prit de la consistance, surtout quand ce fut en vain qu'on l'eut cherchée dans les maisons qu'elle fréquentait le plus habituellement, et que vainement on se fut présenté chez elle. La surprise était au comble; qu'était-il arrivé? Quelqu'un s'avisa de dire qu'un banquier avait disparu, laissant un déficit énorme, et que la plus grande partie de la fortune de madame Davenel était entre les mains de ce banquier. Cette nouvelle fit sensation; du Croisil, Desmarest et Norval en parurent atterrés. La banqueroute était constante, officiellement annoncée; mais jusqu'à quel point la fortune de madame Davenel y était-elle compromise? c'est ce que Desmarest résolut de savoir bientôt. Justement il connaissait l'homme d'affaires de Juliette. Il se présenta chez lui, et, après avoir parlé d'un immeuble que cet homme d'affaires avait à vendre, Desmarest, par une habile transition, parla du banquier qui avait pris la fuite et des victimes qu'il avait faites. Aux premiers mots, maître Ducoudrais mit sur son nez des lunettes vertes, qui lui servaient autant à garantir sa vue qu'à observer plus à son aise ses interlocuteurs. Il regarda attentivement le député.

(La suite au prochain numéro.)

Le propriétaire-gérant : F. ROY.

LES MYSTERES DE PARIS

— Oui, Mont-Saint-Jean, je vous écoute, répondit Fleur-de-Marie. (Page 634.)

— Oui, parce que vous êtes lâche!

— J'ai eu des duels, et j'ai prouvé...

— Je vous dis que vous êtes lâche! Vous avez préféré l'infamie à la mort! Un jour viendrait où vous préféreriez l'impunité de vos nouveaux crimes à la vie d'autrui. Cela ne peut pas être, je ne veux pas que cela soit... J'arrive à temps pour sauver du moins désormais mon nom d'un déshonneur public... Il faut en finir...

— Comment, mon père... en finir!... Que voulez-vous dire? — s'écria Florestan de plus en plus effrayé de l'expression redoutable de la figure de son père et de sa pâleur croissante.

Tout à coup on heurta violemment à la porte du cabinet; Florestan fit un mouvement pour aller ouvrir, afin de mettre un terme à une scène qui l'effrayait, mais le comte le saisit d'une main de fer et le retint.

— Qui frappe ? — demanda le comte.

— Au nom de la loi, ouvrez !... dit une voix.

— Ce faux n'était donc pas le dernier ? — s'écria le comte à voix basse, en regardant son fils d'un air terrible.

— Si, mon père, je vous le jure, — dit Florestan en tâchant en vain de se débarrasser de la vigoureuse étreinte de son père.

— Au nom de la loi, ouvrez !... — répéta la voix.

— Que voulez-vous ? — demanda le comte.

— Je suis le commissaire de police ; je viens procéder à des perquisitions pour un vol de diamants dont est accusé M. de Saint-Remy... M. Baudoin, joaillier, a des preuves. Si vous n'ouvrez pas, monsieur... je serai obligé de faire enfoncer la porte.

— Déjà voleur !... je ne m'étais pas trompé... — dit le comte à voix basse.

« Je venais vous tuer... j'ai trop tardé...

— Me tuer !

— Assez de déshonneur sur mon nom ; finissons : j'ai là deux pistolets... vous allez vous brûler la cervelle... sinon, moi, je vous la brûle, et je dirai que vous vous êtes tué de désespoir pour échapper à la honte.

Et le comte, avec un effrayant sang-froid, tira de sa poche un pistolet, et, de la main qu'il avait de libre, le présenta à son fils en lui disant :

— Allons ! finissons, si vous n'êtes pas un lâche !

Après de nouveaux et inutiles efforts pour échapper aux mains du comte, son fils se renversa en arrière, frappé d'épouvante, et devint livide.

Au regard terrible, inexorable de son père, il vit qu'il n'y avait aucune pitié à attendre de lui.

— Mon père !... — s'écria-t-il.

— Il faut mourir !

— Je me repens !...

— Il est trop tard ! entendez-vous ?... ils ébranlent la porte !...

— J'expierai mes fautes !...

— Ils vont entrer !... Il faut donc que ce soit moi qui te tue ?

— Grâce !...

— La porte va céder !... tu l'auras voulu !...

Et le comte appuya le canon de l'arme sur la poitrine de Florestan.

Le bruit extérieur annonçait qu'en effet la porte du cabinet ne pouvait résister plus longtemps. Le vicomte se vit perdu. Une résolution soudaine et désespérée éclata sur son front ; il ne se débattit plus contre son père, et lui dit avec autant de fermeté que de résignation :

— Vous avez raison, mon père... donnez cette arme. Assez d'infamie sur mon nom ; la vie qui m'attend est affreuse, elle ne vaut pas la peine d'être disputée. Donnez cette arme. Vous allez voir si je suis lâche.

Et il étendit sa main vers le pistolet.

— Mais, au moins... un mot, un seul mot de consolation, de pitié, d'adieu, — dit Florestan.

Et ses lèvres tremblantes, sa pâleur, sa physionomie bouleversée, annonçaient l'émotion terrible de ce moment suprême.

— Si c'était mon fils, pourtant !... — pensa le comte avec terreur en hésitant à lui remettre le pistolet. — Si c'était mon fils, je dois encore moins hésiter devant ce sacrifice...

Un long craquement de la porte du cabinet annonça qu'elle venait d'être forcée.

— Mon père... ils entrent... Oh ! je le sens maintenant, la mort est un bienfait... Merci... merci... mais, au moins, votre main, et pardonnez-moi !

Malgré sa dureté, le comte ne put s'empêcher de tressaillir et de dire d'une voix émue :

— Je vous pardonne...

— Mon père... la porte s'ouvre... allez à eux... qu'on ne vous soupçonne pas, au moins... Et puis, s'ils entraient ici, ils m'enpêcheraient d'en finir...

Les pas de plusieurs personnes s'entendirent dans la pièce voisine.

Florestan se posa le canon du pistolet sur le cœur. Le coup partit au moment où le comte, pour échapper à cet horrible spectacle, détournait la vue et se précipitait hors du salon, dont les portières se refermèrent sur lui. Au bruit de l'explosion, à la vue du comte pâle et égaré, le commissaire s'arrêta subitement près du seuil de la porte, faisant signe à ses agents de ne pas avancer.

Averti par Boyer que le vicomte était renfermé avec son père, le magistrat comprit tout et respecta cette grande douleur.

— Mort !... — s'écria le comte en cachant sa figure dans ses mains... — mort !!! — répéta-t-il avec accablement.

« Cela était juste... mieux vaut la mort que l'infamie... mais c'est affreux !

— Monsieur... — dit tristement le magistrat

après quelques minutes de silence, — épargnez-vous un douloureux spectacle, quittez cette maison... Maintenant il me reste à remplir un autre devoir plus pénible encore que celui qui m'appelait ici.

— Vous avez raison, monsieur, — dit M. de Saint-Remy. — Quant à la victime du vol, vous pouvez lui dire de se présenter chez M. Dupont, banquier.

— Rue de Richelieu... il est bien connu, — répondit le magistrat.

— A quelle somme sont estimés les diamants volés ?

— A trente mille francs environ... monsieur ; la personne qui les a achetés, et par laquelle le vol s'est découvert, en a donné cette somme... à votre fils.

— Je pourrai encore payer cela, monsieur... Que le joaillier se trouve après-demain chez mon banquier, je m'entendrai avec lui.

Le commissaire s'inclina.

Le comte sortit.

Après le départ de ce dernier, le magistrat, profondément touché de cette scène inattendue, se dirigea lentement vers le salon, dont les portières étaient baissées. Il les souleva avec émotion.

— Personne !... s'écria-t-il stupéfait en regardant autour du salon et n'y voyant pas la moindre trace de l'événement tragique qui avait dû s'y passer.

Puis, remarquant la petite porte pratiquée dans la tenture, il y courut. Elle était fermée du côté de l'escalier dérobé.

— C'était une ruse... C'est par là qu'il aura pris la fuite ! — s'écria-t-il avec dépit.

En effet, le vicomte devant son père s'était posé le pistolet sur le cœur, mais il avait ensuite fort habilement tiré par-dessous son bras et avait prestement disparu.

. . . .

Malgré les plus actives recherches dans toute la maison, on ne put retrouver Florestan. Pendant l'entretien de son père et du commissaire, il avait rapidement gagné le boudoir, puis la serre chaude, puis la ruelle déserte, et enfin les Champs-Élysées.

. . . .

Le tableau de cette ignoble dégradation dans l'opulence est chose triste... Nous le savons... Mais, faute d'enseignements, les classes riches ont aussi *fatalement* leurs misères, leurs vices, leurs crimes. Rien de plus fréquent et de plus affligeant que ces prodigalités insensées, stériles, que nous venons de peindre, et qui toujours entraînent ruine, déconsidération, bassesse ou infamie. C'est un spectacle déplorable... funeste... Autant voir un florissant champ de blé inutilement ravagé par une horde de bêtes fauves.

Sans doute l'héritage, la propriété sont et doivent être inviolables, sacrés... La richesse acquise ou transmise doit pouvoir impunément et magnifiquement resplendir aux yeux des masses pauvres et souffrantes. Longtemps encore il doit y avoir de ces disproportions effrayantes qui existent entre le millionnaire *Saint-Remy* et l'artisan *Morel*. Mais, par cela même que ces disproportions inévitables sont consacrées, protégées par la loi, ceux qui possèdent tant de biens en doivent *moralement compte* à ceux qui ne possèdent que probité, résignation, courage et ardeur au travail.

Aux yeux de la raison, du *droit humain* et même de l'intérêt social bien entendu, une grande fortune serait un dépôt héréditaire confié à des mains prudentes, fermes, habiles, généreuses, qui, chargées à la fois de faire fructifier et de dispenser cette fortune, sauraient fertiliser, vivifier, améliorer tout ce qui aurait le bonheur de se trouver dans son rayonnement splendide et salutaire. Il en est ainsi quelquefois, mais les cas sont rares. Que de jeunes gens comme Saint-Remy (à l'infamie près), maîtres à vingt ans d'un patrimoine considérable, le dissipent follement dans l'oisiveté, dans l'ennui, dans le vice, faute de savoir employer mieux ces biens, et pour eux et pour autrui ! D'autres, effrayés de l'instabilité des choses humaines, thésaurisent d'une manière sordide. Enfin ceux-là, sachant qu'une fortune stationnaire s'amoindrit, se livrent, forcément dupes ou fripons, à un agiotage hasardeux, immoral.

Comment en serait-il autrement ! Cette science, cet enseignement, ces rudiments d'*économie individuelle* et par cela même sociale, qui les donne à la jeunesse inexpérimentée? Personne.

Le riche est jeté au milieu de la société avec sa richesse, comme le pauvre avec sa pauvreté. On ne prend pas plus de souci du superflu de l'un que des besoins de l'autre. On ne songe pas plus à moraliser la fortune que l'infortune. N'est-ce pas au pouvoir à remplir cette grande et noble tâche? Si, prenant enfin en pitié les misères, les douleurs toujours croissantes des travailleurs *encore résignés*... réprimant une concurrence mortelle à tous, abordant enfin l'imminente question de l'organisation du travail, il donnait lui-même le salutaire exemple de l'*association des capitaux et du labeur*...

Mais d'une association honnête, intelligente, équitable, qui assurerait le bien-être de l'artisan sans nuire à la fortune du riche... et qui, établissant entre ces deux classes des liens d'affection, de reconnaissance, sauvegarderait à jamais la tranquillité de l'État... Combien seraient puissantes les conséquences d'un tel enseignement pratique!

Parmi les riches, qui hésiterait alors :

Entre les chances improbes, désastreuses, de l'agiotage ;

Les farouches jouissances de l'avarice ;

Les folles vanités d'une dissipation ruineuse ;

Ou un placement à la fois fructueux, bienfaisant, qui répandrait l'aisance, la moralité, le bonheur, la joie dans vingt familles?...

CHAPITRE XIV

LES ADIEUX

Le lendemain de cette soirée où le comte de Saint-Remy avait été si indignement joué par son fils, une scène touchante se passait à Saint-Lazare, à l'heure de la récréation des détenues. Ce jour-là, pendant la promenade des autres prisonnières, Fleur-de-Marie était assise sur un banc avoisinant le bassin du préau, et déjà surnommé le *banc de la Goualeuse*. Par une sorte de convention tacite, les détenues lui abandonnaient cette place, qu'elle aimait, car la douce influence de la jeune fille avait encore augmenté. La Goualeuse affectionnait ce banc situé près du bassin, parce qu'au moins le peu de mousse qui veloutait les margelles de ce réservoir lui rappelait la verdure des champs, de même que l'eau limpide dont il était rempli lui rappelait la petite rivière de la ferme de Bouqueval. Pour le regard attristé du prisonnier, une touffe d'herbe est une prairie... une fleur est un parterre.

Confiante dans les affectueuses promesses de madame d'Harville, Fleur-de-Marie s'était attendue depuis deux jours à quitter Saint-Lazare. Quoiqu'elle n'eût aucune raison de s'inquiéter du retard que l'on apportait à sa sortie de prison, la jeune fille, dans son habitude du malheur, osait à peine espérer d'être bientôt libre. Depuis son retour parmi ces créatures dont l'aspect, dont le langage ravivaient à chaque instant dans son âme le souvenir incurable de sa première honte, la tristesse de Fleur-de-Marie était devenue plus accablante encore.

Ce n'est pas tout. Un nouveau sujet de trouble, de chagrin, presque d'épouvante pour elle, naissait de l'exaltation passionnée de sa reconnaissance envers Rodolphe. Chose étrange! elle ne sondait la profondeur de l'abîme où elle avait été plongée que pour mesurer la distance qui la séparait de cet homme dont la grandeur lui semblait surhumaine... de cet homme à la fois d'une bonté si auguste... et d'une puissance si redoutable aux méchants... Malgré le respect dont était empreinte son adoration pour lui, quelquefois, hélas! Fleur-de-Marie craignait de reconnaître dans cette adoration les caractères de l'amour, mais d'un amour aussi caché que profond, aussi chaste que caché, aussi désespéré que chaste. La malheureuse enfant n'avait cru lire dans son cœur cette désolante révélation qu'après son entretien avec madame d'Harville, éprise elle-même pour Rodolphe d'une passion qu'il ignorait.

Après le départ et les promesses de la marquise, Fleur-de-Marie aurait dû être transportée de joie en songeant à ses amis de Bouqueval... à Rodolphe qu'elle allait revoir...

Il n'en fut rien. Son cœur se serra douloureusement... sans cesse revenaient à son souvenir les paroles acerbes, les regards hautains, scrutateurs de madame d'Harville, lorsque la pauvre prisonnière s'était élevée jusqu'à l'enthousiasme en parlant de son bienfaiteur. Par une singulière intuition, la Goualeuse avait ainsi surpris une partie du secret de madame d'Harville.

— L'exaltation de ma reconnaissance pour M. Rodolphe a blessé cette jeune dame si belle et d'un rang si élevé, — pensa Fleur-de-Marie. — Maintenant je comprends l'amertume de ses paroles, elles exprimaient une jalousie dédaigneuse. Elle! jalouse de moi! il faut donc qu'elle l'aime, et que je l'aime aussi, lui?... il faut donc que mon amour se soit trahi malgré moi?... L'aimer... moi, moi... créature à jamais flétrie!... Ingrate et misérable que je suis!... Oh! si cela était... mieux vaudrait cent fois la mort!...

Hâtons-nous de le dire, la malheureuse enfant, qui semblait vouée à tous les martyres, s'exagérait ce qu'elle appelait *son amour*. A sa gratitude profonde envers Rodolphe se joignait une admiration involontaire pour la grâce, la force, la beauté qui le distinguaient entre tous ; rien de plus immatériel, rien de plus pur que cette admiration, mais elle existait vive et puissante, parce que la beauté physique est toujours attrayante. Et puis enfin la voix du sang, si souvent niée, muette, ignorante et méconnue, se fait parfois entendre ; ces élans de tendresse passionnée qui entraînaient Fleur-de-Marie vers Rodolphe, et dont elle s'effrayait, parce que, dans son ignorance, elle en dénaturait la tendance, ces élans résultaient de mystérieuses sympathies, aussi évidentes, mais aussi inexplicables que la ressemblance des traits. En un mot, Fleur-de-Marie, apprenant qu'elle était fille de Rodolphe, se fût expliqué la vive attraction qu'elle ressentait pour lui. Alors, complétement éclairée, elle eût admiré sans scrupule la beauté de son père.

(*La suite au prochain numéro.*)

COMMENT ON AIME

LA PIERRE DE TOUCHE

(SUITE)

— On dit même, reprit Desmarest, que l'une de vos clientes, madame Davenel, se trouve engagée dans cette banqueroute pour des sommes considérables.

— Considérables, c'est le mot, répondit laconiquement Ducoudrais.

— Pauvre dame ! M. Davenel, il faut l'avouer, a été bien imprudent de confier ainsi la plus grande partie de sa fortune aux mains d'un banquier. Un banquier, c'est si peu solide !

— Ah ! dame ! M. Davenel comptait acheter de jour en jour quelque vaste propriété territoriale ; il voulait avoir son argent sous la main.

— Eh ! mon Dieu ! et la Caisse des dépôts et consignations ? et la Banque ? et même le Grand-Livre ? tous ces placements ne valent-ils pas cent fois mieux ?

— Comme garanties, sans doute ; mais comme intérêt, c'est bien une autre affaire. Or M. Davenel tenait beaucoup à l'intérêt, le cher homme ! Qui n'y tient pas ?

Un vague sourire vint effleurer les lèvres de Ducoudrais.

— C'est égal, c'est égal, dit Desmarest, M. Davenel a commis la plus insigne imprudence, et sa veuve en subit les tristes conséquences. Mais au moins, reprit-il avec sollicitude, reste-t-il à cette chère dame de quoi vivre honorablement ? Je serais désolé de la savoir malheureuse !

— Vous êtes vraiment bien bon, répondit Ducoudrais en hochant la tête avec candeur.

Il prit un dossier sur son bureau et le feuilleta.

— Tenez, continua-t-il, voici les titres de propriété de Trois-Fontaines, ainsi qu'une affiche qui annonce la vente de cet immeuble.

— Comment ! madame Davenel est obligée de vendre Trois-Fontaines qu'elle aimait tant ?

— Que voulez-vous ? madame Davenel est la probité même. Son mari lui a laissé à peu près cinq mille livres de rentes viagères à servir, et elle se passerait de manger plutôt que de manquer à ce devoir.

La voix de Ducoudrais parut faiblir sous l'émotion.

— Ah ! vraiment, dit Desmarest avec feu, elle est aussi noble que charmante !

— Jugez-en, reprit Ducoudrais : Trois-Fontaines ne rapporte guère que deux et demi pour cent. Nous comptons vendre cette propriété de quatre-vingt-dix à cent mille francs. Nous convertirons cette somme en inscriptions sur l'État, ce qui nous donnera, sans doute, un revenu de quatre mille francs. Nous vendrons encore le riche mobilier de la Chaussée-d'Antin, et cet appoint achèvera de couvrir notre obligation ; puis nous remettrons les titres à un notaire, qui se chargera de payer les rentes viagères. Tel est l'ordre que j'ai reçu de madame Davenel.

— Mais que lui restera-t-il donc ? s'écria Desmarest avec un sentiment de pitié sincère.

— Ses diamants, qui valent environ quarante mille francs.

— Elle se verra donc réduite à quinze ou seize cents livres de rente, après avoir possédé près d'un million ? Pauvre femme !

— Dame! à moins que, touché de ses vertus et de ses malheurs, quelque personnage...

Desmarest se leva, et interrompant Ducoudrais :

— Ah! dit-il, tout ce que vous venez de m'annoncer me chagrine au dernier point.

— Je le crois sans peine, dit Ducoudrais avec une parfaite bonhomie; on le serait à moins.

— Mais revenons, je vous prie, au motif de ma visite. La propriété dont vous m'avez parlé...

— Trois-Fontaines?

— Non, la première... Cette propriété me convient assez, et nous ne sommes pas très-éloignés du prix que je veux la payer... Revoyez le propriétaire, et tâchez d'obtenir la diminution d'un sixième. Je reviendrai bientôt.

— Pourquoi ne traiteriez-vous pas de Trois-Fontaines? Cet immeuble doit vous convenir.

— Y pensez-vous? du deux et demi; c'est du trois que je veux; j'ai à peine de quoi vivre.

— Tant pis! car cela console un peu de céder ce que l'on aime à un ami; et vous paraissez ressentir bien de la sympathie pour madame Davenel.

Desmarest salua, pirouetta sur ses talons et s'en alla.

Du Croisil et Norval l'attendaient au boulevard des Italiens. Il avait promis de leur rapporter fidèlement la conversation qu'il aurait eue avec l'homme d'affaires de madame Davenel : il fut d'une exactitude scrupuleuse. Du Croisil et Norval le remercièrent de sa parfaite obligeance, et n'eurent rien de plus pressé que de courir chez maître Ducoudrais, où ils se rencontrèrent, non sans un peu de confusion et d'embarras, et où ils reçurent la confirmation de ce que leur avait appris Desmarest.

— Tout ce que je viens de répéter, dit Ducoudrais en appuyant fortement sur chaque mot, j'ai reçu de madame Davenel l'ordre de l'annoncer à qui voudrait l'entendre : elle ne veut pas qu'on ignore sa conduite en cette grave circonstance.

Quand du Croisil et Norval furent dans la rue :

— Je vais de ce pas chez madame Davenel, dit Norval qui avait un assez bon cœur. Je dois à ma conscience d'aller présenter à cette pauvre femme mes sentiments de condoléance.

— Vous avez raison, dit du Croisil, et je vous accompagne.

V

Juliette était chez elle. Une femme de chambre fit entrer du Croisil et Norval dans un petit salon où les tentures ne laissaient pénétrer qu'un demi-jour, non un demi-jour de coquette, mais de femme en deuil, car on est souvent plus affligé d'une fortune perdue que d'une affection détruite. Un feu rougeâtre et sans flamme brillait dans l'âtre, jetant autour du foyer des lueurs tristes. Juliette était assise dans une gondole basse, et tenait à la main un travail de broderie. Un peignoir brun l'enveloppait, dessinant dans la perfection les contours harmonieux de ses riches épaules et la svelte cambrure de sa taille élégante; ses mains, gantées de mitaines noires, ne livraient que l'extrémité de leurs doigts de marbre, couronnés d'ongles roses. Sa tête blonde, aux grappes de frisure légère, était parée d'un bouquet de lilas blanc et de clématite, emblèmes de pauvreté et d'abandon : elle était belle et touchante ainsi. Du Croisil et Norval se sentirent émus, et ce fut d'un ton vraiment pénétré qu'ils exprimèrent toute la tristesse sympathique que le malheur de Juliette leur inspirait.

— Ah! messieurs, dit-elle avec son sourire doux et fin, que vous faites mentir le moraliste qui a dit : « Les amis et les oiseaux de passage ne retournent jamais qu'où brillent le soleil et l'opulence. »

— Les moralistes, madame, répondit du Croisil, sont comme les astronomes, qui voient partout des taches, même au soleil.

Quelques personnes étaient déjà réunies, fidèles à l'infortune, un peu sans doute, comme l'a dit Alphonse Karr, par fatuité de constance. Du Croisil et Norval remarquèrent bientôt que Desmarest les avait précédés. La conversation prit naturellement une tournure grave et philosophique : on parla beaucoup de la vanité des richesses, du courage avec lequel le sage supporte l'adversité, du bonheur que parfois on rencontre dans les positions les plus humbles, quand le cœur et l'esprit sont élevés, etc., etc.

— La pauvreté ne me fait pas peur, messieurs, dit Juliette d'un air ravissant; et d'ailleurs ne suis-je pas riche encore, puisqu'il me reste des amis?

— Des amis dévoués, madame! dit Desmarest avec feu, des amis éternels! car, si vous n'avez plus la fortune, vous avez toujours l'opulence de l'esprit et de la beauté.

Juliette fut touchée de cet élan généreux; elle en rougit de plaisir.

— Oui, entourée du faste, il vous était permis de douter de nos cœurs, dit Norval renchérissant sur Desmarest; mais désormais vous acquerrez la conviction que nos hommages sont adressés à votre seul mérite!

Juliette sourit divinement.

— Ah! taisez-vous, messieurs, dit-elle d'une voix douce et pénétrante : vous me feriez trop aimer la pauvreté!

Un moment après, du Croisil s'était rapproché de Juliette; il causait avec elle intimement et à demi-voix, tandis que Desmarest et Norval se livraient à des dissertations politiques et commerciales. Enfoncée dans sa gondole, Juliette se redressa vivement pour mieux entendre du Croisil. En ce moment, un petit portefeuille glissa de ses genoux sur le tapis, laissant échapper les papiers qu'il contenait. Du Croisil se hâta de les ramasser et les remit à Juliette.

— Ah! fit-il, se baissant de nouveau, voici quelque chose encore.

Et il prit entre ses doigts un objet mince, jaunâtre, informe, qu'il regarda un peu curieusement.

— Une fleur, sans doute? demanda-t-il avec irréflexion.

Juliette ne répondit pas tout de suite; elle ne se hâta pas de reprendre l'objet.

— Une rose du Bengale, répondit-elle avec lenteur en se renfonçant dans sa gondole.

Du Croisil devint écarlate, il ne sut plus quelle contenance garder; mais personne ne s'aperçut de son embarras. Il eut bientôt repris son sang-froid, et répliqua avec le plus gracieux aplomb :

— C'est de la coquetterie, madame, de conserver ainsi sur vous une rose flétrie. Vous poussez vraiment trop loin l'amour des contrastes!..

Il se leva et tendit la fleur à Juliette. Juliette lui lança un regard fulgurant, demeura quelques secondes immobile, puis indiqua brusquement le feu du doigt.

— Vous le voulez? dit-il comme à regret.

Et il posa délicatement la rose flétrie sur un charbon ardent. Un peu de fumée, quelques crépitations, et ce fut tout. Que d'amours brûlants ne sont pas autre chose! Cinq minutes plus tard, il quittait le salon, protestant de son inaltérable dévouement à la personne de madame Davenel. Juliette ne daigna même pas le regarder. Il y avait à peine un quart d'heure qu'il était parti, lorsque la jeune femme, qui n'avait pas repris la parole, tant sa déception était violente, se leva pâle, le visage empreint d'une vague ironie, l'air résolu.

— Autrefois, dit-elle, à pareil jour de la semaine, nous avions l'habitude de faire un peu de musique, de danser même en petit comité. La musique console, la danse étourdit. Pourquoi nous en abstiendrions-nous aujourd'hui?

Et, s'adressant à un pianiste de talent, qu'elle avait toujours accueilli avec distinction :

— Allons, monsieur, dit-elle, jouez-nous ce beau morceau de Talberg que vous exécutez à merveille. Pour vous prouver que je suis vraiment philosophe, je vous promets de chanter ensuite.

Le pianiste se hâta de se rendre au désir de Juliette. Quand le morceau fut terminé :

— A mon tour maintenant, dit-elle avec une charmante vivacité.

Elle s'installa au piano; Desmarest s'approcha d'elle.

— Que chanterai-je? lui demanda-t-elle en inclinant coquettement la tête de son côté; dites-moi cela. Vous connaissez tout mon répertoire : une mélodie de Schubert, une romance de Paul Henrion, ou bien un air d'opéra?

— Qu'importe, pourvu qu'on vous entende! répondit galamment Desmarest.

— Eh bien! je choisis un air de *Zampa*, reprit-elle avec une inflexion de voix inexprimable; un air que vous aimez beaucoup, si je me souviens bien.

Elle préluda aussitôt, puis elle chanta :

Pourquoi trembler? c'est moi qui vous implore!
Qu'un seul regard daigne tomber sur moi!

A ces mots, elle jeta un coup d'œil de côté; Desmarest n'était plus près d'elle. A peine avait-elle commencé qu'il s'était retiré au fond du salon, aussi embarrassé que du Croisil lorsqu'il tenait à la main la rose du Bengale. Juliette continua :

J'y vois encore
Et le trouble et l'effroi,
Quand vous adorer est ma loi!

Ici elle porta par hasard les yeux sur la glace placée au-dessus du piano : elle y aperçut Desmarest qui prenait son chapeau. Elle n'en attaqua pas moins bravement les vers suivants :

Ah! dans vos yeux laissez-moi lire
Ce mot qui doit combler mes vœux!
Tout dans ces lieux semble nous dire :
L'amour est là, soyez heureux!

Cette phrase musicale fut dite avec un sentiment exquis. Chacun battit des mains. Desmarest seul n'applaudit pas, il s'esquiva, et, grâce encore à la glace, Juliette le vit se retirer. Elle partit alors d'un grand éclat de rire. On s'empressa de lui demander quel motif provoquait cette franche gaieté.

— Presque rien, dit-elle ; une réflexion folle sur l'inconstance des choses humaines.

— Pouvez-vous nous la communiquer ? dit Norval qui n'avait rien saisi de la scène entre Desmarest et Juliette. Nous avons besoin de votre philosophie pour supporter le malheur qui vous frappe.

— Bah ! la fortune n'est pas le bonheur, répondit Juliette ; et puisqu'il me reste encore de bons amis, ce dont on n'est jamais bien sûr dans l'opulence, je veux me réjouir au lieu de m'attrister. Dansons.

— Danser ! s'écria-t-on avec étonnement.

— Eh ! mon Dieu ! n'avions-nous pas l'habitude de danser à pareil jour ? N'appelions-nous pas cela préluder à nos grandes soirées ? A défaut des soirées, ayons au moins le prélude.

— Ah ! madame, dit Norval, on ne peut pas accueillir l'infortune avec plus de grâce ! Vous y mettez autant de coquetterie que de noblesse ; vous êtes adorable !

— Alors, dit-elle de l'air le plus ravissant du monde, qu'attendez-vous pour m'inviter à valser ? Nous commencerons par une valse, si vous le voulez bien... une valse de Strauss...

Elle appuya sur ce mot, mais sans regarder Norval. Norval fit une singulière grimace ; il laissa suspendue la main de Juliette.

— Eh bien ! reprit Juliette, vous m'abandonnez donc, monsieur ?

— Moi... non... au contraire, balbutia-t-il ; mais j'aimerais mieux, je vous l'avoue, la *Rosita*, par exemple, ou bien encore *la Valse de Giselle.*

Juliette le regarda en face et d'aplomb.

— Vous vous trompez, monsieur, dit-elle avec mépris ; vous êtes comme tant d'autres, vous aimez mieux l'argent !

VI

La déception que venait d'éprouver Juliette était plus profonde et plus douloureuse qu'elle ne le croyait elle-même. Cette pensée, qu'elle n'avait de valeur aux yeux de tout le monde que celle que lui donnait l'opulence, blessait au vif son esprit et son cœur. Elle ressentit un âcre plaisir à se voir de jour en jour négligée, délaissée par tant de gens qui l'avaient jusque-là poursuivie de leur tendresse menteuse, de leur obséquiosité hypocrite. Un violent dégoût s'empara d'elle, et, dans un accès de misanthropie, elle résolut sérieusement d'aller finir ses jours au sein de la solitude. Tout en pleurs, elle s'enfuit à Trois-Fontaines, pour ne pas laisser éclater son mépris. Le bruit de sa ruine l'avait précédée à la campagne ; la vente de son château y était affichée. L'hiver commençait, la neige tombait à gros flocons, étalant ses blanches tristesses sur les sites agrestes ; le pivert et la mésange chantaient seuls sur les arbres et dans les buissons chargés de givre ; quelques scabieuses tardives et quelques marguerites montraient encore leurs petites têtes charmantes et courageuses dans l'herbe. Soit que la neige couvrît les chemins, soit que le vent les eût séchés, souvent on voyait Juliette errer solitaire dans la campagne ; elle sentait que son âme se retrempait dans l'isolement, comme ces fleurs délicates qui ne se relèvent qu'à l'ombre.

Un jour, se dirigeant du côté de Dammartin, elle se trouva tout à coup à la hauteur de la chaumière à la Guérin, qu'elle n'avait pas encore revue. Elle entra. Il n'y avait personne dans la première pièce ; elle alla vers la seconde, la porte en était ouverte. A peine eut-elle jeté les yeux dans l'intérieur qu'elle vit un jeune homme assis devant une petite table, le front dans une de ses mains, tandis que de l'autre il prenait tour à tour sur la table des fleurs fanées et une lettre qu'il considérait d'un air rêveur et navré. Elle reconnut Maurice. Il paraissait plongé dans un souvenir, et laissait lentement échapper quelques phrases entrecoupées de soupirs.

— Voilà donc, murmurait-il, tout ce qui me reste d'elle... un bouquet flétri... une lettre !... Tout mon cœur est là, et je ne puis en détacher mon regard... surtout à présent que je sais...

Il s'interrompit et leva les yeux avec douleur. Juliette, saisie d'étonnement, se rejeta un peu en arrière ; elle écouta.

(La suite au prochain numéro.

Le propriétaire-gérant : F. ROY.

LES MYSTÈRES DE PARIS

C'était Rigolette, toujours leste et coquette. Elle se jeta dans les bras de Fleur-de-Marie. (Page 643.)

Ainsi s'explique l'abattement de Fleur-de-Marie, quoiqu'elle dût s'attendre d'un moment à l'autre, d'après la promesse de madame d'Harville, à quitter Saint-Lazare. Fleur-de-Marie, mélancolique et pensive, était donc assise sur son banc auprès du bassin, regardant avec une sorte d'intérêt machinal les jeux de quelques oiseaux effrontés qui venaient s'ébattre sur les margelles de pierre. Un moment elle avait cessé de travailler à une petite brassière d'enfant qu'elle finissait d'ourler. Est-il besoin de dire que cette brassière appartenait à la nouvelle layette si généreusement offerte à Mont-Saint-Jean par les prisonnières, grâce à la touchante intervention de Fleur-de-Marie? La pauvre et difforme protégée de la Goualeuse était assise à ses pieds; tout en s'occupant de parfaire un petit bonnet, de temps à autre elle jetait sur sa bienfaitrice un regard à la fois reconnaissant, timide et dévoué... le regard du chien sur son maître.

La beauté, le charme, la douceur adorable de Fleur-de-Marie inspiraient à cette femme avilie autant d'attrait que de respect. Il y a toujours quelque chose de saint, de grand dans les aspirations d'un cœur même dégradé qui, pour la première fois, s'ouvre à la reconnaissance; et jusqu'alors personne n'avait mis Mont-Saint-Jean à même d'éprouver la religieuse ardeur de ce sentiment si nouveau pour elle. Au bout de quelques minutes, Fleur-de-Marie tressaillit légèrement, essuya une larme et se remit à coudre avec activité.

— Vous ne voulez donc pas vous reposer de travailler pendant la récréation, mon bon ange sauveur? — dit Mont-Saint-Jean à la Goualeuse.

— Je n'ai pas donné d'argent pour acheter la layette... je dois fournir ma part en ouvrage... — reprit la jeune fille.

— Votre part, mon bon Dieu!... Mais sans vous, au lieu de cette bonne toile bien blanche, de cette futaine bien chaude pour habiller mon enfant, je n'aurais que ces haillons que l'on traînait dans la boue de la cour... Je suis bien reconnaissante envers mes compagnes, elles ont été très-bonnes pour moi... c'est vrai... mais vous! Oh! vous!... comment donc que je vous dirai cela? — ajouta la pauvre créature en hésitant et très-embarrassée d'exprimer sa pensée. — Tenez...— reprit-elle, — voilà le soleil, n'est-ce pas?... voilà le soleil?...

— Oui, Mont-Saint-Jean... voyons, je vous écoute, — répondit Fleur-de-Marie en inclinant son visage enchanteur vers la hideuse figure de sa compagne.

— Mon Dieu!... vous allez vous moquer de moi, — reprit celle-ci tristement; — je veux me mêler de parler... et je ne le sais pas...

— Dites toujours, Mont-Saint-Jean.

— Avez-vous de bons yeux d'ange! — dit la prisonnière en contemplant Fleur-de-Marie dans une sorte d'extase; — ils m'encouragent... vos bons yeux... Voyons, je vas tâcher de dire ce que je voulais : voilà le soleil, n'est-ce pas? il est bien chaud, il égaye la prison, il est bien agréable à voir et à sentir, pas vrai?

— Sans doute...

— Mais une supposition... ce soleil... ne s'est pas fait tout seul, et si on est reconnaissant pour lui, à plus forte raison pour...

— Pour Celui qui l'a créé, n'est-ce pas, Mont-Saint-Jean?... Vous avez raison... Aussi, celui-là, on doit le prier, l'adorer... c'est Dieu.

— C'est ça... voilà mon idée! — s'écria joyeusement la prisonnière; — c'est ça, je dois être reconnaissante pour mes compagnes; mais je dois vous prier, vous adorer, vous, la Goualeuse, car c'est vous qui les avez rendues bonnes pour moi, au lieu de méchantes qu'elles étaient.

— C'est Dieu qu'il faut remercier, Mont-Saint-Jean, et non pas moi.

— Oh! si... vous, vous... je vous vois... vous m'avez fait du bien, et par vous et par les autres.

— Mais si je suis bonne comme vous dites, Mont-Saint-Jean, c'est Dieu qui m'a faite ainsi... c'est donc lui qu'il faut remercier.

— Ah! dame... alors peut-être bien... puisque vous le dites, — reprit la prisonnière indécise; si ça vous fait plaisir... comme ça... à la bonne heure!...

— Oui, ma pauvre Mont-Saint-Jean... priez-le souvent... Ce sera la meilleure manière de me prouver que vous m'aimez un peu...

— Si je vous aime, la Goualeuse! mon Dieu, mon Dieu! Mais vous ne vous souvenez donc plus de ce que vous disiez aux autres détenues pour les empêcher de me battre? *Ce n'est pas seulement elle que vous battez... c'est aussi son enfant...* Eh bien!... c'est tout de même pour vous aimer; ça n'est pas seulement pour moi que je vous aime, c'est aussi pour mon enfant.

— Merci, merci, Mont-Saint-Jean! vous me faites plaisir en me disant cela.

Et Fleur-de-Marie, émue, tendit sa main à sa compagne.

— Quelle belle petite menotte de fée.... est-elle blanche et mignonne! — dit Mont-Saint-Jean en se reculant comme si elle eût craint de toucher, de ses vilaines mains rouges et sordides, cette main charmante.

Pourtant, après un moment d'hésitation, elle effleura respectueusement de ses lèvres le bout des doigts effilés que lui présentait Fleur-de-Marie; puis, s'agenouillant brusquement, elle se mit à la contempler fixement dans un recueillement attentif, profond.

— Mais venez donc vous asseoir là... près de moi! — lui dit la Goualeuse.

— Oh! pour ça non, par exemple... jamais... jamais!...

— Pourquoi cela?

— Respect à la discipline, comme disait autrefois mon brave Mont-Saint-Jean ; soldats ensemble, officiers ensemble, chacun avec ses pareils.

— Vous êtes folle !... il n'y a aucune différence entre nous deux...

— Aucune différence... mon bon Dieu ! Et vous dites ça quand je vous vois comme je vous vois, aussi belle qu'une reine ! Oh ! tenez... qu'est-ce que cela vous fait ?... laissez-moi là, à genoux, vous bien, bien regarder comme tout à l'heure... Dame !... qui sait ?... quoique je sois un vrai monstre, mon enfant vous ressemblera peut-être... On dit que quelquefois, par un regard... ça arrive.

Puis, par un scrupule d'une incroyable délicatesse chez une créature de cette espèce, craignant d'avoir peut-être humilié ou blessé Fleur-de-Marie par ce vœu singulier, Mont-Saint-Jean ajouta tristement :

— Non, non, je dis cela en plaisantant, allez, la Goualeuse... je ne me permettrais pas de vous regarder dans cette idée-là... sans que vous me le permettiez... Mon enfant sera aussi laid que moi... qu'est-ce que cela me fait ?... je ne l'en aimerai pas moins ; pauvre petit malheureux ! il n'a pas demandé à naître, comme on dit... Et s'il vit... qu'est-ce qu'il deviendra ? — dit-elle d'un air sombre et abattu. — Hélas !... oui... qu'est-ce qu'il deviendra, mon Dieu ?

La Goualeuse tressaillit à ces paroles. En effet, que pouvait devenir l'enfant de cette misérable, avilie, dégradée, pauvre et méprisée ?... Quel sort ! quel avenir !...

— Ne pensez pas à cela, Mont-Saint-Jean, — reprit Fleur-de-Marie ; — espérez que votre enfant trouvera des personnes charitables sur son chemin.

— Oh ! on n'a pas deux fois la chance, voyez-vous, la Goualeuse, — dit amèrement Mont-Saint-Jean en secouant la tête ; — je vous ai rencontrée... vous... c'est déjà un grand hasard. Et, tenez, soit dit sans vous offenser, j'aurais mieux aimé que mon enfant ait eu ce bonheur-là que moi. Ce vœu-là... c'est tout ce que je peux lui donner.

— Priez, priez... Dieu vous exaucera.

— Allons, je prierai, si ça vous fait plaisir, la Goualeuse ; ça me portera peut-être bonheur ; au fait, qui m'aurait dit, quand la Louve me battait et que j'étais le *pâtiras* de tout le monde, qu'il se trouverait là un bon petit ange sauveur qui, avec sa jolie voix douce, serait plus fort que tout le monde et que la Louve, qui est si forte et si méchante...

— Oui, mais la Louve a été bien bonne pour vous... quand elle a réfléchi que vous étiez doublement à plaindre.

— Oh ! ça, c'est vrai... grâce à vous, et je ne l'oublierai jamais... Mais dites donc, la Goualeuse : pourquoi donc a-t-elle, depuis l'autre jour, demandé à changer de quartier, la Louve... elle qui, malgré ses colères, avait l'air de ne pouvoir plus se passer de vous ?

— Elle est un peu capricieuse...

— C'est drôle... une femme qui est venue ce matin du quartier de la prison où est la Louve dit qu'elle est toute changée...

— Comment cela ?

— Au lieu de quereller ou de menacer tout le monde, elle est triste... triste, s'isole dans les coins ; si on lui parle, elle vous tourne le dos et ne vous répond pas... A présent la voir muette, elle qui criait toujours, c'est étonnant, n'est-ce pas ? Et puis cette femme m'a dit encore une chose, mais pour cela je ne le crois pas...

— Quoi donc ?...

— Elle dit avoir vu pleurer la Louve... Pleurer la Louve ! c'est impossible...

— Pauvre Louve !... c'est à cause de moi qu'elle a voulu changer de quartier... je l'ai chagrinée sans le vouloir, — dit la Goualeuse en soupirant.

— Vous, chagriner quelqu'un, mon bon ange sauveur !...

A ce moment, l'inspectrice, madame Armand, entra dans le préau. Après avoir cherché des yeux Fleur-de-Marie, elle vint à elle l'air satisfait et souriant :

— Bonne nouvelle, mon enfant !...

— Que dites-vous, madame ? — s'écria la Goualeuse en se levant.

— Vos amis ne vous ont pas oubliée, ils ont obtenu votre mise en liberté... M. le directeur vient d'en recevoir l'avis.

— Il serait possible, madame ? Ah ! quel bonheur, mon Dieu !...

Et l'émotion de Fleur-de-Marie fut si violente qu'elle pâlit, mit sa main sur son cœur, qui battait avec violence, et retomba sur son banc.

— Calmez-vous, mon enfant, — lui dit madame Armand avec bonté ; — heureusement ces secousses-là sont sans danger.

— Ah ! madame, que de reconnaissance !...

— C'est sans doute madame la marquise d'Harville qui a obtenu votre liberté... Il y a là une vieille dame chargée de vous conduire chez des personnes qui s'intéressent à vous... Attendez-moi, je vais revenir vous prendre, j'ai quelques mots à dire à l'atelier.

Il serait difficile de peindre l'expression de morne désolation qui assombrit les traits de Mont-Saint-Jean en apprenant que son bon ange sauveur, comme elle appelait la Goualeuse, allait quitter Saint-Lazare. La douleur de cette femme était moins causée par la crainte de redevenir le souffre-douleur de la prison que par le chagrin de se voir séparée du seul être qui lui eût jamais témoigné quelque intérêt. Toujours assise au pied du banc, Mont-Saint-Jean porta ses mains aux deux touffes de cheveux hérissés qui sortaient en désordre de son vieux bonnet noir, comme pour se les arracher; puis, cette violente affliction faisant place à l'abattement, elle laissa retomber sa tête, et resta mutte, immobile, le front caché dans ses mains, les coudes appuyés sur ses genoux.

Malgré sa joie de quitter la prison, Fleur-de Marie ne put s'empêcher de frissonner un moment au souvenir de la Chouette et du Maître d'école, se rappelant que ces deux monstres lui avaient fait jurer de ne pas informer ses bienfaiteurs de son triste sort. Mais ces funestes pensées s'effacèrent bientôt de l'esprit de Fleur-de-Marie, devant l'espoir de revoir Bouqueval, madame Georges, Rodolphe, à qui elle voulait recommander la Louve et Martial : il lui semblait même que le sentiment exalté qu'elle se reprochait d'éprouver pour son bienfaiteur, n'était plus nourri par le chagrin et par la solitude, se calmerait dès qu'elle reprendrait ses occupations rustiques, qu'elle aimait tant à partager avec les bons habitants de la ferme.

Étonnée du silence de sa compagne, silence dont elle ne soupçonnait pas la cause, la Goualeuse lui toucha légèrement l'épaule, en lui disant :

— Mont-Saint-Jean, puisque me voilà libre... ne pourrais-je pas vous être utile à quelque chose?

En sentant la main de la Goualeuse, la prisonnière tressaillit, laissa retomber ses bras sur ses genoux, et tourna vers la jeune fille son visage ruisselant de larmes. Une si amère douleur éclatait sur la figure de Mont-Saint-Jean que sa laideur disparaissait.

— Mon Dieu!... qu'avez-vous? — lui dit la Goualeuse ; — comme vous pleurez !

— Vous vous en allez! — murmura la détenue d'une voix entrecoupée de sanglots; — je n'avais pourtant jamais pensé que d'un moment à l'autre vous partiriez d'ici... et que je ne vous verrais plus... plus... jamais...

— Je vous assure que je me souviendrai toujours de votre amitié... Mont-Saint-Jean.

— Mon Dieu! mon Dieu!... et dire que je vous aimais déjà tant!... Quand j'étais là assise par terre, à vos pieds... il me semblait que j'étais sauvée... que je n'avais plus rien à craindre. Ce n'est pas pour les coups que les autres vont peut-être recommencer à me donner que je dis cela... j'ai la vie dure... Mais enfin il me semblait que vous étiez ma bonne chance et que vous porteriez bonheur à mon enfant, rien que parce que vous aviez eu pitié de moi... C'est vrai, allez, ça, quand on est habitué à être maltraité, on est plus sensible que d'autres à la bonté.

Puis, s'interrompant pour éclater encore en sanglots, elle s'écria :

— Allons, c'est fini... c'est fini!... Au fait... ça devait arriver un jour ou l'autre... mon tort est de n'y avoir jamais pensé... C'est fini... plus rien... plus rien!...

— Allons, courage! je me souviendrai de vous, comme vous vous souviendrez de moi.

— Oh! pour ça... on me couperait en morceaux plutôt que de me faire vous renier ou vous oublier; je deviendrais vieille, vieille comme les rues, que j'aurais toujours devant les yeux votre belle figure d'ange. Le premier mot que j'apprendrai à mon enfant, ça sera votre nom, la Goualeuse, car il vous aura dû de n'être pas mort de froid...

— Écoutez-moi, Mont-Saint-Jean, — dit Fleur-de-Marie touchée de l'affection de cette misérable, — je ne puis rien vous promettre pour vous... quoique je connaisse des personnes bien charitables; mais pour votre enfant... c'est différent... il est innocent de tout, lui, et les personnes dont je vous parle voudront peut-être bien se charger de le faire élever quand vous pourrez vous en séparer.

— M'en séparer... jamais, oh! jamais! — s'écria Mont-Saint-Jean avec exaltation; — qu'est-ce que je deviendrais donc maintenant que j'ai compté sur lui?...

— Mais... comment l'élèverez-vous? Fille ou garçon, il faut qu'il soit honnête, et pour cela...

— Il faut qu'il mange un pain honnête, n'est-ce pas, la Goualeuse? Je le crois bien, c'est mon ambition, je me le dis tous les jours; aussi en sortant d'ici je ne remettrai pas le pied sous un pont... je me ferai chiffonnière, balayeuse des rues, mais honnête; on doit ça, sinon à soi, du moins à son enfant, quand on a l'*honneur* d'en avoir un... — dit-elle avec une sorte de fierté.

— Et qui gardera votre enfant pendant que vous travaillerez? — reprit la Goualeuse. — Ne vaudrait-il pas mieux, si cela est possible, comme je l'espère, le placer à la campagne chez de braves gens, qui en feraient une brave fille de ferme ou un bon cultivateur? Vous viendriez de temps en temps le voir, et un jour vous trouveriez peut-être moyen de vous en rapprocher tout à fait; à la campagne, on vit de si peu!

(La suite au prochain numéro.)

Marcellin est atteint, emporté par le cou sur le sol caillouteux. (Page 640.)

COMMENT ON AIME (suite).

— Pauvre femme! reprit-il en joignant les mains. Comme je l'ai aimée! Elle ne le sait pas! elle ne le saura jamais! Ah! pourvu qu'elle ne soit pas malheureuse maintenant!... Le monde, qui l'entourait dans son opulence, la délaissera peut-être dans sa pauvreté; car le monde est un courtisan qu'attirent seules la puissance et la richesse... Moi, du moins, si je l'ai fuie, c'est parce qu'elle était riche, fêtée, heureuse, entourée de faste, aimée des plus élégants et des plus beaux!...

Il cacha sa figure dans ses mains. Juliette sentit sa poitrine se gonfler.

— Mon Dieu! mon Dieu! continua-t-il d'une voix humble, je ne pourrai donc pas l'oublier!... Seul amour de ma vie, son image me poursuit et me ramène encore à ce coin de terre où nous nous sommes aimés!... Mais à quoi bon tout ce tourment?... Pourquoi me renfermer sans cesse dans ce souvenir comme dans une prison où j'étouffe! Ah! je fais à plaisir mon propre malheur!... Folie!... Riche ou pauvre, elle ne saurait m'appartenir : elle a appris à aimer la beauté, la richesse, et moi je suis laid et sans fortune... Allons, allons, s'écria-t-il, du courage, ô mon cœur ! jetons-nous dans la vie active, dans le travail, dans le monde... Le monde étourdit, le travail console... et nous avons tant besoin de consolation et d'oubli !

Après ces mots, il demeura immobile, silencieux, le visage toujours caché dans ses mains; il pleurait. Juliette était aussi stupéfaite qu'émue; elle pouvait à peine en croire ses yeux et ses oreilles. Elle qui tout à l'heure encore niait le bien, parce qu'elle avait subi de cruels mécomptes, se trouvait tout à coup en présence des sentiments les plus élevés et les plus touchants ; et celui qu'elle avait accusé de caprice se révélait, au contraire, constant jusqu'à la douleur et noble jusqu'à l'humilité. Les réactions sont toujours violentes : elle frémissait de joie; de grosses larmes glissaient sur ses joues.

— Brave cœur ! murmurait-elle, brave cœur ! Et je ne l'ai pas deviné ! et je n'ai pas compris que lui seul...

Elle fit un mouvement comme pour s'élancer vers lui, mais elle se contint. Presque au même instant Maurice se leva, se dirigea vers la fenêtre; on apercevait Trois-Fontaines, ses arbres dépouillés, son château sans ombrage, qu'il contempla.

— Oui, oui, dit-il alors d'une voix endolorie, il faut m'éloigner pour ne plus revenir... La vue de ces campagnes ranime malgré moi ma folle passion... Pourquoi m'acharner à de vains souvenirs, et n'entretenir mon âme que d'un vain rêve?... Adieu donc, doux nid de mes amours, de mes seules amours ! je ne dois plus vous revoir, je ne vous reverrai plus... Adieu pour la dernière fois !

Il garda un moment le silence, puis il reprit avec un accent de tristesse indicible :

— Adieu aussi à vous, Juliette ! Je fais des vœux pour votre avenir... Qui sait? vous êtes si belle et si bonne qu'un cœur généreux vous rendra peut-être ce que vous avez perdu, l'opulence et le bonheur !... Ah ! que ne puis-je, moi, vous offrir ce que je possède ! je vous le donnerais avec une joie enthousiaste et sincère !... Mais, hélas! j'ai si peu !...

— Qu'importe ! dit derrière lui une voix d'une douceur divine; j'accepte, mon bon Maurice !

En entendant ces paroles, Maurice poussa un cri violent et bondit plutôt qu'il ne se retourna. Il vit Juliette assise à sa table, les yeux brillants de larmes, le visage nerveusement pâle; elle lui tendit la main. Il est des émotions si étranges qu'il faut renoncer à les décrire. Maurice demeura comme pétrifié; il crut qu'il allait mourir; il étouffait.

— Eh bien ! reprit Juliette avec une adorable expression, est-ce que vous refusez, monsieur?

Deux ruisseaux de larmes jaillirent aussitôt des yeux de Maurice; ses jambes fléchirent et il tomba à genoux.

Juliette se leva, courut à lui, et lui prenant les mains avec tendresse :

— Relevez-vous, monsieur, relevez-vous, dit-elle, et ne sanglotez pas ainsi. Il faut que je vous gronde. Eh quoi ! parce que j'étais riche, vous m'avez fuie ! Fi ! que c'était mal ! Voyez, moi je suis pauvre maintenant; eh bien ! cela ne m'empêche pas de venir vers vous, et même j'accepte tout de suite, sans façon, votre sacrifice. Deux vieux amis comme nous ! Ah ! nous nous aimions si bien autrefois ! et vous ne m'évitiez pas alors !

— Taisez-vous ! taisez-vous, Juliette ! ne me parlez pas ainsi ! dit Maurice avec exaltation; votre voix m'enivre, votre beauté m'éblouit ! Taisez-vous ! oh ! taisez-vous ! ou vous me rendrez fou !

— Je veux vous rendre sage, au contraire ! dit-elle en lui pressant les mains. Je veux vous rendre heureux ! ajouta-t-elle plus bas.

Un bruit se fit entendre en ce moment dans la chaumière; c'était la Guérin qui revenait de vendre son lait. Elle entra dans la seconde pièce; Maurice était encore aux genoux de Juliette. La Guérin s'arrêta toute surprise sur le seuil.

— Ah ! ah ! dit-elle avec embarras et sans trop savoir ce qu'elle disait, il paraît que ça va bien?

— Parfaitement, bonne mère, répondit Juliette; Maurice me fait ses excuses de m'avoir méconnue, et je suis en train de lui pardonner.

— Bon ! bon ! reprit la Guérin, j'en suis enchantée. Ah ! j'étais bien sûre, moi, qu'il vous aimait, le cher enfant ! mais c'est si timide ! et puis vous étiez si riche alors !

— Et je suis si pauvre maintenant ! Mais, bah ! Maurice me donne tout ce qu'il a, bonne mère !

— Oui-dà ! s'écria la Guérin stupéfaite et évidemment contrariée. Quoi ! ses deux mille francs de rente, que son père et lui ont eu tant de peine à gagner là-bas, en Amérique? Ah !...

— Le capital tout entier, répondit Juliette en

souriant malicieusement. Avec cette somme, jointe au peu qu'il me reste des débris de ma fortune, nous rachèterons ma propriété de Trois-Fontaines, qu'on va vendre, et...

Maurice, pâle, haletant, interrogeait du regard le visage de Juliette; il semblait chercher à saisir le véritable sens de ce qu'il entendait.

— Et nous y habiterons...

— Qui, nous? demanda la Guérin? vous et lui?

— Pourquoi pas?

— Vous allez donc vous marier?

Juliette baissa les yeux avec une mine adorablement sournoise.

— Dame! répondit-elle, les femmes n'ont pas l'habitude de faire les avances. Qu'en pensez-vous, bonne mère?

— C'est juste! c'est juste!

Et la Guérin regarda Maurice en lui faisant des grimaces significatives en manière d'encouragement. Maurice s'était levé, avait dégagé ses mains, et, les bras croisés sur sa poitrine pour en comprimer les battements, il tremblait d'être le jouet d'un rêve.

— Juliette, dit-il enfin d'une voix lente et profonde, si vous voulez me tuer, vous n'avez qu'à m'abandonner maintenant! Mon cœur est si tendu que, si vous ne lui venez en aide, il va se briser!

— Alors, répondit-elle avec une grâce angélique, donnez-moi le bras et reconduisez-moi jusqu'à notre château. Peut-être bien qu'en route vous vous déciderez à me faire une demande en mariage. Je vais me montrer bien aimable!...

Quelques jours après, un notaire dressait à Trois-Fontaines le contrat de mariage de Juliette et de Maurice. Juliette dicta elle-même le chiffre de sa fortune : rentes sur l'État, placement chez un banquier, actions industrielles, propriété territoriale, le tout montait à plus d'un million.

— Eh quoi! s'écria Maurice étrangement surpris, on ne vous a donc point enlevé votre fortune?

— Mais non, répondit Juliette en riant de bon cœur. J'ai profité de la fuite d'un banquier pour faire courir ce bruit, voilà tout.

— Quelle idée! Je ne comprends pas.

— Vous allez comprendre, mon ami; cette idée n'est pas de moi, mais de M. Davenel, mon mari, mon père. Il savait à quelles convoitises donnerait lieu ma fortune, et, dans une lettre pleine de prévoyance et de bonté, il me donna le conseil de laisser ignorer de quelle nature étaient mes revenus, afin de pouvoir, au cas où je suspecterais la sincérité des sentiments qui s'adresseraient à moi, les juger en me faisant passer pour ruinée. C'est là, disait-il, une épreuve infaillible, et il avait bien raison.

— Vous avez donc éprouvé quelqu'un?

— Oui, mon ami : d'abord le monde en général, puis trois prétendants à ma main en particulier, et vous enfin, sans m'en douter. Vous seul...

Maurice lui mit la main sur les lèvres pour l'empêcher d'achever.

— Cher ange, dit-il, l'amour véritable est toujours à l'épreuve d'une pierre de touche!

FIN DE LA PIERRE DE TOUCHE

ANSELME ET MARCELLIN

I

Ils étaient nés aux Andelys, porte à porte, à une année d'intervalle. La même nourrice leur avait donné leur lait; et, comme si ces premières agapes de la vie les eussent prédisposés à une vive et mutuelle amitié, ils se mirent à s'aimer de tout leur cœur dès qu'ils se sentirent un cœur. Au collége de Rouen, où ils firent leurs études, on ne les appelait jamais que Castor et Pollux, Oreste et Pylade, Euryale et Nisus; en un mot, toutes les personnifications classiques de l'amitié étaient épuisées par les condisciples bienveillants ou railleurs à caractériser les sentiments inaltérables et dévoués qu'ils se témoignaient l'un à l'autre. Leurs classes terminées, un événement faillit les séparer, sinon de cœur, du moins de fait, et détruire ainsi, dès le début du chemin nouveau où ils allaient entrer, l'espoir qu'ils nourrissaient de marcher du même pas et côte à côte dans la vie. La famille d'Anselme C... venait d'être ruinée tout à coup par la banqueroute frauduleuse d'un grand industriel entre les mains de qui elle avait mis le plus clair de sa petite fortune. Au milieu de cette douloureuse conjoncture, Anselme atteignait sa vingt et unième année, et, comme le malheur a toujours pour frapper une arme à deux tranchants, le jeune homme fut en même temps atteint par le sort : il dut partir soldat. Mais il ne partit pas seul. Marcellin P..., plus jeune que lui d'une année, s'engagea résolûment. Il prétexta une impérieuse vocation pour les armes, et aucune remontrance de sa famille ne put l'empêcher d'endosser l'uniforme.

En Afrique, où ils prirent bientôt rang dans un escadron de chasseurs, les deux amis se battirent bravement. Ils furent mis à l'ordre du jour en même temps, et, pour honorer sans doute leur union fraternelle et leur égale intrépidité, on les nomma simultanément brigadiers et maréchaux des logis. Un jour que tous deux, à la tête d'un détachement de chasseurs, poussaient une reconnaissance, ils tombèrent dans une embuscade. Un combat acharné s'ensuivit. Enveloppée par une nuée d'Arabes, la petite troupe chargea rudement. Mais le nombre l'emporta sur l'héroïsme. Anselme et Marcellin restèrent bientôt seuls, blessés, frappant encore de terribles coups et traçant autour d'eux à la pointe du sabre un cercle que l'ennemi hésitait à franchir pour les saisir vivants. Soudain un bruit sourd de galop précipité se fait entendre à distance. Les assaillants aperçoivent au loin l'uniforme français en masse compacte. Ils tournent aussitôt bride; mais, avant de prendre la fuite, ils lancent leurs lacets, et Marcellin est atteint, renversé, emporté par le cou sur le sol caillouteux. A cette vue, Anselme enfonce ses éperons dans les flancs de son cheval, si profondément que l'animal en bondit comme un lion. Tout obstacle est franchi, brisé, dévoré; dix blessures ne peuvent ralentir cet élan désespéré, prodigieux. D'un coup de sabre, l'étrangleur est abattu. Puis Anselme tombe épuisé sur le corps de Marcellin. Tout un escadron, accouru au bruit des premières décharges, arrivait à temps pour les sauver.

Les blessures d'Anselme étaient graves, mais non mortelles; celles de Marcellin offraient encore moins de danger. Après quelques semaines d'hôpital, ils obtinrent un congé de convalescence qu'ils résolurent de passer aux Andelys. Comme ils s'embarquaient à Alger, des lettres leur apprirent qu'une épidémie sévissait dans leur petite ville natale et que la mort n'avait laissé personne pour les recevoir au seuil de la maison.

— Anselme ! s'écria Marcellin, notre amitié va se resserrer encore. Nous n'avons plus que nous à aimer ici-bas.

— Marcellin, répondit Anselme en étreignant son ami dans ses bras, nous nous aimerons désormais pour tous ceux que nous avons perdus.

Marcelin héritait d'une quarantaine de mille francs. Il voulut les partager avec Anselme. Celui-ci eût accepté sans fausse honte et sans feinte hésitation l'offre de son ami; mais un nouvel incident empêcha ce généreux partage.

(La suite au prochain numéro.)

Le propriétaire-gérant : F. ROY.

LES MYSTÈRES DE PARIS

— M. Rodolphe me lisait le soir, pendant que je travaillais, des romans de Walter Scott. (Page 650.)

— Mais m'en séparer, m'en séparer! je mettais toute ma joie en lui, moi qui n'ai rien qui n'aime.

— Il faut songer plus à lui qu'à vous, ma pauvre Mont-Saint-Jean. Dans deux ou trois jours, j'écrirai à madame Armand, et si la demande que je compte faire en faveur de votre enfant réussit, vous n'aurez plus à dire de lui ce qui tout à l'heure m'a tant navrée : *Hélas! mon Dieu! que deviendra-t-il?*

L'inspectrice, madame Armand, interrompit cet entretien; elle venait chercher Fleur-de-Marie.

Après avoir de nouveau éclaté en sanglots et baigné de larmes désespérées les mains de la jeune fille, Mont-Saint-Jean retomba sur le banc dans un accablement stupide, ne songeant pas même à la promesse que Fleur-de-Marie venait de lui faire à propos de son enfant.

— Pauvre créature! — dit madame Armand en sortant du préau suivie de Fleur-de-Marie. — Sa reconnaissance envers vous me donne meilleure opinion d'elle.

En apprenant que la Goualeuse était graciée, les autres détenues, loin de se montrer jalouses de cette faveur, en témoignèrent leur joie; quelques-unes entourèrent Fleur-de-Marie et lui firent des adieux pleins de cordialité, la félicitèrent franchement de sa prompte sortie de prison.

— C'est égal, — dit l'une d'elles, — cette petite blondinette nous a fait passer un bon moment... c'est quand nous avons boursillé pour la layette de Mont-Saint-Jean. On se souviendra de cela à Saint-Lazare...

Lorsque Fleur-de-Marie eut quitté le bâtiment des prisons sous la conduite de l'inspectrice, celle-ci lui dit :

— Maintenant, mon enfant, rendez-vous au vestiaire, où vous déposerez vos vêtements de détenue pour reprendre vos habits de paysanne, qui, par leur simplicité rustique, vous seyaient si bien... Adieu!... vous allez être heureuse, car vous allez vous trouver sous la protection de personnes recommandables, et vous quittez cette maison pour n'y jamais rentrer. Mais... tenez... je ne suis guère raisonnable, — dit madame Armand dont les yeux se mouillèrent de larmes, — il m'est impossible de vous cacher combien je m'étais déjà attachée à vous, pauvre petite!

Puis, voyant le regard de Fleur-de-Marie devenir humide aussi, l'inspectrice ajouta :

— Vous ne m'en voudrez pas, je l'espère, d'attrister ainsi votre départ?

— Ah! madame... n'est-ce pas grâce à votre recommandation que cette jeune dame, à qui je dois ma liberté, s'est intéressée à mon sort?

— Oui, et je suis heureuse de ce que j'ai fait; mes pressentiments ne m'avaient pas trompée...

A ce moment, une cloche sonna.

— Voici l'heure du travail des ateliers, il faut que je rentre... Adieu, encore adieu, ma chère enfant!...

Et madame Armand, aussi émue que Fleur-de-Marie, l'embrassa tendrement; puis elle dit à un des employés de la maison :

— Conduisez mademoiselle au vestiaire.

Un quart d'heure après, Fleur-de-Marie, vêtue en paysanne ainsi que nous l'avons vue à la ferme de Bouqueval, entrait dans le greffe, où l'attendait madame Séraphin.

La femme de charge du notaire Jacques Ferrand venait chercher cette malheureuse enfant pour la conduire à l'île du Ravageur.

CHAPITRE XV

SOUVENIRS

Jacques Ferrand avait facilement et promptement obtenu la liberté de Fleur-de-Marie, liberté qui dépendait d'une simple décision administrative. Instruit par la Chouette du séjour de la Goualeuse à Saint-Lazare, il s'était aussitôt adressé à l'un de ses clients, homme honorable et influent, lui disant qu'une jeune fille, d'abord égarée, mais sincèrement repentante et récemment enfermée à Saint-Lazare, risquait, par le contact des autres prisonnières, de voir s'affaiblir peut-être ses bonnes résolutions. Cette jeune fille lui ayant été vivement recommandée par des personnes respectables qui devaient se charger d'elle à sa sortie de prison, avait ajouté Jacques Ferrand, il priait son tout-puissant client, au nom de la morale, de la religion et de la réhabilitation future de cette infortunée, de solliciter sa libération. Enfin le notaire, pour se mettre à l'abri de toute recherche ultérieure, avait surtout et instamment prié son client de ne pas le nommer dans l'accomplissement de cette bonne œuvre. Ce vœu, attribué à la modestie philanthropique de Jacques Ferrand, homme aussi pieux que respectable, fut scrupuleusement observé ; la liberté de Fleur-de-Marie fut demandée et obtenue au seul nom du client, qui, pour comble d'obligeance, envoya directement à Jacques Ferrand l'ordre de sortie, afin qu'il pût l'adresser aux protecteurs de la jeune fille. Madame Séraphin, en remettant cet ordre au directeur de la prison, ajouta qu'elle était chargée de conduire la Goualeuse auprès des personnes qui s'intéressaient à elle. D'après les excellents renseignements donnés par l'inspectrice à madame d'Harville sur Fleur-de-Marie, personne ne douta que celle-ci ne dût sa liberté à l'intervention de la marquise. La femme de charge du notaire ne pouvait donc en rien exciter la défiance de sa victime. Madame Séraphin avait, selon l'occasion et ainsi qu'on le dit vulgairement, l'*air bonne femme ;* il fallait assez d'observation pour remarquer quelque chose d'insidieux, de faux, de cruel dans son regard patelin, dans son sourire hypocrite. Malgré sa profonde scélératesse, qui l'avait rendue complice ou confidente des crimes de son maître, madame Séraphin ne put s'empêcher d'être frappée de la touchante beauté de cette jeune fille, qu'elle avait livrée tout enfant à la Chouette... et qu'elle conduisait alors à une mort certaine...

— Eh bien! ma chère demoiselle, — lui dit madame Séraphin d'une voix mielleuse, — vous devez être bien contente de sortir de prison?

— Oh! oui, madame, et c'est, sans doute, grâce à la protection de madame d'Harville, qui a été si bonne pour moi...

— Vous ne vous trompez pas... Mais venez... nous sommes déjà un peu en retard... et nous avons une longue route à faire.

— Nous allons à la ferme de Bouqueval, chez madame Georges, n'est-ce pas... madame? — s'écria la Goualeuse.

— Oui, certainement, nous allons à la campagne... chez madame Georges, — dit la femme de charge pour éloigner tout soupçon de l'esprit de Fleur-de-Marie.

Puis elle ajouta, avec un air de malicieuse bonhomie :

— Mais ce n'est pas tout; avant de voir madame Georges, une petite surprise vous attend. Venez... venez... notre fiacre est en bas... Quel *ouf* vous allez pousser en sortant d'ici... chère demoiselle! Allons, partons... Votre servante, messieurs!

Et madame Séraphin, après avoir salué le greffier et son commis, descendit avec la Goualeuse. Un gardien les suivait, chargé de faire ouvrir les portes. La dernière venait de se refermer, et les deux femmes se trouvaient sous le vaste porche qui donne sur la rue du Faubourg-Saint-Denis, lorsqu'elles se rencontrèrent avec une jeune fille qui venait sans doute visiter quelque prisonnière.

C'était Rigolette... Rigolette toujours leste et coquette : un petit bonnet très-simple, mais bien frais et orné de faveurs cerise qui accompagnaient à merveille ses bandeaux de cheveux noirs, encadrait son joli minois; un col bien blanc se rabattait sur son long tartan brun. Elle portait au bras un cabas de paille; grâce à sa démarche de chatte attentive et proprette, ses brodequins à semelles épaisses étaient d'une propreté miraculeuse, quoiqu'elle vînt, hélas! de bien loin, la pauvre enfant.

— Rigolette! — s'écria Fleur-de-Marie en reconnaissant son ancienne compagne de prison [1] et de promenades champêtres.

— La Goualeuse! — dit à son tour la grisette.

Et les deux jeunes filles se jetèrent dans les bras l'une de l'autre.

Rien de plus enchanteur que le contraste de ces deux enfants de seize ans tendrement embrassées, toutes deux si charmantes, et pourtant si différentes de physionomie et de beauté. L'une, blonde, aux grands yeux bleus mélancoliques, au profil d'une angélique pureté, idéal, un peu pâli, un peu attristé, un peu spiritualisé, de ces adorables paysannes de Greuze, d'un coloris si frais et si transparent... mélange ineffable de rêverie, de candeur et de grâce... L'autre, brune piquante, aux joues rondes et vermeilles, aux jolis yeux noirs, au rire ingénu, à la mine éveillée, type ravissant de jeunesse, d'insouciance et de gaieté, exemple rare et touchant de bonheur dans l'indigence, d'honnêteté dans l'abandon et de joie dans le travail.

Après l'échange de leurs naïves caresses, les deux jeunes filles se regardèrent. Rigolette était radieuse de cette rencontre... Fleur-de-Marie confuse... La vue de son amie lui rappelait le peu de jours de bonheur calme qui avaient précédé sa dégradation première.

— C'est toi... quel bonheur!... — disait la grisette...

— Mon Dieu! oui, quelle douce surprise!... il y a si longtemps que nous nous sommes vues!... — répondit la Goualeuse.

— Ah! maintenant, je ne m'étonne plus de ne t'avoir pas rencontrée depuis six mois... — reprit Rigolette en remarquant les vêtements rustiques de la Goualeuse; — tu habites donc la campagne?...

— Oui... depuis quelque temps, — dit Fleur-de-Marie en baissant les yeux.

— Et tu viens, comme moi, voir quelqu'un en prison?

— Oui... je venais... je viens de voir quelqu'un, — dit Fleur-de-Marie en balbutiant et en rougissant de honte.

— Et tu t'en retournes chez toi, loin de Paris, sans doute? Chère petite Goualeuse!... toujours bonne! je te reconnais bien là... Te

1. Le lecteur se souvient peut-être que dans le récit de ses premières années, qu'elle a fait à Rodolphe lors de son entretien avec lui chez l'ogresse, la Goualeuse lui avait parlé de Rigolette, qui, enfant vagabond comme elle, avait été enfermée jusqu'à seize ans dans une maison de détention.

rappelles-tu cette pauvre femme en couches à qui tu avais donné ton matelas, du linge, et le peu d'argent qui te restait, et que nous allions dépenser à la campagne... car alors tu étais déjà folle de la campagne, toi... mademoiselle la vilageoise?...

— Et toi, tu ne l'aimais pas beaucoup. Rigolette, étais-tu complaisante! c'est pour moi que tu y venais pourtant.

— Et pour moi aussi... car toi qui étais toujours un peu sérieuse, tu devenais si contente, si gaie, si folle, une fois au milieu des champs ou des bois... que rien que de t'y voir... c'était pour moi un plaisir... Mais laisse-moi donc encore te regarder! Comme ce joli bonnet rond te va bien! es-tu gentille ainsi! Décidément... c'était ta vocation de porter un bonnet de paysanne, comme la mienne de porter un bonnet de grisette... Te voilà selon ton goût, tu dois être contente... Du reste, ça ne m'étonne pas... quand je ne t'ai plus vue, je me suis dit : Cette bonne petite Goualeuse n'est pas faite pour Paris; c'est une vraie fleur des bois, comme dit la chanson, et ces fleurs-là ne vivent pas dans la *capitale*, l'air n'y est pas bon pour elles... Aussi la Goualeuse se sera mise en place chez de braves gens à la campagne... C'est ce que tu as fait, n'est-ce pas?

— Oui... — dit Fleur-de-Marie en rougissant.

— Seulement... j'ai un reproche à te faire.

— A moi?...

— Tu aurais dû me prévenir... on ne se quitte pas ainsi du jour au lendemain... ou du moins sans donner de ses nouvelles.

— Je... j'ai quitté Paris... si vite — dit Fleur-de-Marie de plus en plus confuse — que je n'ai pas pu...

— Oh! je ne t'en veux pas, je suis trop contente de te revoir... Au fait, tu as eu bien raison de quitter Paris, va! c'est si difficile d'y vivre tranquille! sans compter qu'une pauvre fille isolée comme nous sommes peut tourner à mal sans le vouloir... Quand on n'a personne pour vous conseiller... on a si peu de défense... les hommes vous font toujours de si belles promesses! et puis, dame! quelquefois la misère est si dure!... Tiens! te souviens-tu de la petite Julie, qui était si gentille, et de Rosine, la blonde aux yeux noirs?

— Oui... je m'en souviens.

— Eh bien! ma pauvre Goualeuse, elles ont été trompées toutes les deux, puis abandonnées, et enfin, de malheur en malheur, elles en sont tombées à être de ces vilaines femmes que l'on renferme ici...

— Ah! mon Dieu!... — s'écria Fleur-de-Marie qui baissa la tête et devint pourpre.

Rigolette, se trompant sur le sens de l'exclamation de son amie, reprit :

— Elles sont coupables, méprisables... même, si tu veux, je ne dis pas; mais, vois-tu, ma bonne Goualeuse, parce que nous avons eu le bonheur de rester honnêtes, toi, parce que tu as été vivre à la campagne auprès de braves paysans; moi, parce que je n'avais pas de temps à perdre avec les amoureux... que je leur préférais mes oiseaux, et que je mettais tout mon plaisir à avoir, grâce à mon travail, un petit ménage bien gentil... il ne faut pas être trop sévère pour les autres... Mon Dieu! qui sait... si l'occasion, la tromperie, la misère n'ont pas été pour beaucoup dans la mauvaise conduite de Rosine et de Julie... et si à leur place nous n'aurions pas fait comme elles?...

— Oh! — dit amèrement Fleur-de-Marie, — je ne les accuse pas... je les plains...

— Allons, allons, nous sommes pressées, ma chère demoiselle, — dit madame Séraphin en offrant son bras à sa victime avec impatience.

— Madame, donnez-nous encore quelques moments; il y a si longtemps que je n'ai vu ma pauvre Goualeuse, — dit Rigolette.

— C'est qu'il est tard, mesdemoiselles; déjà trois heures, et nous avons une longue course à faire... — répondit madame Séraphin fort contrariée de cette rencontre; puis elle ajouta :

« Je vous donne encore dix minutes...

— Et toi, — reprit Fleur-de-Marie en prenant les mains de son amie dans les siennes, — tu as un caractère si heureux! tu es toujours gaie, toujours contente?...

— Je l'étais il y a quelques jours... contente et gaie... mais maintenant...

— Tu as des chagrins?

— Moi? ah bien! oui, tu me connais... un vrai Roger-Bontemps... Je ne suis pas changée... mais malheureusement tout le monde n'est pas comme moi... Et comme les autres ont des chagrins, ça fait que j'en ai...

— Toujours bonne!...

— Que veux-tu?... Figure-toi que je viens ici pour une pauvre fille... une voisine... la brebis du bon Dieu, qu'on accuse à tort, et qui est bien à plaindre, va!... elle s'appelle Louise Morel : c'est la fille d'un honnête ouvrier, qui est devenu fou tant il était malheureux...

Au nom de Louise Morel, une des victimes du notaire, madame Séraphin tressaillit et regarda très-attentivement Rigolette. La figure de la grisette lui était absolument inconnue; néanmoins la femme de charge prêta dès lors beaucoup d'attention à l'entretien des deux jeunes filles.

(La suite au prochain numéro.)

COMMENT ON AIME

ANSELME ET MARCELLIN

(SUITE)

Anselme vit lui échoir la succession d'un oncle maternel. Il se trouvait par ce fait à peu près aussi riche que Marcellin. Après avoir convenablement honoré la mémoire des morts et rempli leurs obligations d'héritiers, nos jeunes gens songèrent au parti qu'il convenait de suivre dans leur nouvelle situation. Ils en délibérèrent ensemble. Continueraient-ils de suivre la carrière des armes, où ils s'étaient déjà signalés? Prendraient-ils une voie nouvelle, dont l'accès leur deviendrait plus facile, grâce à l'indépendance que leur créait leur petite fortune? Plus calme que Marcellin, Anselme avait cependant pris goût à l'état militaire. Il fut d'avis qu'il fallait retourner en Afrique et conquérir les épaulettes d'officier. Mais son ami, malgré une certaine vivacité de caractère, n'accueillit pas favorablement cette opinion.

— Je te l'avoue aujourd'hui, mon cher Anselme, dit-il, je n'ai pas un amour immodéré pour la vie de caserne et de razzias. Sans doute j'ai rempli convenablement mon devoir de soldat en toute occasion, mais je n'en ai pas moins une grande hâte de changer d'existence. A vrai dire, je ne me suis engagé que pour te donner un compagnon et alléger le poids de tes ennuis à l'aide de notre vieille et robuste amitié.

— Je l'ai toujours pensé, Marcellin, dit Anselme d'un ton pénétré. Je ne t'en remercie pas, j'en eusse fait autant pour toi.

— Bon! c'est ce que nous allons voir, camarade. Ton tour est venu de me donner une preuve éclatante de tes sentiments. Ami, aimes-tu les cinq Codes, les Institutes, les Pandectes, la jurisprudence, en un mot, le droit?

— La chicane? observa Anselma en souriant.

— La chicane! soit, reprit Marcellin sur le même ton. Je suis bon Normand, et je veux devenir avocat.

— Ah bah!

— Oui, mon cher; cette ambition-là ne date pas d'aujourd'hui dans mon esprit; elle me possédait déjà à ma sortie du collége, et elle ne s'est pas dissipée, je te jure, au souffle du simoun africain, au bruit des charges contre les Arabes. Ne te souvient-il plus de m'avoir surpris au bivouac lisant un volume dépareillé de Toullier, de Delvincourt ou de Dalloz?

— Je m'en souviens parfaitement. Je me rappelle aussi qu'un de nos camarades s'est moqué de ton goût pour de semblables lectures, et que tu lui as fait sur le terrain une estafilade en pleine figure avec ton sabre. Je ne m'aviserai pas de l'imiter.

— Fais mieux, mon cher Anselme, suis-moi à Paris sur les bancs de l'École de droit.

Anselme regarda Marcelin avec de grands yeux ébaubis.

— Est-ce sincère, ce que tu me demandes là? Te sens-tu vraiment le courage, dans ta vingt-sixième année, d'aborder la longue et rude carrière du barreau?

— Oui. A trente ans, je serai docteur; à quarante, j'aurai, je l'espère, une position, sinon brillante, du moins honorable au Palais. M'abandonnes-tu? M'accompagnes-tu?

— Tu es décidé? fermement décidé?

— Tout ce qu'il y a de plus décidé.

— Alors, au diable la défroque militaire, et vive la robe d'avocat! J'ai grand'peur de n'avoir jamais une parole assez éloquente pour plaider avec succès. Mais le travail conduit toujours à bonne fin. Il me restera, au pis-aller, la ressource de donner des consultations et de rédiger des mémoires. En route donc pour Paris et le quartier latin !

Il fut arrêté sur-le-champ que les deux amis partiraient le lendemain. Ils résolurent en même temps d'employer le reste de la journée à remplir un dernier devoir, à se rendre au bourg où habitait la paysanne qui, en leur donnant le même lait, semblait leur avoir donné le même cœur.

II

Le bourg vers lequel se dirigèrent pédestrement, et en habit bourgeois, Anselme et Marcellin, se cache à dix kilomètres des Andelys, au milieu des bouleaux, des ormes et des pommiers. Les jeunes gens eurent bientôt franchi cette distance. Ils s'arrêtèrent devant une chaumière dont la façade dissimulait assez bien ses briques rougeâtres sous le feuillage touffu d'un poirier et d'un églantier. Deux roses y souriaient au soleil, qui les caressait d'un de ses plus doux rayons. Une femme d'une cinquante d'années environ, aux formes amaigries, à l'air souffrant, était assise sur le seuil ; elle tournait tristement un rouet chargé de laine. A un mouvement que firent les deux amis, elle leva les yeux sur eux, les reconnut aussitôt et leur tendit les bras en pleurant.

— Ah ! c'est vous, mes enfants ! balbutia-t-elle d'une voix suffoquée. Ah ! que je suis heureuse ! il y a si longtemps que je ne vous ai vus ! cinq ans passés !

La digne femme, qui avait gardé pour eux un cœur de mère, faillit s'évanouir de joie. Les premiers transports calmés, elle les fit entrer sous son chaume, où tout était propre et luisant, où le mobilier, assez bien fourni, annonçait une petite aisance villageoise. Anselme et Marcellin respirèrent de douces odeurs en y entrant. Ils remarquèrent que des bouquets de fleurs des champs ornaient le bahut de chêne et le vaste manteau de la cheminée. Leurs yeux s'en réjouissaient, lorsque, se reportant sur la mère Valin (c'est ainsi qu'on nommait la vieille nourrice), ils s'attristèrent à la vue de son corps débile et de ses traits altérés.

— Seriez-vous malade, mère? demanda Anselme en enveloppant le visage de la bonne femme d'un regard inquiet.

— Je viens de l'être et je le suis souvent, mon cher petit. Voilà trois ans que j'ai les fièvres intermittentes. Elles me font beaucoup de mal ; elles m'ont réduite, moi si forte et si bien portante autrefois, à l'état de maigreur et de dépérissement où vous me voyez. Mais je vais mieux aujourd'hui, je ne souffre plus, je vous vois.

— Pauvre chère mère ! dit Marcellin en l'embrassant avec une tendresse émue. Il faut guérir radicalement et tout de suite. Nous chargerons de ce soin le meilleur docteur des Andelys et même de Paris, s'il le faut. N'est-ce pas, Anselme?

— J'ai vu tous les médecins du pays, mes *fieux;* ils m'ont dit qu'il n'y avait à cela qu'un remède : la patience.

— La patience ! la patience ! répéta Anselme. Le beau remède ! Il n'a pas dû leur coûter grands frais d'imagination, celui-là. Décidément, les médecins sont tous des...

Dans son généreux élan de compassion, Anselme allait achever sa phrase par une invective qui eût sans doute réjoui l'ombre de Molière. La mère Valin l'interrompit en souriant.

— Laissons là les médecins, mon enfant, dit-elle, et soyons tout entiers au bonheur de votre retour. Ah ! reprit-elle, comme Gilberte va donc être contente ! C'est qu'elle vous aime, elle aussi, ma Gilberte, votre petite sœur de lait, comme vous la nommiez autrefois. Elle était encore bien jeune quand vous êtes venus me faire vos adieux la veille de votre départ pour le service. C'est égal, elle a conservé de vous un bon souvenir. Elle et moi, depuis cette époque, nous avons souvent parlé de vous ; et, quand nous avons appris la mort de vos père et mère à chacun, nous nous sommes consolées un peu en nous disant : « Anselme et Marcelin vont revenir de l'Afrique, et nous les reverrons. » Vous voici, Dieu soit loué !

De nouvelles effusions, auxquelles se mêlaient un sentiment de tristesse et une pensée de deuil, accompagnèrent les paroles de la mère Valin. Anselme demanda bientôt où était Gilberte.

— Au fait, reprit Marcellin, où donc est-elle, notre petite sœur de lait? Vous nous donnez, bonne mère, une terrible envie de l'embrasser. Comme elle doit être grande et embellie à présent ! Je me souviens qu'elle avait déjà, pas plus haute que ça, des yeux noirs et une taille à ravir. Elle promettait joliment. Est-ce qu'elle a tenu parole ?

— Oh ! répondit la digne femme avec un léger mouvement d'orgueil, quoique je sois sa mère, j'ose dire qu'elle a tenu encore plus qu'elle n'a promis, comme une brave fille qu'elle est. Ah! tenez, c'est la bénédiction de ma vie que cette enfant-là!... Mais voilà que je vous vante ma Gilberte, comme si je n'avais rien de mieux à faire. Allons, mes *fieux*, laissez-moi mettre le couvert et tremper la soupe. Il est midi, l'heure de prendre place à table, et vous devez avoir faim après une promenade de plus de deux lieues. La petite travaille ici près, à la fabrique; elle ne tardera pas à venir dîner. Ah! comme elle sera heureuse! comme elle sera donc heureuse!

Tout en tenant ces propos et d'autres encore qui s'échappaient de son cœur débordé, la mère Valin tirait du bahut le lard, le beurre, le fromage et le pain bis; elle courait prendre dans son cellier les derniers cruchons de vieux cidre; elle posait au milieu de la table une soupe aux légumes exhalant une de ces odeurs qui affament. Elle commençait à la servir dans des assiettes de terre brune, quand Gilberte entra. Gilberte était une ravissante enfant de quinze ans. Il était impossible de ne pas admirer la beauté de son visage, la souplesse de sa taille, la grâce fraîche et naïve de toute sa personne. Comme la plupart des ouvrières du pays, elle était vêtue simplement, mais à la mode de la ville. Elle portait un bonnet de mousseline unie, une robe de cotonnade légère, un tablier de basin et de petits sabots noirs qui cambraient à ravir ses pieds mignons. Elle parait si bien ce modeste costume, qu'il avait l'air d'une toilette de cérémonie.

En apercevant les jeunes gens, elle s'arrêta tout court; puis, après quelques secondes de réflexion, elle se tourna vers sa mère et lui dit en souriant :

— Je crois reconnaître M. Anselme et M. Marcellin. Est-ce que je me tromperais?

— Eh! non, tu ne te trompes pas, petite, répondit gaiement la mère Valin. Va donc vite les embrasser.

La jeune fille n'hésita pas. Elle alla d'un air heureux vers les amis, et, avec une candeur charmante, elle leur tendit ses belles joues roses et veloutées. A l'apparition de Gilberte, Anselme et Marcellin étaient restés immobiles, ébahis, comme en extase. Ils eurent toutes les peines du monde à secouer cette sorte de paralysie, et leurs lèvres ne firent qu'effleurer le fin épiderme de leur sœur de lait. Eux si braves sur un champ de bataille, ils tremblaient comme des poltrons en l'embrassant.

— Ma foi! dit Marcellin en rompant le premier le silence, vous aviez fièrement raison, bonne mère : Gilberte a tenu encore plus qu'elle ne promettait.

— Ah! mais, là, franchement, beaucoup plus qu'elle ne promettait, répéta Anselme, comme un écho qui double le son.

— Oui, la chère enfant est devenue assez gentille, dit la mère Valin dissimulant tant qu'elle pouvait la joie qu'elle ressentait en voyant les jeunes gens émerveillés. Eh! encore n'est-ce rien que cela : elle est bonne, en outre, comme le bon pain, ma Gilberte, et laborieuse donc, une vraie abeille!... Oh! ne rougis pas, petite; je parle à tes frères, et il n'y a pas de mal à te flatter un peu devant eux. Maintenant, à table!

Tout en mangeant d'un grand appétit, Anselme et Marcellin avaient souvent les yeux fixés sur Gilberte; ils ne se lassaient pas de la regarder. Leurs garnisons africaines ne les avaient pas gâtés sur le chapitre des belles filles; aussi ne se rappelaient-ils pas avoir rencontré depuis longtemps une créature aussi parfaite de tous points. Elle, calme et gracieuse, ne se choquait point de leur attention; elle n'en paraissait ni orgueilleuse ni intimidée; sa physionomie reflétait cette tranquillité d'âme qui ignore ou défie les passions.

De son côté, elle ne se lassait pas non plus d'envisager ses frères de lait à la dérobée. Cette inspection se terminait à leur avantage : elle leur trouvait, en effet, l'air mâle, franc et bon. La pensée qu'ils avaient pris part à des combats et qu'ils s'étaient mesurés avec les Arabes, qu'elle se représentait comme des démons, était un prisme à travers lequel elle les voyait entourés d'une auréole de gloire. Elle mourait d'envie de les entendre raconter leurs aventures de guerre, et elle se mit à leur adresser quelques questions. Anselme et Marcellin firent tour à tour le récit des expéditions dans lesquelles ils s'étaient battus. Ils dirent ce qu'ils avaient vu et ce qu'ils avaient fait, simplement, sans emphase, sans se flatter. Lorsqu'ils arrivèrent à l'épisode où Marcellin avait été entraîné par le lacet d'un Arabe, et où Anselme l'avait sauvé presque miraculeusement, la mère Valin poussa un cri de terreur, Gilberte pâlit; les deux femmes se jetèrent en frémissant dans les bras l'une de l'autre, comme pour échapper au terrible spectacle retracé par leur imagination.

— Ah! c'est affreux! s'écria la vieille nourrice.

Gilberte ne disait rien, elle pleurait.

— Est-ce que vous allez continuer cet épouvantable métier, mes *fieux*, maintenant que vous êtes riches l'un et l'autre? reprit la mère Valin quand elle fut un peu remise de son effroi. Je sais, en effet, qu'Anselme, par la mort de son oncle, a aussi hérité d'une fortune.

— Nous quittons le service, répondit Marcellin. Nous avons des projets d'avenir plus paisibles et tout aussi honorables.

— Ah! tant mieux! murmura Gilberte en essuyant ses grands yeux pleins de larmes.

Anselme et Marcellin entendirent ce murmure de sollicitude. Ils prirent les mains de la jeune fille et les pressèrent avec effusion dans les leurs.

— Et que comptez-vous entreprendre désormais? demanda la mère Valin. Resterez-vous au pays ou le quitterez-vous de nouveau?

— Nous partons demain pour Paris, répondit Anselme. Notre intention est d'y étudier les lois et d'y devenir avocats.

— Avocats! c'est beau, cela, mes enfants. Mais est-il bien vrai que votre départ soit fixé à demain?

— Irrévocablement, répondit Marcellin. Nous allons commencer de longues études à un âge où d'ordinaire elles sont terminées. Il ne nous est donc pas permis de perdre un seul jour.

— C'est juste. Allons, reprit la bonne femme en s'efforçant de plaisanter, dépêchez-vous de devenir des hommes de loi, vous plaiderez tous mes procès, et j'en ferai à tous mes voisins pour établir votre réputation.

On se leva de table. Gilberte courut à la fabrique demander la permission de s'absenter pour le reste de la journée. Demeurés seuls avec leur vieille nourrice, Anselme et Marcellin s'informèrent de ses besoins et lui firent des offres de service. Elle refusa obstinément de rien accepter, disant qu'elle avait un peu de bien et que le travail de Gilberte achevait de donner l'aisance à sa chaumière.

— Elle est si active, si intelligente, si sage, la chère enfant, ajouta-t-elle, qu'elle dirige tout un atelier, quoiqu'elle en soit la plus jeune ouvrière. Elle gagne ainsi de bonnes journées, et Dieu aurait fait pour nous autant que pour personne s'il m'eût laissé la santé.

— Espérons qu'elle vous reviendra bientôt, mère, grâce surtout à l'influence bienfaisante de votre fille, qui vous rend heureuse, dit Anselme.

— Un tel ange porte bonheur, reprit Marcellin. Si cependant la destinée voulait qu'il en fût autrement, bonne mère, et que vous eussiez jamais besoin d'aide et de consolation, promettez-nous de vous souvenir de vos deux fils et de n'avoir pas d'autre recours.

— Je vous le promets, mes amis. Jamais je n'hésiterai à vous appeler à moi; c'est si naturel d'aller frapper au cœur de ses enfants!

— Merci, dirent en même temps Anselme et Marcellin.

Et ils embrassèrent la bonne femme avec élan.

Une promenade dans les champs, le long des haies, à l'ombre des grands arbres, occupa le temps jusqu'au souper. Cette promenade fut pour les deux amis un véritable enchantement. Gilberte, jusque-là calme et sérieuse, se montra sous un jour nouveau. Elle fut ravissante de bonne humeur, de grâce enfantine, d'esprit naïf et de vive allure; ce n'était plus une jeune fille, c'était un oiseau. Lorsque l'heure de la séparation sonna, Anselme et Marcellin s'entre-regardèrent avec tristesse. Un moment, ils eurent la pensée de retarder le jour de leur départ. Ils firent leurs adieux et promirent de revenir aux prochaines vacances.

— J'y compte, dit la mère Valin en les serrant contre sa poitrine gonflée.

— Voici pour vous rappeler votre promesse, ajouta Gilberte.

Elle avait cueilli les deux roses épanouies au mur de la chaumière et les leur offrit.

— Elles auront toujours un parfum pour nous, dit Anselme d'une voix émue.

— Le parfum des plus chers souvenirs, reprit Marcellin sur le même ton.

Et ils s'éloignèrent d'un pas rapide, tandis que deux grosses larmes tombaient de leurs yeux sur leurs moustaches blondes.

III

A Paris, Anselme et Marcellin élurent domicile au quartier latin, dans une de ces maisons de modeste et honnête apparence qui semblent faites pour abriter le travail silencieux, le bonheur tranquille.

(La suite au prochain numéro.)

Le propriétaire-gérant : F. ROY.

LES MYSTÈRES DE PARIS

— Ah! madame, voyez donc cette jolie petite île bordée de saules et de peupliers! (Page 658.)

— Pauvre femme! — reprit la Goualeuse, — comme elle doit être contente de ce que tu ne l'oublies pas dans son malheur!...

— Ce n'est pas tout, c'est comme un sort; telle que tu me vois, je viens de bien loin... et encore d'une prison... mais d'une prison d'hommes.

— D'une prison d'hommes, toi?

— Ah! mon Dieu, oui! j'ai là une autre pauvre pratique bien triste... aussi tu vois mon cabas (et Rigolette le montra), il est partagé en deux, chacun a son côté; aujourd'hui j'apporte à Louise un peu de linge, et tantôt j'ai aussi porté quelque chose à ce pauvre Germain... Mon prisonnier s'appelle Germain. Tiens, je ne peux pas penser à ce qui vient de m'arriver avec lui sans avoir envie de pleurer... c'est bête, je sais que cela n'en vaut pas la peine, mais enfin je suis comme ça.

— Et pourquoi as-tu envie de pleurer?

— Figure-toi que Germain est si malheureux d'être confondu avec ces mauvais hommes de la prison qu'il est tout accablé, n'ayant de goût à rien, ne mangeant pas et maigrissant à vue d'œil... Je m'aperçois de ça, et je me dis : Il n'a pas faim, je vais lui faire une petite friandise qu'il aimait bien quand il était mon voisin, ça le ragoûtera... Quand je dis friandise, entendons-nous, c'étaient tout bonnement de belles pommes de terre jaunes, écrasées avec un peu de lait et du sucre; j'en emplis une jolie tasse bien propre, et tantôt je lui porte ça à sa prison en lui disant que j'avais préparé moi-même ce pauvre petit régal comme autrefois, dans le bon temps, tu comprends; je croyais ainsi lui donner un peu envie de manger... Ah bien! oui...

— Comment?

— Ça lui a donné envie de pleurer; quand il a reconnu la tasse dans laquelle j'avais si souvent pris mon lait devant lui, il s'est mis à fondre en larmes... et, par-dessus le marché, j'ai fini par faire comme lui, quoique j'aie voulu m'en empêcher : tu vois comme j'ai de la chance ! je croyais bien faire, le consoler... et je l'ai attristé davantage encore.

— Oui, mais ces larmes-là lui auront été si douces!...

— C'est égal, j'aurais autant aimé le consoler autrement. Mais je te parle de lui sans te dire qui il est; c'est un ancien voisin à moi... le plus honnête garçon du monde, aussi doux, aussi timide qu'une jeune fille, et que j'aimais comme un camarade, comme un frère.

— Oh! alors, je conçois que ses chagrins soient devenus les tiens.

— N'est-ce pas? Mais tu vas voir comme il a bon cœur : quand je me suis en allée, je lui ai demandé, comme toujours, ses commissions, lui disant en riant, afin de l'égayer un peu, que j'étais sa petite femme de ménage et que je serais bien exacte, bien active, pour garder sa pratique. Alors lui, s'efforçant de sourire, m'a demandé de lui apporter un des romans de Walter Scott qu'il m'avait autrefois lu le soir pendant que je travaillais ; ce roman-là s'appelle *Ivan... Ivanhoé*... Oui, c'est ça... J'aimais tant ce livre-là qu'il me l'avait lu deux fois... Pauvre Germain ! il était si complaisant!...

— C'est un souvenir de cet heureux temps passé qu'il veut avoir...

— Certainement, puisqu'il m'a priée d'aller dans le même cabinet de lecture, non pour louer, mais pour acheter les mêmes volumes que nous lisions ensemble... Oui, les acheter... et tu juges, pour lui c'est un sacrifice, car il est aussi pauvre que nous...

— Excellent cœur! — dit la Goualeuse tout émue.

— Te voilà tout aussi attendrie que moi... quand il m'a chargée de cette commission, ma bonne petite Goualeuse. Mais tu comprends, plus je me sentais envie de pleurer... plus je tâchais de rire, car pleurer deux fois dans une visite faite exprès pour l'égayer, c'était trop fort... Aussi, pour chasser ça, je me suis mise à lui rappeler les drôles d'histoires d'un juif... un personnage de ce roman qui nous amusait tant autrefois... mais plus je parlais, plus il me regardait avec de grosses, grosses larmes dans les yeux... Dame! moi, ça m'a fendu le cœur; j'avais beau renfoncer mes larmes depuis un quart d'heure... j'ai fini par faire comme lui; quand je l'ai quitté, il sanglotait et je me disais, furieuse de ma sottise : Si c'est comme ça que je le console et que je l'égaye, c'est bien la peine de l'aller voir. Moi qui me promets toujours de le faire rire... c'est étonnant comme j'y réussis!

Au nom de Germain, autre victime du notaire, madame Séraphin avait redoublé d'attention.

— Et qu'a-t-il donc fait, ce jeune homme, pour être en prison? — demanda Fleur-de-Marie.

— Lui! — s'écria Rigolette dont l'attendrissement cédait à l'indignation, — il a fait qu'il est poursuivi par un vieux monstre de notaire, qui est aussi le dénonciateur de Louise.

— De Louise, que tu viens voir ici ?

— Sans doute! elle était la servante du notaire, et Germain était son caissier... Il serait trop long de te dire de quoi il accuse bien injustement ce pauvre garçon... Mais ce qu'il y a de sûr, c'est que ce méchant homme est comme un enragé après ces deux malheureux, qui ne lui ont jamais fait de mal... Mais patience! patience! chacun aura son tour...

Rigolette prononça ces derniers mots avec une expression qui inquiéta madame Séraphin. Se mêlant à la conversation, au lieu d'y demeurer étrangère, elle dit à Fleur-de-Marie d'un air patelin :

— Ma chère demoiselle, il est tard, il faut partir... on nous attend. Je comprends bien que ce que vous dit mademoiselle vous intéresse, car moi qui ne connais pas la jeune fille et le jeune homme dont elle parle, ça me désole. Mon Dieu ! est-il possible qu'il y ait des gens si méchants!... Et comment donc s'appelle-t-il, ce vilain notaire dont vous parlez, mademoiselle?

Rigolette n'avait aucune raison de se défier de madame Séraphin; néanmoins, se souvenant des recommandations de Rodolphe, qui lui avait enjoint la plus grande réserve au sujet de la protection cachée qu'il accordait à Germain et à Louise, elle regretta de s'être laissé entraîner à dire : « Patience! chacun aura son tour. »

— Ce méchant homme s'appelle M. Ferrand, madame, — reprit donc Rigolette, ajoutant très-adroitement pour réparer sa légère indiscrétion : — Et c'est d'autant plus mal à lui de tourmenter Louise et Germain, que personne ne s'intéresse à eux... excepté moi... ce qui ne leur sert pas à grand'chose.

— Quel malheur! — reprit madame Séraphin ; — j'avais espéré le contraire quand vous avez dit : *Mais patience!...* je croyais que vous comptiez sur quelque protecteur pour soutenir ces deux infortunés contre ce méchant notaire.

— Hélas! non, madame, — ajouta Rigolette afin de détourner complétement les soupçons de madame Séraphin ; — qui serait assez généreux pour prendre le parti de ces deux pauvres jeunes gens contre un homme riche et puissant, comme l'est ce M. Ferrand?

— Oh! il y a des cœurs assez généreux pour cela! — reprit Fleur-de-Marie après un moment de réflexion et avec une exaltation contrainte; — oui, je connais quelqu'un qui se fait un devoir de protéger ceux qui souffrent et de les défendre, car celui dont je te parle est aussi secourable aux honnêtes gens que redoutable aux méchants.

Rigolette regarda la Goualeuse avec étonnement, et fut sur le point de lui dire, en songeant à Rodolphe, qu'elle aussi connaissait quelqu'un qui prenait courageusement le parti du faible contre le fort; mais, toujours fidèle aux recommandations de son *voisin* (ainsi qu'elle appelait le prince), la grisette répondit à Fleur-de-Marie :

— Vraiment, tu connais quelqu'un d'assez généreux pour venir ainsi en aide aux pauvres gens?...

— Oui!... et quoique j'aie déjà à implorer sa pitié, sa bienfaisance pour d'autres personnes, je suis sûre que s'il connaissait le malheur immérité de Louise et de M. Germain... il les sauverait et punirait leur persécuteur... car sa justice et sa bonté sont inépuisables comme celles de Dieu...

Madame Séraphin regarda sa victime avec surprise.

— Cette petite fille serait-elle donc encore plus dangereuse que nous ne le pensions? — se dit-elle. — Si j'avais pu en avoir pitié, ce qu'elle vient de dire rendrait inévitable l'*accident* qui va nous en débarrasser.

— Ma bonne petite Goualeuse, puisque tu as une si bonne connaissance, je t'en supplie, recommande-lui ma Louise et mon Germain, car ils ne méritent pas leur mauvais sort, — dit Rigolette en songeant que ses amis ne pouvaient que gagner à avoir deux défenseurs au lieu d'un.

— Sois tranquille, je te promets de faire ce que je pourrai pour tes protégés auprès de M. Rodolphe, — dit Fleur-de-Marie.

— M. Rodolphe!... — s'écria Rigolette étrangement surprise.

— Sans doute... — dit la Goualeuse.

— M. Rodolphe!... un commis-voyageur?

— Je ne sais ce qu'il est... Mais pourquoi cet étonnement?

— Parce que je connais aussi un M. Rodolphe.

— Ce n'est peut-être pas le même.

— Voyons, voyons le tien... comment est-il?

— Jeune...

— C'est ça...

— Une figure pleine de noblesse et de bonté...

— C'est bien ça... Mais, mon Dieu! c'est tout comme le mien, — dit Rigolette de plus en plus étonnée, et elle ajouta : — Est-il brun? a-t-il de petites moustaches?...

— Oui.

— Enfin il est grand et mince... il a une taille charmante... et l'air si comme il faut... pour un commis-voyageur!... Est-ce toujours bien ça, le tien?

— Sans doute, c'est lui, — répondit Fleur-de-Marie ; — seulement, ce qui m'étonne, c'est que tu croies qu'il est commis-voyageur.

— Quant à cela... j'en suis sûre... il me l'a dit...

— Tu le connais?

— Si je le connais? c'est mon voisin.

— M. Rodolphe?

— Il a une chambre au quatrième, à côté de la mienne.

— Lui?... lui?...

— Qu'est-ce qu'il y a d'étonnant à cela? c'est tout simple : il ne gagne guère que quinze ou dix-huit cents francs par an; il ne peut prendre qu'un logement modeste, quoiqu'il ait l'air de ne pas avoir beaucoup d'ordre... car il ne sait pas seulement ce que ses habits lui coûtent... mon cher voisin...

— Non... non... ce n'est pas le même... — dit Fleur-de-Marie en réfléchissant.

— Ah çà! le tien est donc un phénix pour l'ordre?

— Celui dont je te parle, vois-tu, Rigolette, — dit Fleur-de-Marie avec enthousiasme, — est tout-puissant... on ne prononce son nom qu'avec amour et vénération... son aspect trouble... impose, et l'on est tenté de s'agenouiller devant sa grandeur et sa bonté...

— Alors je m'y perds, ma pauvre Goualeuse; je dis comme toi : ça n'est plus le même, car le mien n'est ni tout-puissant ni imposant; il est très-bon enfant, très-gai, et on ne s'agenouille pas devant lui; au contraire, car il m'avait promis de m'aider à cirer ma chambre, sans compter qu'il devait me mener promener le dimanche... Tu vois bien que ça n'est pas un gros seigneur. Mais à quoi est-ce que je pense? j'ai joliment le cœur à la promenade... Et Louise, et mon pauvre Germain! tant qu'ils seront en prison, il n'y aura pas de plaisir pour moi...

Depuis quelques moments, Fleur-de-Marie réfléchissait profondément; elle s'était tout à coup rappelé que, lors de sa première entrevue avec Rodolphe chez l'ogresse, il avait l'extérieur et le langage des hôtes du tapis-franc. Ne pouvait-il pas jouer le rôle de commis-voyageur auprès de Rigolette?

Mais quel était le but de cette nouvelle transformation?

La grisette reprit, voyant l'air pensif de Fleur-de-Marie :

— Il n'est pas besoin de te creuser la tête pour cela, ma bonne Goualeuse : nous saurons bien si nous connaissons le même M. Rodolphe; quand tu verras le tien, parle-lui de moi; quand je verrai le mien, je lui parlerai de toi... de cette manière-là nous saurons tout de suite à quoi nous en tenir.

— Et où demeures-tu, Rigolette?

— Rue du Temple, numéro 17.

— Voilà qui est étrange et bon à savoir, — se dit madame Séraphin qui avait attentivement écouté cette conversation. — Ce M. Rodolphe, mystérieux et tout-puissant personnage, qui se fait sans doute passer pour commis-voyageur, occupe un logement voisin de celui de cette petite ouvrière, qui a l'air d'en savoir plus qu'elle n'en veut dire, et ce défenseur des opprimés loge ainsi qu'elle dans la maison de Morel et de Bradamanti... Bon! bon! si la grisette et le prétendu commis-voyageur continuent à se mêler de ce qui ne les regarde pas, on saura où les trouver.

— Lorsque j'aurai parlé à M. Rodolphe, je t'écrirai, — dit la Goualeuse, — et je te donnerai mon adresse pour que tu puisses me répondre; mais répète-moi la tienne... je crains de l'oublier.

— Tiens, j'ai justement sur moi une des cartes que je laisse à mes pratiques.

Et elle donna à Fleur-de-Marie une petite carte sur laquelle était écrit en magnifique bâtarde :

Mademoiselle Rigolette,
couturière,
rue du Temple, numéro 17.

— C'est comme imprimé, n'est-ce pas? — ajouta la grisette; — c'est encore ce pauvre Germain qui me les a écrites dans le temps, ces cartes-là; il était si bon, si prévenant!... Tiens! vois-tu, c'est comme un fait exprès, on dirait que je ne m'aperçois de toutes ses excellentes qualités que depuis qu'il est malheureux... et maintenant je suis toujours à me reprocher d'avoir attendu si tard pour l'aimer...

— Tu l'aimes donc?

— Ah! mon Dieu, oui!... il faut bien que j'aie un prétexte pour aller le voir en prison... Avoue que je suis une drôle de fille, — dit Rigolette en étouffant un soupir et en *riant dans ses larmes*, comme dit le poëte.

— Tu es bonne et généreuse comme toujours, — dit Fleur-de-Marie en pressant tendrement les mains de son amie.

Madame Séraphin en avait sans doute assez appris par l'entretien des deux jeunes filles, car elle dit presque brusquement à Fleur-de-Marie :

— Allons, allons, ma chère demoiselle, partons; il est tard, voilà un quart d'heure de perdu.

— A-t-elle l'air bougon, cette vieille!... je n'aime pas sa figure, — dit tout bas Rigolette à Fleur-de-Marie.

Puis elle reprit tout haut :

— Quand tu viendras à Paris, ma bonne Goualeuse, ne m'oublie pas ; ta visite me ferait tant de plaisir ! je serais si contente de passer une journée avec toi, de te montrer mon petit ménage, ma chambre, mes oiseaux!... J'ai des oiseaux... c'est mon luxe.

(La suite au prochain numéro.)

Tout le temps qu'il garda le lit, les deux amis vinrent le visiter. (Page 655.)

COMMENT ON AIME (suite).

Ils occupaient au quatrième étage un même appartement, composé de trois petites pièces simplement meublées. L'une d'elles leur servait de cabinet d'étude, et la pâle lampe des veilles laborieuses éclairait souvent la table chargée de livres, qui s'arrondissait au milieu.

Remplacés immédiatement pour les deux années de service qu'ils avaient encore à fournir, ils avaient pris aussitôt leurs inscriptions de droit, et s'étaient plongés dans l'étude du Code avec une ardeur qui présageait de bons examens. Rien ne les détournait de leur application. La seule distraction qu'ils se permissent consistait en une courte promenade au Luxembourg après dîner. Là, tout en errant sous les beaux ombrages, le long des plates-bandes en fleurs, ils évoquaient le souvenir de leur passé militaire, mais sans regret; ils parlaient de la mère Valin et de Gilberte, de Gilberte un peu plus que de la mère Valin. Dès leur installation, ils avaient écrit à celle-ci une lettre collective, et ils en avaient reçu une réponse. La correspondance s'arrêta là, en attendant le jour où les deux amis accompliraient la promesse qu'ils avaient faite, et à laquelle Gilberte avait attaché la poétique consécration de deux roses.

— Voici la mienne, dit un jour Marcellin en tirant d'un portefeuille comme d'un herbier la fleur de sa sœur de lait. Cette rose est décolorée et réduite, reprit-il avec une sorte d'enthousiasme; elle n'est plus que le spectre d'elle-même, et cependant je la trouve toujours jolie, et elle me paraît embaumer.

Anselme, à son tour, ouvrit silencieusement un agenda. Il y prit un objet informe, rosâtre, satiné, qu'il montra à Marcellin d'un air un peu contraint.

— Voilà la mienne, dit-il. Je dirai comme toi, mon cher : Cette rose est décolorée, réduite; elle n'est plus que le spectre d'elle-même, et cependant je la trouve toujours jolie, et elle me paraît embaumer. O puissance de l'imagination!

— Mais il me semble, observa le plus jeune avec une sorte de froideur dans l'accent, que tu l'as placée sur ton calendrier à la date du mois de septembre, à l'époque des vacances de l'École de droit? As-tu donc besoin de cela pour te souvenir?

— Non pas; c'est seulement un à-propos.

L'entretien se brisa là. Ils remirent soigneusement, à la place d'où ils l'avaient tirée, la fleur fanée qu'embellissait à leurs yeux la pensée de Gilberte, et ils achevèrent leur promenade sans échanger un seul mot. Une ombre de mésintelligence venait de se glisser, à leur insu sans doute, entre ces deux cœurs si inaltérablement dévoués jusque-là l'un à l'autre. Les bras ne s'enlaçaient plus comme de coutume; les regards évitaient instinctivement de se rencontrer; et, le soir, on se mettait au travail en oubliant de se sourire pour se souhaiter bon courage, ainsi que c'était l'ordinaire quand on s'asseyait à la table commune des études opiniâtres et assidues. Mais ce léger nuage ne resta pas longtemps sur leur amitié; il se dissipa le lendemain à leur réveil, quand ils saluèrent le jour et se serrèrent la main. A l'aisance cordiale avec laquelle ils s'abordèrent alors, on eût facilement deviné qu'ils n'avaient pas eu la conscience nette du sentiment mystérieux qui les avait agités la veille. Francs et sincères comme ils étaient, auraient-ils pu dissimuler l'embarras pénible que le souvenir leur en eût causé? Ils retrouvèrent sans effort toute la sérénité de leur mutuelle affection, et ne parlèrent plus désormais de la mère Valin et de Gilberte qu'avec un accord sympathique et un plaisir partagé.

Aucune relation n'était encore venue rompre leur solitude depuis qu'ils étaient à Paris. Ils ne fréquentaient personne parmi les condisciples de l'École de droit. Ils muraient leur vie pour être moins distraits de leurs études. Cependant cette réserve fléchit dans les circonstances suivantes, en faveur d'un étudiant qui habitait la même maison et se préparait à subir son dernier examen de doctorat. Un matin, ce jeune homme, nommé Michel Aubry, se présenta chez les deux amis; il était pâle et sérieux. Après s'être excusé, non sans un peu d'émotion, de l'étrangeté de sa démarche, il les supplia de lui servir de témoins dans une rencontre qui avait lieu le matin même.

— Je comptais, pour ce service, sur deux de mes camarades, reprit-il; mais j'apprends à l'instant même qu'ils ont quitté Paris depuis hier. Je ne connais personne qui puisse les remplacer dignement, et la pensée m'est venue de m'adresser à vous, que je n'ai pas l'honneur de connaître. J'ai ouï dire que vous avez été militaires. Vous savez estimer le point d'honneur comme il mérite de l'être. En obéissant sur le terrain à votre décision, quelle qu'elle soit, je serai certain de remplir convenablement mon devoir. Encore une fois, messieurs, pardonnez à mon importunité, et ne me refusez pas le secours de votre intervention, de votre appui.

Anselme et Marcellin avaient souvent échangé un salut avec ce jeune homme, soit dans l'escalier de la maison, soit sur le chemin de l'École de droit. Ils avaient remarqué sa figure douce et honnête, ses manières distinguées sans affectation, polies sans empressement. Ils avaient entendu vanter par le propriétaire sa conduite régulière et appliquée; un double sentiment d'intérêt et d'estime leur fit accueillir favorablement la prière de l'aspirant au doctorat. Ils demandèrent le motif du duel : motif insignifiant, querelle de café, qu'une susceptibilité exagérée de l'adversaire avait pu seule faire aboutir à une provocation. L'espoir de donner à cette rencontre une tournure pacifique acheva de les décider. On se rendit sur le terrain; mais toute tentative de conciliation échoua. L'adversaire était un étudiant de dixième année, sorte de bretteur insolent et têtu, qui ne voulut rien entendre aux explications. Ceux qui l'accompagnaient n'étaient ni moins agressifs ni moins récalcitrants. Il fallut mettre l'épée à la main. Le combat dura quelques minutes. Michel Aubry était évidemment moins habile que son antagoniste qui passait presque tout le temps des cours dans les estaminets et les salles d'armes; mais il avait du sang-froid et de l'intrépidité. D'un coup droit lancé à propos, il blessa grièvement son provocateur en pleine poitrine; mais, ne s'étant pas effacé assez vite, il fut lui-même rudement touché à l'épaule, et il tomba évanoui dans les bras d'Anselme et de Marcellin.

Tout le temps qu'il garda le lit, les deux amis vinrent souvent le visiter. Quand sa blessure fut cicatrisée, de telles relations s'étaient établies entre eux qu'ils passaient rarement un jour sans se réunir au Luxembourg ou à la table de travail. Michel Aubry était un charmant garçon qui gagnait à être bien connu. Il avait l'âme aussi douce que le visage. Son esprit n'était point brillant, mais il avait des qualités solides et une modestie parfaite. Ce qui distinguait surtout ce jeune homme, c'était une absence d'ambition qui contrastait singulièrement avec les efforts qu'il faisait pour être reçu docteur en droit. Ses projets d'avenir étaient les plus humbles du monde : il voulait être notaire de campagne. Ses études un peu prétentieuses, eu égard au but où il tendait, n'étaient en réalité qu'une occupation qu'il s'était imposée, en attendant l'heure qui sonnerait ses vingt-cinq ans accomplis.

— Encore trois mois, disait-il en souriant, et j'aurai l'âge exigé par la loi pour être investi du droit de rédiger des contrats de mariage et des testaments. Alors j'irai chercher dans les belles campages du Bordelais, mon pays natal, quelque étude vacante, bien tapie dans la verdure. Quand je l'aurai trouvée, je m'y cacherai de bon cœur avec les oiseaux et quelque femme de mon choix, ni trop laide, ni trop sotte, ni trop spirituelle, ni trop riche, ni trop pauvre. Le bonheur est dans la médiocrité.

Trois mois plus tard, Michel Aubry était reçu docteur en droit. Il embrassa Anselme et Marcellin, promit de leur écrire souvent, et partit pour Bordeaux. Les deux amis regrettèrent cet aimable compagnon, dont la gaieté était si douce et si facile, la philosophie si modeste et si heureuse.

— Ce jeune homme est un sage, dit Anselme.

— Un sage que je préfère à tous ceux de la Grèce, car je suis sûr qu'il aura de plus qu'eux la sagesse de ne point faire parler de lui, ajouta Marcellin.

Rendus à leurs habitudes de solitude et de travail à deux, ils atteignirent l'époque du premier examen, qu'ils subirent l'un et l'autre très-honorablement.

Les vacances étaient arrivées; ils songèrent à se mettre en route pour les Andelys, afin de gagner le bourg où les attendaient la mère Valin et sa fille. Un soir qu'ils préparaient leurs valises, décidés qu'ils étaient à quitter Paris le lendemain, un léger coup de sonnette se fit entendre à leur porte. Ils coururent ouvrir; mais quel ne fut pas leur saisissement! Gilberte leur apparut, pâle, vêtue de deuil et leur tendant une lettre cachetée de noir.

IV

Les jeunes gens firent entrer Gilberte dans leur cabinet de travail. Ils n'avaient pas besoin de l'interroger pour comprendre que la mère Valin était morte. Le cœur gonflé, ils lui serrèrent la main en silence, décachetèrent la lettre et la lurent avec une profonde émotion. La voici dans sa touchante simplicité, à l'orthographe près :

« Mes chers enfants,

« Je vous écris avec mon âme, qui est bien affligée, et sans trop savoir comment on écrit. Mais que vous importe la façon d'écrire d'une pauvre femme comme moi? Vous me lirez avec votre cœur, et c'est tout ce qu'il faut pour me causer un peu de contentement.

« Je crois bien que je ne suis pas éloignée de ma fin, car je me sens si faible, si faible, que j'ai grand'peine à tenir ma plume dans mes doigts, et le médecin n'a pas l'air d'avoir grand espoir non plus. Mourir, ça ne me serait pas difficile du tout, et même ça me serait assez agréable, selon la volonté de Dieu, et parce que je souffre beaucoup. Mais il y a ma fille, la petite Gilberte, que je laisserai seule en ce monde, sans un parent, sans un ami, et je pleure de grosses larmes rien qu'en y pensant.

« La pauvre chérie! avec ça qu'elle n'est pas déjà si heureuse. Elle n'a plus sa place à la fabrique. Il s'est passé là une bien vilaine chose. Le maître s'est mal comporté à l'égard d'elle, à cause qu'elle est gentille; et, comme l'honnête enfant n'a voulu entendre à rien de ses méchantes et indignes paroles, il l'a renvoyée; de sorte que la voilà sans place et sans gagne-pain.

« Pour comble de tourment, je n'ai à moi que ma petite chaumière, qui ne vaut pas beaucoup, et je vous ai trompés quand je vous ai dit que j'avais un peu de bien. C'était pour ne pas vous priver de votre avoir ni abuser de vos bontés. Mais maintenant c'est différent. Je ne refuse plus vos offres, non pour moi qui n'en aurai bientôt plus besoin, mais pour ma Gilberte que j'ai grand'peur de voir tomber dans la nécessité, vu qu'il n'y a pas grand'chose à faire au bourg hors de la fabrique.

« — Or donc, ai-je dit à la douce créature de mon cœur, si je viens à m'en aller de ce monde, va trouver tes frères de lait, montre-leur ce mot d'écrit de moi, et dis-leur qu'ils te soient secourables pour l'amour de leur vieille nourrice, qui les a toujours tant aimés, A Paris, il y a de braves gens sans doute, et on trouve du travail sans malhonnêteté.

« Ainsi donc, recevez-la de bonne amitié, la pauvre petite abandonnée, et faites pour elle tout tout ce que le bon Dieu et votre bon cœur vous inspireront.

« Adieu, je vous embrasse pour la dernière fois tous les deux, comme je vous aime, et en vous bénissant.

« Votre mère nourrice,

« Thérèse Valin. »

— Elle a bien fait de vous adresser à nous, dit Anselme en dévorant une larme. Vous serez contente, Gilberte, de notre affection et de notre bonne volonté.

— Oui, reprit Marcellin avec animation, comptez sur tout notre dévouement.

— Je vous remercie, messieurs, pour ma pauvre mère et pour moi, de vos sentiments à mon égard, répondit Gilberte d'une voix qu'elle s'efforçait de rendre calme. J'ai obéi à la sainte femme qui a voulu me placer sous votre protection, et me voici prête à faire ce que vous me commanderez, certaine que vous commanderez toujours à l'orpheline ce que sa mère elle-même eût exigé de sa soumission.

— Et vous verrez bientôt, chère enfant, que nous méritons cette confiance, reprit Anselme. Il est d'ailleurs des devoirs si sacrés, qu'ils sont faciles à remplir.

— Et puis, ajouta Marcellin, nous avons été soldats, nous savons exécuter une consigne. La nôtre est de vous rendre heureuse, Gilberte : vous serez heureuse, ayez-en le ferme espoir.

Cet accueil parut adoucir l'amertume du chagrin de Gilberte et dissiper un peu la tristesse empreinte dans ses grands yeux noirs. Elle exprima de nouveau sa reconnaissance avec une grâce mélancolique et pénétrante. Quoique élevée dans un village et fille de pauvres cultivateurs, Gilberte avait une distinction de langage et de manières qui avait fait l'orgueil de sa mère, et qui faisait l'étonnement et l'admiration de tous ceux qui la connaissaient. Quelques années d'école et de bonnes dispositions naturelles avaient suffi à développer en elle une instruction élémentaire et un profond sentiment de ce qui est bien et beau avec simplicité. Elle ressemblait à l'une de ces fleurs des campagnes qui poussent au hasard du vent et du soleil, et qui cependant réjouissent le cœur et la vue par leur délicatesse, leur élégance et leur parfum. En ce moment, sous le vêtement noir qu'elle portait, elle n'était pas moins charmante que de coutume. La suave pâleur de son teint ne permettait pas de regretter l'incarnat qui s'épanouissait ordinairement sur ses joues. L'humide et pure expression de son regard faisait aisément oublier le frais éclat qui jaillissait naguère de sa prunelle veloutée. Mais, hâtons-nous de le dire, Anselme et Marcellin étaient trop sérieusement affectés de la triste nouvelle qu'ils venaient d'apprendre pour remarquer, au moins volontairement, tout ce qu'il y avait de touchante séduction dans l'accablement et le deuil de leur sœur de lait. Pénétrés du sentiment des devoirs que leur imposait le dernier cri d'une mourante, ils ne songeaient qu'à les remplir dignement.

On délibéra sans retard sur le plus pressé, c'est-à-dire sur le choix d'un abri pour la jeune fille. Après mûre réflexion, il fut arrêté qu'on louerait pour elle la chambre qu'avait occupée Michel Aubry.

(*La suite au prochain numéro.*)

Le propriétaire-gérant : F. ROY.

LES MYSTÈRES DE PARIS

Le jeune garçon brandit sa hachette d'un air désespéré. (Page 665.)

— Je tâcherai de t'aller voir, mais certainement je t'écrirai. Allons, adieu, Rigolette... adieu!... Si tu savais comme je suis heureuse de t'avoir rencontrée!

— Et moi donc!... mais ce ne sera pas la dernière fois, je l'espère; et puis je suis si impatiente de savoir si ton M. Rodolphe est le même que le mien!... Écris-moi bien vite à ce sujet, je t'en prie...

— Oui, oui... Adieu, Rigolette!...

— Adieu, ma bonne petite Goualeuse!...

Et les deux jeunes filles s'embrassèrent tendrement en dissimulant leur émotion.

Rigolette entra dans la prison pour voir

Louise, grâce au permis que lui avait fait obtenir Rodolphe. Fleur-de-Marie monta en fiacre avec madame Séraphin, qui ordonna au cocher d'aller aux Batignolles et de s'arrêter à la barrière.

Un chemin de traverse très-court conduisait de cet endroit presque directement au bord de la Seine, non loin de l'île du Ravageur. Fleur-de-Marie, ne connaissant pas Paris, n'avait pu s'apercevoir que la voiture suivait une autre route que celle de la barrière Saint-Denis. Ce fut seulement lorsque le fiacre s'arrêta aux Batignolles qu'elle dit à madame Séraphin, qui l'invitait à descendre :

— Mais il me semble, madame, que ce n'est pas là le chemin de Bouqueval... Et puis comment irons-nous à pied d'ici jusqu'à la ferme?

— Tout ce que je puis vous dire, ma chère demoiselle, — reprit cordialement la femme de charge, — c'est que j'exécute les ordres de vos bienfaiteurs... et que vous leur feriez grand'peine si vous hésitiez à me suivre...

— Oh! madame, ne le pensez pas! — s'écria Fleur-de-Marie; — vous êtes envoyée par eux, je n'ai aucune question à vous adresser... je vous suis aveuglément; dites-moi seulement si madame Georges se porte toujours bien.

— Elle se porte à ravir.

— Et... M. Rodolphe?

— Parfaitement bien aussi.

— Vous le connaissez donc, madame? Mais tout à l'heure, quand je parlais de lui avec Rigolette... vous n'en avez rien dit.

— Parce que je ne devais rien en dire... apparemment. J'ai mes ordres...

— C'est lui qui vous les a donnés?

— Est-elle curieuse, cette chère demoiselle, est-elle curieuse!... — dit en riant la femme de charge.

Vous avez raison; pardonnez mes questions, madame... Puisque nous allons à pied à l'endroit où vous me conduisez, — ajouta Fleur-de-Marie en souriant doucement, — je saurai bientôt ce que je désire tant savoir.

— En effet, ma chère demoiselle; avant un quart d'heure... nous serons arrivées.

La femme de charge, ayant laissé derrière elle les dernières maisons des Batignolles, suivit avec Fleur-de-Marie un chemin gazonné bordé de noyers. Le jour était tiède et beau; le ciel, à demi voilé de nuages empourprés par le couchant; le soleil commençant à décliner jetait ses rayons obliques sur les hauteurs de Colombes, de l'autre côté de la Seine. A mesure que Fleur-de-Marie approchait des bords de la rivière, ses joues pâles se coloraient légèrement; elle aspirait avec délices l'air vif et pur de la campagne.

Sa touchante physionomie exprimait une satisfaction si douce que madame Séraphin lui dit :

— Vous semblez bien contente, ma chère demoiselle...

— Oh! oui, madame... je vais revoir madame Georges, peut-être M. Rodolphe... j'ai de pauvres créatures très-malheureuses à leur recommander... j'espère qu'on les soulagera... Comment ne serais-je pas contente? Si j'étais triste, comment ma tristesse ne s'effacerait-elle pas? Et puis, voyez donc... le ciel est si gai avec ses nuages roses! Et le gazon... est-il vert malgré la saison! et là-bas... là-bas... derrière ces saules, la rivière... est-elle grande, mon Dieu! le soleil y brille, c'est éblouissant... on dirait des reflets d'or... il brillait ainsi tout à l'heure dans l'eau du petit bassin de la prison... Dieu n'oublie pas les pauvres prisonniers... il leur donne aussi leur rayon de soleil, — ajouta Fleur-de-Marie avec une sorte de pieuse reconnaissance.

Puis, ramenée par le souvenir de sa captivité à mieux apprécier encore le bonheur d'être libre, elle s'écria dans un élan de joie naïve :

— Ah! madame... et là-bas, au milieu de la rivière, voyez donc cette jolie petite île bordée de saules et de peupliers, avec cette maison blanche au bord de l'eau!... comme cette habitation doit être charmante l'été, quand tous les arbres sont couverts de feuilles! Quel silence, quelle fraîcheur on doit y trouver!

— Ma foi! — dit madame Séraphin avec un sourire étrange, — je suis ravie que vous trouviez cette île jolie.

— Pourquoi cela, madame?

— Parce que nous y allons.

— Dans cette île?

— Oui; cela vous surprend?

— Un peu, madame.

— Et si vous trouviez là vos amis?

— Que dites-vous?

— Vos amis rassemblés pour fêter votre sortie de prison, ne seriez-vous pas encore plus agréablement surprise?

— Il serait possible?... Madame Georges... M. Rodolphe...

— Tenez... ma chère demoiselle, je n'ai pas plus de défense qu'un enfant... avec votre petit air innocent, vous me feriez dire ce que je ne dois pas dire.

Sceaux. — Typ. et lith. M. et P.-E. Charaire

— Je vais les revoir... Oh ! madame, comme mon cœur bat !...

— N'allez donc pas si vite ! je conçois votre impatience, mais je puis à peine vous suivre... petite folle !...

— Pardon, madame, j'ai tant de hâte d'arriver...

— C'est bien naturel... je ne vous en fais pas un reproche, au contraire...

— Voici le chemin qui descend, il est mauvais ; voulez-vous mon bras, madame ?

— Ce n'est pas de refus, ma chère demoiselle... car vous êtes leste et ingambe, et moi je suis vieille.

— Appuyez-vous bien sur moi, madame ; n'ayez pas peur de me fatiguer...

— Merci, ma chère demoiselle, votre aide n'est pas de trop, cette descente est si rapide !... Enfin nous voici dans une belle route.

— Ah ! madame, il est donc vrai, je vais revoir madame Georges ?... je ne puis le croire.

— Encore un peu de patience... dans un quart d'heure... vous la verrez, et vous le croirez alors !

— Ce que je ne puis pas comprendre, — ajouta Fleur-de-Marie après un moment de réflexion, — c'est que madame Georges m'attende là au lieu de m'attendre à la ferme.

— Toujours curieuse, cette chère demoiselle, toujours curieuse !...

— Comme je suis indiscrète, n'est-ce pas, madame ? — dit Fleur-de-Marie en souriant.

— Aussi, pour vous punir, j'ai bien envie de vous apprendre la surprise que vos amis vous ménagent.

— Une surprise, à moi, madame ?

— Tenez, laissez-moi tranquille, petite espiègle, vous me feriez encore parler malgré moi.

Nous laisserons madame Séraphin et sa victime dans le chemin qui conduit à la rivière. Nous les précéderons toutes deux de quelques moments à l'île du Ravageur.

CHAPITRE XVI

LE BATEAU

Pendant la nuit, l'aspect de l'île habitée par la famille Martial était sinistre ; mais, à la brillante clarté du soleil, rien de plus riant que ce séjour maudit. Bordée de saules et de peupliers, presque entièrement couverte d'une herbe épaisse, où serpentaient quelques allées de sable jaune, l'île renfermait un petit jardin potager et un assez grand nombre d'arbres à fruits. Au milieu de ce verger, on voyait la baraque à toit de chaume dans laquelle Martial voulait se retirer avec François et Amandine. De ce côté, l'île se terminait à sa pointe par une sorte d'estacade formée de gros pieux destinés à contenir l'éboulement des terres. Devant la maison, touchant presque au débarcadère, s'arrondissait une tonnelle de treillage vert, destinée à supporter pendant l'été les tiges grimpantes de la vigne vierge et du houblon, berceau de verdure sous lequel on disposait alors les tables des buveurs. A l'une des extrémités de la maison, peinte en blanc et recouverte de tuiles, un bûcher surmonté d'un grenier formait en retour une petite aile beaucoup plus basse que le corps de logis principal. Presque au-dessus de cette aile, on remarquait une fenêtre aux volets garnis de plaques de tôle, et extérieurement condamnés par deux barres de fer transversales, que de forts crampons fixaient au mur.

Trois bachots se balançaient, amarrés aux pilotis du débarcadère.

Accroupi au fond de l'un de ces bachots, Nicolas s'assurait du libre jeu de la soupape qu'il y avait adaptée.

Debout sur un banc situé au dehors de la tonnelle, Calebasse, la main placée au-dessus de ses yeux en manière d'abat-jour, regardait au loin dans la direction que madame Séraphin et Fleur-de-Marie devaient suivre pour se rendre à l'île.

— Personne ne paraît encore, ni vieille, ni jeune, — dit Calebasse en descendant de son banc et s'adressant à Nicolas. — Ce sera comme hier ! nous aurons attendu pour le roi de Prusse... Si ces femmes n'arrivent pas avant une demi-heure... il faudra partir ; le coup de Bras-Rouge vaut mieux ; il nous attend. La courtière doit venir à cinq heures chez lui, aux Champs-Élysées... Il faut que nous soyons arrivés avant elle. Ce matin la Chouette nous l'a répété.

— Tu as raison, — reprit Nicolas en quittant son bateau. — Que le tonnerre écrase cette vieille qui nous fait droguer pour rien !... La soupape va comme un charme... Des deux affaires, nous n'en aurons peut-être pas une...

— Du reste, Bras-Rouge et Barbillon ont besoin de nous... A eux deux ils ne peuvent rien.

— C'est vrai ; car, pendant qu'on fera le coup,

il faudra que Bras-Rouge reste en dehors de son cabaret pour être au guet, et Barbillon n'est pas assez fort pour entraîner à lui tout seul la courtière dans le caveau... elle regimbera, cette vieille.

— Est-ce que la Chouette ne nous disait pas, en riant, qu'elle y tenait le Maître d'école en *pension*... dans ce caveau?

— Pas dans celui-là... dans un autre qui est bien plus profond, et qui est inondé quand la rivière est haute.

— Doit-il marronner dans ce caveau, le Maître d'école!... Être-là dedans tout seul, et aveugle!

— Il y verrait clair qu'il n'y verrait pas autre chose : le caveau est noir comme four.

— C'est égal, quand il a fini de chanter, pour se distraire, toutes les romances qu'il sait, le temps doit lui paraître joliment long.

— La Chouette dit qu'il s'amuse à faire la chasse aux rats, et que ce caveau-là est très-giboyeux...

— Dis donc, Nicolas, à propos de particuliers qui doivent s'ennuyer et marronner, — reprit Calebasse avec un sourire féroce, en montrant du doigt la fenêtre garnie de plaques de tôle, — il y en a là un qui doit se manger le sang...

— Bah... il dort... Depuis ce matin il ne cogne plus... et son chien est muet...

— Peut-être qu'il l'a étranglé pour le manger... Depuis deux jours, ils doivent tous deux enrager la faim et la soif là dedans.

— Ça les regarde... Martial peut durer encore longtemps comme ça, si ça l'amuse... Quand il sera fini... on dira qu'il est mort de maladie : ça ne fera pas un pli.

— Tu crois?

— Bien sûr. En allant ce matin à Asnières, la mère a rencontré le père Férot, le pêcheur; comme il s'étonnait de ne pas avoir vu son ami Martial depuis deux jours, la mère lui a dit que Martial ne quittait pas son lit, tant il était malade, et qu'on désespérait de lui... Le père Férot a avalé ça doux comme miel... il le redira à d'autres... et quand la chose arrivera... elle paraîtra toute simple.

— Oui, mais il ne mourra pas encore tout de suite; c'est long de cette manière-là...

— Qu'est-ce que tu veux? il n'y avait pas moyen d'en venir à bout autrement. Cet enragé de Martial, quand il s'y met, est méchant en diable et fort comme un taureau; par là-dessus il se défiait; nous n'aurions pas pu l'approcher sans danger; tandis que, sa porte une fois bien enclouée en dehors, qu'est-ce qu'il pouvait faire? Sa fenêtre était grillée.

— Tiens!... il pouvait desceller les barreaux... en creusant le plâtre avec son couteau, ce qu'il aurait fait si, montée à l'échelle, je ne lui avais pas déchiqueté les mains à coup de hachette toutes les fois qu'il voulait commencer son ouvrage.

— Quelle faction! dit le brigand en ricanant; — c'est toi qui as dû t'amuser!

— Il fallait bien te donner le temps d'arriver avec la tôle que tu avais été chercher chez le père Micou.

— Devait-il écumer... cher frère!

— Il grinçait des dents comme un possédé; deux ou trois fois il a voulu me repousser à travers les barreaux à grands coups de bâton; mais alors, n'ayant plus qu'une main de libre, il ne pouvait pas travailler et desceller la grille... C'est ce qu'il fallait.

— Heureusement qu'il n'y a pas de cheminée dans sa chambre!

— Et que la porte est solide et qu'il a les mains abîmées! Sans ça, il serait capable de trouer le plancher...

— Et les poutres, il passerait donc au travers? Non, non, va, il n'y a pas de danger qu'il s'échappe; les volets sont garnis de tôle et assurés par deux barres de fer; la porte... clouée en dehors avec des clous à bateau de trois pouces... Sa bière est plus solide que si elle était en chêne et en plomb.

— Dis donc? et quand, en sortant de prison, la Louve viendra ici pour chercher son homme... comme elle l'appelle?...

— Eh bien! on lui dira : Cherche...

— A propos, sais-tu que si ma mère n'avait pas enfermé ces gueux d'enfants, ils auraient été capables de ronger la porte comme des rats pour délivrer Martial? Ce petit gredin de François est un vrai démon depuis qu'il se doute que nous avons emballé le grand frère.

— Ah çà! mais est-ce qu'on va les laisser dans la chambre d'en haut pendant que nous allons quitter l'île? Leur fenêtre n'est pas grillée; ils n'ont qu'à descendre en dehors...

A ce moment, des cris et des sanglots, partant de la maison, attirèrent l'attention de Calebasse et de Nicolas. Ils virent la porte du rez-de-chaussée, jusqu'alors ouverte, se fermer violemment; une minute après, la figure pâle et sinistre de la mère Martial apparut à travers les barreaux de la fenêtre de la cuisine. De son long bras décharné, la veuve du supplicié fit signe à ses enfants de venir à elle.

— Allons, il y a du grabuge; je parie que c'est encore François qui se rebiffe, — dit Nicolas. — Gredin de Martial! sans lui, ce gamin-là aurait été tout seul... Veille toujours bien, et si tu vois venir les deux femelles, appelle-moi.

Pendant que Calebasse, remontée sur son banc, épiait au loin la venue de madame Séraphin et de la Goualeuse, Nicolas entra dans la maison. La petite Amandine, agenouillée au milieu de la cuisine, sanglotait et demandait grâce pour son frère François. Irrité, menaçant, celui-ci, acculé dans un des angles de cette pièce, brandissait la hachette de Nicolas, et semblait décidé à apporter cette fois une résistance désespérée aux volontés de sa mère. Toujours impassible, toujours silencieuse, montrant à Nicolas l'entrée du caveau qui s'ouvrait dans la cuisine et dont la porte était entre-bâillée, la veuve fit signe à son fils d'y enfermer François.

(La suite au prochain numéro.)

COMMENT ON AIME

ANSELME ET MARCELLIN

(SUITE)

C'était une petite pièce située à l'étage inférieur, et détachée d'un appartement habité par les propriétaires, M. Morand et sa femme, vieilles gens dont le voisinage serait pour Gilberte une sorte de protection et de sauvegarde contre la médisance, si la médisance osait s'attaquer à la noble enfant.

— Là, dit Marcellin un peu étourdiment, vous vivrez à votre guise, Gilberte. Rien ne vous manquera. Anselme et moi, nous vous ferons votre part dans la douce aisance qui nous est échue.

— Je ne refuse pas vos bontés, répondit Gilberte d'un ton simple et digne. Si je suis venue ici, c'est pour les accepter selon de vœu de ma mère. Mais, vous le comprenez, votre générosité à mon égard ne doit être que temporaire, seulement jusqu'à ce que je me sois mise à même de me suffire par le travail. Je compte donc sur vous pour m'aider à trouver une occupation. J'ai du courage, de la bonne volonté, et j'espère, Dieu aidant, gagner bientôt ma vie, comme il convient à celle que vous voulez bien honorer de votre amitié fraternelle.

— Oui, Gilberte, dit Anselme, votre désir est légitime; nous ferons nos efforts pour le satisfaire. Vous devez vous rendre indépendante même de notre sollicitude, qui ne veillera sur vous qu'autant que vous le permettrez.

— Tu as raison, mon ami, reprit Marcellin; un élan de mon cœur me faisait dépasser le cercle de nos devoirs, cercle d'ailleurs si bien tracé par ces mots significatifs de la lettre : « A Paris, il y a de braves gens sans doute, et on trouve du travail sans... »

Il n'acheva pas. Une réserve instinctive l'empêcha de prononcer le dernier mot devant Gilberte. Il y a d'exquises pudeurs dans l'âme d'un honnête homme.

— Ainsi, Gilberte, reprit-il vivement, nous allons faire en sorte que vous vous passiez bien vite de nous. Soyez tranquille, nous agirons à contre-cœur, mais en conscience.

— Je n'en doute pas, mes chers bienfaiteurs, dit la jeune fille avec un sourire angélique. Mais n'allez pas croire, reprit-elle, que j'aie hâte de me soustraire à la reconnaissance que vous m'inspirez, à la soumission que je vous dois. Oh! non! ma reconnaissance sera éternelle, et je vous obéirai comme à ma mère.

Quelques minutes plus tard, Anselme et Marcellin se mirent en devoir d'aller louer la chambre de Michel Aubry. En descendant à l'étage inférieur, Marcellin se frappa le front et dit :

— J'ai une idée.

— Voyons l'idée.

— Notre propriétaire est un ancien commerçant; il a conservé sans doute quelques relations dans les affaires : prions-le de s'intéresser à Gilberte et de la placer dans une maison de commerce. Hein! que dis-tu de cela?

— Approuvé!

Introduits auprès de M. et de madame Morand, ils leur dirent ce qui leur arrivait; ils leur montrèrent la lettre de la mère Valin; ils sollicitèrent en faveur de l'orpheline toute la bienveillance des deux vieillards. Ceux-ci n'avaient point le cœur glacé par l'âge; ils furent émus, ils promirent de s'employer pour trouver à Gilberte une occupation, ils exprimèrent le désir de la voir; sa vue acheva de les bien disposer.

— Ces messieurs sont désormais vos tuteurs officieux, lui dit M. Morand avec une bonne grâce qui sied à merveille aux vieilles gens; quoique un peu jeunes, ils sont dignes de cette mission. Cependant, si vous le permettez, mademoiselle, ma femme et moi nous vous servirons de subrogés-tuteurs.

La réponse de Gilberte fut gracieuse et touchante. Madame Morand l'embrassa en lui disant:

— Vous n'aurez qu'un pas à faire pour nous rendre visite. Venez souvent.

La digne femme alla elle-même installer Gilberte. Elle ne la quitta qu'après avoir ajouté quelques petits objets de luxe au mobilier de la chambrette que la jeune fille allait occuper.

— A quoi penses-tu? demanda Anselme à Marcellin, quand ils furent remontés chez eux. Tu as l'air tout songeur.

— Je pense que j'aurais un certain plaisir à tordre le cou au misérable qui s'est conduit si odieusement avec Gilberte.

— Au fait, j'aimerais assez cela, moi aussi. Qui sait? l'occasion s'en présentera peut-être. Espérons-le.

V

Une semaine s'était écoulée. M. et madame Morand firent un jour appeler Gilberte, et lui annoncèrent qu'ils lui avaient trouvé une place dans un grand établissement de confection de lingerie.

— Comme vous n'avez pas l'habitude de ce genre de travail, mon enfant, votre salaire sera d'abord minime; mais grâce à vos bonnes dispositions, au zèle dont vous ferez preuve, vous ne tarderez pas sans doute à être mieux rétribuée. Faut-il prévenir qu'on peut compter sur vous?

— Je vous en prie, répondit vivement Gilberte. J'ai une si grande envie de sortir de mon inaction que je travaillerais pour rien si l'on m'imposait en commençant cette obligation.

— Dieu merci! l'on n'exige pas cela, dit madame Morand. J'ai pu apprécier depuis quelques jours l'habileté de votre aiguille, la promptitude de votre intelligence; j'en ai parlé comme je le devais, et j'ai bien vite obtenu pour vous ce que vous méritez, quant à présent. Toutefois, je ne vous le cache pas, la besogne de chaque jour est longue et pénible pour le peu que l'on gagne. L'atelier s'ouvre de grand matin et se ferme très-tard. Réfléchissez à cela, ma chère enfant.

— Mes réflexions sont toutes faites, bonne dame. J'entrerai dans cet établissement. J'ose espérer que mes forces ne trahiront pas mon courage et qu'on sera content de moi.

— Vous êtes une brave fille, et j'aime votre résolution, dit à son tour M. Morand. Vous avez raison de ne pas craindre la fatigue, de ne pas marchander le salaire. C'est la vraie manière de se faire estimer et d'obtenir de l'avancement et de l'augmentation. Comptez d'ailleurs sur nous; nous vous trouverons bientôt, je l'espère, une occupation moins rigoureuse et plus lucrative.

— En attendant, permettez-moi de me réjouir de celle que vous me procurez, repartit Gilberte en embrassant M. et madame Morand. De ma vie, je n'ai ressenti une plus grande satisfaction.

De retour de l'École de droit, Anselme et Marcellin apprirent la nouvelle. Ils furent loin de témoigner un plaisir égal à celui que manifestait leur sœur de lait. Ils représentèrent qu'un travail assidu de près de seize heures consécutives altérerait la santé de Gilberte. Ils se récrièrent également sur la modicité de la rétribution. Mais Gilberte répondit à ces objections par l'assurance qu'elle avait déjà supporté, sans en avoir jamais souffert, d'aussi opiniâtres labeurs, par la remarque que, commençant en quelque sorte un apprentissage, elle était plus favorisée que beaucoup de jeunes ouvrières inexpérimentées, auxquelles on demandait souvent, en pareil cas, un sacrifice de temps et d'argent.

— Vous voyez bien, mes chers tuteurs, ajouta-t-elle en souriant, que je dois saisir avec empressement l'avantage qui m'est offert, et que vous ne pouvez me refuser votre autorisation.

Anselme et Marcellin ne semblaient pas convaincus; ils n'osèrent néanmoins s'opposer au désir manifeste de Gilberte. On la présenta le lendemain dans l'établissement de confection, où elle fut agréée et employée immédiatement.

Chaque jour elle se levait avant le soleil, mettait tout en bon ordre et en grande propreté dans sa chambrette ; puis elle partait pour se rendre à l'atelier, où le plus souvent elle arrivait la première. Tandis qu'elle s'éloignait de sa demeure d'un pas vif et léger comme l'allure d'un oiseau, une fenêtre s'ouvrait sans bruit au quatrième étage ; Anselme et Marcellin s'y penchaient et suivaient la jeune fille d'un regard plein de tendresse et de sollicitude, jusqu'à ce qu'elle eût disparu au loin dans l'entre-croisement d'un carrefour. Le soir, elle n'était jamais rentrée avant dix heures sonnées. En montant l'escalier, il était rare qu'elle ne rencontrât pas les deux étudiants ; ils s'informaient avec un vif intérêt de sa santé, et lui souhaitaient une bonne nuit en lui serrant la main. Souvent M. et madame Morand, qui les avaient pris tous trois en estime et en affection, les invitaient à entrer chez eux. Une heure se passait alors à causer, à jouer aux cartes, à projeter parfois quelque belle promenade pour le dimanche suivant. Le dimanche, en effet, devint un jour de réunion pour les Morand, Gilberte, Anselme et Marcellin. Ce jour-là, si le temps était beau, on allait à la campagne, on mangeait dans une guinguette, sous une tonnelle ; on se promenait à travers champs : Gilberte au bras de M. Morand, qui était encore fort ingambe malgré ses soixante-dix ans, madame Morand appuyée sur les deux jeunes gens, qui se faisaient un devoir d'assurer ses pas moins résolus que ceux de son mari. Lorsqu'il pleuvait, on passait la journée chez les bons voisins ; puis on affrontait bravement l'averse pour voir la pièce en vogue à l'Odéon, au théâtre Saint-Marcel ou au boulevard du Crime.

Les vieillards sont ordinairement bons et sympathiques à la jeunesse qui leur accorde des égards et semble aimer leur compagnie. Aussi l'intimité de M. et madame Morand, de Gilberte et des deux étudiants se resserrait-elle de jour en jour davantage. Grâce à cette intimité préservatrice, personne ne songeait à médire des relations établies entre Anselme, Marcellin et leur sœur de lait. Les vieux époux jouissaient d'une excellente réputation ; on les savait incapables d'accorder leur amitié ou leur protection à ce qui n'était point digne d'estime et de respect. Leur honorabilité servait de caution aux rapports des trois jeunes gens. Et d'ailleurs l'histoire de la jeune fille avait un peu transpiré ; cette histoire produisait un bon effet. Et puis la belle enfant avait une physionomie si franche, si honnête, si loyale, qu'on ne la regardait jamais sans se sentir prévenu en sa faveur. Son sourire avait un angélique rayonnement ; il reflétait la vertu.

Depuis quelques semaines, cependant, Anselme et Marcellin étaient devenus pensifs et soucieux. Quoiqu'ils missent toujours beaucoup d'assiduité et d'ardeur au travail, ils avaient de fréquentes et bizarres distractions. Alors, la tête plongée dans les deux mains, le regard immobile sur le livre posé devant eux, ils oubliaient l'étude commencée et se laissaient entraîner en de profondes rêveries. A quoi rêvaient-ils ainsi ? Malgré leur amitié si constante et si sérieusement éprouvée, ils ne cherchaient point à se le révéler. On eût dit même qu'ils se cachaient avec soin leurs mystérieuses mélancolies. Était-ce par un sentiment de défiance raisonnée, ou seulement par une réserve de pudeur invincible ? C'est ce qu'il eût été difficile de décider ; c'est ce dont ils ne se rendaient pas bien compte eux-mêmes. Quoi qu'il en soit, eux qui n'avaient jamais eu de secret l'un pour l'autre, qui avaient toujours vécu l'âme ouverte à leurs investigations réciproques, ils se fermaient un repli de leurs cœurs, ils se retranchaient une pensée, un rêve, un sentiment. Chez les Morand, à la promenade, au théâtre, on commençait à remarquer qu'ils n'avaient plus leur bonne humeur habituelle. Gilberte leur en adressait-elle l'observation, ils rougissaient comme des enfants, ils balbutiaient une excuse ridicule ou inintelligible, ils affectaient bien vite une gaieté pleine d'exagération. Un soir qu'ils étaient l'un et l'autre inattentifs au jeu, et qu'ils posaient tout de travers du cœur sur du trèfle, du carreau sur du pique, M. Morand leur dit avec impatience, mais sans malice :

— Parbleu ! je voudrais bien savoir quel diablotin vous dérange ainsi l'esprit. Serait-ce par hasard l'amour, mes maîtres ? Chassez-moi vite ce gaillard-là ! il ne fait commettre que des bévues.

Anselme et Marcellin voulurent sourire, leurs lèvres ne firent que se contracter. Ils observèrent un peu mieux leur jeu, sans parvenir toutefois à exorciser complétement le démon intérieur qui les maîtrisait. Cette disposition morale jetait naturellement une certaine froideur dans l'intimité des rapports d'Anselme et de Marcellin. Plus d'une fois même ils s'adressèrent la parole avec une sorte d'aigreur. Mais, hâtons-nous de le dire, ils regrettaient presque aussitôt ces délits contre l'amitié, et ils s'efforçaient d'en effacer la mauvaise impression. Malheureusement l'habitude était prise des procédés acrimonieux; ils ne tardaient pas à se rendre coupables de récidive. Un incident amena bientôt une assez grave querelle. Voici dans quelles circonstances :

Gilberte, un soir, rentra précipitamment. Elle était pâle, tremblante, suffoquée. Anselme et Marcellin, qui descendaient à sa rencontre l'escalier, furent frappés de la violence de son émotion. Ils lui en demandèrent la cause avec insistance. Elle était sur le point de la leur révéler, mais une réflexion soudaine l'en empêcha sans doute, car elle interrompit brusquement le récit qu'elle commençait, et se contenta de répondre que la nuit était très-noire, qu'elle avait eu peur de l'obscurité, et qu'elle s'était mise à courir de toutes ses forces, ce qui avait oppressé sa respiration. Cette explication ne satisfit point les deux jeunes gens. Ils n'émirent cependant aucun doute à cet égard; mais, retirés dans leur appartement, ils décidèrent qu'ils veilleraient désormais sur Gilberte et la protégeraient secrètement à l'heure où elle quittait l'atelier. Ils supposaient, en effet, qu'un insolent avait abordé la jeune fille et l'avait insultée.

Le lendemain, comme Gilberte, sa longue journée de travail terminée, regagnait la rue paisible et solitaire où elle habitait, deux ombres la suivaient à peu de distance en longeant les maisons. A un cri de frayeur qu'elle poussa, ces ombres s'élancèrent vers elle; elles tombèrent à l'improviste sur un homme qui s'était emparé de son bras. Dégagée par ce secours imprévu, elle s'enfuit affolée, sans songer à remercier ceux qui la délivraient. Elle eût reconnu Anselme et Marcellin.

— Misérable! disait ce dernier d'une voix sourde et furieuse, en tordant la cravate de l'inconnu, j'ai grande envie de vous étrangler.

— Ma foi! ce serait une juste punition de son action impudente, observa Anselme en ricanant et en écrasant entre ses doigts les mains de l'insolent. Il faut que vous soyez bien effronté, reprit-il, pour accoster si hardiment une jeune fille qui suit son chemin d'un pas rapide, d'un air honnête et réservé.

— Je la connais, répondit l'étranger d'une voix altérée. Elle est de mon pays, elle a travaillé dans ma fabrique.

Anselme et Marcelin firent entendre une exclamation où la surprise, la joie, la colère se confondirent dans un étrange accord.

— Ah! mille tonnerres! reprit bientôt le plus jeune; ah! c'est vous qui êtes le fabricant du bourg natal de Gilberte! Ah! pardieu! le hasard peut se vanter d'être terriblement intelligent.

— Que signifie?... Vous me faites mal... J'étouffe...

— Cela signifie, répondit Anselme, que vous êtes un méchant homme, un lâche suborneur, dont nous mourions d'envie de faire la connaissance, que le hasard nous sert à souhait et que nous l'en remercions.

— Avez-vous donc l'intention de me tuer? Si vous êtes d'honnêtes gens, lâchez-moi; je vous rendrai raison, je me battrai.

— A la bonne heure, dit Marcellin abandonnant tout à coup la cravate à laquelle sa main se crispait; voilà comme il faut parler. Vous vous battrez donc demain avec l'un de nous.

— Soit, répondit le fabricant d'un ton assez ferme; j'ai été soldat, je ne refuse jamais une affaire d'honneur.

— Tant mieux! dit Anselme. D'ailleurs, si vous cherchiez à vous y soustraire, nous vous relancerions jusqu'au fond de votre fabrique. Tenez-vous pour bien averti.

— Soyez tranquilles, messieurs, je suis exact en tout, surtout quand il s'agit de venger une injure.

On échangea les noms, on convint immédiatement du lieu, de l'heure, de l'arme du combat et on se sépara.

Gilberte attendait les jeunes gens chez les Morand, à qui elle venait de raconter ce qui lui était arrivé. Elle ne mit aucune restriction à son récit, elle dit que c'était la seconde fois qu'elle était brutalement accostée par le même homme, elle avoua qu'elle avait reconnu en lui son ancien patron.

— Je n'ai rien dit hier, ajouta-t-elle, parce que j'espérais que mon accueil l'avait assez blessé pour qu'il n'eût plus l'envie de se replacer sur mon chemin. Je me trompais, et je compte prier Anselme et Marcellin de m'accompagner pendant quelques jours à ma sortie de l'atelier.

(*La suite au prochain numéro.*)

Le propriétaire-gérant : F. ROY.

LES MYSTÈRES DE PARIS

— Martial ! !! — s'écria la Louve en saisissant le père Férot au collet ; — mon homme est malade ? (Page 674.)

— On ne m'enfermera pas là-dedans ! s'écria l'enfant déterminé, dont les yeux brillaient comme ceux d'un jeune chat sauvage. — Vous voulez nous y laisser mourir de faim avec Amandine, comme notre frère Martial !

— Maman... pour l'amour de Dieu ! laisse-nous en haut dans notre chambre, comme hier, — demanda la petite fille d'un ton suppliant, en joignant les mains... — Dans le caveau noir, nous aurons trop peur...

La veuve regarda Nicolas d'un air impatient, comme pour lui reprocher de n'avoir pas encore exécuté ses ordres, puis, d'un nouveau geste impérieux, lui désigna François.

Voyant son frère s'avancer vers lui, le jeune garçon brandit sa hachette d'un air désespéré et s'écria :

— Si on veut m'enfermer là, que ce soit ma mère, mon frère ou Calebasse, tant pis!... je frappe, et la hache coupe.

Ainsi que la veuve, Nicolas sentait l'imminente nécessité d'empêcher les deux enfants d'aller au secours de Martial pendant que la maison resterait seule, et aussi de leur dérober la connaissance des scènes qui allaient se passer, car de leur fenêtre on découvrait la rivière, où l'on voulait noyer Fleur-de-Marie. Mais Nicolas, aussi féroce que lâche, et se souciant peu de recevoir un coup de la dangereuse hachette dont son jeune frère était armé, hésitait à s'approcher de lui. La veuve, courroucée de l'hésitation de son fils aîné, le poussa rudement par l'épaule au-devant de François. Mais Nicolas, reculant de nouveau, s'écria :

— Quand il m'aura blessé... qu'est-ce que je ferai, la mère? Vous savez bien que je vais avoir besoin de mes bras tout à l'heure; et je me ressens encore du coup que ce gueux de Martial m'a donné...

La veuve haussa les épaules avec mépris, et fit un pas vers François.

— N'approchez pas, ma mère! — s'écria François furieux, — ou vous allez me payer tous les coups que vous nous avez donnés à nous deux Amandine.

— Mon frère... laisse-toi plutôt renfermer... Oh! mon Dieu!... ne frappe pas notre mère! — s'écria Amandine épouvantée.

Tout à coup Nicolas vit sur une chaise une grande couverture de laine dont on s'était servi pour le *repassage;* il la saisit, la déploya à moitié, et la lança adroitement sur la tête de François, qui, malgré ses efforts, se trouvant engagé sous ses plis épais, ne put faire usage de son arme. Alors Nicolas se précipita sur lui, et, aidé de sa mère, il le porta dans le caveau.

Amandine était restée agenouillée au milieu de la cuisine; dès qu'elle vit le sort de son frère, elle se leva vivement, et, malgré sa terreur, alla d'elle-même le rejoindre dans le sombre réduit.

La porte fut fermée à double tour sur le frère et sur la sœur.

— C'est pourtant la faute de ce gueux de Martial si ces enfants sont maintenant comme des déchaînés après nous! — s'écria Nicolas.

— On n'entend plus rien dans sa chambre depuis ce matin, — dit la veuve d'un air pensif, et elle tressaillit; — plus rien...

— C'est ce qui prouve, la mère, que tu as bien fait de dire tantôt au père Férot, le pêcheur d'Asnières, que Martial était depuis deux jours dans son lit, malade à crever... Comme ça, quand tout sera dit, on ne s'étonnera de rien...

Après un moment de silence, et comme si elle eût voulu échapper à une pensée pénible, la veuve reprit brusquement :

— La Chouette est venue ici pendant que j'étais à Asnières?

— Oui, la mère.

— Pourquoi n'est-elle pas restée pour nous accompagner chez Bras-Rouge? Je me défie d'elle.

— Bah!... vous vous défiez de tout le monde, la mère... aujourd'hui c'est de la Chouette, hier c'était de Bras-Rouge.

— Bras-Rouge est libre, mon fils est à Toulon... et ils avaient commis le même vol.

— Quand vous répéterez toujours cela... Bras-Rouge a échappé parce qu'il est fin comme l'ambre... voilà tout... La Chouette n'est pas restée ici parce qu'elle avait rendez-vous à deux heures, près l'Observatoire, avec le grand monsieur en deuil au compte de qui elle a enlevé cette jeune fille de campagne avec l'aide du Maître d'école et de Tortillard, même que c'était Barbillon qui menait le fiacre que ce grand monsieur en deuil avait loué pour cette affaire. Voyons, la mère, comment voulez-vous que la Chouette nous dénonce, puisqu'elle nous dit les coups qu'elle monte... et que nous ne lui disons pas les nôtres?... car elle ne sait rien de la noyade de tout à l'heure... Soyez tranquille, allez, la mère, les loups ne se mangent pas... la journée sera bonne; quand je pense que la courtière a souvent pour des vingt, des trente mille francs de diamants dans son sac, et qu'avant deux heures nous la tiendrons dans le caveau de Bras-Rouge!... Trente mille francs de diamants!... pensez donc!

— Et, pendant que nous tiendrons la courtière, Bras-Rouge restera en dehors de son cabaret? — dit la veuve d'un air soupçonneux.

— Et où voulez-vous qu'il soit? S'il vient quelqu'un chez lui, ne faut-il pas qu'il réponde et qu'il empêche d'approcher de l'endroit où nous ferons notre affaire?...

— Nicolas!... Nicolas!... — cria tout à coup Calebasse au dehors, — voilà les deux femmes...

— Vite, vite, la mère, votre châle! je vais

vous conduire à terre, ça sera autant de fait, — dit Nicolas.

La veuve avait remplacé sa marmotte de deuil par un bonnet de tulle noir. Elle s'enveloppa dans un grand châle de tartan à carreaux gris et blancs, ferma la porte de la cuisine, plaça la clef derrière un des volets du rez-de-chaussée et suivit son fils à l'embarcadère. Presque malgré elle, avant de quitter l'île, elle jeta un long regard sur la fenêtre de Martial, fronça les sourcils, pinça ses lèvres; puis, après un brusque et nouveau tressaillement, elle murmura tout bas :

— C'est sa faute... c'est sa faute...

— Nicolas... les vois-tu... là-bas... le long de la butte? Il y a une paysanne et une bourgeoise, — s'écria Calebasse en montrant, de l'autre côté de la rivière, madame Séraphin et Fleur-de-Marie qui descendaient un petit sentier contournant un escarpement assez élevé d'où l'on dominait un four à plâtre.

— Attendons le signal, n'allons pas faire de mauvaise besogne, — dit Nicolas.

— Tu es donc aveugle! Est-ce que tu ne reconnais pas la grosse femme qui est venue avant-hier?... Vois donc son châle orange. Et la petite paysanne, comme elle se dépêche!... Elle est encore bonne enfant, celle-là... on voit bien qu'elle ne sait pas ce qui l'attend.

— Oui, je reconnais la grosse femme. Allons, ça chauffe... ça chauffe. Ah çà! convenons bien du coup, Calebasse, — dit Nicolas. — Je prendrai la vieille et la jeune dans le bachot à soupape... tu me suivras dans l'autre bout à bout... et attention à ramer juste, pour que d'un saut je puisse me lancer dans ton bateau dès que j'aurai fait jouer la trappe et que le mien enfoncera.

— N'aie pas peur; ce n'est pas la première fois que je rame, n'est-ce pas?

— Je n'ai pas peur de me noyer... tu sais comme je nage... Mais si je ne sautais pas à temps dans l'autre bachot...les femelles, en se débattant contre la noyade, pourraient s'accrocher à moi... et merci... je n'ai pas envie de faire une *pleine eau* avec elles.

— La vieille fait signe avec son mouchoir, — dit Calebasse; — les voilà sur la grève.

— Allons, allons, embarquez, la mère, — dit Nicolas en démarrant; — venez dans le bachot à soupape... Comme ça les deux femmes ne se défieront de rien... Et toi, Calebasse, saute dans l'autre, et des bras... ma fille... Rame dur... Ah! tiens, prends mon croc, mets-le à côté de toi; il est pointu comme une lance... ça pourra servir, et en route! — dit le bandit en plaçant dans le bateau de Calebasse un long croc armé d'un fer aigu.

En peu d'instants, les deux bachots, conduits l'un par Nicolas, l'autre par Calebasse, abordèrent sur la grève, où madame Séraphin et Fleur-de-Marie attendaient depuis quelques minutes. Pendant que Nicolas attachait son bateau à un pieu placé sur le rivage, madame Séraphin s'approcha et lui dit tout bas et très-rapidement :

— Dites que madame Georges nous attend.

Puis la femme de charge reprit à haute voix :

— Nous sommes en retard, mon garçon?

— Oui, ma brave dame, madame Georges vous a déjà demandées plusieurs fois.

— Vous voyez, ma chère demoiselle, madame Georges nous attend, — dit madame Séraphin en se retournant vers Fleur-de-Marie qui, malgré sa confiance, avait senti son cœur se serrer à l'aspect des sinistres figures de la veuve, de Calebasse et de Nicolas... Mais le nom de madame Georges la rassura, et elle répondit :

— Je suis aussi bien impatiente de voir madame Georges; heureusement le trajet n'est pas long...

— Va-t-elle être contente, cette chère dame! — dit madame Séraphin.

Puis s'adressant à Nicolas :

— Voyons, mon garçon, approchez encore un peu plus votre bateau, que nous puissions monter.

Et elle ajouta tout bas :

— Il faut absolument noyer la petite; si elle revient sur l'eau, replongez-la...

— C'est dit; et vous, n'ayez pas peur; quand je vous ferai signe, donnez-moi la main... Elle enfoncera toute seule... tout est préparé... vous n'avez rien à craindre, — répondit tout bas Nicolas.

Puis, avec une impassibilité féroce, sans être touché de la beauté et de la jeunesse de Fleur-de-Marie, il lui tendit son bras.

La jeune fille s'y appuya légèrement et entra dans le bateau.

— A vous, ma brave dame, — dit Nicolas à madame Séraphin.

Et il lui offrit la main à son tour.

Fut-ce pressentiment, défiance ou seulement crainte de ne pas sauter assez lestement de l'embarcation dans laquelle se trouvaient Nicolas et la Goualeuse lorsqu'elle coulerait à fond, la femme de charge de Jacques Ferrand dit à Nicolas en se reculant :

— Au fait... moi, j'irai dans le bateau de mademoiselle.

Et elle se plaça près de Calebasse.

— A la bonne heure, — dit Nicolas en échangeant un coup d'œil expressif avec sa sœur.

Et du bout de sa rame il donna une vigoureuse impulsion à son bachot. Sa sœur l'imita lorsque madame Séraphin fut à côté d'elle.

Debout, immobile sur le rivage, indifférente à cette scène, la veuve, pensive et absorbée, attachait obstinément son regard sur la fenêtre de Martial, que l'on distinguait de la grève à travers les peupliers. Pendant ce temps, les deux bachots, dont le premier portait Fleur-de-Marie et Nicolas, l'autre madame Séraphin et Calebasse, s'éloignèrent lentement du bord.

CHAPITRE XVII

BONHEUR DE SE REVOIR

Avant d'apprendre au lecteur le dénouement du drame qui se passait dans le bateau à soupape de Nicolas, nous reviendrons sur nos pas.

Peu de moments après que Fleur-de-Marie eut quitté Saint-Lazare avec madame Séraphin, la Louve était aussi sortie de prison. Grâce aux recommandations de madame Armand et du directeur, qui voulaient la récompenser de sa bonne action envers Mont-Saint-Jean, on avait gracié la maîtresse de Martial de quelques jours de captivité qui lui restaient à subir. Un changement complet s'était d'ailleurs opéré dans l'esprit de cette créature jusqu'alors corrompue, avilie, indomptée. Ayant sans cesse présent à la pensée le tableau de la vie paisible, rude et solitaire évoquée par Fleur-de-Marie, la Louve avait pris en horreur sa vie passée. Se retirer au fond des forêts avec Martial... tel était alors son but unique, son idée fixe, contre laquelle tous ses anciens et mauvais instincts s'étaient en vain révoltés pendant que, séparée de la Goualeuse dont elle avait voulu fuir l'influence croissante, cette femme étrange s'était retirée dans un autre quartier de Saint-Lazare. Pour opérer cette rapide et sincère conversion, encore assurée, consolidée par la lutte impuissante des habitudes perverses de sa compagne, Fleur-de-Marie, suivant l'impulsion de son naïf bon sens, avait ainsi raisonné : — La Louve, créature violente et résolue, aime passionnément Martial; elle doit donc accueillir avec joie la possibilité de sortir de l'ignominieuse vie dont elle a honte pour la première fois, et de se consacrer tout entière à cet homme rude et sauvage dont elle réfléchit tous les penchants, à cet homme qui recherche la solitude autant par goût qu'afin d'échapper à la réprobation dont sa détestable famille est poursuivie.

Aidée de ces seuls éléments puisés dans son entretien avec la Louve, Fleur-de-Marie, en donnant une louable direction à l'amour farouche et au caractère hardi de cette créature, avait donc changé une fille perdue en honnête femme ; car ne rêver qu'à épouser Martial pour se retirer avec lui au milieu des bois et y vivre de travail et de privations, n'est-ce pas absolument le vœu d'une honnête femme?

Confiante dans l'appui que Fleur-de-Marie lui avait promis au nom d'un bienfaiteur inconnu, la Louve venait donc faire cette louable proposition à son amant, non sans la crainte amère d'un refus, car la Goualeuse, en l'amenant à rougir du passé, lui avait aussi donné la conscience de sa position envers Martial. Une fois libre, la Louve ne songea qu'à revoir son *homme*, comme elle disait. Elle n'avait pas de nouvelles de lui depuis plusieurs jours. Dans l'espoir de le rencontrer à l'île du Ravageur, et décidée à l'y attendre s'il ne s'y trouvait pas, elle monta dans un cabriolet de régie qu'elle paya largement, et se fit rapidement conduire au pont d'Asnières, qu'elle traversa environ un quart d'heure avant que madame Séraphin et Fleur-de-Marie, venant à pied depuis la barrière, fussent arrivées sur la grève près du four à plâtre. Lorsque Martial ne venait pas prendre la Louve dans son bateau pour la mener dans l'île, elle s'adressait à un vieux pêcheur nommé le père Férot, qui habitait près du pont. A quatre heures de l'après-midi, un cabriolet s'arrêta donc à l'entrée d'une petite rue du village d'Asnières. La Louve donna cent sous au cocher, d'un bond fut à terre, et se rendit en hâte à la demeure du père Férot le batelier. La Louve, ayant quitté ses habits de prison, portait une robe de mérinos vert foncé, un châle rouge à palmes façon cachemire, et un bonnet de tulle garni de rubans ; ses cheveux épais, crépus, étaient à peine lissés. Dans son ardeur impatiente de revoir Martial, elle s'était habillée avec plus de hâte que de soin. Après une si longue séparation, toute autre créature eût sans doute pris le temps de se *faire belle* pour cette première entrevue ; mais la Louve se souciait peu de ces délicatesses et de ces lenteurs. Avant tout, elle voulait voir son *homme* le plus tôt possible, désir impétueux, non-seulement causé par un de ces amours passionnés qui exaltent quelquefois ces créatures jusqu'à la frénésie, mais encore par le besoin de confier à Martial la résolution salutaire qu'elle avait puisée dans son entretien avec Fleur-de-Marie.

(*La suite au prochain numéro.*)

— L'un de vous s'est donc battu avec lui ? s'écria Gilberte. (Page 671.)

COMMENT ON AIME (suite).

— J'ai l'idée, dit madame Morand, que ceux qui sont venus si à propos à votre secours ne sont autres qu'eux-mêmes.

— Ma foi ! réfléchit le bonhomme Morand, cela n'est pas improbable. Ils sont absents en ce moment, et ce n'est guère dans leurs habitudes.

— Au fait, dit Gilberte, le trouble qu'exprimait hier ma physionomie leur a peut-être donné de l'inquiétude ; ils seront allés ce soir à ma rencontre. J'étais si émue, si effrayée, que je ne les aurai pas reconnus.

Anselme et Marcellin entraient. Ils confirmèrent cette supposition. Ils ajoutèrent qu'ils avaient fait une telle algarade à l'impudent coquin par lequel Gilberte avait été assaillie que vraisemblablement il ne recommencerait plus son impertinente équipée. Il fut convenu, néanmoins, que les jeunes gens iraient pendant quelque temps, le soir, au-devant de leur sœur de lait. Par un instinct de prudence, les Morand et Gilberte ne dirent pas quel était le nocturne et grossier Lovelace ; ils craignirent qu'Anselme et Marcellin, dans une recrudescence d'indignation, ne cherchassent à le rencontrer de nouveau pour le provoquer. Ceux-ci, de leur côté, ne furent pas moins réservés, afin que Gilberte et les Morand ne conçussent point le soupçon que l'un d'eux se battait en duel le lendemain.

A la pointe de l'aube, ils se levèrent ; ils préparèrent les armes. La rencontre devait avoir lieu au pistolet. Enveloppés de leur manteau, ils se disposaient à partir, quand tout à coup ils s'arrêtèrent en face l'un de l'autre et se regardèrent soucieusement.

— Il est convenu que l'un de nous seulement se battra, dit Marcellin. Deux adversaires contre un, en effet, ce serait chose inadmissible, ridicule, dans la même affaire.

— C'est entendu, mon cher. Je suis l'aîné, il est juste que tu me reconnaisses le droit d'échanger une balle avec cet homme.

— Non pas, non pas ! répliqua Marcellin impatienté ; c'est moi qui l'ai le plus vivement provoqué, c'est à moi de faire le coup de feu contre lui.

— Je ne le souffrirai point ; mon amitié d'ailleurs...

— Il s'agit bien de ton amitié ! Eh pardieu ! tu me l'as suffisamment prouvée. Je n'en demande pas davantage. Il s'agit de venger Gilberte outragée, et je réclame ce privilége !

— Eh ! pourquoi ? demanda cette fois Anselme avec humeur ; pourquoi serais-tu le privilégié ? J'ai autant de raisons que toi, je suppose, pour protéger et défendre la fille de Thérèse Valin.

— C'est possible... mais j'entends que cette fois ce droit me soit exclusivement cédé.

— Et si je refuse ?...

— Anselme !

— Je refuse.

— Prends garde !...

— A quoi ?

Ils s'avancèrent l'un sur l'autre, le regard irrité, la lèvre frémissante, les doigts crispés. Pendant une minute, ils s'envisagèrent en silence et violemment, comme si une sourde colère fût sur le point de faire explosion. Mais tout à coup leurs yeux se mouillèrent, leur bouche se calma, leurs mains se détendirent ; ils demeurèrent ébahis, puis ils haussèrent les épaules en souriant.

— Ah çà ! sommes-nous devenus fous ? s'écria Marcellin.

— J'en ai peur, répondit Anselme en hochant la tête. Ami, reprit-il, voici notre première querelle.

— Il faut que ce soit la dernière, Anselme. Terminons-la vite en tirant au sort à qui se battra.

Le sort désigna Anselme ; son ami lui serra la main avec une cordialité un peu contrainte, et tous deux se rendirent sur le terrain.

VI

Lorsque Gilberte arriva de bon matin à l'atelier, celle qui dirigeait les travaux lui remit entre les mains une petite somme d'argent et lui dit qu'elle était chargée de lui signifier qu'elle ne faisait plus partie des ouvrières de l'établissement. Gilberte resta quelques minutes interdite et comme pétrifiée. Sa stupeur étant un peu dissipée, elle demanda la cause de son renvoi.

La jeune fille qu'elle interrogeait, et qui était toute contristée de sa mission, lui répondit qu'on n'avait qu'à se louer de son travail, de son intelligence, de son zèle, mais qu'elle avait sans doute un ennemi tout-puissant qui lui avait nui.

— Un ennemi ? Que voulez-vous dire ? Je n'ai fait de mal à personne : je ne puis avoir un ennemi.

— Qui donc n'en a pas au moins un ? Écoutez-moi : cet établissement n'est pas très-prospère, il a des créanciers. Le principal d'entre eux est depuis quelques jours à Paris. C'est un fabricant du département de l'Eure, près des Andelys. Je me souviens qu'avant-hier il a passé devant l'atelier ; la porte était ouverte, il a regardé, puis il me semble qu'il a prononcé votre nom. Vous étiez si attentive à votre ouvrage que vous n'avez sans doute rien vu, rien entendu. Cela, au reste, m'a paru insignifiant, et je ne vous en ai point fait part ; mais maintenant...

— Maintenant je comprends, interrompit Gilberte en dévorant une larme. Cet homme aura demandé mon renvoi, et on n'aura pas osé le refuser au principal créancier.

— Mais qu'est-ce qui a donc pu vous attirer sa haine?

— Mon mépris, répondit Gilberte.

Un moment elle avait eu la pensée d'intercéder pour qu'on la gardât; mais, après ce qu'elle venait d'apprendre, la supplication eût été une lâcheté. Elle s'en alla, le cœur ulcéré, mais avec la conscience de n'avoir pas manqué au respect qu'elle se devait à elle-même.

M. et madame Morand furent les premiers instruits du renvoi de Gilberte. Ils voulurent tenter sur-le-champ une démarche pour obtenir sa réintégration : ils comprirent bien vite que celui qui persécutait leur protégée serait assez influent pour paralyser leurs efforts, et ils renoncèrent à leur résolution. Ils promirent de se mettre le jour même en quête d'une autre place.

— En attendant que nous la trouvions, ajoutèrent-ils, vous passerez avec nous tout le temps qu'il vous plaira. Plus vous nous tiendrez compagnie, plus nous serons contents, car nous vous aimons sincèrement. Ici du moins le méchant homme de votre pays n'aura pas le pouvoir de vous atteindre.

— Cela lui serait assez difficile de toutes manières, dit Marcellin qui entrait suivi d'Anselme.

— Que voulez-vous dire? demandèrent en même temps M. Morand, sa femme et Gilberte.

— Il est maintenant dans l'impuissance de mal faire, répondit Anselme.

— Comment cela? reprit la jeune fille stupéfaite. On voit bien, poursuivit-elle, que vous ignorez ce qui m'arrive à l'instant. Cet homme m'a fait renvoyer de l'établissement où je travaillais. Il en est le principal créancier.

— Ah! le misérable! exclamèrent à la fois Anselme et Marcellin. Et nous qui regrettions de le voir grièvement blessé!

— Blessé! L'un de vous s'est donc battu avec lui?

— Il nous a appris lui-même, hier, qui il était, répondit Anselme, et nous n'avons eu garde de laisser échapper une si belle occasion de le châtier.

— Comme nous ne pouvions nous battre deux contre un, ajouta Marcellin, nous avons tiré au sort; le sort a désigné Anselme, qui a logé une balle dans la poitrine de ce misérable, et le voilà au lit pour plus d'un mois! Mais, mille tonnerres! il paiera cher encore cette persécution, et j'espère bien que cette fois c'est moi qui lui en demanderai compte.

— Je te jure que je ne m'y opposerai point, répliqua Anselme avec une sombre animation, car je regrette de ne l'avoir pas tu...

Une main se posa sur ses lèvres et l'empêcha d'achever.

— Taisez-vous! murmura Gilberte d'une voix oppressée. Le malheureux est assez puni de tout le chagrin qu'il m'a causé. Hélas! vous ne m'avez déjà que trop vengée. Je vous remercie du plus profond de mon cœur, mes chers, mes courageux bienfaiteurs, d'une telle marque d'intérêt; mais, je vous supplie, n'en renouvelez pas le témoignage. Le sort des armes est toujours incertain; s'il arrivait qu'il se tournât impitoyablement contre l'un de vous, je ne me le pardonnerais pas. J'en mourrais peut-être!

En s'exprimant ainsi, elle les regardait alternativement, toute tremblante, les mains jointes, les yeux gonflés de larmes. Sa physionomie avait des reflets saisissants de tendresse et d'inquiétude, et il était aisé de voir que le partage de ses sentiments tout fraternels était égal entre les deux amis. M. et madame Morand se joignirent à la jeune fille pour apaiser l'irritation d'Anselme et de Marcellin. Ils parvinrent à les faire renoncer au nouveau projet de vengeance qu'ils méditaient. Gilberte obtint même qu'ils iraient prendre des nouvelles du blessé.

— Il n'est certainement pas digne de tant de sollicitude! disait Marcellin avec une dernière velléité de résistance.

— Vous êtes trop bonne, chère enfant, reprenait Anselme. Cet homme mérite votre haine ou votre oubli.

— Il souffre, répondit Gilberte d'un ton triste et charmant. Est-ce qu'on peut haïr ou même oublier ceux qui souffrent? Dieu veut qu'on soit bon même pour les méchants dans la douleur.

Ils ne firent plus aucune objection. Une sorte de douce extase s'était emparée d'eux. Ils contemplaient Gilberte avec un indéfinissable sentiment de mélancolie et d'admiration. Elle était, en effet, admirablement jolie en ce moment. Toute son âme s'était répandue sur ses traits et les illuminait d'un suave rayonnement. Cette recrudescence de grâce et de beauté apparaissait d'une manière si saisissante que M. et madame Morand en firent eux-mêmes la remarque.

— Ce que c'est qu'un bon cœur! ne put s'empêcher de dire la bonne vieille femme; ça rend une jeune fille jolie comme un ange.

— Le fait est, reprit M. Morand, que Gilberte

a l'air de nous tomber du ciel, tant elle est ravissante aujourd'hui. N'est-ce pas, messieurs?

Pour toute réponse, Anselme et Marcellin tressaillirent imperceptiblement ; leurs lèvres articulèrent un vague et inintelligible soupir, tandis que Gilberte, toute confuse, se jetait dans les bras de madame Morand.

Pendant un mois, M. Morand et sa femme firent de vaines démarches pour trouver une occupation qui convînt à Gilberte. De sérieux bruits de guerre commençaient à jeter l'alarme dans les affaires. Loin d'augmenter leur personnel, les établissements de toute nature le diminuaient. Le découragement s'emparait des vieux protecteurs de la jeune fille, et la pauvre enfant, attristée de son inaction, pâlissait et maigrissait à vue d'œil ; non qu'elle se désespérât, la noble créature, de devoir quelque chose à la loyale générosité de ses frères de lait : elle savait bien que l'âme de sa mère bénissait cette douce et pure charité-là ; mais elle souffrait de penser que la gravité des événements extérieurs pouvait prolonger cette situation et lui enlever pendant longtemps encore la ressource du travail.

Un soir qu'elle aidait madame Morand à raccommoder du linge et que les jeunes gens jouaient aux cartes avec M. Morand, ce dernier l'attira doucement près de lui, l'envisagea avec une sollicitude inquiète, et, touché de son air maladif, lui dit :

— Pauvre chère belle! cela vous afflige donc bien de chômer pendant quelques semaines? Allons, consolez-vous. Demain, ma femme et moi, nous nous remettrons en route, et nous irons visiter quelques vieilles connaissances auxquelles nous ne nous sommes point encore adressés, et qui, cependant, doivent avoir conservé des intérêts et des relations dans le commerce. J'ai bon espoir. Espérez.

— D'ailleurs, si nous ne réussissons pas, ajouta gaiement madame Morand, à vous faire entrer dans un atelier ou dans un magasin, chère petite, nous chercherons à vous caser autrement.

— Autrement! murmura Gilberte étonnée. Que voulez-vous dire, bonne dame?

— Je veux dire... je veux dire que nous vous marierons.

— Moi? reprit la jeune fille avec émotion.

— Oui, vous. Est-ce que vous n'avez pas l'âge voulu pour contracter mariage? Est-ce que vous n'êtes pas assez sage, assez laborieuse, assez avenante, pour qu'un brave garçon s'estime heureux de devenir votre mari? J'en trouverai dix pour un quand j'aurai mis ça dans ma tête, soyez-en sûre. A la vérité, ce ne sera ni un prince ni un banquier ; mais que diriez-vous d'un honnête employé à douze ou quinze cents francs? ou de quelque petit commerçant à l'aise dans ses affaires et bien vu dans son quartier?

— Vous oubliez, chère dame, répondit Gilberte en souriant, que je suis sans dot. Les gens dont vous me parlez ne se marient guère que pour augmenter leur bien-être. D'ailleurs, ce n'est pas dans un moment de crise, dont il est impossible de prévoir la fin, qu'un homme raisonnable songera à se marier, à prendre les charges d'une famille.

— Il y a du vrai, beaucoup de vrai dans ce que vient d'objecter cette chère enfant, représenta le bonhomme Morand. N'importe! l'idée de ma femme me plaît, et si ces messieurs, en leur qualité de tuteurs officieux, ne s'y opposent point, nous essaierons de trouver un bon parti pour leur pupille.

Anselme et Marcellin étaient atterrés. Les paroles de madame Morand et de son mari avaient éclaté comme des bombes au milieu d'eux ; ils avaient toutes les peines du monde à secouer leur saisissement ; les cartes étaient tombées de leurs mains, ils essuyaient convulsivement leur front, que d'imperceptibles gouttes de sueur commençaient à emperler. La violence de leur émotion ne fut cependant point remarquée de leurs hôtes, grâce à ce que M. Morand se mit à embrasser Gilberte, et à ce que madame Morand se baissa pour ramasser un peloton de fil qui disparaissait sous son fauteuil.

— Eh bien! reprit le bonhomme, vous ne me répondez point? Est-ce que, par hasard, vous ne goûteriez pas le projet de ma femme? Expliquez-vous.

Anselme et Marcellin avaient eu le temps de reprendre un peu d'aplomb et de présence d'esprit. Ils répondirent que leur vœu était de voir Gilberte unie à un homme capable d'assurer son bonheur.

— C'est vous dire, poursuivit soucieusement Marcellin, que nous craignons qu'elle ne tombe aux bras d'un époux qui ne sache pas l'apprécier et l'aimer comme elle le mérite.

(La suite au prochain numéro.)

Le propriétaire-gérant: F. ROY.

LES MYSTÈRES DE PARIS

— Courage, mon homme, voilà la Louve! s'écria-t-elle en ébranlant la porte. (Page 682.)

La Louve arriva bientôt à la maison du pêcheur.

Assis devant sa porte, le père Férot, vieillard à cheveux blancs, raccommodait ses filets.

Du plus loin qu'elle l'aperçut, la Louve s'écria :

— Votre bateau... père Férot... vite... vite!...

— Ah! c'est vous, mademoiselle; bien le bonjour... Il y a longtemps qu'on ne vous a vue par ici.

— Oui, mais votre bateau... vite... et à l'île!...

— Ah bien! c'est comme un sort, ma brave fille; impossible pour aujourd'hui.

— Comment?

— Mon garçon a pris mon bachot pour s'en aller à Saint-Ouen avec les autres jouter à la rame... Il ne reste pas un bateau sur toute la rive d'ici jusqu'à la gare...

— Mordieu! — s'écria la Louve en frappant du pied et en serrant les poings, — c'est fait pour moi!

— Vrai! foi de père Férot... je suis bien fâché de ne pas pouvoir vous conduire à l'île... car sans doute qu'il est encore plus mal...

— Plus mal?... qui?

— Martial...

— Martial!!! — s'écria la Louve en saisissant le père Férot au collet; — mon homme est malade?

— Vous ne le savez pas?

— Martial!!!

— Sans doute; mais vous allez déchirer ma blouse... tenez-vous donc tranquille!

— Il est malade!... Et depuis quand?

— Depuis deux ou trois jours.

— C'est faux! il me l'aurait écrit.

— Ah bien, oui! il est trop malade pour écrire!...

— Trop malade pour écrire!... Et il est à l'île, vous en êtes sûr?

— Je vais vous dire... Figurez-vous que ce matin j'ai rencontré la veuve Martial... Ordinairement, quand je la vois d'un côté, vous entendez bien, je m'en vas de l'autre... car je n'aime pas sa société... Alors...

— Mais mon homme, mon homme, où est-il?...

— Attendez donc... Me trouvant avec sa mère entre quatre-z-yeux, je n'ai pas osé éviter de lui parler; elle a l'air si mauvais que j'en ai toujours peur... c'est plus fort que moi... « Voilà deux jours que je n'ai vu votre Martial, que je lui dis; il est donc parti en ville?... » Là-dessus elle me regarde avec des yeux... mais des yeux... qui m'auraient tué s'ils avaient été des pistolets, comme dit cet autre.

— Vous me faites bouillir... Après?... après?...

Le père Férot garda un moment le silence, puis reprit :

— Tenez, vous êtes une bonne fille, promettez-moi le secret, et je vous dirai toute la chose... comme je la sais...

— Sur mon homme?

— Oui... car, voyez-vous, Martial est un bon enfant, quoique mauvaise tête; et s'il lui arrivait malheur par sa vieille scélérate de mère ou par son gueux de frère, ça serait dommage...

— Mais que se passe-t-il?... Qu'est-ce que sa mère et son frère lui ont fait? où est-il?... hein?... Parlez donc! mais parlez donc!...

— Allons, bon! vous voilà encore après ma blouse!... Lâchez-moi donc!... Si vous m'interrompez toujours en me détruisant mes effets, je ne pourrai jamais finir et vous ne saurez rien.

— Oh! quelle patience! — s'écria la Louve en frappant des pieds avec colère.

— Vous ne répéterez à personne ce que je vous raconte?

— Non, non, non!

— Parole d'honneur?

— Père Férot, vous allez me donner un coup de sang...

— Oh! quelle fille! quelle fille!... a-t-elle une mauvaise tête! Voyons, m'y voilà. D'abord il faut vous dire que Martial est de plus en plus en bisbille avec sa famille... et qu'ils lui feraient quelque mauvais coup que cela ne m'étonnerait pas... C'est pour ça que je suis fâché de ne pas avoir mon bachot, car si vous comptez sur ceux de l'île pour y aller... vous avez tort... Ce n'est pas Nicolas ou cette vilaine Calebasse qui vous y conduiraient...

— Je le sais bien... Mais que vous a dit la mère de mon homme?... C'est donc à l'île qu'il est tombé malade?

— Ne m'embrouillez pas; voilà ce que c'est : ce matin je dis à la veuve :

« Il y a deux jours que je n'ai vu Martial, son bachot est au pieu... il est donc en ville? »

« Là-dessus la veuve me regarda d'un air méchant :

« — *Il est malade à l'île, et si malade qu'il n'en reviendra pas.* »

« Je me dis à part moi : « Comment que ça « se fait? Il y a trois jours que... » Eh bien! quoi!... — dit le père Férot en s'interrompant; — eh bien! où allez-vous?... Où diable court-elle, à présent?... »

Croyant la vie de Martial menacée par les habitants de l'île, la Louve, éperdue de frayeur, transportée de rage, n'écoutant pas davantage le pêcheur, s'était encourue le long de la Seine.

Quelques détails *topographiques* sont indispensables à l'intelligence de la scène suivante.

L'île du Ravageur se rapprochait plus de la rive gauche de la rivière que de la rive droite, où Fleur-de-Marie et madame Séraphin s'étaient embarquées. La Louve se trouvait sur la rive gauche.

Sans être très-escarpée, la hauteur des terres

de l'île masquait dans toute sa longueur la vue d'une rive sur l'autre. Ainsi la maîtresse de Martial n'avait pas pu voir l'embarquement de la Goualeuse, et la famille du ravageur n'avait pu voir la Louve accourant à ce moment même le long de la rive opposée. Rappelons enfin au lecteur que la maison de campagne du docteur Griffon, où habitait temporairement le comte de Saint-Remy, s'élevait à mi-côte et près de la plage où la Louve arrivait éperdue. Elle passa, sans les voir, auprès de deux personnes qui, frappées de son air hagard, se retournèrent pour la suivre de loin... Ces deux personnes étaient le comte de Saint-Remy et le docteur Griffon. Le premier mouvement de la Louve, en apprenant le péril de son amant, avait été de courir impétueusement vers l'endroit où elle le savait en danger. Mais, à mesure qu'elle approchait de l'île, elle songeait à la difficulté d'y aborder. Ainsi que le lui avait dit le vieux pêcheur, elle ne devait compter sur aucun bateau étranger, et personne de la famille Martial ne voudrait la venir chercher. Haletante, le teint empourpré, le regard étincelant, elle s'arrêta donc en face de la pointe de l'île qui, formant une courbe dans cet endroit, se rapprochait assez du rivage.

A travers les branches effeuillées des saules et des peupliers, la Louve aperçut le toit de la maison où Martial se mourait peut-être... A cette vue, poussant un gémissement farouche, elle arracha son châle, son bonnet, laissa glisser sa robe jusqu'à ses pieds, ne garda que son jupon, se jeta intrépidement dans la rivière, y marcha tant qu'elle eut pied, puis, le perdant, elle se mit à nager vigoureusement vers l'île... Ce fut un spectacle d'une énergie sauvage... A chaque brassée, l'épaisse et longue chevelure de la Louve, dénouée par la violence de ses mouvements, frémissait autour de sa tête comme une crinière brune à reflets cuivrés. Sans l'ardente fixité de ses yeux incessamment attachés sur la maison de Martial, sans la contraction de ses traits crispés par de terribles angoisses, on aurait cru que la maîtresse du braconnier se jouait dans l'onde, tant cette femme nageait librement, fièrement. Tatoués en souvenir de son amant, ses bras blancs et nerveux, d'une vigueur toute virile, fendait l'eau qui rejaillissait et roulait en perles humides sur ses larges épaules, sur sa robuste et ferme poitrine qui ruisselait comme un marbre à demi submergé.

Tout à coup, de l'autre côté de l'île... retentit un cri de détresse... un cri d'agonie terrible, désespéré... La Louve tressaillit et s'arrêta court... Puis, se soutenant sur l'eau d'une main, de l'autre elle rejeta en arrière son épaisse chevelure et écouta... Un nouveau cri se fit entendre... mais plus faible... mais suppliant, convulsif... expirant... Et tout retomba dans un profond silence...

— Mon homme!!! — cria la Louve en se remettant à nager avec fureur.

Dans son trouble, elle avait cru reconnaître la voix de Martial.

Le comte et le docteur, auprès desquels la Louve était passée en courant, n'avaient pu la suivre d'assez près pour s'opposer à sa témérité. Ils arrivèrent en face de l'île au moment où venaient de retentir les deux cris effrayants. Ils s'arrêtèrent aussi épouvantés que la Louve... Voyant celle-ci lutter intrépidement contre le courant, ils s'écrièrent :

— La malheureuse va se noyer!

Ces craintes furent vaines. La maîtresse de Martial nageait comme une loutre; en quelques brassées, l'intrépide créature aborda. Elle avait pris pied, et s'aidait, pour sortir de l'eau, d'un des pieux qui formaient à l'extrémité de l'île une sorte d'estacade avancée, lorsque tout à coup, le long de ces pilotis, emporté par le courant... passa lentement le corps d'une jeune fille vêtue en paysanne... ses vêtements la soutenaient encore sur l'eau.

Se cramponner d'une main à l'un des pieux, de l'autre saisir brusquement au passage la femme par sa robe, tel fut le mouvement de la Louve, mouvement aussi rapide que la pensée. Seulement elle attira si violemment à elle et en dedans du pilotis la malheureuse qu'elle sauvait, que celle-ci disparut un instant sous l'eau, quoiqu'il y eût pied à cet endroit. Douée d'une force et d'une adresse peu communes, la Louve souleva la Goualeuse (c'était elle) qu'elle n'avait pas encore reconnue, la prit entre ses bras robustes comme on prend un enfant, fit encore quelques pas dans la rivière, et la déposa enfin sur la berge gazonnée de l'île.

— Courage!... courage!... — lui cria M. de Saint-Remy, témoin comme le docteur Griffon de ce hardi sauvetage. Nous allons passer le pont d'Asnières et venir à votre secours avec un bateau.

Puis tous deux se dirigèrent en hâte vers le pont.

Ces paroles n'arrivèrent pas jusqu'à la Louve.

Répétons que, de la rive droite de la Seine, où se trouvaient encore Nicolas, Calebasse et sa mère après leur détestable crime, on ne pouvait absolument voir ce qui se passait de l'autre côté de l'île, grâce à son escarpement.

Fleur-de-Marie, brusquement attirée par la Louve en dedans de l'estacade, ayant un moment plongé pour ne plus reparaître aux yeux de ses meurtriers, ceux-ci durent croire leur victime noyée et engloutie.

Quelques minutes après, le courant emportait un autre cadavre entre deux eaux, sans que la Louve l'aperçût... C'était le corps de la femme de charge du notaire... Morte... bien morte, celle-là... Nicolas et Calebasse avaient autant d'intérêt que Jacques Ferrand à faire disparaître ce témoin, ce complice de leur nouveau crime : aussi, lorsque le bateau à soupape s'était enfoncé avec Fleur-de-Marie, Nicolas, s'élançant dans le bachot conduit par sa sœur, et dans lequel se trouvait madame Séraphin, avait imprimé une violente secousse à cette embarcation, et saisi le moment où la femme de charge trébuchait pour la précipiter dans la rivière et l'y achever d'un coup de croc.

. . . .

Haletante, épuisée, la Louve, agenouillée sur l'herbe à côté de Fleur-de-Marie, reprenait ses forces et examinait les traits de celle qu'elle venait d'arracher à la mort.

Qu'on juge de sa stupeur en reconnaissant sa compagne de prison... sa compagne, qui avait eu sur sa destinée une influence si rapide, si bienfaisante.

Dans son saisissement, la Louve un moment oublia Martial.

— La Goualeuse !... s'écria-t-elle.

Et, le corps penché, appuyée sur ses genoux et sur ses mains, la tête échevelée, ses vêtements ruisselants d'eau, elle contemplait la malheureuse enfant étendue, presque expirante, sur le gazon. Pâle, inanimée, les yeux demi-ouverts et sans regards, ses beaux cheveux blonds collés à ses tempes, les lèvres bleues, ses petites mains déjà roidies, glacées... on l'eût crue morte.

— La Goualeuse ! ... — répéta la Louve ; — quel hasard ! moi qui venais dire à mon homme le bien et le mal qu'elle m'a fait, avec ses paroles et ses promesses... la résolution que j'avais prise... Pauvre petite ! je la retrouve ici morte... Mais non ! non !... — s'écria la Louve en s'approchant encore plus de Fleur-de-Marie et sentant un souffle imperceptible s'échapper de sa bouche, — non !... Mon Dieu ! mon Dieu ! elle respire encore... je l'ai sauvée de la mort... ça ne m'était jamais arrivé de sauver quelqu'un... Ah !... ça fait du bien... ça réchauffe... Oui, mais mon homme, il faut le sauver aussi, lui... Peut-être qu'il râle à cette heure... Sa mère et son frère sont capables de l'assassiner... Je ne peux pas pourtant laisser là cette pauvre petite... je vais l'emporter chez la veuve ; il faudra bien qu'elle la secoure et qu'elle me montre Martial... ou je brise tout, je tue tout... Oh ! il n'y a ni mère, ni sœur, ni frère qui tiennent quand je sens mon homme là !

Et, se relevant aussitôt, la Louve emporta Fleur-de-Marie dans ses bras. Chargée de ce léger fardeau, elle courut vers la maison, ne doutant pas que la veuve et sa fille, malgré leur méchanceté, ne donnassent les premiers secours à Fleur-de-Marie.

Lorsque la maîtresse de Martial fut arrivée au point culminant de l'île d'où elle pouvait découvrir les deux rives de la Seine, Nicolas, sa mère et Calebasse s'étaient éloignés... Certains de l'accomplissement de leur double meurtre, ils se rendaient alors en toute hâte chez Bras-Rouge.

A ce moment aussi, un homme qui, embusqué dans un des renfoncements du rivage cachés par le four à plâtre, avait invisiblement assisté à cette horrible scène, disparaissait, croyant, ainsi que les meurtriers, le crime exécuté... Cet homme était Jacques Ferrand.

Un des bateaux de Nicolas se balançait, amarré à un pieu du rivage, à l'endroit où s'étaient embarquées la Goualeuse et madame Séraphin.

A peine Jacques Ferrand quittait-il le four à plâtre pour regagner Paris, que M. de Saint-Remy et le docteur Griffon passaient en hâte le pont d'Asnières, accourant vers l'île, comptant s'y rendre à l'aide du bateau de Nicolas qu'ils avaient aperçu de loin.

A sa grande surprise, en arrivant auprès de la maison des ravageurs, la Louve trouva la porte fermée. Déposant sous la tonnelle Fleur-de-Marie toujours évanouie, elle s'approcha de la maison... elle connaissait la croisée de la chambre de Martial... Quelle fut sa surprise de voir les volets de cette fenêtre couverts de plaques de tôle et assujettis au dehors par deux barres de fer !

Devinant une partie de la vérité, la Louve poussa un cri rauque, retentissant, et se mit à appeler de toutes ses forces :

— Martial !... mon homme !...

Rien ne lui répondit... Épouvantée de ce silence, la Louve se mit à tourner... à tourner autour du logis, comme une bête sauvage qui flaire et cherche en rugissant l'entrée de la tanière où est enfermé son mâle.

De temps en temps, elle criait :

— Mon homme, es-tu là? Mon homme!!!

Et dans sa rage elle ébranlait les barreaux de la fenêtre de la cuisine... elle frappait la muraille... elle heurtait à la porte...

Tout à coup un bruit sourd lui répondit de l'intérieur de la maison.

La Louve tressaillit... écouta... Le bruit cessa.

— Mon homme m'a entendue... il faut que j'entre... quand je devrais ronger la porte avec mes dents!

Et elle se mit à pousser de nouveau son cri sauvage.

(La suite au prochain numéro.)

COMMENT ON AIME

ANSELME ET MARCELLIN

(SUITE)

— Qui ne tienne pas toujours compte de sa beauté, de ses vertus, ajouta Anselme en fronçant le sourcil, et lui reproche plus tard avec amertume sa pauvreté.

— Ce que vous redoutez n'arrivera pas, dit Gilberte d'une voix attendrie et caressante; car je ne me marierai, ô mes amis, que quand vous m'aurez adressé ces mots : « Mon enfant, voilà celui qui vous rendra heureuse. »

On se sépara bientôt. Il était dix heures. Nos jeunes gens s'assirent devant leur table d'étude. Ils ouvrirent un livre de droit, mais ils relurent dix fois la même page sans paraître la comprendre. Presque au même instant, par une inspiration commune, ils se levèrent et firent lentement le tour de leur cabinet, en appuyant à la dérobée sur leurs lèvres une rose fanée, que chacun resserra ensuite furtivement ; puis, par un mouvement brusque, ils s'arrêtèrent en face l'un de l'autre, et ils s'adressèrent simultanément la même phrase :

— Mon ami, j'aime Gilberte et je désire l'épouser.

VII

Un profond silence succéda à cette double exclamation. Un secret instinct avait déjà prévenu les deux amis qu'ils étaient rivaux. Aussi leur physionomie exprimait-elle beaucoup plus d'irritation que de surprise.

— Je m'en doutais! dit avec explosion Marcellin qui s'emportait plus facilement qu'Anselme ; je me doutais que tu avais des projets sur Gilberte! Ah! pardieu, cela devient insupportable! Ton amitié s'est transformée en véritable antagonisme. Hier tu m'enlevais le plaisir d'un bon duel avec un coquin. Aujourd'hui, voici que tu me disputes le cœur et la main de la femme que j'aime. Je te préviens, mon cher, que j'ai cédé sur le premier point, mais qu'il n'en sera pas de même cette fois. J'aimerais mieux mourir que de t'abandonner Gilberte!

— Du calme, Marcellin, du calme. Tu m'accuses à tort ; est-ce ma faute, en vérité, si nous nous rencontrons fatalement dans le même amour? M'as-tu jamais dit : «Anselme, détourne tes regards de cette jeune fille, car je sens que je vais l'aimer?» Non; en quoi donc suis-je coupable? N'est-il pas naturel que je me sois laissé prendre les yeux et le cœur à tout ce qu'il y a de grâce, de beauté, de bonté dans l'âme et sur le visage de cette charmante enfant? Qu'y a-t-il d'étonnant à ce que je me sois mis à l'aimer de toutes mes forces, si bien qu'il me serait cruellement douloureux de la voir devenir la femme d'un autre, fût-ce même de mon ami?...

— Il faudra cependant bien que tu t'y habitues, mon cher Anselme, répliqua Marcellin d'une voix émue, car je compte faire demain ma demande en mariage.

— Y penses-tu? Quoi! une pareille démarche

comme cela, tout de suite, sans que j'aie le temps de respirer, de m'habituer à une pensée qui m'oppresse, qui me torture ! Marcellin, tu attendras encore, n'est-ce pas ?

— A quoi bon ? J'ai hâte de savoir si Gilberte consentira à m'épouser.

— Gilberte nous aime l'un et l'autre également, je pense. C'est une nature plus tendre que passionnée ; elle acceptera sans doute aisément la main de l'un de nous, si l'autre lui dit : « Mon enfant, voilà celui qui vous rendra heureuse. » Je répète ses propres paroles ; mais...

— Mais ?... Achève !

— Mais tu ferais une insigne folie en te mariant, reprit Anselme avec animation. Tu es heureusement doué pour la profession d'avocat. Un bel avenir t'attend au barreau. N'entrave pas le cours de tes études. Les obligations de la vie de famille, les soucis inévitables du ménage t'enlèveraient la liberté d'esprit si nécessaire à l'acquisition de la science, sans laquelle le génie même demeure impuissant. Ah ! crois-moi, tu regretterais bien vite d'avoir enchaîné ton existence et paralysé l'essor d'une destinée que naguère encore tu rêvais entourée de renommée et de considération.

— Bravo ! répliqua Marcellin avec ironie ; voilà qui est habile et merveilleusement trouvé. Tu m'engages à courir après la gloire, et pendant ce temps-là tu t'emparerais du bonheur. Vive Dieu ! mon cher, ton subterfuge est superbe, mais j'en ai autant à ton service. Si tu te mariais, en effet, je ne suppose pas que l'hymen t'accordât plus de loisir et d'indépendance qu'à moi-même ? Tu abandonnerais donc le Code et l'espérance d'être un jour une des lumières du barreau ?

— Mais tu oublies, Marcellin, que je vise moins haut que toi, que je me contenterai d'une position modeste, exigeant peu d'efforts et de qualités brillantes.

— A d'autres. Je te déclare que je n'admets pas cette considération-là. C'est un piége tendu à ma vanité pour me détourner de mon amour. Je te répète que demain je révélerai à Gilberte mes sentiments et mes intentions.

Anselme contint avec peine un mouvement de colère. Il fit en silence quelques pas dans la chambre. Ses doigts se crispaient, les muscles de son visage étaient tendus. Une lutte intérieure s'engageait évidemment entre son amour pour Gilberte et son dévouement pour Marcellin. Après quelques minutes de cette crise, il se tourna brusquement vers son ami et lui dit avec violence :

— Mais moi aussi je puis lui crier demain : Je vous aime, Gilberte; épousez-moi !

— Tu ne le feras pas, Anselme !

— Eh ! pourquoi non? Elle décidera entre nous. C'est son droit.

— Alors son devoir sera de ne blesser ni l'un ni l'autre de nous par une préférence. Elle refusera de se prononcer.

— Eh bien ! j'aime mieux cela, répliqua Anselme, le regard sombre, le sourcil froncé. Si je dois renoncer à elle, je ne veux pas du moins qu'elle devienne ta femme, Marcellin. Je souffrirais... je souffrirais trop !

Une légère expression d'attendrissement parut sur le visage de Marcellin, mais elle s'effaça presque aussitôt. Sa physionomie devint impérieuse.

— Anselme, dit-il d'un ton sec et résolu, je te prie de me sacrifier ta fantaisie de rivalité.

— Ma fantaisie?... Marcellin, parle sérieusement.

— Je parle très-sérieusement. J'exige que tu l'abandonnes.

— Tu exiges !... Mais toutes tes expressions me blessent.

— Qu'importe la forme? N'envisage que le fond. Renonce à la démarche dont tu me menaces.

— Je ne veux pas y renoncer.

— Alors quelqu'un t'empêchera de l'accomplir.

— Qui donc?

— Moi!

— Ah ! pardieu! reprit Anselme avec un rire aigu, voilà qui est un peu fort et passablement invraisemblable. Peux-tu me confier l'expédient que tu emploieras pour m'en empêcher?

Marcellin, furieux, se jeta sur deux fleurets pendus à la muraille et les décrocha d'un geste rapide.

— Soit, répondit-il avec une sourde véhémence, je te présenterai la pointe de l'un d'eux pour te barrer le passage.

— Alors donc tu n'es qu'un insensé !

— Eh ! mille tonnerres! si tu es si sage, toi, cède-moi la main de Gilberte !

— Non ! mille fois non !

— Ah ! j'ai grande envie de te la disputer sur-le-champ.

— Oh! oh !

— Pourquoi pas? Le sort a déjà prononcé

une fois entre nous; qu'il prononce de nouveau. En garde, et au premier sang. Y consens-tu?

— On va nous entendre.

— Nous ne romprons pas; nos armes ne feront que s'effleurer.

— Malheureux! si j'allais te blesser grièvement!

— Crains plutôt pour toi! Je vais jouer serré, car je veux épouser Gilberte.

Le fer se croisa aussitôt. Un léger grincement se fit entendre. A peine une minute s'était-elle écoulée que deux cris se succédèrent pour ainsi dire simultanément.

— Touché!

— Touché!

Anselme et Marcelin portèrent la main à leur poitrine. Des gouttes de sang y coulaient. Ils s'entre-regardèrent avec une sorte de douleur et d'effroi. Pâle et les yeux gonflés, Marcelin se précipita vers son ami.

— Qu'ai-je fait? murmura-t-il avec angoisse.

— Ce n'est rien, répondit Anselme en souriant. Une simple égratignure, voilà tout... Mais toi, reprit-il, anxieux, oppressé... Toi? Je tremble!...

— Moi! Ne te tourmente point... J'ai à peine l'épiderme effleuré, c'est moins que rien.

— Ah! je me sens mieux, dit Anselme.

— Et moi je respire, dit Marcellin.

Un coup de sonnette interrompit cette effusion causée par l'inquiétude et le remords. Ils demeurèrent stupéfaits. Qui donc si tard se présentait chez eux? Avaient-ils été entendus?

Ces questions se pressaient sur leurs lèvres avant qu'ils eussent besoin de se les communiquer. Un second coup de sonnette, plus énergique que le premier, les arracha à cette muette stupeur. Ils se hâtèrent de faire disparaître les traces de leur étrange duel. Ils accrochèrent les fleurets, appuyèrent un mouchoir sur leur blessure, boutonnèrent hermétiquement leur habit et allèrent ouvrir leur porte.

Michel Aubry leur sauta au cou.

— Je viens sans façon vous demander l'hospitalité, leur dit-il. Je comptais trouver une chambre dans cette maison, asile aimé de mes vieilles habitudes d'étudiant. Pas même un trou de souris où me blottir. J'allais me retirer tristement, remettant à demain, vu l'heure avancée, le plaisir de vous rendre visite, lorsqu'une idée m'est venue à laquelle je n'ai pu résister. J'ai pensé au divan de votre cabinet et je me suis dit : « Ils me permettront bien, pour m'éviter l'ennui de courir ce soir après un gîte, de m'étendre quelques heures sur ce meuble hospitalier, véritable Providence de ceux à qui il manque un lit. Enveloppé dans mon manteau, je dormirai là comme un dieu de l'Olympe, et demain, sans faute, je les débarrasserai de moi. » Est-ce convenu?

Pour toute réponse, les deux amis lui serrèrent cordialement la main. Quoique fort émus encore, ils firent bonne contenance, et Michel Aubry ne put soupçonner un seul instant qu'une scène violente avait eu lieu entre Anselme et Marcellin quelques minutes auparavant. Il leur apprit qu'il avait enfin trouvé une étude de notaire selon ses goûts, une étude d'un prix modique, au milieu d'une délicieuse campagne; mais on exigeait comptant les deux tiers du prix de la charge, quarante mille francs. Son pécule ne montait guère qu'à la moitié de cette somme; il arrivait à Paris dans l'espoir de contracter un mariage qui lui permettrait de remplir cette obligation. Muni d'une lettre de recommandation, il devait se présenter le lendemain matin même chez un digne bourgeois du Marais, qui possédait une fille réunissant tous les avantages qu'il recherchait : petite beauté, petit esprit, petite dot.

— Toujours fidèle à ma maxime, ajouta-t-il gaiement; la médiocrité en tout, voilà le bonheur.

Dans une autre circonstance, Anselme et Marcellin eussent pris plaisir à écouter Michel Aubry, mais ils avaient hâte de se recueillir. Après l'avoir complimenté un peu distraitement, et sous le prétexte qu'il devait avoir besoin de sommeil pour se remettre des fatigues du voyage, ils le quittèrent en lui souhaitant un bon repos pour la nuit, une bonne chance pour le lendemain. Seule, la fenêtre du cabinet de travail fut bientôt dans l'obscurité.

Jusqu'au point du jour, le vitrage des chambres à coucher d'Anselme et de Marcellin demeura lumineux. Du dehors, on eût pu voir deux ombres, à intervalles presque égaux, passer en s'allongeant sur les rideaux de mousseline blanche : c'étaient les ombres des deux amis qui, ne pouvant dormir, se promenaient l'âme soucieuse et la tête penchée, sans se douter que, par l'effet sympathique d'un mystérieux magnétisme du cœur, ils agissaient, chacun de son côté, de la même manière et presque au même instant. Ils éteignirent leur lumière à l'aspect des premiers rayons du soleil et se jetèrent sur leur lit, ayant au front ce calme, cette sérénité qu'imprime toujours une forte et courageuse résolution.

Le sommeil tardif qui s'empara d'eux ne se dissipa que fort tard dans la matinée. Lorsqu'ils se réveillèrent, Michel Aubry était sorti, non sans s'étonner de voir que ses hôtes, qu'il avait connus si actifs, dormissent encore au coup de midi. Anselme se disposait à entrer dans la chambre de Marcellin, lorsque celui-ci parut dans le cabinet et vint au-devant de son ami.

— Anselme, pardonne-moi, dit-il d'une voix grave et pénétrante. Je me repens de t'avoir provoqué, et je viens...

Anselme, ému, l'interrompit.

— Marcellin, tu as eu tort, sans doute, de me pousser à bout de patience ; mais je reconnais, moi, avoir commis une faute encore plus grave, plus impardonnable ; j'ai manqué de générosité. J'aurais dû comprendre que, dans la rivalité qui nous animait l'un contre l'autre, mon devoir était le sacrifice. Je devais te dire : « Marcellin, sois heureux. »

— Non, Anselme, non! La raison, la justice exigent, au contraire, que tu me précèdes dans l'accomplissement des grands actes de la vie. Tu es l'aîné, il convient que tu marches devant moi. Va, épouse Gilberte! Seulement, frère, tu permettras que je m'en aille, que je disparaisse pendant quelques mois ; mon cœur, un peu souffrant, a besoin d'éloignement et d'absence. Dans un an, au plus tard, je te reviendrai guéri.

— Marcellin, c'est à moi de partir. J'y suis résolu. Cette nuit même, j'ai pris cette détermination. N'essaye pas de m'en détourner ; mon insomnie a épuisé l'amertume de ce projet d'abandon et d'exil. Je ne suis pas malheureux. Je suis résigné.

Une larme passa furtive au fond de son regard.

— Dans quelques jours seulement je me mettrai en route, reprit-il avec calme. Point de précipitation. Qu'on ne puisse soupçonner le motif de mon départ. Je compte toucher à la terre d'Afrique. J'irai respirer là le parfum de nos chers souvenirs. J'irai poser mes lèvres sur e sol où notre sang a coulé fraternellement pour la patrie et l'amitié. Puis un jour, bientôt peut-être, tu me reverras, assis à ton foyer, sans regret, sans envie, souriant à tes joies dans le retour de notre étroite et indestructible intimité.

— Anselme, je refuse formellement. Il convient que ma conduite brutale et coupable ait son expiation. A moi donc de te dire adieu et de quitter cette maison ; ma conscience me crie d'ailleurs que tu es le plus digne, le plus capable par le calme et l'équité de ton esprit, par la délicatesse et le dévouement de ton cœur, de donner à Gilberte une douce et facile existence. J'inventerai un prétexte suffisant, et je partirai demain. Un plus long retard serait un inutile et cruel supplice.

Cette lutte du renoncement et de la générosité se prolongeait avec une égale persistance entre les deux amis. Depuis quelques minutes cependant Anselme n'écoutait plus Marcellin. Une mystérieuse pensée semblait maîtriser son intelligence et son regard. Ses yeux étaient immobiles, sa bouche muette. Marcellin crut qu'il fléchissait.

— Enfin tu cèdes à mes raisons! lui dit-il ; merci. Je me pardonne à moi-même.

Anselme sortit brusquement de ses réflexions.

— Nous ne nous séparerons pas! s'écria-t-il. Il ne faut pas que nous nous séparions!

— Mais... comment?

— Écoute.

Un retentissement de sonnette lui coupa la parole. Michel Aubry entra.

— Dieu soit loué! murmura Anselme, c'est lui.

VIII

— Mes bons amis, dit Michel Aubry en se jetant sur le divan et en respirant bruyamment, je suis mystifié ; on s'est joué de moi. J'arrive au galop du fond du Marais, où j'ai vu celle qu'on me propose pour fiancée. Imaginez la laideur en personne, la bêtise stéréotypée, et pour dot une dizaine de mille francs assaisonnés de la bénédiction paternelle. J'ai fait ma visite de bon matin pour surprendre ma prétendue en négligé d'esprit et de beauté. En quelques minutes je fus édifié, et j'ai pris la fuite comme si j'avais le diable sur mes talons. Je crois, Dieu me pardonne! que je courrais encore si l'idée ne m'était venue de monter vos quatre étages pour vous conter mon aventure.

Un vague reflet de joie éclaira le visage d'Anselme. Michel Aubry soupira, puis il reprit en hochant la tête et avec un accent empreint de tristesse et d'ennui :

(La suite au prochain numéro.)

Le propriétaire-gérant : F. ROY.

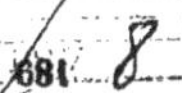

LES MYSTÈRES DE PARIS

— Enfin... je te vois... je te tiens... je t'ai!... s'écria la Louve. (Page 682.)

Plusieurs coups frappés, mais faiblement, à l'intérieur des volets de Martial, répondirent aux hurlements de la Louve.

— Il est là! — s'écria-t-elle en s'arrêtant brusquement sous la fenêtre de son amant. — Il est là! S'il le faut, j'arracherai la tôle avec mes ongles... mais j'ouvrirai ces volets!

Ce disant, elle avisa une grande échelle à demi engagée derrière un des contrevents de la salle basse. En attirant violemment ce contrevent à elle, la Louve fit tomber la clef cachée par la veuve sur le bord de la croisée.

— Si elle ouvre, — dit la Louve en essayant la clef dans la serrure de la porte d'entrée, — je pourrai monter à sa chambre... Ça ouvre! — s'écria-t-elle avec joie; — mon homme est sauvé!

Une fois dans la cuisine, elle fut frappée des cris des deux enfants qui, renfermés dans le caveau et entendant un bruit extraordinaire, appelaient à leur secours. La veuve, croyant que personne ne viendrait dans l'île ou dans la maison pendant son absence, s'était contentée d'enfermer François et Amandine à double tour, laissant la clef à la serrure.

Mis en liberté par la Louve, le frère et la sœur sortirent précipitamment du caveau.

— Oh! la Louve, sauvez mon frère Martial, ils veulent le faire mourir! — s'écria François; — depuis deux jours, ils l'ont muré dans sa chambre.

— Ils ne lui ont pas fait de blessures?

— Non, non, je ne crois pas...

— J'arrive à temps! — s'écria la Louve en courant à l'escalier; puis s'arrêtant après avoir gravi quelques marches: — Et la Goualeuse que j'oublie! — dit-elle. — Amandine... du feu tout de suite!... Toi et ton frère, apportez ici près de la cheminée une pauvre fille qui se noyait... je l'ai sauvée... Elle est là sous la tonnelle... François... un merlin... une hache... une barre de fer... que j'enfonce la porte de mon homme!

— Il y a là le merlin à fendre le bois, mais c'est trop lourd pour vous, — dit le jeune garçon en traînant avec peine un énorme marteau.

— Trop lourd!... — s'écria la Louve.

Et elle enleva sans peine cette masse de fer qu'en toute autre circonstance elle eût peut-être difficilement soulevée.

Puis, montant l'escalier *quatre à quatre*, elle répéta aux deux enfants :

— Courez chercher la jeune fille et approchez-la du feu...

En deux bonds, la Louve fut au fond du corridor, à la porte de Martial.

— Courage, mon homme, voilà ta Louve! — s'écria-t-elle; et, levant le marteau à deux mains, d'un coup furieux elle ébranla la porte.

— Elle est clouée en dehors... Arrache les clous! — s'écria Martial d'une voix faible.

Se jetant aussitôt à genoux dans le corridor, à l'aide du bec du merlin et de ses ongles qu'elle meurtrit, de ses doigts qu'elle déchira, la Louve parvint à arracher du plancher et du chambranle plusieurs clous énormes qui condamnaient la porte. Enfin cette porte s'ouvrit. Martial, pâle, les mains ensanglantées, tomba presque sans mouvement dans les bras de la Louve.

— Enfin... je te vois... je te tiens... je *t'ai*... — s'écria la Louve en recevant et en serrant Martial dans ses bras, avec un accent de possession et de joie d'une énergie sauvage; puis, le soutenant, le portant presque, elle l'aida à s'asseoir sur un banc placé dans le corridor.

Pendant quelques minutes, Martial resta faible, hagard, cherchant à se remettre de cette violente secousse qui avait épuisé ses forces défaillantes.

La Louve sauvait son amant au moment où, anéanti, désespéré, il se sentait mourir, moins encore par le manque d'aliments que par la privation d'air, impossible à renouveler dans une petite chambre sans cheminée, sans issue et hermétiquement fermée, grâce à l'atroce prévoyance de Calebasse qui avait bouché avec de vieux linges jusqu'aux moindres fissures de la porte et de la croisée. Palpitante de bonheur et d'angoisse, les yeux mouillés de pleurs, la Louve, à genoux, épiait les moindres mouvements de la physionomie de Martial. Celui-ci semblait peu à peu renaître en aspirant à longs traits un air pur et salubre. Après quelques tressaillements, il releva sa tête appesantie, poussa un long soupir et ouvrit les yeux.

— Martial... c'est moi... c'est ta Louve!... Comment vas-tu?...

— Mieux... — répondit-il d'une voix faible.

— Mon Dieu!... qu'est-ce que tu veux? De l'eau, du vinaigre?...

— Non, non... — reprit Martial de moins en moins oppressé. — De l'air... oh! de l'air... rien que de l'air!...

La Louve, au risque de se couper les poings, brisa les quatre carreaux d'une fenêtre qu'elle n'aurait pu ouvrir sans déranger une lourde table.

— Je respire maintenant... je respire... ma tête se dégage... — dit Martial en revenant tout à fait à lui.

Puis, comme s'il se fût alors seulement rappelé le service que sa maîtresse lui avait rendu, il s'écria avec une explosion de reconnaissance ineffable :

— Sans toi, j'étais mort, ma brave Louve...

— Bien! bien!... comment te trouves-tu à cette heure?

— De mieux en mieux...

— Tu as faim?

— Non, je me sens trop faible... Ce qui m'a

fait le plus souffrir, c'était le manque d'air. A la fin, j'étouffais... j'étouffais... c'était affreux!

— Et maintenant?...

— Je revis... je sors du tombeau... et j'en sors... grâce à toi!

— Mais tes mains... tes pauvres mains!... ces coupures!... Qu'est-ce qu'ils t'ont donc fait? mon Dieu!...

— Nicolas et Calebasse, n'osant pas m'attaquer en face une seconde fois, m'avaient muré dans ma chambre pour m'y laisser mourir de faim... J'ai voulu les empêcher de clouer mes volets... ma sœur m'a coupé les mains à coups de hachette!

— Les monstres! Ils voulaient faire croire que tu étais mort de maladie; ta mère avait déjà répandu le bruit que tu te trouvais dans un état désespéré... Ta mère... mon homme... ta mère!

— Tiens, ne me parle pas d'elle... — dit Martial avec amertume.

Puis, remarquant pour la première fois les vêtements mouillés et l'étrange accoutrement de la Louve, il s'écria :

— Que t'est-il arrivé?... tes cheveux ruissellent. Tu es en jupon... il est trempé d'eau...

— Qu'importe!... enfin... te voilà sauvé!... sauvé!...

— Mais explique-moi pourquoi tu es ainsi mouillée...

— Je te savais en danger... je n'ai pas trouvé de bateau...

— Et tu es venue à la nage?

— Oui... Mais tes mains... donne que je les baise... Tu souffres... Les monstres!... Et je n'étais pas là!

— Oh! ma brave Louve, — s'écria Martial avec enthousiasme, — brave entre toutes les créatures braves!

— N'as-tu pas écrit là : *Mort aux lâches!*

Et la Louve montra son bras tatoué, où étaient écrits ces mots en caractères indélébiles.

— Intrépide... va!... Mais le froid t'a saisie.. tu trembles?...

— Ça n'est pas de froid...

— C'est égal. Entre là... tu prendras le manteau de Calebasse, tu t'envelopperas dedans.

— Mais...

— Je le veux...

En une seconde, la Louve fut enveloppée d'un manteau de tartan et revint.

— Pour moi... risquer de te noyer! — répéta Martial en la regardant avec exaltation.

— Au contraire... une pauvre fille se noyait... je l'ai sauvée... en abordant à l'île...

— Tu l'as sauvée... aussi? Où est-elle?

— En bas, avec les enfants... ils la soignent.

— Et qui est cette jeune fille?

— Mon Dieu! si tu savais quel hasard... quel heureux hasard!... C'est une de mes compagnes de Saint-Lazare... une fille bien extraordinaire... va!...

— Comment cela?

— Figure-toi que je l'aimais et que je la haïssais, parce qu'elle m'avait mis à la fois la mort et le bonheur dans l'âme...

— Elle?...

— Oui, à propos de toi.

— De moi?

— Écoute... Martial...

Puis, s'interrompant, la Louve ajouta :

— Tiens, non... non... je n'oserai jamais...

— Quoi donc?

— Je voulais te faire une demande. J'étais venue pour te voir et pour cela; car, en partant de Paris, je ne te savais pas en danger.

— Eh bien!... dis.

— Je n'ose plus...

— Tu n'oses plus... après ce que tu viens de faire pour moi?

— Justement... j'aurais l'air de quémander du retour!...

— Quémander du retour! Est-ce que je ne t'en dois pas? Est-ce que tu ne m'as pas déjà soigné nuit et jour dans ma maladie l'an passé?

— Est-ce que tu n'es pas mon homme?

— Aussi tu dois me parler franchement, parce que je suis ton homme... et que je le serai toujours.

— Toujours... Martial?

— Toujours... vrai comme je m'appelle Martial... Pour moi, il n'y aura plus dans le monde d'autre femme que toi, vois-tu, la Louve... Que tu aies été ceci ou cela, tant pis!... ça me regarde... je t'aime... tu m'aimes... et je te dois la vie... Seulement... depuis que tu es en prison... je ne suis plus le même... il y a eu bien du nouveau... j'ai réfléchi... et tu ne seras plus ce que tu as été...

— Que veux-tu dire?

— Je ne veux plus te quitter maintenant... mais je ne veux pas non plus quitter François et Amandine...

— Ton petit frère et ta petite sœur?

— Oui; d'aujourd'hui, il faut que je sois pour eux comme qui dirait leur père... Tu comprends, ça me donne des devoirs... ça me range... je suis obligé de me charger d'eux... On voulait en faire des brigands finis... pour les sauver... je les emmène...

— Où ça?

— Je n'en sais rien... mais, pour sûr, loin de Paris...

— Et moi?...

— Toi? je t'emmène aussi...

— Tu m'emmènes ?... — s'écria la Louve avec une stupeur joyeuse.

Elle ne pouvait croire à un tel bonheur.

— Je ne te quitterai pas?

— Non... ma brave Louve, jamais... Tu m'aideras à élever ces enfants. Je te connais. En te disant: « Je veux que ma pauvre petite Amandine soit une honnête fille... parle-lui dans ces *prix-là*... » je sais que tu seras pour elle... une brave mère...

— Oh! merci, Martial... merci!

— Nous vivrons en honnêtes ouvriers; sois tranquille, nous trouverons de l'ouvrage, nous travaillerons comme des nègres... Mais au moins ces enfants ne seront pas des gueux comme père et mère... je ne m'entendrai plus appeler fils et frère de guillotinés... enfin je ne passerai plus dans les rues... où l'on te connaît... Mais qu'est-ce que tu as?... qu'est-ce que tu as ?...

— Martial... j'ai peur de devenir folle...

— Folle?

— Folle de joie.

— Pourquoi?

— Parce que, vois-tu... c'est trop!

— Quoi?

— Ce que tu me demandes là... Oh non! vois-tu, c'est trop... A moins que d'avoir sauvé la Goualeuse ça m'ait porté bonheur... c'est ça pour sûr...

— Mais, encore une fois, qu'est-ce que tu as?

— Ce que tu me demandes là... oh! Martial!... Martial!

— Eh bien?

— Je venais te le demander!...

— De quitter Paris?...

— Oui... — reprit-elle précipitamment, — d'aller avec toi dans les bois... où nous aurions une petite maison bien propre, des enfants que j'aimerais! oh! que j'aimerais! comme ta Louve aimerait les enfants de son homme! ou plutôt, si tu le voulais, — dit la Louve en tremblant, — au lieu de t'appeler mon homme... je t'appellerais mon mari... car nous n'aurions pas la place sans cela, — se hâta-t-elle d'ajouter vivement.

Martial à son tour regarda la Louve avec étonnement, ne comprenant rien à ces paroles.

— De quelle place parles-tu?

— D'une place de garde-chasse...

— Que j'aurais?

— Oui...

— Et qui me la donnerait?

— Les protecteurs de la jeune fille que j'ai sauvée.

— Ils ne me connaissent pas.

— Mais, moi, je lui ai parlé de toi... et elle nous recommandera à ses protecteurs...

— Et à propos de quoi lui as-tu parlé de moi?

— De quoi veux-tu que je parle?

— Bonne Louve!

— Et puis, tu conçois, en prison, la confiance vient; et cette jeunesse était si gentille, si douce, que malgré moi je me suis sentie attirée vers elle : j'ai tout de suite comme deviné qu'elle n'était pas des nôtres.

— Qui est-elle donc?

— Je n'en sais rien, je n'y comprends rien, mais de ma vie je n'ai rien vu, rien entendu de semblable; c'est comme une fée pour lire ce qu'on a dans le cœur; quand je lui ai eu dit combien je t'aimais, rien que pour cela elle s'est intéressée à nous... Elle m'a fait honte de ma vie passée, non en me disant des choses dures, tu sais comme ça aurait pris avec moi, mais en me parlant d'une vie bien laborieuse, bien pénible, mais tranquillement passée avec toi selon ton goût, au fond des forêts. Seulement, dans son idée, au lieu d'être braconnier... tu étais garde-chasse; au lieu d'être ta maîtresse... j'étais ta vraie femme; et puis nous avions de beaux enfants qui couraient au-devant de toi quand le soir tu revenais de tes rondes avec tes chiens, ton fusil sur l'épaule; et puis nous soupions à la porte de notre cabane, au frais de la nuit, sous de grands arbres; et puis nous nous couchions si heureux, si paisibles!... Qu'est-ce que tu veux que je te dise?... malgré moi je l'écoutais... c'était comme un charme. Si tu savais... elle parlait si bien, si bien... que... tout ce qu'elle disait, je croyais le voir à mesure; je rêvais tout éveillée.

— Ah! oui, c'est cela qui serait une belle et bonne vie! — dit Martial en soupirant à son tour. — Sans être tout à fait malsain de cœur, ce pauvre François a assez fréquenté Calebasse et Nicolas pour que le bon air des bois lui vaille mieux que l'air des villes... Amandine t'aiderait au ménage ; je serais aussi bon garde que pas un, vu que j'ai été fameux braconnier... Je t'aurais pour ménagère, ma brave Louve... et puis, comme tu dis, avec des enfants... qu'est-ce qui nous manquerait?... Une fois qu'on est habitué à sa forêt, on y est comme chez soi ; on y vivrait cent ans que ça passerait comme un jour... Mais, voyons, je suis fou. Tiens, il ne fallait pas me parler de cette belle vie-là... ça donne des regrets, voilà tout.

(*La suite au prochain numéro.*)

— Voyez, mademoiselle, comme tout cela est d'une rare élégance! (Page 688.)

COMMENT ON AIME (suite).

— C'est égal, je suis inquiet, tourmenté. Si je ne trouve pas promptement un parti convenable, la charge que j'ambitionne, mon petit paradis d'étude de notaire, m'échappera indubitablement, et je franchirai bien des steppes avant de rencontrer un pareil Eldorado. Cette crainte me donne le frisson. En dépit de toute ma philosophie, j'ai envie de me trouver mal.

Il essayait de sourire, mais sa physionomie soucieuse demeurait rebelle à ces velléités de plaisanterie.

Pâle et résolu, Anselme se pencha vers Marcellin, à qui il dit rapidement à voix basse et d'un ton ferme :

— Écoute et comprends. Je suis convaincu que tu m'approuveras.

Puis, sans prendre garde à l'étonnement qu'exprimait le visage de son ami, il ajouta tout haut en s'adressant à Michel Aubry ;

— Quelle dot vous mettrait en situation d'acquérir la charge que vous convoitez?

— Je vous ai dit, mon cher Anselme, qu'on exigeait quarante mille francs comptant. Or j'en possède une vingtaine environ. Voyez.

— C'est donc vingt mille francs qu'il vous faut?

— Oui, vingt mille francs, pas un centime de plus; mais entendons-nous : avec cela, il importe absolument que ma future ait un peu d'esprit et un peu de beauté.

— Eh bien! mon cher Aubry, dit Anselme avec un imperceptible tremblement dans la voix, Marcellin et moi, nous connaissons une jeune fille qui vous convient.

Michel Aubry fit un bond de joie, mais une réflexion soudaine calma ce transport. Il fronça le sourcil.

— Ah! mes amis, dit-il, pas de nouvelle mystification, je vous en supplie. Une, c'est assez, c'est trop.

— Anselme ne plaisante pas, répondit Marcellin avec effort, mais sans hésiter. Je sais de quelle jeune fille il vous parle. J'approuve du fond de mon cœur la pensée qu'il vient de vous exprimer. Oui, celle que nous connaissons a vingt mille francs de dot. Elle a l'esprit modeste et gracieux. Elle est belle...

— Belle?

— Comme un ange, ajouta Marcellin en serrant nerveusement la main d'Anselme et en roidissant sa voix.

— Ah! diable, diable! murmura Aubry un peu désappointé. Un ange, c'est bien beau pour un philosophe.

— Repousseriez-vous l'idée d'un tel mariage?

— Oui... c'est-à-dire non... Mes principes, mes principes!

— Ils sont trop absolus, répondit Anselme. Prenez garde! ils vous feront manquer le bonheur.

— Belle comme un ange! répétait Michel Aubry avec une sérieuse irrésolution. Quel malheur! Le reste était si conforme à mes plus chères espérances!... Mais peut-être, messieurs, exagérez-vous les grâces de son visage et de sa taille! reprit-il.

— Vous en jugerez par vous-même aujourd'hui, ce soir.

— Où?

— Dans cette maison.

— Dans cette maison? répéta Michel Aubry dont le regard se ranima. Serait-ce elle, par hasard, que j'ai vue, il n'y a qu'un instant, sortant de la chambre que j'occupais autrefois et entrant chez les Morand?

— C'est elle, répondit Marcellin dans un vague soupir.

— Oh! vous avez raison, elle est charmante. Il y a quelque chose de céleste dans sa beauté... Mais quelle douceur de physionomie, quelle simplicité de mise, quelle modestie d'allure!... Mes amis, je commence à croire que cet ange-là est assez humble pour convenir à mon paradis. Présentez-moi à sa famille.

— Elle n'a plus de famille.

— Alors elle a des tuteurs. Les connaissez-vous?

— C'est nous.

— Vous? dit Michel Aubry stupéfait.

— Sa mère mourante, reprit Anselme avec une gravité émue, l'a confiée à notre sollicitude, à notre honneur.

Et il tendit au jeune homme la lettre de Thérèse Valin. Lorsqu'il la replia après l'avoir lue, Aubry avait deux larmes dans les yeux.

— J'épouserai Gilberte, si elle y consent, dit-il d'un ton décidé, mais sans la dot, car c'est sans doute à vos dépens qu'elle sera constituée.

— C'est notre droit, répondit Marcellin. La lettre que vous venez de lire contient en effet ces mots : « Faites pour elle ce que le bon Dieu et votre bon cœur vous inspireront. » Nous ne renoncerons pas à notre droit.

— C'est aussi notre devoir, ajouta Anselme. N'oubliez pas qu'une dot de vingt mille francs vous assure la position que vous ambitionnez. Votre bonheur devant être le bonheur de Gilberte, dont notre conscience a pris la responsabilité, rien ne saurait nous faire renoncer à ce que nous considérons comme un devoir.

— Je me soumets, dit Michel Aubry. Je vous estime trop profondément pour craindre d'être votre obligé.

Le soir, Michel Aubry fut présenté à Gilberte chez les Morand. Après avoir maîtrisé les révoltes de leur cœur, les deux amis annoncèrent à la jeune fille qu'ils comptaient la marier bientôt. Quelques jours plus tard, Anselme, lui montrant Michel Aubry, lui dit d'un ton trop délibéré pour n'être pas contraint :

— Mon enfant, voici celui qui vous rendra heureuse.

M. et madame Morand donnèrent leur approbation.

Après quelques secondes d'hésitation, Gilberte tendit la main à Michel Aubry, puis elle dit à ses jeunes tuteurs, qui étaient très-pâles et visiblement émus :

— Je vous ai promis de vous obéir comme à ma mère, je vous obéis.

Sa poitrine se souleva imperceptiblement, comme si un mystérieux soupir s'exhalait de son cœur. Peut-être avait-elle deviné le secret d'Anselme et de Marcellin.

Le mariage célébré, Michel Aubry et sa femme partirent immédiatement pour Bordeaux. Les deux amis, à bout d'efforts pour refouler la violence de leurs chagrins, coururent s'enfermer et pleurer ensemble dans leur cabinet de travail.

Leurs larmes épuisées, ils tirèrent de leurs portefeuilles les deux roses flétries, reliques d'amour qu'ils avaient jusque-là précieusement conservées, y mirent un dernier baiser, et les livrèrent à la flamme du foyer, qui les dévora. Un calme profond, le calme du sacrifice accompli, s'étendit ensuite au fond de leur âme et sur leur visage. Puis ils tombèrent dans les bras l'un de l'autre et s'étreignirent longtemps.

Dix ans se sont écoulés. Anselme C... et Marcellin P... habitent dans la rue Thérèse, au premier étage de la même maison, chacun un joli appartement relié par une porte de communication. Un procès qui a fait grand bruit a mis en lumière, depuis quelques années, le talent de Marcellin, dont la parole est une des plus élégantes et des plus aimables du jeune barreau de Paris. Anselme, lui, ne plaide guère, ainsi qu'il l'avait prévu ; mais ses consultations sont déjà fort estimées, et ses mémoires ont acquis une valeur aux yeux des juges. Tous deux se sont mariés le même jour, et richement mariés. Contre l'habitude, leurs femmes ne les ont point désunis : elles sont devenues de bonnes et sincères amies.

Quant à Michel et à Gilberte, ils vivent heureux sous les paisibles ombrages où se cache l'étude bucolique du notaire philosophe. Lorsqu'ils viennent à Paris, ils descendent tour à tour chez Anselme et chez Marcellin.

L'aile du temps, qui efface tant d'impressions au cœur de l'homme, n'a pas encore complétement détruit la trace des premiers sentiments des deux amis pour leur sœur de lait. Ils ne la revoient jamais sans une secrète émotion, car elle est à leurs yeux le fantôme d'un sérieux amour, le plus beau poëme de leur amitié et de leur dévouement.

LE TROISIÈME LARRON

I

Dans le boudoir d'un coquet appartement du quartier de la Madeleine, une jeune fille était gracieusement étendue sur une ottomane en brocatelle bleue. Son opulente chevelure blonde, ses grands yeux d'un bleu lapis-lazuli, la blancheur diaphane de son teint, la fraîcheur carminée de ses lèvres rappelaient les plus charmantes créations de Greuze. L'éclat de la jeunesse, qui scintillait en elle, était tempéré en ce moment par une ombre répandue au fond de son regard, ainsi que par l'immobilité un peu sévère de sa bouche, si bien faite d'ailleurs pour le sourire. Cette jeune fille se nommait Christine.

Tandis qu'elle songeait ainsi, le front appuyé sur une main d'enfant qu'eût admirée Canova, une femme de chambre, alerte et mignonne, pénétra dans le boudoir et posa un écrin sur une table en laque de Chine.

— Qu'est-ce, Lucette? demanda la rêveuse se levant d'un air étonné.

— Une parure que vous envoie le chevalier Pazzi.

— Ah ! voyons.

La soubrette ouvrit la boîte en cuir de Russie, et mit sous les yeux de sa jeune maîtresse une étincelante marqueterie de perles et de diamants. Christine les examina pendant quelques minutes avec une expression d'enchantement, puis elle ferma l'écrin et reprit la position mélancolique et nonchalante qu'elle venait d'abandonner.

— Mademoiselle n'essaie pas ces belles choses? demanda Lucette un peu surprise. Si elle s'en parait, mademoiselle serait pourtant ravissante.

— Je les essaierai plus tard. Ce matin, je me sens triste et n'ai nul goût pour la toilette.

— C'est dommage... Mais j'oubliais... Une lettre du chevalier Pazzi.

Christine brisa le cachet armorié et lut ce qui suit :

« *Cara mia*,

« Acceptez ces quelques bijoux. Je souhaite que vous soyez aussi heureuse en les recevant que je suis ravi de vous les offrir.

« Permettez-moi de vous rappeler la promesse que vous avez faite à sir Stanville et à moi. L'heure est venue de vous décider en faveur de l'un de nous. Prononcez. Ah! puisse votre cœur rendre une décision qui comble le vœu fervent de votre admirateur le plus dévoué!

« Chevalier PAZZI.

« Une affaire importante, un procès, réclame ma présence à Florence. Comme je serais joyeux de partir avec vous pour l'Italie! »

La jeune fille posa en silence cette lettre près de l'écrin et parut soucieuse. Lucette se retira. Un quart d'heure après, elle revint, portant dans ses bras une pyramide des plus riches étoffes de Lyon, des plus fines dentelles d'Angleterre, des plus magnifiques châles des Indes.

— Qu'est-ce? demanda Christine.

— Une corbeille de toute beauté, que vous fait remettre sir Stanville, le baronnet.

— Ah! vraiment.

— Voyez, mademoiselle, comme tout cela est d'une rare élégance et d'un goût exquis!

Lucette avait déposé près de l'ottomane l'opulent cadeau; elle se mettait en devoir d'étaler châles, étoffes et dentelles sur les meubles, lorsque Christine lui intima l'ordre de n'en rien faire et lui demanda une lettre que, dans son enthousiasme étourdi, celle-ci tenait à la main et oubliait encore de donner.

— De sir Stanville, sans doute? dit la jeune fille en ouvrant le pli.

— De sir Stanville, oui, mademoiselle, répondit la soubrette d'un air boudeur, et comme si elle en voulait à sa maîtresse de ne pas fêter plus dignement les trésors qu'on lui prodiguait.

Christine parcourut du regard la lettre ainsi conçue :

« *Charming miss*,

« Dans deux jours, je quitte Paris. Je me rends à Londres pour y passer la saison.

« Je viens donc vous prier de hâter votre résolution et de déclarer lequel, du chevalier ou de moi, vous acceptez comme protecteur.

« Si vous me faites le vif plaisir de m'accorder la préférence, je vous emmènerai avec moi. Ce ne sera pas une longue expatriation ; vous reverrez Paris cet hiver, je vous le promets.

« Je presse bien tendrement votre petite main de fée.

« Sir STANVILLE, baronnet.

« Puisse ma corbeille vous paraître agréable! Je regrette qu'elle ne soit pas plus séduisante. »

Après la lecture de cette lettre, Christine fit signe à Lucette de s'asseoir sur un tabouret près de l'ottomane. Lucette obéit.

— Réponds-moi franchement, lui dit sa maîtresse : lequel aimerais-tu mieux, de sir Stanville ou du chevalier Pazzi?

Cette question parut embarrasser la camériste. Elle réfléchit un instant.

— En vérité, je ne sais trop, répondit-elle. Le chevalier Pazzi et sir Stanville sont également distingués, riches et généreux. Ils ont à peu près le même âge, trente-cinq ou trente-six ans, la même élégance de taille et la même noblesse de visage. Une seule différence existe entre eux : le chevalier est plus vif, le baronnet plus posé. Affaire de goût. Pour moi, je n'ai pas de préférence.

— Ainsi tu serais fort perplexe si tu avais à choisir entre eux?

— Ma foi! oui, mademoiselle.

— Eh bien! c'est comme moi, Lucette.

— Ah! mademoiselle n'a de goût prononcé ni pour l'un ni pour l'autre?

— Ni pour l'un ni pour l'autre. J'ai beau interroger mon cœur. Mon cœur ne me fait aucune réponse catégorique. Et pourtant il faut absolument que je me décide en faveur de l'un d'eux. Je l'ai promis.

(La suite au prochain numéro.)

Le propriétaire-gérant : F. ROY.

LES MYSTÈRES DE PARIS

— On sent à peine les battements du pouls, dit le docteur Griffon. (Page 690.)

— Je te laissais aller... parce que tu dis là ce que je disais à la Goualeuse.

— Comment?

— Oui, en écoutant ces contes de fée, je lui disais : « Quel malheur que ces châteaux en Espagne, comme vous appelez ça, la Goualeuse, ne soient pas la vérité! » Sais-tu ce qu'elle m'a répondu, Martial? — dit la Louve les yeux étincelants de joie.

— Non!

— Que Martial vous épouse, promettez de vivre honnêtement tous deux, et cette place qui vous fait tant d'envie, je me fais fort de la lui faire obtenir en sortant de prison, — m'a-t-elle répondu.

— A moi, une place de garde?

— Oui... à toi...

— Mais tu as raison, c'est un rêve. S'il ne fal'ait que t'épouser pour avoir cette place, ma brave Louve, ça serait fait demain, si j'avais de quoi; car depuis aujourd'hui, vois-tu... tu es ma femme... ma vraie femme.

— Martial... je suis ta vraie femme?...

— Ma vraie, ma seule, et je veux que tu m'appelles ton mari... c'est comme si le maire y avait passé.

— Oh! la Goualeuse avait raison... c'est fier à dire, *mon mari!* Martial... tu verras la Louve au ménage, au travail, tu la verras!...

— Mais cette place... est-ce que tu crois...

— Pauvre petite Goualeuse! si elle se trompe, c'est sur les autres, car elle avait l'air de bien croire à ce qu'elle me disait... D'ailleurs, tantôt, en quittant la prison, l'inspecteur m'a dit que les protecteurs de la Goualeuse, gens très-haut placés, l'avaient fait sortir aujourd'hui même; ça prouve qu'elle a des protecteurs puissants, et qu'elle pourra tenir ce qu'elle m'a promis.

— Ah! — s'écria tout à coup Martial en se levant, — je ne sais pas à quoi nous pensons.

— Quoi donc?

— Cette jeune fille... elle est en bas, mourante peut-être... et au lieu de la secourir, nous sommes là...

— Rassure-toi, François et Amandine sont auprès d'elle; ils seraient montés s'il y avait eu plus de danger. Mais tu as raison, allons la retrouver: il faut que tu la voies, celle à qui nous devrons peut-être notre bonheur.

Et Martial, s'appuyant sur le bras de la Louve, descendit au rez-de-chaussée.

Avant de les introduire dans la cuisine, disons ce qui s'était passé depuis que Fleur-de-Marie avait été confiée aux soins des deux enfants.

CHAPITRE XVIII

LE DOCTEUR GRIFFON.

François et Amandine venaient de transporter Fleur-de-Marie près du feu de la cuisine, lorsque M. de Saint-Remy et le docteur Griffon, qui avaient abordé au moyen du bateau de Nicolas, entrèrent dans la maison.

Pendant que les enfants ranimaient le foyer et y jetaient quelques fagots de peuplier qui, bientôt embrasés, répandirent une vive flamme, le docteur Griffon donnait à la jeune fille les soins les plus empressés.

— La malheureuse enfant a dix-sept ans à peine! — s'écria le comte profondément attendri.

Puis, s'adressant au docteur:

— Eh bien! mon ami?

— On sent à peine les battements du pouls; mais, chose singulière! la peau de la face n'est pas colorée en bleu chez ce *sujet*, comme cela arrive ordinairement après une asphyxie par submersion, répondit le docteur avec un sang-froid imperturbable, en considérant Fleur-de-Marie d'un air profondément méditatif.

Le docteur Griffon était un grand homme maigre, pâle et complétement chauve, sauf deux touffes de rares cheveux noirs soigneusement ramenés de derrière sur la nuque et aplatis sur ses tempes; sa physionomie, creusée, sillonnée par les fatigues de l'étude, était froide, intelligente et réfléchie. D'un savoir immense, d'une expérience consommée, praticien habile et renommé, médecin en chef d'un hospice civil (où nous le retrouverons plus tard), le docteur Griffon n'avait qu'un défaut, celui de faire, si cela se peut dire, complétement abstraction du malade et de ne s'occuper que de la maladie: jeune ou vieux, femme ou homme, riche ou pauvre, peu lui importait; il ne songeait qu'au fait médical plus ou moins curieux ou intéressant, au point de vue scientifique, que lui offrait le *sujet*. Il n'y avait pour lui que des *sujets*.

— Quelle figure charmante!... combien elle est belle encore, malgré cette effrayante pâleur! — dit M. de Saint-Remy en contemplant Fleur-de-Marie avec tristesse. — Avez-vous jamais vu de traits plus doux, plus candides, mon cher docteur? Et si jeune... si jeune!...

— L'âge ne signifie rien, — dit brusquement le médecin, — pas plus que la présence de l'eau dans les poumons, que l'on croyait autrefois mortelle... On se trompait grossièrement; les admirables expériences de Goodwin... du fameux Goodwin, l'ont prouvé du reste.

— Mais, docteur...

— Mais c'est un fait... — répliqua M. Griffon absorbé par l'amour de son art. — Pour reconnaître la présence d'un liquide étranger dans les poumons, Goodwin a plongé plusieurs fois des chats et des chiens dans des baquets d'encre pendant quelques secondes, les en a retirés vivants, et a disséqué mes gaillards quelque temps après... Eh bien! il s'est convaincu par la dissection que l'encre avait pénétré dans les poumons, et que la présence de ce liquide dans les organes de la respiration n'avait pas causé la mort des sujets.

Le comte connaissait le médecin, excellent homme au fond, mais que sa passion effrénée pour la science faisait souvent paraître dur, presque cruel.

— Avez-vous au moins quelque espoir? lui demanda M. de Saint-Remy avec impatience.

— Les extrémités du sujet sont bien froides, — dit le médecin; — il reste peu d'espoir.

— Ah! mourir à cet âge... malheureuse enfant!... c'est affreux!

— Pupille fixe... dilatée... — reprit le docteur impassible en soulevant du bout du doigt la paupière glacée de Fleur-de-Marie.

— Homme étrange! — s'écria le comte presque avec indignation; — ou vous croirait impitoyable, et je vous ai vu veiller, auprès de mon lit, des nuits entières... J'eusse été votre frère que vous n'eussiez pas été pour moi plus admirablement dévoué.

Le docteur Griffon, tout en s'occupant de secourir Fleur-de-Marie, répondit au comte sans le regarder et avec un flegme imperturbable:

— Parbleu! si vous croyez qu'on rencontre tous les jours une fièvre ataxique aussi merveilleusement bien compliquée, aussi curieuse à étudier que celle que vous aviez! C'était admirable... mon bon ami, admirable! Stupeur, délire, soubresauts des tendons, syncopes; elle réunissait les symptômes les plus variés, votre *chère* fièvre; vous avez même été, chose rare, très-rare et éminemment intéressante... vous avez même été affecté d'un état partiel et momentané de paralysie, s'il vous plaît... Rien que pour ce fait, votre maladie avait droit à tout mon dévouement; vous m'offriez une magnifique étude; car franchement, mon cher ami, tout ce que je désire au monde, c'est de rencontrer encore une aussi belle fièvre... mais on n'a pas ce bonheur-là deux fois.

Le comte haussa les épaules avec impatience.

Ce fut à ce moment que Martial descendit, appuyé sur le bras de la Louve, qui avait mis, on le sait, par-dessus ses vêtements mouillés un manteau de tartan appartenant à Calebasse.

Frappé de la pâleur de l'amant de la Louve et remarquant ses mains couvertes de sang caillé, le comte s'écria:

— Quel est cet homme?...

— *Mon mari*... — répondit la Louve en regardant Martial avec une expression de bonheur et de noble fierté impossible à rendre.

— Vous avez une bonne et intrépide femme, monsieur, — lui dit le comte; je l'ai vue sauver cette malheureuse enfant avec un rare courage.

— Oh! oui, monsieur, elle est bonne et intrépide, *ma femme*, — répondit Martial en appuyant sur ces derniers mots, et en contemplant à son tour la Louve d'un air à la fois attendri et passionné; — oui, intrépide! car elle vient de me sauver aussi la vie...

— A vous? — dit le comte étonné.

— Voyez ses mains... ses pauvres mains!... — dit la Louve en essuyant les larmes qui adoucissaient l'éclat sauvage de ses yeux.

— Ah! c'est horrible! — s'écria le comte, — ce malheureux a les mains hachées... Voyez donc, docteur...

Détournant légèrement la tête et regardant par-dessus son épaule les plaies nombreuses que Calebasse avait faites aux mains de Martial, le docteur Griffon dit à ce dernier:

— Ouvrez et fermez la main.

Martial exécuta ce mouvement avec assez de peine.

Le docteur haussa les épaules, continua de s'occuper de Fleur-de-Marie, et dit dédaigneusement, comme à regret:

— Ces blessures n'ont absolument rien de grave... il n'y a aucun tendon de lésé; dans huit jours, le sujet pourra se servir de ses mains.

— Vrai, monsieur, mon *mari* ne sera pas estropié? — s'écria la Louve avec reconnaissance.

Le docteur secoua la tête négativement.

— Et la Goualeuse, monsieur, elle vivra, n'est-ce pas? — demanda la Louve. — Oh! il faut qu'elle vive, moi et mon mari nous lui devons tant!... — Puis se retournant vers Martial:

— Pauvre petite!... La voilà, celle dont je te parlais... c'est elle pourtant qui sera peut-être la cause de notre bonheur; c'est elle qui m'a donné l'idée de venir à toi te dire tout ce que je t'ai dit... Vois donc le hasard qui fait que je la sauve... et ici encore!

— C'est notre providence... — dit Martial frappé de la beauté de la Goualeuse. — Quelle figure d'ange!... Oh! elle vivra, n'est-ce pas, monsieur le docteur?

— Je n'en sais rien, — dit le docteur; — mais d'abord peut-elle rester ici? aura-t-elle les soins nécessaires?

— Ici ! — s'écria la Louve ; — mais on assassine ici !

— Tais-toi ! tais-toi ! — dit Martial.

Le comte et le docteur regardèrent la Louve avec surprise.

— La maison de l'île est mal famée dans le pays... cela ne m'étonne guère, — dit à mi-voix le médecin à M. de Saint-Remy.

— Vous avez donc été victime de violences ? — demanda le comte à Martial.

« Ces blessures, qui vous les a faites ?

— Ce n'est rien, monsieur... j'ai eu ici une dispute... une batterie s'en est suivie... et j'ai été blessé... Mais cette jeune paysanne ne peut pas rester dans la maison, — ajouta-t-il d'un air sombre, — je n'y reste pas moi-même... ni ma femme... ni mon frère, ni ma sœur que voilà... Nous allons quitter l'île pour n'y plus jamais revenir.

— Oh ! quel bonheur ! — s'écrièrent les deux enfants.

— Alors, comment faire ? — dit le docteur en regardant Fleur-de-Marie.

« Il est impossible de songer à transporter le sujet à Paris dans l'état de prostration où il se trouve. Mais, au fait, ma maison est à deux pas, ma jardinière et sa fille seront d'excellentes gardes-malades... Puisque cette asphyxiée par submersion vous intéresse, vous surveillerez les soins qu'on lui donnera, mon cher Saint-Remy, et je viendrai la voir chaque jour.

— Et vous jouez l'homme dur, impitoyable, — s'écria le comte, — lorsque vous avez le cœur le plus généreux, ainsi que le prouve cette proposition !...

— Si le sujet succombe, comme cela est possible, il y aura lieu à une autopsie intéressante qui me permettra de confirmer encore une fois les assertions de Goodwin.

— Ce que vous dites est affreux ! — s'écria le comte.

— Pour qui sait lire, le cadavre est un livre où l'on apprend à sauver la vie des malades, — dit stoïquement le docteur Griffon.

— Enfin vous faites le bien, — dit amèrement M. de Saint-Remy, c'est l'important. Qu'importe la cause, pourvu que le bienfait subsiste ? Pauvre enfant ! plus je la regarde, plus elle m'intéresse.

— Et elle le mérite, allez, monsieur ! — reprit la Louve avec exaltation en se rapprochant.

— Vous la connaissez ? — s'écria le comte.

— Si je la connais, monsieur ? C'est à elle que je devrai le bonheur de ma vie ; en la sauvant, je n'ai pas fait autant pour elle qu'elle a fait pour moi.

Et la Louve regarda passionnément son *mari*, elle ne disait plus son *homme*.

— Et qui est-elle ? — demanda le comte.

— Un ange, monsieur, tout ce qu'il y a de meilleur au monde. Oui, et quoiqu'elle soit mise en paysanne, il n'y a pas une bourgeoise, pas une grande dame pour parler aussi bien qu'elle, avec sa petite voix douce comme de la musique... C'est une fière fille, allez, et courageuse, et bonne !

— Par quel accident est-elle donc tombée à l'eau ?

— Je ne sais, monsieur.

— Ce n'est donc pas une paysanne ? — demanda le comte.

— Une paysanne ! regardez donc ces petites mains blanches, monsieur.

— C'est vrai, — dit M. de Saint-Remy ; — quel singulier mystère !... Mais son nom, sa famille ?

— Allons, — reprit le docteur en interrompant l'entretien, — il faut transporter le sujet dans le bateau.

Une demi-heure après, Fleur-de-Marie, qui n'avait pas encore repris ses sens, était amenée dans la maison du médecin, couchée dans un bon lit, et maternellement veillée par la jardinière de M. Griffon, à laquelle s'adjoignit la Louve. Le docteur promit à M. de Saint-Remy, de plus en plus intéressé à la Goualeuse, de revenir le soir même la visiter.

Martial partit pour Paris avec François et Amandine, la Louve n'ayant pas voulu quitter Fleur-de-Marie avant de la voir hors de danger.

L'île du Ravageur resta déserte.

Nous retrouverons bientôt ses sinistres habitants chez Bras-Rouge, où ils doivent se réunir à la Chouette pour le meurtre de la courtière en diamants.

En attendant, nous conduirons le lecteur au rendez-vous que Tom, le frère de Sarah, avait donné à l'horrible mégère complice du Maître d'école.

CHAPITRE XIX

LE PORTRAIT

Thomas Seyton, frère de la comtesse Sarah Mac-Gregor, se promenait impatiemment sur l'un des boulevards voisins de l'Observatoire, lorsqu'il vit arriver la Chouette.

L'horrible vieille était coiffée d'un bonnet blanc et enveloppée de son grand tartan rouge; la pointe d'un stylet, rond comme une grosse plume et très-acéré, ayant traversé le fond du large cabas de paille qu'elle portait au bras, on pouvait voir saillir l'extrémité de cette arme homicide, qui avait appartenu au Maître d'école. Thomas Seyton ne s'aperçut pas que la Chouette était armée.

— Trois heures sonnent au Luxembourg, — dit la vieille. — J'arrive comme mars en carême, j'espère.

— Venez, lui répondit Thomas Seyton. Et, marchant devant elle, il traversa quelques terrains vagues, entra dans une ruelle déserte située près de la rue Cassini, s'arrêta vers le milieu de ce passage barré par un tourniquet, ouvrit une petite porte, fit signe à la Chouette de le suivre, et, après avoir fait quelques pas avec elle dans une épaisse allée d'arbres verts, il lui dit: — Attendez là.

Et il disparut.

(*La suite au prochain numéro.*)

COMMENT ON AIME

LE TROISIÈME LARRON

(SUITE)

— Une idée, mademoiselle!

— Voyons ton idée.

— Pour faire cesser votre irrésolution, que ne vous en rapportez-vous au sort? Il faudrait jeter quelques cartes de visite de ces messieurs dans une potiche, une urne, n'importe quoi. On tirerait au hasard une de ces cartes, et le nom qui serait gravé dessus désignerait celui que vous devez préférer.

— Remettre ainsi à l'aventure le soin de ma destinée me plait médiocrement. Je ne voudrais pas annihiler à ce point mon libre arbitre.

— Une autre idée, mademoiselle.

— Dis, Lucette. Il paraît que tu as des idées ce matin comme une vraie soubrette de comédie.

— Eh! mademoiselle, j'en porte le nom.

— Je vais juger si tu en as l'esprit.

— Jugez. J'imagine que l'écrin et la corbeille qui viennent de vous être offerts pourraient bien servir à vous dicter votre choix. Regardez-les, en effet, avec attention, donnez-vous la peine ou le plaisir de les apprécier; et si l'écrin vous enchante plus que la corbeille, le chevalier Pazzi aura gain de cause. Si, au contraire...

— J'ai compris, Lucette, interrompit Christine en souriant; ton idée est assez plaisante. Au fait, pourquoi ne demanderais-je pas à ma coquetterie le conseil que mon cœur n'a pas su me donner?

— Bon! Faut-il que je rouvre l'écrin, mademoiselle, et que je vide la corbeille?

— Non, pas en ce moment. Je ne me sens pas disposée aux choses frivoles. A vrai dire même, Lucette, quand tu es entrée pour la première fois ce matin, je ne pensais ni à sir Stanville ni au chevalier Pazzi. Je songeais à mon enfance, je me revoyais aux Charmilles, un joli domaine, une belle petite ferme, où j'allais le dimanche, quand j'étais dans une pension en Normandie, le pays de ma mère. J'étais bien heureuse alors avec mon ignorance, mes illusions, ma sécurité.

Un soupir souleva doucement sa poitrine, et une larme furtive passa sur sa prunelle veloutée.

— Les Charmilles, répéta-t-elle; un nom charmant, n'est-ce pas, Lucette?

— Bien charmant, en vérité, mademoiselle. Mais bah! reprit la soubrette avec une légère moue de dédain, il n'y a pas de ferme, si joliment nommée qu'elle soit, qui vaille un regret. C'est si malpropre, une ferme! ça sent le fumier.

— Celle-là était, au contraire, d'une propreté ravissante, et l'on y respirait de suaves parfums. Un peu à l'écart des bâtiments rustiques s'élevait une maison blanche à persiennes vertes. Les maîtres y habitaient; elle était entourée d'arbres, de gazons et de fleurs.

— Oh ! alors, c'est différent.

— Et puis il y avait là de si dignes gens ! poursuivit Christine cessant de s'adresser à sa femme de chambre et se parlant à elle-même. D'abord le père et la mère, deux fronts blanchis qui inspiraient un profond respect, deux âmes exquises qui savaient répandre le bonheur autour d'elles. Puis les enfants, le frère et la sœur, deux têtes souriantes et deux cœurs plus souriants encore. Ah ! Séverine, mon excellente camarade, comme je vous aimais ! Et vous, Claude, mon brave Claude, comme avec joie je vous voyais prendre part à nos jeux d'enfants !

Elle se tut un moment, puis elle reprit :

— Vous me croyez oublieuse, et vous me traitez d'ingrate sans doute, ô mes amis ! Depuis près de deux ans, vous n'avez reçu aucune nouvelle de votre petite Christine. J'ai laissé vos lettres sans réponse, et j'ai rompu toute relation de cœur avec vous. Pouvais-je faire autrement, hélas ! Ne devais-pas disparaître pour vous dès l'instant où j'ai compris ce qu'était ma famille, ce que je serais fatalement moi-même ? Prévoyant qu'un jour je ne mériterais plus votre estime, je me suis fait un devoir de renoncer à votre amitié.

— Mademoiselle est bien sévère pour elle-même, dit Lucette. Il n'est pas une jeune fille plus sage que mademoiselle.

— Oui. Jusqu'à présent je n'ai pas de grandes fautes à me reprocher. Les bontés du chevalier Pazzi et de sir Stanville n'ont rien encore qui doive me faire rougir. Mais bientôt... je serai la maîtresse de l'un d'eux.

— Ma foi ! mademoiselle, ils ont été si généreux avec vous depuis que votre tante, en mourant, vous a recommandée à eux, que cela n'étonnera personne. Ah ! par exemple, je plains celui que vous repousserez, car il aura peut-être du chagrin.

— J'espère que non. Chacun d'eux s'est soumis à l'alternative de mon choix et s'y est d'avance résigné.

— Au fait. Et d'ailleurs les hommes n'ont pas beaucoup de cœur, dit-on, surtout ceux qui ont beaucoup d'argent.

Lucette avait à peine lancé cette boutade lorsqu'un coup de sonnette retentit à l'entrée de l'appartement.

— Je ne suis pas en train de recevoir, dit Christine ; ne laisse entrer que le chevalier et le baronnet.

Lucette sortit du boudoir, tandis que sa jeune maîtresse laissait retomber sur sa main son front encore chargé de tristesse.

II

— Mademoiselle ! mademoiselle ! s'écria Lucette en rentrant précipitamment dans le boudoir.

— D'où te vient cette émotion ?

— D'une aventure inattendue, mademoiselle. Lisez ce nom, lisez !

Elle présentait en même temps à sa jeune maîtresse un carré de papier sur lequel un nom était écrit au crayon.

— Claude Delteil, lut Christine avec une inflexion de voix mêlée de joie et de stupeur. Claude Delteil, répéta-t-elle d'un ton lent et réfléchi.

— C'est lui, n'est-ce pas, mademoiselle ! c'est lui dont vous parliez tout à l'heure ?

— Oui, murmura Christine.

— Eh bien ! il est là. Il demande à vous voir. Il insiste pour être introduit. Faut-il l'amener ? C'est un beau garçon, qui a l'air bien aimable et bien franc.

Christine, toute tremblante, hésitait.

— Eh bien ! mademoiselle ?

— Eh bien ! Lucette, je veux être conséquente avec moi-même : je ne le recevrai point.

Lucette se retirait. Sa maîtresse la rappela brusquement.

— Au fait, dit-elle, Claude a du bon sens et un bon cœur. Je lui dirai ma position, il la comprendra, et il me donnera peut-être un utile conseil. Fais-le entrer, Lucette.

— Tout de suite, mademoiselle.

Un instant après, Lucette annonçait M. Claude Delteil et se retirait de nouveau, non sans regretter sans doute de ne pouvoir être présente à l'entrevue.

Un jeune homme de vingt-cinq ans environ pénétrait dans le boudoir. Il s'emparait vivement des mains de Christine et les couvrait de baisers. Ce jeune homme avait une taille moyenne et souple ; ses cheveux noirs bouclaient naturellement sur son front proéminent ; son teint était un peu hâlé, mais sa physionomie avait une expression douce et spirituelle : ses yeux reflétaient une exquise sensibilité, sa voix vibrait avec âme.

— Vous enfin, cruelle enfant ! disait-il, tandis que Christine, agitée et souriante, le faisait asseoir près d'elle sur l'ottomane. Vous qui depuis deux ans n'avez donné signe de vie à vos amis des Charmilles! Vous que j'ai cherchée vainement à plusieurs reprises dans cette grande ville de l'inconnu qu'on nomme Paris! Ah! je remercie le hasard qui m'a mis sur vos traces et m'a fait vous retrouver, puisqu'il permet à mon cœur d'éclater en reproches contre votre indifférence et votre oubli!

— Ne m'accablez pas, mon bon Claude, dit Christine en l'interrompant d'un ton suppliant. L'apparence m'accuse, mais, en réalité, je ne suis pas coupable d'ingratitude. Quand vous connaîtrez les raisons qui m'ont déterminée à garder le silence et à vous laisser ignorer ma nouvelle demeure, vous estimerez que j'ai bien agi.

— Quelles sont donc ces raisons, juste ciel! Je ne les devine pas.

— Je vous les dirai bientôt, mon ami. Mais racontez-moi quel hasard vous a conduit ici.

— Un hasard bien singulier, je vous jure. Sachez d'abord que je vais me marier.

— Ah! fit Christine.

— J'épouse une cousine. Je resserre ainsi un lien de famille. Je suis venu à Paris pour effectuer quelques emplettes relatives à ce mariage. Or, ce matin, comme je choisissais un anneau chez un joaillier, j'entendis un étranger, un Italien, je crois, donner votre nom et votre adresse. J'eus peine à retenir un mouvement de surprise. Je pris note du bienheureux renseignement, résolu d'en profiter le jour même. Un quart d'heure plus tard, j'étais dans une immense maison de nouveautés, je soldais une facture à la caisse, lorsqu'un Anglais s'y présenta. Chose incroyable! lui aussi, il dicta votre nom et votre adresse. Cette fois, je poussai malgré moi un petit cri d'étonnement. Mon flegmatique voisin ne s'en émut guère. Il partit sans même m'avoir regardé. Je pris à peine le temps de faire encore quelques achats, et j'accourus. Me voici, tout heureux de vous avoir enfin retrouvée!

Tandis qu'il racontait cette double rencontre, Christine baissait les yeux et rougissait malgré elle. Comme il terminait son récit, il aperçut l'écrin et la corbeille que, dans son trouble, Christine n'avait pas fait enlever.

Il ouvrit l'écrin, après y avoir été invité.

— C'est éblouissant! dit-il.

Puis il examina la corbeille.

— Et voilà qui est splendide. Il paraît que vous aussi, vous vous mariez, Christine, et richement. A la bonne heure! surtout si vous aimez mieux encore votre fiancé que son opulence.

Christine ne répondit pas.

— A propos, reprit-il un peu surpris de ce silence, le mari qui vous est destiné, ne serait-ce pas l'une des deux personnes que j'ai entrevues ce matin? Est-il bien indiscret de vous demander si c'est l'Anglais ou l'Italien? L'un et l'autre ont un grand air de distinction.

— Ah! vous les avez bien remarqués? dit vivement Christine. En est-il un qui vous ait paru préférable à l'autre?

— Singulière question! Je vous avoue que je n'ai pu, au physique comme au moral, les étudier assez longtemps pour me prononcer à cet égard.

— C'est juste, dit Christine en souriant d'un ton découragé.

— Mais vous ne satisfaites toujours pas ma curiosité; curiosité bien légitime, je vous jure, car elle me vient du cœur. Oui, si je revoyais celui des deux qui se charge de la douce responsabilité de votre bonheur, Christine, je lui presserais les mains avec effusion et je lui dirais du fond de l'âme : Nous l'avons bien aimée dans le passé, monsieur : aimez-la bien dans le présent et dans l'avenir. Moi aussi, j'apporte mon cadeau de noce : mille souhaits heureux, acceptez-les.

— Mon brave Claude! murmura la jeune fille émue.

— Eh bien! reprit Claude avec persistance, est-ce l'Anglais?

Christine demeura muette.

— C'est donc l'Italien? poursuivit Claude.

Après une minute d'hésitation, la jeune fille secoua lentement sa jolie tête blonde, et répondit d'un ton à la fois triste et comique :

— Je ne sais pas.

Claude regarda son interlocutrice d'un air stupéfait.

— Vous ne savez pas? répéta-t-il.

— En vérité, non.

— Voilà qui est particulier. Quoi! vous allez vous marier, et vous ne savez pas avec qui? Christine, vous vous moquez de moi, et vous me faites sentir que ma curiosité vous déplaît. Ah! j'oubliais qu'une lacune de près de deux ans s'est faite dans notre amitié. Ma familiarité, toute naturelle autrefois, est sans doute déplacée aujourd'hui. Pardonnez-moi. J'ai si souvent pensé à vous que je croyais encore avoir des droits à votre confiance, à votre intimité.

— Eh! qui donc vous les conteste, Claude? ce n'est assurément pas moi. Je vais vous le prouver, mon ami, en vous révélant ce que peut-être je devrais vous cacher... Mais d'abord, reprit-elle, mon émotion me fait oublier que j'avais des amis là-bas, aux Charmilles. Parlons d'eux. Qu'est devenue Séverine, votre sœur, cette autre moi-même de la pension?

— Elle est mariée au pays, et elle est heureuse.

— Excellente nouvelle! Dieu soit loué!... Et vos bons vieux parents, Claude?

Une larme brilla tout à coup sous la paupière du jeune homme.

— Ils reposent à l'ombre du clocher natal, répondit-il gravement. Ils ont achevé, sans trop souffrir, leur sainte existence de travail et de probité!

Christine tressaillit; un profond soupir s'échappa de ses lèvres; elle murmura ces mots :

— Oui, leur sainte existence de travail et de probité!

Puis sa poitrine se gonfla, et elle eut peine à refouler quelques sanglots. Lorsqu'elle eut maîtrisé son agitation :

— Heureux, dit-elle avec une sorte de solennité, ceux qui pleurent sur des tombes sacrées! Je ne vous plains pas, Claude. Le souvenir de vos morts vénérés est doux à votre âme, car c'est le souvenir de la vertu et de l'honneur. Que de deuils en ce monde n'ont pas les consolations de votre deuil!

— Que voulez-vous dire, Christine?

— Je vous ai promis une confidence. Cette confidence sera mon histoire. Peu de mots suffiront à la retracer. Après quoi vous excuserez, je l'espère, mon ingratitude apparente.

Une sollicitude inquiète se répandit dans les yeux de Claude.

— Je vous écoute, dit-il.

— Quand votre sœur me conduisit à la campagne chez vos parents, commença-t-elle, et que votre famille m'accueillit avec une si tendre cordialité, vous ignoriez tous qui j'étais; je l'ignorais moi-même, et, à vrai dire, j'étais trop enfant pour m'en préoccuper. Votre cœur ne me demandait aucun certificat, et je ne songeais guère à vous renseigner sur ma famille, qui habitait Paris et qui semblait m'avoir abandonnée dans mon pensionnat de province. Vous eûtes bientôt pitié de la délaissée, et j'eus dès lors des parents d'adoption. Ah! le bon temps que j'ai passé aux Charmilles! Ah! comme je souriais à la vie en respirant l'air de la liberté, le long de vos haies d'aubépine, à l'ombre de vos pommiers en fleur! Fraîches impressions de ma jeunesse, belles roses de mon printemps, je vous conserverai toujours au fond de mon cœur avec vos plus brillantes couleurs et vos plus suaves parfums! Un jour vint, hélas! où il me fallut quitter la pension et dire à vos campagnes bien-aimées un navrant adieu. Ma mère me rappelait auprès d'elle, et je partis en pleurant. Une sorte d'instinct me disait que je laissais derrière moi le bonheur, le bonheur calme et pur. Ma mère me reçut avec des élans de tendresse passionnée. Elle se reprochait vivement de m'avoir tenue éloignée d'elle pendant des années, et jurait que nous ne nous séparerions plus. Pauvre femme! il suffisait de l'envisager quelques instants avec attention pour comprendre que bientôt aurait lieu une nouvelle, une dernière séparation. En effet, ma mère avait déjà sur le visage l'empreinte fatale. Ses yeux étaient caves, ses joues ardentes, ses membres diaphanes. Que vous dirai-je? J'appris bientôt que ma mère était une de ces belles créatures de hasard qui vivent de leur beauté et qui en meurent aussi. Ardente à tous les plaisirs, elle avait vidé jusqu'au fond la coupe des folies, et il lui restait à peine la force de la tenir encore dans ses mains amaigries et débiles. Peu de temps après mon arrivée, par une nuit de bacchanale, elle s'affaissa soudain et s'éteignit dans un spasme. Mon nom fut, dit-on, le seul mot qu'elle articula en exhalant son dernier souffle, et Dieu lui pardonnera beaucoup sans doute en faveur de ce cri suprême, de ce cri d'amour maternel.

« Comme j'étais née du caprice, poursuivit-elle après une pause, et que je n'avais jamais reçu le baiser paternel, je me trouvais, en réalité, complètement orpheline. Je fus recueillie par une tante qui, elle aussi, appartenait au monde de la galanterie parisienne. Ainsi, vous le voyez, Claude, je ne pouvais guère échapper à l'influence du milieu dans lequel me jetait ma naissance. J'entrevis tout de suite l'avenir qui m'attendait.

(La suite au prochain numéro.)

Le propriétaire-gérant : F. ROY.

LES MYSTÈRES DE PARIS

La Chouette, de sa main droite, lui avait planté le stylet entre les deux épaules. (Page 700.)

— Pourvu qu'il ne me fasse pas droguer trop longtemps, — dit la Chouette ; — il faut que je sois chez Bras-Rouge à cinq heures, avec les Martial, pour *estourbir* la courtière. A propos de ça, et mon *surin*[1] ? Ah ! le gueux, il a le nez à la fenêtre, — ajouta la vieille en voyant la pointe du poignard traverser les tresses de son cabas.— Voilà ce que c'est que de ne lui avoir pas mis son bouchon...

Et retirant du cabas le stylet emmanché d'une poignée de bois elle le plaça de façon à le cacher complétement.

— C'est l'outil de *fourline*, — reprit-elle. — Est-ce qu'il ne me le demandait pas, censé pour tuer les rats qui viennent lui faire des *risettes*

1. Poignard.

dans sa cave!... Pauvres bêtes! plus souvent!... Ils n'ont que le vieux sans yeux pour se divertir et leur tenir compagnie. C'est bien le moins qu'ils le grignotent un peu. Aussi je ne veux pas qu'il leur fasse de mal, à ces ratons, et je garde le *surin*... D'ailleurs j'en aurai besoin tantôt pour la courtière, peut-être... Trente mille francs de diamants... quelle part à chacun de nous! La journée sera bonne... c'est pas comme l'autre jour ce brigand de notaire que je croyais rançonner. Ah bien, oui! j'ai eu beau le menacer, s'il ne me donnait pas d'argent, de dénoncer que c'était sa bonne qui m'avait fait remettre la Goualeuse par Tournemine quand elle était toute petite, rien ne l'a effrayé! Il m'a appelée vieille menteuse et m'a mise à la porte... Bon! bon! je ferai écrire une lettre anonyme à ces gens de la ferme où était allée la Pégriotte pour leur apprendre que c'est le notaire qui l'a fait abandonner autrefois... Ils connaissent peut-être sa famille, et quand elle sortira de Saint-Lazare ça chauffera pour ce gredin de Jacques Ferrand... Mais on vient; tiens!... c'est la petite dame pâle qui était déguisée en homme au tapis-franc de l'ogresse avec le grand de tout à l'heure, les mêmes que nous avons volés, nous deux *fourline*, dans les décombres, près Notre-Dame, — ajouta la Chouette en voyant Sarah paraître à l'extrémité de l'allée. — C'est encore quelque coup à monter ; ça doit être au compte de cette petite dame-là que nous avons enlevé la Goualeuse à la ferme. Si elle paie bien pour du nouveau, ça me chausse encore.

En approchant de la Chouette, qu'elle revoyait pour la première fois depuis la scène du tapis-franc, la physionomie de Sarah exprima ce dédain, ce dégoût que ressentent les gens d'un certain monde, lorsqu'ils sont obligés d'entrer en contact avec les misérables qu'ils prennent pour instruments ou pour complices.

Thomas Seyton, qui jusqu'alors avait activement servi les criminelles machinations de sa sœur, bien qu'il les considérât comme à peu près vaines, s'était refusé de continuer ce misérable rôle, consentant néanmoins à mettre pour la première et dernière fois sa sœur en rapport avec la Chouette, sans vouloir se mêler des nouveaux projets qu'elles allaient ourdir.

N'ayant pu ramener Rodolphe à elle en brisant les liens ou les affections qu'elle lui croyait chers, la comtesse espérait, nous l'avons dit, le rendre dupe d'une indigne fourberie dont le succès pouvait réaliser le rêve de cette femme opiniâtre, ambitieuse et cruelle. Il s'agissait de persuader à Rodolphe que la fille qu'il avait eue de Sarah n'était pas morte, et de substituer une orpheline à cette enfant. On sait que Jacques Ferrand, ayant formellement refusé d'entrer dans ce complot, malgré les menaces de Sarah, s'était résolu à faire disparaître Fleur-de-Marie, autant par crainte des révélations de la Chouette que par crainte des insistances obstinées de la comtesse. Mais celle-ci ne renonçait pas à son dessein, presque certaine de corrompre ou d'intimider le notaire lorsqu'elle se serait assurée d'une jeune fille capable de remplir le rôle dont elle voulait la charger.

Après un moment de silence, Sarah dit à la Chouette :

— Vous êtes adroite, discrète et résolue?

— Adroite comme un singe, résolue comme un dogue, muette comme une tanche, voilà la Chouette telle que le diable l'a faite, pour vous servir si elle en était capable... et elle l'est... — répondit allègrement la vieille. — J'espère que nous avons fameusement empaumé la jeune campagnarde, qui est maintenant clouée à Saint-Lazare pour deux bons mois.

— Il ne s'agit plus d'elle... mais d'autre chose...

— A vos souhaits, ma petite dame!... Pourvu qu'il y ait de l'argent au bout de ce que vous allez me proposer, nous serons comme les deux doigts de la main.

Sarah ne put réprimer un mouvement de dégoût.

— Vous devez connaître, — reprit-elle, — des gens du peuple... des gens malheureux?

— Il y a plus de ceux-là que de millionnaires... on peut choisir, Dieu merci! il y a une riche misère à Paris.

— Il faudrait me trouver une orpheline pauvre et qui eût perdu ses parents étant tout enfant. Il faudrait de plus qu'elle fût d'une figure agréable, d'un caractère doux, et qu'elle n'eût pas plus de dix-sept ans.

La Chouette regarda Sarah avec étonnement.

— Une telle orpheline ne doit pas être difficile à rencontrer, — reprit la comtesse; — il y a tant d'enfants trouvés...

— Ah çà! mais dites donc, ma petite dame, et la Goualeuse que vous oubliez?... Voilà votre affaire!

— Qu'est-ce que c'est que la Goualeuse?

— Cette jeunesse que nous avons été enlever à Bouqueval!

— Il ne s'agit plus d'elle; vous dis-je!

— Mais écoutez-moi donc, et surtout récompensez-moi du bon conseil : vous voulez une orpheline douce comme un agneau... belle comme le jour, et qui n'ait pas dix-sept ans, n'est-ce pas?

— Sans doute...

— Eh bien! prenez la Goualeuse lorsqu'elle sortira de Saint-Lazare; c'est votre lot comme si on vous l'avait fait exprès, puisqu'elle avait environ six ans... quand ce gueux de Jacques Ferrand (il y a dix ans de cela) me l'a fait donner avec mille francs pour s'en débarrasser... même que c'est Tournemine, actuellement au bagne, à Rochefort, qui me l'a amenée... me disant que c'était sans doute une enfant dont on voulait se débarrasser ou qu'on voulait faire passer pour morte...

— Jacques Ferrand... dites-vous! — s'écria Sarah d'une voix si altérée que la Chouette recula stupéfaite.

« Le notaire Jacques Ferrand... — reprit Sarah, — vous a livré cette enfant... et... »

Elle ne put achever. L'émotion était trop violente; ses deux mains, tendues vers la Chouette, tremblaient convulsivement; la surprise, la joie bouleversaient ses traits.

— Mais je ne sais pas ce qui vous allume comme ça, ma petite dame, — reprit la vieille. — C'est pourtant bien simple... Il y a dix ans... Tournemine, une vieille connaissance, m'a dit :

« — Veux-tu te charger d'une petite fille qu'on veut faire disparaître? Qu'elle crève ou qu'elle vive, c'est égal. Il y a mille francs à gagner; tu feras de l'enfant ce que tu voudras... »

— Il y a dix ans! — s'écria Sarah.

— Dix ans...

— Une petite fille blonde?

— Une petite fille blonde...

— Avec des yeux bleus?

— Avec des yeux bleus, bleus comme des bluets.

— Et c'est elle... qu'à la ferme...

— Nous avons emballée pour Saint-Lazare... Faut dire que je ne m'attendais guère à la retrouver à la campagne... cette Pégriotte.

— Oh! mon Dieu! mon Dieu! — s'écria Sarah en tombant à genoux, en levant les mains et les yeux au ciel, — vos vues sont impénétrables... je me prosterne devant votre providence. Oh! si un tel bonheur était possible!... Mais non, je ne puis encore le croire... ce serait trop beau... non!...

Puis, se relevant brusquement, elle dit à la Chouette qui regardait tout interdite :

— Venez!...

Et Sarah marcha devant la vieille à pas précipités.

Au bout de l'allée, elle monta quelques marches conduisant à la porte vitrée d'un cabinet de travail somptueusement meublé.

Au moment où la Chouette allait y entrer, Sarah lui fit signe de demeurer en dehors. Puis la comtesse sonna violemment.

Un domestique parut.

— Je n'y suis pour personne... et que personne n'entre ici... entendez-vous?... absolument personne...

Le domestique sortit. Sarah, pour plus de sûreté, alla pousser un verrou.

La Chouette avait entendu la recommandation faite au domestique et vu Sarah fermer le verrou. La comtesse, se retournant, lui dit :

— Entrez vite... et fermez la porte.

La Chouette entra.

Ouvrant à la hâte un secrétaire, Sarah y prit un coffret d'ébène qu'elle apporta sur le bureau situé au milieu de la chambre, et fit signe à la Chouette de venir près d'elle.

Le coffret contenait plusieurs fonds d'écrins superposés les uns sur les autres et renfermant de magnifiques pierreries. Sarah était si pressée d'arriver au fond du coffret qu'elle jetait précipitamment sur la table ces casiers splendidement garnis de colliers, de bracelets, de diadèmes où les rubis, les émeraudes et les diamants chatoyaient de mille feux. La Chouette fut éblouie... Elle était armée, elle était seule, enfermée avec la comtesse ; la fuite lui était facile, assurée... Une idée infernale traversa l'esprit de ce monstre. Mais pour exécuter ce nouveau forfait il lui fallait sortir son stylet de son cabas et s'approcher de Sarah sans exciter sa défiance. Avec l'astuce du chat-tigre qui rampe et s'avance traîtreusement vers sa proie, la vieille profita de la préoccupation de la comtesse pour faire insensiblement le tour du bureau qui la séparait de sa victime. La Chouette avait déjà commencé cette évolution perfide, lorsqu'elle fut obligée de s'arrêter brusquement.

Sarah retira un médaillon du double fond de la boîte, se pencha sur la table, le tendit à la Chouette d'une main tremblante, et lui dit :

— Regardez ce portrait.

— C'est la Pégriotte! s'écria la Chouette frappée de l'extrême ressemblance; c'est la petite fille qu'on m'a livrée ; il me semble la voir quand Tournemine me l'a amenée... C'est bien là ses grands cheveux bouclés que j'ai coupés tout de suite et bien vendus, ma foi !...

— Vous la reconnaissez? c'est bien elle ? Oh! je vous en conjure, ne me trompez pas... ne me trompez pas !

— Je vous dis, ma petite dame, que c'est la Pégriotte comme si on la voyait, — dit la Chouette en tâchant de se rapprocher davantage de Sarah sans être remarquée ; — à l'heure qu'il est, elle ressemble encore à ce portrait... si vous la voyiez, vous en seriez frappée.

Sarah n'avait pas eu un cri de douleur, d'effroi, en apprenant que sa fille avait pendant dix ans vécu misérable, abandonnée ; pas un remords en songeant qu'elle-même l'avait fait arracher fatalement de la paisible retraite où Rodolphe l'avait placée. Tout d'abord cette mère dénaturée n'interrogea pas la Chouette avec une anxiété terrible sur le passé de son enfant... Non, chez Sarah l'ambition avait depuis longtemps étouffé la tendresse maternelle. Ce n'était pas la joie de retrouver sa fille qui la transportait; c'était l'espoir certain de voir réaliser enfin le rêve orgueilleux de toute sa vie... Rodolphe s'était intéressé à cette malheureuse enfant... l'avait recueillie sans la connaître... Que serait-ce donc lorsqu'il saurait qu'elle était... SA FILLE!!! Il était libre... la comtesse veuve...

Sarah voyait déjà briller à ses yeux la couronne souveraine.

La Chouette, avançant toujours à pas lents, avait enfin gagné l'un des bouts de la table et placé son stylet perpendiculairement dans son cabas, la poignée à fleur de l'ouverture... bien à sa portée... Elle n'était plus qu'à quelques pas de la comtesse.

— Savez-vous écrire? — lui dit tout à coup celle-ci.

Et, repoussant de la main le coffret et les bijoux, elle ouvrit un buvard placé devant un encrier.

— Non, madame, je ne sais pas écrire, — répondit la Chouette à tout hasard...

— Je vais donc écrire sous votre dictée... Dites-moi toutes les circonstances de l'abandon de cette petite fille.

Et Sarah, s'asseyant dans un fauteuil devant le bureau, prit une plume et fit signe à la Chouette de venir auprès d'elle.

L'œil de la vieille étincela. Enfin... elle était debout à côté du siége de Sarah. Celle-ci, courbée sur la table, se préparait à écrire.

— Je vais lire tout haut, et à mesure, — dit la comtesse ; — vous rectifierez mes erreurs.

— Oui, madame, — reprit la Chouette en épiant les moindres mouvements de Sarah. Puis elle glissa sa main droite dans son cabas pour pouvoir saisir son stylet sans être vue.

La comtesse commença d'écrire.

« Je déclare que... »

Mais, s'interrompant et se tournant vers la Chouette, qui touchait déjà le manche de son poignard, Sarah ajouta :

— A quelle époque cette enfant vous a-t-elle été livrée?

— Au mois de février 1827.

— Et par qui? — reprit Sarah toujours tournée vers la Chouette.

— Par Pierre Tournemine, actuellement au bagne de Rochefort... C'est madame Séraphin, la femme de charge du notaire, qui lui avait donné la petite.

La comtesse se remit à écrire et lut à haute voix : « Je déclare qu'au mois de février 1827 le nommé... »

La Chouette avait tiré son stylet. Déjà elle se levait pour frapper sa victime entre les deux épaules. Sarah se retourna de nouveau. La Chouette, pour n'être pas surprise, appuya prestement sa main droite armée sur le dossier du fauteuil de Sarah, et se pencha vers elle afin de répondre à sa nouvelle question.

— J'ai oublié le nom de l'homme qui vous a confié l'enfant, — dit la comtesse.

« Pierre Tournemine — répéta Sarah en continuant d'écrire, — actuellement au bagne de Rochefort, m'a remis un enfant qui lui avait été confié par la femme de charge du... »

La comtesse ne put achever... La Chouette, après s'être doucement débarrassée de son cabas en le laissant couler à ses pieds, s'était jetée sur la comtesse avec autant de rapidité que de furie, de sa main gauche l'avait saisie à la nuque, et, lui appuyant le visage sur la table, lui avait, de sa main droite, planté le stylet entre les deux épaules...

Cet abominable meurtre fut exécuté si brusquement que la comtesse ne poussa pas un cri, pas une plainte... Toujours assise, elle resta le haut du corps et le front sur la table. Sa plume s'échappa de sa main.

— Le même coup que *fourline*... au petit vieillard de la rue du Roule... — dit le monstre.

—Encore une qui ne parlera plus... son compte est fait.

Et la Chouette, s'emparant à la hâte des pierreries, qu'elle jeta dans son cabas, ne s'aperçut pas que sa victime respirait encore. Le meurtre et le vol accomplis, l'horrible vieille ouvrit la porte vitrée, disparut rapidement dans l'allée d'arbres verts, sortit par la petite porte de la ruelle et gagna les terrains déserts.

(*La suite au prochain numéro.*)

— Le baronnet, lui, m'a glissé dans la main un second billet. (Page 710.)

COMMENT ON AIME (suite).

« Ce fut alors que je résolus de cacher à votre famille la honte de ma famille. Je cessai de vous écrire, et je dérobai à vos recherches jusqu'à la trace de mes pas. Douloureux effort, je vous le jure, et qui m'arracha bien des larmes secrètes. Mais pouvais-je agir autrement sans manquer envers vous et envers les vôtres de délicatesse et de respect? Ma mère avait été surnommée *la Lionne*. Ma tante était appelée *la Baccarat*. Elle tenait table ouverte à tous les fils de famille qui aiment à jeter leur or sur une carte. Quelques étrangers fréquentaient son salon. Deux d'entre eux étaient surtout les bienvenus auprès de ma tante : c'étaient le chevalier Pazzi et sir Stanville. Je fus un soir présentée à eux. Ils m'adressèrent mille éloges et m'entourèrent de mille prévenances. Je vis bientôt que ma tante désirait que l'un des deux me plût. Mais j'avais le cœur triste, l'esprit un peu sauvage, et je répondis mal à leurs avances. Mes froideurs cependant ne les rebutèrent point, et un événement inattendu vint me contraindre à m'adoucir à leur égard. A la suite de nombreuses insomnies et de pertes réitérées au baccarat, ma tante contracta une maladie inflammatoire qui, en peu de temps, la mit à toute extrémité. Se sentant mourir, elle appela le chevalier Pazzi et sir Stanville, auxquels elle me recommanda chaleureusement :

« — Je vous la confie, leur dit-elle. Puis, se tournant vers moi, elle reprit : Songe, Christine, que tu vas être seule au monde. Je te laisse deux amis ; choisis l'un deux pour protecteur. »

« Cela dit, ses yeux se fermèrent pour ne plus se rouvrir. Quelques jours plus tard, j'appris que ma tante avait de nombreux créanciers. On eût saisi et vendu tout ce qu'elle me léguait, si le chevalier et le baronnet n'eussent payé ses dettes. Cet acte de générosité m'engageait envers eux. Je leur annonçai bientôt que je me conformerais au vœu de ma tante ; mais j'exigeai qu'on me laissât le temps de m'habituer à cette idée et de faire un choix réfléchi. Six mois se sont écoulés depuis lors. Je ne me suis pas encore prononcée. Le chevalier Pazzi et sir Stanville commencent à s'impatienter. Ils sont d'ailleurs sur le point de partir, l'un pour l'Italie, l'autre pour l'Angleterre, et ils m'ont envoyé ce matin les magnifiques choses que vous venez d'admirer, en me priant de hâter ma détermination.

« Voilà, mon bon Claude, dit-elle en terminant voilà mon histoire et ma situation. Vous estimez maintenant, j'en suis sûre, la conduite que j'ai tenue à l'égard de votre famille, et vous ne serez pas trop sévère pour la pauvre fille qui se débat en vain sur la pente où l'a placée le hasard de sa naissance. »

Christine se tut. Claude lui dit :

— Je comprends votre réserve et je plains votre malheur, Christine. Je regrette toutefois, que vous ne vous soyez point confiée à moi dans le passé. J'eusse décidé ma mère à tenter une démarche auprès de la vôtre, qui aurait peut-être consenti à vous renvoyer parmi nous.

— Ma mère n'y eût jamais consenti : elle se reprochait trop de m'avoir abandonnée.

— Mais aujourd'hui, Christine, vous êtes libre, personne ne peut empêcher votre retour aux Charmilles. Venez y reprendre votre place à la table et au foyer. Vous trouverez là-bas des amis pour vous soutenir dans la voie du bien.

— Y pensez-vous, Claude ? Ce que j'eusse peut-être accepté de vos vieux parents, convient-il que je l'accepte de votre femme, une étrangère pour moi ?

— Mais alors ne pouvez-vous travailler à Paris, et vous affranchir ainsi ?

— Hélas ! mon ami, je n'ai point d'état. On ne m'a appris que des choses inutiles, et je ne suis bonne à rien.

— Vous êtes belle du moins, Christine. En dépit du sort contraire, vous avez d'honnêtes sentiments. Sir Stanville et le chevalier Pazzi doivent vous aimer et vous apprécier. Pourquoi l'un d'eux ne vous épouse-t-il pas ?

— Parce qu'un homme du monde n'épouse pas la fille de la Lionne et la nièce de la Baccarat... Ah ! Claude, cessez de vous tourmenter de mon sort. Vous n'y pouvez rien. Il faut que je le subisse fatalement. Si ma destinée n'est pas heureuse, il me sera doux du moins de penser que vous avez le bonheur sous les ombrages du gracieux domaine où j'ai vécu mes plus beaux jours.

Claude était devenu sombre et paraissait pensif.

En ce moment, la porte du boudoir s'ouvrit, et Lucette annonça que le chevalier Pazzi et sir Stanville étaient au salon. Claude se leva et dit adieu à Christine.

— Je ne vous reverrai sans doute plus jamais, murmura-t-elle tristement.

Une émotion violente se refléta nerveusement à ces paroles sur le visage de Claude.

— Nous nous reverrons une fois encore, répondit-il après un profond silence.

— Quand donc ?

— Aujourd'hui même, car je pars demain.

— Merci, mon ami ; cette promesse me réjouit.

Lucette reconduisit Claude par une petite porte qui communiquait directement avec l'antichambre. Puis elle revint auprès de sa maîtresse, qui lui dit de faire entrer sir Stanville et le chevalier Pazzi.

III

Le chevalier Pazzi était un homme aux allures vives, à la physionomie animée. Sir Stanville, au contraire, avait un calme parfait dans les mouvements, une douceur un peu froide dans les traits. Les manières aisées de l'un et de l'autre annonçaient l'habitude du monde, ainsi qu'une certaine infatuation, produite par le sentiment de leur mérite et le chiffre de leur fortune.

Le chevalier baisa l'une des mains de Christine; le baronnet se contenta de presser l'autre. Apercevant l'écrin, la corbeille et les lettres, le chevalier s'écria :

— *Per Dio!* ma toute belle, je vois que vous avez reçu nos petits cadeaux et nos petites missives. Eh bien! que décidez-vous?

— Nous sommes l'un et l'autre à la veille de quitter la France, Christine, reprit le baronnet; votre arrêt ne saurait être retardé davantage.

— Nous vous le répétons, ajouta le chevalier, celui que cet arrêt frappera d'exclusion ne se plaindra pas. Il pourra vous regretter, mais non vous en vouloir. C'est convenu.

Tandis que tous les deux s'exprimaient ainsi, Christine les observait attentivement. Elle semblait faire effort pour surprendre dans l'un d'eux quelque charme particulier, qui réveillât en elle un intérêt de prédilection. Mais rien ne vint, cette fois encore, lui inspirer une préférence, car elle répondit avec une sorte de découragement :

— En vérité, messieurs, il faut que la reconnaissance dont vos bontés me pénètrent s'équilibre bien exactement; j'ai beau vouloir me contraindre à faire un choix entre vous, je n'y puis parvenir.

— *Diavolo! Diavolo!* Belzébuth s'est donc mis de la partie? Voilà qui est vraiment bizarre.

— Vraiment bizarre, en effet, répéta le baronnet, car nous ne réussissons pas mieux que Christine à résoudre la difficulté.

— Voyez plutôt, *cara mia*. Ce matin...

Sir Stanville interrompit le chevalier.

— Est-ce que vous allez raconter cette plaisanterie? dit-il. *Shocking!...*

— Bah! elle est drôle, cette plaisanterie, et elle amusera certainement Christine. Et puis elle lui prouvera que nous essayons à l'amiable de lui venir en aide dans cette conjoncture.

— Au fait, dit paisiblement le baronnet, l'intention était bonne, et l'indécision perpétuelle de Christine doit nous faire regretter qu'elle n'ait pas été suivie d'effet.

— Vous m'intriguez beaucoup, messieurs. Parlez, chevalier Pazzi!

— Ce matin donc, le baronnet et moi, nous nous sommes rencontrés au *café Anglais*. La conversation tomba naturellement sur vous, Christine. Nous exprimions la crainte que, malgré les termes pressants de la lettre que chacun de nous venait de vous adresser, il vous fût difficile de sortir de votre irrésolution. Alors j'offris au baronnet le moyen de décider nous-mêmes la question. « — Eh! comment cela? demanda-t-il. — Nous sommes à peu près d'égale force à l'escrime et au tir, lui répondis-je; eh bien! je vous propose... »

— Un duel? s'écria Christine avec effroi.

Le baronnet sourit.

— Non, un assaut au fleuret chez Grisier, dit-il, et une partie de pistolet chez Lepage.

Christine se sentit presque honteuse de sa méprise. Sans aucun doute elle eût été au désespoir que deux hommes se fussent battus pour elle; et cependant elle éprouvait dans l'âme comme une tristesse amère à la pensée que le chevalier et le baronnet ne consentiraient peut-être pas à exposer leur vie pour la fille de la Lionne et la nièce de la Baccarat.

Un nuage passa sur les yeux de Christine. Ses deux interlocuteurs ne le remarquèrent pas, et le chevalier poursuivit gaiement :

— Le baronnet accepta la proposition. Nous nous rendîmes à la salle d'armes, où, gantés, plastronnés et masqués, nous ferraillâmes avec acharnement. Il était convenu que celui de nous qui serait touché renoncerait à vous, Christine. Mais vainement, pendant plus d'une heure, je me ruai sur mon partner. Il écartait adroitement chacun de mes coups. Quant à moi, j'esquivais à merveille ses ripostes. Si bien que, exténués, brisés, nous fûmes obligés de mettre fin à l'assaut sans avoir obtenu le plus mince résultat. Que voulez-vous? Nous avons fait des prodiges d'adresse pour n'être pas contraints de renoncer à vous.

— Cela me flatte infiniment, dit Christine d'un ton sec.

— Oh! oh! dit le baronnet, voilà une petite inflexion de voix qui dénote un peu de mécontentement. Est-ce que notre procédé vous blesse, mon enfant? Je vous le répète : nous avons cru vous complaire en tranchant nous-mêmes le nœud gordien de vos hésitations.

— Soit, dit la jeune fille dont la voix s'adoucit. Je regrette alors que vous ayez été si adroits... ou si maladroits l'un et l'autre, car votre assaut ne me tire guère d'incertitude.

— Eh! *poverina*, reprit le chevalier en riant,

vous ne savez pas encore jusqu'où nous avons poussé l'adresse... ou la maladresse, selon votre épigrammatique expression. Écoutez ceci : au sortir de la salle d'armes, sir Stanville et moi, nous avons fait une station chez Tortoni. Puis, fouette cocher! nous nous sommes rendus chez Lepage. Là une nouvelle lutte s'est engagée au pistolet. Après avoir cassé de part et d'autre un nombre égal de poupées, il fut convenu que nous tirerions la mouche, et que celui-là se représenterait seul chez vous, qui aurait été le plus adroit. Trente balles furent réservées à chacun de nous. Ces trente balles épuisées, devinez ce que l'on constata.

— On constata peut-être que sir Stanville et vous aviez fait la même quantité de mouches? dit Christine curieuse en dépit d'elle-même.

— Juste. Est-ce assez diabolique? Irrité par cette raillerie du hasard, je proposai au baronnet de recommencer sur-le-champ la partie. Mais il était fatigué et refusa.

— Et puis, se hâta d'ajouter sir Stanville, il pouvait arriver que la malignité du destin annulât de nouveau nos efforts personnels. Je préférais recourir à un autre moyen indirect.

— Ah! fit Christine... Et ce moyen... indirect... quel est-il?

— Le voici, il est bien simple : il y a des courses aujourd'hui à la Marche. Deux pur sang anglais, Roméo et Juliette, doivent courir ensemble et clore le programme de la fête hippique. J'ai proposé un pari au chevalier.

— *E viva l'Inghilterra!* Il n'y a vraiment que les Anglais pour concevoir de ces idées-là. Qu'en dites-vous, Christine?

— Je suis l'enjeu de ce pari? demanda la jeune fille avec une subite émotion.

— Sans doute, ma toute belle.

— Et vous avez accepté la proposition du baronnet, chevalier?

— Je l'ai acceptée, Christine. Comme je me pique de galanterie, j'ai déjà parié pour Juliette, quoique je n'aie pas l'avantage de la connaître.

Christine avait pâli ; elle était muette et sérieuse. Qu'on se disputât sa personne dans une lutte sans danger, à l'épée ou au pistolet, cela froissait sa légitime susceptibilité, et cependant elle ne s'en était pas trop formalisée. Mais qu'on fît dépendre sa destinée d'une course de chevaux, cela lui semblait vraiment intolérable, et elle fut tentée de déclarer qu'elle se prononçait en faveur du chevalier, pour se venger du baronnet. Mais celui-ci comprit qu'il avait blessé au vif l'amour-propre de la jeune fille, et, avec un empressement qui lui était peu habituel, il se répandit en excuses.

— Mon idée vous fâche, je le vois, Christine, lui dit-il. Ah! ne m'en veuillez point. Je ne suis pas un impertinent, mais un maniaque. Comme *gentleman-rider*, j'aime les belles races chevalines, et malgré moi je les mêle à mes préoccupations. Les courses sont mes fêtes, et je n'ai pas réfléchi qu'il est des solennités auxquelles on ne doit pas associer votre charmante et délicate personne. Aussi ai-je déjà reconnu mes torts, et retiré-je ma proposition.

A ces paroles, l'émotion pénible de Christine se dissipa. Elle tendit au baronnet sa petite main, qu'il pressa avec plus d'effusion qu'on ne l'en eût cru capable.

— J'avoue, sir Stanville, lui dit-elle, qu'il me déplaisait fort d'être l'enjeu d'un pari sur une course, même de pur sang. J'accepte vos excuses et vous pardonne votre inadvertance.

— Inadvertance, c'est le mot, observa malicieusement le chevalier; car enfin mon ami le baronnet vous assimilait, par mégarde, à ces liasses de banknotes qu'on engage d'ordinaire sur les courses de Piccadilly et d'Epsom. Le maladroit!

— Il a eu la maladresse de proposer, et vous avez eu celle d'accepter, chevalier Pazzi.

— *Pretty well!* exclama sir Stanville ; parez cette botte-là, si vous pouvez, ô mon excellent ami!

— Et d'ailleurs, reprit Christine en devenant railleuse, plus j'y réfléchis et moins j'aperçois de différence entre l'assaut, la partie de mouche et le pari au sujet de Roméo et Juliette. Au fond, tout cela se vaut, puisque tout cela tendait au même but.

— Parfaitement raisonné, reprit le baronnet avec une visible satisfaction.

— *Corpo di Bacco!* dit gaiement le chevalier, je me voyais au Capitole, et voici que je roule sur la roche Tarpéienne.

— Rassurez-vous, repartit Christine, je l'ai matelassée d'avance, et vous ne vous y heurterez pas trop violemment.

— Ce qui signifie que vous me pardonnez comme au baronnet. Vous êtes adorable!

(La suite au prochain numéro.)

Le propriétaire-gérant : F. ROY.

LES MYSTÈRES DE PARIS

La Chouette tomba en avant en poussant une imprécation terrible. (Page 715.)

Près de l'Observatoire, elle prit un fiacre qui la conduisit chez Bras-Rouge, aux Champs-Élysées.

La veuve Martial, Nicolas, Calebasse et Barbillon avaient, on le sait, donné rendez-vous à la Chouette dans ce repaire pour voler et tuer la courtière en diamants.

CHAPITRE XX

L'AGENT DE SURETÉ

Le lecteur connaît déjà le cabaret du *Cœur saignant*, situé aux Champs-Élysées, proche le Cours-la-Reine, dans l'un des vastes fossés qui avoisinaient cette promenade il y a quelques années.

Les habitants de l'île du Ravageur n'avaient pas encore paru.

Depuis le départ de Bradamanti, qui avait, on le sait, accompagné la belle-mère de madame d'Harville en Normandie, Tortillard était revenu chez son père. Placé en vedette en haut de l'escalier, le petit boiteux devait signaler l'arrivée des Martial par un cri convenu, Bras-Rouge étant alors en conférence secrète avec un agent de sûreté nommé Narcisse Borel, que l'on se souvient peut-être d'avoir vu au tapis-franc de l'ogresse, lorsqu'il vint y arrêter deux scélérats accusés de meurtre. Cet agent, homme de quarante ans environ, vigoureux et trapu, avait le teint coloré, l'œil fin et perçant, la figure complétement rasée, afin de pouvoir prendre divers déguisements nécessaires à ses dangereuses expéditions; car il lui fallait joindre souvent la souplesse de transfiguration du comédien au courage et à l'énergie du soldat pour parvenir à s'emparer de certains bandits contre lesquels il devait lutter de ruse et de détermination. Narcisse Borel était, en un mot, l'un des instruments les plus utiles, les plus actifs de cette providence au petit pied appelée modestement et vulgairement *la police*.

. . . .

Revenons à l'entretien de Narcisse Borel et de Bras-Rouge... Cet entretien semblait très-animé.

— Oui, — disait l'agent de sûreté, — on vous accuse de profiter de votre position à double face pour prendre impunément part aux vols d'une bande de malfaiteurs très-dangereux, et pour donner sur eux de fausses indications à la police de sûreté. Prenez garde, Bras-Rouge! si cela était découvert, on serait sans pitié pour vous.

— Hélas! je sais qu'on m'accuse de cela, et c'est désolant, mon bon monsieur Narcisse, — répondit Bras-Rouge en donnant à sa figure de fouine une expression de chagrin hypocrite; — mais j'espère qu'aujourd'hui enfin on me rendra justice, et que ma bonne foi sera reconnue...

— Nous verrons bien!

— Comment peut-on se défier de moi?... est-ce que je n'ai pas fait mes preuves?... Est-ce moi, oui ou non, qui dans le temps vous ai mis à même d'arrêter en flagrant délit Ambroise Martial, un des plus dangereux malfaiteurs de Paris? Car, comme on dit, bon chien chasse de race, et la race des Martial vient de l'enfer, où elle retournera si le bon Dieu est juste...

— Tout cela est bel et bon... mais Ambroise était prévenu qu'on allait venir l'arrêter; si je n'avais pas devancé l'heure que vous m'aviez indiquée, il échappait.

— Me croyez-vous capable, monsieur Narcisse, de lui avoir secrètement donné avis de votre arrivée?

— Ce que je sais, c'est que j'ai reçu de ce brigand-là un coup de pistolet à bout portant, qui heureusement ne m'a traversé que le bras.

— Dame! monsieur Narcisse, il est sûr que dans votre partie on est exposé à ces malentendus-là...

— Ah! vous appelez ça des malentendus?

— Certainement, car il voulait sans doute, le scélérat, vous loger la balle dans le corps.

— Dans le bras, dans le corps ou dans la tête, peu importe, ce n'est pas de cela que je me plains; chaque état a ses désagréments.

— Et ses plaisirs donc, monsieur Narcisse, et ses plaisirs! Par exemple, lorsqu'un homme aussi fin, aussi adroit, aussi courageux que vous... est depuis longtemps sur la piste d'une nichée de brigands, qu'il les suit de quartier en quartier, de bouge en bouge, avec un bon limier comme votre serviteur Bras-Rouge, et qu'il finit par les traquer et les cerner dans une souricière dont aucun ne peut échapper... avouez, monsieur Narcisse, qu'il y a là un grand plaisir... une joie de chasseur... sans compter le service que l'on rend à la justice, — ajouta gravement le tavernier du *Cœur saignant*.

— Je serais assez de votre avis, si le limier était fidèle; mais je crains qu'il ne le soit pas.

— Ah! monsieur Narcisse, vous croyez...

— Je crois qu'au lieu de nous mettre sur la voie vous vous amusez à nous égarer, et que vous abusez de la confiance qu'on a en vous. Chaque jour vous promettez de nous aider à mettre la main sur la bande... Ce jour n'arrive jamais.

— Et si ce jour arrive aujourd'hui, monsieur Narcisse, comme j'en suis sûr; et si je vous fais ramasser Barbillon, Nicolas Martial, la veuve, sa fille et la Chouette, sera-ce, oui ou non, un bon coup de filet? Vous méfierez-vous encore de moi?

— Non, et vous aurez rendu un véritable service; car on a contre cette bande de fortes présomptions, des soupçons presque certains, mais malheureusement aucune preuve.

— Aussi un petit bout de flagrant délit, en permettant de les pincer, aiderait furieusement à débrouiller leurs cartes, hein ! monsieur Narcisse ?

— Sans doute... Et vous m'assurez qu'il n'y a pas eu provocation de votre part dans le coup qu'ils vont tenter ?

— Non, sur l'honneur !... C'est la Chouette qui est venue me proposer d'attirer la courtière chez moi, lorsque cette infernale borgnesse a appris par mon fils que Morel le lapidaire, qui demeure rue du Temple, travaillait en vrai au lieu de travailler en faux, et que la mère Mathieu avait souvent sur elle des valeurs considérables. J'ai accepté l'affaire en proposant à la Chouette de nous adjoindre les Martial et Barbillon, afin de vous mettre toute la séquelle sous la main.

— Et le Maître d'école, cet homme si dangereux, si fort et si féroce, qui était toujours avec la Chouette ?... un des habitués du tapis-franc ?

— Le Maître d'école ?... dit Bras-Rouge en feignant l'étonnement.

— Oui, un forçat évadé du bagne de Rochefort, un nommé Anselme Duresnel, condamné à perpétuité. On sait maintenant qu'il s'est défiguré pour se rendre méconnaissable... N'avez-vous aucun indice sur lui ?

— Aucun... — répondit intrépidement Bras-Rouge qui avait ses raisons pour faire ce mensonge, car le Maître d'école était alors enfermé dans une des caves du cabaret.

— Il y a tout lieu de croire que le Maître d'école est l'auteur de nouveaux assassinats. Ce serait une capture importante...

— Depuis six semaines, on ne sait pas ce qu'il est devenu.

— Aussi vous reproche-t-on d'avoir perdu sa trace.

— Toujours des reproches... monsieur Narcisse... toujours !...

— Ce ne sont pas les raisons qui manquent... Et la contrebande ?

— Ne faut-il pas que je connaisse un peu de toutes sortes de gens, des contrebandiers comme d'autres, pour vous mettre sur la voie ?... Je vous ai dénoncé ce tuyau à introduire des liquides... établi en dehors de la barrière du Trône et aboutissant dans une maison... de la rue...

— Je sais tout cela, — dit Narcisse en interrompant Bras-Rouge ; — mais pour un que vous dénoncez vous en faites peut-être échapper dix, et vous continuez impunément votre trafic... Je suis sûr que vous mangez à deux râteliers, comme on dit.

— Ah ! monsieur Narcisse... je suis incapable d'une faim aussi malhonnête...

— Et ce n'est pas tout ; rue du Temple, numéro 17, loge une femme Burette, prêteuse sur gages, que l'on accuse d'être votre recéleuse particulière, à vous.

— Que voulez-vous que j'y fasse, monsieur Narcisse ? on dit tant de choses, le monde est si méchant !... Encore une fois, il faut bien que je fraye avec le plus grand nombre de coquins possible, que j'aie même l'air de faire comme eux... pis qu'eux, pour ne pas leur donner de soupçons ; mais ça me navre... de les imiter... ça me navre !... Il faut que je sois bien dévoué au service, allez... pour me résigner à ce métier-là...

— Pauvre cher homme !... je vous plains de toute mon âme.

— Vous riez, monsieur Narcisse ?... Mais, si l'on croit ça, pourquoi n'a-t-on pas fait une descente chez la mère Burette et chez moi ?

— Vous le savez bien... pour ne pas effaroucher ces bandits, que vous nous promettez de nous livrer depuis si longtemps.

— Et je vais vous les livrer, monsieur Narcisse ; avant une heure, ils seront ficelés... et sans trop de peine, car il y a trois femmes. Quant à Barbillon et à Nicolas Martial, ils sont féroces comme des tigres, mais lâches comme des poules.

— Tigres ou poules, — dit Narcisse en entr'ouvrant sa longue redingote et montrant la crosse de deux pistolets qui sortaient des goussets de son pantalon, — j'ai là de quoi les servir.

— Vous ferez toujours bien de prendre deux de vos hommes avec vous, monsieur Narcisse ; quand ils se voient acculés, les plus poltrons deviennent quelquefois des enragés.

— Je placerai deux de mes hommes dans la petite salle basse, à côté de celle où vous ferez entrer la courtière... Au premier cri, je paraîtrai à une porte, mes deux hommes à l'autre...

— Il faut vous hâter, car la bande va arriver d'un moment à l'autre, monsieur Narcisse.

— Soit ! je vais poster mes hommes... Pourvu que ce ne soit pas encore pour rien... cette fois.

L'entretien fut interrompu par un sifflement particulier, destiné à servir de signal.

Bras-Rouge s'approcha d'une fenêtre pour voir quelle personne Tortillard annonçait.

— Tenez... voilà déjà la Chouette. Eh bien! me croyez-vous, à présent, monsieur Narcisse?

— C'est déjà quelque chose, mais ce n'est pas tout; enfin nous verrons; je cours placer mes hommes.

Et l'agent de sûreté disparut par une porte latérale.

CHAPITRE XXI

LA CHOUETTE

La précipitation de la marche de la Chouette, les ardeurs féroces d'une fièvre de rapine et de meurtre qui l'animaient encore avaient empourpré son hideux visage; son œil étincelait d'une joie sauvage.

Tortillard la suivait sautillant et boitant. Au moment où elle descendait les dernières marches de l'escalier, le fils de Bras-Rouge, par une méchante espièglerie, posa son pied sur les plis traînants de la robe de la Chouette. Ce brusque temps d'arrêt fit trébucher la vieille. Ne pouvant se retenir à la rampe, elle tomba sur ses genoux, les deux mains tendues en avant, abandonnant son précieux cabas, d'où s'échappa un bracelet d'or garni d'émeraudes et de perles fines... La Chouette, s'étant dans sa chute quelque peu excorié les doigts, ramassa le bracelet, qui n'avait pas échappé à la vue perçante de Tortillard, se releva et se précipita furieuse sur le petit boîteux, qui s'approchait d'elle d'un air hypocrite en lui disant :

— Ah! mon Dieu! le pied vous a donc fourché?

Sans lui répondre, la Chouette saisit Tortillard par les cheveux, et, se baissant au niveau de sa joue, le mordit avec rage; le sang jaillit sous sa dent...

Chose étrange! Tortillard, malgré sa méchanceté, malgré le ressentiment d'une cruelle douleur, ne poussa pas une plainte, pas un cri...

Il essuya son visage ensanglanté et dit en riant d'un air forcé :

— J'aime mieux que vous ne m'embrassiez pas si fort une autre fois... hé... la Chouette!...

— Méchant petit momacque, pourquoi as-tu mis exprès ton pied sur ma robe... pour me faire tomber?

— Moi? Ah bien! par exemple... je vous jure que je ne l'ai pas fait exprès, ma bonne Chouette... Plus souvent que votre petit Tortillard aurait voulu vous faire du mal... il vous aime trop pour cela; vous avez beau le battre, le brusquer, le mordre, il vous est attaché comme le pauvre petit chien l'est à son maître, — dit l'enfant d'une voix pateline et doucereuse.

Trompée par l'hypocrisie de Tortillard, la Chouette le crut et lui répondit :

— A la bonne heure! si je t'ai mordu à tort, ce sera pour toutes les autres fois que tu l'aurais mérité, brigand!... Allons, vive la joie!... aujourd'hui je n'ai pas de rancune... Où est ton filou de père?

— Dans la maison... Voulez-vous que j'aille le chercher?...

— Non... Les Martial sont-ils venus?

— Pas encore...

— Alors j'ai le temps de descendre chez *fourline;* j'ai à lui parler, au vieux sans yeux...

— Vous allez au caveau du Maître d'école? — dit Tortillard en dissimulant à peine une joie diabolique.

— Qu'est-ce que ça te fait?

— A moi?

— Oui; tu m'as demandé cela d'un drôle d'air.

— Parce que je pense à quelque chose de drôle.

— Quoi?

— C'est que vous devriez bien au moins lui apporter un jeu de cartes pour le désennuyer, — reprit Tortillard d'un air narquois; — ça le changerait un peu... il ne joue qu'à être mordu par les rats; à ce jeu-là, il gagne toujours, et à la fin ça lasse.

La Chouette rit aux éclats de ce lazzi, et dit au petit boiteux :

— Amour de momacque à sa maman!... je ne connais pas un moutard pour avoir déjà plus de vice que ce gueux-là... Va chercher une chandelle, tu m'éclaireras pour descendre chez *fourline*... et tu m'aideras à ouvrir la porte... tu sais bien qu'à moi toute seule je ne peux pas seulement la pousser.

— Ah bien! non, il fait trop noir dans la cave, — dit Tortillard en hochant la tête.

— Comment! comment! toi qui es mauvais comme un démon, tu serais poltron? je voudrais bien voir ça... Allons, va vite, et dis à ton père que je vas revenir tout à l'heure... que je suis avec *fourline*... que nous causons de la publication des bans de notre mariage... eh! eh! eh! — ajouta le monstre en ricanant. — Voyons, dépêche-toi, tu seras garçon de noce, et, si tu es gentil, c'est toi qui prendras ma jarretière...

Tortillard alla chercher une lumière d'un air maussade.

En l'attendant, la Chouette, toute à l'ivresse du succès de son vol, plongea sa main droite dans son cabas pour y manier les bijoux précieux qu'il renfermait. C'était pour cacher momentanément ce trésor qu'elle voulait descendre dans le caveau du Maître d'école, et non pour jouir, selon son habitude, des tourments de sa nouvelle victime. Nous dirons tout à l'heure pourquoi, du consentement de Bras-Rouge, la Chouette avait relégué le Maître d'école dans ce même réduit souterrain où ce brigand avait autrefois précipité Rodolphe.

(La suite au prochain numéro.)

COMMENT ON AIME

LE TROISIÈME LARRON

(SUITE)

— Et adorée! ajouta sir Stanville avec un calme britannique. Mais, poursuivit-il, la question de votre choix n'est pas encore résolue. Cependant il y a urgence.

— De grâce, Christine, faites un effort, exprimez une préférence!

— Tirez-nous à pile ou face, s'il le faut. Vous userez ainsi de représailles, et nous vous promettons de ne point vous en vouloir.

— Eh bien! vous aurez une réponse décisive, messieurs, si vous prenez la peine de passer chez moi ce soir ou demain, répondit Christine.

— Ce soir, comptez sur votre admirateur, dit le chevalier.

— Ce soir, comptez sur votre ami dévoué, dit le baronnet.

— Est-ce que vous vous rendez aux courses? demanda la jeune fille en accompagnant ses visiteurs jusqu'à la porte du boudoir.

— Un moment. Nous y sommes attendus.

— Bonne chance à Roméo et à Juliette!

Sir Stanville et le chevalier Pazzi protestèrent qu'ils avaient franchement renoncé au pari.

— Bien, reprit Christine. Sans rancune alors, messieurs!

Lorsqu'elle fut seule, elle redevint pensive. Pour la centième fois, elle essayait de comparer entre eux le baronnet et le chevalier. Pour la centième fois, elle pesait dans son esprit leurs défauts et leurs qualités. Mais, en dépit d'elle-même, elle ne parvenait à conclure ni en faveur de l'un ni en faveur de l'autre. Que si par hasard un penchant subit l'entraînait momentanément vers le chevalier, une réflexion, un souvenir, un rien, la ramenait bien vite au baronnet et rétablissait entre eux l'équilibre rompu. Elle s'impatientait par instants de cette situation à laquelle elle ne comprenait rien. Cela n'était pourtant pas difficile à expliquer. D'abord le chevalier et le baronnet avaient également droit à la reconnaissance de Christine. Puis, à part quelques différences extérieures, tous les deux se ressemblaient dans la forme et dans le fond. Ils étaient hommes du monde et avaient le même cachet d'élégance et de distinction. Incapables d'aimer sérieusement, l'un et l'autre n'ambitionnaient de protéger Christine que parce qu'elle était admirablement jolie, et qu'une telle compagne de plaisir devait être une douce flatterie à leur vanité. Un certain désir sensuel venait encore s'ajouter à ce dernier mobile; mais il manquait à tout cela une chose puissante, une chose qui électrise : un peu de cœur. Dans son inexpérience, Christine ne se rendit que vaguement compte de ces diverses particularités; mais elles paralysaient à son insu les efforts de sa volonté.

Fatiguée de la lutte qui se prolongeait vainement en elle, elle venait de se rasseoir sur l'ottomane, lorsque Lucette entra.

Celle-ci avait l'air radieux. Elle tenait dans chaque main une petite feuille de papier jauni, qu'elle agitait en riant.

— Qu'est-ce que cela? demanda sa maîtresse.

— Deux billets de banque de cent francs, mademoiselle.

— Qui t'a fait cette largesse?

— Le chevalier et le baronnet.

— A quel propos?

— A propos de vous, mademoiselle. Le chevalier m'a remis en secret un de ces billets, et m'a dit tout bas : « Parle pour moi à ta maîtresse, répète-lui que je lui donnerai un de mes palais à Florence. »

— Ah!... Et le baronnet?

— Le baronnet, lui m'a glissé dans la main le second billet en murmurant : « Essaye de faire mon éloge à ta maîtresse. Promets de ma part un des plus magnifiques équipages de Londres. »

— De sorte que te voilà obligée, en conscience, de plaider deux causes. Comment feras-tu?

— Ma foi! je n'en plaiderai aucune, cela reviendra au même.

— Tu raisonnes à merveille.

— Mademoiselle est bien bonne. Mais j'y songe, est-il indiscret de demander à mademoiselle si elle a mis en pratique l'idée que je lui ai communiquée tantôt?

— Quelle idée, Lucette?

— Celle qui consisterait à comparer l'écrin et la corbeille.

— Je l'avais oubliée. Voyons, développe ces châles, ces étoffes, ces dentelles, et mets-moi ces diamants.

La soubrette se hâta d'obéir à cet ordre. En un instant elle eut déployé sur l'ottomane et sur les meubles toutes les splendeurs offertes par le baronnet, et elle eut embelli la jeune fille de tous les rayonnements empruntés à la munificence du chevalier. Christine s'oublia longtemps à admirer ce qui venait d'être étalé sous ses yeux et ce qui devait si magnifiquement la parer. le regard de ses beaux yeux bleus exprimait l'éblouissement. Peu à peu, cependant, cette vive impression s'affaiblit. Bientôt elle se recueillit et se prit à songer. Comme ses réflexions se prolongeaient, Lucette s'approcha d'elle et lui demanda si elle n'avait rien de nouveau à lui commander.

— Ote-moi ces diamants et remets-les dans l'écrin, dit la jeune fille.

Lucette obéit.

— Maintenant, reprit Christine, replie ces châles, ces étoffes, ces dentelles, et replace-les dans la corbeille.

Quand l'ordre fut exécuté :

— Eh bien! mademoiselle, demanda timidement Lucette, mon idée a-t-elle réussi?

— Pas le moins du monde, ma pauvre enfant. J'ai interrogé ma coquetterie, et elle s'est montrée aussi embarrassée que mon cœur.

— C'est que mademoiselle n'est pas assez coquette, repartit la caméristе.

Un violent coup de sonnette accompagna ces mots. Lucette courut à la porte de l'appartement. Elle revint presque aussitôt et annonça :

— M. Claude Delteil.

IV

— C'est encore moi, dit Claude en entrant. Je ne vous dérange pas?

— Une ancienne amitié est toujours la bienvenue, répondit Christine en faisant un bond vers Claude et en lui serrant les deux mains.

Tous deux s'assirent sur l'ottomane. Christine était souriante et Claude était sérieux; il avait l'air préoccupé. Après l'échange de quelques phrases sans importance, la jeune fille dit à Claude :

— Votre départ est-il toujours fixé à demain?

— Jusqu'à présent, du moins.

— Il se peut donc que vous séjourniez quelques jours encore à Paris?

Claude répondit par un signe de tête affirmatif.

— En ce cas, je vous reverrai, n'est-ce pas? Votre présence, mon ami, m'apporte comme un doux parfum de mon enfance.

— C'est que vous êtes mon plus odorant souvenir. Mais parlons de votre situation. Êtes-vous enfin sortie de vos irrésolutions? A qui donnez-vous la préférence? Est-ce à sir Stanville? Est-ce au chevalier Pazzi?

En l'interrogeant ainsi, Claude avait comme un léger tressaillement dans la voix.

— A aucun d'eux encore. Que voulez-vous? il semble qu'un esprit malin s'oppose à ce que je me place sous la protection de l'un ou de l'autre. Ils ont essayé de résoudre eux-mêmes la difficulté et n'y sont point parvenus.

Elle raconta brièvement les incidents de l'assaut à la salle d'escrime et de la partie de mouche au tir.

— Voilà qui n'est pas sérieux! observa Claude; ce n'est guère honorer la femme qu'on aime que de se la disputer avec des armes inoffensives. A votre place, Christine, j'eusse blâmé une telle conduite.

— J'ai blâmé, mais on s'est excusé et j'ai pardonné. Je ne vous ai raconté ces faits, reprit-elle, que pour vous montrer que la fatalité elle-même refuse de venir à mon aide. Et cependant j'ai promis de me prononcer ce soir.

— Ce soir! répéta Claude qui parut se troubler; comment ferez-vous?

— Je ne sais; à mon tour, je recourrai peut-être au hasard. J'appliquerai la peine du talion. Par exemple, je me soumettrai à celui qui, le premier, se présentera ici dans la soirée.

Le front de Claude s'inclina tristement sur sa poitrine. Il demeura silencieux.

— Vous ai-je déplu? lui demanda Christine alarmée.

— Non, répondit-il. Mais je pense à votre mère, je pense à votre tante, et je ne puis dissiper en moi une impression d'inquiétude et de mélancolie. Quel sera l'avenir réservé à la jeune fille qui s'engage dans la voie qu'elles ont suivie?

— Oh! je compte être assez prudente pour éviter le péril et marcher vers une fin moins funeste que la leur.

— Eh! qui vous dit qu'avant d'être proclamée la Lionne et de devenir la Baccarat votre mère et votre tante n'ont pas rêvé, elles aussi, quelque facile et douce existence dans la demi-sagesse d'une position équivoque? Mais il y a des entraînements irrésistibles. Le vice a mille séductions imprévues. Quelle créature est certaine d'y résister toujours? Et puis il suffit parfois d'une lâche trahison pour exaspérer une âme modérée et la porter aux excès. Êtes-vous sûre de n'être jamais abandonnée et de conserver imperturbablement le calme de votre esprit?

— Vous m'effrayez, Claude! Je tâcherai d'être plus forte que le danger de ma situation. Et puis, à la grâce de Dieu!

— Vous avez vraiment une âme honnête, chère Christine! La destinée a mal agi en vous plaçant dans une sphère qui ne convient pas à vos instincts. Ce qu'il vous faudrait, c'est une vie modeste et régulière, douce et sage, où il vous serait permis de développer à l'aise toutes les bonnes qualités que j'ai connues en germe dans votre cœur, et qui, j'en ai la conviction, n'ont pas encore été altérées par le mauvais air qui vous entoure. Oui, ce qu'il vous faudrait, c'est quelque chose comme la tranquille médiocrité d'une campagne, avec un bon mari faisant activement valoir son bien au soleil, et de beaux enfants s'épanouissant, frais et roses, sur l'herbe, en liberté.

Christine l'écoutait d'un air rêveur. Elle secoua lentement sa jolie tête blonde et se prit à sourire avec mélancolie.

— Vous avez tort, mon ami, dit-elle, de me parler ainsi. A quoi bon? Vous savez bien que je ne rencontrerai jamais ce que vous prétendez devoir me convenir... Et pourtant, je l'avoue, reprit-elle, plus d'une fois dans mes songes j'ai entrevu l'idylle que vous me faites pressentir. J'étais une fermière, une petite fermière, un peu, il est vrai, dans le goût de l'Opéra-Comique. J'habitais à mi-côte une maison normande, blanche, avec des encadrements de briques et des contrevents verts. De belles pelouses, de grands arbres, des plates-bandes en fleurs composaient à l'entour un jardin à l'anglaise. Tout près s'élevaient les bâtiments d'exploitation couverts de chaume. Puis s'étendaient à perte de vue les prairies, les champs et les bois. Avec quelle joie intime je me voyais au milieu de tout cela, allant de la laiterie à la basse-cour, de l'étable à la bergerie, et m'efforçant d'être aimée de tous, même des grands bœufs qui paissent dans les herbages. Mais écartons ces chères images, mon ami : elles ne peuvent qu'éveiller en moi de vains regrets. Revenons bien vite à la réalité.

— La réalité, dit Claude avec une animation soudaine, c'est quelquefois le rêve. Il dépend peut-être de vous, Christine, d'aller vivre sous les ombrages que vous aimez.

Christine regarda Claude avec stupéfaction.

— Je ne vous comprends pas, dit-elle.

— Libre à vous, je vous le répète, chère enfant, de vous écarter du chemin de traverse qui s'ouvre devant vos pas, et d'entrer dans une route mieux frayée et plus sûre. Renonçez au rôle fastueux et misérable d'une maîtresse de grand seigneur, et devenez la femme d'un cultivateur qui, à défaut de luxe coûteux mais précaire, de plaisirs élégants mais fugitifs, vous donnera la paix du cœur et la sécurité de l'avenir.

— De qui donc parlez-vous? murmura Christine contenant avec peine son anxiété. Quel est l'homme assez désintéressé, assez généreux...

— Dites assez aimant, assez dévoué ; cet homme, c'est moi, Christine; moi qui ne veux pas vous laisser exposée à finir comme votre mère et votre tante ; moi qui, en vous revoyant, ai senti se ranimer au fond de mon cœur les vives tendresses d'autrefois, mais bien plus puissantes encore ! J'ignore si c'est là de l'amour : à coup sûr, c'est un intérêt profond, irrésistible, et j'ai compris aussitôt que je ne serais heureux qu'en vous arrachant au destin qui vous menace. Christine, voulez-vous être ma femme ?

— Y pensez-vous ? objecta la jeune fille que l'émotion suffoquait ; et votre fiancée ?...

Claude prit une lettre dans un portefeuille et la montra à Christine.

— Voici ma réponse, dit-il. Le mariage que j'allais contracter au pays était une union convenable, qu'il est facile de rompre avant la dernière heure. Celle que je devais épouser se laissait lier à mon sort avec plus de condescendance que d'entraînement. Elle ne souffrira même pas dans son amour-propre d'une rupture que j'explique avec de bonnes paroles. M'autorisez-vous, Christine, à envoyer cette lettre ?

—Prenez garde, ami ! Je crains que vous ne cédiez à un enthousiasme irréfléchi. Peut-être vous repentiriez-vous un jour.

— Je vous aime, et je ne me repentirai jamais !

Christine s'était levée. Elle se promenait à pas lents, la tête penchée, le regard anxieux. Que se passait-il dans son esprit ? Hésitait-elle cette fois entre le domaine normand, le palais florentin et l'équipage anglais ? N'était-ce pas une de ces âmes menteuses qui soupirent des églogues et redoutent plus que tout au monde la vie silencieuse et occupée des campagnes ? Claude attendait une réponse ; sa physionomie exprimait une violente incertitude. Impatienté bientôt du mutisme de Chistine :

— Me suis-je trompé sur vos sentiments ? dit-il. Dois-je vous dire adieu ?

Le baronnet et le chevalier entraient en ce moment. Ce dernier, sans prendre garde à Claude, s'approcha de la jeune fille et lui dit en riant :

— Ma foi ! il était fort inutile de renoncer au pari que m'avait proposé le baronnet, car Roméo et Juliette ont touché le but en même temps. Voila une particularité vraiment étrange, n'est-il pas vrai ? Comme nous passions sons vos fenêtres, nous n'avons pu résister au désir de vous conter tout de suite cette nouvelle extravagance du hasard.

— Ainsi, vous le voyez, il y a comme une fatalité qui repousse nos expédients, sans doute parce qu'ils sont inconvenants et absurdes. Hâtez-vous de vous décider, Christine. Nous reviendrons ce soir comme c'est convenu.

—J'ai pris une résolution, répondit Christine.

—Eh ! laquelle ? demanda vivement le chevalier.

— Vous désirez que je sois heureuse, n'est-ce pas ?

— Sans doute, répondit le baronnet attentif.

— Eh bien ! messieurs, voici le bonheur dont j'ai fait choix : c'est un mari.

En même temps, elle présentait Claude au baronnet et au chevalier. Ceux-ci parurent interdits.

— Quel est ce jeune homme ? demanda le chevalier recouvrant le premier la parole.

— C'est un ami de mon enfance, messieurs. Sa famille m'avait adopté quand j'étais dans un pensionnat en province. Après deux années de séparation, il m'a revue aujourd'hui même. Je lui ai avoué ma position. Alors il m'a offert sa main, et je l'ai acceptée.

A cette réponse, le chevalier et le baronnet restèrent comme pétrifiés.

— Ne m'en veuillez pas, messieurs, reprit-elle d'un ton doux et charmant. Assez d'autres plus aimables et plus belles se disputeront la place que vous m'avez offerte et vous feront oublier la petite Christine. J'étais un peu triste pour le plaisir, je serai comme il convient pour le devoir.

— Soit, dit le chevalier en prenant tant bien que mal son parti. Soyez vertueuse, puisque tel est votre penchant, et mariez-vous, puisque telle est votre fantaisie.

— Vous avez déjà la parure et la corbeille de noces, reprit sâchement le baronnet. Votre fiancé en sera quitte à peu de frais.

Claude, ému, allait répliquer. Christine le contint par un regard expressif

— Tout ce que je tiens de votre libéralité, messieurs, je désire que vous le repreniez, répondit-elle. Sous peu de jours je quitterai Paris pour me rendre au milieu des campagnes, où je vivrai sans faste. Je compte donc n'emporter de vos bienfaits que le souvenir et la reconnaissance.

Ces paroles, empreintes d'une touchante dignité, fléchirent l'irritation du baronnet et du chevalier.

— Je ne reprends pas ce que j'ai donné, dit l'un.

— Disposez à votre guise de ce qui vient de moi, dit l'autre.

— Merci pour les pauvres ! J'accepte tout pour eux ! répliqua Christine.

Sir Stanville et le chevalier se retiraient avec froideur.

(La suite au prochain numéro.)

Le propriétaire-gérant : F. ROY.

LES MYSTÈRES DE PARIS

La Chouette poussa un gémissement sourd et étouffé. (Page 717.)

Tortillard, tenant un flambeau, reparut à la porte du cabaret. La Chouette le suivit dans la salle basse, où s'ouvrait la large trappe à deux vantaux que l'on connaît déjà. Le fils de Bras-Rouge, abritant sa lumière dans le creux de sa main et précédé de la vieille, descendit lentement un escalier de pierre conduisant à une pente rapide, au bout de laquelle se trouvait la porte épaisse du caveau qui avait failli devenir le tombeau de Rodolphe. Arrivé au bas de l'escalier, Tortillard parut hésiter à suivre la Chouette.

— Eh bien!... méchant lambin... avance donc! — lui dit-elle en se retournant.

— Dame! il fait si noir... et puis vous allez si vite, la Chouette!... Mais, au fait, tenez...

j'aime mieux m'en retourner... et vous laisser la chandelle.

— Et la porte du caveau, imbécile!... Est-ce que je peux l'ouvrir à moi toute seule? Avanceras-tu?

— Non... j'ai trop peur.

— Si je vais à toi... prends garde!...

— Puisque vous me menacez, je remonte...

Et Tortillard recula de quelques pas.

— Eh bien! écoute... sois gentil, — reprit la Chouette en contenant sa colère, — je te donnerai quelque chose...

— A la bonne heure! — dit Tortillard en se rapprochant; — parlez-moi ainsi, et vous ferez de moi tout ce que vous voudrez, mère la Chouette.

— Avance, avance! je suis pressée...

— Oui; mais promettez-moi que vous me laisserez aguicher le Maître d'école.

— Une autre fois... aujourd'hui je n'ai pas le temps.

— Rien qu'un petit peu; laissez-moi seulement le faire écumer...

— Une autre fois... Je te dis qu'il faut que je remonte tout de suite.

— Pourquoi donc voulez-vous ouvrir la porte de son *appartement?*

— Ça ne te regarde pas. Voyons, finiras-tu? Les Martial sont peut-être déjà en haut, il faut que je leur parle... Sois gentil, et tu n'en seras pas fâché... Arrive!

— Il faut que je vous aime bien, allez, la Chouette... vous me faites faire tout ce que vous voulez, — dit Tortillard en s'avançant lentement.

La clarté blafarde, vacillante, de la chandelle, éclairant vaguement ce sombre couloir, dessinait la noire silhouette du hideux enfant sur les murailles verdâtres, lézardées, ruisselantes d'humidité. Au fond du passage, à travers une demi-obscurité, on voyait le cintre bas, écrasé, de l'entrée du caveau, sa porte épaisse, garnie de bandes de fer, et, se détachant dans l'ombre, le tartan rouge et le bonnet blanc de la Chouette. Grâce à ses efforts et à ceux de Tortillard, la porte s'ouvrit en grinçant sur ses gonds rouillés. Une bouffée de vapeur humide s'échappa de cet antre obscur comme la nuit. La lumière, posée à terre, jetait quelques lueurs sur les premières marches de l'escalier de pierre, dont les derniers degrés se perdaient complétement dans les ténèbres. Un cri, ou plutôt un rugissement sauvage, sortit des profondeurs du caveau.

— Ah! voilà *fourline* qui dit bonjour à sa maman, — dit ironiquement la Chouette.

Et elle descendit quelques marches pour cacher son cabas dans quelque recoin.

— J'ai faim! — cria le Maître d'école d'une voix frémissante de rage; — on veut donc me faire mourir comme une bête enragée?

— Tu as faim, gros minet? — dit la Chouette en éclatant de rire; — eh bien! suce ton pouce...

On entendit le bruit d'une chaîne qui se roidissait violemment... puis un soupir de rage muette contenue.

— Prends garde! prends garde! tu vas te faire encore bobo à la jambe, comme à la ferme de Bouqueval. Pauvre bon papa! — dit Tortillard.

— Il a raison, cet enfant; tiens-toi donc en repos, *fourline*, — reprit la vieille; — l'anneau et la chaîne sont solides, vieux sans yeux; ça vient de chez le père Micou, qui ne vend que du bon. C'est ta faute aussi; pourquoi t'es-tu laissé ficeler pendant ton sommeil? on n'a eu ensuite qu'à te passer l'anneau et la chaîne à la *gigue* et à te descendre ici... au frais... pour te conserver, vieux coquet.

— C'est dommage, il va moisir, — dit Tortillard.

On entendit un nouveau bruit de chaînes.

— Eh! eh! *fourline* qui sautille comme un hanneton attaché par la patte! — dit la vieille; — il me semble le voir...

— Hanneton! vole! vole! vole! ... Ton mari est le *Maître d'école!*... — chantonna Tortillard.

Cette variante augmenta l'hilarité de la Chouette. Ayant placé son cabas dans un trou formé par la dégradation de la muraille de l'escalier, elle dit en se relevant: — Vois-tu, *fourline?*...

— Il ne voit pas, — dit Tortillard...

— Il a raison, cet enfant. Eh bien! entends-tu, *fourline?* il ne fallait pas, en revenant de la ferme, être assez colas pour faire le bon chien... en m'empêchant de dévisager la Pégriotte avec mon vitriol... Par là-dessus, tu m'as parlé de ta *muette*[1], qui devenait bégueule. J'ai vu que ta pâte de franc gueux s'aigrissait, qu'elle tournait à l'honnête... comme qui dirait au mouchard... que d'un jour à l'autre tu pourrais *manger sur nous*[2], vieux sans yeux... et alors...

— Alors le vieux sans yeux va manger sur toi, la Chouette, car il a faim, — s'écria Tortillard en poussant brusquement et de toutes ses forces la vieille par le dos.

La Chouette tomba en avant, en poussant une

1. De ta conscience. — 2. Nous dénoncer.

imprécation terrible. On l'entendit rouler au bas de l'escalier de pierre...

— Kis... kis... kis... à toi la Chouette, à toi... saute dessus... vieux!... — ajouta Tortillard.

Puis, saisissant le cabas sous la pierre où il avait vu la vieille le placer, il gravit précipitamment l'escalier en criant avec un éclat de rire féroce :

— Voilà une poussée qui vaut mieux que celle de tout à l'heure, hein, la Chouette? Cette fois tu ne me mordras pas jusqu'au sang... Ah! tu croyais que je n'avais pas de rancune?... Merci... je saigne encore.

— Je la tiens... oh!... je la tiens!...—cria le Maître d'école du fond du caveau.

— Si tu la tiens, vieux, part à deux, — dit Tortillard en ricanant.

Et il s'arrêta sur la dernière marche de l'escalier.

— Au secours! — cria la Chouette d'une voix strangulée.

— Merci... Tortillard, — reprit le Maître d'école, — merci!

Et on l'entendit pousser une aspiration de joie effrayante.

— Oh! je te pardonne le mal que tu m'as fait... et pour ta récompense... tu vas l'entendre chanter, la Chouette!! l'écoute-la bien, l'oiseau de mort...

— Bravo!... me voilà aux premières loges, — dit Tortillard en s'asseyant au haut de l'escalier.

Tortillard, assis sur la première marche de l'escalier, éleva sa lumière pour tâcher d'éclairer l'épouvantable scène qui allait se passer dans les profondeurs du caveau; mais les ténèbres étaient trop épaisses... une si faible clarté ne put les dissiper. Le fils de Bras-Rouge ne distingua rien... La lutte du Maître d'école et de la Chouette était sourde, acharnée, sans un mot, sans un cri. Seulement, de temps à autre, on entendait l'aspiration bruyante ou le souffle étouffé qui accompagne toujours des efforts violents et contenus.

Tortillard, assis sur le degré de pierre, se mit alors à frapper des pieds avec cette cadence particulière aux spectateurs impatients de voir commencer le spectacle; il poussa ce cri familier aux habitués du *paradis* des théâtres du boulevard : Eh! la toile... la pièce... la musique!

— Oh! je te tiendrai comme je le veux, — murmura le Maître d'école au fond du caveau, — et tu vas...

Un mouvement désespéré de la Chouette l'interrompit. Elle se débattait avec l'énergie que donne la crainte de la mort.

— Plus haut!... on n'entend pas... — cria Tortillard.

— Tu as beau me dévorer la main, je te tiendrai comme je le veux, — reprit le Maître d'école.

Puis, ayant sans doute réussi à contenir la Chouette, il ajouta :

— C'est cela... Maintenant, écoute...

— Tortillard, appelle ton père! — cria la Chouette d'une voix haletante, épuisée. — Au secours!... au secours!...

— A la porte... la vieille! elle empêche d'entendre, dit le petit boiteux en éclatant de rire; — à bas la cabale!

Les cris de la Chouette ne pouvaient percer ces deux étages souterrains. La misérable, voyant qu'elle n'avait aucune aide à attendre du fils de Bras-Rouge, voulut tenter un dernier effort.

— Tortillard, va chercher du secours, et je te donne mon cabas; il est plein de bijoux... il est là, sous une pierre.

— Que ça de générosité! Merci, madame... Est-ce que je ne l'ai pas, ton cabas? Tiens, entends-tu comme ça clique dedans?...— dit Tortillard en le secouant. — Mais, par exemple, donne-moi tout de suite pour deux sous de galette chaude, et je vas chercher papa!

— Aie pitié de moi, et je...

La Chouette ne put continuer. Il se fit un nouveau silence.

Le petit boiteux recommença de frapper en mesure sur la pierre de l'escalier où il était accroupi, accompagnant le bruit de ses pieds de ce cri répété :

— Ça ne commence donc pas? Ohé! la toile... ou j'en fais des faux-cols! la pièce... la musique!

— De cette façon, la Chouette, tu ne pourras plus m'étourdir de tes cris, — reprit le Maître d'école après quelques minutes, pendant lesquelles il parvint sans doute à bâillonner la vieille. — Tu sens bien, — reprit-il d'une voix lente et creuse, — que je ne veux pas en finir tout de suite... Torture pour torture! tu m'as assez fait souffrir... Il faut que je te parle longuement avant de te tuer... oui... longuement... ça va être affreux pour toi... quelle agonie, hein!

— Ah çà! pas de bêtises, eh! vieux! — s'écria Tortillard en se levant à demi! — corrige-la, mais ne lui fais pas trop de mal... Tu parles de la tuer... c'est une frime, n'est-ce pas? Je tiens à ma Chouette... je te l'ai prêtée, mais tu me la rendras... ne me l'abîme pas... je ne veux pas qu'on me détruise ma Chouette, ou sans ça je vais chercher papa.

— Sois tranquille, elle n'aura que ce qu'elle mérite... une leçon profitable... — dit le Maître d'école pour rassurer Tortillard, craignant que le petit boiteux n'allât chercher du secours.

— A la bonne heure, bravo! voilà la pièce qui va commencer... — dit le fils de Bras-Rouge qui ne croyait pas que le Maître d'école menaçât sérieusement les jours de l'horrible vieille.

— Causons donc, la Chouette, — reprit le Maître d'école d'une voix calme. — D'abord, vois-tu... depuis ce rêve de la ferme de Bouqueval, qui m'a remis sous les yeux tous nos crimes, depuis ce rêve qui a manqué de me rendre fou... qui me rendra fou... car dans la solitude, dans l'isolement profond où je vis, toutes mes pensées viennent malgré moi aboutir à ce rêve... il s'est passé en moi un changement étrange... Oui... j'ai eu horreur de ma férocité passée... D'abord je ne t'ai pas permis de martyriser la Goualeuse... cela n'était rien encore... En m'enchaînant ici dans cette cave, en m'y faisant souffrir le froid et la faim... mais en me délivrant de ton obsession... tu m'as laissé tout à l'épouvante de mes réflexions. Oh! tu ne sais pas ce que c'est que d'être seul... toujours seul... avec un voile noir sur les yeux, comme m'a dit l'homme implacable qui m'a puni... Cela est effrayant... Vois donc!... c'est dans ce caveau que je l'avais précipité pour le tuer... et ce caveau est le lieu de mon supplice... Il sera peut-être mon tombeau... Je te répète que cela est effrayant. Tout ce que cet homme m'a prédit s'est réalisé. Il m'avait dit : « Tu as abusé de ta force... tu seras le jouet des plus faibles. » Cela a été. Il m'avait dit : « Désormais séparé du monde extérieur, face à face avec l'éternel souvenir de tes crimes, un jour tu te repentiras de tes crimes... » Et ce jour est arrivé... l'isolement m'a purifié... Je ne l'aurais pas cru possible... Une autre preuve que je suis peut-être moins scélérat qu'autrefois... c'est que j'éprouve une joie infinie à te tenir là... monstre... non pour me venger, moi... mais pour venger nos victimes... Oui, j'aurai accompli un devoir... quand, de ma propre main, j'aurai puni ma complice... Une voix me dit que si tu étais tombée plus tôt en mon pouvoir, bien du sang... bien du sang n'aurait pas coulé sous tes coups. J'ai maintenant horreur de mes meurtres passés, et pourtant... ne trouves-tu pas cela bizarre? c'est sans crainte, c'est avec sécurité que je vais commettre sur toi un meurtre affreux, avec des raffinements affreux... Dis... dis... conçois-tu cela?

— Bravo!... bien joué... vieux sans yeux! ça chauffe, — s'écria Tortillard en applaudissant. — Tout ça, c'est toujours pour rire?

— Toujours pour rire, — reprit le Maître d'école d'une voix creuse.

« Tiens-toi donc, la Chouette, il faut que je finisse de t'expliquer comment peu à peu j'en suis venu à me repentir. Cette révélation te sera odieuse... cœur endurci, et elle te prouvera aussi combien je dois être impitoyable dans la vengeance que je dois exercer sur toi au nom de nos victimes... Il faut que je me hâte... La joie de te tenir là me fait bondir le sang... mes tempes battent avec violence... comme lorsqu'à force de penser au rêve ma raison s'égare... peut-être une de mes crises va-t-elle venir... mais j'aurai le temps de te rendre les approches de la mort effroyables en te forçant de m'entendre...

— Hardi, la Chouette! — cria Tortillard; — hardi à la réplique!... Tu ne sais donc pas ton rôle?... Alors, dis au *boulanger* [1] de te souffler, ma vieille.

— Oh! tu auras beau te débattre et me mordre, — reprit le Maître d'école après un nouveau silence, — tu ne m'échapperas pas... Tu m'as coupé les doigts jusqu'aux os... mais je t'arrache la langue si tu bouges... Continuons de causer... En me trouvant seul, toujours seul dans la nuit et dans le silence, j'ai commencé par éprouver des accès de rage furieuse... impuissante... pour la première fois ma tête s'est perdue. Oui... quoique éveillé, j'ai revu le rêve... tu sais? le rêve... le petit vieillard de la rue du Roule... la femme noyée... le marchand de bestiaux... et toi... planant au-dessus de tous ces fantômes... Je te dis que cela est effrayant. Je suis aveugle... et ma pensée prend une forme, un corps, pour me représenter incessamment d'une manière visible, presque palpable... les traits de mes victimes... Je n'aurais pas fait ce rêve affreux que mon esprit, continuellement absorbé par le souvenir de mes crimes passés, eût été troublé des mêmes visions... Sans doute, lorsqu'on est privé de la vue, les idées obsédantes s'*imagent* presque matériellement dans le

1. Le diable.

cerveau... Pourtant... quelquefois, à force de les contempler avec une terreur résignée... il me semble que ces spectres menaçants ont pitié de moi... ils pâlissent... s'effacent et disparaissent... Alors je crois me réveiller d'un songe funeste... mais je me sens faible, abattu, brisé... et, le croirais-tu?... oh! comme tu vas rire... la Chouette!... je pleure... entends-tu? je pleure... Tu ne ris pas?... Mais ris donc!... ris donc!...

La Chouette poussa un gémissement sourd et étouffé.

(La suite au prochain numéro.)

Un groom ouvrit le marchepied d'une élégante calèche. (Page 725.)

COMMENT ON AIME (suite).

— Allons, messieurs, soyez cléments, leur dit Christine d'une voix suppliante : faites-moi cordialement vos adieux.

Et, par un mouvement adorable, elle leur tendait ses deux petites mains, qu'ils pressèrent sans trop de mauvaise grâce.

— J'habiterai bientôt une verte oasis de Normandie, reprit-elle. Si vous avez quelques heures de loisir, venez, messieurs, venez voir là-bas comme on est heureux dans la retraite et sous les ombrages.

Lorsqu'ils furent sortis et qu'ils se virent seuls :

— Savez-vous quel est ce jeune homme qui

nous supplante ? demanda le chevalier au baronnet.

— Ce jeune homme, c'est...

— C'est le troisième larron.

— En effet, reprit le baronnet ébahi ; il a enlevé Christine, tandis que vous et moi nous nous la disputions.

— *Corpo di Bacco !* La Fontaine est un fin moraliste ! s'écria en riant le chevalier.

Deux ans plus tard, un matin, le chevalier Pazzi et sir Stanville montaient en chaise de poste devant une maison normande, blanche, avec des encadrements de briques et des contrevents verts, située dans la vallée de Lisieux, à mi-chemin d'une colline en pente douce. Une jeune femme, charmante de fraîcheur et de simplicité, appuyée au bras d'un jeune homme d'une physionomie ouverte et cordiale, leur disait un dernier adieu. Une petite personne, à mine futée, se tenait derrière sur les marches de la maison. La berline partit au galop de quatre bons bidets normands.

— Qu'en dites-vous ? demanda brusquement le chevalier au baronnet.

— Je dis qu'elle aime son mari et qu'elle est heureuse. Lucette m'en avait prévenu. Il n'y avait rien à faire.

—C'est vrai, *caro mio.* Nos œillades et nos soupirs n'ont eu aucun succès. C'est dommage, car j'eusse été ravi que l'un de nous volât notre voleur.

FIN DU TROISIÈME LARRON

LES AMOURS DE THÉODULE

I.

La citée Riverin donne sur une oasis de verdure perdue dans la partie sombre et fangeuse de la rue de Bondy. Franchissez sa grille de fer, qui ressemble à une porte de prison, son étroit défilé entre deux grands murs sombres, et bientôt vous aurez à votre gauche une longue rangée de maisons de modeste apparence, ruches de travailleurs dont les alvéoles s'ouvrent sur un vaste ciel : à votre droite, de beaux jardins où les arbres, d'une magnifique luxuriance, projettent leurs dômes de feuillage jusqu'à la hauteur des somptueux hôtels dont ils dépendent.

En 183..., la famille Delvecourt habitait, au quatrième étage d'une maison de cette cité, un logement orné avec une extrême simplicité, mais tenu avec un soin merveilleux. Il y avait là quelques meubles de noyer si bien encaustiqués et frottés qu'ils reluisaient comme glace. Les cheminées avaient ordinairement pour unique parure les plus fraîches et les plus simples fleurs de la saison dans des pots de grès. Les croisées, chargées de caisses vertes scellées au mur, s'encadraient coquettement de capucines, de cobéas, de clématites, de liserons, au travers desquels la vue s'échappait pour planer sur l'amphithéâtre verdoyant. Toute cette gracieuse disposition semblait révéler la présence de quelque bonne fée qui, d'un coup de baguette, se plaisait à la produire, ou de quelque soigneuse et gentille enfant dont la plus douce occupation était d'embellir et de poétiser cet humble asile.

Il n'y a plus de fées, dit-on, mais il y a encore des jeunes filles, ce qui est peut-être bien la même chose. Suzanne Delvecourt, en effet, était la fée de ce logement fleuri, une jolie fée de seize ans, svelte et suave, un peu frêle, avec de grands yeux noirs, de beaux cheveux ondés à reflets chatoyants, une figure si blanche et si rose que les oiseaux, quand par hasard elle rêvait à la fenêtre, la prenaient pour une fleur et venaient, sans s'effaroucher, picorer les graines de réséda. Il est vrai qu'alors Suzanne demeurait immobile, retenant son haleine dans la crainte d'effaroucher les petits hôtes chanteurs de ses jardins suspendus. Elle aimait beaucoup les oiseaux, aussi n'en avait-elle jamais un seul en cage : Suzanne avait un bon cœur.

Les oiseaux et les fleurs n'étaient pas les seules amours de notre charmante fée; elle aimait bien ausi sa mère, qui n'était pas la vilaine Urgèle, mais une brave et digne femme, veuve d'un employé d'administration qui, ayant eu le malheur de mourir trois ans avant le temps voulu pour la pension, n'avait laissé à sa femme et à sa fille d'autres moyens d'existence que sa bonne réputation et leur travail, ce qui ne suffit pas toujours pour vivre. Mais, Dieu merci! madame Delvecourt, quoique d'une santé très-faible, était courageuse, et Suzanne, la mignonne Suzanne, avait de l'intrépidité. Tandis que la mère enluminait de mauvaises gravures de modes et d'insipides devises de confiseur, la fille brodait sans relâche avec une agilité prestigieuse ; aussi la plus belle flore du monde éclosait-elle sous ses doigts fluets et rosés comme sous un rayon de soleil.

Tout ce travail acharné n'eût peut-être pas suffi à leur procurer une bien douce aisance sans la participation d'un jeune homme qui, lui non plus, n'était pas le prince de Myrtil ou l'enchanteur Merlin, mais qui n'en habitait pas moins le même logis que la fée Suzanne et sa mère. Ce jeune homme était Théodule, neveu de madame Delvecourt, orphelin qui avait été élevé par elle et qu'elle considérait comme son propre fils. Théodule avait une place dans une maison de commission, et ses appointements, scrupuleusement ajoutés aux minces profits de la famille, composaient un budget assez rond, qui permettait les petites réserves pour l'avenir. Il n'y a pas que les fourmis qui soient prévoyantes.

Cependant une chose n'avait pas sans doute été prévue ; c'est que, vivant sous le même toit, dans une intimité délicieuse, dans une touchante communauté d'efforts pour vaincre une misère imminente, jeunes, charmants et bons tous les deux, Théodule et Suzanne s'aimeraient. Ils s'aimaient, en effet, d'un amour calme, doux et profond, qui n'attendait qu'un mobile déterminant, un souffle pour s'élancer jusqu'au ciel, pour s'exalter jusqu'au dévouement. Théodule se serait fait écharper pour Suzanne, et pourtant c'était à peine si Théodule lui avait dit qu'il l'aimait. Suzanne eût tout sacrifié à Théodule, et pourtant c'était à peine si Suzanne lui avait souri avec plus d'expression qu'à tout le monde. L'un et l'autre cependant savaient qu'ils pouvaient, à l'occasion, compter sur une affection sans borne, sur un amour ardent jusqu'à la passion.

Quand l'intimité n'engendre pas les tiédeurs de l'habitude, elle fait naître les sentiments les plus robustes et les plus vivaces. Ces sentiments se tiennent souvent cachés au fond du cœur; mais alors, comme la violette, ils ont un parfum qui les révèle.

Madame Delvecourt n'avait pas eu de peine à sentir ce parfum d'amour, et un jour, avec sa tendresse habituelle, elle dit à ses enfants :

— Je crois bien que Théodule et Suzanne ne seraient pas fâchés qu'on les mariât ensemble. Que celui qui pense le contraire élève la voix!

Pour toute réponse, Suzanne embrassa sa mère avec effusion, Théodule pâlit de joie.

— Bien! reprit madame Delvecourt en souriant; les parties sont parfaitement d'accord. Nous convenons donc sur-le-champ que quand Suzanne aura ses dix-sept ans sonnés, c'est-à-dire dans quatre mois, Théodule deviendra son mari.

Théodule saisit les mains de madame Delvecourt qu'il faillit briser entre ses mains, et, toujours pâle, les yeux humides, le front rayonnant, il répondit avec une émotion qu'il ne pouvait contenir :

— Ah! ma tante, si vous saviez comme je l'aime!

— Je le sais, Théodule. Ma Suzanne sera bien heureuse avec toi, car tu as un noble cœur.

Suzanne, pour la première fois peut-être, fixa sur son cousin un regard qui réfléchissait toute son âme.

— Et moi aussi, dit-elle avec un accent ineffable, je tâcherai de vous rendre heureux, Théodule : vous le méritez si bien!

Théodule et Suzanne étaient fiancés désormais.

Leur train de vie continua comme par le passé, ni moins laborieux ni moins calme; seulement Suzanne rêvait un peu plus souvent le soir à la fenêtre, et Théodule disait parfois avec un sourire :

— Je ne sais pourquoi, mais il me semble que le temps a un peu ralenti sa marche. Qu'en dites-vous, cousine?

— Je trouve, au contraire, qu'il va trop vite, cousin, répondait malicieusement la jeune fille.

II

Un dimanche que, par un beau soleil, la famille Delvecourt se disposait à partir pour la campagne, où elle aimait à dîner bucoliquement sur l'herbe, la sonnette résonna avec violence. A peine Suzanne eut-elle ouvert la porte qu'un homme s'élança d'un air radieux dans l'appartement.

— Ah! s'écria-t-il, je vous ai donc enfin dénichés! ce n'est pas malheureux! Bonjour, ma chère dame! bonjour, ma gentille Suzanne! et à toi aussi, bonjour, mon petit Thé... Ah! diable! Je ne me souviens plus de ce nom-là.

Et il sauta au cou de madame Delvecourt qu'il faillit étouffer, embrassa très-résolûment la jeune fille, et broya comme dans un étau la main de Théodule.

— Eh bien! reprit-il en reculant de quelques pas et en se croisant les bras, est-ce que vous ne me reconnaissez pas, moi, Philippe Varnier, l'ancien ami de ce pauvre Delvecourt dont j'ai appris la fin par un de nos amis communs que je viens de rencontrer? Ah çà! huit ans passés au Mexique m'ont-ils changé à ce point? Vous me désespérez!

Cette brusque entrée avait un peu étourdi madame Delvecourt, et elle demeura un moment interdite; mais elle avait parfaitement reconnu Philippe Varnier, que ses allures rondes et cordiales devaient suffire à faire reconnaître. Suzanne et Théodule même l'avaient presque tout de suite nommé.

C'était un grand gaillard de trente-six à quarante ans, avec une figure assez belle, ouverte et franche, avec de l'embonpoint et un ventre légèrement rebondi, avec cet entrain qui tient lieu d'esprit aux gens corpulents et gais. Tel il était parti pour le Mexique huit ans auparavant, tel il revenait, avec cette différence pourtant qu'il rapportait, de la liquidation de ses affaires commerciales, plus de deux cent mille piastres dont il était presque totalement dépourvu lors de son départ pour l'Amérique. Cette lourde charge n'avait en rien diminué sa belle humeur.

Suzanne lui présenta une chaise et l'invita à s'asseoir.

— Non pardieu! dit-il. Vous alliez sortir, je ne veux pas vous retarder. Nous sommes gens de revue, et je vous déclare que je viendrai souvent vous importuner. J'en ai bien le droit, que diable! car j'aimais beaucoup cet excellent Delvecourt, et j'entends rester toujours l'ami de la famille. Est-ce que vous auriez la cruauté de me refuser ça?

— Pas le moins du monde, mon cher monsieur Varnier, répondit madame Delvecourt en souriant. Aussi souvent que vous viendrez nous visiter, vous serez le bienvenu. Je me souviens toujours que vous étiez notre boute-en-train autrefois.

— Un vrai diable à quatre! Eh bien! je n'ai pas changé : bon pied, bonne langue, bon estomac, et bon cœur par-dessus le marché, passez-moi le compliment. Bah! la vie n'est pas si longue, et c'est perdre son temps que de se faire du chagrin!... Mais, encore une fois, vous vous disposiez à sortir, et je m'en vais.

— Oh! nous ne sommes pas pressés, dit Suzanne; nous allions dîner sur l'herbe à la campagne.

— Ah! vraiment! C'est très-gentil, ça! J'ai aussi conservé le goût de ces parties-là, moi, en dépit des sots qui s'en moquent. Vous rappelez-vous, ma chère madame Delvecourt, nos joyeuses excursions sur les bords de la Marne ou dans les bois de Ville-d'Avray? Il y a longtemps de cela, Suzanne... je devrais dire maintenant mademoiselle Suzanne...

— Je suis toujours Suzanne tout court pour les amis de mon père, interrompit la jeune fille avec une grâce exquise.

— Va donc pour Suzanne tout court! reprit joyeusement Varnier. Suzanne n'était pas plus haute que ma botte; mais elle promettait déjà de devenir ce qu'elle est, un beau brin de fille, parbleu! Oh! ne rougissez pas, enfant; je n'en dirai pas davantage, je n'aime pas les fadeurs. Et puis, c'est l'affaire des jeunes gens d'adresser de beaux compliments aux jeunes filles, n'est-ce pas, Théodule? Ah! m'y voilà : Théodule, un joli nom, ma foi! Mais il y a huit ans que je ne l'ai prononcé, et c'était excusable de l'avoir un peu oublié, d'autant que j'ai bien de la peine à reconnaître, dans le grand garçon que voici, le diablotin de quatorze ans qui me gagnait toujours aux doubles tours à la corde, vu que je n'ai jamais pu faire que des simples.

— Vous aviez, en effet, la bonté de jouer avec moi, répondit Théodule; aussi vous ai-je conservé un de mes meilleurs souvenirs.

— Ah! ah! j'en suis enchanté. J'aime les jeunes gens. Touchez là : nous sauterons encore. Mais, en attendant, vous allez me mettre à la porte; autrement, je ne m'en irai jamais.

Tous les quatre partirent d'un franc éclat de rire.

(La suite au prochain numéro.)

Le propriétaire-gérant : F. ROY.

LES MYSTÈRES DE PARIS

Le Maître d'école mugissait comme un taureau qu'on abat. (Page 723.)

— Plus haut! — cria Tortillard, — on n'entend pas...

— Oui, — reprit le Maître d'école, — je pleure, car je souffre... et la fureur est vaine. Je me dis : Demain, après-demain, toujours, je serai en proie aux mêmes accès de délire et de morne désolation... Quelle vie!... oh! quelle vie!... Et je n'ai pas choisi la mort plutôt que d'être enseveli vivant dans cet abîme que creuse incessamment ma pensée! Aveugle, solitaire et prisonnier... qui pourrait me distraire de mes remords? Rien... rien... Quand les fantômes cessent un moment de passer et de repasser sur le voile noir que j'ai devant les yeux, ce sont d'autres tortures... ce sont des comparaisons écrasantes. Je me dis : Si j'étais resté honnête homme, à cette heure je serais libre, tranquille, heureux, aimé et honoré des miens... au lieu d'être aveugle et enchaîné dans ce cachot, à la merci de mes complices. Hélas! le regret du bonheur perdu par un crime est un premier pas vers le repentir... Et quand au repentir se joint une expiation d'une effrayante sévérité... une expiation qui change votre vie en une longue insomnie remplie d'hallucinations vengeresses ou de réflexions désespérées... peut-être alors le pardon des hommes succède aux remords et à l'expiation.

— Prends garde, vieux! — cria Tortillard, — tu manges dans le rôle à M. Moëssard... Connu! connu!

Le Maître d'école n'écouta pas le fils de Bras-Rouge.

— Cela t'étonne de m'entendre parler ainsi, la Chouette? Si j'avais continué de m'étourdir ou par d'autres sanglants forfaits, ou par l'ivresse farouche de la vie du bagne, jamais ce changement salutaire ne se fût opéré en moi, je le sais bien... Mais seul, mais aveugle, mais bourrelé de remords qui se *voient*, à quoi songer? A de nouveaux crimes? Comment les commettre? A une évasion? Comment m'évader? Et si je m'évadais... où irais-je?... que ferais-je de ma liberté? Non, il me faut vivre désormais dans une nuit éternelle, entre les angoisses du repentir et l'épouvante des apparitions formidables dont je suis poursuivi... Quelquefois pourtant... un faible rayon d'espoir... vient luire au milieu de mes ténèbres... un moment de calme succède à mes tourments... oui... car quelquefois je parviens à conjurer les spectres qui m'obsèdent, en leur opposant les souvenirs d'un passé honnête et paisible, en remontant par la pensée jusqu'aux premiers temps de ma jeunesse, de mon enfance... Heureusement, vois-tu, les plus grands scélérats ont du moins quelques années de paix et d'innocence à opposer à leurs années criminelles et sanglantes. On ne naît pas méchant... Les plus pervers ont eu la candeur aimable de l'enfance... ont connu les douces joies de cet âge charmant... Aussi, je te le répète, parfois je ressens une consolation amère en me disant: Je suis à cette heure voué à l'exécration de tous, mais il a été un temps où l'on m'aimait, où l'on me protégeait, parce que j'étais inoffensif et bon... Hélas! il faut bien me réfugier dans le passé... quand je le puis... là seulement je trouve quelque calme.

En prononçant ces dernières paroles, l'accent du Maître d'école avait perdu de sa rudesse; cet homme indomptable semblait profondément ému; il ajouta:

— Tiens, vois-tu, la salutaire influence de ces pensées est telle que ma fureur s'apaise... le courage... la force... la volonté me manquent pour te punir... Non... ce n'est pas à moi de verser ton sang...

— Bravo, vieux! Vois-tu, la Chouette, que c'était une frime?... — cria Tortillard en applaudissant.

— Non, ce n'est pas à moi de verser ton sang, — reprit le Maître d'école; — ce serait un meurtre... excusable peut-être... mais ce serait toujours un meurtre... et j'ai assez des trois spectres... et puis, qui sait?... tu te repentiras peut-être aussi un jour... toi.

En parlant ainsi, le Maître d'école avait machinalement rendu à la Chouette quelque liberté de mouvement. Elle en profita pour saisir le stylet qu'elle avait placé dans son corsage après le meurtre de Sarah... et pour porter un violent coup de cette arme au bandit, afin de se débarrasser tout à fait de lui. Il poussa un cri de douleur perçant. Les ardeurs féroces de sa haine, de sa vengeance, de sa rage, ses instincts sanguinaires, brusquement réveillés et exaspérés par cette attaque, firent une explosion soudaine, terrible, où s'abîma sa raison déjà fortement ébranlée par tant de secousses.

— Ah! vipère... j'ai senti ta dent! — s'écria-t-il d'une voix tremblante de fureur, en étreignant avec force la Chouette qui avait cru lui échapper; — tu rampais dans le caveau.. hein? — ajouta-t-il de plus en plus égaré; — mais je te vais écraser... vipère ou chouette... Tu attendais sans doute la venue des fantômes... Oui, car le sang me bat dans les tempes... mes oreilles tintent... la tête me tourne comme lorsqu'ils doivent venir... Oui, je ne me trompe pas... Oh! les voilà... du fond des ténèbres, ils s'avancent... ils s'avancent... Comme ils sont pâles!... et leur sang, comme il coule... rouge et fumant!... Cela t'épouvante... tu te débats... Eh bien! sois tranquille, tu ne les verras pas... les fantômes... Non, tu ne les verras pas... j'ai pitié de toi... je vais te rendre aveugle... tu seras comme moi... SANS YEUX...

Ici le Maître d'école fit une pause...

La Chouette jeta un cri si horrible que Tortillard, épouvanté, bondit sur sa marche de pierre et se leva debout. Les cris effroyables de la Chouette parurent mettre le comble au vertige furieux du Maître d'école.

— Chante... — disait-il à voix basse, — chante... la Chouette... chante... ton chant de mort... Tu es heureuse... tu ne vois plus les trois fantômes de nos assassinés... le petit vieillard de la rue du Roule... la femme noyée... le marchand de bestiaux... Moi, je les vois... ils approchent... ils me touchent... Oh! qu'ils ont froid!... Ah!...

La dernière lueur de l'intelligence de ce misérable s'éteignit dans ce cri d'épouvante, dans ce cri de damné... Dès lors le Maître d'école ne raisonna plus, ne parla plus; il agit et rugit en bête féroce, il n'obéit plus qu'à l'instinct sauvage de la destruction pour la destruction. Et il se passa quelque chose d'épouvantable dans les ténèbres du caveau. On entendit un piétinement précipité, interrompu à de fréquents intervalles par un bruit sourd, retentissant comme celui d'une boîte osseuse qui rebondirait sur une pierre contre laquelle on voudrait la briser... Des plaintes aiguës, convulsives, et un éclat de rire infernal accompagnaient chacun de ces coups.

Puis ce fut un râle... d'agonie... Puis on n'entendit plus rien... rien que le piétinement furieux... rien que les coups sourds et rebondissants qui continuèrent toujours... Bientôt un bruit lointain de pas et de voix arriva jusqu'aux profondeurs du caveau... De vives lueurs brillèrent à l'extrémité du passage souterrain.

Tortillard, glacé de terreur par la scène ténébreuse à laquelle il venait d'assister sans la voir, aperçut plusieurs personnes portant des lumières descendre rapidement l'escalier... En un moment, la cave fut envahie par plusieurs agents de sûreté, à la tête desquels était Narcisse Borel... des gardes municipaux fermaient la marche. Tortillard fut saisi sur les premières marches du caveau, tenant encore à la main le cabas de la Chouette.

Narcisse Borel, suivi de quelques-uns des siens, descendit dans le caveau du Maître d'école... Tous s'arrêtèrent, frappés d'un hideux spectacle. Enchaîné par la jambe à une pierre énorme placée au milieu du caveau, le Maître d'école, horrible, monstrueux, la crinière hérissée, la barbe longue, la bouche écumante, vêtu de haillons ensanglantés, tournait comme une bête fauve autour de son cachot, traînant après lui, par les deux pieds, le cadavre de la Chouette dont la tête était horriblement mutilée, brisée, écrasée.

Il fallut une lutte violente pour lui arracher les restes sanglants de sa complice et pour parvenir à le garrotter. Après une vigoureuse résistance, on parvint à le transporter dans la salle basse du cabaret de Bras-Rouge, vaste salle obscure, éclairée par une seule fenêtre.

Là se trouvaient, les menottes aux mains et gardés à vue, Barbillon, Nicolas Martial, sa mère et sa sœur. Ils venaient d'être arrêtés au moment où ils entraînaient la courtière en diamants pour l'égorger.

Celle-ci reprenait ses sens dans une autre chambre.

Étendu sur le sol et contenu à peine par deux agents, le Maître d'école, légèrement blessé au bras par la Chouette, mais complétement insensé, soufflait, mugissait comme un taureau qu'on abat. Quelquefois il se soulevait tout d'une pièce par un soubresaut convulsif.

Barbillon, la tête baissée, le teint livide, plombé, les lèvres décolorées, l'œil fixe et farouche, ses longs cheveux noirs et plats retombant sur le col de sa blouse bleue déchirée dans la lutte, Barbillon était assis sur un banc ; ses poignets, serrés dans des menottes de fer, reposaient sur ses genoux. L'apparence juvénile de ce misérable (il avait à peine dix-huit ans), la régularité de ses traits imberbes, déjà flétris, dégradés, rendaient plus déplorable encore la hideuse empreinte dont la débauche et le crime avaient marqué cette physionomie. Impassible, il ne disait pas un mot. On ne pouvait deviner si cette insensibilité apparente était due à la stupeur ou à une froide énergie ; sa respiration était fréquente; de temps à autre, de ses deux mains entravées il essuyait la sueur qui baignait son front pâle.

A côté de lui, on voyait Calebasse ; son bonnet avait été arraché; sa chevelure jaunâtre, serrée à la nuque par un lacet, pendait derrière sa tête en plusieurs mèches rares et effilées. Plus courroucée qu'abattue, ses joues maigres et bilieuses quelque peu colorées, elle contemplait avec dédain l'accablement de son frère Nicolas, placé sur une chaise en face d'elle. Prévoyant le sort qui l'attendait, ce bandit, affaissé sur lui-même, la tête pendante, les genoux tremblants et s'entre-choquant, était éperdu de terreur ; ses dents claquaient convulsivement, il poussait de sourds gémissements. Seule entre tous, la mère Martial, la veuve du supplicié, debout et adossée au mur, n'avait rien perdu de son audace. La tête haute, elle jetait autour d'elle un regard ferme; ce masque d'airain ne trahissait pas la moindre émotion...

Pourtant, à la vue de Bras-Rouge, que l'on ramenait dans la salle basse après l'avoir fait assister à la minutieuse perquisition que le commissaire et son greffier venaient de faire dans toute la maison; pourtant, à la vue de Bras-Rouge, disons-nous, les traits de la veuve se contractèrent malgré elle ; ses petits yeux, ordinairement ternes, s'illuminèrent comme ceux d'une vipère en furie, ses lèvres serrées devinrent blafardes, elle roidit ses deux bras garrottés... Puis, comme si elle eût regretté cette manifestation de colère et de haine impuissante, elle dompta son émotion et redevint d'un calme glacial.

Pendant que le commissaire verbalisait, assisté de son greffier, Narcisse Borel, se frottant les mains, jetait un regard complaisant sur la capture importante qu'il venait de faire et qui délivrait Paris d'une bande de criminels dangereux; mais s'avouant de quelle utilité lui avait été Bras-Rouge dans cette expédition, il ne put s'empêcher de lui jeter un regard expressif et reconnaissant. Le père de Tortillard devait partager jusqu'après leur jugement la prison et le sort de ceux qu'il avait dénoncés; comme eux, il portait des menottes ; plus qu'eux encore il avait l'air tremblant, consterné, grimaçant de toutes ses forces sa figure de fouine pour lui donner une expression désespérée, poussant des soupirs lamentables. Il embrassait Tortillard, comme s'il eût cherché quelques consolations dans ces caresses paternelles. Le petit boiteux se montrait peu sensible à ces preuves de tendresse : il venait d'apprendre qu'il serait jusqu'à nouvel ordre transféré dans la prison des jeunes détenus.

— Quel malheur de quitter mon fils chéri! — s'écriait Bras-Rouge en feignant l'attendrissement ; — c'est nous deux qui sommes les plus malheureux, mère Martial... car on nous sépare de nos enfants.

La veuve ne put garder plus longtemps son sang-froid; ne doutant pas de la trahison de Bras-Rouge, qu'elle avait pressentie, elle s'écria :

— J'étais bien sûre que tu avais vendu mon fils de Toulon... Tiens, Judas ! ! !

Et elle lui cracha à la face.

— Tu vends nos têtes... soit ! on verra de belles morts... des morts de vrais Martial !

— Oui... on ne boudera pas devant la *carline*, — ajouta Calebasse avec une exaltation sauvage.

La veuve, montrant Nicolas d'un coup d'œil de mépris écrasant, dit à sa fille :

— Ce lâche-là nous déshonorera sur l'échafaud !

Quelques moments après, la veuve et Calebasse, accompagnées de deux agents, montaient en fiacre pour se rendre à Saint-Lazare ; Barbillon, Nicolas et Bras-Rouge étaient conduits à la Force; on transportait le Maître d'école au dépôt de la Conciergerie, où se trouvent des cellules destinées à recevoir les aliénés.

CHAPITRE XXII

PRÉSENTATION

Quelques jours après le meurtre de madame Séraphin, la mort de la Chouette et l'arrestation de la bande de malfaiteurs surpris chez Bras-Rouge, Rodolphe se rendit à la maison de la rue du Temple.

Nous l'avons dit, voulant lutter de ruse avec Jacques Ferrand, découvrir ses crimes cachés, l'obliger à les réparer et le punir d'une manière terrible dans le cas où, à force d'adresse et d'hypocrisie, ce misérable réussirait à échapper à la vengeance des lois, Rodolphe avait fait venir d'une prison d'Allemagne une créole métisse, femme indigne du nègre David. Arrivée la veille, cette créature, aussi belle que pervertie, aussi enchanteresse que dangereuse, avait reçu des instructions détaillées du baron de Graün.

On a vu dans le dernier entretien de Rodolphe avec madame Pipelet que celle-ci ayant très-adroitement proposé Cecily à madame Séraphin pour remplacer Louise Morel comme servante du notaire, la femme de charge avait parfaitement accueilli ses ouvertures, et promis d'en parler à Jacques Ferrand, ce qu'elle avait fait dans les termes les plus favorables à Cecily, le matin même du jour où elle (madame Séraphin) avait été noyée à l'île du Ravageur. Rodolphe venait donc savoir le résultat de la *présentation* de Cecily.

A son grand étonnement, en entrant dans la loge, il trouva, quoiqu'il fût onze heures du matin, M. Pipelet couché et Anastasie debout auprès de son lit, lui offrant un breuvage. Alfred, dont le front et les yeux disparaissaient sous un formidable bonnet de coton, ne répondait pas à Anastasie; elle en conclut qu'il dormait et ferma les rideaux du lit; en se retournant, elle aperçut Rodolphe. Aussitôt elle se mit, selon son usage, au *port d'arme*, le revers de sa main gauche collé à sa perruque.

(La suite au prochain numéro.

COMMENT ON AIME

LES AMOURS DE THÉODULE

(SUITE)

— Si je croyais que cela pût vous faire plaisir, dit madame Delvecourt, je vous dirais sans façon : Venez avec nous, mon cher monsieur.

— Si je ne craignais pas d'être un gros importun, je vous répondrais : Parbleu! je ne demande pas mieux, ma chère dame.

— Eh bien! répliqua Suzanne, ne craignez rien ni l'un ni l'autre, et c'est une chose entendue.

— J'accepte donc avec intrépidité! s'écria Varnier. Bah! les amis sont toujours les amis, et vive la joie! En route!

Lorsqu'ils furent descendus, un groom ouvrit, à la vue de l'ancien commerçant qui s'était avancé le premier, le marchepied d'une élégante calèche stationnant à la porte. Varnier tendit galamment la main à madame Delvecourt stupéfaite, et la fit monter presque de force. Suzanne et Théodule, non moins ébahis, montèrent ensuite avec hésitation.

— Où allons-nous? demanda Varnier en souriant dans sa barbe de la surprise étourdissante de ses trois amis.

Il fut obligé de répéter la question.

— A Saint-Maur, répondit Suzanne.

III

La calèche traversa le défilé, dont les murs humides et lézardés, fort étonnés d'être coudoyés par un superbe équipage, semblèrent se pencher pour le saluer avec gratitude, ce qui pouvait donner de l'inquiétude pour leur équilibre.

Sur le boulevard seulement, madame Delvecourt, revenue de sa stupéfaction, adressa à Varnier quelques paroles mélangées de reproches et d'excuses :

— Vous ne nous aviez pas dit... Si j'avais su... jamais nous ne vous eussions engagé... Les simples plaisirs du pauvre ne sauraient plus vous convenir... et les belles voitures ne nous vont guère, à nous.

Théodule et Suzanne gardaient le silence; ils éprouvaient comme une sorte de vague saisissement.

Quand on est fait aux habitudes d'une humble existence, tout ce qui porte brusquement à s'en écarter un instant cause toujours plus de peine que de plaisir. Il semble qu'on redoute de trouver moins douces ensuite les modestes coutumes abandonnées par hasard.

Varnier comprit ce qui se passait secrètement au cœur de ses amis : il fit des prodiges de gaieté pour dissiper le nuage qui les assombrissait. Il réussit à merveille, et l'on n'avait pas atteint Vincennes que la famille était familiarisée avec son brillant véhicule. Madame Delvecourt vantait la mollesse des coussins, Théodule admirait la désinvolture des chevaux, Suzanne avouait qu'une calèche avait décidément meilleur air qu'un coucou. Quant à Varnier, il déclarait, avec son allégresse intarissable, que plus d'une comtesse, baronne ou marquise, faisait moins que Suzanne honneur à un équipage.

— Ce que c'est que la fortune! disait-il en riant de lui-même. Il y a huit ans, j'étais à peu près gueux comme Job. Il me prend la fantaisie de m'expatrier, et, grâce à quelques opérations hardies, couronnées d'un succès insolent, je reviens millionnaire, sans valoir beaucoup mieux qu'avant, et, ce qui est plus rare peut-être, sans valoir beaucoup moins, passez-moi encore le compliment. Ma foi! je n'en suis pas fâché, si surtout ça peut me procurer le vrai plaisir d'être utile à mes anciennes connaissances.

On descendit de voiture aux bords de la Marne, vers l'aqueduc de Saint-Maur, et l'on se promena sur la rive, à l'ombre des peupliers et des saules, sur l'herbe courte et fleurie. Varnier donnait courtoisement le bras à madame Delvecourt, tandis que Suzanne, vive et gracieuse comme une gazelle, courait en avant, cueillait les myosotis et les convolvulus de la rive, et jouait avec Théodule qui, lui, ne pouvait parvenir à secouer une mystérieuse et pénible préoccupation. Varnier les admirait tous les deux.

La journée était délicieuse, le soleil filtrait sa lumière à travers des nuages d'argent et moirait le large ruban d'eau qui glisse entre les iris et les glaïeuls. La brise était fraîche et parfumée; elle arrondissait gracieusement les voiles latines des chaloupes qui voguaient sur la Marne. C'était à faire mourir d'envie d'aller en bateau. Varnier en loua un, dans lequel on descendit jusqu'à Champigny, où l'on dîna joyeusement sur une pelouse, à l'ombre d'un grand noyer. Dîner frugal s'il en fut jamais, que notre millionnaire, plus délicat que fluet, craignit de gâter en le rendant plus somptueux.

Quand on regagna Saint-Maur, le soleil commençait à se nicher dans le feuillage du bois de Vincennes; il ne dardait plus que des rayons affaiblis. C'était l'heure où toute gaieté s'envole pour faire place à un sentiment de rêverie irrésistible. Suzanne et Théodule, assis l'un près de l'autre dans le bateau, étaient heureux et pensifs. Madame Delvecourt gardait le silence, et Varnier, quoique naturellement peu enclin à la sentimentalité, semblait subir l'influence de la douce mélancolie répandue dans la nature.

Tout à coup le batelier, rameur novice, que Varnier avait fait un peu trop boire à Champigny, lance un juron foudroyant. Le maladroit s'était engagé dans les herbes et ne pouvait plus s'en tirer. A demi ivre, furieux, il donne un coup de rame qui fait pencher le bateau. Ce brusque mouvement renverse nos quatre personnes dans le sens incliné, et le bateau chavire au milieu des herbes.

Le danger était vraiment terrible. Théodule revint sur l'eau, pâle, effaré; il interrogea d'un coup d'œil éclatant et rapide la surface verdâtre; il vit que Varnier et le rameur avaient déjà saisi madame Delvecourt et cherchaient à la sauver.

— Et Suzanne? murmura-t-il avec angoisse; je ne vois pas Suzanne!

En quelques brasses, il eut fait le tour du bateau, dont la quille n'était pas entièrement submergée. Rien. Il était habile nageur, il plongea sous l'herbe avec l'énergie du désespoir, au risque d'y rester enchaîné. Deux fois il reparut seul, brisé, terrifié, mais sans être découragé encore.

C'est au sein des grands périls qu'éclatent les grandes affections. Théodule eût versé tout son sang goutte à goutte pour sauver Suzanne. Il plongea une troisième fois, mais une minute — un siècle — se passa sans qu'il revînt sur l'eau. Varnier et madame Delvecourt avaient gagné la rive avec une peine infinie; ils attendaient dans une terreur glacée, dans un morne désespoir. Le batelier, rendu au sang-froid par l'imminence du péril qu'il avait couru, allait se jeter courageusement à l'eau, lorsque Théodule reparut nageant d'une main avec effort, et serrant convulsivement de l'autre un pli de la robe blanche de Suzanne. Il déposa sur la rive la jeune fille sans mouvement et s'évanouit.

Une heure après, la calèche emportait Varnier et la famille Delvecourt sur la route de Paris. Suzanne, le front penché sur l'épaule de sa mère, les yeux éteints, donnait à peine quelques signes de vie; Théodule, remis un peu de ses rudes secousses, tenait entre ses mains l'une des mains de sa cousine, et cherchait à lui communiquer l'ardeur vitale qui restait en lui.

Varnier, tristement enfoncé dans un coin de la voiture, les regardait avec un singulier mélange de sollicitude et de préoccupation.

— Jeunes et beaux, pensait-il, ils s'aiment sans doute! Quel dommage!

IV

Suzanne fut longtemps malade. Madame Delvecourt et Théodule passèrent les nuits à son chevet. Mais à peine la fille entrait-elle en convalescence que la mère, épuisée, dut se mettre au lit. Les précieuses épargnes de la famille furent dévorées en quelque mois, et Varnier fit des offres de service, que l'on accepta.

C'était, en vérité, un excellent homme que ce Varnier, malgré ce brusque sans-façon qu'affectent tant de gens d'éducation mauvaise et de mauvaise compagnie, qu'on appelle des *bons enfants.* En général, méfiez-vous des bons enfants : c'est l'espèce la plus grossière et la plus venimeuse en même temps, c'est la pire espèce de reptiles.

Varnier, lui, faisait exception à la règle, rare exception ; il avait toujours aimé la famille Delvecourt, qui, à une époque où il n'était que simple ouvrier dans une maison d'orfévrerie, le recevait avec une parfaite cordialité. Cette affection s'était considérablement développée depuis trois mois ; il ne passait pas un jour sans venir chercher des nouvelles de Suzanne et de sa mère. La cité Riverin tout entière se mettait à la fenêtre et aux portes quand parfois il arrivait en calèche, et l'on jasait déjà médisamment comme en une petite ville de province.

Un soir Varnier ne trouva que madame Delvecourt assise à la fenêtre de sa chambre à coucher, dans son grand fauteuil ! Suzanne, accompagnée de Théodule, était allée rendre de l'ouvrage attendu. Ils furent bientôt de retour. Dans la crainte de réveiller la malade, qui pouvait s'être endormie pendant leur absence, ils ouvrirent la porte avec précaution et traversèrent sans bruit la salle à manger. Suzanne entrait déjà dans la chambre de sa mère, lorsque Théodule la retint brusquement. Il venait d'entendre quelques mots qui l'avaient frappé comme un courant électrique.

— Ah ! s'ils n'étaient pas fiancés l'un à l'autre, ma chère dame, corbleu ! je vous dirais : Donnez-moi Suzanne ; je vous réponds de la rendre heureuse et vous aussi.

Théodule avait reconnu la voix de Varnier. Il prêta l'oreille, respirant à peine ; Suzanne écoutait aussi malgré elle.

— Ces pauvres enfants s'aiment tant ! répondit madame Delvecourt. Ils ne voudraient jamais renoncer à leurs espérances de bonheur.

— C'est bien naturel, ma foi ! Et pourtant combien j'aurais eu de plaisir à vous faire partager ma petite opulence, une opulence dont je ne sais pas jouir, non, mille dieux ! parce que je suis un vrai rustre, malgré ma calèche et mon appartement de grand seigneur au faubourg Saint-Germain. Ah ! comme ça l'eût bien parée, cette chère Suzanne, avec ses airs si gentils et sa belle et bonne éducation ! Vrai ! j'aurais été aux petits soins de cette enfant-là, moi, et je crois qu'avec un peu de peine elle fût parvenue à faire de mon gros individu quelque chose de très-présentable, parole d'honneur !

— J'apprécie vos excellentes intentions, monsieur Varnier, répondit madame Delvecourt, et je vous en remercie de tout cœur, quoiqu'elles ne puissent se réaliser; ma plus grande joie d'ailleurs sera d'unir mes deux enfants ; car, voyez-vous, j'aime Théodule presque autant que Suzanne, et je suis convaincue que nos deux jeunes gens se conviennent à merveille.

— C'est vrai, ça, morbleu ! Eh bien ! qu'il ne soit plus question de mes projets, j'y renonce. Théodule est un brave et honnête garçon qui mérite sa cousine cent mille fois mieux que moi, et je serais vraiment désolé qu'il lui vînt de la peine à cause d'une bête d'idée qui m'a passé dans la cervelle. Mais, bah ! puisque je ne puis pas vous être utile à autre chose, je resterai du moins votre ami dévoué, c'est entendu !

— Notre ami, notre meilleur ami ! dit Suzanne émue, en paraissant au seuil de la chambre à coucher de sa mère.

— Ah ! bon ! s'écria Varnier stupéfait. Elle écoutait à la porte : quelle horreur !

Puis, apercevant Théodule, qui se tenait grave et triste derrière Suzanne :

— Et lui aussi, le sournois ! ajouta-t-il avec un peu de confusion. Je suis mystifié, je sens le besoin de m'enfoncer à cent pieds sous terre !

— Pour cacher un beau mouvement, une belle action ! dit Théodule d'une voix pénétrante. Oh ! non, non, monsieur Varnier. Relevez le front, au contraire, car ces choses-là sont honorables pour ceux qui les inspirent comme pour ceux qui les font. Et puis c'est d'un noble exemple, ajouta-t-il d'un ton plus bas.

— Si Théodule n'était pas ce que j'aime le mieux au monde après ma mère, dit alors Suzanne avec une touchante expression, je ne croirais pas pouvoir mieux me confier qu'à vous, monsieur Varnier, dont les sentiments sont si généreux. Affection et reconnaissance de notre part ne vous manqueront jamais, monsieur.

— Vous êtes adorable, corbleu ! s'écria Varnier en baisant la main blanche qu'elle lui tendait :

Quand Varnier se fut retiré, Théodule alla s'accouder sur la caisse de fleurs de la salle à manger. Il était profondément rêveur, sa poitrine se soulevait opressée ; deux grosses larmes roulèrent bientôt sur le cristal de ses yeux fixés au ciel.

— Sans moi, murmurait-il, ma cousine serait riche et sa mère vivrait dans l'opulence.

Il resta plus d'une heure plongé dans une

préoccupation mystérieuse. Suzanne vint doucement lui frapper sur l'épaule.

— A quoi pensez-vous là, Théodule? dit-elle avec une délicieuse gentillesse.

— A vous, répondit-il d'une voix altérée.

V

Depuis ce moment, il ne fut plus question de l'ouverture de Varnier, qui n'avait pas perdu un atome d'insouciance et de gaieté, mais qui parfois cependant regardait Suzanne avec une admirative complaisance et murmurait bien bas, en souriant : « Quel dommage! »

Théodule seul n'était plus le même. Son extérieur calme et doux, qui recélait toutes les ardeurs de l'affection, s'était sensiblement modifié; un peu de distraction, un peu d'abattement s'y faisaient sentir par instants, comme si de secrètes et fatales influences s'exerçaient sur son cœur.

Il rentra un soir d'un air soucieux; Suzanne en fit la remarque.

— Mais qu'avez-vous donc, Théodule? lui demanda-t-elle avec sollicitude. Il me semble que depuis quelques jours vous avez un chagrin secret?... Ne voulez-vous pas que je vous console, cousin?

A cet accent plein d'une touchante mélodie, Théodule sentit son cœur se fondre; il avait envie de pleurer.

— Eh bien! parlez, dit-elle.

Il la considéra avec douleur.

— Je n'ai rien, répondit-il en hochant la tête.

— Ah! ne niez pas! reprit Suzanne avec vivacité. Je vois bien que vous souffrez, moi! et vous allez me dire tout de suite ce qui vous tourmente... Je le veux!... Je vous en supplie!...

Elle prononça ce dernier mot avec une tendresse inexprimable, en joignant les mains.

— Un rêve, un enfantillage, répondit Théodule avec embarras. Il me semble qu'un malheur me menace; j'ai de vagues pressentiments, et comme toutes mes pensées se rapportent à vous, Suzanne, ainsi qu'à votre mère, je me dis que je serais bien à plaindre si je vous perdais jamais. Voilà tout.

— Quelle idée! dit Suzanne avec surprise. Mais rien ne peut faire redouter un tel événement : ma mère va de mieux en mieux, et moi je me porte à merveille.

— Vous voyez donc bien que ce n'est qu'un rêve, un enfantillage, dont je n'aurais pas dû vous parler, et qui se dissipera bientôt, je l'espère.

Suzanne ne fut pas complétement satisfaite, mais elle n'osa pas en demander davantage.

Sur le point de se retirer dans sa chambre, Théodule embrassa sa tante à plusieurs reprises; puis il se retourna vers sa cousine et la regarda d'un air singulier. Il lui tendit la main; mais, presque aussitôt se ravisant :

— Et vous, Suzanne, dit-il avec mélancolie, ne me permettez-vous pas de vous embrasser aussi?

— Non, plus tard, cousin; quand nous serons mariés, répondit-elle avec une mutine coquetterie.

Théodule pâlit. Il sembla si affecté que la bonne Suzanne, lui présentant sa joue toute rose, reprit :

— Bah! cousin, embrassez celle-ci, en attendant.

Théodule l'effleura de ses lèvres; il tremblait.

— Et celle-là! fit Suzanne en lui offrant son autre joue. Il ne faut pas la rendre jalouse, cousin.

Théodule y posa un baiser et une larme.

Suzanne, malgré le petit air délibéré qu'elle avait voulu prendre, était devenue rouge comme les capucines qui fleurissaient sur ses croisées.

Renfermé dans sa chambre, Théodule écrivit deux lettres; après quoi, il se jeta tout habillé sur son lit.

Lorsque l'aube parut, il n'avait pas encore fermé les yeux, mais il paraissait avoir beaucoup souffert, beaucoup pleuré. Il se leva sans bruit, promena un regard désolé autour de sa chambrette aimée, qui avait abrité jusque-là ses pensées d'amour et ses rêves de bonheur, puis il sortit doucement, traversa la salle à manger et s'arrêta à la porte de la chambre à coucher de sa tante.

Cette porte était entre-bâillée. Il aperçut vaguement, se détachant sous un pâle rayon du matin, la figure maladive de madame Delvecourt et le visage si frais et si délicat de Suzanne.

Il porta la main à son cœur, qui battait à briser sa poitrine, et tomba à genoux :

— Ah! Suzanne! Suzanne! murmura-t-il en joignant les mains avec passion. Comme je t'aime, Suzanne!

(*La suite au prochain numéro.*)

Le propriétaire-gérant : F. ROY.

— Pardon, monsieur, si ma nièce arrive habillée à la mode de son pays. (Page 731.)

— Votre servante, mon roi des locataires; vous me voyez bouleversée, ahurie, exténuée. Il y a de fameux tremblements dans la maison... sans compter qu'Alfred est alité depuis hier.

— Et qu'a-t-il donc?

— Est-ce que ça se demande?

— Comment?

— Toujours du même numéro. Le monstre s'acharne de plus en plus après Alfred; il me l'abrutit, que je ne sais plus qu'en faire...

— Encore Cabrion?

— Encore.

— C'est donc le diable?

— Je finirai par le croire, monsieur Rodolphe, car ce gredin-là devine toujours les moments où je suis sortie... A peine ai-je les talons tournés que, crac! il est ici sur le dos de mon vieux chéri, qui n'a pas plus de défense qu'un enfant. Hier encore, pendant que j'étais allée chez M. Ferrand le notaire... C'est encore là où il y a du nouveau.

— Et Cecily? — dit vivement Rodolphe; — je venais savoir...

— Tenez, mon roi des locataires, ne m'embrouillez pas; j'ai tant... tant de choses à vous dire... que je m'y perdrai, si vous rompez mon fil!...

— Voyons... je vous écoute...

— D'abord, pour ce qui est de la maison, figurez-vous qu'hier on est venu arrêter la mère Burette.

— La prêteuse sur gages du second?

— Mon Dieu! oui; il paraît qu'elle en avait de drôles de métiers, outre celui de prêteuse! elle était par là-dessus recéleuse, haricandeuse, fondeuse, voleuse, allumeuse, enjôleuse, brocanteuse, fricoteuse, enfin tout ce qui rime à gueuse; le pire, c'est que son vieil amoureux, M. Bras-Rouge, notre principal locataire, est aussi arrêté... Je vous dis que c'est un vrai tremblement dans la maison, quoi!

— Aussi arrêté... Bras-Rouge?

— Oui, dans son cabaret des Champs-Élysées; on a coffré jusqu'à son fils Tortillard, ce méchant petit boiteux... On dit qu'il s'est passé chez lui un tas de massacres; qu'ils étaient là une bande de scélérats; que la Chouette, une des amies de la mère Burette, a été étranglée, et que si on n'était pas venu à temps ils assassinaient la mère Mathieu, la courtière en pierreries qui faisait travailler ce pauvre Morel... En voilà-t-il de ces nouvelles!

— Bras-Rouge arrêté! la Chouette morte! — se dit Rodolphe avec étonnement. — L'horrible vieille a mérité son sort; cette pauvre Fleur-de-Marie est du moins vengée.

— Voilà donc pour ce qui est d'ici... sans compter la nouvelle infamie de Cabrion; je vas tout de suite en finir avec ce brigand-là... Vous allez voir quel front!... Quand on a arrêté la mère Burette, et que nous avons su que Bras-Rouge, notre principal locataire, était aussi pincé, j'ai dit au vieux chéri :

« — Faut qu'tu trottes tout de suite chez le propriétaire, lui apprendre que M. Bras-Rouge est coffré. »

« Alfred part. Au bout de deux heures, il m'arrive... mais dans un état... mais dans un état!... blanc comme un linge et soufflant comme un bœuf.

— Quoi donc encore?

— Vous allez voir, monsieur Rodolphe : figurez-vous qu'à dix pas d'ici il y a un grand mur blanc; mon vieux chéri, en sortant de la maison, regarde par hasard sur ce mur : qu'est-ce qu'il y voit écrit au charbon en grosses lettres? *Pipelet-Cabrion*, les deux noms joints par un grand trait d'union (c'est ce *trait d'union* avec ce scélérat-là qui l'estomaque le plus, mon vieux chéri!). Bon! ça commence à le renverser; dix pas plus loin, qu'est-ce qu'il voit sur la grande porte du Temple? encore *Pipelet-Cabrion*, toujours avec un trait d'union... Il va toujours... A chaque pas, monsieur Rodolphe, il voit écrits ces damnés noms sur les murs des maisons, sur les portes : partout *Pipelet-Cabrion* [1]. Mon vieux chéri commençait à y voir trente-six chandelles; il croyait que tous les passants le regardaient... il enfonçait son chapeau sur son nez, tant il était honteux. Il prend le boulevard, croyant que ce gueux de Cabrion aura borné ses immondices à la rue du Temple. Ah bien, oui!... tout le long des boulevards, à chaque endroit où il y avait de quoi écrire, toujours *Pipelet-Cabrion* à mort! Enfin le pauvre cher homme est arrivé si bouleversé chez le propriétaire qu'après avoir bredouillé, pataugé, barboté pendant un quart d'heure au vis-à-vis du propriétaire, celui-ci n'a rien compris du tout à ce qu'Alfred venait lui chanter; il l'a renvoyé en l'appelant vieil imbécile, et lui a dit de m'envoyer pour expliquer la chose. Bon! Alfred sort, s'en revient par un autre chemin pour éviter les noms qu'il avait vus écrits sur les murs... Ah bien oui!...

— Encore Pipelet et Cabrion!

— Comme vous dites, mon roi des locataires; de façon que le pauvre cher homme m'est arrivé ici abruti, ahuri, voulant s'exiler. Il me raconte l'histoire; je le calme comme je peux, je le laisse, et je pars avec mademoiselle Cecily pour aller chez le notaire... avant d'aller chez le propriétaire... Vous croyez que c'est tout?... Joliment! A peine avais-je le dos tourné que ce Cabrion, qui avait guetté ma sortie, a eu le front d'envoyer ici deux grandes drôlesses qui se sont mises aux trousses d'Alfred... Tenez...

1. On se souvient peut-être qu'on pouvait lire, il y a quelques années, sur tous les murs et dans tous les quartiers de Paris, le nom de *Crédeville*, ainsi écrit par suite d'une *charge* d'atelier.

les cheveux m'en dressent sur la tête... je vous dirai cela tout à l'heure... finissons du notaire. Je pars donc en fiacre avec mademoiselle Cecily... comme vous me l'aviez recommandé... Elle avait son joli costume de paysanne allemande, vu qu'elle arrivait et qu'elle n'avait pas eu le temps de s'en faire faire un autre... ainsi que je devais le dire à M. Ferrand. Vous me croirez si vous voulez, mon roi des locataires, j'ai vu bien des jolies filles; je me suis vue moi-même dans mon printemps; mais jamais je n'ai vu (moi comprise) une jeunesse qui puisse approcher à cent piques de Cecily. Elle a surtout dans le regard de ses grands scélérats d'yeux noirs... quelque chose... quelque chose... enfin on ne sait pas ce que c'est; mais pour sûr... il y a quelque chose qui vous frappe... Quels yeux! Enfin, tenez, Alfred n'est pas suspect; eh bien! la première fois qu'elle l'a regardé, il est devenu rouge comme une carotte, ce pauvre vieux chéri... et pour rien au monde il n'aurait voulu fixer la donzelle une seconde fois... il en a eu pour une heure à se trémousser sur sa chaise, comme s'il avait été assis sur des orties. Il m'a dit après qu'il ne savait pas comment ça se faisait, mais que le regard de Cecily lui avait rappelé toutes les histoires de cet effronté de Bradamanti sur les sauvagesses qui le faisaient tant rougir, ma vieille bégueule d'Alfred...

— Mais le notaire? le notaire?

— M'y voilà, monsieur Rodolphe. Il était environ sept heures du soir quand nous arrivons chez M. Ferrand; je dis au portier d'avertir son maître que c'est madame Pipelet qui est là avec la bonne dont madame Séraphin lui a parlé et qu'elle lui a dit d'amener. Là-dessus le portier pousse un soupir et me demande si je sais ce qui est arrivé à madame Séraphin... Je lui dis que non... Ah! monsieur Rodolphe, en voilà encore un autre tremblement!...

— Quoi donc?

— La Séraphin s'est noyée dans une partie de campagne qu'elle avait été faire avec une de ses parentes.

— Noyée!... Une partie de campagne en hiver!... dit Rodolphe surpris.

— Mon Dieu! oui, monsieur Rodolphe, noyée. Quant à moi, ça m'étonne plus que cela ne m'attriste; car, depuis le malheur de cette pauvre Louise... qu'elle avait dénoncée, je la détestais, la Séraphin. Aussi, ma foi! je me dis: Elle s'est noyée, eh bien! elle s'est noyée; après tout... je n'en mourrai pas... Voilà mon caractère.

— Et M. Ferrand?

— Le portier me dit d'abord qu'il ne croyait pas que je pourrais voir son maître, et me prie d'attendre dans sa loge; mais au bout d'un moment il revient me chercher. Nous traversons la cour et nous entrons dans une chambre au rez-de-chaussée. Il n'y avait qu'une mauvaise chandelle pour éclairer. Le notaire était assis au coin d'un feu où fumaillait un restant de tison... Quelle baraque!... Je n'avais jamais vu M. Ferrand... Dieu de Dieu, est-il vilain! En voilà encore un qui aurait beau m'offrir le trône de l'Arabie pour faire des traits à Alfred...

— Et le notaire a-t-il paru frappé de la beauté de Cecily?

— Est-ce qu'on peut le savoir, avec ses lunettes vertes?... Un vieux sacristain pareil, ça ne doit pas se connaître en femmes. Pourtant, quand nous sommes entrées toutes les deux, il a fait comme un soubresaut sur sa chaise; c'était sans doute l'étonnement de voir le costume alsacien de Cecily; car elle avait (en cent milliards de fois mieux) la tournure d'une de ces marchandes de petits balais, avec ses cotillons courts et ses jolies jambes chaussées de bas bleus à coins rouges; sapristi... quel mollet!... et la cheville si mince!... et le pied si mignon!... finalement le notaire a eu l'air ahuri en la voyant.

— C'était sans doute la bizarrerie du costume de Cecily qui le frappait.

— Faut croire; mais le moment croustilleux approchait. Heureusement je me suis rappelé la maxime que vous m'avez dite, monsieur Rodolphe; ç'a été mon salut.

— Quelle maxime?

— Vous savez: *C'est assez que l'un veuille pour que l'autre ne veuille pas, ou que l'un ne veuille pas pour que l'autre veuille*. Alors je me dis à moi même: Il faut que je débarrasse mon roi des locataires de son Allemande, en la colloquant au maître de Louise; hardi! je vas faire une frime... Et voilà que je dis au notaire, sans lui donner le temps de respirer:

« — Pardon, monsieur, si ma nièce vient habillée à la mode de son pays; mais elle arrive, elle n'a que ces vêtements-là, et je n'ai pas de quoi lui en faire faire d'autres: d'autant plus que ça ne sera pas la peine; car nous venons seulement pour vous remercier d'avoir dit à madame Séraphin que vous consentiez à voir Cecily, d'après les bons renseignements que j'avais donnés sur elle; mais je ne crois pas qu'elle puisse convenir à monsieur.

— Très-bien, madame Pipelet.

« — Pourquoi votre nièce ne me conviendrait-elle pas? dit le notaire qui s'était remis au coin de son feu et avait l'air de nous regarder par-dessus ses lunettes.

« — Parce que Cecily commence à avoir le mal du pays, monsieur. Il n'y a pas trois jours qu'elle est ici, et elle veut déjà s'en retourner, quand elle devrait mendier sur la route en vendant des petits balais comme ses payses.

« — Et vous qui êtes sa parente, me dit M. Ferrand, vous souffririez cela?

« — Dame! monsieur, je suis sa parente, c'est vrai; mais elle est orpheline, elle a vingt ans, et elle est maîtresse de ses actions.

« — Bah! bah! maîtresse de ses actions! à cet âge-là, on doit obéir à ses parents, » reprit-il brusquement.

« Là-dessus voilà Cecily qui se met à pleurnicher et à trembler en se serrant contre moi; c'était le notaire qui lui faisait peur, bien sûr.

— Et Jacques Ferrand?

— Il grommelait toujours en marronnant:

« — Abandonner une fille à cet âge-là, c'est vouloir la perdre! S'en retourner en Allemagne en mendiant, belle ressource! Et vous, sa tante, vous souffrez une telle conduite?...

« — Bien, bien, que je me dis, tu vas tout seul, grigou; je te colloquerai Cecily ou j'y perdrai mon nom.

« Je suis sa tante, c'est vrai, que je réponds en grognant, et c'est une malheureuse parenté pour moi; j'ai bien assez de charges; j'aimerais autant que ma nièce s'en aille que de l'avoir sur les bras. Que le diable emporte les parents qui vous envoient une grande fille comme ça sans seulement l'affranchir! »

« Pour le coup, voilà Cecily, qui avait l'air d'avoir le mot, qui se met à fondre en larmes... Là-dessus le notaire prend son creux comme un prédicateur, et se met à me dire:

« — Vous devez compte à Dieu du dépôt que la Providence a remis entre vos mains; ce serait un crime que d'exposer cette jeune fille à la perdition. Je consens à vous aider dans une œuvre charitable; si votre nièce me promet d'être laborieuse, honnête et pieuse, et surtout de ne jamais sortir de chez moi, j'aurai pitié d'elle et je la prendrai à mon service.

« — Non, non, j'aime mieux m'en retourner au pays, » dit Cecily en pleurant encore.

— Sa dangereuse fausseté ne lui a pas fait défaut... pensa Rodolphe; la diabolique créature a, je le vois, parfaitement compris les ordres du baron de Graün.

Puis le prince reprit tout haut:

— M. Ferrand paraissait-il contrarié de la résistance de Cecily?

— Oui, monsieur Rodolphe; il marronnait entre ses dents et il lui a dit brusquement:

« — Il ne s'agit pas de ce que vous aimeriez mieux, mademoiselle, mais de ce qui est convenable et décent; le ciel ne vous abandonnera pas si vous menez une bonne conduite et si vous accomplissez vos devoirs religieux. Vous serez ici dans une maison aussi sévère que sainte; si votre tante vous aime réellement, elle profitera de mon offre; vous aurez des gages faibles d'abord; mais si par votre sagesse et votre zèle vous méritez mieux, plus tard peut-être je les augmenterai.

« — Bon, que je m'écrie en moi-même, enfoncé le notaire! Voilà Cecily colloquée chez toi, vieux fesse-mathieu, vieux sans-cœur! La Séraphin était à ton service depuis des années, et tu n'as pas seulement l'air de te souvenir qu'elle s'est noyée avant-hier... » Et je reprends tout haut:

« — Sans doute, monsieur, la place est avantageuse, mais si cette jeunesse a le mal du pays...

« — Ce mal passera, me répond le notaire. Voyons, décidez-vous... est-ce oui ou non?... Si vous y consentez, amenez-moi votre nièce demain soir à la même heure, et elle entrera tout de suite à mon service... mon portier la mettra au fait... Quant aux gages, je donne en commençant vingt francs par mois et vous serez nourrie.

— Ah! monsieur, vous mettrez bien cinq francs de plus?...

— Non, plus tard... si je suis content, nous verrons... Mais je dois vous prévenir que votre nièce ne sortira jamais et que personne ne viendra la voir.

— Eh! mon Dieu, monsieur, qui voulez-vous qui vienne la voir? elle ne connaît que moi à Paris, et j'ai ma porte à garder; ça m'a assez dérangée d'être obligée de l'accompagner ici; vous ne me verrez plus, elle me sera aussi étrangère que si elle n'était jamais venue de son pays. Quant à ce qu'elle ne sorte pas, il y a un moyen bien simple: laissez-lui le costume de son pays, elle n'osera pas aller habillée comme cela dans les rues.

« — Vous avez raison, me dit le notaire; c'est d'ailleurs respectable de tenir aux vêtements de son pays... Elle restera donc vêtue en Alsacienne.

« — Allons ! que je dis à Cecily qui, la tête basse, pleurnichait toujours, il faut te décider, ma fille ; une bonne place dans une honnête maison ne se trouve pas tous les jours ; et d'ailleurs, si tu refuses, arrange-toi come tu voudras, je ne m'en mêle plus. »

« Là-dessus Cecily répond en soupirant, le cœur tout gros, qu'elle consent à rester, mais à condition que, si dans une quinzaine de jours le mal du pays la tourmente trop, elle pourra s'en aller.

(La suite au prochain numéro.)

Hélène prit le papier, le déchira en morceaux qu'elle jeta au vent. (Page 743.)

COMMENT ON AIME (suite).

Il demeura un moment ainsi, l'esprit abattu, le cœur déchiré ; puis se relevant d'un air résolu :

— Adieu ! adieu ! dit-il avec des sanglots étouffés.

Et il sortit précipitamment.

Quelques heures après, Varnier arriva. Suzanne faisait le ménage, comme il convient à la fée du logis.

— Qui vous amène de si bonne heure? demanda-t-elle.

— Il faut que je parle à Théodule. J'ai une place superbe à lui proposer.

— Le paresseux est sans doute encore au lit, dit-elle en élevant malicieusement la voix pour que son cousin l'entendît. Allez le gronder, mon cher monsieur, et lui dire qu'il est près de huit heures.

Varnier entra dans la chambre de Théodule. Il en ressortit bientôt tout ému, tenant deux lettres à la main, l'une à son adresse, l'autre pour Suzanne.

La jeune fille, tremblante, oppressée, ouvrit la sienne et lut ce qui suit :

« Cousine,

« Aimer, selon mon cœur, c'est être prêt à bien des dévouements. Il ne faut pas aimer pour soi-même et en vue de son propre bonheur, mais dans l'intérêt du bonheur de la personne qui nous est chère. Oui, voilà vraiment comme on aime! Aimer autrement, c'est avoir l'âme étroite, égoïste, ce n'est pas éprouver le véritable amour!

« Je me serais enseveli sous l'herbe de la Marne plutôt que de renoncer à vous ramener à la rive. J'aurai aussi le courage de fuir loin de vous plutôt que de vous empêcher de profiter de la fortune qui vous sourit et vous tend les bras. La fortune, dit-on, se présente toujours une fois dans le cours de la vie ; on doit savoir la saisir. Je vous connais, chère Suzanne, et je sais qu'à cause de moi vous refuseriez la plus brillante opulence. Mais moi, dois-je accepter ce sacrifice? Non, car je veux me montrer digne de vous!

« Si je n'eusse pu apprécier M. Varnier, j'aurais sans doute hésité dans ma résolution, car je ne crois pas que la fortune compense jamais, pour celui qui la reçoit, les tourments causés par le mauvais esprit de celui qui la donne. Mais M. Varnier est si franc, si loyal, que celle qui unira sa destinée à la sienne n'aura, j'en suis sûr, jamais à souffrir dans ses susceptibilités, dans sa délicatesse. C'est ce qui me décide et me console un peu.

« Et puis, vous êtes si frêle et si mignonne, ma cousine chérie, que le travail constant auquel vous vous livrez menace d'altérer votre santé. Il vous faut à vous une existence toute faite, sans soucis et sans efforts, l'existence des fleurs, qu'on cultive, qu'on expose au soleil et qu'on abrite des hivers. Il faut aussi à votre pauvre mère souffrante l'aisance charmante qu'elle a possédée en partie autrefois. Cette douce influence lui rendrait sans doute la plénitude de ses forces, comme les tièdes chaleurs ravivent une plante qui languit.

« Acceptez donc mon sacrifice, comme je l'accomplis, avec courage. N'en soyez pas affligée et ne me plaignez pas trop. Je me résigne en me disant : Un jour Suzanne et sa mère me béniront, car j'aurai fait des heureux!

« Embrassez quelquefois ma tante pour moi, et donnez-moi une petite place au fond de votre cœur.

« Adieu ! « THÉODULE. »

La lettre adressée à Varnier ne contenait que quelques mots. Théodule lui recommandait de faire tous ses efforts pour décider Suzanne à l'épouser, et le suppliait d'être toujours inaltérablement bon pour elle et pour sa mère.

Il y avait dans ces deux lettres un calme d'expression, une réserve de sentiments à travers lesquels, toutefois, on sentait transpirer le plus poignant chagrin. Théodule s'était efforcé de le contenir pour ne point communiquer un attendrissement trop douloureux. Le pauvre jeune homme avait tout l'héroïsme de l'abnégation.

Suzanne pleurait ; sa mère pleurait aussi, Varnier, dont la fibre lacrymale n'était pas très sensible, dévorait une grosse larme avec effort.

— Le fou!... s'écriait-il. Le cher enfant! Mais c'est pitoyable, ce qu'il a fait là!... c'est sublime de dévouement! C'est-à-dire, non, ça n'a pas l'ombre du sens commun! Crebleu! si je le rattrape, je lui donne la moitié de ma fortune pour épouser ma bonne Suzanne, aussi vrai que je m'appelle Varnier!... Je cours m'informer partout, et je vous le ramène!... Oui, je vous le ramène, ou je ne me présente plus devant vous, foi d'homme!

Il sortit à ces mots, laissant étourdiment madame Delvecourt et sa fille profondément affligées, mais entrevoyant déjà une lueur d'espérance.

Ce que Varnier fit d'efforts pour se mettre sur la piste du fugitif fut vraiment inouï. Après un mois de vaines recherches dirigées en tous sens, il retourna dans la cité Riverin.

— J'enfreins ma promesse, dit-il avec une peine sincère ; je reviens sans Théodule. J'ai cru plusieurs fois le joindre, soit à Marseille, soit à Brest, soit à Londres ; mais je m'apercevais bientôt que celui que je poursuivais sur la foi de quelques renseignements plausibles, n'était pas Théodule. Je commence à désespérer.

Il fit toutefois quelques recherches encore, mais ces nouvelles recherches n'eurent pas plus de succès que les premières. Alors seulement il voulut tenter ce que lui recommandait Théodule dans sa lettre d'adieu. Ce n'était pas chose facile. Suzanne et sa mère étaient inconsolables. Mais il se montra si persévérant, si noble, si bon, que madame Delvecourt et Suzanne consentirent enfin à ce que le dévouement du pauvre Théodule ne restât pas inutile!

Environ six mois après, Suzanne épousait Varnier.

Plus d'une fois, ce jour-là, on remarqua que ses yeux se mouillaient malgré elle, pendant qu'elle cherchait à sourire aux invités.

VI

Quelques années plus tard, un homme d'une trentaine d'années, triste et pâle, traversait lentement le défilé de la cité Riverin. Il jetait les yeux autour de lui avec une certaine curiosité expressive, et souriait mélancoliquement à la vue des longs murs qui menaçaient toujours de s'écrouler, mais qui ne paraissaient cependant pas plus affaissés que jadis.

— Ils résisteront plus longtemps que moi, murmurait-il en hochant la tête.

Arrivé au milieu de la cité, en face de la rangée de maisons qui s'alignent modestement sur le flanc de quatre ou cinq beaux hôtels, il s'arrêta devant l'une d'elles et la considéra pendant un instant avec un intérêt inexprimable; puis il y entra, sans s'être aperçu qu'il étaitsuivi.

— Vous avez un logement à louer? demanda-t-il au concierge d'un ton légèrement ému.

— Oui, monsieur, répondit distraitement un vieux bonhomme assis dans un confortable fauteuil en velours d'Utrecht; mais il est trop tard pour le voir. Repassez demain.

— Où est situé ce logement? demanda l'interlocuteur.

— Au quatrième, sur le devant; trois petites pièces et une cuisine meublées. On pourrait vous céder les meubles, si vous le désiriez.

— Est-ce le logement de madame Delvecourt? reprit l'interlocuteur avec un redoublement d'émotion.

Le vieux concierge, surpris de ce ton animé, leva son nez majestueusement orné de besicles, et fixa un regard de diplomate sur le singulier personnage qui lui parlait. Aussitôt sa physionomie exprima l'hésitation, le doute, et il s'écria :

— Mais n'est-ce pas à monsieur Théodule que j'ai l'honneur de parler?

C'était Théodule, en effet.

Il arrivait de Londres où, après quelques années d'un travail opiniâtre, seule distraction à de profonds ennuis, il avait amassé de modestes épargnes avec lesquelles il comptait vivre désormais humblement et tranquillement à Paris. Sa santé, ébranlée par les fatigues et le chagrin, lui en faisait un devoir.

— Oui, c'est moi, Théodule, dit-il. Vous me reconnaissez donc?

— Hum! hum! répondit le concierge... un peu changé, un peu pâli, un peu maigri! A ça près... Mais d'où diable arrivez-vous, reprit-il, qu'on vous a cherché partout sans vous trouver nulle part? Ce bon M. Varnier a couru après vous pendant deux mois au moins.

— Le digne homme!

— Ma foi! oui, un bien digne homme! continua le concierge. Enfin, quand il a vu que vous ne reveniez pas, il a épousé mademoiselle Suzanne, qui est maintenant une grande dame, et pas plus fière pour ça.

— Elle est heureuse, n'est-ce pas?

— Je le crois bien! elle a un superbe appartement au faubourg Saint-Germain, un magnifique équipage et les plus belles toilettes du monde. Comme ça lui va gentiment! c'est un vrai bijou, quoi! Je dois vous dire, au reste, qu'il y a plus d'un an que je ne l'ai vue, que je n'ai entendu parler d'elle. C'est qu'elle voyage beaucoup avec son mari et sa mère, cette chère petite madame Varnier.

« Madame Varnier! » Théodule soupira malgré lui en entendant prononcer ce nom. Il ne l'avait, lui, jamais appelée que Suzanne!

— Mais tout cela n'empêche pas, ajouta le concierge revenant sur le chapitre de la location, que je ne puisse vous louer votre ancien logement, si vous voulez. Il est à peu près dans le même état qu'autrefois.

— Avec les mêmes meubles? demanda Théodule étonné.

— Avec les mêmes, mon cher monsieur. En quittant la maison, madame Delvecourt et mademoiselle Suzanne les ont donnés à une pauvre famille qui voulait les leur acheter. Cette famille a trouvé à se bien caser en province, et je suis chargé de vendre ses meubles.

— Je les achète! s'écria Théodule. Je les

achète ! C'est à moi qu'ils doivent revenir ! C'est mon bien ! ce sont mes souvenirs ! c'est tout le bonheur de ma vie qu'ils représentent. Ah ! reprit-il avec une sorte d'exaltation, donnez-moi la clef de ce logement si sacré pour moi ! J'ai hâte de me retrouver au milieu de cet humble asile que j'aimais tant !

Le vieux concierge ne fit aucune difficulté de lui accorder ce qu'il demandait, et Théodule franchit en quelques secondes les quatre étages.

Ce fut avec un léger frémissement qu'il ouvrit la porte, et avec un battement de cœur précipité qu'il entra dans l'ancienne demeure de sa famille, comme s'il eût dû encore la retrouver en ces lieux.

Il passa rapidement de chambre en chambre: on eût dit qu'il voulait embrasser tout ce logement d'un seul coup d'œil ; puis il recommença son investigation à pas lents, considérant avec une curiosité attentive et une vive émotion chaque pièce du mobilier, vaguement éclairé par les molles clartés du soir.

Tout était en effet dans le même ordre qu'autrefois.

— Oui, disait Théodule avec mélancolie, voilà bien le grand fauteuil où s'asseyait madame Delvecourt, chère malade qui sans doute a recouvré la santé sous l'influence de la richesse !...

« Voici le vaste lit où reposaient Suzanne et sa mère, où je les ai vues dormant pendant que je m'arrachais d'auprès d'elles ! Cruel effort !...

« A cette table, la noble enfant brodait nuit et jour, et je passais à ses côtés les plus délicieux moments. Je l'aimais tant, hélas !

« Je retrouve encore, à ces fenêtres, les caisses de fleurs que Suzanne cultivait elle-même. D'autres les ont cultivées depuis. Aussi de rares capucines s'en échappent-elles comme à regret. »

Il en cueillit quelques-unes, dont il respira le vague parfum. Puis entrant dans une autre pièce :

— Salut, ô ma chambrette ! reprit-il. Confidente discrète de mes premières espérances, de mon premier, de mon unique amour, salut ! Maintes fois, pour t'embellir, Suzanne dégarnissait ses corbeilles ! Aussi t'eussé-je préférée alors aux plus somptueuses demeures. Comme j'étais heureux !

Il croisa ses bras sur sa poitrine et continua de considérer d'un œil humide chaque détail de ce logis dont la physionomie, fidèlement conservée, réfléchissait mille souvenirs saisissants pour le cœur de Théodule.

Bientôt il alla s'asseoir à l'une des fenêtres qu s'ouvrent sur la verdure des hôtels voisins.

La nuit commençait à s'étendre ; les lumières rougeâtres de la ville s'éveillaient en même temps que les étoiles argentées du firmament. Le léger murmure des jardins se mêlait au bruissement des rues d'alentour.

Théodule s'accouda dans une attitude rêveuse, le visage penché, le regard perdu dans l'espace étoilé. Il resta ainsi quelques minutes immobile, muet, absorbé dans un flux de songes tour à tour doux et amers.

— J'ai bien fait de les quitter, pensait-il parfois, puisque Suzanne et sa mère ont pu savourer les joies de l'opulence. Ensemble, nous n'eussions peut-être mené qu'une existence pleine de privations et de tourments. Combien j'eusse souffert, hélas ! de les voir souffrir ! Ah ! cela vaut mieux ainsi !

Alors il voyait, comme en un rêve consolateur, Suzanne et sa mère lui sourire et le remercier avec effusion. Il se sentait récompensé.

Mais changeant bientôt la nature de ses impressions :

— Qui sait? se disait-il en hochant douloureusement la tête ; elles m'ont peut-être oublié maintenant ! ou, si elles se souviennent de moi, c'est pour frémir à la pensée de l'humble vie à laquelle elles eussent été condamnées sans retour, si j'eusse épousé Suzanne. L'opulence dessèche le cœur, dit-on ; elle fait qu'on redoute la pauvreté plus que tout au monde.

Alors il voyait sa tante et sa belle cousine passer devant lui au milieu d'un cortége élégant, riches, fêtées, et l'accablant d'un salut dédaigneux. Il en éprouvait comme un délabrement de cœur.

— Ah ! Suzanne ! Suzanne ! murmura-t-il avec des larmes dans la voix ; se peut-il donc que vous n'ayez plus pour Théodule que du dédain ou de l'oubli !

— Ami, cruel ami ! dit une voix mélodieuse et pénétrante à son oreille, comme vous méconnaissez Suzanne !

Théodule poussa un cri et retourna vivement la tête.

(*La suite au prochain numéro.*)

Le propriétaire-gérant : F. ROY.

Alors toutes deux s'avancèrent vers moi en me tendant leurs bras. (Page 738.)

« — Je ne veux pas vous garder de force, dit le notaire, et je ne suis pas embarrassé de trouver des servantes. Voilà votre denier à Dieu ; votre tante n'aura qu'à vous ramener ici demain soir. »

« Cecily n'avait pas cessé de pleurnicher. J'ai accepté pour elle le denier à Dieu de quarante sous de ce vieux pingre, et nous sommes revenues ici.

— Très-bien, madame Pipelet ! Je n'oublie pas ma promesse ; voilà ce que je vous ai promis si vous parveniez à me placer cette pauvre fille, qui m'embarrassait...

— Attendez à demain, mon roi des locataires, — dit madame Pipelet en refusant l'argent de Rodolphe ; — car enfin M. Ferrand n'a qu'à se raviser, quand ce soir je vas lui conduire Cecily...

— Je ne crois pas qu'il se ravise. Mais où est elle?

— Dans le cabinet qui dépend de l'appartement du commandant; elle n'en bouge pas, d'après vos ordres; elle a l'air résignée comme un mouton, quoiqu'elle ait des yeux... ah! quels yeux!... Mais, à propos du commandant, est-il intrigant! Lorsqu'il est venu lui-même surveiller l'emballement de ses meubles, est-ce qu'il ne m'a pas dit que s'il venait ici des lettres adressées à une *madame Vincent*, c'était pour lui, et de les lui envoyer *rue Mondovi n°* 5! Il se fait écrire sous un nom de femme, ce bel oiseau; comme c'est malin!... Mais ce n'est pas tout; est-ce qu'il n'a pas eu l'effronterie de me demander ce qu'était devenu son bois?...

« — Votre bois!... pourquoi donc pas votre forêt, tout de suite? » que je lui ai répondu.

«Tiens, c'est vrai, pour deux mauvaises voies... de rien du tout, une de flotté ou une de neuf, car il n'avait pas pris tout bois neuf, le grippe-sous... faisait-il son embarras! Son bois!

« — Je l'ai brûlé, votre bois, que je lui dis, pour sauver vos effets de l'humidité; sans cela, il aurait poussé des champignons sur votre calotte brodée et sur votre robe de chambre de ver luisant, que vous avez mise joliment souvent pour le roi de Prusse... en attendant cette petite dame qui se moquait de vous. »

Un gémissement sourd et plaintif d'Alfred interrompit madame Pipelet.

— Voilà le vieux chéri qui rumine, il va s'éveiller... Vous permettez, mon roi des locataires?

— Certainement... j'ai d'ailleurs encore quelques renseignements à vous demander.

— Eh bien!... vieux chéri, comment ça va-t-il? — demanda madame Pipelet à son mari en ouvrant ses rideaux; — voilà M. Rodolphe, il sait la nouvelle infamie de Cabrion, il te plaint de tout son cœur.

— Ah! monsieur, — dit Alfred en tournant languissamment sa tête vers Rodolphe, — cette fois je n'en relèverai pas... le monstre m'a frappé au cœur... je suis l'objet des brocards de la capitale... mon nom se lit sur tous les murs de Paris... accolé à celui de ce misérable, *Pipelet-Cabrion*, avec un énorme trait d'union... *mósieurr*... un trait d'union... Moi!... uni à cet infernal polisson aux yeux de la capitale de l'Europe!

— M. Rodolphe sait cela... mais ce qu'il ne sait pas, c'est ton aventure d'hier soir avec ces deux grandes drôlesses.

— Ah! monsieur, il avait gardé sa plus monstrueuse infamie pour la dernière; celle-là a passé toutes les bornes, — dit Alfred d'une voix dolente.

— Voyons, mon cher monsieur Pipelet... racontez-moi ce nouveau malheur.

— Tout ce qu'il m'a fait jusqu'à présent n'était rien auprès de cela, monsieur... Il est arrivé à ses fins... grâce aux procédés les plus honteux... Je ne sais si je vais avoir la force de faire ce narré... la confusion... la pudeur m'entraveront à chaque pas.

M. Pipelet, s'étant mis péniblement sur son séant, croisa pudiquement les revers de son gilet de laine et commença en ces termes:

— Mon épouse venait de sortir; absorbé dans l'amertume que me causait la nouvelle prostitution de mon nom écrit sur tous les murs de la capitale, je cherchais à me distraire en m'occupant d'un ressemelage d'une botte vingt fois reprise et vingt fois abandonnée, grâce aux opiniâtres persécutions de mon bourreau. J'étais assis devant une table, lorsque je vois la porte de ma loge s'ouvrir et une femme entrer. Cette femme était enveloppée d'un manteau à capuchon; je me soulevai honnêtement de mon siége et portai la main à mon chapeau. A ce moment, une seconde femme, aussi enveloppée d'un manteau à capuchon, entre dans ma loge et ferme la porte en dedans... Quoique étonné de la familiarité de ce procédé et du silence que gardaient les deux femmes, je me resoulève de ma chaise et je reporte la main à mon chapeau. Alors, monsieur... Non, non, je ne pourrai jamais... ma pudeur se révolte...

— Voyons, vieille bégueule... nous sommes entre hommes... dit madame Pipelet. — Va donc!

— Alors — reprit Alfred en devenant cramoisi — les manteaux tombent, et qu'est-ce que je vois? Deux espèces de sirènes ou de nymphes, sans autres vêtements qu'une tunique de feuillage, la tête aussi couronnée de feuillage; j'étais pétrifié... Alors toutes deux s'avancent vers moi en me tendant leurs bras, comme pour m'engager à m'y précipiter [1]...

— Les coquines!... — dit Anastasie.

— Les avances de ces impudiques me révoltèrent, — reprit Alfred animé d'une chaste indignation; — et selon cette habitude qui ne m'abandonne jamais dans les circonstances les plus critiques de ma vie je restai complétement

1. Deux danseuses de la Porte-Saint-Martin, amies de Cabrion, vêtues de maillots et d'un costume de ballet.

immobile sur ma chaise : alors, profitant de ma stupeur, les deux sirènes s'approchent avec une espèce de cadence, en faisant des ronds de jambes et en arrondissant les bras... Je m'immobilise de plus en plus. Elles m'atteignent... elles m'enlacent.

— Enlacer un homme d'âge et marié... les gredines ! Ah ! si j'avais été là... avec mon manche à balai, — s'écria Anastasie, — je vous en aurais donné de la cadence et des ronds de jambes, gourgandines !

— Quand je me sens enlacé, — reprit Alfred, — mon sang ne fait qu'un tour... j'ai la petite mort... Alors l'une des sirènes... la plus effrontée, une grande blonde, se penche sur mon épaule, m'enlève mon chapeau et me met le chef à nu, toujours en cadence... avec des ronds de jambes et en arrondissant les bras. Alors sa complice, tirant une paire de ciseaux de son feuillage, rassemble en une énorme mèche tout ce qui me restait de cheveux derrière la tête, et me coupe le tout, monsieur, le tout... toujours avec des ronds de jambes; puis elle dit en chantonnant et en cadençant : « C'est pour Cabrion... » — et l'autre impudique de répéter en chœur : « C'est pour Cabrion... c'est pour Cabrion ! »

Après une pause accompagnée d'un soupir douloureux, Alfred reprit :

— Pendant cette impudente spoliation... je lève les yeux et je vois collée aux vitres de la loge la figure infernale de Cabrion avec sa barbe et son chapeau pointu... il riait... il riait... il était hideux. Pour échapper à cette vision odieuse, je ferme les yeux... Quand je les ai rouverts... tout avait disparu... je me suis retrouvé sur ma chaise... le chef à nu et complétement dévasté ! Vous le voyez, monsieur, Cabrion est arrivé à ses fins à force de ruse, d'opiniâtreté et d'audace, et par quels moyens, mon Dieu ! ! !... Il voulait me faire passer pour son ami !... il a commencé par afficher ici que nous faisions commerce d'amitié ensemble. Non content de cela... à cette heure mon nom est accolé au sien sur tous les murs de la capitale avec un énorme trait d'union. Il n'y a pas, à cette heure, un habitant de Paris qui mette en doute mon intimité avec ce misérable; il voulait de mes cheveux, il en a... il les a tous, il peut les montrer... me compromettre... grâce aux exactions de ces sirènes effrontées. Maintenant, monsieur, vous le voyez, il ne me reste qu'à quitter la France... ma belle France.., où je croyais vivre et mourir...

Et Alfred se rejeta à la renverse sur son lit en joignant les mains.

— Mais, au contraire, vieux chéri, maintenant qu'il a de tes cheveux, il te laissera tranquille.

— Me laisser tranquille !... — s'écria M. Pipelet avec un soubresaut convulsif; — mais tu ne le connais pas ! il est insatiable. Maintenant, qui sait ce qu'il voudra de moi ?

Rigolette, paraissant à l'entrée de la loge, mit un terme aux lamentations de M. Pipelet.

— N'entrez pas, mademoiselle ! — cria M. Pipelet fidèle à ses habitudes de chaste susceptibilité, — je suis au lit et en linge.

Ce disant, il tira un de ses draps jusqu'à son menton. Rigolette s'arrêta discrètement au seuil de la porte.

— Justement, ma voisine, j'allais chez vous, — lui dit Rodolphe. — Veuillez m'attendre un moment.

Puis, s'adressant à Anastasie :

— N'oubliez pas de conduire Cecily ce soir chez M. Ferrand.

— Soyez tranquille, mon roi des locataires, à sept heures, elle y sera installée. Maintenant que la femme Morel peut marcher, je la prierai de garder ma loge, car Alfred ne voudrait pas, pour un empire, rester tout seul.

Les roses du teint de Rigolette pâlissaient de plus en plus ; sa charmante figure, jusqu'alors si fraîche, si ronde, commençait à s'allonger un peu ; sa piquante physionomie, ordinairement si animée, si vive, était devenue sérieuse et plus triste encore qu'elle ne l'était lors de la dernière entrevue de la grisette et de Fleur-de-Marie à la porte de la prison de Saint-Lazare.

— Combien je suis contente de vous rencontrer, mon voisin ! — dit Rigolette à Rodolphe, lorsque celui-ci fut sorti de la loge de madame Pipelet. — J'ai bien des choses à vous dire, allez... !

— D'abord, ma voisine, comment vous portez-vous ? Voyons, cette jolie figure est-elle toujours rose et gaie ? Hélas ! non ; je vous trouve pâle... Je suis sûr que vous travaillez trop...

— Oh ! non, monsieur Rodolphe, je vous assure que maintenant je suis faite à ce petit surcroît d'ouvrage... Ce qui me change, c'est tout bonnement le chagrin. Mon Dieu oui ! toutes les fois que je vois ce pauvre Germain, je m'attriste de plus en plus.

— Il est donc toujours bien abattu ?

— Plus que jamais, monsieur Rodolphe, et ce

qui est désolant, c'est que tout ce que je fais pour le consoler tourne contre moi, c'est comme un sort... — Et une larme vint voiler les grands yeux noirs de Rigolette.

— Expliquez-moi cela, ma voisine.

— Hier, par exemple, je vais le voir et lui porter un livre qu'il m'avait priée de lui procurer, parce que c'était un roman que nous lisions dans notre bon temps de voisinage. A la vue de ce livre, il fond en larmes ; cela ne m'étonne pas, c'était bien naturel... Dame!... ce souvenir de nos soirées si tranquilles, si gentilles, au coin de mon poële, dans ma jolie petite chambre, comparer cela à son affreuse vie de prison, pauvre Germain! c'est bien cruel.

— Rassurez-vous, — dit Rodolphe à la jeune fille, — lorsque Germain sera hors de prison et que son innocence sera reconnue, il retrouvera sa mère, des amis, et il oubliera bien vite auprès d'eux et de vous ces durs moments d'épreuve.

— Oui, mais jusque-là, monsieur Rodolphe, il va encore se tourmenter davantage. Et puis, ce n'est pas tout...

— Qu'y a-t-il encore?

— Comme il est le seul honnête homme au milieu de ces bandits, ils l'ont en grippe parce qu'il ne peut pas prendre sur lui de frayer avec eux. Le gardien du parloir, un bien brave homme, m'a dit d'engager Germain, dans son intérêt, à être moins fier... à tâcher de se familiariser avec ces mauvaises gens... mais il ne le peut pas, c'est plus fort que lui, et je tremble qu'un jour ou l'autre on ne lui fasse du mal...

Puis, s'interrompant tout à coup et essuyant ses larmes, Rigolette reprit :

— Mais voyez donc, je ne pense qu'à moi, et j'oublie de vous parler de la Goualeuse.

— De la Goualeuse! — dit Rodolphe avec surprise.

— Avant-hier, en allant voir Louise à Saint-Lazare... je l'ai rencontrée.

— La Goualeuse?

— Oui, monsieur Rodolphe.

— A Saint-Lazare?

— Elle en sortait avec une vieille dame.

— C'est impossible!... — s'écria Rodolphe stupéfait.

— Je vous assure que c'était bien elle, mon voisin.

— Vous vous serez trompée.

— Non, non ; quoiqu'elle fût vêtue en paysanne, je l'ai tout de suite reconnue ; elle est toujours bien jolie, quoique pâle, et elle a le même petitair doux et triste qu'autrefois.

— Elle, à Paris... sans que j'en sois instruit! Je ne puis le croire. Et que venait-elle faire à Saint-Lazare?

— Comme moi, voir une prisonnière, sans doute ; je n'ai pas eu le temps de lui en demander davantage ; la vieille dame qui l'accompagnait avait l'air si grognon et si pressé... Ainsi! vous la connaissez aussi, la Goualeuse, monsieur Rodolphe?

— Certainement.

— Alors, plus de doute, c'est bien de vous qu'elle m'a parlé?

— De moi?

— Oui, mon voisin. Figurez-vous que je lui racontais le malheur de Louise et de Germain, tous deux si bons, si honnêtes et si persécutés par ce vilain M. Jacques Ferrand, me gardant bien de lui apprendre, comme vous me l'aviez défendu, que vous vous intéressiez à eux ; alors la Goualeuse m'a dit que si une personne généreuse qu'elle connaissait était instruite du sort malheureux et peu mérité de mes deux pauvres prisonniers, elle viendrait bien à leur secours ; je lui ai demandé le nom de cette personne, et elle vous a nommé, monsieur Rodolphe.

— C'est elle, c'est bien elle...

— Vous pensez que nous avons été bien étonnées toutes deux de cette découverte ou de cette ressemblance de nom ; aussi nous nous sommes promis de nous écrire si notre Rodolphe était le même... Et il paraît que vous êtes le même, mon voisin.

— Oui, je me suis aussi intéressé à cette pauvre enfant... Mais ce que vous me dites de sa présence à Paris me surprend tellement que si, vous ne m'aviez pas donné tant de détails sur votre entrevue avec elle, j'aurais persisté à croire que vous vous trompiez... Mais adieu... ma voisine, ce que vous venez de m'apprendre à propos de la Goualeuse m'oblige de vous quitter... Restez toujours aussi réservée à l'égard de Louise et de Germain sur la protection que des amis inconnus leur manifesteront lorsqu'il en sera temps. Ce secret est plus nécessaire que jamais. A propos, comment va la famille Morel?

— De mieux en mieux, monsieur Rodolphe : la mère est tout à fait sur pied maintenant ; les enfants reprennent à vue d'œil. Tout le ménage vous doit la vie, le bonheur... Vous êtes si généreux pour eux!... Et ce pauvre Morel, lui, comment va-t-il?

— Mieux... J'ai eu hier de ses nouvelles; il semble avoir de temps en temps quelques moments lucides; on a bon espoir de le guérir de sa folie... Allons, courage, et à bientôt, ma voisine... Vous n'avez besoin de rien? Le gain de votre travail vous suffit toujours?

— Oh! oui, monsieur Rodolphe, je prends un peu sur mes nuits, et ce n'est guère dommage, allez, car je ne dors presque plus.

— Hélas! ma pauvre petite voisine, je crains bien que papa Crétu et Ramonette ne chantent plus beaucoup s'ils vous attendent pour commencer.

(*La suite au prochain numéro.*)

COMMENT ON AIME

LES AMOURS DE THÉODULE

(SUITE

Une femme était là, debout, pâle, émue, dans la demi-obscurité de la chambre. Cette femme était vêtue de noir, si élégante et si belle que, après l'avoir nommée d'abord, Théodule douta que ce fût Suzanne.

— Ne me reconnaissez-vous pas? dit la même voix.

Théodule tressaillit jusqu'au fond de l'âme.

— Suzanne! s'écria-t-il avec un fol accès de joie. Est-ce bien vous, Suzanne? Ne suis-je point le jouet d'un rêve, d'une hallucination? Mais non! je vous vois, je vous touche, je vous sens. Bonheur inespéré! comment se fait-il?

— Je vous ai aperçu par hasard; je vous ai reconnu, je vous ai fait suivre, et, après avoir appris que vous étiez entré dans cette maison, je suis accourue aussitôt... J'arrive, ajouta-t-elle avec un peu d'amertume, pour m'entendre accuser d'ingratitude!

Théodule se jeta aux pieds de Suzanne.

— Ah! pardon! pardon! s'écria-t-il d'un ton pénétré de repentir. Comment ai-je pu douter de votre cœur? Insensé que j'étais!

Il pleurait. Suzanne se pencha vers lui avec tendresse.

— Calmez-vous, Théodule, je vous pardonne, dit-elle.

— Chère Suzanne! je vous retrouve toujours bonne, toujours belle! Ah! il y a des moments d'allégresse qui rachètent des années de tourments, et je mourrais à l'instant même, cousine, si l'on mourait de joie!

— Plus que jamais il faut vivre, cousin! dit Suzanne en le relevant avec un charmant sourire. Tout l'exige: ma mère, qui sera si contente de vous revoir; moi, qui vous chéris toujours; votre dévouement, qui mérite récompense, et l'avenir, qui semble nous convier au bonheur.

— Que voulez-vous dire? demanda-t-il avec étonnement.

— Je suis libre, répondit gravement Suzanne. Libre depuis un an. L'êtes-vous aussi, Théodule?

— Libre? Vous êtes libre! Est-ce possible?... Et vous m'aimez encore!

— Si je vous aime! dit-elle avec une grâce ineffable. Eh! qui donc aimerais-je, si je ne vous aimais pas?

— Ah! Suzanne! Suzanne! c'est de l'ivresse que j'éprouve! car, moi, je vous ai toujours adorée!

— Eh bien! venez, dit-elle en l'entraînant; venez embrasser votre tante, ou plutôt votre mère, qui commençait à désespérer de jamais vous revoir!

Il y a quelques mois à peine, Théodule et Suzanne ont été unis.

Le même jour, en compagnie de madame Delvecourt, ils ont fait un pèlerinage à la tombe de Varnier.

Varnier était mort d'une congestion cérébrale. Il avait institué Suzanne sa légataire universelle et lui avait dit en mourant:

— Mon enfant, tâchez de retrouver Théodule, et, s'il se peut, n'ayez pas d'autre époux que lui.

FIN DES AMOURS DE THÉODULE

UN MARIAGE PARISIEN

I

Ce soir-là, il y avait grand bal chez les Belmare; de longue date on n'avait vu fête aussi splendide dans leur charmant hôtel de la rue de Londres. La circonstance, il est vrai, méritait bien ce déploiement de lumières, de mouvement et de bruit. Mademoiselle Hélène, fille unique de l'ex-banquier, épousait M. Armand Guilbert, jeune homme aussi recommandable par ses excellentes qualités, sa charmante figure, que par sa dot de vingt mille livres de rente, laquelle, réunie à l'apport social de mademoiselle Hélène, formait juste un revenu rond et confortable de quarante mille livres de rente.

C'était, comme on le voit, un mariage des mieux conditionnés, un joli petit mariage, où l'intérêt, cette importante question du *matrimonium*, n'avait pas été négligé. Une telle union n'était-elle pas bien faite pour donner le bonheur à ceux qui l'avaient contractée? Qui pouvait en douter, surtout lorsque, après avoir considéré les deux époux, on s'apercevait qu'il n'y avait pas seulement entre eux parité de dot, mais encore égalité de jeunesse, de beauté, d'élégance? Hélène, en effet, ne valait-elle pas Armand? Comme lui, ne possédait-elle pas de beaux cheveux noirs, un visage aussi régulier qu'expressif, une taille élancée, flexible et charmante? Écoutez ce qui se répète autour d'eux sur tous les tons, depuis le plus trivial jusqu'au plus excentrique : «Quels époux assortis! Quelle parfaite union! Quelle harmonie ineffable! Quelle mirobolante consonnance! Ces deux êtres sont faits l'un pour l'autre! Il n'y a pas deux colombes mieux accouplées sous le ciel! etc., etc.» Toutes exclamations formulées à haute et intelligible voix, et qui rendaient un hommage mérité à la prudence, à la sagesse, à l'excellent choix enfin des deux familles Belmare et Guilbert.

Disons-le cependant, au milieu de ce magnifique concert d'éloges, deux voix s'élevaient par instants comme deux notes discordantes; Elles osaient hasarder la remarque que le front d'Armand se couvrait parfois d'un nuage, et que le reflet humide qui glissait sur ses yeux ne provenait pas d'une riante pensée, mais d'un pénible souvenir. Elles ajoutaient que le soupir qui parfois soulevait les beaux seins d'Hélène n'avait pas sa cause dans un cœur trop plein de douces émotions, mais dans une conscience gonflée d'un douloureux regret. Mais c'étaient là sans doute de ces envieuses médisances, de ces cancans amers qui poursuivent toujours les heureux L'injure a-t-elle manqué au char du triomphateur?

Ces insinuations perfides n'empêchaient pas la fête d'être fort belle et fort animée. Il était près de minuit; la danse redoublait d'activité, et le jeu commençait à recevoir des piles d'or sur les tapis verts. En cet instant, Armand dansait avec Hélène. C'était vraiment un ravissant couple, un couple à rendre jaloux Apollon et Diane, ces héros de la beauté. Ils dansaient avec grâce, se regardant avec timidité et se touchant la main avec modestie, comme il convient à deux amoureux qui sont exposés aux regards indiscrets; ils n'échangeaient que de rares paroles, accompagnées de ce sourire pensif qui semble être tout aussi bien l'aveu d'un bonheur refoulé que d'un chagrin contenu. Si étendue que soit la gamme du cœur humain, il se sert souvent des mêmes accords pour exprimer des sentiments opposés. Voilà pourquoi son étude est de toutes les études la plus difficile et la plus intéressante.

La contredanse tirait à sa fin. L'instant suprême allait arriver où les époux s'échappent pour gagner la demeure nuptiale. Était-ce l'approche de ce moment qui avait tout à coup répandu une pâleur de mort sur le visage d'Hélène? Était-ce l'appréhension du départ qui avait fait courir un frisson sur ses blanches épaules? Non. Un homme qu'on eût pris pour un fantôme, tant ses traits étaient contractés et livides, tant ses yeux étaient sombres et désolés, venait de se dresser à ses côtés et l'avait couverte d'un effroyable regard de douleur et de mépris. Elle fléchit sous ce regard comme sous une main de fer, et elle fût tombée sur le parquet si Armand, lui prenant les mains pour danser la dernière figure, ne l'eût soutenue et rappelée sans le savoir au sentiment de la situation. Personne d'ailleurs, pas même Armand, plus préoccupé peut-être que ne le permettait la circonstance, n'avait remarqué la violente et rapide émotion d'Hélène. Lorsqu'elle reprit sa place dans le quadrille, l'apparition s'était évanouie, et elle pouvait croire qu'elle avait été le jouet d'une hallucination.

Cependant une sourde agitation vibrait encore en elle. Profitant du tumulte qui règne d'ordinaire après une contredanse, elle s'échappa des bras d'Armand et courut se réfugier dans un boudoir solitaire, éclairé seulement par la douce et mélancolique lueur d'une lampe d'albâtre suspendue au plafond. Le repos et l'ombre de ce refuge contrastaient merveilleusement avec le bruit et l'éclat des salons qui l'entouraient. Aussi, par sa calme influence, semblait-il de nature à apaiser les agitations du cœur. Hélène, après avoir repoussé la porte derrière elle, se jeta sur un divan et cacha sa belle tête dans un mouchoir de dentelle. Il n'y avait pas une minute qu'elle était ainsi absorbée dans ses pensées lorsqu'un bruit qui s'éleva près d'elle lui fit soudain redresser la tête. Elle tressaillit violemment.

Un homme était là, debout devant elle, un homme de vingt-cinq ans à peine, mais vieilli par la douleur, le front blême, le désespoir dans les yeux. Jamais expression plus navrante n'avait contracté les muscles d'un visage humain.

Hélène se leva pour fuir cette nouvelle vision. Le jeune homme la retint d'un geste.

— Ne craignez rien, madame, — dit-il avec une tranquillité poignante; — je ne suis pas venu pour faire un scandale, ni même pour vous adresser un reproche. Je suis venu pour vous dire adieu.

— Edmond, mon cousin, — proféra-t-elle en étouffant un sanglot, — ne pouviez-vous m'épargner cette douleur?

— M'avez-vous donc épargné, vous qui m'aviez fait le serment de ne jamais appartenir à un autre, et que je retrouve la femme d'Armand Guilbert? J'ai voulu du moins être témoin de votre bonheur et vous relever de votre serment.

— Mon père a ordonné, j'ai obéi, — reprit Hélène en recueillant un peu de courage et de fermeté. — J'ai agi en fille soumise; il n'appartient à personne de m'en blâmer.

Elle fit un mouvement pour sortir du boudoir. Edmond prit une lettre dans un portefeuille, et la lui remettant :

— Avant de vous éloigner, — dit-il en dévorant des larmes, — avant d'aller livrer ce cœur que vous m'aviez promis, tenez, reprenez l'engagement solennel et sacré que vous m'avez adressé dans mon exil. Je ne vous aime plus, mais je ne veux pas avoir entre les mains l'élément d'une vengeance. J'ai peur d'être tenté.

Hélène prit le papier, le déchira en morceaux qu'elle jeta au vent par la fenêtre du boudoir; puis, levant sur Edmond ses yeux noirs, où la reconnaissance était profondément empreinte :

— Pardonnez-moi, mon cousin, — dit-elle; — j'ai résisté longtemps de toutes mes forces; mais vous connaissez l'inflexibilité de mon père. J'ai dû céder enfin, et, forte de votre absence, j'ai enchaîné ma vie. Hélas! j'espère être heureuse; mais avec vous j'étais si sûre de l'être!

— Hélène! Hélène! — s'écria Edmond dont le cœur bondit à ces paroles, — vous m'aimez donc toujours!

— Silence! on m'appelle. On vient. Adieu! adieu!

Et elle s'enfuit.

En effet, l'absence de la jeune mariée avait été remarquée dans les salons, particulièrement par les personnes de la famille chargées de l'installer dans la demeure du mari. Hélène venait de quitter le boudoir quand M. Belmare y entra par une autre porte.

— Hélène! — appelait-il avec un léger accent d'impatience.

M. Belmare était un homme gros et gras, comme le sont généralement tous les banquiers. Il avait une mine épanouie et joviale, qui lui donnait l'air du meilleur homme du monde. Au demeurant, c'était bien le caractère le plus tyrannique qu'eussent abrité une franche figure et un bel embonpoint. Il s'arrêta en apercevant Edmond, et, après l'avoir considéré pendant une seconde, il reprit sur un ton plus étonné que satisfait :

— Ah! c'est toi, mon neveu? Parbleu! je te croyais toujours à Madrid. Est-ce que notre ambassadeur a été rappelé, ou bien est-ce que tu as cessé d'être son attaché?

— Il n'en est rien, monsieur, — répondit le jeune homme avec une sombre gravité. — J'ai reçu avis que ma cousine Hélène allait se marier; j'ai obtenu un congé, et je suis accouru, mais trop tard pour empêcher ce mariage.

— Qu'est-ce que tu dis là? tu aurais empêché ce mariage? Allons donc, mon ami, tu es fou!

— Ah! du moins, — continua Edmond en martelant ses paroles, — ma folie ne m'a pas fait oublier vos promesses, monsieur, et je vous les eusse rappelées avec force s'il en eût été temps encore.

— Des promesses? Je t'ai fait des promesses, moi?

— Vous m'aviez dit : Puisque ma fille t'aime, franchis encore un échelon de la diplomatie et elle sera ta femme. Je t'accorde un an. Huit mois se sont à peine écoulés. Vous n'avez pas même daigné attendre jusqu'à l'expiration de l'année. Vous avez contraint la volonté et forcé la main d'Hélène. Vous vous en repentirez, monsieur, je vous le jure !

— Des menaces ! Oui-dà, mon neveu, j'en rirais fort si j'en avais le temps. J'ai disposé de ma fille comme il me convenait. Je lui ai donné un mari qui la vaut de tous points ; elle sera la femme la plus heureuse du monde, j'en suis convaincu. Je suis fâché que cela te contrarie, et je te demande la permission de te quitter pour aller l'embrasser avant son départ, car elle va se rendre chez son mari. Au revoir, mon ami, au revoir !

Ces derniers mots de M. Belmare déchirèrent affreusement le cœur d'Edmond ; des ruisseaux de larmes s'échappèrent en silence de ses yeux, larmes sanglantes, dernières larmes d'un désespoir qui s'épuise.

— Oh ! je me vengerai ! — s'écria-t-il, — je me vengerai de toute cette famille chez qui l'orgueil le dispute à l'avarice. Elle a repoussé mon amour, elle connaîtra ma haine !

Il descendit rapidement l'escalier de l'hôtel et arriva dans la cour d'honneur au moment où Armand, Hélène et deux autres personnes prenaient place dans une calèche découverte. Il frissonna. Pauvre garçon ! ce n'était pas de froid assurément, car pas un souffle n'agitait l'air ; il faisait une de ces nuits délicieuses qui convient l'âme aux suaves émotions.

La calèche venait de franchir la porte cochère, elle s'élançait au galop de deux chevaux fringants, lorsque Edmond, qui s'éloignait à pas lents de l'hôtel Belmare, entendit à ses côtés un gémissement et le bruit d'un corps qui s'affaisse et tombe. La rue, sombre en cet endroit, ne permettait pas de distinguer facilement les objets autour de soi. Edmond se pencha, étendit la main et saisit un vêtement de femme. Cette femme ne faisait aucun mouvement ; elle était sans doute évanouie. Edmond l'enleva dans ses bras et la transporta sous la lumière d'un bec de gaz. Quelle ne fut pas sa surprise en remarquant que la pauvre créature évanouie était la plus mignonne, la plus blanche et la plus blonde enfant qu'il eût vue de sa vie. Il allait la transporter à l'hôtel Belmare pour qu'on lui donnât des soins, lorsqu'il vit ses paupières s'agiter et ses lèvres s'entr'ouvrir.

— Armand ! — soupira-t-elle, — Armand !

Ce nom était toute une révélation. Edmond comprit que la malheureuse enfant était, comme lui, une victime du mariage qui venait de s'accomplir, de ce froid calcul de deux familles qui avaient accouplé deux dots sans se soucier d'unir deux cœurs. Son intérêt pour cette petite blonde s'en accrut naturellement, et ce fut avec une tendre sympathie qu'il lui dit :

— Revenez à vous, mademoiselle, revenez à vous. Vous êtes auprès d'un ami.

La jeune fille ouvrit de grands yeux bleus endoloris, et regarda le jeune homme avec surprise et frayeur.

— Où suis-je? Qui êtes-vous? — demanda-t-elle en se levant aussi vivement que ses forces le lui permettaient.

Edmond demeura un instant sans répondre, hésitant sur ce qu'il avait à faire. Devait-il la ramener brusquement à la réalité? valait-il mieux la laisser revenir peu à peu au sentiment de sa situation? Il se décida pour le premier parti, qui a du moins le mérite d'abréger les perplexités de l'âme.

— Vous êtes près de l'hôtel Belmare, — répondit-il. — Comme vous, — reprit-il, — je suis un cœur brisé sous la roue de la calèche qui vient d'emporter Hélène et Armand.

La pauvre enfant jeta un cri, porta les mains à son visage et se prit à sangloter.

— O mon Dieu ! mon Dieu ! — proférait-elle d'une voix entrecoupée, — c'est donc bien vrai? ce n'était pas un songe horrible ?... il est marié... il m'a abandonnée !...

— Avait-il donc contracté envers vous de sérieux engagements?

— Oh ! monsieur, il m'avait juré qu'il ne céderait jamais aux prières de sa mère qui refusait son consentement à notre union et qui le suppliait d'épouser mademoiselle Hélène Belmare. Il a cédé enfin !

— Comme elle, comme Hélène ! — murmura Edmond.

(La suite au prochain numéro.)

Le propriétaire-gérant : F. ROY.

LES MYSTÈRES DE PARIS

— Mais alors, Monsieur... que venez-vous faire ici? Que voulez-vous? (Page 754.)

— Vous ne vous trompez pas, monsieur Rodolphe; mes oiseaux et moi nous ne chantons plus, mon Dieu! non; mais, tenez, vous allez vous moquer, eh bien! il me semble qu'ils comprennent que je suis triste; oui, au lieu de gazouiller gaiement quand j'arrive, ils font un petit ramage si doux, si plaintif, qu'ils ont l'air de vouloir me consoler. Je suis folle, n'est-ce pas, de croire cela, monsieur Rodolphe?

— Pas du tout; je suis sûr que vos bons amis les oiseaux vous aiment trop pour ne pas s'apercevoir de votre chagrin.

— Au fait, ces pauvres petites bêtes sont si intelligentes!... — dit naïvement Rigolette, très-contente d'être rassurée sur la sagacité de ses compagnons de solitude.

— Sans doute, rien de plus intelligent que la reconnaissance!... Allons, adieu!... Bientôt, ma voisine, avant peu, je l'espère, vos jolis yeux seront redevenus bien vifs, vos joues bien roses, et vos chants si gais, si gais... que papa Crétu et Ramonette pourront à peine vous suivre.

— Puissiez-vous dire vrai, monsieur Rodolphe! — reprit Rigolette avec un grand soupir. — Allons, adieu, mon voisin!

— Adieu, ma voisine, et à bientôt!

. . . .

Rodolphe, ne pouvant comprendre comment madame Georges avait, sans l'en prévenir, amené ou envoyé Fleur-de-Marie à Paris, se rendit chez lui pour envoyer un exprès à la ferme de Bouqueval. Au moment où il rentrait rue Plumet, il vit une voiture de poste s'arrêter devant la porte de l'hôtel : c'était Murph qui revenait de Normandie. Le squire y était allé, nous l'avons dit, pour déjouer les sinistres projets de la belle-mère de madame d'Harville et de Bradamanti son complice.

CHAPITRE XXIII

MURPH ET POLIDORI

La figure de sir Walter Murph était rayonnante.

En descendant de voiture, il remit à un des gens du prince une paire de pistolets, ôta sa longue redingote de voyage, et, sans prendre le temps de changer de vêtements, il suivit Rodolphe, qui, impatient, l'avait précédé dans son appartement.

— Bonne nouvelle, monseigneur, bonne nouvelle! — s'écria le squire lorsqu'il se trouva seul avec Rodolphe, — les misérables sont démasqués, M. d'Orbigny est sauvé... Vous m'avez fait partir à temps... une heure de retard, un nouveau crime était commis!

— Et madame d'Harville?

— Elle est toute à la joie que lui cause le retour de l'affection de son père, et toute au bonheur d'être arrivée, grâce à vos conseils, assez à temps... pour l'arracher à une mort certaine.

— Ainsi Polidori...

— Était encore une fois le digne complice de la belle-mère de madame d'Harville. Mais quel monstre que cette belle-mère!... quel sang-froid, quelle audace! Et ce Polidori! Ah! monseigneur... vous avez bien voulu quelquefois me remercier de ce que vous appeliez mes preuves de dévouement...

— J'ai toujours dit les preuves de ton amitié, mon bon Murph...

— Eh bien! monseigneur, jamais, non, jamais cette amitié n'a été mise à une plus rude épreuve que dans cette circonstance, — dit le squire d'un air moitié sérieux, moitié plaisant.

— Comment cela?

— Les déguisements de charbonnier, les pérégrinations dans la Cité, et *tutti quanti*, cela n'a rien été, monseigneur, rien absolument, auprès du voyage que je viens de faire avec cet infernal Polidori.

— Que dis-tu? Polidori...

— Je l'ai ramené...

— Avec toi?

— Avec moi... Jugez... quelle compagnie... pendant douze heures côte à côte avec l'homme que je méprise et que je hais le plus au monde!... Autant voyager avec un serpent... ma bête d'antipathie.

— Et où est Polidori, maintenant?

— Dans la maison de l'allée des Veuves... sous bonne et sûre garde...

— Il n'a donc fait aucune résistance pour te suivre?

— Aucune... Je lui ai laissé le choix d'être arrêté sur-le-champ par les autorités françaises ou d'être mon prisonnier allée des Veuves : il n'a pas hésité.

— Tu as eu raison, il vaut mieux l'avoir ainsi sous la main. Tu es un homme d'or, mon vieux Murph; mais raconte-moi ton voyage... Je suis impatient de savoir comment cette femme indigne et son indigne complice ont été enfin démasqués.

— Rien de plus simple : je n'ai eu qu'à suivre vos instructions à la lettre pour terrifier et écraser ces infâmes. Dans cette circonstance, monseigneur, vous avez sauvé, comme toujours, des gens de bien et puni des méchants, noble providence que vous êtes!...

— Sir Walter, sir Walter, rappelez-vous les flatteries du baron de Graün, — dit Rodolphe en souriant.

— Allons, soit, monseigneur! Je commencerai donc, ou plutôt vous voudrez bien lire d'abord cette lettre de madame la marquise d'Harville, qui vous instruira de tout ce qui s'est passé avant que mon arrivée ait confondu Polidori...

— Une lettre?... Donne vite.

Murph, remettant à Rodolphe la lettre de la marquise, ajouta :

— Ainsi que cela était convenu, au lieu d'accompagner madame d'Harville chez son père, j'étais descendu à une auberge servant de tournebride, à deux pas du château, où je devais attendre que madame la marquise me fît demander.

Rodolphe lut ce qui suit avec une tendre et impatiente sollicitude :

« Monseigneur,

« Après tout ce que je vous dois déjà, je vous devrai la vie de mon père!!!

Je laisse parler les faits : ils vous diront mieux que moi quels nouveaux trésors de gratitude envers vous je viens d'amasser dans mon cœur.

Comprenant toute l'importance des conseils que vous m'avez fait donner par sir Walter Murph, qui m'a rejointe sur la route de Normandie, presque à ma sortie de Paris, je suis arrivée en toute hâte au château des Aubiers. Je ne sais pourquoi, la physionomie des gens qui me reçurent me parut sinistre; je ne vis parmi eux aucun des anciens serviteurs de notre maison : personne ne me connaissait. Je fus obligée de me nommer; j'appris que depuis quelques jours mon père était très-souffrant, et que ma belle-mère venait de ramener un médecin de Paris... Plus de doute, il s'agissait du docteur Polidori.

« Voulant me faire conduire à l'instant auprès de mon père, je demandai où était un vieux valet de chambre auquel il était très-attaché. Depuis quelque temps, cet homme avait quitté le château; ces renseignements m'étaient donnés par un intendant qui m'avait conduite dans mon appartement, disant qu'il allait prévenir ma belle-mère de mon arrivée.

Était-ce illusion, prévention? il me semblait que ma venue était même importune aux gens de mon père. Tout dans le château me paraissait morne, sinistre. Dans la disposition d'esprit où je me trouvais, on cherche à tirer des inductions des moindres circonstances. Je remarquai partout des traces de désordre, d'incurie, comme si on avait trouvé inutile de soigner une habitation qui devait être bientôt abandonnée... Mes inquiétudes, mes angoisses augmentaient à chaque instant. Après avoir établi ma fille et sa gouvernante dans mon appartement, j'allais me rendre chez mon père, lorsque ma belle-mère entra. Malgré sa fausseté, malgré l'empire qu'elle possédait ordinairement sur elle-même, elle parut atterrée de ma brusque arrivée.

« — M. d'Orbigny ne s'attend pas à votre visite, madame, me dit-elle. Il est si souffrant qu'une pareille surprise lui serait funeste. Je crois donc convenable de lui laisser ignorer votre présence ; il ne pourrait aucunement se l'expliquer, et... »

« Je ne la laissai pas achever.

« — Un grand malheur est arrivé, madame, lui dis-je ; M. d'Harville est mort... victime d'une funeste imprudence. Après un si déplorable événement, je ne pouvais rester à Paris chez moi, et je viens passer auprès de mon père les premiers temps de mon deuil.

« — Vous êtes veuve !... ah ! c'est un bonheur insolent!... » s'écria ma belle-mère avec rage.

« D'après ce que vous savez du malheureux mariage que cette femme avait tramé pour se venger de moi, vous comprendrez, monseigneur, l'atrocité de son exclamation.

« — C'est parce que je crains que vous ne vouliez être *aussi insolemment* heureuse que moi, madame, que je viens, lui dis-je peut-être imprudemment. Je veux voir mon père.

« — Cela est impossible dans ce moment, me dit-elle en pâlissant ; votre aspect lui causerait une révolution dangereuse.

« — Puisque mon père est si gravement malade, m'écriai-je, comment n'en suis-je pas instruite ?

« — Telle a été la volonté de M. d'Orbigny, me répondit ma belle-mère.

« — Je ne vous crois pas, madame, et je vais m'assurer de la vérité, lui dis-je en faisant un pas pour sortir de ma chambre.

« — Je vous répète que votre vue inattendue peut faire un mal horrible à votre père ! s'écria-t-elle en se plaçant devant moi pour me barrer le passage. Je ne souffrirai pas que vous entriez chez lui sans que je l'aie prévenu de votre retour avec les ménagements que réclame sa position. »

« J'étais dans une cruelle perplexité, monseigneur. Une brusque surprise pouvait, en effet, porter un coup dangereux à mon père; mais cette femme, ordinairement si froide, si maîtresse d'elle-même, me semblait tellement épouvantée de ma présence, j'avais tant de raisons de douter de la sincérité de sa sollicitude pour la santé de celui qu'elle avait épousé par cupidité, enfin la présence du docteur Polidori, le meurtrier de ma mère, me causait une terreur si grande, que, croyant la vie de mon père menacée, je n'hésitai pas entre l'espoir de le sauver et la crainte de lui causer une émotion fâcheuse.

« — Je verrai mon père à l'instant, » dis-je à ma belle-mère.

« Et quoique celle-ci m'eût saisie par le bras, je passai outre. Perdant complétement l'esprit, cette femme voulut, une seconde fois, presque par force, m'empêcher de sortir de ma chambre... Cette incroyable résistance redoubla ma frayeur... je me dégageai de ses mains... Connaissant l'appartement de mon père, j'y courus rapidement : j'entrai...

« Oh, monseigneur ! de ma vie je n'oublierai cette scène et le tableau qui s'offrit à ma vue... Mon père, presque méconnaissable, pâle, amaigri, la souffrance peinte sur tous les traits, la tête renversée sur un oreiller, était étendu dans un grand fauteuil... Au coin de la cheminée, debout auprès de lui, le docteur Polidori s'apprêtait à verser dans une tasse que lui présentait une garde-malade quelques gouttes d'une liqueur contenue dans un petit flacon de cristal qu'il tenait à la main. Sa longue barbe rousse donnait une expression plus sinistre encore à sa physionomie. J'entrai si précipitamment qu'il fit un geste de surprise, échangeant un regard d'intelligence avec ma belle-mère qui me suivait en hâte, et, au lieu de faire prendre à mon père la potion qu'il lui avait préparée, il posa brusquement le flacon sur la cheminée. Guidée par un instinct dont il m'est encore impossible de me rendre compte, mon premier mouvement fut de m'emparer de ce flacon. Remarquant aussitôt la surprise et la frayeur de ma belle-mère et de Polidori, je me félicitai de mon action. Mon père, stupéfait, semblait irrité de me voir; je m'y attendais. Polidori me lança un coup d'œil féroce ; malgré la présence de mon père et celle de la garde-malade, je craignis que ce misérable, voyant son crime presque découvert, ne se portât contre moi à quelque extrémité. Je sentis le besoin d'un appui dans ce moment décisif, je sonnai ; un des gens de mon père accourut ; je le priai de dire à mon valet de chambre (il était prévenu) d'aller chercher quelques objets que j'avais laissés au tournebride ; sir Walter Murph savait que, pour ne pas éveiller les soupçons de ma belle-mère, dans le cas où je serais obligée de donner mes ordres devant elle, j'emploierais ce moyen pour le mander auprès de moi...

« La surprise de mon père et de ma belle-mère était telle que le domestique sortit avant qu'ils eussent pu dire un mot. Je fus rassurée : au bout de quelques instants, sir Walter Murph serait auprès de moi...

« — Qu'est-ce que cela signifie ? me dit enfin mon père d'une voix faible, mais impérieuse et courroucée. Vous ici, Clémence... sans que je vous y aie appelée ?... Puis, à peine arrivée, vous vous emparez du flacon qui contient la potion que le docteur allait me donner... M'expliquerez-vous cette folie ?

« — Sortez ! » dit ma belle-mère à la garde-malade.

« Cette femme obéit.

« — Calmez-vous, mon ami, reprit ma belle-mère en s'adressant à mon père ; vous le savez, la moindre émotion pourrait vous être nuisible. Puisque votre fille vient ici malgré vous, et que sa présence vous est désagréable, donnez-moi votre bras, je vous conduirai dans le petit salon; pendant ce temps-là, notre bon docteur fera comprendre à madame d'Harville ce qu'il y a d'imprudent, pour ne pas dire plus, dans sa conduite... » Et elle jeta un regard significatif à son complice. Je compris le dessein de ma belle-mère. Elle voulait emmener mon père et me laisser seule avec Polidori, qui, dans ce cas extrême, aurait sans doute employé la violence pour m'arracher le flacon qui pouvait fournir une preuve évidente de ses projets criminels.

« — Vous avez raison, dit mon père à ma belle-mère. Puisqu'on vient me poursuivre jusque chez moi sans respect pour mes volontés, je laisserai la place libre aux importuns... »

Et, se levant avec peine, il accepta le bras que lui offrait ma belle-mère et fit quelques pas vers le petit salon...

« A ce moment, Polidori s'avança vers moi ; mais, me rapprochant aussitôt de mon père, je lui dis :

« — Je vais vous expliquer ce qu'il y a d'imprévu dans mon arrivée et d'étrange dans ma conduite... Depuis hier je suis veuve ; depuis hier je sais que vos jours sont menacés, mon père. »

« Il marchait péniblement courbé. A ces mots, il s'arrêta, se redressa vivement, et, me regardant avec un étonnement profond, il s'écria :

— Vous êtes veuve... mes jours sont menacés !... Qu'est-ce que cela signifie ?

« — Et qui ose menacer les jours de M. d'Orbigny, madame ? me demanda audacieusement ma belle-mère.

« — Oui... qui les menace?... ajouta Polidori.

« — Vous, monsieur; vous, madame, répondis-je.

« — Quelle horreur!... s'écria ma belle-mère en faisant un pas vers moi.

« — Ce que je dis, je le prouverai, madame... lui répondis-je.

« — Mais une telle accusation est épouvantable!... s'écria mon père.

(La suite au prochain numéro.)

Armand, caché dans l'angle d'une maison, le vit s'éloigner. (Page 752.)

COMMENT ON AIME (suite).

— Mais je suis insensée! — reprit la jeune fille. — Comment ai-je pu venir ici, à cette heure de la nuit? Hélas! j'ai voulu assister au spectacle de son bonheur pour mieux savourer l'amertume de mon chagrin. Oh! oui, bien insensée, car si ma mère remarquait mon absence, quelles angoisses, quels tourments ne ressentirait-elle pas?... Oh! je cours, je vole!...

Elle voulut faire quelques pas, mais ses forces ne lui étaient pas revenues encore; elle chancela.

— Prenez mon bras, mademoiselle, je vous conduirai chez votre mère. Daignez mettre votre confiance en moi. Les malheureux se comprennent et se respectent. Venez !

Subjuguée par l'air franc et la voix sympathique du jeune homme, elle lui abandonna son bras. Et ces deux êtres, que le hasard avait réunis et qui souffraient de la même douleur, disparurent bientôt au détour de la rue de Londres.

II

C'est une bien jolie lune que la lune de miel. Quel malheur que sa révolution soit si rapide autour de deux nouveaux époux ! Heureux encore quand il leur est donné d'en savourer les douceurs ! Il y a tant de couples, par les mariages qui se font, qui n'en ont jamais connu même le goût.

Il serait difficile de dire combien de temps cette charmante lune favorisa Armand et Hélène. Mais ce que l'on peut affirmer, c'est qu'un an s'était à peine écoulé depuis le jour de leur mariage, et déjà il n'y avait plus entre eux que des rapports de pure politesse, dehors trompeurs, qui simulent assez bien l'harmonie, mais qui cachent presque toujours la plus parfaite indifférence, sinon la plus incurable aversion. Il n'y avait jamais eu, en effet, aucune sympathie bien sérieuse entre les deux époux. Osons dire plus : il n'en pouvait exister. Il y aurait tout un volume d'études physiologiques à écrire sur ce point. Nous nous contenterons de dire que leur organisation physique et morale avait une trop grande similitude pour qu'il en pût naître un goût vif et profond. Tous deux étaient beaux de la même beauté, tous deux participaient de la même faiblesse et de la même douceur. Comme frère et sœur, ils eussent été peut-être des modèles; comme époux, ils ne pouvaient être que des anomalies. En thèse générale, les mérites opposés font seuls les affections solides et durables, et sur ce point il faut s'en rapporter à l'instinct de chacun. Mais allez donc faire comprendre cela aux gens qui ne reconnaissent que la sympathie des écus ! Tels étaient M. Belmare et madame Guilbert. De la part du premier, c'était conviction de métier. Pour lui, les billets de banque étaient faits pour s'attirer et se grouper. De la part de madame Guilbert, veuve d'un gros commerçant, c'était pur égoïsme. Elle avait mis trente ans, concurremment avec son défunt mari, pour amasser sou à sou une belle fortune dans la distillerie ; elle entendait que personne n'en jouît qu'elle et son fils. Comme celui-ci était plus faible qu'un roseau, et qu'elle était, la digne femme, plus insinuante et plus tenace qu'un lierre, elle était venue à bout de le détacher d'une jeune fille pauvre qu'il aimait pour l'unir à une jeune fille riche dont il ne se souciait guère.

Plus que jamais, il faut l'avouer, elle était enchantée du mariage qu'elle avait fait contracter à son fils. M. Belmare, de son côté, jouissait de la même satisfaction. En ne jugeant les choses que sur l'apparence, ils se félicitaient tous les jours de l'excellent accord qui régnait entre Hélène et Armand. Hélas ! ils se créaient de bien douces, mais de bien déplorables illusions !

En effet, depuis quelques mois, Armand passait une grande partie de ses journées et presque toutes ses soirées dehors. Allait-il au Bois ? allait-il au cercle ? Il le prétendait du moins. Mais, chose bizarre ! Hélène, qui parfois aussi faisait atteler et s'en allait se promener dans l'avenue de Longchamp, ne le rencontrait jamais ; en maintes circonstances, elle avait appris que ses amis le cherchaient vainement dans son cercle, le cercle des Arts, ainsi nommé parce qu'on y rencontre des agents de change, des généraux, des notaires, des pharmaciens, des épiciers, mais pas un artiste. Armand y était aussi invisible qu'un gnome ou qu'un farfadet. Toute autre femme eût été vivement préoccupée de cette absence mystérieuse de son mari. A défaut d'amour, l'amour-propre se fût éveillé en elle. Hélène, à la vérité, se demanda ce que cela signifiait ; mais ce fut tout. Elle ne prit pas même la peine de répondre à sa propre question. C'est que probablement elle ne tenait pas à pénétrer le mystère.

Un soir, après dîner, ils étaient réunis dans leur salon, salon cramoisi et doré sur tranche s'il en fut jamais, mais exhalant l'ennui par toutes les coutures. Tous deux ne disaient mot. Hélène brodait, Armand feignait de lire le journal. De temps en temps ils regardaient la pendule, une magnifique pendule de Boule qui n'avait qu'un défaut, celui de marcher trop lentement au gré de leurs secrets désirs.

— Je crois qu'elle retarde, — dit la jeune femme rompant enfin le silence.

— Je le pense aussi, — répondit Armand en bâillant à se démettre la mâchoire. Après quoi il se leva, prit son chapeau et ajouta : — Je vais au cercle, ma chère amie. Je serai bientôt de retour.

— Adieu! — répondit nonchalamment Hélène ; — moi, j'attends quelques visites, je ne sortirai pas.

Armand effleura de ses lèvres le front de sa femme, puis il sortit. Il n'y avait pas dix minutes qu'il venait de partir, lorsqu'un domestique annonça M. Edmond Bourdois. Hélène se leva vivement, sa broderie lui échappa des mains.

. . . .

En ce moment, le tilbury d'Armand s'arrêtait rue des Petits-Hôtels, devant une de ces maisonnettes situées entre deux bouquets de verdure qu'on ose appeler jardins. Une servante vint ouvrir et l'introduisit au salon, petite rotonde meublée de perse, fraîche et modeste comme un bouquet de fleurs de printemps.

— Mademoiselle est sortie pour emplettes, — dit la caméristе, — mais elle ne tardera pas à rentrer.

Elle referma la porte du salon, et Armand se trouva en présence d'un grand jeune homme d'un blond jaune à affadir le cœur le plus robuste ; type élégant d'ailleurs, exactement taillé sur les patrons anglais, et poussant l'anglomanie jusqu'à copier les allures et le caractère britanniques. A la vue de ce jeune homme, Armand fronça le sourcil. Un visible malaise s'empara de lui.

— Parbleu! mon cher, — dit-il avec un sourire contraint, — on vous voit donc toujours ici?

— Et vous-même, mon cher, il me semble que je vous y rencontre tout autant. Moi, du moins, je suis garçon et je viens faire ma cour. Mais vous, un homme marié!... Ah! fi!

— Marié! marié! tant qu'il vous plaira ; mais il est probable que je cherche à l'oublier, et c'est justement le motif qui m'amène ici.

— En d'autres termes, vous cherchez à séduire Amélie après avoir dédaigné de l'épouser. Oh! oh!

— Monsieur!...

— Monsieur, — répondit Onésime Lapierre (il se nommait ainsi) avec un parfait sang-froid, — donnez-vous la peine de vous asseoir. Je ne suis pas fâché — reprit-il quand Armand se fut jeté sur un divan — de l'occasion qui se présente de m'expliquer avec vous. Je serai bref. Vous souvient-il encore du jour où je vous présentais ici même, à une petite soirée de madame Rennepont qui était un peu ma parente? Ce fut alors que, pour la première fois, vous vîtes Amélie, sa fille. Véritable étoupe, votre cœur prit aussitôt feu, et vous ne parlâtes plus que de l'épouser, ce qui me récréa médiocrement, car je l'aimais aussi. Oh! certes, je n'y mettais pas votre ardeur! Moins vifs que les vôtres, mes feux n'en ont que plus de durée. Amélie vous accorda la préférence : je ne m'en fâchai pas. Je me fâche difficilement. La pauvre enfant devait se repentir de son choix, je n'en étais que trop certain. En effet, votre mère refusa son consentement à votre mariage avec elle, et, vaincu bientôt par une volonté plus forte que la vôtre, vous me chargeâtes de faire vos adieux à Amélie, car vous alliez épouser mademoiselle Hélène Belmare, une riche dot.

— Eh bien! monsieur, — interrompit Armand, — eh bien! où voulez-vous en venir?

— Permettez donc que j'achève. Je fus très-satisfait, je vous jure, de l'événement, et je remplis en conscience la mission que vous m'aviez confiée. A vrai dire, la chère enfant en fut au désespoir ; mais le temps épuise bien des chagrins ; et d'ailleurs la mort de madame Rennepont vint faire à ceux d'Amélie une diversion douloureuse, mais efficace. Elle ne pensait plus à vous, j'ai quelques raisons de le croire, lorsque vous osâtes vous représenter ici. Amélie est généreuse, elle sait pardonner, elle vous pardonna, et vous vous crûtes autorisé à revenir chaque jour. C'est de l'importunité ou je ne m'y connais pas.

— S'il est un importun chez mademoiselle Amélie Rennepont, — dit sèchement Armand, — soyez sûr que ce n'est pas moi.

— C'est donc moi? Fort bien! Mais je vous déclare que je ne suis plus d'humeur à supporter désormais vos assiduités auprès d'Amélie ; si je vous rencontre de nouveau chez elle, je vous prierai poliment de vouloir bien vous couper la gorge avec moi.

— Parbleu! monsieur, vous ne pourrez jamais me faire une proposition qui me soit plus agréable. Je vous déclare que je continuerai, comme par le passé, à venir tous les jours ici. Ai-je besoin d'ajouter que je suis tout entier à votre disposition?

— Je vous laisse le choix des armes, de l'heure et du lieu.

— Demain matin, huit heures, porte Maillot, l'épée.

Armand avait à peine lancé ces mots lorsque la porte s'ouvrit. Amélie parut.

C'était bien elle, c'était l'adorable petite blonde qu'Edmond Bourdois avait trouvée évanouie sur l'asphalte de la rue de Londres, et qu'il n'avait pu s'empêcher d'admirer à la pâle clarté d'un bec de gaz. Cette fois, elle était encore plus délicieusement jolie, car aucune trace de chagrin n'altérait les suaves contours de ses traits. Elle portait une robe de soie noire qui faisait admirablement ressortir l'éclat vaporeux de son visage et la délicatesse exquise de ses cheveux cendrés.

— Eh bien! messieurs, dit-elle avec cet accent perlé qui est une musique de l'âme, de quoi s'agit-il? J'ai cru entendre votre voix s'animer; M. Armand a même parlé d'épée. Est-il question d'un duel, grand Dieu!

Elle ne croyait pas si bien deviner. Ce fut seulement lorsqu'elle eut remarqué l'air animé d'Armand, la physionomie composée d'Onésime, qu'elle conçut de sérieux soupçons. Elle les interrogea alors avec insistance et chercha à pénétrer la vérité; mais elle ne put obtenir que des réponses évasives, qui la satisfirent médiocrement. La conversation ne se soutint un instant que grâce à l'esprit vif et charmant d'Amélie. Il était évident que les deux hommes étaient préoccupés, et qu'ils avaient autre chose à dire à la jeune fille que les banalités d'usage. Mais, se trouvant en présence, ils se gênaient réciproquement. Armand fut le premier à prendre congé d'Amélie. Celle-ci le reconduisit jusque sous le vestibule.

— Il faut absolument que je vous parle ce soir, lui dit-il à voix basse. — Je reviendrai quand cet insupportable M. Onésime Lapierre sera parti.

— C'est bien, je vais le congédier.

— Vous êtes divine, Amélie!

Et il imprima en silence ses lèvres sur la plus jolie petite main d'enfant que puisse posséder une jeune fille de dix-huit ans. Quand Amélie rentra au salon, Onésime s'approcha d'elle et lui dit du ton le plus calme et le plus cérémonieux :

— J'avais hâte que M. Armand Guilbert eût pris congé de vous, car je suis venu, ma chère parente, pour vous adresser une demande. Certes, je m'y fusse pris plus tôt si les égards dus à votre deuil ne m'en eussent empêché. Mais je pense que le moment est on ne peut plus opportun. Permettez-moi donc de m'expliquer.

— Parlez, je vous écoute.

Onésime fit alors, sans déranger une seule fois l'économie de sa cravate, l'offre de sa fortune et de sa main. Sa fortune était mince, à la vérité, et ne dépassait pas cinq à six mille livres de rentes. Mais pour Amélie, qui ne possédait guère qu'un revenu de dix-huit cents francs, c'était ce qu'on appelle vulgairement un bon parti. La jeune fille cependant ne parut ni surprise ni charmée de cette ouverture et répondit en ces termes :

— Votre demande, monsieur Onésime, me touche autant qu'elle m'honore ; mais je ne puis y répondre avant d'avoir consulté mon cœur. Veuillez donc me permettre de réfléchir. Demain vous aurez ma réponse.

— Je l'attendrai avec une vive impatience. A demain!

Il s'inclina gravement et sortit.

Armand, caché dans l'angle d'une maison, le vit s'éloigner et s'élança aussitôt vers la demeure de mademoiselle Rennepont. Quelques minutes après, il tombait à ses genoux.

— Amélie! Amélie! — lui disait-il avec une ardeur qui devait paraître à la jeune fille d'autant plus entraînante qu'elle contrastait avec la froide sentimentalité d'Onésime Lapierre, — Amélie, je ne puis plus vivre ainsi! je ne puis plus vivre séparé de vous! C'en est fait, vous vous êtes emparée de mon âme tout entière, et je vous aime cent fois plus encore que je ne vous ai jamais aimée! Oh! maudit soit le jour où, méconnaissant les droits sacrés du cœur, j'ai cédé à de froides suggestions et sacrifié mon amour, mon noble amour, mon amour pour Amélie! Oui, maudit soit ce jour où j'ai lâchement abandonné l'ange qui réchauffait mon âme sous ses ailes pour tomber entre les mains d'un fantôme qui me glace! Cruelle erreur dont je gémis, crime odieux dont je ne me consolerai jamais si vous êtes inexorable, Amélie! si, cessant d'être pour moi divinement charitable et bonne, vous repoussez la prière que je viens vous adresser à deux genoux!

La voix d'Armand, pleine d'une émotion vibrante, doublait encore l'éloquence de ses paroles. Ses yeux, rayonnant d'un humide éclat, y ajoutaient une expression de sincérité profonde. Dès les premiers mots, Amélie se sentit toute troublée. Les accents de cet homme avaient le don de l'émouvoir.

Cependant elle eut la force de se contenir et ne laissa rien paraître de son trouble.

(*La suite au prochain numéro*)

Le propriétaire-gérant : F. ROY.

LES MYSTÈRES DE PARIS

Un quart d'heure après notre entretien, la créature était en route. (Page 756.)

« — Je quitte à l'instant cette maison... puisque j'y suis exposé à de si atroces calomnies !... » dit le docteur Polidori avec l'indignation apparente d'un homme outragé dans son honneur.

« Commençant à sentir le danger de sa position, il voulait fuir sans doute. Au moment où il ouvrait la porte, il se trouva face à face avec sir Walter Murph... »

Rodolphe, s'interrompant de lire, tendit la main au squire et lui dit :

— Très-bien, mon vieil ami! Ta présence a dû foudroyer ce misérable.

— C'est le mot, monseigneur... Il est devenu livide... et a fait deux pas en arrière en me regardant avec stupeur ; il semblait anéanti... Me retrouver au fond de la Normandie, dans un moment pareil !... il croyait faire un mauvais rêve... Mais continuez, monseigneur, vous allez voir que cette infernale comtesse d'Orbigny a eu aussi son tour de *foudroiement*, grâce à ce que vous m'aviez appris de sa visite au charlatan Bradamanti-Polidori dans la maison de la rue du Temple... car, après tout, c'est vous qui agissiez... ou plutôt je n'étais que l'instrument de votre pensée... aussi jamais, je vous le jure, vous ne vous êtes plus heureusement et plus justement substitué à l'indolente Providence que dans cette occasion.

Rodolphe sourit et continua la lecture de la lettre de madame d'Harville :

« A la vue de sir Walter Murph, Polidori resta pétrifié ; ma belle-mère tombait de surprise en surprise ; mon père, ému de cette scène, affaibli par la maladie, fut obligé de s'asseoir dans un fauteuil. Sir Walter ferma à double tour la porte par laquelle il était entré, et, se plaçant devant celle qui conduisait à un autre appartement, afin que le docteur Polidori ne pût s'échapper, il dit à mon pauvre père avec l'accent du plus profond respect :

« — Mille pardons, monsieur le comte, de la licence que je prends ; mais une impérieuse nécessité, dictée par votre propre intérêt (et vous allez bientôt le reconnaître) m'oblige à agir ainsi... Je me nomme sir Walter Murph, ainsi que peut vous l'affirmer ce misérable, qui, à ma vue, tremble de tous ses membres ; je suis le conseiller intime de Son Altesse Royale monseigneur le grand-duc régnant de Gerolstein...

« — Cela est vrai, dit le docteur Polidori en balbutiant, éperdu de frayeur.

« — Mais alors, monsieur... que venez-vous faire ici ? que voulez-vous ?

« — Sir Walter Murph, repris-je en m'adressant à mon père, vient se joindre à moi pour démasquer les misérables dont vous avez failli être victime.

« Puis, remettant à sir Walter le flacon de cristal, j'ajoutai :

— J'ai été assez bien inspirée pour m'emparer du flacon au moment où le docteur Polidori allait verser quelques gouttes de la liqueur qu'il contient dans une potion qu'il offrait à mon père.

« — Un praticien de la ville voisine analysera devant vous le contenu de ce flacon, que je vais déposer entre vos mains, monsieur le comte, et s'il est prouvé qu'il renferme un poison lent et sûr, dit sir Walter Murph à mon père, il ne pourra plus vous rester de doute sur les dangers que vous couriez, et que la tendresse de madame votre fille a heureusement prévenus. »

« Mon pauvre père regardait tour à tour sa femme, le docteur Polidori, moi et sir Walter d'un air égaré ; ses traits exprimaient une angoisse indéfinissable. Je lisais sur son visage navré la lutte violente qui déchirait son cœur. Sans doute il résistait de tout son pouvoir à de croissants et terribles soupçons, craignant d'être obligé de reconnaître la scélératesse de ma belle-mère ; enfin, cachant sa tête dans ses mains, il s'écria :

« — Oh ! mon Dieu ! mon Dieu !... tout cela est horrible... impossible. Est-ce un rêve que je fais ?

« — Non, ce n'est pas un rêve ! s'écria audacieusement ma belle-mère ; rien de plus réel que cette atroce calomnie concertée d'avance pour perdre une malheureuse femme dont le seul crime a été de vous consacrer sa vie. Venez, venez, mon ami, ne restons pas une seconde de plus ici, ajouta-t-elle en s'adressant à mon père ; peut-être votre fille n'aura-t-elle pas l'insolence de vous retenir malgré vous...

« — Oui, oui, sortons ! dit mon père hors de lui ; tout cela n'est pas vrai, ne peut pas être vrai ; je ne veux pas en entendre davantage, ma raison n'y résisterait pas... d'épouvantables méfiances s'élèveraient dans mon cœur, empoisonneraient le peu de jours qui me restent à vivre, et rien ne pourrait me consoler d'une si abominable découverte. »

« Mon père semblait si souffrant, si désespéré, qu'à tout prix j'aurais voulu mettre fin à cette scène si cruelle pour lui. Sir Walter devina ma pensée ; mais, voulant faire pleine et entière justice, il répondit à mon père :

« — Encore quelques mots, monsieur le comte ; vous allez avoir le chagrin, sans doute bien pénible, de reconnaître qu'une femme que vous vous croyiez attachée par la reconnaissance a toujours été un monstre hypocrite ; mais vous trouverez des consolations certaines dans l'affection de votre fille, qui ne vous a jamais manqué.

« — Cela passe toutes les bornes ! s'écria ma belle-mère avec rage. Et de quel droit, monsieur, et sur quelles preuves osez-vous baser de si effroyables calomnies ? Vous dites que ce flacon contient du poison ?... Je le nie, monsieur, et je le nierai jusqu'à preuves du contraire ; et lors même que le docteur Polidori aurait, par méprise, *confondu un médicament avec un autre*, est-ce une raison pour m'accuser d'avoir voulu... de complicité avec lui... Oh! non, non, je n'achèverai pas... une idée si horrible est déjà un crime; encore une fois, monsieur, je vous défie de dire sur quelles preuves vous et madame osez appuyer cette affreuse calomnie... dit ma belle-mère avec une audace incroyable.

« — Oui, sur quelles preuves? s'écria mon malheureux père. Il faut que la torture que l'on m'impose ait un terme.

« — Je ne suis pas venu ici sans preuves, monsieur le comte, dit sir Walter. Et ces preuves, les réponses de ce misérable vous les fourniront tout à l'heure. »

« Puis sir Walter adressa la parole en allemand au docteur Polidori qui semblait avoir repris un peu d'assurance, mais qui la perdit aussitôt. »

— Que lui as-tu dit? — demanda Rodolphe au squire en s'interrompant de lire.

— Quelques mots significatifs, monseigneur; à peu près ceux-ci : « Tu as échappé par la fuite à la condamnation dont tu avais été frappé par la justice du grand-duché; tu demeures rue du Temple, sous le faux nom de Bradamanti; on sait à quel abominable métier tu te livres; tu as empoisonné la première femme du comte; il y a trois jours, madame d'Orbigny est allé te chercher pour t'emmener ici empoisonner son mari; Son Altesse Royale est à Paris, elle a les preuves de tout ce que j'avance. Si tu avoues la vérité, afin de confondre cette misérable femme, tu peux espérer, non la grâce, mais un adoucissement au châtiment que tu mérites; tu me suivras à Paris, où je te déposerai en lieu sûr jusqu'à ce que Son Altesse ait décidé de toi. Sinon, de deux choses l'une; ou Son Altesse fait demander et obtient ton extradition, ou bien à l'instant même j'envoie chercher à la ville voisine un magistrat; ce flacon renfermant du poison lui sera remis, on t'arrêtera sur-le-champ, on fera des perquisitions chez toi, rue du Temple; tu sais combien elles te compromettront, et la justice française suivra son cours... Choisis donc... » Ces révélations, ces accusations, ces menaces, qu'il savait fondées, se succédant coup sur coup, accablèrent cet infâme, qui ne s'attendait pas à me voir si bien instruit. Dans l'espoir d'adoucir la punition qui l'attendait, il n'hésita pas à sacrifier sa complice et me répondit : « Interrogez-moi, je dirai la vérité en ce qui concerne cette femme. »

— Bien, bien, mon digne Murph! je n'attendais pas moins de toi.

— Pendant mon entretien avec Polidori, les traits de la belle-mère de madame d'Harville se décomposaient d'une manière effrayante. Quoiqu'elle ne comprît pas l'allemand, elle voyait, à l'abattement croissant de son complice, à son attitude suppliante, que je le dominais. Dans une anxiété terrible, elle cherchait à rencontrer les yeux de Polidori, afin de lui donner du courage ou d'implorer sa discrétion, mais il évitait constamment son regard.

— Et le comte?

— Son émotion était inexprimable; de ses doigts crispés, il serrait convulsivement les bras de son fauteuil, la sueur baignait son front, il respirait à peine, ses yeux ardents, fixes, ne quittaient pas les miens, ses angoisses égalaient celles de sa femme. La suite de la lettre de madame d'Harville vous dira la fin de cette scène pénible, monseigneur.

Rodolphe continua la lecture de la lettre de madame d'Harville.

« Après un entretien en allemand, qui dura quelques minutes, entre sir Walter Murph et Polidori, sir Walter dit à ce dernier :

—Maintenant, répondez. N'est-ce pas madame — et il désigna ma belle-mère, — qui, lors de la maladie de la première femme de M. le comte, vous a introduit chez lui comme médecin?

« — Oui, c'est elle... répondit Polidori.

« — Afin de servir les affreux projets de... madame... n'avez-vous pas été assez criminel pour rendre mortelle par vos prescriptions homicides la maladie d'abord légère de madame la comtesse d'Orbigny?

« — Oui, » dit Polidori.

« — Mon père poussa un gémissement douloureux, leva ses deux mains au ciel et les laissa retomber avec accablement.

« — Mensonges et infamie! s'écria ma belle-mère. Tout cela est faux; ils s'entendent pour me perdre.

« — Silence, madame! dit sir Walter Murph d'une voix imposante.

« Puis, continuant de s'adresser à Polidori :

« — Est-il vrai qu'il y a trois jours madame a été vous chercher rue du Temple, numéro 17, où vous habitez, caché sous le faux nom de Bradamanti?

« — Cela est vrai.

« — Madame ne vous a-t-elle pas proposé de

venir ici... assassiner le comte d'Orbigny, comme vous aviez assassiné sa femme?

« — Hélas! je ne puis le nier, » dit Polidori.

« A cette accablante révélation, mon père se leva debout, menaçant; d'un geste foudroyant, il montra la porte à ma belle-mère; puis, me tendant les bras, il s'écria d'une voix entrecoupée:

« — Au nom de ta malheureuse mère, pardon! pardon!... je l'ai bien fait souffrir... mais, je te le jure .. j'étais étranger au crime qui l'a conduite au tombeau!»

« Et, avant que j'aie pu l'empêcher, mon père tomba à mes genoux.

« Lorsque moi et sir Walter nous le relevâmes, il était évanoui. Je sonnai les gens; sir Walter prit le docteur Polidori par le bras et sortit avec lui en disant à ma belle-mère :

« — Croyez-moi, madame, quittez cette maison avant une heure, sinon je vous livre à la justice. »

« La misérable sortit de l'appartement dans un état de frayeur et de rage que vous concevrez facilement, monseigneur. Lorsque mon père reprit ses sens, tout ce qui venait de se passer lui parut un rêve horrible. Je fus dans la triste nécessité de lui raconter mes premiers soupçons sur la mort prématurée de ma mère, soupçons que votre connaissance des premiers crimes du docteur Polidori, monseigneur, avait changés en certitude. Je dus dire aussi à mon père comment ma belle-mère m'avait poursuivie de sa haine jusque dans mon mariage, et quel avait été son but en me faisant épouser M. d'Harville...

« Autant mon père s'était montré faible, aveugle à l'égard de cette femme, autant il voulait se montrer impitoyable envers elle : il s'accusait avec désespoir d'avoir été presque le complice de ce monstre en lui donnant sa main après la mort de ma mère; il voulait livrer madame d'Orbigny aux tribunaux. Je lui représentai le scandale odieux d'un tel procès, dont l'éclat serait si fâcheux pour lui; je l'engageai à chasser pour jamais ma belle-mère de sa présence en lui assurant seulement ce qui lui serait nécessaire pour vivre, puisqu'elle portait son nom. J'eus assez de peine à obtenir de mon père ces résolutions modérées; il voulut me charger de la chasser de la maison. Cette mission m'était doublement pénible; je songeai que sir Walter voudrait peut-être bien s'en charger. Il y consentit. »

— Et j'y ai, pardieu! consenti avec joie, monseigneur, — dit Murph à Rodolphe; — rien ne me plaît davantage que de donner aux méchants cette espèce d'extrême-onction. .

— Et qu'a dit cette femme?

— Madame d'Harville avait en effet poussé la bonté jusqu'à demander à son père une pension de cent louis pour cette infâme; ceci me parut non pas de la bonté, mais de la faiblesse : il était déjà mal de dérober à la justice une si dangereuse créature. J'allai trouver le comte, il adopta parfaitement mes observations; il fut convenu qu'on donnerait, en tout et pour tout, vingt-cinq louis à l'infâme pour la mettre à même d'attendre un emploi ou du travail.

« — Et à quel emploi, à quel travail, moi, comtesse d'Orbigny, pourrai-je me livrer? me demanda-t-elle insolemment.

« — Ma foi! c'est votre affaire: vous serez quelque chose comme garde-malade ou gouvernante; mais, croyez-moi, recherchez le métier le plus humble, le plus obscur; car si vous aviez l'audace de dire votre nom, ce nom que vous devez à un crime, on s'étonnerait de voir la comtesse d'Orbigny réduite à une telle condition; on s'informerait, et vous jugez des conséquences, si vous étiez assez insensée pour ébruiter le passé. Cachez-vous donc au loin; faites-vous surtout oublier; devenez madame Pierre ou madame Jacques, et repentez-vous... si vous pouvez.

« — Et vous croyez, monsieur, me dit-elle, ayant sans doute ménagé ce coup de théâtre, que je ne réclamerai pas les avantages que m'assure mon contrat de mariage?

« — Comment donc! madame, rien de plus juste; il serait indigne à M. d'Orbigny de ne pas exécuter ses promesses et de méconnaître tout ce que vous avez fait, et surtout ce que vouliez faire pour lui... Plaidez... plaidez! adressez-vous à la justice! je ne doute pas qu'elle ne vous donne raison contre votre mari... » Un quart d'heure après notre entretien, la créature était en route pour la ville voisine.

— Tu as raison, il est pénible de laisser presque impunie une aussi détestable mégère; mais le scandale d'un procès, pour ce vieillard déjà si affaibli, il n'y faillait pas songer.

« J'ai facilement décidé mon père à quitter les Aubiers aujourd'hui même, — reprit Rodolphe continuant de lire la lettre de madame d'Harville, — de trop tristes souvenirs le poursuivraient ici; quoique sa santé soit chancelante, les distractions d'un voyage de quelques jours, le changement d'air, ne peuvent que lui être favorables, a dit le médecin que le docteur Polidori avait remplacé, et que j'ai fait aussitôt demander à la ville voisine; mon père a voulu qu'il analysât le contenu du flacon, sans lui dire rien de ce qui s'était passé; le médecin répondit qu'il ne pouvait s'occuper de cette opération que chez lui, et qu'avant deux heures nous saurions le résultat de l'expérience. Le résultat fut que plusieurs doses de cette liqueur, composée avec un art infernal, pouvaient, en un temps donné, causer la mort sans laisser néanmoins d'autres traces que celles d'une maladie ordinaire que le médecin nomma. Dans quelques heures, monseigneur, je pars avec mon père et ma fille pour Fontainebleau; nous y resterons quelque temps; puis, selon le désir de mon père, nous reviendrons à Paris, mais non pas chez moi : il me serait impossible d'y demeurer après le déplorable accident qui s'y est passé.

La suite au prochain numéro.

COMMENT ON AIME

UN MARIAGE PARISIEN

(SUITE)

— Vous m'avez fait bien du mal, Armand, — dit-elle avec une douceur charmeresse, — et pourtant je vous ai pardonné. J'aurais dû vous défendre de me poursuivre dans ma retraite, et pourtant je vous en ai permis l'accès. Que voulez-vous? je n'ai pu résister à votre repentir, à vos larmes. Ai-je été assez faible, assez oublieuse? Que pouvez-vous me demander encore?

— O Amélie! — reprit Armand en lui serrant les mains à les briser, — ne l'avez-vous pas deviné? N'avez-vous pas compris que c'est assez de contrainte, assez de douleur ainsi? N'avez-vous pas senti, au souffle ardent qui s'échappe de ma poitrine, qu'il y a là un feu qui me dévore et qui me tuera si vous n'avez pitié de moi? Pitié donc, Amélie, pitié!

— Armand, calmez-vous! — dit la jeune fille dont le visage commençait à se couvrir d'une pâleur nerveuse; — calmez-vous, ou je me verrai contrainte de me retirer.

— Oh! ne crains rien, pauvre ange! mon amour est grand et noble comme ton cœur! Ce n'est pas une pitié vulgaire en échange d'un vulgaire sentiment que je viens te demander. Non, je viens t'offrir ma vie tout entière! Je viens te dire : Amélie, le monde a profité d'une heure d'égarement pour s'emparer de ma volonté et faire peser sur ma tête le joug de ses lois inflexibles, mais il ne m'a pas si bien soumis que je ne puisse relever la tête et m'élancer vers la liberté. Viens, fuyons! courons demander à quelque contrée lointaine un abri pour nos têtes, une éternité pour notre amour!

Amélie l'écoutait avec recueillement; sa poitrine se soulevait de plus en plus palpitante, révélant l'émotion croissante qui se répandait en elle. Tout à coup ses yeux se fermèrent à demi, ses lèvres se plissèrent dédaigneusement, et elle laissa tomber ces mots avec une inexprimable lenteur :

— Et... votre mère... Armand?

Ces paroles étaient cruelles, mais méritées. Il n'eut pas la force de répondre; deux larmes ruisselèrent sur ses joues, il courba son front aux pieds d'Amélie. Amélie cachait une grande force de caractère sous l'exquise délicatesse de ses formes. Elle était capable de prendre promptement une résolution et de l'exécuter sans fléchir, quels qu'en fussent les inconvénients.

— Écoutez, Armand, — reprit-elle en relevant avec une charmante sensibilité la tête de l'affligé, — voici quelle est ma position : il y a un homme qui m'offre sa main et un amour légitime; cet homme, je ne l'aime pas.

— M. Onésime Lapierre? Oh! malheur à lui!

— Il en est un autre — continua Amélie sans s'arrêter à cette interruption — qui m'offre son dévouement et un amour illégitime; je me le dissimulerais en vain, c'est cet homme que j'aime. Que dois-je faire? Je rougis de l'avouer, mon cœur et ma raison se combattent, et j'hésite.

— N'hésitez pas, Amélie! — s'écria Armand se relevant avec précipitation, — car je tuerai demain cet Onésime Lapierre! Oui, je le sens à ma haine, je le tuerai!

— Je ne me trompais donc pas, — dit Amélie en tressaillant, — vous devez vous battre avec lui? Ce duel vient d'être convenu ce soir, chez moi, pour demain sans doute?

Armand se repentit, mais trop tard, d'avoir laissé échapper ce secret. Il ne répondit pas. Amélie garda un moment le silence et reprit avec résolution :

— Et moi je vous dis que vous ne vous battrez pas! car c'est pour moi que vous vous battriez, et j'ai seule le droit de décider entre M. Onésime Lapierre et vous. Or, voici ma décision: Armand, je vous livre ma destinée; je suis prête à vous suivre, mais j'y mets une condition.

— Oh! merci! merci, Amélie! Parlez! je vous obéis.

— Nous partirons demain au point du jour.

— C'est impossible.

— Je l'exige, ou tout est fini entre nous. Que votre honneur se rassure; j'écrirai à M. Onésime Lapierre, et je lui dirai que c'est moi qui vous ai défendu de vous battre. J'ose croire que, si je lui eusse imposé cette condition en lui accordant ma main, il m'eût obéi.

Armand ne répliqua pas. Il réfléchit qu'il pourrait peut-être le soir même rejoindre son adversaire.

— Demain matin, à l'aube, je serai prête, — reprit Amélie. — Mais ne vous repentirez-vous pas?

— Ange adoré! — s'écria Armand avec élan, — je ne me repens que d'une chose : c'est de ne vous avoir pas faite ma femme devant les hommes comme vous le serez bientôt devant Dieu!

Restée seule, Amélie demeura quelques instants plongée dans une rêverie profonde ; puis elle passa dans sa chambre à coucher, s'assit à son secrétaire et écrivit ces mots :

« Mon ami,

« Puisque nous nous sommes juré une mutuelle confiance, je dois vous dire que demain j'aurai quitté Paris avec M. Armand Guilbert. Où irai-je? Je l'ignore : je lui laisse le soin de le décider. Ne croyez pas cependant que je cède à ce désir légitime de vengeance dont nous avons parlé quelquefois. Non, je me laisse emporter à l'élan de mon cœur. Il est vrai que le but souvent caressé par ma pensée n'en est pas moins atteint. Ma fuite avec Armand fera scandale, et sa mère en sera violemment courroucée. Que m'importe! cette femme m'a fait souffrir assez pour que je n'aie pas pitié d'elle.

« Un scrupule me reste; je veux parler de la femme d'Armand. Cet événement inattendu va peut-être la frapper cruellement. Pauvre femme! elle est innocente après tout, et sans doute fort attachée à ses devoirs. Mais, à ce propos, pourquoi ne venez-vous pas me voir ou ne m'écrivez-vous pas? Voilà plus de quinze grands jours que je n'ai eu de vos nouvelles. N'avez-vous pu ranimer encore le feu mal éteint dans le cœur d'Hélène? Ah! elle vous a trop aimé, elle est trop coupable envers vous pour qu'elle ne vous aime pas toujours!

« Adieu, mon ami; je vous écrirai de ma lointaine résidence. J'espère être bien heureuse. Puissiez-vous l'être autant que moi! Adieu!

« Amélie. »

Elle écrivit sur l'enveloppe :

« A monsieur Edmond Bourdois. »

Comme elle achevait cette suscription, sa domestique entra.

— Pardon, mademoiselle! — dit celle-ci ; — j'avais oublié de vous donner cette lettre qu'on m'a remise pendant votre absence.

Amélie décacheta la lettre, son regard courut à la signature: c'était une lettre d'Edmond.

III

Voici ce que contenait la lettre :

« Ma charmante amie,

« Pardonnez-moi le retard que j'ai mis à vous donner de mes nouvelles. Quelques affaires d'intérêt, jointes à mes affaires de cœur, ont absorbé tout mon temps. Je n'ai pas trouvé une seule minute pour vous rendre visite. Je crains bien qu'il n'en soit ainsi pendant quelques jours encore. Aussi me décidé-je à prendre la plume pour vous écrire.

« Depuis que le hasard m'a fait rencontrer Hélène au Bois et qu'à titre de parent je me suis présenté chez elle, je l'ai souvent revue, le jour sous les ombrages de Longchamp, le soir sous les courtines de son salon. Nous avons passé de délicieuses heures ensemble à nous rappeler notre enfance, que nous avons traversée en nous tenant par la main; notre jeunesse, que nous avons parcourue en nous tenant par le cœur, jusqu'au jour où d'inexorables volontés nous ont cruellement séparés. Se rappeler le bonheur perdu, n'est-ce pas désirer de le retrouver? L'amour que l'on regrette n'est-il pas, comme le phénix, tout près de renaître de ses cendres? Que vous dirai-je, mon amie? Après avoir évoqué tous nos charmants souvenirs, il a bien fallu abandonner ce pays des fantômes et des chimères; il a bien fallu nous avouer que notre amour n'était pas une ombre évanouie, mais une réalité plus que jamais palpitante. Pauvre Hélène! cet aveu lui a coûté des flots de larmes. Mais les larmes d'une femme sont comme le flux de la mer, qui repousse les algues : elles emportent les remords.

« Nous nous aimons maintenant sans réticence et dans la plénitude de notre âme. Ah! je ne croyais pas que ce pût être un si grand bonheur de se répéter sans cesse qu'on s'aime et qu'on est prêt à tous les dévouements pour se mieux mériter. En vérité, je me contenterais longtemps encore de cette félicité chaste et pure, si je ne craignais qu'avec sa faiblesse naturelle Hélène innocente ne refusât de me suivre. Coupable, elle ne m'échappera pas. Alors je pourrai concilier en même temps les exigences de mon cœur et l'inflexibilité de ma vengeance.

« Vous le voyez, Amélie, je suis un homme aux idées fixes et tenaces. J'ai juré que je me vengerais de M. Belmare. Je ne serai complétement heureux qu'après avoir atteint mon double but. Pour ne pas faiblir dans ma résolution, j'ai remis seulement ma carte chez mon excellent oncle, que j'ai rencontré une seule fois chez Hélène, et qui m'a fort reproché de ne l'avoir point visité depuis mon installation à Paris. Je veux tenir mes projets à l'abri de tout scrupule. Nous avons si peu d'énergie pour le mal comme pour le bien!

« Ce que je compte faire, je vous l'ai dit, c'est enlever Hélène après l'avoir mise dans l'impossibilité de résister à mes prières. Pour faciliter mes tentatives, j'ai loué à tout hasard un appartement dans une maison contiguë à la maison d'Hélène. Je possède un balcon de niveau avec le sien ; j'en ai déjà scié les barreaux de séparation pour me préparer à tout événement. Je n'attends plus que l'occasion. Il est probable que je la ferai naître. Ah! je le sens profondément, il faut une bien sérieuse passion pour jouer ainsi avec l'existence d'une femme et l'honneur d'une famille. Mais j'ai interrogé mon cœur ; le sentiment de la vengeance y palpite moins encore que l'élan de l'amour et du dévouement. Un héritage vient de me faire riche, j'en remercie Dieu. En s'élançant dans une vie nouvelle, Hélène, du moins, ne perdra pas l'opulence.

« Égoïste que je suis! je ne vous entretiens que de moi et j'oublie de vous parler de vous. Mais à quoi bon? Ne suis-je pas certain de votre succès? Armand Guilbert ne passe-t-il pas toutes ses heures auprès de vous, adorable sirène que vous êtes? N'est-ce pas à vos irrésistibles séductions que je dois la liberté dont je jouis auprès d'Hélène, comme aussi ce facile accès que laisse au cœur d'une femme l'éternelle absence du mari? Oh! vous êtes victorieuse, j'en suis convaincu! Mais n'allez pas négliger de profiter de la victoire, et songez à la mère d'Armand.

« Au revoir, ma charmante amie!

« EDMOND B... »

Amélie lut et relut cette lettre.

— Ame énergique! — murmura-t-elle. — Ame aussi puissante pour la haine que pour l'amour! Phénomène rare en ce temps où les sentiments s'énervent si vite au cœur de l'homme! Ah! si Armand avait une telle âme!

Elle sourit divinement et reprit :

— Peut-être ne l'aimerais-je pas autant. Ce qui me plaît en lui, n'est-ce pas sa douceur et sa faiblesse même?

Tout en pensant de la sorte, elle commença ses préparatifs de voyage. Pendant ce temps, Armand courait chez Onésime Lapierre pour lui offrir de se battre, au clair de lune, dans le premier endroit venu. Onésime Lapierre venait justement de partir pour Neuilly, sans qu'on sût où il devait descendre. Armand lui laissa quelques mots d'explication, lui affirmant sur l'honneur qu'il reviendrait sous peu de temps se mettre à sa disposition. Après quoi, il alla commander une berline et des chevaux de poste, avec ordre de les faire stationner au point du jour dans la rue des Petits-Hôtels. Il était plus de minuit lorsqu'il rentra chez lui. Son valet de chambre seul l'attendait encore.

— Madame est-elle rentrée dans son appartement? — demanda Armand.

— Il y a plus d'une heure, monsieur.

— Tous les domestiques sont couchés ?

— Oui, monsieur.

— C'est bien. Tu vas préparer ma valise.

— Monsieur part en voyage ! — fit le domestique stupéfait.

— Sans doute, et tu m'accompagneras.

— Oserai-je demander à monsieur si nous allons loin ?

— Ai-je des comptes à te rendre ?

— Pardon, monsieur, c'est pour savoir ce qu'il faut que je mette dans votre valise et dans ma malle.

— Mets ce que tu voudras. Nous allons en Italie et nous partons au point du jour.

— Juste ciel ! Et madame ?...

Armand regarda sévèrement son domestique qui n'ajouta mot et qui, portant un flambeau, précéda son maître dans son appartement.

Armand avait sa chambre particulière.

Dans la *Physiologie du mariage*, Balzac a fait de très-spirituelles dissertations à ce sujet. Il a trouvé de graves inconvénients dans les trois formes du repos matrimonial. Mais, à coup sûr, pour de jeunes époux, il n'est pas d'indice plus significatif ni d'habitude plus périlleuse que la manie de faire chambre à part... Cela révèle presque toujours la sottise aristocratique ou l'indifférence conjugale. Inutile de faire remarquer que cette dernière considération avait déterminé cette quasi séparation de corps d'Hélène et d'Armand.

Armand ne se coucha point. Pouvait-il dormir presque au moment d'accomplir une action si décisive dans la vie d'un homme ? Il mit en ordre quelques papiers, écrivit plusieurs lettres, puis il éteignit sa lumière, ouvrit sa fenêtre, se jeta dans un fauteuil et se prit à rêver. Jamais à Paris nuit plus tiède ni plus balsamique ne s'était étendue sous un ciel plus richement constellé. Quels sentiments lui communiquait la douce influence de cette nuit ? Pensait-il aux ineffables délices que lui promettait l'existence avec Amélie ? Ne songeait-il pas plutôt avec mélancolie à la vie soumise aux convenances, sans lutte contre le monde, qu'il allait abandonner ? Le cœur humain est en général si mobile, et celui d'Armand était en particulier si faible, que sans aucun doute ces deux sentiments se combattaient en lui. Deux heures sonnaient à la pendule. Dans une heure à peine, l'aube devait blanchir l'horizon.

Fatigué de penser, Armand commençait à s'assoupir lorsqu'un bruit léger, que grâce au magnétisme d'un demi-sommeil ses sens perçurent avec force, le réveilla en sursaut ; il avança la tête sur le balcon qui régnait devant les fenêtres de l'appartement. Il vit une ombre se dresser à l'extrémité et disparaître à travers l'une des fenêtres de la chambre d'Hélène. Ce qu'il éprouva en ce moment, il ne le comprit pas lui-même. Rien n'est plus bizarre que le phénomène qui se produit en une semblable occurrence. Le plus doux devient le plus emporté ; le plus emporté devient le plus doux. Il ne pouvait remuer ni bras ni jambes. Tout à coup cependant les forces lui revinrent ; il sauta sur ses pistolets et se précipita sur le balcon. Une sourde colère l'agitait, sa main armée tremblait d'impatience. Ses lèvres frémissaient et mâchaient ces paroles : « Ce ne peut être un voleur ; un voleur n'entre pas aussi facilement chez une femme. C'est donc un amant, c'est donc un rendez-vous ! On se joue de mon honneur ! Malheur à l'insensé ! malheur ! »

Étrange logique des passions ! Cet homme avait pris la résolution d'abandonner sa femme, qu'il n'aimait pas, de la plonger dans la douleur au cas où elle l'aurait aimé, et le voilà tout palpitant de fureur, tout altéré de vengeance, parce qu'il s'aperçoit qu'il peut être devancé dans la voie de l'infidélité ! Pauvres et infirmes natures que nous sommes ! Lorsqu'il fut parvenu devant la chambre d'Hélène, ses yeux ardents plongèrent dans l'intérieur, au travers des vitres. Il vit remuer les rideaux à demi fermés de l'alcôve, puis il entendit une voix proférer ces mots :

— Tout ici dort, chère Hélène, tout, excepté notre amour !

Le sang d'Armand jaillit soudain de son cœur à son cerveau. Il poussa rudement la croisée entr'ouverte et s'écria :

— Vous vous trompez, je veille !

Aussitôt un coup de feu se fit entendre, et un homme, qui venait d'écarter les rideaux de l'alcôve, tomba baigné dans son sang.

Cet homme était Edmond Bourdois.

Le bruit de la détonation avait jeté l'alarme dans la maison et dans le voisinage. Les domestiques étaient accourus les premiers. Ils pénétrèrent jusque dans la chambre d'Hélène.

(*La suite au prochain numéro.*)

Le propriétaire-gérant : F. ROY.

LES MYSTÈRES DE PARIS

Un homme est venu en exprès et à cheval la rassurer. (Page 764.)

« Ainsi que je vous l'ai dit, monseigneur, en commençant cette lettre, les faits vous prouvent tout ce que je dois encore à votre inépuisable sollicitude... Prévenue par vous, aidée de vos conseils, forte de l'appui de votre excellent et courageux sir Walter, j'ai pu arracher mon père à un péril certain, et je suis assurée du retour de sa tendresse...

« Adieu, monseigneur, il m'est impossible de vous en dire davantage; mon cœur est trop plein, trop d'émotions l'agitent ; je vous exprimerais mal tout ce qu'il ressent...

« D'ORBIGNY-D'HARVILLE.

« Je rouvre cette lettre à la hâte, monseigneur, pour réparer un oubli dont je suis confuse : en cherchant, d'après vos nobles inspirations, quelque bien à faire, j'étais allée à la prison de Saint-Lazare visiter de pauvres prisonnières : j'y ai trouvé une malheureuse enfant à laquelle vous vous êtes intéressé... Sa douceur angélique, sa pieuse résignation, font l'admiration des respectables femmes qui surveillent les détenues... Vous apprendre où est la *Goualeuse* (tel est son surnom, si je ne me trompe), c'est vous mettre à même d'obtenir à l'instant sa liberté ; cette infortunée vous racontera par quel concours de circonstances sinistres, enlevée de l'asile où vous l'aviez placée, elle a été jetée dans cette prison, où du moins elle a su faire apprécier la candeur de son caractère.

« Permettez-moi aussi de vous rappeler mes deux futures protégées, monseigneur, cette malheureuse mère et sa fille... dépouillées par le notaire Ferrand. Où sont-elles ? Avez-vous eu quelques renseignements sur elles ? Oh ! de grâce, tâchez de retrouver leurs traces, et qu'à mon retour à Paris je puisse leur payer la dette que j'ai contractée envers tous les malheureux !... »

— La Goualeuse a donc quitté la ferme de Bouqueval, monseigneur ? — s'écria Murph aussi étonné que Rodolphe de cette nouvelle révélation.

— Tout à l'heure encore on vient de me dire l'avoir vue sortir de Saint-Lazare, — répondit Rodolphe. — Ma tête s'y perd ; le silence de madame Georges [1] me confond et m'inquiète... Pauvre petite Fleur-de-Marie !... quels nouveaux malheurs sont donc venus la frapper ? Fais monter un homme à cheval à l'instant, qu'il se rende en hâte à la ferme, et écris à madame Georges que je la prie instamment de venir à Paris. Dis aussi à M. de Graün de m'obtenir une permission pour entrer à Saint-Lazare... d'après ce que me dit madame d'Harville, Fleur-de-Marie y serait détenue... Mais non, — reprit Rodolphe en réfléchissant... — elle n'y est plus prisonnière, car Rigolette l'a vue sortir de cette prison avec une femme âgée. Serait-ce madame Georges ? Sinon, quelle est cette femme ? où est allée la Goualeuse ?

— Patience, monseigneur ! avant ce soir, vous saurez à quoi vous en tenir ; puis demain il vous faudra interroger ce misérable Polidori ; il a, dit-il, d'importantes révélations à vous faire, mais à vous seul...

— Cette entrevue me sera odieuse, — dit tristement Rodolphe, — car je n'ai pas revu cet homme depuis... le jour... où... j'ai...

Rodolphe ne put achever ; il cacha son front dans sa main.

— Eh ! mordieu ! monseigneur, pourquoi consentir à ce que demande Polidori ? Menacez-le de la justice française ou d'une extradition immédiate ; il faudra bien qu'il se résigne à me révéler ce qu'il ne veut révéler qu'à vous.

— Tu as raison, mon pauvre ami ; car la présence de ce misérable rendrait plus menaçants encore ces souvenirs terribles... auxquels se rattachent tant de douleurs incurables... depuis la mort de mon père... jusqu'à celle de ma pauvre petite fille... Je ne sais, mais plus j'avance dans la vie, plus cette enfant me manque... Combien je l'aurais adorée ! combien il m'eût été cher et précieux, ce fruit charmant de mon premier amour, de mes premières et pures croyances, ou plutôt de mes jeunes illusions !... J'aurais déversé sur cette innocente créature les trésors d'affection dont son odieuse mère est indigne ; et puis il me semble que, telle que je l'avais rêvée... cette enfant, par la beauté de son âme, par le charme de ses qualités, eût adouci, calmé tous les chagrins... tous les remords qui se rattachent, hélas ! à sa funeste naissance.

— Tenez, monseigneur, je vois avec peine l'empire toujours croissant que prennent sur votre esprit ces regrets aussi stériles que cruels.

Après quelques moments de silence, Rodolphe dit à Murph :

— Je puis maintenant te faire un aveu, mon vieil ami : j'aime... oui !... j'aime profondément une femme digne de l'affection la plus noble et la plus dévouée... Eh ! depuis que mon cœur s'est ouvert de nouveau à toutes les douceurs de l'amour, depuis que je suis prédisposé aux émotions tendres, je ressens plus vivement encore la perte de ma fille... J'aurais pour ainsi dire pu craindre qu'un attachement de cœur n'affaiblît l'amertume de mes regrets. Il n'en est rien ; toutes mes facultés aimantes ont augmenté... je me sens meilleur, plus charitable, et plus que jamais il m'est cruel de n'avoir pas ma fille à adorer...

— Rien de plus simple, monseigneur, et pardonnez-moi la comparaison ; mais de même que

1. Le lecteur se souvient que, trompée par l'émissaire de Sarah, qui lui avait dit que Fleur-de-Marie avait quitté Bouqueval par ordre du prince, madame Georges était sans inquiétude sur sa protégée, qu'elle attendait de jour en jour.

certains hommes ont l'ivresse joyeuse et bienveillante, vous avez l'amour bon et généreux...

— Pourtant ma haine des méchants est aussi devenue plus vivace, mon aversion pour Sarah augmente en raison sans doute du chagrin que me cause la mort de ma fille. Je m'imagine que cette mauvaise mère l'a négligée, qu'une fois ses ambitieuses espérances ruinées par mon mariage, la comtesse, dans son impitoyable égoïsme, aura abandonné notre enfant à des mains mercenaires, et que ma fille sera peut-être morte par le manque de soins... C'est ma faute aussi... je n'ai pas alors senti l'étendue des devoirs sacrés que la paternité impose... Lorsque le véritable caractère de Sarah m'a été tout à coup révélé, j'aurais dû à l'instant lui enlever ma fille, veiller sur elle avec amour et sollicitude. Je devais prévoir que la comtesse ne serait jamais qu'une mère dénaturée... C'est ma faute, vois-tu... c'est ma faute...

— Monseigneur, la douleur vous égare. Pouviez-vous... après l'événement si funeste que vous savez... différer d'un jour le long voyage qui vous était imposé... comme...

— Comme une expiation!... Tu as raison, mon ami, — dit Rodolphe avec accablement.

— Vous n'avez pas entendu parler de la comtesse Sarah depuis mon départ, monseigneur?

— Non; depuis ces infâmes délations qui, par deux fois, ont failli perdre madame d'Harville, je n'ai eu d'elle aucune nouvelle... Sa présence ici me pèse, m'obsède; il me semble que mon mauvais ange est auprès de moi, que quelque nouveau malheur me menace.

— Patience, monseigneur, patience!... Heureusement l'Allemagne lui est interdite, et l'Allemagne nous attend.

— Oui... bientôt nous partirons. Au moins, durant mon court séjour à Paris, j'aurai accompli une promesse sacrée, j'aurai fait quelques pas de plus dans cette voie méritante qu'une auguste et miséricordieuse volonté m'a tracée pour ma rédemption... Dès que le fils de madame Georges sera rendu à sa tendresse, innocent et libre; dès que Jacques Ferrand sera convaincu et puni de ses crimes; dès que j'aurai assuré l'avenir de toutes les honnêtes et laborieuses créatures qui, par leur résignation, leur courage et leur probité, ont mérité mon intérêt, nous retournerons en Allemagne; mon voyage n'aura pas été du moins stérile.

— Surtout si vous parvenez à démasquer cet abominable Jacques Ferrand, monseigneur, la pierre angulaire, le pivot de tant de crimes.

— Quoique la fin justifie les moyens... et que les scrupules soient peu de mise envers ce scélérat, quelquefois je regrette de faire intervenir Cecily dans cette réparation juste et vengeresse.

— Elle doit maintenant arriver d'un moment à l'autre.

— Elle est arrivée.

— Cecily?

— Oui... Je n'ai pas voulu la voir; de Graün lui a donné des instructions très-détaillées; elle a promis de s'y conformer...

— Tiendra-t-elle sa promesse?

— D'abord tout l'y engage : l'espoir d'un adoucissement dans son sort à venir, et la crainte d'être immédiatement renvoyée dans sa prison d'Allemagne; car de Graün ne la quittera pas de vue; à la moindre incartade, il obtiendra son extradition.

— C'est juste... elle est arrivée ici comme évadée; lorsqu'on saurait quels crimes ont motivé sa détention perpétuelle, on accorderait aussitôt son extradition.

— Et lors même que son intérêt ne l'obligerait pas de servir nos projets, la tâche qu'on lui a imposée ne pouvant se réaliser qu'à force de ruse, de perfidie et de séductions diaboliques, Cecily doit être ravie (et elle l'est, m'a dit le baron) de cette occasion d'employer les détestables avantages dont elle a été si libéralement douée.

— Est-elle toujours bien jolie, monseigneur?

— De Graün la trouve plus attrayante que jamais; il a été, m'a-t-il dit, ébloui de sa beauté, à laquelle le costume alsacien qu'elle a choisi donnait beaucoup de piquant. Le regard de cette diablesse a toujours, dit-il, la même expression véritablement magique.

— Tenez! monseigneur, je n'ai jamais été ce qu'on appelle un écervelé, un homme sans cœur et sans mœurs; eh bien! à vingt ans, j'aurais rencontré Cecily, qu'alors même que je l'aurais sue aussi dangereuse, aussi perverse qu'elle l'est à cette heure, je n'aurais pas répondu de ma raison si j'étais resté longtemps sous le feu de ses grands yeux noirs et brûlants qui étincellent au milieu de sa figure pâle et ardente... Oui, par le ciel! je n'ose songer où aurait pu m'entraîner un si funeste amour.

— Cela ne m'étonne pas, mon digne Murph, car je connais cette femme. Du reste, le baron a été presque effrayé de la sagacité avec laquelle Cecily a compris ou plutôt deviné le rôle à la fois *provoquant* et PLATONIQUE qu'elle doit jouer auprès du notaire.

— Mais s'introduira-t-elle chez lui aussi facilement que vous l'espériez, monseigneur, grâce à l'intervention de madame Pipelet ? Les gens de l'espèce de ce Jacques Ferrand sont si soupçonneux !...

— J'avais avec raison compté sur la vue de Cecily pour combattre et vaincre la méfiance du notaire.

— Il l'a déjà vue?

— Hier. D'après le récit de madame Pipelet, je ne doute pas qu'il n'ait été fasciné par la créole, car il l'a prise aussitôt à son service.

— Allons, monseigneur, notre partie est gagnée.

— Je l'espère : une cupidité féroce, une luxure sauvage ont conduit le bourreau de Louise Morel aux forfaits les plus odieux. C'est dans sa luxure, c'est dans sa cupidité qu'il trouvera la punition terrible de ses crimes : punition qui surtout ne sera pas stérile pour ses victimes ; car tu sais à quel but doivent tendre tous les efforts de la créole.

— Cecily ! Cecily !... Jamais méchanceté plus grande, jamais corruption plus dangereuse, jamais âme plus noire n'auront servi à l'accomplissement d'un projet d'une moralité plus haute et d'une fin plus équitable... Et David, monseigneur ?

— Il approuve tout... Au point de mépris et d'horreur où il est arrivé envers cette créature, il ne voit en elle que l'instrument d'une juste vengeance. « Si cette maudite pouvait jamais mériter quelque commisération après tout le mal qu'elle m'a fait, m'a-t-il dit, ce serait en se vouant à l'impitoyable punition de ce scélérat, dont il faut qu'elle soit le démon exterminateur. »

Un huissier ayant légèrement frappé à la porte, Murph sortit et revint bientôt apportant deux lettres, dont l'une seulement était destinée à Rodolphe...

— C'est un mot de madame Georges !... — s'écria ce dernier en lisant rapidement.

— Eh bien ! monseigneur... la Goualeuse?

— Plus de doute, — s'écria Rodolphe après avoir lu, — il s'agit encore de quelque complot ténébreux. Le soir du jour où cette pauvre enfant a disparu de la ferme, et au moment où madame Georges allait m'instruire de cet événement, un homme qu'elle ne connaît pas, envoyé en exprès et à cheval, est venu de ma part la rassurer, lui disant que je savais la brusque disparition de Fleur-de-Marie, et que dans quelques jours je la ramènerais à la ferme. Malgré cet avis, madame Georges, inquiète de mon silence au sujet de sa protégée, ne peut, me dit-elle, résister au désir d'avoir des nouvelles de sa fille chérie, ainsi qu'elle appelle cette pauvre enfant.

— Cela est étrange, monseigneur.

— Dans quel but enlever Fleur-de-Marie ?

— Monseigneur, — s'écria tout à coup Murph, — la comtesse Sarah n'est pas étrangère à cet enlèvement !...

— Sarah? Et qui te fait croire...

— Rapprochez cet événement de ses dénonciations contre madame d'Harville.

— Tu as raison ! — s'écria Rodolphe frappé d'une clarté subite ; — c'est évident... je comprends maintenant... oui, toujours le même calcul. La comtesse s'opiniâtre à croire qu'en parvenant à briser toutes les affections qu'elle me suppose elle me fera sentir le besoin de me rapprocher d'elle. Cela est aussi odieux qu'insensé... Il faut pourtant qu'une si indigne persécution ait un terme... Ce n'est pas seulement à moi, mais à tout ce qui mérite respect, intérêt, pitié... que cette femme s'attaque. Tu enverras sur l'heure M. de Graün officiellement chez la comtesse; il lui déclarera que j'ai la certitude de la part qu'elle a prise à l'enlèvement de Fleur-de-Marie, et que si elle ne donne pas les renseignements nécessaires pour retrouver cette malheureuse enfant, je serai sans pitié, et alors c'est à la justice que M. de Graün s'adressera.

— D'après la lettre de madame d'Harville, la Goualeuse serait détenue à Saint-Lazare.

— Oui, mais Rigolette affirme l'avoir vue libre et sortir de prison. Il y a là un mystère qu'il faut éclaircir.

— Je vais à l'instant donner vos ordres au baron de Graün, monseigneur ; mais permettez-moi d'ouvrir cette lettre ; elle est de mon correspondant de Marseille, à qui j'avais recommandé le Chourineur; il devait faciliter le passage de ce pauvre diable en Algérie.

— Eh bien ! il est parti ?...

— Monseigneur, voici qui est singulier !

— Qu'y a t-il ?

— Après avoir longtemps attendu à Marseille un bâtiment en partance pour l'Algérie, le Chourineur, qui semblait de plus en plus triste et soucieux, a subitement déclaré, le jour même fixé pour son embarquement, qu'il préférait retourner à Paris...

— Bizarrerie !

— Bien que mon correspondant eût, ainsi qu'il était convenu, mis une assez forte somme à la disposition du Chourineur, celui-ci n'a pris que ce qui lui était rigoureusement nécessaire pour revenir à Paris, où il ne peut tarder à arriver, me dit-on.

(*La suite au prochain numéro.*)

— Que vous êtes bonne ! dit Daniel en baisant la main de la jeune femme. (Page 775.)

COMMENT ON AIME (suite).

A la vue du jeune homme blessé, de la jeune femme évanouie, ils s'empressèrent d'appeler un médecin et un commissaire de police, puis ils coururent informer M. Belmare et madame Guilbert de l'affreux événement.

On chercha en vain Armand : il avait disparu.

Lorsque M. Belmare et madame Guilbert arrivèrent sur le lieu de la scène, on verbalisait. Il ne leur fallut pas de grands efforts d'intelligence pour comprendre ce qui s'était passé. L'ex-banquier était pourpre de honte et de colère. Il accablait de reproches Edmond, que pansait le chirurgien. La digne liquoriste, elle, étouffait d'indignation; elle couvrait d'un suprême mépris Hélène qui venait de reprendre ses sens; elle demandait son fils à grands cris, redoutant pour lui l'effet de son propre désespoir. Mais quelle ne fut pas la stupéfaction de tous les assistants lorsque le commissaire de police donna lecture d'une lettre trouvée sur le bureau d'Armand et qu'il adressait à Hélène! Dans cette lettre, il lui déclarait franchement qu'il ne l'avait jamais aimée et qu'il supposait que de son côté elle ne l'aimait pas davantage. Il ajoutait que, dès avant son mariage, son cœur l'entraînait vers une autre femme, et qu'il se décidait enfin à partir pour l'Italie avec elle et à lui donner sa vie.

C'était à n'y plus rien comprendre. M. Belmare et madame Guilbert se regardèrent ébahis. Quelques personnes poussèrent des exclamations de surprise, et le commissaire de police jura ses grands dieux qu'il n'avait jamais rien consigné de plus bizarre sur ses procès-verbaux.

Edmond sourit; seul il avait compris ce mystère du cœur humain.

Le procureur impérial, averti par l'officier de police, arriva. Il prit connaissance des faits, et lança contre Armand Guilbert un mandat d'arrêt.

Armand, cependant, courait comme un fou à travers les rues de Paris. Après avoir renversé Edmond d'un coup de feu, il s'était élancé vers l'alcôve. A l'aspect de sa femme évanouie, plus pâle qu'une morte, et sentant sous ses pieds le sang qui ruisselait, une indicible frayeur l'avait saisi, et il s'était enfui précipitamment. Il erra quelque temps au hasard, l'âme en feu, l'esprit horriblement agité. Mais peu à peu les fraîches émanations du matin calmèrent son sang et dissipèrent l'orage de ses pensées. Il envisagea dès lors sa position sous son véritable jour, et il comprit que, si affreuse qu'elle pouvait être, elle n'avait rien dont il dût s'effrayer énormément. Tout autre à sa place eût pris une détermination énergique et fût retourné sur la scène sanglante d'où il avait disparu. Mais sa faiblesse innée, la crainte d'un scandale plus grand le détournèrent de cette démarche. Il se souvint alors qu'une chaise de poste l'attendait rue des Petits-Hôtels, et, poussé autant par l'horreur d'une comparution en cour d'assises que par l'instinct secret du bonheur qui ne nous quitte jamais, il prit sa course vers la demeure d'Amélie. Quand il arriva rue des Petits-Hôtels, la jeune fille était déjà installée dans la berline. Elle l'attendait avec anxiété. Il se jeta sur un coussin, près d'elle, et donna l'ordre au postillon de partir. Celui-ci lança ses chevaux à fond de train sur la route du Midi et fournit le premier relai en un temps de galop.

Armand avait fait de suprêmes efforts pour dissimuler son trouble; mais Amélie était trop pénétrante, trop perspicace, pour ne pas l'avoir remarqué. Inquiète, tourmentée, elle l'avait accablé de questions. Ses réponses insignifiantes et vagues n'étaient pas de nature à la rassurer. Elle allait le mettre en demeure de s'expliquer plus nettement, lorsqu'un cavalier s'arrêta soudain devant le relai de poste; puis, se dirigeant vers la berline, il fit une seconde halte à la portière.

— Monsieur Armand Guilbert? — dit-il d'une voix impérieuse.

Amélie jeta sur Armand un regard stupéfait.

— Qu'est-ce que cela signifie? — lui demanda-t-elle à voix basse.

— Monsieur Armand Guilbert? — répéta l'homme à cheval en consultant un papier; — j'ai là votre signalement.

— Eh bien! que me voulez-vous? — se résolut à dire enfin le fugitif.

— Je suis porteur d'un mandat d'arrêt décerné contre vous. Vous allez me suivre.

— Où voulez-vous donc le conduire? — demanda vivement Amélie.

— Devant le procureur impérial, pour répondre à une accusation de tentative d'assassinat.

— Juste ciel! — s'écria la jeune fille. — C'est impossible! Défendez-vous, Armand! N'est-ce pas que vous n'êtes pas coupable?

— Amélie, — dit le jeune homme avec accablement, — vous saurez tout, je vais tout vous dire; mais laissez-moi pleurer, car mon cœur déborde de larmes.

Celui qui opérait l'arrestation était le commissaire de police qui avait dressé procès-verbal de l'attentat. Il requit la gendarmerie de l'endroit. La chaise de poste, ainsi accompagnée, retourna vers Paris.

IV

Ces événements firent grand bruit. Ils furent commentés par tout le monde. On trouvait très-étrange, très-incompréhensible ce mari qui veut tuer l'amant de sa femme au moment où lui-même est sur le point d'abandonner cette femme et de s'enfuir avec une maîtresse. Il y avait là, en effet, une inconséquence apparente qui devait désorienter les commentateurs. La plupart des curieux, ne sachant quelle explication donner à ce phénomène du cœur humain, attendaient pour fixer leur opinion le résultat de l'instruction judiciaire, qui se poursuivait avec activité.

L'instruction, il faut bien le dire, était elle-même fort perplexe, fort irrésolue. D'une part, l'adultère n'était pas suffisamment prouvé, et d'ailleurs l'époux, se fondant sur l'article 335 du Code pénal, refusait de provoquer les poursuites judiciaires. D'autre part, la tentative de meurtre trouvait son excuse dans l'article 324, qui absout le meurtre commis par le mari au moment du flagrant délit; en sorte que la chambre des mises en accusation hésitait. Il y avait cependant au fond de toute cette affaire un scandale qui réclamait pour le moins le châtiment d'un débat public. Cette raison de convenance et d'équité détermina enfin le renvoi d'Armand Guilbert devant la cour d'assises.

Le jour des débats, la foule se pressait dans l'enceinte de la cour. Il n'y avait pas assez d'espace pour tous les curieux qui recherchaient le *plaisir* d'assister à ce curieux procès. Le président, moraliste ingénieux et spirituel, avait voulu que le procès fût une haute leçon. Il avait accordé bon nombre de places aux femmes du monde, à ces êtres nerveux et avides d'émotions, trop souvent tentés de livrer leur vie et leur bonne renommée au hasard d'un caprice de cœur. Jamais prétoire ne fut plus fleuri ni plus diapré. C'était un vrai parterre de roses, de camélias et de lis. Sur l'ordre du président, l'accusé fut introduit. A son aspect, un murmure flatteur courut dans l'auditoire. Une pâleur mate couvrait son visage et lui imprimait une touchante expression de mélancolie. Généralement on le trouvait beau, et plus d'une lèvre féminine murmurait qu'un si joli garçon ne paraissait pas mériter d'être trahi. Un greffier donna lecture de l'acte d'accusation, qui exposait les faits en leur communiquant une grande lucidité, mais aussi en les groupant avec une logique inflexible, et en terminant par de rigoureuses conclusions. On entendit bientôt les témoins. Les premiers qui comparurent furent Edmond et Hélène. La foule les accueillit par un frémissement de curiosité. Leur langage fut plein de mesure, de tristesse et de contrition. Le président n'en fit pas moins son devoir, en leur adressant une mercuriale qu'ils écoutèrent en silence, avec humilité, avec résignation. Vinrent ensuite M. Belmare et madame Guilbert, qui, la main sur la poitrine, le regard ahuri, déclarèrent ne rien comprendre à tant d'horreurs. Ils ajoutèrent que leurs enfants leur avaient toujours paru très-unis, et que bien certainement le diable avait conduit toute cette machination.

Le procureur général les considéra d'un air étrange et menaçant.

Il ne restait plus qu'un témoin à entendre : Amélie Rennepont. L'acte d'accusation l'avait naturellement désignée comme une des chevilles ouvrières de cet odieux procès. Aussi le président ne fut-il pas plus indulgent pour elle que pour Hélène et pour Edmond. Comme eux, elle courba la tête sous le reproche à la fois énergique et paternel du magistrat.

Le procureur général prit la parole. C'était un des hommes les plus éloquents et les plus impartiaux du parquet impérial. Sa parole avait un grand éclat et une grande autorité. Son réquisitoire fut en même temps plein de rigidité et de modération. Il fit la part sévère, mais juste, à chacun, aux témoins comme à l'accusé. Il leur reprocha d'avoir méconnu et foulé aux pieds la loi suprême de tout ordre social, le devoir; il montra l'abîme où peut fatalement conduire une dérogation à ce principe souverain. Il prouva qu'il n'y avait de sécurité que dans la pratique des sentiments honnêtes et le noble culte de la vertu.

Toutes ces considérations morales, développées avec une conviction puissante, remuèrent profondément le cœur de ceux auxquels elles s'adressaient et leur arrachèrent plus d'une larme de repentir. Surexcités par tant d'éloquence, M. Belmare et madame Guilbert laissèrent échapper quelques mots d'approbation. Aussitôt le procureur général se tourna vers eux, et les regardant avec une âpreté terrible :

« Croyez-moi, ajouta-t-il d'un ton foudroyant, les plus grands coupables ne sont pas ceux que nos paroles ont frappés jusqu'ici. La loi est impuissante à les atteindre; mais Dieu, qui les juge, les a déjà punis en leur arrachant le repos et même l'honneur, cette solidarité de la famille; les plus grands coupables sont ceux qui, pour unir leurs enfants, n'ont eu égard ni aux sollicitations du cœur ni au respect de l'engagement contracté. C'est ce père, c'est cette mère qui, oubliant que le mariage doit être avant tout déterminé par les affinités des âmes, ont abusé de leur influence, de leur autorité pour séparer ceux qui s'aimaient, pour unir ceux qui étaient indifférents! Oui, les plus grands coupables sont ce père et cette mère qui n'ont vu dans le sacrement suprême par lequel deux êtres sont liés à jamais qu'une addition de grosses dots, qu'une agglomération de monceaux d'or!

« Eh bien! jouissez maintenant des admirables conséquences de votre matérialisme, de votre cupidité! Vous avez semé le calcul et le dédain des sympathies, vous récoltez le scandale et le déshonneur. Ah! puisse votre exemple servir de leçon aux familles impies tentées de mettre le veau d'or sur l'autel sacré de l'hymen! »

M. Belmare et madame Guilbert restèrent écrasés sous le coup de cette péroraison.

Tout l'auditoire demeura impressionné jusqu'au fond de l'âme.

Le défenseur était un avocat des plus estimés du barreau de Paris. Il fut à la hauteur de sa réputation. Sa tâche d'ailleurs était facile, car, dans son équité, le procureur général s'était abstenu de demander une condamnation. Il avait déclaré s'en remettre entièrement à l'appréciation du jury.

Le verdict acquitta l'accusé.

. . . .

Deux jours après, Armand se battait avec Onésime Lapierre. Une balle lui brisait le front et le tuait raide. A cette lugubre nouvelle, Hélène se retirait dans un couvent. Tant d'émotions avaient gravement compromis sa santé. Elle languit quelques mois, puis elle mourut.

Edmond et Amélie eurent longtemps l'âme navrée par toutes ces catastrophes. Ils tressaillaient souvent de remords au souvenir du désastre qu'ils avaient causé. En définitive, leur vengeance avait rejailli sur eux-mêmes, et les malheureux comprenaient enfin que Dieu seul sait nous venger comme il convient. Un repentir douloureux ne les abandonna jamais complétement. Ni l'un ni l'autre ne voulut se marier. Pour adoucir l'amer ressentiment de leur conscience, ils se consacrèrent à une mission de charité.

Onésime Lapierre, lui, s'était décidé à établir son anglomanie à Londres même. Il y épousa une charmante *miss*, qui avait une ressemblance parfaite avec Amélie Rennepont.

Quant à M. Belmare et à madame Guilbert, ils entendent souvent résonner à leur oreille l'anathème du procureur général. Aussi ont-ils juré, mais un peu tard, que s'ils avaient encore des enfants ils consulteraient moins la dot que le cœur pour les marier.

FIN

UNE RIVALITÉ

I

— Ainsi vous persistez à rejeter ma proposition?

— De grâce, mon cher monsieur, laissez-moi respirer. Je suis veuve depuis un an à peine, et vous voulez que je songe à me remarier? Vous êtes vraiment cruel.

— J'attendrai.

— Prenez garde! je vais me prendre peut-être d'une belle passion pour le célibat.

— Je ne crains pas cela, madame.

— Et pourquoi, monsieur?

— Parce qu'une femme ne peut aimer le célibat qu'à la condition de s'y ménager des amants, et je juge votre caractère trop scrupuleux pour vous supposer ce blâmable calcul.

— Je vous sais gré de votre opinion, — répondit l'interlocutrice d'un ton sec, en fronçant, à la manière de Junon, de beaux sourcils noirs nettement arqués; — je n'en persiste pas moins dans mon refus.

— Et moi dans mon espérance. Il est des femmes qu'on ne saurait trop mériter à force de constance et d'amour.

— Vous êtes galant.

— Du tout, je suis sincère.

(*La suite au prochain numéro.*

Le propriétaire-gérant: F. ROY.

LES MYSTÈRES DE PARIS

Chaque clerc, armé de son couteau, attendait l'heure du festin. (Page 770.)

— Alors il nous expliquera lui-même son changement de résolution ; mais envoie à l'instant de Graün chez la comtesse Mac-Gregor...et va toi-même à Saint-Lazare t'informer de Fleur-de-Marie.

. . . .

Au bout d'une heure, le baron de Graün revint de chez la comtesse Sarah Mac-Gregor. Malgré son sang-froid habituel et officiel, le diplomate semblait bouleversé ; à peine l'huissier l'eut-il introduit que Rodolphe remarqua sa pâleur.

— Eh bien ! de Graün, qu'avez-vous ?...Avez-vous vu la comtesse ?

— Ah ! monseigneur...

— Qu'y a-t-il ?

— Que Votre Altesse se prépare à apprendre quelque chose de bien pénible.

— Mais encore?...

— Madame la comtesse Mac-Gregor...

— Eh bien?

— Que Votre Altesse me pardonne de lui apprendre si brusquement un événement si funeste, si imprévu, si...

— La comtesse est donc morte?

— Non, monseigneur... mais on désespère de ses jours... elle a été frappée d'un coup de poignard.

— Ah!... c'est affreux! — s'écria Rodolphe ému de pitié malgré son aversion pour Sarah.

— Et qui a commis ce crime?

— On l'ignore, monseigneur : ce meurtre a été accompagné de vol; on s'est introduit dans l'appartement de madame la comtesse et l'on a enlevé une grande quantité de pierreries...

— A cette heure, comment va-t-elle?

— Son état est presque désespéré, monseigneur... elle n'a pas encore repris connaissance... son frère est dans la consternation.

— Il faudra aller chaque jour vous informer de la santé de la comtesse, mon cher de Graün...

A ce moment, Murph revenait de Saint-Lazare.

— Apprends une triste nouvelle, — lui dit Rodolphe : — la comtesse Sarah vient d'être assassinée... ses jours sont dans le plus grand danger...

— Ah!... monseigneur... quoiqu'elle soit bien coupable... on ne peut s'empêcher de la plaindre...

— Oui... une telle fin serait épouvantable!.. Et la Goualeuse?...

— Mise en liberté depuis hier, monseigneur, on le suppose, par la protection de madame d'Harville.

— Mais... c'est impossible! Madame d'Harville me prie, au contraire, de faire les démarches nécessaires pour faire sortir de prison cette malheureuse enfant!...

— Sans doute, monseigneur... et pourtant une femme âgée, d'une figure respectable, est venue à Saint-Lazare, apportant l'ordre de remettre Fleur-de-Marie en liberté... Toutes deux ont quitté la prison.

— C'est ce que m'a dit Rigolette; mais cette femme âgée qui est venue chercher Fleur-de-Marie, qui est-elle? où sont-elles allées toutes deux? quel est ce nouveau mystère? La comtesse Sarah pourrait peut-être seule l'éclaircir, et elle se trouve hors d'état de donner aucun renseignement. Pourvu qu'elle n'emporte pas ce secret dans la tombe!

— Mais son frère, Thomas Seyton, fournirait certainement quelques lumières. De tout temps il a été le conseil de la comtesse.

— Sa sœur est mourante; s'il s'agit d'une nouvelle trame, il ne parlera pas... Mais...— dit Rodolphe en réfléchissant,— il faut savoir le nom de la personne qui s'est intéressée à Fleur-de-Marie pour la faire sortir de Saint-Lazare; ainsi l'on apprendra nécessairement quelque chose.

— C'est juste, monseigneur.

— Tâchez donc de connaître et de voir cette personne le plus tôt possible, mon cher de Graün; si vous n'y réussissez pas, mettez votre M. Badinot en campagne... n'épargnez rien pour découvrir les traces de cette pauvre enfant.

— Votre Altesse peut compter sur mon zèle.

— Ma foi! monseigneur, — dit Murph, — il est peut-être bon que le Chourineur nous revienne; ses services pourront vous être utiles... pour ces recherches.

— Tu as raison, et maintenant je suis impatient de voir arriver à Paris mon brave sauveur, car je n'oublierai jamais que je lui dois la vie.

CHAPITRE XXIV

L'ÉTUDE

Plusieurs jours s'étaient passés depuis que Jacques Ferrand avait pris Cecily à son service. Nous conduirons le lecteur (qui connaît déjà ce lieu) dans l'étude du notaire à l'heure du déjeuner des clercs. Chose inouïe, exorbitante, merveilleuse! au lieu du maigre et peu attrayant ragoût apporté chaque matin à ces jeunes gens par *feu* madame Séraphin, un énorme dindon froid, servi dans le fond d'un vieux carton à dossiers, trônait au milieu d'une des tables de l'étude, accosté de deux pains tendres, d'un fromage de Hollande et de trois bouteilles de vin cacheté; une vieille écritoire de plomb, remplie d'un mélange de poivre et de sel, servait de salière : tel était le menu du repas. Chaque clerc, armé de son couteau et d'un formidable appétit, attendait l'heure du festin avec une impatience affamée; quelques-uns même mâchaient à vide, en maudissant l'absence de M. le maître clerc, sans lequel on ne pouvait hiérarchiquement commencer à déjeuner. Un progrès, ou plutôt un bouleversement si radical dans l'ordinaire des clercs de Jacques Ferrand annonçait une énorme perturbation domestique.

L'entretien suivant, éminemment *béotien* (s'il nous est permis d'emprunter cette expression au très-spirituel écrivain qui l'a popularisée [1]), jettera quelque lumière sur cette importante question.

— Voilà un dindon qui ne s'attendait pas, quand il est entré dans la vie, à jamais paraître à déjeuner sur la table des clercs du patron.

— De même que le patron, quand il est entré dans la vie... de notaire, ne s'attendait pas à donner à ses clercs un dindon pour déjeuner.

— Car enfin ce dindon est à nous! — s'écria le *saute-ruisseau* de l'étude avec une gourmande convoitise.

— Saute-ruisseau, mon ami, tu t'oublies; cette volaille doit être pour toi une étrangère.

— Et, comme Français, tu dois avoir la haine de l'étranger.

— Tout ce qu'on pourra faire sera de te donner les pattes.

— Emblème de la vélocité avec laquelle tu fais les courses de l'étude.

— Je croyais avoir au moins droit à la carcasse, — dit le saute-ruisseau en murmurant.

— On pourra te l'octroyer... mais tu n'y as pas droit, ainsi qu'il en a été de la Charte de 1814, qui n'était qu'une autre carcasse de liberté, — dit le Mirabeau de l'étude.

— A propos de carcasse, — reprit un des jeunes gens avec une insensibilité brutale, — Dieu veuille avoir l'âme de la mère Séraphin! car depuis qu'elle s'est noyée dans une partie de campagne nous ne sommes plus condamnés à ses *ratatouilles forcées* à perpétuité.

— Et depuis une bonne semaine le patron, au lieu de nous donner à déjeuner...

— Nous alloue à chacun quarante sous par jour...

— C'est ce qui me fait dire: Dieu veuille avoir l'âme de la mère Séraphin!

— Au fait, de son temps, jamais le patron ne nous aurait donné les quarante sous...

— C'est énorme!

— C'est fabuleux!

— Il n'y a pas une étude à Paris...

— En Europe...

1. Louis Desnoyers.

— Dans l'univers, où l'on donne quarante sous... à un simple clerc pour son déjeuner.

— A propos de madame Séraphin, qui de vous a vu la servante qui la remplace?

— Cette Alsacienne que la portière de la maison où habitait cette pauvre Louise a amenée un soir, nous a dit le portier?

— Oui.

— Je ne l'ai pas encore vue.

— Ni moi.

— Parbleu! c'est tout bonnement impossible de la voir, puisque le patron est plus féroce que jamais pour nous empêcher d'entrer dans le pavillon de la cour...

— Et puis, c'est le portier qui range l'étude maintenant; comment la verrait-on, cette donzelle?

— Eh bien! moi, je l'ai vue.

— Toi?

— Où cela?

— Comment est-elle?

— Grande ou petite?

— Jeune ou vieille?

— D'avance, je suis sûr qu'elle n'a pas une figure aussi avenante que cette pauvre Louise... bonne fille!

— Voyons, puisque tu l'as aperçue, comment est-elle, cette nouvelle servante?

— Quand je dis que je l'ai vue... j'ai vu son bonnet... un drôle de bonnet.

— Ah bah! et comment?

— Il était de couleur grise et en velours, je crois; une espèce de béguin comme en ont les vendeuses de petits balais.

— Comme les Alsaciennes? C'est tout simple, puisqu'elle est Alsacienne...

— Tiens!.. tiens!... tiens!...

— Parbleu!... qu'est-ce qui vous étonne là-dedans? *Chat échaudé craint l'eau froide.*

— Ah çà! Chalamel, quel rapport ton proverbe a-t-il avec ce bonnet d'Alsacienne?

— Il n'en a aucun.

— Pourquoi le dis-tu, alors?

— Parce qu'*un bienfait n'est jamais perdu* et que *le lézard est l'ami de l'homme.*

— Tiens! si Chalamel commence ses bêtises en proverbes, qui ne riment à rien, il en a pour une heure... Voyons, dis donc ce que tu sais de cette nouvelle servante?

— Je passais avant-hier dans la cour; elle était adossée à une des fenêtresdu rez-de-chaussée...

— La cour?

— Quelle bêtise ! Non, la servante. Les carreaux d'en bas sont si sales que je n'ai pu rien voir de l'Alsacienne ; mais, ceux du milieu de la fenêtre étant moins troubles, j'ai vu son bonnet cerise et une profusion de boucles de cheveux noirs comme du jais ; car elle avait l'air d'être coiffée à la Titus.

— Je suis sûr que le patron n'en aura pas vu tant que toi à travers ses lunettes ; car en voilà encore un, comme on dit, que, s'il restait seul avec une femme sur la terre, le monde finirait bientôt.

— Cela n'est pas étonnant : *Rira bien qui rira le dernier*, d'autant plus que *l'exactitude est la politesse des rois.*

— Dieu ! que ce Chalamel est assommant quand il s'y met !

— Dame !... *Dis-moi qui tu hantes, je te dirai qui tu es.*

— Oh ! que c'est joli !...

— Moi, j'ai dans l'idée que c'est la superstition qui abrutit de plus en plus le patron.

— C'est peut-être par pénitence qu'il nous donne quarante sous pour notre déjeuner.

— Le fait est qu'il faut qu'il soit fou.

— Ou malade.

— Moi, depuis quelques jours, je lui trouve l'air très-égaré.

— Ce n'est pas qu'on le voie beaucoup... Lui qui était, pour notre malheur, dans son cabinet... dès le *patron-minet*, et toujours sur notre dos, il reste maintenant des deux jours sans mettre le nez dans l'étude.

— Ce qui fait que le maître clerc est accablé de besogne.

— Et que ce matin nous sommes obligés de mourir de faim en l'attendant.

— En voilà du changement dans l'étude !

— C'est ce pauvre Germain qui serait joliment étonné si on lui disait : « Figure-toi, mon garçon, que le patron nous donne quarante sous pour notre déjeuner. — Ah bah ! c'est impossible ! — C'est si possible que c'est à moi Chalamel, parlant *à sa personne*, qu'il l'a annoncé. — Tu veux rire ? — Je veux rire ! Voilà comme ça s'est passé : pendant les deux ou trois jours qui ont suivi le décès de la mère Séraphin, nous n'avons pas eu à déjeuner du tout ; nous aimions mieux ça, d'une façon, parce que c'était moins mauvais ; mais, d'une autre, notre réfection nous coûtait de l'argent ; pourtant nous patientions, disant : Le patron n'a plus ni servante ni femme de ménage ; quand il en aura repris une... nous reprendrons notre dégoûtante pâtée. Eh bien ! pas du tout, mon pauvre Germain, le patron a repris une servante, et notre déjeuner a continué à être enseveli dans le fleuve de l'oubli. Alors j'ai été comme qui dirait député pour porter au patron les doléances de nos estomacs. Il était avec le maître clerc. « Je ne veux plus vous nourrir le matin, a-t-il dit d'un ton bourru et comme s'il pensait à autre chose ; ma servante n'a pas le temps de s'occuper de votre déjeuner. — Mais, monsieur, il est convenu que vous nous devez notre repas du matin. — Eh bien ! vous ferez venir votre déjeuner du dehors et je le payerai. Combien vous faut-il ?... Quarante sous chacun ? a-t-il ajouté en ayant l'air de penser de plus en plus à autre chose et de dire quarante sous comme il aurait dit vingt sous ou cent sous. — Oui, monsieur, quarante sous nous suffiront ! m'écriai-je en prenant la balle au bond. — Soit ; le maître clerc se chargera de cette dépense ; je compterai avec lui. » Et là-dessus le patron m'a fermé la porte au nez... » Avouez, messieurs, que Germain serait furieusement étonné des libéralités du patron.

— Germain dirait que le patron a bu.

— Et que c'est un abus...

— Chalamel... nous préférons tes proverbes

— Sérieusement, je crois le patron malade... Depuis dix jours il n'est pas reconnaissable, ses joues sont creuses à y fourrer le poing.

— Et des distractions ! faut voir. L'autre jour il a levé ses lunettes pour lire un acte... il avait les yeux rouges et brûlants comme des charbons ardents.

— Il en avait le droit... *les bons comptes font les bons amis.*

— Laisse-moi donc parler ! Je vous dis, messieurs, que c'est très-singulier. Je présente donc cet acte à lire au patron... mais il avait la tête en bas.

— Le patron ?

— Le fait est que c'est très-singulier... Qu'est-ce qu'il pouvait donc faire ainsi la tête en bas ? Il devait suffoquer, à moins que ses habitudes ne soient, comme tu dis, bien changées.

— Oh ! que ce Chalamel est fatigant ! Je te dis que je lui ai présenté l'acte à lire à l'envers.

— Ah ! a-t-il dû bougonner !...

— Ah bien, oui ! il ne s'en est pas seulement aperçu ; il a regardé l'acte pendant dix minutes, ses gros yeux rouges fixés dessus, et puis il me l'a rendu... en me disant

« — C'est bien ! »

— Toujours la tête en bas?

— Toujours...

— Il n'avait donc pas lu l'acte?

— Pardieu! à moins qu'il ne lise à l'envers...

— C'est drôle!

— Le patron avait l'air si sombre et si méchant dans ce moment-là que je n'ai osé rien dire, et je m'en suis allé comme si de rien n'était.

(La suite au prochain numéro.)

COMMENT ON AIME

UNE RIVALITÉ

(SUITE)

Il y eut, à ces mots, un moment de silence pendant lequel madame Deligny, légèrement penchée sur une causeuse de son salon, regarda la pendule et reprit, avec un sensible mouvement d'impatience, un travail de tapisserie qu'elle tenait à la main. Madame Deligny était une belle femme dans toute l'acception du mot. Elle avait trente-quatre ans à peine, une taille élevée, une richesse de formes admirable, un visage d'une éclatante blancheur accompagné de cheveux magnifiquement noirs, des mains parfaites et les pieds les plus élégants et les plus coquets. Malheureusement ses yeux d'un noir fauve, son nez effilé, ses lèvres minces et quelque peu recourbées, indices physiognomoniques qui trompent rarement, lui imprimaient un air de fierté impérieuse et d'énergique volonté qui nuisait à l'ensemble de sa beauté de déesse. Assis à ses côtés, son interlocuteur, homme d'une quarantaine d'années, à la physionomie douce et bonne, un peu commune, la considérait avec une admiration pleine de respect. Ayant vu les yeux de madame Deligny se diriger une seconde fois vers la pendule, il se levait pour se retirer, lorsque la porte du salon s'ouvrit et une jeune fille entra. Au premier abord, on l'eût prise pour le portrait en miniature de madame Deligny, peut-être parce qu'elle était vêtue comme sa mère; mais il ne fallait pas la considérer longtemps pour savoir qu'elle ne lui ressemblait en aucune façon. Elle était de taille moyenne, frêle et mignonne. Ses yeux, bien fendus et mollement foncés, réfléchissaient une angélique douceur et semblaient tout humides d'une sensibilité naïve ; elle avait une bouche parfaite, délicatement éclose par les plus ineffables sourires. Du reste, elle était à madame Deligny ce que la jolie fleur à peine entr'ouverte est à la belle fleur épanouie : l'une est plus radieuse, mais elle porte avec soi le symptôme d'un prochain effeuillement; l'autre n'est point encore parfaite, mais elle a plus de fraîcheur et plus de vivacité. Celle-ci est pleine d'avenir, celle-là n'a plus qu'un jour.

— Bonjour, monsieur Brémont, — dit familièrement et gentiment la jeune fille... — Eh bien? — reprit-elle avec un sourire malicieux.

— Eh bien! ma chère Fernande, j'en suis encore au même point : votre mère refuse toujours.

— La cruelle! — dit Fernande en embrassant sa mère au front avec une sorte de timidité.

— Vous aviez si bien promis, ma toute belle, d'appuyer mes prétentions!

— Et j'ai tenu parole, je vous assure, monsieur Brémont. J'ai fait valoir les plus belles raisons du monde en votre faveur, mais il paraît que mon éloquence a été en pure perte?

— Absolument! — répondit M. Brémont d'un air piteux. — C'est à recommencer.

— Eh bien! je recommencerai, monsieur, — dit Fernande en souriant. — Je suis votre alliée, je vous le répète; je romprai de nouvelles lances pour vous, et je vous promets de ne donner mon consentement au mariage de ma mère qu'à condition que vous deviendrez mon beau-père. C'est mon dernier mot. Après cela, libre à ma mère de me faire les sommations respectueuses d'usage, si elle veut n'en agir qu'à sa guise. Mes pouvoirs expirent ici : ma mère est majeure.

La gentillesse caressante avec laquelle Fernande prononça ces paroles fit sourire M. Brémont. Madame Deligny demeura impassible, absorbée dans ses pensées.

— Allons, ma jeune amie, dit M. Brémont avec un léger soupir, je n'ai plus d'espoir que dans votre affectueuse intercession. Dites bien à votre mère qu'elle ne trouvera peut-être jamais un cœur plus dévoué que le mien, car je suis prêt à mettre toute mon étude, toute ma vie à la rendre heureuse.

— Tout cela lui sera répété mot pour mot, monsieur Brémont; mais vous réaliserez de si belles dispositions?... bien sûr?

— Bien sûr.

— C'est que les soupirants, dit-on, promettent monts et merveilles avant le mariage; mais après...

— Après comme avant. On m'a toujours assuré que j'étais organisé pour faire le bonheur d'une femme.

— Je le crois aussi, car vous êtes bon.

M. Brémont prit alors dans ses mains une des mains de Fernande et la pressa avec effusion; puis il salua madame Deligny, toujours distraite et pensive, et se retira.

— Ah! le digne homme, et quel excellent mari cela ferait! dit Fernande en accourant s'asseoir auprès de sa mère.

— Allons, allons, interrompit madame Deligny avec un geste d'impatience, ne recommence pas tes frais d'éloquence, et laisse là M. Brémont.

— M. Brémont t'inspire donc de l'antipathie? reprit Fernande en faisant une moue craintive et charmante.

— Pis que ça! de l'ennui.

— Mais, si je m'en souviens bien, tu ne l'as pas toujours trouvé ennuyeux; c'était, nous disais-tu quelquefois, le meilleur et le plus spirituel ami de mon pauvre père. Tu ajoutais même que son esprit lui venait du cœur, et que c'était ce qui en faisait le charme.

— Je disais alors ce que je voulais, et je dis maintenant ce que je veux; mes sentiments se passeront très-bien de votre contrôle, ma fille.

Le ton sec avec lequel madame Deligny prononça ces mots interloqua Fernande. Se penchant alors sur l'épaule de sa mère qui s'était armée d'un front impérieux et triste:

— Fâchée? dit-elle avec une câlinerie ravissante et les yeux humides.

Madame Deligny sembla se dérider un peu; elle embrassa sa fille.

— Ne me parle plus de M. Brémont, reprit-elle d'un ton qui ne souffrait pas de réplique. Je ne veux pas lui donner une espérance que je ne saurais réaliser. Je songerai d'ailleurs à prendre de nouvelles chaînes quand je t'aurai mariée, pas avant.

En ce moment, un coup de sonnette se fit entendre. Madame Deligny tressaillit légèrement.

— C'est probablement ma maîtresse de piano, dit Fernande.

— Ou M. Daniel de Kerbrizio! dit vivement madame Deligny.

— Tiens! il doit donc venir ce matin? reprit Fernande en rougissant.

— Pour m'apporter quelques papiers dont j'ai besoin et qu'il a bien voulu aller prendre chez mon notaire, lui répondit sa mère dont le regard devint singulièrement inquisiteur.

— M. de Kerbrizio! annonça un domestique.

Au même instant, un jeune homme blond, d'une figure charmante, pleine à la fois de gravité et de douceur, d'une mise élégante et simple, d'une tournure gracieuse et quelque peu timide, entra dans le salon. Il avait à peine eu le temps de saluer madame Deligny et sa fille et de remettre à la première un rouleau de papier qu'il tenait à la main, que la voix du domestique se fit entendre de nouveau.

— La maîtresse de piano de mademoiselle!

Les sourcils de Fernande se froncèrent. Elle s'empressa d'offrir un siége au jeune homme; puis, les yeux animés, l'air souriant, elle se rasseyait à côté de sa mère, quand madame Deligny, avec un accent dont la douceur simulée déguisait mal un désir impératif, lui rappela que la maîtresse de piano attendait, et la pria de l'aller rejoindre. Fernande, toute confuse, balbutia une excuse, regarda furtivement Daniel et fit quelques pas pour se retirer. Mais par un mouvement enfantin, plein d'une adorable vivacité, elle revint embrasser sa mère qui la repoussa avec impatience. Puis elle salua cérémonieusement le jeune homme et disparut comme un oiseau qui a pris sa volée.

— Démon! dit la belle veuve d'un ton dédaigneux.

— Si tous les démons lui ressemblaient, repartit Daniel, je crois qu'on délaisserait volontiers pour l'enfer le ciel et ses anges.

— Vous trouvez? reprit madame Deligny avec un sourire singulièrement contraint.

— Je trouve, madame, que tout ce qui vous ressemble, et votre fille vous ressemble un peu, ne saurait manquer d'opérer de tels miracles.

— De la galanterie, mon cher monsieur Daniel! Vraiment, vous devenez complimenteur.

— En effet, je commence à m'apercevoir que je ne suis plus du tout le même, moi si triste et si sauvage il y a six mois à peine.

— Oh! l'air de Paris vous a bien changé à votre avantage.

— L'air de Paris, et surtout l'air de votre maison, madame.

— Le fait est que, quand vous m'avez été présenté, vous étiez grave et taciturne comme un Turc.

— Ou comme un Breton qui a passé toute sa jeunesse dans un vieux château solitaire, en face des mélancoliques aspects de l'Océan grondeur, sur des dunes mornes et dévastées. Oui, reprit-il, je me transforme, je deviens sociable, et, je vous l'avoue, la vie me paraît plus douce et plus belle que jamais. Je ne suis plus, comme autrefois, uniformément studieux, froid et grave. J'ai souvent de véritables accès de gaieté et des heures de mélancolie. Un rayon de soleil me fait sourire, un ciel brumeux m'attriste. En un mot, je crois que je suis un peu fou.

— Non, vous êtes un peu poëte, mon cher monsieur Daniel! repartit madame Deligny sur un ton légèrement moqueur. Hélas! j'avais déjà découvert en vous des symptômes alarmants.

— Oh! rassurez-vous! je n'ai pas envie d'aller mourir à l'hôpital, comme Malfilâtre et Gilbert. Je me contente de la poésie en action.

— C'est moins dangereux. Mais, dites-moi, n'est-il pas une cause particulière à laquelle vous puissiez attribuer cette métamorphose merveilleuse?

— Il en est une, madame, répondit Daniel avec un léger embarras.

— Ah!... Et serait-il indiscret de vous demander quelle elle est? Je m'intéresse vivement à tout ce qui vous concerne.

— Dois-je vraiment trouver en vous un auditeur bienveillant, un cœur sympathique?

— Une amie, répondit madame Deligny en tendant la main au jeune homme avec un intérêt indéfinissable.

— Que vous êtes bonne! dit Daniel en baisant la belle main de la jeune femme. Je vais vous ouvrir mon cœur puisque vous m'en sollicitez. Aussi bien, j'avais résolu de saisir la première occasion favorable pour faire l'aveu que j'ai su refouler jusqu'à ce jour.

A ces mots, la brillante veuve ressentit une impression qui colora son front et resserra ses bras qu'elle venait de croiser sur sa poitrine. La vivacité de son regard s'éteignit sous une langueur molle. Elle attendait avec une douce anxiété la révélation de Daniel de Kerbrizio; car, il faut bien le dire, elle aimait ce jeune homme. Elle l'aimait avec ardeur.

— Soit que je tienne de mon père, dit Daniel, un caractère pensif et quelque peu mélancolique, soit qu'en effet le vieux château et le coin de terre breton où j'ai si longtemps vécu m'aient communiqué leur monotone tristesse, je connais peu cette gaieté expansive, étourdie, que je me suis souvent surpris à envier chez les autres. D'habitude je sens planer autour de mon âme une brume grise et froide qu'un rayon dissipe à peine à intervalles. Cette prédisposition m'a toujours fait rechercher la solitude, même au milieu de Paris, où je fus bientôt las des distractions qui se présentaient à moi. Je m'étais donc complétement renfermé dans les études que je venais terminer à Paris, quand je fis la rencontre d'un ami de ma famille et de la vôtre. Vous savez comment il me présenta chez vous, pensant sans doute que de telles relations seraient d'un heureux effet sur moi. Il ne se trompait pas; car, à mesure que vous m'avez accueilli dans votre intimité, j'ai senti se dissiper les ennuis de mon cœur, et je me suis mis à aimer la vie à laquelle jusqu'alors j'avais attaché bien peu de prix. Vous avez forcé ma nature; vous m'avez fait homme du monde; vous m'avez en quelque sorte contraint à m'amuser, à rire, à danser, ce qui m'était bien rarement arrivé.

— Et vous êtes même devenu un de nos meilleurs valseurs, je m'en flatte, dit en souriant madame Deligny.

— Grâce à vous et à mademoiselle Fernande. Ce fut bientôt à ce point, reprit-il, que j'en négligeai le travail, longtemps mon unique refuge, pour accourir auprès de vous, ou pour me livrer à de douces rêveries, dont votre famille, madame, est toujours et le motif et l'aliment. Avec quel empressement je reçois une invitation pour venir passer une soirée chez vous, ou pour vous accompagner à la campagne! Le plaisir que je ressens alors est, je l'avoue, d'une vivacité si grande qu'il suffirait pour entretenir longtemps mon âme dans une heureuse disposition. C'est donc à vous d'abord, madame, aux chères relations que vous m'avez permis d'établir avec votre famille, que je dois la métamorphose que subit mon esprit, et que je suis heureux de constater. Mais... ce n'est pas tout.

Il appuya sur ces quatre mots d'une voix expressive, en regardant madame Deligny avec une timide tendresse.

— Eh! quoi donc encore? demanda celle-ci en enveloppant le jeune homme d'un regard empreint d'une ineffable bienveillance.

— Une fois déjà, madame, il m'est arrivé de ressentir ce que j'éprouve depuis quelque temps. J'avais dix-sept ans alors. Une vieille tante était venue passer quelques mois au château de mon père; elle était accompagnée de sa fille, jeune personne beaucoup plus âgée que moi, mais si bonne, si rieuse, si enjouée qu'elle me paraissait être de mon âge, plus jeune même : j'étais, moi, si sérieux!

— Et vous l'avez aimée sans doute? demanda madame Deligny dont le front se plissa.

— Comme on aime à dix-sept ans, jusqu'à l'adoration : c'était mon premier amour.

— Ah!... Et qu'est-elle devenue?

Daniel demeura un instant sans répondre.

— Elle est morte, répondit-il enfin en hochant la tête.

— Morte? C'est malheureusement débuter en amour.

— Aussi suis-je resté longtemps sans renouveler l'expérience.

— Et l'avez-vous enfin renouvelée? reprit madame Deligny en appuyant sur chaque parole avec une émotion secrète.

— Oui, madame, répondit Daniel.

Le front de la belle veuve se colora d'une vive rougeur, que le jeune homme ne parut pas remarquer. Il y eut encore une pause, pendant laquelle madame Deligny, combattue entre la crainte et le désir d'un aveu, voulait prolonger cette situation dont l'incertitude n'était pas sans douceur pour elle, en même temps qu'elle brûlait d'entendre tomber des lèvres de Daniel un mot qui confirmât les soupçons de son cœur. Daniel lui prit doucement les mains, et, les pressant avec effusion, lui dit d'une voix humide d'attendrissement :

— Tenez, madame, vous pouvez faire le bonheur de ma vie, si vous voulez!

La jeune femme tressaillit.

— Et comment cela? balbutia-t-elle.

— J'aime! reprit Daniel en s'animant. J'aime d'un amour profond une fée, un ange! et mon sort est entre vos mains, madame!

Madame Deligny ne répondit qu'en pressant faiblement les mains du jeune homme et en fixant sur lui des yeux étincelants.

— Oh! vous êtes bonne! s'écria Daniel en lui rendant énergiquement cette pression de main, et je suis sûr que vous ne refuserez point de satisfaire mon cœur.

Madame Deligny trouva Daniel beaucoup moins timide qu'elle ne le croyait.

— Je vous aime assez, répondit-elle d'un ton pénétré, pour désirer de vous rendre heureux; cependant il est des devoirs, des convenances, qu'une femme ne saurait facilement oublier.

Daniel parut étonné.

— Des devoirs!... des convenances! dit-il avec un léger embarras. Mais ne s'agit-il pas ici d'inclination avant tout? Dans quelle union d'ailleurs les convenances sont-elles plus respectées? Celle que j'aime est riche, moi je le suis aussi. J'appartiens à la noblesse, mais la noblesse aujourd'hui ne constitue plus une véritable distinction sociale. Que parlez-vous de convenances? Quant aux devoirs, je les accepte tous, madame, et je les remplirai de bien grand cœur!

Il se fit un peu d'obscurité dans l'esprit de madame Deligny.

— Quoi! dit-elle en souriant, un mariage? Vous voulez plaisanter sans doute?

— Je n'en ai pas envie, je vous assure.

— Me croyez-vous donc assez folle pour y consentir?

— Assez folle!...

— Mon Dieu! oui; songez seulement à la disproportion des âges.

— En vérité, je ne vous comprends pas, je n'ai que cinq ans de plus qu'elle, car j'en ai vingt-deux et elle en a dix-sept.

— Mais de qui parlez-vous donc? s'écria madame Deligny avec stupeur.

— De votre fille.

— De ma fille?

La belle veuve se mordit la lèvre, le sang jaillit; puis elle demeura comme étourdie, après avoir dégagé vivement ses mains des mains de Daniel de Kerbrizio.

(*La suite au prochain numéro.*)

Le propriétaire-gérant : F. ROY.

LES MYSTÈRES DE PARIS

— Qu'est-ce que je vois ?... le patron à genoux... (Page 779.)

— Et moi donc ! il y a quatre jours, j'étais dans le bureau du maître clerc; arrive un client, deux clients, trois clients, auxquels le patron avait donné rendez-vous. Ils s'impatientaient d'attendre; à leur demande, je vais frapper à la porte du cabinet; on ne me répond pas, j'entre...

— Eh bien?

— M. Jacques Ferrand avait ses deux bras croisés sur son bureau et son front chauve et peu ragoûtant appuyé sur ses mains; il ne bougea pas.

— Il dormait?

— Je le croyais... Je m'approche :

« — Monsieur, il y a là des clients à qui vous avez donné rendez-vous... »

« Il ne bronche pas...

« — Monsieur !... »

« — Pas de réponse... Enfin je le touche à l'épaule, il se redresse comme si le diable l'avait mordu ; dans ce brusque mouvement, ses grandes lunettes vertes tombent de dessus son nez, et je vois... Vous ne le croirez jamais...

— Eh bien ! que vois-tu ?

— Des larmes...

— Ah ! quelle farce !

— En voilà une de sévère !

— Le patron pleurer? allons donc !

— Quand on verra ça... les hannetons joueront du cornet à piston.

— Et les poules porteront des bottes à revers.

— Ta ta ta ta ! vos bêtises n'empêcheront pas que je l'aie vu comme je vous vois.

— Pleurer ?

— Oui, pleurer; il a ensuite eu l'air si furieux d'être surpris en cet état lacrymatoire qu'il a rajusté à la hâte ses lunettes en me criant :

« — Sortez ! sortez !...

« — Mais, monsieur...

« — Sortez !...

« — Il y a là des clients auxquels vous avez donné rendez-vous, et....

« — Je n'ai pas le temps ; qu'ils s'en aillent au diable et vous avec ! »

« Là-dessus il s'est levé tout furieux comme pour me mettre à la porte ; je ne l'ai pas attendu, j'ai filé et renvoyé les clients, qui n'avaient pas l'air plus content qu'il ne faut, mais, pour l'honneur de l'étude, je leur ai dit que le patron avait la coqueluche. »

Cet intéressant entretien fut interrompu par M. le premier clerc, qui entra tout affairé; sa venue fut saluée par une acclamation générale et tous les yeux se tournèrent sympathiquement vers le dindon avec une impatiente convoitise.

— Sans reproche, *seigneur*, vous nous faites diablement attendre, — dit Chalamel. — Prenez garde ! une autre fois... notre appétit ne sera pas aussi subordonné...

— Eh ! messieurs, ce n'est pas ma faute... je me faisais plus de mauvais sang que vous..... Ma parole d'honneur ! il faut que le patron soit devenu fou !...

— Quand je vous le disais !...

— Mais que cela ne nous empêche pas de manger...

— Au contraire !

— Nous parlerons tout aussi bien la bouche pleine....

— Nous parlerons mieux, — s'écria le saute-ruisseau pendant que Chalamel, dépeçant le dindon, dit au maître clerc :

— A propos de quoi donc vous figurez-vous que le patron est fou ?

— Nous avions déjà une velléité de le croire parfaitement abruti lorsqu'il nous a alloué quarante sous par tête pour notre déjeuner... quotidien.

— J'avoue que que cela m'a surpris autant que vous, messieurs ; mais cela n'était rien, absolument rien, auprès de ce qui vient de se passer tout à l'heure.

— Ah bah?

— Ah çà ! est-ce que ce malheureux-là deviendrait assez insensé pour nous forcer d'aller dîner tous les jours à ses frais au *Cadran bleu* ?

— Et ensuite au spectacle ?

— Et ensuite au café, finir la soirée par un punch?

— Et ensuite...

— Messieurs, riez tant que vous voudrez ; mais la scène à laquelle je viens d'assister est plutôt effrayante que plaisante.

— Eh bien ! racontez-nous-la donc, cette scène.

— Oui, c'est ça, ne vous occupez pas de déjeuner, — dit Chalamel ; — nous voilà tout oreilles...

— Et tout mâchoires, mes gaillards ! Je vous vois venir : pendant que je parlerais, vous joueriez des dents... et le dindon serait fini avant mon histoire... Patience ! ce sera pour le dessert.

Fut-ce l'aiguillon de la faim ou de la curiosité qui activa les jeunes praticiens, nous ne savons ; mais ils mirent une telle rapidité dans leur opération gastronomique que le moment du récit du maître clerc arriva presque instantanément. Pour n'être pas surpris par le patron, on envoya en vedette dans la pièce voisine le saute-ruisseau, à qui la carcasse et les pattes de la bête avaient été libéralement dévolues.

M. le maître clerc dit à ses collègues :

— D'abord il faut que vous sachiez que depuis quelques jours le portier s'inquiétait de la santé du patron ; comme le bonhomme veille très-tard, il avait vu plusieurs fois M. Ferrand descendre dans le jardin la nuit, malgré le froid ou la pluie, et s'y promener à grands pas... Il s'est hasardé une fois à sortir de sa niche et à demander à son maître s'il avait besoin de quelque chose. Le patron l'a envoyé se coucher d'un tel ton que, depuis, le portier s'est tenu coi, et qu'il s'y tient toujours dès qu'il entend le patron descendre au jardin, ce qui arrive presque toutes les nuits... tel temps qu'il fasse.

— Le patron est peut-être somnambule?

— Ça n'est pas probable... mais de pareilles promenades nocturnes annoncent une fameuse agitation... J'arrive à mon histoire... Tout à l'heure je me rends dans le cabinet du patron pour lui demander quelques signatures... Au moment où je mettais la main au bouton de la serrure, il me semble entendre parler... je m'arrête... et je distingue deux ou trois cris sourds : on eût dit des plaintes étouffées. Après avoir un instant hésité à entrer... ma foi! craignant quelque malheur... j'ouvre la porte...

— Eh bien?

— Qu'est-ce que je vois?. . le patron à genoux... par terre...

— A genoux?... par terre?

— Oui, agenouillé sur le plancher. . le front dans ses mains... et les coudes appuyés sur le fond d'un de ses vieux fauteuils...

— C'est tout simple... sommes-nous bêtes ! Il est si cagot!... il faisait une prière d'extra.

— Ce serait une drôle de prière, en tout cas. On n'entendait que des gémissements étouffés ; seulement de temps en temps il murmurait entre ses dents : *Mon Dieu*!... *mon Dieu*!... *mon Dieu*!... comme un homme au désespoir. Et puis... voilà qui est encore bizarre... dans un mouvement qu'il a fait, comme pour se déchirer la poitrine avec ses ongles, sa chemise s'est entr'ouverte, et j'ai très-bien distingué sur sa peau velue un petit portefeuille rouge suspendu à son cou par une chaînette d'acier...

— Tiens!... tiens!... tiens!... Alors?

— Alors... ma foi!... voyant ça, je ne savais plus si je devais rester ou sortir.

— Ça aurait été aussi mon opinion politique.

— Je restais donc là... très-embarrassé, lorsque le patron se relève et se retourne tout à coup: il avait entre ses dents un vieux mouchoir de poche à carreaux... ses lunettes restèrent sur le fauteuil... Non, non, messieurs... de ma vie je n'ai vu une figure pareille ; il avait l'air d'un damné... Je me recule effrayé, ma parole d'honneur ! effrayé... Alors lui...

— Vous saute à la gorge?

— Vous n'y êtes pas... Il me regarde d'abord d'un air égaré; puis laissant tomber son mouchoir, qu'il avait sans doute rongé, coupé en grinçant des dents, il s'écrie en se jetant dans mes bras : *Ah! je suis bien malheureux!*

— Quelle farce !...

— Quelle farce?... Eh bien ! ça n'empêche pas que, malgré sa figure de tête de mort, quand il a prononcé ses mots-là... sa voix était si déchirante... je dirai presque si douce...

— Si douce... allons donc!... il n'y a pas de crécelle, pas de chat-huant enrhumé dont le cri ne semble de la musique auprès de la voix du patron !

— C'est possible... ça n'empêche pas que dans ce moment sa voix était si plaintive que je me suis senti presque attendri, d'autant plus que M. Ferrand n'est pas expansif habituellement.

« — Monsieur, — lui dis-je, — croyez que...

« — *Laisse-moi! laisse-moi!* me répondit-il en m'interrompant, *cela soulage tant de pouvoir dire à quelqu'un ce que l'on souffre!...* »

« Évidemment il me prenait pour un autre.

— Il vous a tutoyé?... Alors vous nous devez deux bouteilles de Bordeaux :

Quand le patron vous a tutoyé,
A boire vous devez payer.

C'est le proverbe qui le dit, c'est sacré... les proverbes sont la sagesse des nations.

— Voyons, Chalamel, laissez là vos rébus... Vous comprenez bien, messieurs, qu'en entendant le patron me tutoyer j'ai tout de suite compris qu'il se méprenait ou qu'il avait une fièvre chaude. Je me suis dégagé en lui disant :

« — Monsieur, calmez-vous !... calmez-vous!... c'est moi. »

« Alors il m'a regardé d'un air stupide.

— A la bonne heure, vous voilà dans le vrai.

— Ses yeux étaient égarés.

« — *Hein!* a-t-il répondu, *qu'est-ce?... qui est là?... que me voulez-vous?...* »

« Et il passait, à chaque question, sa main sur son front, comme pour écarter le nuage qui obscurcissait sa pensée.

— Qui obscurcissait sa pensée... Comme c'est écrit !... Bravo ! maître clerc ! nous ferons un mélodrame ensemble.

Quand on parle si bien, sur mon âme,
On doit écrire un mélodrââme.

— Mais tais-toi donc, Chalamel !

— Qu'est-ce donc que le patron peut avoir?

— Ma foi ! je n'en sais rien; mais ce qu'il y a de sûr, c'est que, lorsqu'il a retrouvé son sang-froid, ça a été une autre chanson : il a froncé les sourcils d'un air terrible et m'a dit vivement, sans me donner le temps de lui répondre :

« — Que venez-vous faire ici?... Y a-t-il longtemps que vous êtes là?... Je ne puis donc pas rester chez moi sans être environné d'espions?... Qu'ai-je dit?... Qu'avez-vous entendu?... Répondez... répondez !... »

« Ma foi ! il avait l'air si méchant que j'ai repris :

« — Je n'ai rien entendu, monsieur ; j'entre ici à l'instant même.

« — Vous ne me trompez pas?

« — Non, monsieur.

« — Eh bien ! que voulez-vous ?

« — Vous demander quelques signatures, monsieur...

« — Donnez. »

« Et le voilà qui se met à signer, à signer, sans les lire... une demi-douzaine d'actes notariés, lui qui ne mettait jamais son parafe sur un acte sans l'épeler, pour ainsi dire, lettre par lettre, et deux fois, d'un bout à l'autre. Je remarquais que de temps en temps sa main se ralentissait au milieu de sa signature, comme s'il eût été absorbé par une idée fixe ; et puis il reprenait et signait vite, vite, et comme convulsivement. Quand tout a été signé, il m'a dit de me retire, et je l'ai entendu descendre par le petit escalier qui communique de son cabinet dans la cour.

— J'en reviens toujours là... qu'est-ce qu'il peut avoir?

— Messieurs, c'est peut-être madame Séraphin qu'il regrette.

— Ah bien, oui ! lui... regretter quelqu'un !

— Ça me fait penser que le portier a dit que le curé de Bonne-Nouvelle et son vicaire étaient venus plusieurs fois pour voir le patron, et qu'ils n'avaient pas été reçus. C'est ça qui est surprenant ! eux qui ne démordaient pas d'ici.

— Moi, ce qui m'intrigue, c'est de savoir quels travaux il a fait faire au menuisier et au serrurier dans le pavillon.

— Le fait est qu'ils y ont travaillé trois jours de suite.

— Et puis un soir on a apporté des meubles dans une grande tapissière couverte.

— Ma foi ! moi, messieurs, trou la la ! je donne ma langue aux chiens, comme dit le cygne de Cambrai.

— C'est peut-être le remords d'avoir fait emprisonner Germain qui le tourmente...

— Des remords, lui !... il est trop dur à cuire et trop culotté pour ça... comme dit l'aigle de Meaux !

— Farceur de Chalamel !

— A propos de Germain, il va avoir de fameuses recrues dans sa prison... pauvre garçon !

— Comment cela?

— J'ai lu dans la *Gazette des tribunaux* que la bande de voleurs et d'assassins qu'on a arrêtée aux Champs-Élysées, dans un de ces petits cabarets souterrains...

— En voilà de vraies cavernes !...

— Que cette bande de scélérats a été écrouée à la Force.

— Pauvre Germain ! ça va lui faire une jolie société !

— Louise Morel aura aussi sa part de recrues; car dans la bande on dit qu'il y a toute une famille de voleurs et d'assassins de père en fils... et de mère en fille...

— Alors on enverra les femmes à Saint-Lazare, où est Louise ?

— C'est peut-être quelqu'un de cette bande-là qui a assassiné cette comtesse qui demeure près de l'Observatoire, une des clientes du patron. M'a-t-il assez souvent envoyé savoir de ses nouvelles, à cette comtesse ! Il a l'air de s'intéresser joliment à sa santé. Il faut être juste, c'est la seule chose sur laquelle il n'ait pas l'air abruti... Hier encore il m'a dit d'aller m'informer de l'état de madame Mac-Gregor.

— Eh bien?

— C'est toujours la même chose : un jour on espère, le lendemain on désespère, on ne sait jamais si elle passera la journée ; avant-hier on désespérait ; mais hier il y avait, a-t-on dit, une lueur d'espoir ; ce qui complique la chose, c'est qu'elle a une fièvre cérébrale.

— Est-ce que tu as pu entrer dans la maison et voir l'endroit où l'assassinat s'est commis ?

— Ah bien oui !... je n'ai pas pu aller plus loin que la porte cochère, et le concierge n'a pas l'air causeur, tant s'en faut...

— Messieurs... à vous, à vous ! voici le patron qui monte, — cria le saute-ruisseau en entrant dans l'étude toujours armé de sa carcasse.

Aussitôt les jeunes gens regagnèrent à la hâte leurs tables respectives, sur lesquelles ils se courbèrent en agitant leurs plumes, pendant que le saute-ruisseau déposait momentanément le squelette du dindon dans un carton rempli de dossiers.

Jacques Ferrand parut en effet... S'échappant de son vieux bonnet de soie noire, ses cheveux roux, mêlés de mèches grises, tombaient en désordre de chaque côté de ses tempes; quelques-unes des veines qui marbraient son crâne paraissaient injectées de sang, tandis que sa face camuse et ses joues creuses étaient d'une pâleur blafarde. On ne pouvait voir l'expression de son regard caché sous ses larges lunettes vertes; mais la profonde altération des traits de cet homme annonçait les ravages d'une passion dévorante. Il traversa lentement l'étude, sans dire un mot à ses clercs, sans même paraître s'apercevoir qu'ils fussent là, entra dans la pièce où se tenait le maître clerc, la traversa ainsi que son cabinet, et redescendit immédiatement par le petit escalier qui conduisait à la cour. Jacques Ferrand ayant laissé derrière lui toutes les portes ouvertes, les clercs purent à bon droit s'étonner de la bizarre évolution de leur patron, qui était monté par un escalier et descendu par un autre, sans s'arrêter dans une seule des chambres qu'il avait traversées machinalement.

CHAPITRE XXV

LUXURIEUX POINT NE SERAS

Il fait nuit.

Le profond silence qui règne dans le pavillon habité par Jacques Ferrand est interrompu de temps en temps par les gémissements du vent et par les rafales de la pluie qui tombe à torrents. Ces bruits mélancoliques semblent rendre plus complète encore la solitude de cette demeure. Dans une chambre à coucher du premier étage, très-confortablement meublée à neuf et garnie d'un épais tapis, une jeune femme se tient debout devant une cheminée où flambe un excellent feu. Chose assez étrange! au milieu de la porte soigneusement verrouillée qui fait face au lit, on remarque un petit guichet de cinq ou six pouces carrés qui peut s'ouvrir du dehors. Une lampe à réflecteur jette une demi-clarté dans cette chambre tendue d'un papier grenat; les rideaux du lit, de la croisée, ainsi que la couverture d'un vaste sofa, sont de damas soie et laine de même couleur.

Nous insistons minutieusement sur ces détails de *demi-luxe* si récemment importé dans l'habitation du notaire, parce que ce demi-luxe annonce une révolution complète dans les habitudes de Jacques Ferrand, jusqu'alors d'une avarice sordide et d'une insouciance de Spartiate (surtout à l'endroit d'autrui) pour tout ce qui touchait au bien-être. C'est donc sur cette tenture grenat, fond vigoureux et chaud de ton, que se dessine la figure de Cecily, que nous allons tâcher de peindre. D'une stature haute et svelte, la créole est dans la fleur et dans l'épanouissement de l'âge. Le développement de ses belles épaules et de ses larges hanches fait paraître sa taille ronde si merveilleusement mince que l'on croirait que Cecily peut se servir de sa jarretière pour ceinture. Aussi simple que coquet, son costume alsacien est d'un goût bizarre, un peu théâtral, et ainsi d'autant plus approprié à l'effet qu'elle a voulu produire. Son spencer de casimir noir, à demi ouvert sur sa poitrine saillante, très-long de corsage, à manches justes, à dos plat, est légèrement brodé de laine pourpre sur les coutures et rehaussé d'une rangée de petits boutons d'argent ciselés. Une courte jupe de mérinos orange, qui semble d'une ampleur exagérée quoiqu'elle colle sur des contours d'une richesse sculpturale, laisse voir à demi le genou charmant de la créole chaussée de bas écarlates à coins bleus, ainsi que cela se rencontre chez les vieux peintres flamands, qui montrent si complaisamment les jarretières de leurs robustes héroïnes. Jamais artiste n'a rêvé un galbe aussi pur que celui des jambes de Cecily; nerveuses et fines au-dessous de leur mollet rebondi, elles se terminent par un pied mignon, bien à l'aise et bien cambré dans son tout petit soulier de maroquin noir à boucles d'argent.

Cecily, un peu hanchée sur le côté gauche, est debout en face de la glace qui surmonte la cheminée... L'échancrure de son spencer permet de voir son cou élégant et potelé, d'une blancheur éblouissante, mais sans transparence. Otant son béguin de velours cerise pour le remplacer par un madras, la créole découvrit ses épais et magnifiques cheveux d'un noir bleu, qui, séparés au milieu du front et naturellement frisés, ne descendaient pas plus bas que le *collier de Vénus* qui joignait le col aux épaules.

(La suite au prochain numéro.)

COMMENT ON AIME

UNE RIVALITÉ

(SUITE)

II

La violence de la déception que venait d'éprouver madame Deligny ne lui avait pas enlevé toute présence d'esprit. Elle fit un effort et se donna l'air de réfléchir à l'ouverture du jeune homme, tandis que, en réalité, elle était en proie à un délabrement de cœur qui lui ôtait la force de parler.

Jusque-là elle avait cru que Daniel songeait à elle, car elle avait pris pour l'expression d'un amour qu'elle inspirait cette politesse caressante, cette tendresse obséquieuse que les amoureux manifestent toujours envers les personnes qui touchent de près à l'objet de leur passion. Madame Deligny, d'ailleurs, croyait être assez belle encore pour qu'on la préférât à sa fille, qu'elle considérait comme une enfant. Frappée dans son amour et dans son amour-propre à la fois, elle ne pouvait l'être plus rudement. L'amour méconnu, l'amour-propre offensé pardonnent rarement. Aussi la mère de Fernande, recueillant peu à peu sa présence d'esprit et son sang-froid, ne manqua pas de vouloir se venger d'une injure qui n'existait que dans son imagination.

— Je regrette vivement, monsieur, dit-elle d'une voix dont elle s'efforçait en vain de dissimuler la sécheresse, de ne pouvoir répondre, comme vous le désirez, à l'ouverture que vous venez de me faire. Le choix d'un mari pour ma fille est arrêté; et, comme ce choix m'est dicté par ma sollicitude maternelle, il m'est impossible désormais de m'en dédire. Agréez néanmoins tous mes remerciements, ainsi que tous mes souhaits, pour que votre troisième amour soit un peu plus heureux que les précédents.

Ce dernier mot était si dur, il laissait échapper tant de dépit, que Daniel de Kerbrizio eût facilement deviné le véritable motif du refus qu'il essuyait, s'il n'avait eu un fonds de modestie et d'ingénuité qui, joint à une complète inexpérience du cœur des femmes, ne lui permit pas de concevoir un tel soupçon.

Les larmes lui vinrent aux yeux.

— Ah! madame, dit-il, vous êtes bien cruelle! j'étais loin de m'attendre à cette cruelle réponse.

— Vous avez sans doute mal interprété mes paroles, reprit madame Deligny avec une colère sourde, et désireuse de prolonger la douleur cuisante qu'elle venait de causer. Je voulais seulement vous exprimer toute la peine que je ressens de voir combien vous êtes malheureux dans vos amours, puisque le premier s'est brisé sur une tombe, et que le second échoue contre un projet de mariage irrévocable.

— Mais qui donc doit épouser mademoiselle Fernande? demanda Daniel avec angoisse.

— C'est mon secret, permettez-moi de le garder.

— Aime-t-elle son fiancé?

— Elle l'estime, cela suffit.

— Elle ne l'aime pas! s'écria Daniel avec force... Tenez, madame, reprit-il en se calmant, vous forcez ses inclinations, j'en suis sûr.

— Serait-elle aussi gaie comme vous l'avez vue, si je disposais de sa main contre son gré?

— Il y a quelque chose d'inexplicable et d'impossible dans tout ceci!

— Eh! pourquoi, s'il vous plaît?

— Parce que Fernande ne peut aimer celui que vous lui destinez.

— Vous m'étonnez! dit madame Deligny avec une ironie amère. Pourquoi n'aimerait-elle pas celui que je lui destine?

— Parce que...

— Achevez!

— Parce qu'elle m'aime! ajouta Daniel violemment agité.

— Eh! qui vous a dit cela? demanda madame Deligny avec une irritation contenue.

Daniel garda le silence. Alors une voix se fit entendre à l'extrémité du salon.

— Moi, ma mère, dit Fernande toute tremblante, en poussant une porte entre-bâillée qui communiquait au salon.

— Vous? s'écria madame Deligny se levant avec colère.

« Quoi ! vous nous écoutiez, mademoiselle?

— Oui, ma mère, répondit la jeune fille avec des larmes dans la voix. Je venais au salon pour prendre un cahier de musique, lorsque, malgré moi, je vous ai entendue dire que ma main était promise. Alors une force invincible m'a clouée sur place, et j'ai tout entendu.

— C'est bien, reprit madame Deligny en lançant à Fernande un coup d'œil foudroyant ; prenez votre cahier de musique et retirez-vous.

Fernande fit ce qu'on lui ordonnait ; mais, au moment de franchir le seuil du salon, elle se retourna, porta ses yeux suppliants sur sa mère dont le regard sombre la suivait, revint lentement sur ses pas et s'agenouilla devant elle, en la regardant avec une expression de mélancolie ineffable.

— Il y a quelques jours, dit-elle, M. Daniel m'a avoué tout simplement qu'il m'aimait, et m'a demandé si je l'aimais aussi jusqu'à consentir à un mariage entre nous. J'ai répondu que oui, bonne mère. Il a ajouté qu'il t'en parlerait, et... voilà tout. Si j'ai commis une grande faute, je t'en demande bien pardon : je suis prête à m'en repentir.

Madame Deligny allait peut-être répondre à sa fille sur un ton moins dur, quand elle fut frappée de la beauté fraîche et vivace de son enfant. Elle jeta furtivement un regard sur Daniel, et remarqua qu'il regardait Fernande avec une tristesse admirative. L'aiguillon de la jalousie lui entra dans le cœur, et elle répondit, en ordonnant par un geste à sa fille de se retirer :

— Vous avez enfreint, mademoiselle, toutes les lois des convenances ; je ne vous pardonnerai que si vous vous montrez désormais soumise de bonne grâce à ma volonté. Vous m'entendez?... Quant à monsieur de Kerbrizio, ajouta-t-elle avec ce sentiment de haine qui est au fond de tout amour énergique et qui remonte si vite à la surface dans les moments d'orage, je regrette qu'il ne puisse plus nous honorer de ses visites. Dans les circonstances où nous nous trouvons, sa présence ici ne pourrait que nous être pénible.

— Je me retire, madame, dit Daniel avec abattement. Puissiez-vous échapper aux remords de tout le mal que vous me faites !... Adieu.

Sur le point de quitter le salon, il enveloppa Fernande d'un regard où venait d'éclater toute son âme aimante et désolée.

— Heureux ou malheureux, dit-il, à vous pour la vie, Fernande !

Et il sortit...

Madame Deligny avait frissonné ; ses lèvres s'étaient affreusement recourbées ; elles saignaient toujours. Sa physionomie exprimait l'irritation la plus profonde. Accessible, pour ainsi dire, électriquement, à la haine comme à l'amour, ainsi que toutes les organisations robustes, la belle veuve venait de sentir son amour pour Daniel de Kerbrizio se changer tout à coup en aversion.

— Va, murmura-t-elle, tu n'auras pas ma fille !

Fernande pleurait.

Le lendemain madame Deligny était assise dans son salon. Très-pâle, à demi couchée sur son divan, les bras croisés sur sa poitrine, elle avait l'air d'une statue de la Méditation. Ses yeux, cernés d'une teinte bleuâtre, témoignaient d'une longue insomnie ; l'altération sensible de ses traits accusait une souffrance aiguë. A l'âge qu'avait atteint madame Deligny, les déceptions sont parfois comme l'orage, elles ravagent rapidement ; et telle femme, qui semble jeune encore aujourd'hui, voit bientôt, sous une secousse violente, s'effeuiller les pétales trop épanouis de sa couronne, et l'empreinte des années apparaître à son front décoloré. Madame Deligny venait de subir cette terrible révolution dans sa beauté. Elle ne s'en doutait pas. Exclusivement occupée de ses souvenirs, elle les repassait pour la centième fois dans sa mémoire, soit afin d'en épuiser toute l'amertume, soit afin de se fortifier dans sa résolution de ne point consentir au mariage de Fernande et de Daniel de Kerbrizio. Sans être le type complet d'une mauvaise mère, madame Deligny était bien loin d'en être une bonne : sa tendresse pour sa fille n'avait jamais été bien vive. La coquetterie avait pris une trop grande part de son cœur pour qu'il en restât beaucoup aux sentiments de famille. M. Deligny avait eu, affirme-t-on, beaucoup à souffrir de cette disposition singulièrement légère de sa femme. On racontait même qu'il en était *un peu* mort. Que ne raconte-t-on pas? Quoi qu'il en soit, il est certain qu'avant d'être mère madame Deligny était femme, et qu'elle n'avait pas, à un assez haut degré, l'énergie du dévouement maternel pour sacrifier ses propres sentiments aux sentiments de sa fille.

Éprise de Daniel de Kerbrizio, elle ne pouvait supporter l'idée de lui donner Fernande. Elle semblait tenir à ce jeune homme comme on tient à un dernier amour, et elle trouvait les plus triomphantes raisons du monde pour excuser son cœur devant sa conscience, ainsi que pour motiver un projet qu'elle venait d'arrêter. « Daniel est réellement trop jeune, pensait-elle; il n'a pas encore assez vécu pour rendre une femme heureuse. Il faut à ma fille un mari expérimenté, pas trop jeune, dont les conseils puissent la préserver des dangers qui menacent une jolie personne à son entrée dans la vie sérieuse. Après un an ou deux de mariage, Daniel délaisserait ma fille pour aller satisfaire cette curiosité qui, tôt ou tard, porte l'homme à essayer des choses qu'il ne connaît pas, à payer son tribut au démon de la dissipation qui le réclame toujours. Non, Daniel ne peut épouser Fernande; elle ne serait pas heureuse, j'en suis convaincue. J'ai trouvé un meilleur parti pour elle. » Ainsi couvrait-elle son propre égoïsme du voile de la sollicitude maternelle, lorsqu'un domestique annonça M. Brémont.

— Ah! c'est vous, mon cher monsieur? dit-elle en se soulevant; soyez le bienvenu.

— J'ai reçu votre lettre, ma belle dame, et je m'empresse d'accourir à vos ordres.

— Je vous ai écrit pour vous faire part d'une idée que je caresse depuis quelque temps. Son accomplissement ferait, je crois, votre bonheur et celui d'une autre personne.

— Mon bonheur? reprit M. Brémont étonné. Est-ce que par hasard cette autre personne serait... Mais non, c'est impossible! la manière formelle dont vous vous êtes prononcée hier ne me laisse aucune espérance.

— Il ne s'agit pas de moi, en effet, monsieur Brémont. Moins que jamais je suis décidée à me marier. Je veux rester libre, je me plais dans cet affranchissement de tout contrôle. J'attendrai que l'ennui du célibat me prenne. Alors je verrai...

— Diable! prenez garde que cet ennui ne vous vienne un peu tard, ma bonne dame : on n'est pas éternellement jeune et jolie.

— En d'autres termes, je suis passable à présent; quelques jours encore, et je serai vieille, poursuivit madame Deligny avec un accent guttural empreint d'amertume. Eh bien! raison de plus pour que vous choisissiez autre chose que ce rayon de soleil qui va bientôt s'éteindre dans la brume du soir, et pour que — je continue ma métaphore — vous embellissiez votre vie à l'éclat joyeux d'un astre du matin.

— Je ne comprends pas du tout ce beau langage figuré.

— Vous allez comprendre, homme prosaïque. Je vais vous parler en langage vulgaire. Dites-moi, comment trouvez-vous ma fille?

M. Brémont resta stupéfait; madame Deligny répéta sa question.

— Ne comprenez-vous donc pas mieux la prose que la poésie? ajouta la mère de Fernande en haussant les épaules.

— Votre fille?... comment je la trouve? fit M. Brémont qui commençait à soupçonner le motif de cette question.

— C'est justement ce que j'ai l'honneur de vous demander.

— Mais je la trouve... je la trouve charmante. Je vous l'ai dit souvent : c'est une vraie perle.

— Bien! Et ne pensez-vous pas que s'enrichir de cette vraie perle,— c'est vous-même qui me ramenez au style figuré, — ce serait pour un homme une véritable bonne fortune.

— Certainement, certainement... Mais qu'a cela de commun avec mon bonheur?

— Vous êtes impatient, monsieur Brémont; c'est bon signe. Je suis sûre que vous m'avez déjà comprise.

— J'en doute.

— Eh bien! voici ce dont il s'agit : Fernande est en âge de se marier. Comme son père, je puis mourir subitement; nul n'est sûr d'un lendemain ici-bas. Il est donc prudent que je songe à l'établir, que j'assure autant que possible son avenir. Elle est un peu étourdie, un peu folle, un peu romanesque même; je lui cherche un mari dont l'âge et le caractère me paraissent des garanties solides de son bonheur. Ce mari, je l'ai trouvé, et c'est vous, monsieur Brémont, sur qui j'ai jeté les yeux.

— Sur moi, madame? s'écria M. Brémont moins étonné qu'il ne le voulait paraître, car le préambule l'avait suffisamment préparé.

— Qu'y a-t-il là de si surprenant, je vous prie?

— Mais y songez-vous? j'ai plus du double de son âge!

— Qu'importe! le cœur ne vieillit pas, le vôtre surtout... Est-ce que vous refusez?

(La suite au prochain numéro.)

Le propriétaire-gérant : F. ROY.

LES MYSTÈRES DE PARIS

— Avec ceci... répondit la créole en lui montrant un petit stylet. (Page 788.)

Il faut connaître le goût inimitable avec lequel les créoles *tortillent* autour de leur tête ces mouchoirs aux couleurs tranchantes pour avoir une idée de la gracieuse coiffure de nuit de Cecily et du contraste piquant de ce tissu bariolé de pourpre, d'azur et d'orange avec ses cheveux noirs qui, s'échappant du pli serré du madras, encadrent de leurs mille boucles soyeuses ses joues pâles, mais rondes et fermes... Les deux bras élevés et arrondis au-dessus de sa tête, elle finissait, du bout de ses doigts déliés comme des fuseaux d'ivoire, de *chiffonner* une large rosette placée très-bas du côté gauche, presque sur l'oreille.

Les traits de Cecily sont de ceux qu'il est impossible d'oublier jamais. Un front hardi, un peu saillant, surmonte son visage d'un ovale parfait; son teint a la blancheur mate, la fraîcheur satinée d'une feuille de camélia imperceptiblement dorée par un rayon de soleil; ses yeux, d'une grandeur presque démesurée, ont une expression singulière, car leur prunelle, extrêmement large, noire et brillante, laisse à peine apercevoir, aux deux coins des paupières frangées de longs cils, la transparence bleuâtre du globe de l'œil; son menton est nettement accusé; son nez, droit et fin, se termine par deux narines mobiles qui se dilatent à la moindre émotion; sa bouche, insolente et amoureuse, est d'un pourpre vif. Qu'on s'imagine donc cette figure incolore, avec son regard tout noir qui étincelle, et ses deux lèvres rouges, lisses, humides, qui luisent comme du corail mouillé.

Disons-le, cette grande créole, à la fois svelte et charnue, vigoureuse et souple comme une panthère, était le type incarné de la sensualité brûlante qui ne s'allume qu'aux feux des tropiques. Tout le monde a entendu parler de ces filles de couleur pour ainsi dire *mortelles* aux Européens, de ces vampires enchanteurs qui, enivrant leur victime de séductions terribles, pompent jusqu'à sa dernière goutte d'or et de sang, et ne lui laissent, selon l'énergique expression du pays, que *ses larmes à boire*, que *son cœur à ronger*. Telle est Cecily. Seulement ses détestables instincts, quelque temps contenus par son véritable attachement pour David, ne s'étant développés qu'en Europe, la *civilisation* et l'influence des climats du Nord en avaient tempéré la violence, modifié l'expression. Au lieu de se jeter violemment sur sa proie, et de ne songer, comme ses pareilles, qu'à anéantir au plus tôt une vie et une fortune de plus, Cecily, attachant sur ses victimes un regard magnétique, commençait par les attirer peu à peu dans le tourbillon embrasé qui semblait émaner d'elle; puis, les voyant alors pantelantes, éperdues, souffrant les tortures d'un désir inassouvi, elle se plaisait, par un raffinement de coquetterie féroce, à prolonger leur délire ardent; puis, revenant à son premier instinct, elle les dévorait dans ses embrassements homicides. Cela était plus horrible encore... Le tigre affamé, qui bondit et emporte la proie qu'il déchire en rugissant, inspire moins d'horreur que le serpent qui la fascine silencieusement, l'aspire peu à peu, l'enlace de ses replis inextricables, l'y broie longuement, la sent palpiter sous ses lentes morsures et semble se repaître autant de ses douleurs que de son sang.

Cecily, nous l'avons dit, à peine arrivée en Allemagne, ayant d'abord été débauchée par un homme affreusement dépravé, put, à l'insu de David qui l'aimait avec autant d'idolâtrie que d'aveuglement, déployer et exercer pendant quelque temps ses dangereuses séductions; mais bientôt le funeste scandale de ses aventures fut dévoilé, on fit d'horribles découvertes, et cette femme dut être condamnée à une prison perpétuelle. Que l'on joigne à ces antécédents un esprit souple, adroit, insinuant, une si merveilleuse intelligence qu'en un an elle avait parlé le français et l'allemand avec la plus extrême facilité, quelquefois même avec une éloquence naturelle; qu'on se figure une corruption digne des reines courtisanes de l'ancienne Rome, une audace et un courage à toute épreuve, des instincts d'une méchanceté diabolique, et l'on connaîtra à peu près la nouvelle *servante* de Jacques Ferrand... la créature déterminée qui avait osé s'aventurer dans la tanière du loup.

Et pourtant, anomalie singulière! en apprenant par M. de Graün le rôle provoquant et PLATONIQUE qu'elle devait remplir auprès du notaire et à quelles fins vengeresses devaient aboutir ses séductions, Cecily avait promis de jouer son personnage *avec amour*, ou plutôt avec une haine terrible contre Jacques Ferrand, s'étant sincèrement indignée au récit des violences infâmes qu'il avait exercées contre Louise, récit qu'il fallut faire à la créole pour la mettre en garde contre les hypocrites tentatives de ce monstre.

Quelques mots rétrospectifs à l'égard de ce dernier sont indispensables. Lorsque Cecily lui avait été présentée par madame Pipelet comme une orpheline sur laquelle elle ne voulait conserver aucun droit, aucune surveillance, le notaire s'était peut-être senti moins encore frappé de la beauté de la créole que fasciné par son regard irrésistible; regard qui, dès la première entrevue, porta le feu dans les sens de Jacques Ferrand et le trouble dans sa raison. Car nous l'avons dit à propos de l'audace insensée de quelques-unes de ses paroles lors de sa conversation avec madame la duchesse de Lucenay, cet homme ordinairement si maître de soi, si calme, si fin, si rusé, oubliait les froids calculs de sa profonde dissimulation lorsque le démon de la luxure obscurcissait sa pensée.

D'ailleurs il n'avait pu nullement se défier de la protégée de madame Pipelet. Après son entretien avec cette dernière, madame Séraphin avait proposé à Jacques Ferrand, en remplacement de Louise, une jeune fille presque abandonnée dont elle répondait... Le notaire avait accepté avec empressement, dans l'espoir d'abuser impunément de la condition précaire et isolée de sa nouvelle servante. Enfin, loin d'être prédisposé à la méfiance, Jacques Ferrand trouvait dans la marche des événements de nouveaux motifs de sécurité. Tout répondait à ses vœux. La mort de madame Séraphin le débarrassait d'une complice dangereuse... La mort de Fleur-de-Marie (il la croyait morte) le délivrait de la preuve vivante d'un de ses premiers crimes. Enfin, grâce à la mort de la Chouette et au meurtre inopiné de la comtesse Mac-Gregor (son état était désespéré), il ne redoutait plus ces deux femmes dont les révélations et les poursuites auraient pu lui être funestes... Nous le répétons, aucun sentiment de défiance n'étant venu balancer dans l'esprit de Jacques Ferrand l'impression subite, irrésistible, qu'il avait ressentie à la vue de Cecily... il saisit avec ardeur l'occasion d'attirer dans sa demeure solitaire la prétendue nièce de madame Pipelet.

Le caractère, les habitudes et les antécédents de Jacques Ferrand connus et posés, la beauté provoquante de la créole acceptée telle que nous avons tâché de la peindre, quelques autres faits que nous exposerons plus bas feront comprendre, nous l'espérons, la passion subite, effrénée, du notaire pour cette séduisante et dangereuse créature. Et puis, il faut le dire... si elles n'inspirent qu'éloignement, que répugnance aux hommes doués de sentiments tendres et élevés, de goûts délicats et épurés, les femmes de l'espèce de Cecily exercent une action soudaine, une omnipotence magique sur les hommes de sensualité brutale, tels que Jacques Ferrand. Du premier regard, ils devinent ces femmes, ils les convoitent; une puissance fatale les attire auprès d'elles, et bientôt des affinités mystérieuses, des sympathies magnétiques sans doute les enchaînent invinciblement aux pieds de leur monstrueux idéal; car elles seules peuvent apaiser les feux impurs qu'elles allument. Une fatalité juste, vengeresse, rapprochait donc la créole du notaire. Une expiation terrible commençait pour lui. Une luxure féroce l'avait poussé à commettre des attentats odieux, à poursuivre avec un impitoyable acharnement une famille indigente et honnête, à y porter la misère, la folie, la mort... La luxure devait être le formidable châtiment de ce grand coupable. Car l'on dirait que, par une fatale équité, certaines passions faussées, dénaturées, portent en soi leur punition...

Un noble amour, lors même qu'il n'est pas heureux, peut trouver quelques consolations dans les douceurs de l'amitié, dans l'estime qu'une femme digne d'être adorée offre toujours à défaut d'un sentiment plus tendre. Si cette compensation ne calme pas les chagrins de l'amant malheureux, si son désespoir est incurable comme son amour, il peut du moins avouer et presque s'enorgueillir de cet amour désespéré... Mais quelles compensations offrir à ces ardeurs sauvages que le seul attrait matériel exalte jusqu'à la frénésie? Et disons encore que cet attrait matériel est aussi impérieux pour les organisations grossières que l'attrait moral pour les âmes d'élite... Non, les sérieuses passions du cœur ne sont pas les seules subites, aveugles, exclusives, les seules qui, concentrant toutes les facultés sur la personne choisie, rendent impossible toute autre affection et décident d'une destinée tout entière. La passion physique peut atteindre, comme chez Jacques Ferrand, à une incroyable intensité; alors tous les phénomènes qui dans l'ordre moral caractérisent l'amour irrésistible, unique, absolu, se reproduisent dans l'ordre matériel.

. . . .

Quoique Jacques Ferrand ne dût jamais être heureux, la créole s'était bien gardée de lui ôter absolument tout espoir; mais les vagues et lointaines espérances dont elle le berçait flottaient au gré de tant de caprices qu'elles lui étaient une torture de plus et rivaient plus solidement encore la chaîne brûlante qu'il portait. Si l'on s'étonne de ce qu'un homme de cette vigueur et de cette audace n'eût pas eu déjà recours à la ruse ou à la violence pour triompher de la résistance calculée de Cecily, c'est qu'on oublie que Cecily n'était pas une seconde Louise. D'ailleurs, le lendemain de sa présentation au notaire, elle avait, ainsi qu'on va le dire, joué un tout autre rôle que celui à l'aide duquel elle s'était introduite chez son *maître*; car celui-ci n'eût pas été dupe de sa servante deux jours de suite. Instruite du sort de Louise par le baron de Graün, et sachant ensuite par quels abominables moyens la malheureuse fille de Morel le lapidaire était devenue la proie du notaire, la créole, entrant dans cette maison solitaire, avait pris d'excellentes précautions pour y passer sa première nuit en pleine sécurité. Le soir même de son arrivée, restée seule avec Jacques Ferrand qui, afin de ne pas l'effaroucher, affecta de la regarder à peine et lui ordonna brusquement d'aller se coucher, elle lui avoua *naïvement* que la nuit elle avait grand'peur des voleurs; mais qu'elle était forte, résolue et prête à se défendre.

— Avec quoi? — demanda Jacques Ferrand.

— Avec ceci... — répondit la créole en tirant de l'ample pelisse de laine dont elle était enveloppée un petit stylet parfaitement acéré, dont la vue fit réfléchir le notaire.

Pourtant, persuadé que sa nouvelle servante ne redoutait que les *voleurs*, il la conduisit dans la chambre qu'elle devait occuper (l'ancienne chambre de Louise). Après avoir examiné les localités, Cecily lui dit en tremblant et en baissant les yeux que, par suite de la même peur, elle passerait la nuit sur une chaise, parce qu'elle ne voyait à la porte ni verrou ni serrure. Jacques Ferrand, déjà complétement sous le charme, mais ne voulant rien compromettre en éveillant les soupçons de Cecily, lui dit d'un ton bourru qu'elle était sotte et folle d'avoir de telles craintes; mais il lui promit que le lendemain le verrou serait placé. La créole ne se coucha pas. Au matin, le notaire monta chez elle pour la mettre au fait de son service. Il s'était promis de garder pendant les premiers jours une hypocrite réserve à l'égard de sa nouvelle servante, afin de lui inspirer une confiance trompeuse; mais frappé de sa beauté, qui au grand jour semblait plus éclatante encore, égaré, aveuglé par les désirs qui le transportaient déjà, il balbutia quelques compliments sur la taille et sur la beauté de Cecily.

Celle-ci, d'une rare sagacité, avait jugé, dès sa première entrevue avec le notaire, qu'il était complétement sous le charme; à l'aveu qu'il lui fit de sa *flamme*, elle crut devoir se dépouiller brusquement de sa feinte timidité, et, ainsi que nous l'avons dit, changer de masque. La créole prit donc tout à coup un air effronté.

Jacques Ferrand s'extasiant de nouveau sur la beauté des traits et sur la taille enchanteresse de sa nouvelle *bonne :*

— Regardez-moi donc bien en face, — lui dit résolûment Cecily. — Quoique vêtue en paysanne alsacienne, est-ce que j'ai l'air d'une servante?

— Que voulez-vous dire? — s'écria Jacques Ferrand.

— Voyez cette main... Est-elle accoutumée à de rudes travaux?

Et elle montra une main blanche, charmante, aux doigts fins et déliés, aux ongles roses et polis comme de l'agate, mais dont la couronne, légèrement bistrée, trahissait le sang mêlé.

— Et ce pied, est-ce un pied de servante?

Et elle avança un ravissant petit pied coquettement chaussé, que le notaire n'avait pas encore remarqué, et qu'il ne quitta des yeux que pour contempler Cecily avec ébahissement.

— J'ai dit à ma tante Pipelet ce qui m'a convenu; elle ignore ma vie passée, elle a pu me croire réduite à une telle condition... par la mort de mes parents, et me prendre pour une servante; mais vous avez, j'espère, trop de sagacité pour partager son erreur, *cher maître!*

— Et qui êtes-vous donc? — s'écria Jacques Ferrand de plus en plus surpris de ce langage.

— Ceci est mon secret... Pour des raisons à moi connues, j'ai dû quitter l'Allemagne sous ces habits de paysanne; je voulais rester cachée à Paris pendant quelque temps le plus secrètement possible. Ma tante, me supposant réduite à la misère, m'a proposé d'entrer chez vous, m'a parlé de la vie solitaire qu'on menait forcément dans votre maison, et m'a prévenue que je ne sortirais jamais... J'ai vite accepté. Sans le savoir, ma tante allait au-devant de mon plus vif désir. Qui pourrait me chercher et me découvrir ici?

— Vous vous cachez!... Et qu'avez-vous donc fait pour être obligée de vous cacher?

— De doux péchés, peut-être... mais ceci est encore mon secret.

— Et quelles sont vos intentions, mademoiselle?

— Toujours les mêmes. Sans vos compliments significatifs sur ma taille et sur ma beauté, je ne vous aurais peut-être pas fait cet aveu... que votre perspicacité eût d'ailleurs tôt ou tard provoqué... Écoutez-moi donc bien, mon cher maître : j'ai accepté momentanément la condition ou plutôt le rôle de servante; les circonstances m'y obligent... j'aurai le courage de remplir ce rôle jusqu'au bout... j'en subirai toutes les conséquences... je vous servirai avec zèle, activité, respect, pour conserver ma place... c'est-à-dire une retraite sûre et ignorée. Mais au moindre mot de galanterie, mais à la moindre liberté que vous prendriez avec moi, je vous quitte... non par pruderie... rien en moi, je crois, ne sent la prude...

Et elle darda un regard chargé d'électricité sensuelle jusqu'au fond de l'âme du notaire, qui tressaillit.

— Non, je ne suis pas prude, — reprit-elle avec un sourire provoquant qui laissa voir des dents éblouissantes. — Vive Dieu!... quand l'amour me mord, les bacchantes sont des saintes auprès de moi... Mais soyez juste... et vous conviendrez que votre servante indigne ne peut que vouloir faire honnêtement son métier de servante... Maintenant vous savez mon secret, ou du moins une partie de mon secret. Voudriez-vous, par hasard, agir en gentilhomme? Me trouvez-vous trop belle pour vous servir? Désirez-vous changer de rôle, devenir mon esclave? Soit! franchement, je préférerais cela... mais toujours à cette condition que je ne sortirai jamais d'ici, et que vous aurez pour moi des attentions toutes paternelles... ce qui ne vous empêchera pas de me dire que vous me trouvez charmante : ce sera la récompense de votre dévouement et de votre discrétion...

— La seule? la seule? — dit Jacques Ferrand en balbutiant.

— La seule... à moins que la solitude et le diable ne me rendent folle... ce qui est impossible, car vous me tiendrez compagnie, et en votre qualité de saint homme vous conjurerez le démon. Voyons, décidez-vous, pas de position mixte... ou je vous servirai ou vous me servirez; sinon, je quitte votre maison... et je prie ma tante de me trouver une *autre place*... Tout ceci doit vous sembler étrange; soit; mais si vous me prenez pour une aventurière... sans moyens d'existence, vous avez tort... Afin que ma tante fût ma complice sans le savoir, je lui ai laissé croire que j'étais assez pauvre pour ne pas posséder de quoi acheter d'autres vêtements que ceux-ci... J'ai pourtant... vous le voyez, une bourse assez bien garnie : de ce côté, de l'or... de l'autre, des diamants (et Cecily montra au notaire une longue bourse de soie rouge remplie d'or et à travers laquelle on voyait aussi briller quelques pierreries); malheureusement tout l'argent du monde ne me donnerait pas une retraite aussi sûre que votre maison, si isolée par l'isolement même où vous vivez... Acceptez donc l'une ou l'autre de mes offres, vous me rendrez service. Vous le voyez, je me mets presque à votre discrétion; car vous dire : Je me cache, c'est vous dire : On me cherche... Mais je suis sûre que vous ne me trahirez pas, dans le cas même où vous sauriez comment me trahir...

Cette confidence romanesque, ce brusque changement de personnage bouleversa les idées de Jacques Ferrand. Quelle était cette femme? pourquoi se cachait-elle? Le hasard seul l'avait-il en effet amenée chez lui? Si elle y venait au contraire dans un but secret, quel était ce but? Parmi toutes les hypothèses que cette bizarre aventure souleva dans l'esprit du notaire, le véritable motif de la présence de la créole chez lui ne pouvait venir à sa pensée. Il n'avait, ou plutôt il ne se croyait d'autres ennemis que les victimes de sa luxure et de sa cupidité; or toutes se trouvaient dans de telles conditions de malheur ou de détresse qu'il ne pouvait les soupçonner capables de lui tendre un piége dont Cecily eût été l'appât... Et encore, ce piége, dans quel but le lui tendre? Non, la soudaine transfiguration de Cecily n'inspira qu'une crainte à Jacques Ferrand : il pensa que si cette femme ne disait pas la vérité, c'était peut-être une aventurière qui, le croyant riche, s'introduisait dans sa maison pour le circonvenir, l'exploiter, et peut-être se faire épouser par lui. Mais, quoique son avarice et sa cupidité se fussent révoltées à cette idée, il s'aperçut en frémissant que ces soupçons, que ces réflexions étaient trop tardives... car d'un seul mot il pouvait calmer sa méfiance en renvoyant cette femme de chez lui. Ce mot, il ne le dit pas... A peine même ces pensées l'arrachèrent-elles quelques moments à l'ardente extase où le plongeait la vue de cette femme si belle, de cette beauté sensuelle qui avait sur lui tant d'empire... D'ailleurs, depuis la veille, il se sentait dominé, fasciné. Déjà il aimait à sa façon et avec fureur... Déjà l'idée de voir cette séduisante créature quitter sa maison lui semblait inadmissible; déjà même, ressentant des emportements d'une jalousie féroce en songeant que Cecily pourrait prodiguer à d'autres les trésors de volupté qu'elle lui refuserait peut-être toujours, il éprouvait une sombre consolation à se dire : « Tant qu'elle sera séquestrée chez moi... personne ne la possédera. »

La hardiesse du langage de cette femme, le feu de ses regards, la provoquante liberté de ses manières révélaient assez qu'elle n'était pas, ainsi qu'elle le disait, une *prude*. Cette conviction, donnant de vagues espérances au notaire, assurait davantage encore l'empire de Cecily. En un mot, la luxure de Jacques Ferrand étouffant la voix de la froide raison, il s'abandonnait en aveugle au torrent des désirs effrénés qui l'emportait.

. . . .

(La suite au prochain numéro.)

COMMENT ON AIME

UNE RIVALITÉ

(SUITE)

— Allons! allons! madame Deligny, vous voulez railler. Si j'acceptais cette union, c'est pour le coup que vous vous moqueriez de ma belle constance à votre égard, et vous auriez, parbleu! raison. Votre malice est cousue de fil blanc, ma belle dame, on n'a pas besoin d'excellents yeux pour le voir.

— Je parle sérieusement, monsieur Brémont, dit madame Deligny d'un ton grave et sévère; l'ouverture que je fais ici est à la fois dans l'intérêt de ma fille et dans le vôtre, non dans le prétendu but de vous mystifier. Vous êtes un honnête homme, monsieur Brémont, et vous avez un excellent cœur; je vois en vous toutes les qualités qui font les bons maris, et c'est ce qui me déciderait à vous confier le sort de ma chère enfant. Réfléchissez-y donc, j'attends votre réponse.

— Mais, madame, Fernande ne m'aime pas.

— Elle vous estime, monsieur : en fait de mariage, c'est le point essentiel. L'amour est un feu follet qui s'éteint au moindre souffle. Un sentiment plus solide vaut mieux sans doute quand il s'agit du mariage. Acceptez-vous?

— Pas encore. J'ai peine à croire que tout ceci ne soit point une plaisanterie. Ce projet subit dont, hier encore, il n'était pas question, a bien lieu de m'étonner, vous l'avouerez. Écoutez : donnez-moi votre parole d'honneur que ce que vous me proposez est sincère, et permettez-moi d'interroger les dispositions de Fernande. Alors, si vous refusez toujours d'accomplir entre nous deux une union plus sortable, je vous obéirai.

— Vous m'obéirez? reprit madame Deligny avec une ironie imperceptible. Bien, j'y compte, et je vous donne ma parole d'honneur que je suis sincère avec vous. Êtes-vous rassuré?

— A peu près.

— Maintenant je vais faire venir Fernande, et nous l'interrogerons ensemble. Elle est déjà préparée.

— Je préférerais...

— Lui parler seul? A quoi bon? N'est-il pas plus convenable que vous le fassiez devant sa mère?

En même temps elle tira un cordon de sonnette; un domestique parut.

— Dites à ma fille que je la demande.

Madame Deligny et M. Brémont attendirent alors en silence l'entrée de Fernande, livrés qu'ils étaient tous les deux à des préoccupations diverses. Madame Deligny songeait à l'entrevue qui allait avoir lieu, et craignait une trop grande franchise de la part de sa fille, bien qu'elle lui eût le matin même signifié sa volonté. M. Brémont, lui, plus agréablement surpris qu'il ne le pensait lui-même, errait dans un dédale de suppositions et ne savait à quoi attribuer le projet nouveau de madame Deligny. Cependant, comme il était homme, et qu'après tout la jeune et jolie Fernande pouvait bien faire oublier sa mère, il était déjà presque inquiet du résultat de la scène qui allait se passer. Sans être un don Juan, un Lovelace ou un vicomte de Valmont, plus d'un, à la place de M. Brémont, en eût éprouvé tout autant.

La porte du salon s'ouvrit enfin, et Fernande parut. Elle était pâle et triste; sa démarche n'avait plus cette vivacité d'oiseau qui lui donnait tant de charme. Ses beaux yeux paraissaient avoir éteint dans ses larmes leur éclat charmant. Sa peau, si blanche et si pure, était légèrement tachée de quelques reflets de bistre. M. Brémont ne put faire autrement que de remarquer l'altération de son visage et le changement de ses manières.

— Tu m'as demandée, ma mère? dit-elle avec un accent voilé, d'ordinaire si argentin.

— Oui, ma fille, répondit madame Deligny en la faisant asseoir auprès d'elle avec une bonté un peu affectée. Nous avons besoin de causer avec toi.

— Êtes-vous malade, ma bonne Fernande? lui demanda M. Brémont avec sollicitude.

— Un peu, murmura la jeune fille dont le cœur gonflé de larmes était sur le point de déborder.

— Ce n'est rien, reprit tranquillement madame Deligny ; elle a eu cette nuit une de ces migraines auxquelles vous la savez sujette. Demain il n'y paraîtra plus.

Alors, s'adressant à Fernande, elle ajouta, avec cette douceur impérieuse qu'elle simulait si bien, que M. Brémont voulait l'interroger sur ses sentiments, et qu'elle comptait la voir répondre avec toute la gracieuseté d'une jeune fille aimable et soumise. Elle appuya particulièrement sur ces deux derniers mots, en fixant sur sa fille un regard significatif. M. Brémont, prenant ensuite la parole, demanda à Fernande si, malgré ses quarante ans et ses cheveux qui lui faisaient l'effet de grisonner un peu, elle consentait à devenir sa femme. Fernande ne répondit pas d'abord : son front se pencha en rougissant, de sorte que cette manifestation de sa douleur secrète put être prise pour l'effet d'une pudeur toute virginale. M. Brémont réitéra sa question qui, appuyée d'une courte mais expressive admonestation de madame Deligny, reçut enfin une réponse. Fernande était une nature tendre et frêle, une âme facilement dominée, sans force pour la résistance, sans courage pour les francs aveux. Elle avait si bien pris l'habitude de se soumettre invariablement aux décisions de sa mère qu'elle ne crut pas possible de résister à sa volonté en cette circonstance. Peut-être aussi comprenait-elle vaguement qu'un mariage la soustrayait à la domination maternelle. Quoi qu'il en soit, elle finit par répondre à M. Brémont qu'elle l'acceptait pour mari. Ce ne fut pas, toutefois, sans un violent serrement de cœur, dont elle faillit s'évanouir.

M. Brémont fut médiocrement satisfait de la réponse de Fernande. Cependant, comme il avait trop de bon sens pour prétendre à de l'amour de la part d'une jeune fille, il rejeta une partie de l'embarras de sa jolie fiancée sur le compte de la timidité, et se promit, à force de bonté et de dévouement, de mériter plus tard toute son affection. Il ressemblait quelque peu à ces gens qui s'approprient un trésor sans grands scrupules, et comptent le mériter par le bon usage qu'ils en feront. On convint que le mariage se célébrerait bientôt. M. Brémont promit de s'en occuper activement.

Il était à peine parti, encore tout étourdi de ce brusque incident, et Fernande, le cœur oppressé, l'âme abattue, venait à peine de rentrer dans sa chambre, lorsque Daniel de Kerbrizio parut dans le salon.

III

— Vous ici, monsieur ! s'écria madame Deligny avec une violente émotion.

— Pourquoi cet étonnement ? dit Daniel ; m'avez-vous donc défendu votre porte ?

— Non, dit-elle en se calmant ; mais je pensais que vous comprendriez que votre présence chez moi est, pour quelque temps du moins, inopportune.

— Je croyais pouvoir rencontrer ici M. Brémont. Je me suis présenté chez lui tout à l'heure, son domestique m'a répondu qu'il était chez vous : voilà pourquoi je suis venu.

— Il vient de sortir il n'y a pas dix minutes ; je suis étonnée que vous ne l'ayez pas aperçu.

— Pour moi, j'en suis fâché, madame, car, le sachant votre intime ami, je venais le supplier d'intercéder pour moi auprès de vous, et de fléchir, s'il se peut, votre... dureté.

— Vous ne pouviez pas plus mal vous adresser, dit ironiquement madame Deligny. Je doute fort que M. Brémont consente jamais à fléchir ce que vous appelez gracieusement ma... dureté.

— M. Brémont, madame, m'a toujours paru un homme bon, un homme généreux ; il se ferait un devoir, j'en suis certain, de vous faire comprendre combien il est cruel à vous de briser deux cœurs en les séparant, deux cœurs qui vous sont d'ailleurs si dévoués.

— Je suis vraiment touchée de leur dévouement, reprit madame Deligny avec un sourire haineux ; mais je ne saurais, pour le récompenser, rompre des engagements que moi-même j'ai fait contracter. Je vous conseille, en amie, de ne pas trop compter sur l'intervention de M. Brémont ; il a de fortes raisons, croyez-moi, pour ne vous la point prêter.

— Eh ! lesquelles ?

— Quoi ! vous ne comprenez pas ?

— Non.

— Eh bien ! le futur mari de Fernande...

— C'est...

— M. Brémont.

— Impossible ! Il s'adressait à vous !

— Oui, pour obtenir ma fille.

Daniel de Kerbrizio demeura comme foudroyé. Madame Deligny le considéra d'un air à la fois triomphant et irrité. La haine, qui n'est bien souvent qu'une transformation de l'amour, n'avait pas assez complétement détruit son état originaire dans le cœur vindicatif de la belle veuve pour que la jalousie ne l'empêchât pas de goûter cette satisfaction dans toute sa plénitude. Daniel était d'ailleurs si beau jusque dans sa douleur qu'elle se sentit bientôt saisie d'un trouble mystérieux, et que, se composant tout à coup une physionomie bienveillante, elle lui indiqua une place auprès d'elle sur le divan.

— Allons, enfant, dit-elle, ne prenez pas cette mine désolée, et causons raisonnablement, comme deux amis!

Daniel vit, à ces mots, briller un éclair d'espérance; il s'assit à la place qui lui était indiquée.

— Mon Dieu! que vous ai-je fait, dit-il d'un ton triste et doux, pour que vous me torturiez ainsi de gaieté de cœur?

— Ce que vous m'avez fait, répondit madame Deligny en fixant sur lui des yeux à la fois pleins de reproche et de tendresse... rien.

Elle laissa tomber ce mot avec un accent tellement expressif que Daniel en parut étonné.

— Rien? Vous prononcez ce mot si singulièrement que je serais tenté de croire le contraire. Voyons : si je vous ai jamais offensée en quoi que ce soit, madame, dites-le-moi, pour que je puisse effacer ma faute par mes excuses et mon repentir,

Il prit une des mains de la jeune femme, qu'il pressa dans les siennes; puis, continuant sur ce ton mélancolique et caressant que la jeunesse sait si bien prendre :

— Pourquoi ne me répondez-vous pas? ma faute est-elle donc si grande qu'elle ne puisse être ni avouée ni pardonnée?

— Peut-être ! murmura madame Deligny dont l'émotion croissait intérieurement à la vue de ce beau et naïf enfant qui la suppliait.

— Peut-être?... je suis donc coupable?

— Je ne dis pas cela.

— Oh! vous l'avez dit, madame Deligny! vous l'avez dit, ne vous rétractez pas. Poussez la franchise jusqu'au bout, et vous verrez si je sais réparer les injures, même involontaires, qui ont pu m'échapper.

— Celle-là est irréparable, répliqua madame Deligny en s'animant.

— Irréparable? c'est impossible. J'ai examiné ma conscience, et ma conscience n'est pas aussi chargée que vous voulez me le faire croire.

— Ce que je vous reproche ne charge pas la conscience, continua madame Deligny dont la prudence féminine s'évanouissait devant l'ingénuité de Daniel.

— Serait-ce donc l'aveu que j'ai fait à mademoiselle Fernande? Oh! madame, je voulais seulement m'assurer que son cœur s'unissait, pour l'appuyer, à la demande que je devais vous adresser.

Le front de madame Deligny se rembrunit; elle garda le silence.

— Ai-je deviné? reprit Daniel avec anxiété.

— Pas tout à fait, lui répondit la jeune femme.

Puis elle reprit en le regardant en face avec émotion, et en haussant doucement les épaules :

— Vous ne devinerez pas, vous ne devinerez jamais, vous êtes trop naïf.

Une clarté subite traversa l'esprit de Daniel et mit en relief la vérité. Il tressaillit, son visage se couvrit d'une vive rougeur; une larme vint se suspendre à ses longs cils.

— Je crois avoir deviné cette fois, dit-il.

— Qu'est-ce? demanda madame Deligny avec une inquiétude visible.

Il ne répondit pas, mais il porta respectueusement à ses lèvres la main de celle qui l'interrogeait. Puis, relevant la tête avec un adorable sentiment de compassion :

— Je crois que vous souffrez, dit-il.

— Comment voyez-vous cela?

— Quoique plus à plaindre que vous, d'irrité que j'étais tout à l'heure, je viens de me sentir profondément touché. Oui, madame je vous comprends; et je le vois, je n'ai qu'à me taire et à pleurer!

— Pourquoi? lui demanda madame Deligny secrètement agitée.

— Parce que... parce que je crois avoir deviné que vous, si belle, vous aimez une personne qui ne le mérite pas, puisqu'elle ne peut, hélas! répondre à toute la sympathie dont vous daignez l'honorer que par une tendresse et un dévouement d'ami... Mais peut-être suis-je coupable d'une orgueilleuse et folle présomption! Dans ce cas, madame, je révèle à vos yeux tant de fatuité et de sottise que vous êtes bien vengée!

Il y avait dans le langage de Daniel une candeur et une sincérité telles que madame Deligny, pour ainsi dire étourdie par sa passion, ne put s'empêcher de répondre avec élan :

— Vous n'êtes ni un fat ni un sot, Daniel : vous avez plutôt les défauts contraires.

(La suite au prochain numéro.)

Le propriétaire-gérant : F. ROY.

LES MYSTÈRES DE PARIS

Malgré le froid et la pluie, il descendait et se promenait dans son jardin. (Page 794.)

Il fut convenu que Cecily ne serait sa servante qu'en apparence : il n'y aurait pas ainsi de scandale; de plus, pour assurer davantage encore la sécurité de son *hôtesse*, il ne prendrait pas d'autre domestique, il se résignerait à la servir et à se servir lui-même; un traiteur voisin apporterait ses repas, il payerait en argent le déjeuner de ses clercs, et le portier se chargerait des soins ménagers de l'étude. Enfin le notaire ferait promptement meubler au premier une chambre au goût de Cecily : celle-ci voulait payer les frais... il s'y opposa et dépensa *deux mille francs*... Cette générosité était énorme et prouvait la violence inouïe de sa passion.

Alors commença pour ce misérable une vie

terrible. Renfermé dans la solitude impénétrable de sa maison, inaccessible à tous, de plus en plus sous le joug de son amour effréné, renonçant à pénétrer les secrets de cette femme étrange, de maître il devint esclave ; il fut le valet de Cecily ; il la servait à ses repas, il prenait soin de son appartement. Prévenue par le baron que Louise avait été surprise par un narcotique, la créole ne buvait que de l'eau très-limpide, ne mangeait que des mets impossibles à falsifier ; elle avait choisi la chambre qu'elle devait occuper, et s'était assurée que les murailles ne recélaient aucune porte secrète. D'ailleurs Jacques Ferrand comprit bientôt que Cecily n'était pas une femme qu'il pût surprendre ou violenter impunément. Elle était vigoureuse, agile et dangereusement armée ; un délire frénétique aurait donc pu seul le porter à des tentatives désespérées, et elle s'était parfaitement mise à l'abri de ce péril... Néanmoins, pour ne pas lasser et rebuter la passion du notaire, la créole semblait quelquefois touchée de ses soins et flattée de la terrible domination qu'elle exerçait sur lui. Alors, supposant qu'à force de preuves de dévouement et d'abnégation il parviendrait à faire oublier sa laideur et son âge, elle se plaisait à lui peindre, en termes d'une hardiesse brûlante, l'inexprimable volupté dont elle pourrait l'enivrer si ce miracle de l'amour se réalisait jamais.

A ces paroles d'une femme si jeune et si belle, Jacques Ferrand sentait quelquefois sa raison s'égarer... de dévorantes images le poursuivaient partout ; l'antique symbole de la tunique de Nessus se réalisait pour lui... Au milieu de ces tortures sans nom, il perdait la santé, l'appétit, le sommeil. Tantôt, la nuit, malgré le froid et la pluie, il descendait dans son jardin et cherchait, par une promenade précipitée, à calmer, à briser ses ardeurs. D'autres fois, pendant des heures entières, il plongeait son regard enflammé dans la chambre de la créole endormie ; car elle avait eu l'infernale complaisance de permettre que sa porte fût percée d'un guichet qu'elle ouvrait souvent... souvent, car Cecily n'avait qu'un but, celui d'irriter incessamment la passion de cet homme sans la satisfaire, de l'exaspérer ainsi presque jusqu'à la déraison, afin de pouvoir alors exécuter les ordres qu'elle avait reçus...

Ce moment semblait approcher. Le châtiment de Jacques Ferrand devenait de jour en jour plus digne de ses attentats... Il souffrait les tourments de l'enfer. Tour à tour absorbé, éperdu, hors de lui, indifférent à ses plus sérieux intérêts, au maintien de sa réputation d'homme austère, grave et pieux, réputation usurpée, mais conquise par de longues années de dissimulation et de ruse, il stupéfiait ses clercs par l'aberration de son esprit, mécontentait ses clients par ses refus de les recevoir, et éloignait brutalement de lui les prêtres qui, trompés par son hypocrisie, avaient été jusqu'alors ses prôneurs les plus fervents. A ses langueurs accablantes, qui lui arrachaient des larmes, succédaient de furieux emportements ; sa frénésie atteignait-elle son paroxysme, il se prenait à rugir dans la solitude et dans l'ombre comme une bête fauve ; ses accès de rage se terminaient-ils par une sorte de brisement douloureux de tout son être, il ne jouissait même pas de ce calme de mort produit souvent par l'anéantissement de la pensée ; l'embrasement du sang de cet homme dans toute la vigoureuse maturité de l'âge ne lui laissait ni trêve ni repos... Un bouillonnement profond, torride, agitait incessamment ses esprits.

. . . .

Nous l'avons dit, Cecily se coiffait de nuit devant sa glace. A un léger bruit venant du corridor, elle détourna la tête du côté de la porte. Malgré le bruit qu'elle venait d'entendre, Cecily n'en continua pas moins tranquillement sa toilette de nuit ; elle retira de son corsage, où il était à peu près placé comme un busc, un stylet long de cinq à six pouces, enfermé dans un étui de chagrin noir et emmanché dans une petite poignée d'ébène cerclée de fils d'argent, poignée fort simple, mais parfaitement *à la main*. Ce n'était pas là une arme de *luxe*. Cecily ôta le stylet de son fourreau avec une excessive précaution, et le posa sur le marbre de la cheminée ; la lame, de la meilleure trempe et du plus fin damas, était triangulaire, à arêtes tranchantes ; sa pointe, aussi acérée que celle d'une aiguille, eût percé une piastre sans s'émousser. Imprégné d'un venin subtil et persistant, la moindre piqûre de ce poignard devenait mortelle. Jacques Ferrand ayant un jour mis en doute la dangereuse propriété de cette arme, la créole fit devant lui une expérience *in anima vili*, c'est-à-dire sur l'infortuné chien de la maison, qui, légèrement piqué au nez, tomba et mourut dans d'horribles convulsions. Le stylet déposé sur la cheminée, Cecily, quittant son spencer de drap noir, resta les épaules, le sein et les bras nus, ainsi qu'une femme en toilette de bal. Selon l'habitude de la plupart des filles de couleur, elle portait, au lieu de corset, un second corset de double toile qui lui serrait étroitement la taille; sa jupe orange, restant attachée sous cette sorte de canezou blanc à manches courtes et très-décolleté, composait ainsi un costume beaucoup moins sévère que le premier, et s'harmoniait à merveille avec les bas écarlates et la coiffure de madras si capricieusement chiffonnée autour de la tête. Rien de plus pur, de plus accompli que les contours de ses bras et de ses épaules, auxquelles deux mignonnes fossettes et un petit signe noir, velouté, coquet, donnaient une grâce de plus.

Un soupir profond attira l'attention de Cecily. Elle sourit en roulant autour de l'un de ses doigts effilés quelques boucles de cheveux qui s'échappaient de son madras.

— Cecily!... Cecily!... — murmura une voix à la fois rude et plaintive.

Et, à travers l'étroite ouverture du guichet, apparut la face blême et camuse de Jacques Ferrand; ses prunelles étincelaient dans l'ombre.

Cecily, muette jusqu'alors, commença de chanter doucement un air créole. Les paroles de cette lente mélodie étaient suaves et expressives. Quoique contenu, le mâle contralto de Cecily dominait le bruit des torrents de pluie et les violentes rafales de vent qui semblaient ébranler la vieille maison jusque dans ses fondements.

— Cecily!... Cecily... — répéta Jacques Ferrand d'un ton suppliant.

La créole s'interrompit tout à coup, tourna brusquement la tête, parut entendre pour la première fois la voix du notaire et s'approcha nonchalamment de la porte.

— Comment! cher maître (elle l'appelait ainsi par dérision), vous êtes là? — dit-elle avec un léger accent étranger qui donnait un charme de plus à sa voix mordante et sonore.

— Oh! que vous êtes belle ainsi!... — murmura le notaire.

— Vous trouvez? — répondit la créole; — ce madras sied bien à mes cheveux noirs, n'est-ce pas?

— Chaque jour je vous trouve plus belle encore.

— Et mon bras, voyez donc comme il est blanc!

— Monstre... va-t'en!... va-t'en!... — s'écria Jacques Ferrand furieux.

Cecily se mit à rire aux éclats.

— Non, non, c'est trop souffrir! Oh! si je ne craignais la mort! — s'écria sourdement le notaire; — mais mourir, c'est renoncer à vous voir, et vous êtes si belle!... J'aime encore mieux souffrir... et vous regarder...

— Regardez-moi... ce guichet est fait pour cela... et aussi pour que nous puissions causer comme deux amis... et charmer ainsi notre solitude... qui vraiment ne me pèse pas trop... Vous êtes si *bon maître!...* Voilà de ces dangereux aveux que je puis faire à travers cette porte...

— Et cette porte, vous ne voulez pas l'ouvrir? Voyez pourtant comme je suis soumis! ce soir j'aurais pu essayer d'entrer avec vous dans votre chambre... je ne l'ai pas fait.

— Vous êtes soumis par deux raisons... D'abord, parce que vous savez qu'ayant, par une nécessité de ma vie errante, pris l'habitude de porter un stylet... je manie d'un main ferme ce bijou venimeux, plus acéré que la dent d'une vipère... Vous savez aussi que, du jour où j'aurais à me plaindre de vous, je quitterais à jamais cette maison, vous laissant mille fois plus épris encore... puisque vous avez bien voulu faire la grâce à votre indigne servante de vous éprendre d'elle.

— Ma servante! c'est moi qui suis votre esclave... votre esclave moqué, méprisé...

— C'est assez vrai...

— Et cela... ne vous touche pas?...

— Cela me distrait... Les journées... et surtout les nuits... sont si longues!

— Oh! la maudite!

— Non, sérieusement, vous avez l'air si complétement égaré, vos traits s'altèrent si sensiblement, que j'en suis flattée... C'est un pauvre triomphe; mais vous êtes seul ici. .

— Entendre cela... et ne pouvoir que se consumer dans une rage impuissante!

— Avez-vous peu d'intelligence!!! jamais, peut-être... je ne vous ai rien dit de plus tendre...

— Raillez... raillez...

— Je ne raille pas; je n'avais pas encore vu d'homme de votre âge... amoureux à votre façon... et, il faut en convenir, un homme jeune et beau serait incapable d'une de ces passions enragées. Un Adonis s'admire autant qu'il nous admire... il aime du bout des dents... et puis, le favoriser, quoi de plus simple?... cela lui est dû... à peine en est-il reconnaissant; mais favoriser un homme comme vous, mon maître... oh! ce serait le ravir de la terre au ciel, ce serait combler ses rêves les plus insensés, ses espérances les plus impossibles! Car enfin, l'être qui vous dirait : « Vous aimez Cecily éperdument; si je le veux, elle sera à vous dans une seconde... » vous croiriez cet être doué d'une puissance surnaturelle... n'est-ce pas, cher maître?

— Oui, oh! oui...

— Eh bien! si vous saviez me mieux convaincre de votre passion, j'aurais peut-être la bizarre fantaisie de jouer auprès de moi-même, en votre faveur, ce rôle surnaturel. Comprenez-vous?

— Je comprends que vous me raillez encore... toujours, et sans pitié...

— Peut-être... la solitude fait naître de si étranges fantaisies!...

L'accent de Cecily avait jusqu'alors été sardonique; mais elle dit ces derniers mots avec une expression sérieuse, réfléchie, et les accompagna d'un long coup d'œil qui fit tressaillir le notaire.

— Taisez-vous... ne me regardez pas ainsi, vous me rendrez fou... j'aimerais mieux que vous me dissiez : *Jamais*... au moins je pourrais vous abhorrer, vous chasser de ma maison! — s'écria Jacques Ferrand qui s'abandonnait encore à une vaine espérance. — Oui, car je n'attendrais rien de vous. Mais, malheur! malheur! je vous connais maintenant assez... pour espérer, malgré moi, qu'un jour je devrai peut-être à votre désœuvrement ou à un de vos dédaigneux caprices ce que je n'obtiendrai jamais de votre amour... Vous me dites de vous convaincre de ma passion; ne voyez-vous pas combien je suis malheureux, mon Dieu! Je fais pourtant tout ce que je peux pour vous plaire. Vous voulez être cachée à tous les yeux, je vous cache à tous les yeux, peut-être au risque de me compromettre gravement; car enfin, moi, je ne sais pas qui vous êtes... je respecte votre secret... je ne vous en parle jamais... Je vous ai interrogée sur votre vie passée... vous ne m'avez pas répondu...

— Eh bien! j'ai eu tort; je vais vous donner une marque de confiance aveugle, ô mon maître... écoutez-moi donc.

— Encore une plaisanterie amère, n'est-ce pas!

— Non... c'est très-sérieux... Il faut au moins que vous connaissiez la vie de celle à qui vous donnez une si généreuse hospitalité...

Et Cecily ajouta d'un ton de componction hypocrite et larmoyante :

— Fille d'un brave soldat, frère de ma tante Pipelet, j'ai reçu une éducation au-dessus de mon état; j'ai été séduite, puis abandonnée par un jeune homme riche. Alors, pour échapper au courroux de mon vieux père, intraitable sur l'honneur, j'ai fui mon pays natal...

Puis, éclatant de rire, Cecily ajouta :

— Voilà, j'espère, une petite histoire très-présentable et surtout très-probable, car elle a été souvent racontée. Amusez toujours votre curiosité avec cela, en attendant quelque révélation plus piquante.

— J'étais bien sûr que c'était une cruelle plaisanterie, — dit le notaire avec une rage concentrée. — Rien ne vous touche.... rien... Que faut-il faire? Parlez donc, au moins. Je vous sers comme le dernier des valets; pour vous je néglige mes plus chers intérêts; je ne sais plus ce que je fais... je suis un sujet de surprise, de risée pour mes clercs... mes clients hésitent à me laisser leurs affaires... j'ai rompu avec quelques personnes pieuses que je voyais... je n'ose penser à ce que dit le public de ce renversement de toutes mes habitudes... Mais vous ne savez pas, non, vous ne savez pas les funestes conséquences que ma folle passion peut avoir pour moi... Voilà cependant des preuves de dévouement, des sacrifices... En voulez-vous d'autres?... parlez!... Est-ce de l'or qu'il vous faut?.... On me croit plus riche que je ne le suis... mais je...

— Que voulez-vous que je fasse maintenant de votre or? — dit Cecily en interrompant le notaire et en haussant les épaules; — pour habiter cette chambre... à quoi bon de l'or?... Vous êtes peu inventif!

— Mais ce n'est pas ma faute, à moi, si vous êtes prisonnière... Cette chambre vous déplaît-elle?... la voulez-vous plus magnifique?... Parlez... ordonnez...

— A quoi bon, encore une fois?... à quoi bon?... Oh! si je devais y attendre un être adoré... brûlant de l'amour qu'il inspire et qu'il partage, je voudrais de l'or, de la soie, des fleurs, des parfums, toutes les merveilles du luxe : rien de trop somptueux, de trop enchanteur pour servir de cadre à mes ardentes amours! — dit Cecily avec un accent passionné qui fit bondir le notaire.

— Eh bien! ces merveilles de luxe... dites un mot, et...

— A quoi bon? à quoi bon? Que faire d'un cadre sans tableau?... Et l'être adoré, où serait-il... ô mon maître?

— C'est vrai! — s'écria le notaire avec amertume. — Je suis vieux... je suis laid... je ne peux inspirer que le dégoût et l'aversion... Elle m'accable de mépris... elle se joue de moi... et je n'ai pas la force de la chasser... Je n'ai que la force de souffrir.

— Oh! l'insupportable pleurard! oh! le niais personnage avec ses doléances! — s'écria Cecily d'un ton sardonique et méprisant; — il ne sait que gémir, que se désespérer... et il est depuis dix jours... enfermé seul avec une jeune femme... au fond d'une maison déserte...

— Mais cette femme me dédaigne... mais cette femme est armée... mais cette femme est enfermée!... — s'écria le notaire avec fureur.

— Eh bien! surmonte les dédains de cette femme; fais tomber son poignard de sa main; contrains-la à ouvrir cette porte qui te sépare d'elle... et cela non par la force brutale... elle serait impuissante.

— Et comment, alors?

— Par la force de ta passion...

— La passion... et puis-je en inspirer, mon Dieu?

— Tiens, tu n'es qu'un notaire doublé de sacristain... tu me fais pitié... Est-ce à moi à t'apprendre ton rôle?... Tu es laid... sois terrible : on oubliera ta laideur. Tu es vieux... sois énergique : on oubliera ton âge. Tu es repoussant... sois menaçant. Puisque tu ne peux être le noble cheval qui hennit fièrement au milieu de ses cavales amoureuses... ne sois pas du moins le stupide chameau qui plie les genoux et tend le dos... sois tigre... un vieux tigre qui rugit au milieu du carnage a encore sa beauté... sa tigresse lui répond du fond du désert.

A ce langage, qui n'était pas sans une sorte d'éloquence naturelle et hardie, Jacques Ferrand tressaillit, frappé de l'expression sauvage, presque féroce, des traits de Cecily, qui, le sein gonflé, la narine ouverte, la bouche insolente, attachait sur lui ses grands yeux noirs et brûlants.

Jamais elle ne lui avait paru plus belle...

— Parlez, parlez encore! — s'écria-t-il avec exaltation, — vous parlez sérieusement cette fois... Oh! si je pouvais...

— On peut ce qu'on veut, — dit brusquement Cecily.

— Mais...

— Mais je te dis que, si vieux, si repoussant que tu sois... je voudrais être à ta place et avoir à séduire une femme belle, ardente et jeune, que la solitude m'aurait livrée, une femme qui comprend tout... parce qu'elle est peut-être capable de tout... oui, je la séduirais. Et, une fois ce but atteint, ce qui aurait été contre moi... tournerait à mon avantage... Quel orgueil, quel triomphe de se dire : « J'ai su me faire pardonner mon âge et ma laideur! L'amour qu'on me témoigne, je ne le dois pas à la pitié, à un caprice dépravé; je le dois à mon esprit, à mon énergie... je le dois enfin à ma passion effrénée... Oui, et maintenant il serait là de beaux jeunes gens, brillants de grâce et de charme, que cette femme si belle, que j'ai vaincue par les preuves sans bornes d'une passion effrénée, n'aurait pas un regard pour eux; non... car elle saurait que ces élégants efféminés craindraient de compromettre le nœud de leur cravate ou une boucle de leur chevelure pour obéir à un de ses ordres fantasques... tandis qu'elle jetterait son mouchoir au milieu des flammes que, sur un signe d'elle, son vieux tigre se précipiterait dans la fournaise avec un rugissement de joie. »

— Oui, je le ferais! Essayez, essayez!... — s'écria Jacques Ferrand de plus en plus exalté.

Cecily continua en s'approchant davantage du guichet et en attachant sur Jacques Ferrand un regard fixe et pénétrant...

— Car cette femme saurait bien qu'elle aurait un caprice exorbitant à satisfaire, que ces beaux fils regarderaient à leur argent s'ils en avaient, ou, s'ils n'en avaient pas, à une bassesse... tandis que son vieux tigre...

— Ne regarderait à rien... lui... entendez-vous? à rien... Fortune... honneur... il saurait tout sacrifier, lui!...

— Vrai?... — dit Cecily en posant ses doigts charmants sur les doigts osseux et velus de Jacques Ferrand, dont les mains crispées, passant au travers du guichet, étreignaient l'épaisseur de la porte.

Pour la première fois il sentait le contact de la peau fraîche et polie de la créole. Il devint plus pâle encore et poussa une sorte d'aspiration rauque.

(La suite au prochain numéro.)

COMMENT ON AIME (suite).

— Ah! merci de cette bonne parole! s'écria-t-il avec feu. Ah! soyez convaincue que je suis profondément attristé des ennuis involontaires que j'ai semés dans votre existence. C'est avec des larmes que je vous demande de me pardonner. C'est aussi avec des larmes que je vous conjure de faire un effort héroïque, et d'unir deux enfants qui vous combleront de reconnaissance et d'amour.

—Impossible! répliqua madame Deligny qui, chaque fois que Daniel touchait cette corde, sentait l'irritation résonner en elle. J'ai donné ma parole.

— Elle n'est pas irrévocable, madame! vous pouvez certainement la reprendre. M. Brémont est trop âgé pour Fernande. Ce mariage n'est pas convenable. Vous rendriez votre fille malheureuse, et toute votre vie vous auriez le regret de l'avoir sacrifiée.

— Je ne sacrifie personne, repartit l'inplacable veuve en reprenant le ton sec qu'elle avait abandonné. Je confie Fernande à un homme bon et modéré, qui n'a plus les ardeursde la jeunesse, mais qui n'a pas, non plus, sa légèreté, son inconstance. Croyez-moi, je sais ce que je fais.

— Je sais, moi, dit Daniel en hochant la tête avec désespoir, que vous vous préparez des remords. Si c'est une vengeance que vous voulez, prenez garde! vous l'aurez complète!

— Des menaces? fit madame Deligny avec un mélange de dédain et d'émotion.

— Oh! soyez tranquille! ces mena ces n'atteindront personne, si ce n'est moi.

— Bon! je comprends ce que vous voulez dire. Mais je sais par cœur cette théorie. Trois jeunes gens m'ont autrefois menacée de se tuer, lesquels se portent à merveille aujourd'hui. Vous ferez comme eux, et vous ferez bien.

— Vous vous trompez, madame, sur la nature de mes sentiments, reprit Daniel avec une exaltation croissante; ce que j'éprouve pour votre fille, ce n'est pas, croyez-le, une de cesaffections banales qu'un obstacle a bientôt effacées du cœur; affections de paille, qui brûlent et se consument rapidement, et dont le vent a bientôt dispersé la cendre! Non, ce que je ressens pour elle, c'est une sympathie profonde, qui, dès le premier jour que je l'ai vue, s'est communiquée à mon âme comme une électricité, et s'en est emparée à jamais. Dans l'abandon de cet amour céleste, dans l'espérance inavouée d'un bonheur lointain, je me suis abstenu de toute démonstration qui pût trahir mon secret. Ma timidité naturelle m'imposait d'ailleurs le silence et la réserve. Mais il n'en est pas moins vrai que cet amour, c'est ma vie, et que la mort seule pourra me l'arracher du cœur!

Ces dernières paroles furent proférées avec énergie. La mère de Fernande sentit presque fléchir sa rigueur jalouse. Daniel reprit en joignant les mains:

— Allons, madame, soyez forte et magnanime. Faites preuve d'une grande et noble abnégation. Le dévouement apporte avec lui des consolations ineffables, qui nous relèvent à nos propres yeux. Il doit être si bon de se dire : Voilà deux êtres heureux! Eh bien! ils me doivent leur bonheur; et même ce bonheur je le leur ai donné un peu aux dépens du mien. Comprenez-vous, madame, tout ce que cet effort de l'âme a de touchant, de sublime, de saint? Êtes-vous donc au-dessous de cette courageuse action?

Madame Deligny sourit avec une amère tristesse.

— Vous êtes éloquent, dit-elle.

— J'ai l'éloquence de ceux que la souffrance inspire, l'éloquence du cœur. Tenez, reprit-il en tombant à ses pieds, je me mets à vos genoux, je vous supplie, je vous implore! Un mot, un seul mot qui me rende l'espoir, et je vous aimerai comme une sœur, comme un ange, comme une mère!

En s'exprimant ainsi d'une voix passionnée, il serrait à les briser les mains de madame Deligny et les couvrait de pleurs. Madame Deligny était réellement émue, mais elle n'avait pas l'âme assez bien placée pour apprécier toute la noblesse du rôle que Daniel lui traçait avec tant de vivacité, et surtout pour l'accepter en cette circonstance. Sans avoir sur ce jeune homme des projets arrêtés, elle ne pouvait cependant se résoudre à l'unir à une autre de son propre mouvement. Avant tout, elle ne voulait pas contribuer à son bonheur, car son orgueil de belle femme souffrait de la préférence qu'il accordait à Fernande. Bien plus, sa susceptibilité se trouvait froissée de l'assurance maladroite que Daniel venait de lui donner de l'aimer comme une *mère*. Ce mot avait suffi pour refermer son cœur qui commençait à s'ouvrir à la compassion. En réponse à leur amour, l'amitié filiale n'est guère du goût des femmes qui ont atteint l'âge de madame Deligny.

— Eh bien! madame, dit Daniel, le regard suppliant, ne me dites-vous rien?

— Que voulez-vous que je vous dise? répondit madame Deligny d'un ton froid et ferme. Ce que vous demandez, je vous le répète, je ne puis vous l'accorder : je n'ai qu'une parole.

— Ainsi M. Brémont épousera Fernande?

— C'est entendu.

Daniel se leva avec une tranquillité morne, salua gravement madame Deligny et partit sans ajouter un mot. Il se dirigea vers la demeure de M. Brémont; il ne l'y trouva pas. Alors, le cœur ulcéré, la tête en feu, roulant dans son esprit mille projets insensés, il erra dans Paris une grande partie de la journée, tantôt méditant de se tuer, tantôt formant la résolution d'enlever Fernande, tantôt voulant provoquer en duel M. Brémont. Il eût peut-être mis un de ces beaux projets à exécution. Mais, comme il rentrait chez lui, une lettre vint changer le cours de ses résolutions. C'était une lettre de son père, ainsi conçue :

« Mon cher Daniel,

« Je suis très-malade, je n'ai plus que quelques jours, que quelques heures à vivre peut-être. Avant de mourir, je voudrais te dire adieu, t'embrasser. Viens vite, mon enfant, apporter cette consolation au vieillard qui se meurt, et qui t'aimera jusque dans la tombe.

« Ton père,

« Vicomte de Kerbrizio. »

Daniel aimait son père. Dans l'état où il se trouvait, cette nouvelle acheva de l'accabler. Obligé de partir subitement pour la Bretagne, quand il lui importait qu'il restât à Paris afin d'empêcher, de manière ou d'autre, le mariage projeté, il hésitait sur le parti qu'il devait prendre. Il y avait lutte entre son amour et son devoir. Cependant, après un rude combat, les sentiments généreux l'emportèrent sur les sentiments égoïstes. Il écrivit à Fernande, sans savoir comment il lui ferait parvenir sa lettre. Il lui peignit, avec une ardente et sincère douleur, sa passion pour elle, et ses tourments, et la nécessité impérieuse qui l'obligeait de partir pour aller fermer les yeux de son père mourant. Il terminait en la suppliant de résister de toute son énergie à la volonté de sa mère, et lui donnait la certitude qu'à son retour il parviendrait à rompre un mariage qui le désespérait. Cette lettre, écrite avec son âme, trempée de ses larmes, Daniel la confia à son domestique qui se chargea de la faire parvenir à Fernande, et qui, gagné par madame Deligny, la lui livra. Le soir même, Daniel partit pour la Bretagne. Il trouva son père mourant dans son vieux château solitaire au bord de l'Océan. Daniel avait un noble cœur; l'impression qu'il ressentit à l'aspect du vieillard agonisant fut profonde et lui fit presque oublier ses amours en danger. M. de Kerbrizio, en reconnaissant son fils, sortit de l'extrême atonie dans laquelle il était plongé depuis quelque temps. Il sembla renaître comme une lumière qui lutte avant de s'éteindre. Il retint pendant quinze jours encore le dernier souffle de son existence fugitive, et rendit le suprême soupir dans les bras de son fils, qui n'avait pas quitté son chevet. Daniel remplit les devoirs funèbres, et, après avoir laissé le soin de ses affaires à un notaire de la ville voisine, il accourut en toute hâte à Paris. Les nuits qu'il avait passées auprès de son père, les souffrances diverses qu'il avait ressenties l'avaient rendu malade; il avait la fièvre, et, cette disposition physique précipitant l'effervescence de son imagination, il était en proie, chemin faisant, à toutes les tortures que peuvent infliger la crainte, l'impatience et la douleur. Une idée surtout lui tenaillait le cœur. « Trois semaines d'absence! murmurait-il avec angoisses. Fernande doit être mariée! »

Quand il arriva à Paris, c'était le soir, il était brisé, mourant, ses jambes fléchissaient sous lui. Il monta dans une voiture de place, et, dominé par la force de sa préoccupation, au lieu de donner son adresse au cocher, il donna étourdiment celle de madame Deligny. Son fiacre s'arrêta bientôt devant une porte cochère dont les battants étaient ouverts. Le vestibule paraissait éclairé d'une façon inaccoutumée. Plusieurs dames, en toilette de bal, y descendaient de voiture. Daniel mit la tête à la portière et reconnut la maison de madame Deligny. Il leva les yeux et vit toutes resplendissantes de lumière les fenêtres du premier étage qu'habitait la mère de Fernande. Le bruit d'un orchestre exécutant un quadrille arriva jusqu'à lui. Il frissonna, s'élança hors du fiacre, et s'adressant au concierge qui le reconnut à peine :

— Il y a donc bal chez madame Deligny? demanda-t-il avec agitation.

— Mais oui, monsieur, répondit le concierge étonné.

— Pourquoi cela?

— Pourquoi? pour un mariage.

— Eh! lequel?

— Parbleu ! celui de mademoiselle Fernande et de M. Brémont.

Daniel poussa un cri étouffé, se précipita dans la voiture et donna cette fois son adresse au cocher. Quand il arriva, son domestique, qu'il n'avait pas prévenu de son retour, était absent. Il s'habilla à la hâte, remonta en voiture, et revint à la demeure de madame Deligny.

IV

Si faible tout à l'heure qu'il pouvait à peine se soutenir, Daniel, en entendant le bal de noce,

— Il y a donc bal chez madame Deligny ? demanda-t-il avec avec agitation. (Page 799).

se sentit une force extraordinaire. Il franchit l'escalier comme une ombre, traversa les premières pièces sans être remarqué, et arriva à l'entrée du salon que la foule encombrait. Bientôt son regard ardent put plonger dans la salle de bal et l'embrasser comme un éclair. Tout de suite il distingua madame Deligny, M. Brémont et Fernande.

(La suite au prochain numéro.)

Le propriétaire-gérant : F. ROY.

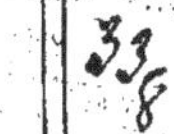

LES MYSTÈRES DE PARIS

Cecily, dans une pose pleine de noblesse et d'abandon, à demi couchée sur un vaste divan (Page 802).

— Comment cette femme ne serait-elle pas ardemment passionnée? — ajouta Cecily. — Aurait-elle un ennemi... que, le désignant du regard à son vieux tigre... elle lui dirait : Frappe... et...

— Et il frapperait!... — s'écria Jacques Ferrand en tâchant d'approcher du bout des doigts de Cecily ses lèvres desséchées.

— Vrai?... le vieux tigre frapperait? — dit la créole en appuyant doucement sa main sur la main de Jacques Ferrand.

— Pour te posséder, — s'écria le misérable, — je crois que je commettrais un crime...

— Tiens, maître... — dit tout à coup Cecily en retirant sa main, — à ton tour, va-t'en... je ne te reconnais plus; tu ne me parais plus si laid que tout à l'heure... va-t'en!

Elle s'éloigna brusquement du guichet. La

détestable créature sut donner à son geste et à ses dernières paroles un accent de vérité si incroyable, son regard, à la fois surpris, brûlant et courroucé, semblait exprimer si naturellement son dépit d'avoir un moment oublié la laideur de Jacques Ferrand, que celui-ci, transporté d'une espérance frénétique, s'écria en se cramponnant aux barreaux du guichet :

— Cecily... reviens... reviens !... ordonne !... je serai ton tigre...

— Non, non, maître... — dit Cecily en s'éloignant de plus en plus du guichet, — et pour conjurer le diable qui me tente... je vais chanter une chanson de mon pays... Maître, entends-tu ?... au dehors le vent redouble, la tempête se déchaîne... quelle belle nuit pour deux amants assis côte à côte auprès d'un beau feu pétillant !...

— Cecily... reviens !... — cria Jacques Ferrand d'un ton suppliant.

— Non, non, plus tard... quand je le pourrai sans danger... Mais la lumière de cette lampe blesse ma vue... une douce langueur appesantit mes paupières... je ne sais quelle émotion m'agite... une demi-obscurité me plaira davantage... on dirait que je suis dans le crépuscule du plaisir...

Et Cecily alla vers la cheminée, éteignit la lampe, prit une guitare suspendue au mur, et attisa le feu, dont les flamboyantes lueurs éclairèrent alors cette vaste pièce.

De l'étroit guichet où il se tenait immobile, tel était le tableau qu'apercevait Jacques Ferrand :

Au milieu de la zone lumineuse formée par les tremblantes clartés du foyer, Cecily, dans une pose pleine de mollesse et d'abandon, à demi couchée sur un vaste divan de damas grenat, tenait une guitare dont elle tirait quelques harmonieux préludes. Le foyer embrasé jetait ses reflets vermeils sur la créole, qui apparaissait ainsi vivement éclairée, au milieu de l'obscurité du reste de la chambre. Pour compléter l'effet de ce tableau, que le lecteur se rappelle l'aspect mystérieux, presque fantastique, d'un appartement où la flamme de la cheminée lutte contre les grandes ombres noires qui tremblent au plafond et sur les murailles...

L'ouragan redoublait de violence, on l'entendait mugir au dehors.

Tout en préludant sur sa guitare, Cecily attachait opiniâtrément son regard magnétique sur Jacques Ferrand, qui, fasciné, ne la quittait pas des yeux.

— Tenez, maître, — dit la créole, — écoutez une chanson de mon pays ; nous ne savons pas faire de vers, nous disons un simple récitatif sans rimes, et entre chaque repos nous improvisons, tant bien que mal, une cantilène appropriée à l'idée du couplet ; c'est très-naïf et très-pastoral, cela vous plaira, j'en suis sûre, maître... Cette chanson s'appelle *la Femme amoureuse ;* c'est elle qui parle.

Et Cecily commença une sorte de récitatif bien plus accentué par l'expression de la voix que par la modulation du chant. Quelques accords doux et frémissants servaient d'accompagnement. Telle était la chanson de Cecily :

Des fleurs, partout des fleurs...

Mon amant va venir ! L'attente du bonheur et me brise et m'énerve.

Adoucissons l'éclat du jour : la volupté cherche une ombre transparente...

Au frais parfum des fleurs, mon amant préfère ma chaude haleine...

L'éclat du jour ne blessera pas ses yeux, car ses paupières, sous mes baisers, resteront closes.

Mon ange, oh ! viens... mon sein bondit, mon sang brûle...

Viens... viens... viens !...

Ces paroles, dites avec autant d'ardeur impatiente que si la créole se fût adressée à un amant invisible, furent ensuite pour ainsi dire traduites par elle dans un thème d'une mélodie enchanteresse ; ses doigts charmants tiraient de sa guitare, instrument ordinairement peu sonore, des vibrations pleines d'une suave harmonie. La physionomie animée de Cecily, ses yeux voilés, humides, toujours attachés sur ceux de Jacques Ferrand, exprimaient les brûlantes langueurs de l'attente. Paroles amoureuses, musique enivrante, regards enflammés, beauté sensuellement idéale, au dehors le silence, la nuit... tout concourait en ce moment à égarer la raison de Jacques Ferrand. Aussi, éperdu, s'écria-t-il :

— Grâce... Cecily !... grâce !... c'est à en perdre la tête !... Tais-toi, c'est à mourir !... Oh ! je voudrais être fou !

— Écoutez donc le second couplet, maître ! — dit la créole en préludant de nouveau.

Et elle continua son récitatif passionné :

Si mon amant était là et que sa main effleurât mon épaule nue, je me sentirais frissonner et mourir...

S'il était là... et que ses cheveux effleurassent ma joue, ma joue si pâle deviendrait pourpre...

Ma joue si pâle serait en feu...

Ame de mon âme, si tu étais là... mes lèvres desséchées, mes lèvres avides ne diraient pas une parole...
Vie de ma vie, si tu étais là, ce n'est pas moi qui, expirante... demanderais grâce...
Ceux que j'aime comme je t'aime... je les tue...
Mon ange, oh! viens!... mon sein bondit, mon sang brûle...
Viens... viens... viens!...

Si la créole avait accentué la première strophe avec une langueur voluptueuse... elle mit dans ses dernières paroles tout l'emportement de l'amour antique. Et comme si la musique eût été impuissante à exprimer son fougueux délire elle jeta sa guitare loin d'elle... et se levant à demi, en tendant les bras vers la porte où se tenait Jacques Ferrand, elle répéta d'une voix éperdue, mourante :

— *Oh! viens... viens... viens!...*

Peindre le regard électrique dont elle accompagna ces paroles serait impossible... Jacques Ferrand poussa un cri terrible.

— Oh! la mort... la mort à celui que tu aimerais ainsi... à qui tu dirais ces paroles brûlantes! — s'écria-t-il en ébranlant la porte dans un emportement de jalousie et d'ardeur furieuse. — Oh! ma fortune... ma vie pour une minute de cette volupté dévorante... que tu peins en traits de flamme.

Souple comme une panthère, d'un bond Cecily fut au guichet; et comme si elle eût difficilement concentré ses feints transports, elle dit à Jacques Ferrand d'une voix basse, concentrée, palpitante :

— Eh bien!... je te l'avoue... je me suis embrasée moi-même... aux ardentes paroles de cette chanson. Je ne voulais pas revenir à cette porte... et m'y voilà revenue... malgré moi... car j'entends encore tes paroles de tout à l'heure : *Si tu me disais : Frappe... je frapperais*... Tu m'aimes donc bien?

— Veux-tu... de l'or... tout mon or?...

— Non... j'en ai...

— As-tu un ennemi?... je le tue.

— Je n'ai pas d'ennemi...

— Veux-tu être ma femme?... je t'épouse...

— Je suis mariée!...

— Mais que veux-tu donc alors, mon Dieu!.. que veux-tu donc?...

— Prouve-moi que ta passion pour moi est aveugle, furieuse, que tu lui sacrifierais tout!...

— Tout! oui, tout! mais comment?

— Je ne sais... mais il y a un instant l'éclat de tes yeux m'a éblouie... Si à cette heure tu me donnais une de ces marques d'amour forcené qui exaltent l'imagination d'une femme jusqu'au délire... je ne sais pas de quoi je serais capable!... Hâte-toi! je suis capricieuse; demain l'impression de tout à l'heure sera peut-être effacée

— Mais quelle preuve puis-je te donner ici, à l'instant? — cria le misérable en se tordant les mains. — C'est un supplice atroce! Quelle preuve?... dis, quelle preuve?

— Tu n'es qu'un sot! — répondit Cecily en s'éloignant du guichet avec une apparence de dépit dédaigneux et irrité. — Je me suis trompée! je te croyais capable d'un dévouement énergique!... Bonsoir... C'est dommage...

— Cecily... oh! ne t'en va pas... reviens... Mais que faire?... dis-le-moi au moins. Oh! ma tête s'égare... Que faire? mais que faire?

— Cherche.

— Mon Dieu! mon Dieu!

— Je n'étais que trop disposée à me laisser séduire, si tu l'avais voulu... Tu ne retrouveras pas une occasion pareille.

— Mais enfin... on dit ce qu'on veut! — s'écria le notaire presque insensé.

— Devine...

— Explique-toi... ordonne...

— Eh! si tu me désirais aussi passionnément que tu le dis... tu trouverais le moyen de me persuader... Bonsoir...

— Cecily!...

— Je vais fermer ce guichet... au lieu d'ouvrir cette porte...

— Grâce! écoute...

— Un moment j'avais pourtant cru que ma tête se montait... ce foyer s'éteint... l'obscurité serait venue... je n'aurais plus songé qu'à ton dévouement; alors ce verrou... mais non... tu ne veux pas... Oh! tu ne sais pas ce que tu perds... Bonsoir... saint homme.

— Cecily... écoute... reste... j'ai trouvé... — s'écria Jacques Ferrand après un moment de silence et avec une explosion de joie impossible à rendre.

Le misérable fut alors frappé de vertige. Une vapeur impure obscurcit son intelligence; livré aux appétits aveugles et furieux de la brute, il perdit toute prudence... toute réserve... l'instinct de sa conservation morale l'abandonna...

— Eh bien! cette preuve de ton amour? — dit la créole qui, s'étant rapprochée de la cheminée pour y prendre son poignard, revint lentement près du guichet, doucement éclairée par la lueur du foyer... Puis, sans que le notaire s'en aperçût, elle s'assura du jeu d'une chaînette de fer qui reliait deux pitons, dont l'un était vissé dans la porte, l'autre dans le chambranle.

— Écoute, — dit Jacques Ferrand d'une voix rauque et entrecoupée, — écoute... si je mettais mon honneur... ma fortune... ma vie à ta merci... là... à l'instant... croirais-tu que je t'aime? Cette preuve de folle passion te suffirait-elle, dis?

— Ton honneur... ta fortune... ta vie?... je ne te comprends pas.

— Si je te livre un secret qui peut me faire monter sur l'échafaud, seras-tu à moi?

— Toi... criminel? tu railles... Et ton austérité?

— Mensonge...

— Ta probité?...

— Mensonge...

— Ta piété?

— Mensonge...

— Tu passes pour un saint, et tu serais un démon... tu te vantes!... Non, il n'y a pas d'homme assez habilement rusé, assez froidement énergique, assez heureusement audacieux, pour capter ainsi la confiance et le respect des hommes... Ce serait un sarcasme infernal, un épouvantable défi jeté à la face de la société!

— Je suis cet homme... J'ai jeté ce sarcasme et ce défi à la face de la société, — s'écria le monstre dans un accès d'épouvantable orgueil.

— Jacques!... Jacques!... ne parle pas ainsi! — dit Cecily d'une voix stridente et le sein palpitant, — tu me rendrais folle...

— Ma tête pour tes caresses... veux-tu?

— Ah! voilà donc de la passion enfin!... — s'écria Cecily. — Tiens... prends mon poignard... tu me désarmes...

Jacques Ferrand prit, à travers le guichet, l'arme dangereuse avec précaution, et la jeta au loin dans le corridor.

— Cecily... tu me crois donc? s'écria-t-il avec transport.

— Si je te crois! — dit la créole en appuyant avec force ses deux mains charmantes sur les mains crispées de Jacques Ferrand. — Oui, je te crois... car je retrouve ton regard de tout à l'heure, ce regard qui m'avait fascinée... Tes yeux étincellent d'une ardeur sauvage. Jacques... je les aime... tes yeux!

— Cecily!!!

— Tu dois dire vrai...

— Si je dis vrai!... Oh! tu vas voir.

— Ton front est menaçant... ta figure redoutable... Tiens, tu es effrayant et beau comme un tigre en fureur... Mais tu dis vrai, n'est-ce pas?

— J'ai commis bien des crimes, te dis-je!

— Tant mieux... si par leur aveu tu me prouves ta passion...

— Et si je dis tout?

— Je t'accorde tout... car si tu as cette confiance aveugle, courageuse... vois-tu, Jacques... ce ne serait plus l'amant idéal de la chanson que j'appellerais; c'est à toi... mon tigre... à toi... que je dirais : Viens... viens... viens... !

En disant ces derniers mots avec une expression avide et ardente, Cecily s'approcha si près, si près du guichet, que Jacques Ferrand sentit sur sa joue le souffle embrasé de la créole, et sur ses doigts velus l'impression électrique de ses lèvres fraîches et fermes.

— Oh! tu seras à moi... je serai ton tigre, — s'écria-t-il, — et après, si tu le veux, tu me déshonoreras, tu feras tomber ma tête... Mon honneur, ma vie, tout est à toi maintenant...

— Ton honneur?

— Mon honneur! Écoute : il y a dix ans, on m'a confié une enfant et cent cinquante mille francs qu'on lui destinait; j'ai abandonné l'enfant, je l'ai fait passer pour morte au moyen d'un faux acte de décès, et j'ai gardé l'argent...

— C'est habile et hardi... qui aurait cru cela de toi?...

— Écoute encore : je haïssais mon caissier... Un soir, il avait pris chez moi un peu d'or qu'il m'a restitué le lendemain; mais pour perdre ce misérable je l'ai accusé de m'avoir volé une somme considérable. On m'a cru, on l'a jeté en prison... Maintenant mon honneur est-il à ta merci?

— Oh!... tu m'aimes... Jacques... tu m'aimes... Me livrer ainsi tes secrets... quel empire ai-je donc sur toi?... Je ne serai pas ingrate... donne ce front où sont nées tant d'infernales pensées... que je le baise...

— Oh! — s'écria le notaire en balbutiant, — l'échafaud serait là... dressé, que je ne reculerais pas... Écoute encore... Cette enfant, autrefois abandonnée, s'est retrouvée sur mon chemin... elle m'inspirait des craintes... je l'ai fait tuer...

— Toi?... Et comment?... où cela?...

— Il y a peu de jours... près du pont d'Asnières... à l'île du Ravageur... Un nommé Martial l'a noyée dans un bateau à soupape...

Voilà-t-il assez de détails?... me croiras-tu?...

— Oh! démon... d'enfer... tu m'épouvantes et pourtant tu m'attires... tu me passionnes... Quel est donc ton pouvoir?

— Écoute encore... Avant cela, un homme m'avait confié cent mille écus... Je l'ai fait tomber dans un guet-apens... je lui ai brûlé la cervelle... j'ai prouvé qu'il s'était suicidé, et j'ai nié le dépôt que sa sœur réclamait... Maintenant ma vie est à ta merci... ouvre.

— Jacques... tiens... je t'adore! — dit la créole avec exaltation.

— Oh! viennent mille morts... et je les brave! — s'écria le notaire dans un enivrement impossible à peindre. — Oui, tu avais raison, je serais jeune, charmant, que je n'éprouverais pas cette joie triomphante... La clef! jette-moi la clef!... tire le verrou...

La créole ôta la clef de la serrure, fermée en dedans, et la donna au notaire par le guichet, en lui disant éperdument :

— Jacques... je suis folle!...

— Tu es à moi, enfin! — s'écria-t-il avec un rugissement sauvage, en faisant précipitamment tourner le pêne de la serrure.

Mais la porte, fermée au verrou, ne s'ouvrit pas encore.

— Viens, mon tigre, viens!... — dit Cecily d'une voix mourante.

— Le verrou... le verrou!... — s'écria Jacques Ferrand.

— Mais si tu me trompais... — s'écria tout à coup la créole; — si ces secrets... tu les inventais... pour te jouer de moi!...

Le notaire resta un moment frappé de stupeur; il se croyait au terme de ses vœux; ce dernier temps d'arrêt mit le comble à son impatiente furie. Il porta rapidement la main à sa poitrine, ouvrit son gilet, rompit avec violence une chaînette d'acier à laquelle était suspendu un petit portefeuille rouge, le prit, et le montrant par le guichet à Cecily il lui dit d'une voix oppressée, haletante :

— Voilà de quoi faire tomber ma tête... tire le verrou... le portefeuille est à toi!...

— Donne, mon tigre!... — s'écria Cecily.

Et tirant brusquement le verrou d'une main, de l'autre elle saisit le portefeuille...

Mais Jacques Ferrand ne le lui abandonna qu'au moment où il sentit la porte céder sous son effort... Mais si la porte céda... elle ne fit que s'entre-bâiller de la largeur d'un demi-pied environ, retenue qu'elle était à la hauteur de la serrure par la chaîne et les pitons. A cet obstacle imprévu, Jacques Ferrand se précipita contre la porte et l'ébranla d'un effort désespéré.

Cecily, avec la rapidité de la pensée, prit le portefeuille entre ses dents, ouvrit la croisée, jeta dans la cour un manteau, et aussi leste que hardie, se servant d'une corde à nœuds fixée à l'avance au balcon, elle se laissa glisser du premier étage dans la cour, rapide et légère comme une flèche qui tombe à terre... Puis, s'enveloppant à la hâte dans le manteau, elle courut à la loge du portier, l'ouvrit, tira le cordon, sortit dans la rue et sauta dans une voiture qui, depuis l'entrée de Cecily chez Jacques Ferrand, venait chaque soir, à tout événement, par ordre du baron de Graün, stationner à vingt pas de la maison du notaire... Cette voiture partit au grand trot de deux vigoureux chevaux. Elle atteignit le boulevard avant que Jacques Ferrand se fût aperçu de la fuite de Cecily.

Revenons à ce monstre... Par l'entre-bâillement de la porte, il ne pouvait apercevoir la fenêtre dont la créole s'était servie pour préparer et assurer sa fuite... D'un dernier coup furieux de ses larges épaules, Jacques Ferrand fit éclater la chaîne qui tenait la porte entr'ouverte... Il se précipita dans la chambre... Il ne trouva personne... La corde à nœuds se balançait encore au balcon de la croisée où il se pencha... Alors, de l'autre côté de la cour, à la clarté de la lune qui se dégageait des nuages amoncelés par l'ouragan, il vit dans l'enfoncement de la voûte d'entrée la porte cochère ouverte. Jacques Ferrand devina tout... Une dernière lueur d'espoir lui restait. Vigoureux et déterminé, il enjamba le balcon, se laissa glisser à son tour dans la cour au moyen de la corde et sortit en hâte de sa maison... La rue était déserte... Il ne vit personne. Il n'entendit d'autre bruit que le roulement lointain de la voiture qui emportait rapidement la créole. Le notaire pensa que c'était quelque carrosse attardé, et n'attacha aucune attention à cette circonstance.

Ainsi, pour lui aucune chance de retrouver Cecily, qui emportait avec elle la preuve de ses crimes!!! A cette épouvantable certitude, il tomba foudroyé sur une borne placée à sa porte. Il resta longtemps là, muet, immobile, pétrifié.

(La suite au prochain numéro.)

COMMENT ON AIME

UNE RIVALITÉ

(SUITE)

Madame Deligny causait avec quelques femmes; elle souriait. M. Brémont paraissait le plus heureux homme du monde; il distribuait des poignées de main. Fernande, elle, dans un cercle de jeunes filles, était pâle comme la couronne de fleurs d'oranger qui ceignait son front. Elle souriait aussi par instants, mais son sourire était contraint et triste. Daniel se sentit fléchir sous le poids d'une douleur violente. Il fut obligé de se cramponner au chambranle de la porte. Ses yeux se fixèrent immobiles, effrayants, sur Fernande. Et, comme si leur attraction eût agi magnétiquement sur ceux de la jeune fille, celle-ci dirigea son regard vers la porte du salon et rencontra le regard de Daniel. Elle en ressentit une commotion profonde. Son visage se couvrit d'une teinte pourprée; peu s'en fallut qu'elle ne se trouvât mal. Elle recueillit cependant assez de force pour résister à ce choc inattendu, et cacha sa violente émotion en portant à son front le mouchoir brodé qu'elle tenait à la main.

En ce moment, l'orchestre faisait entendre le prélude d'une valse; les valseurs s'échelonnèrent dans la salle et s'élancèrent bientôt dans un tourbillon. Daniel remarqua que Fernande, qui aimait à valser et valsait à ravir, restait en place. Surexcité par le mystérieux effet de la musique, enhardi par l'énergie de sa souffrance, il se fit jour à travers la foule, se glissa jusqu'à Fernande, et s'assit à une place vide auprès d'elle. Puis, avec la promptitude de l'inspiration :

— Valsons! dit-il à voix basse et d'un ton poignant.

— Je viens de refuser, répondit Fernande avec une sombre tristesse.

— Qu'importe! valsons! répéta Daniel résolûment. C'est la dernière grâce que j'implore de vous. Vous ne me reverrez plus!

— Mais ma mère!.... murmura Fernande avec effroi.

— Vous êtes affranchie... puisque vous êtes mariée! reprit Daniel avec une sourde véhémence.

Il lui saisit les mains, l'entraîna demi-morte dans le flot des valseurs; et, enlaçant sa taille flexible, il s'élança dans le tourbillon.

L'orchestre était excellent, les valseurs clairsemés. Le couple pâle et frêle glissa comme une ombre autour de la salle, admiré des spectateurs qui l'avaient distingué entre tous. Madame Deligny n'était pas en ce moment au salon. M. Brémont venait de s'asseoir à une table d'écarté. Ils ne pouvaient soupçonner ce qui se passait. Daniel et Fernande, cependant, laissant à leur instinct musical et à leur extrême habileté le soin de les conduire, échangeaient entre eux, tout bas, des paroles fébriles et entrecoupées.

— Quoi!... vous n'avez pas reçu ma lettre? disait Daniel.

— Non.

— Le misérable! qu'en aura-t-il fait?

— Je vous croyais résigné... oublieux...

— Et vous voilà mariée!...

— Ma mère m'y forçait.

— Maudite soit-elle!

— Elle croit faire mon bonheur.

— Pauvre Fernande!... si vous saviez!...

— Quoi donc?

— Il y a d'affreuses choses dans cette vie! de tristes drames dans le mariage! On vous sacrifie!...

— C'est impossible!

— Votre mère me hait!

— Eh! pourquoi?

— Parce que je vous aime!

Fernande regarda Daniel, stupéfaite, en silence.

Une révélation semblait avoir illuminé son esprit.

— Je crois vous comprendre, dit-elle enfin. Ma mère... vous aimait aussi?

Daniel garda le silence.

— Oh! ma mère! murmura Fernande.

Deux grosses larmes vinrent se suspendre à ses paupières. Légèrement penchée sur l'épaule du jeune homme, qui la soutenait de son bras grêle mais nerveux, elle effleurait à peine le parquet, plongée dans une réflexion douloureuse, que Daniel interrompit bientôt.

— Fernande, murmura-t-il, m'aimez-vous encore?

— Je ne le puis.

— Que dites-vous?

— Je ne suis plus Fernande... je suis...

— Madame Brémont.

— C'en est fait, hélas!

— Fernande! Fernande!... si vous vouliez... avec un peu d'énergie... vous échapperiez au martyre!...

— Par quel moyen?

— Par la fuite.

— C'est le déshonneur!

— C'est la liberté!... Heureux, nous oublierions le monde entier!

— Le remords empoisonnerait ma vie!

— Ah! vous vous résignez, Fernande!... vous ne m'aimez plus!

Fernande ne répondit pas : elle dévorait ses pleurs.

En cet instant, le mouvement de la valse venait d'être précipité. Trois ou quatre couples à peine résistaient encore à la fatigue. Daniel et Fernande, légers comme des spectres, semblèrent puiser une nouvelle vigueur dans cette animation de l'orchestre, et tournèrent avec une rapidité effrayante.

— Y songez-vous? reprit Daniel avec désespoir.

— A quoi donc, Daniel?

— Dans quelques heures, vous appartiendrez à M. Brémont!

— Taisez-vous!

— J'en mourrai!

— O ciel!...

— J'en mourrai, vous dis-je! continua l'impitoyable jeune homme d'une voix stridente. Depuis trois semaines, j'ai dévoré dix ans de ma vie!... J'ai vu mourir mon père! j'ai assisté à son agonie... à ses funérailles!... tandis que, le cœur brisé, je pensais à vous qu'on sacrifiait ici!... Enfin j'arrive... et je vous trouve la femme d'un autre... vous, ma seule et suprême affection sur la terre!... vous, mon seul et suprême tourment!...

— Calmez-vous, Daniel!

— Me calmer!

— Oui... car je souffre!

— Vous souffrez? dit Daniel en frémissant.

— Mon cœur se brise... comme sous la pression d'une main de fer.

— Arrêtons-nous!

— Non... valsons toujours, je suis heureuse!

— Oui! oui! valsons encore, ô mes pauvres amours!

— Valsons jusqu'à la fin!

— Valsons jusqu'à la mort!

— Oh! mourir dans cette valse! murmura Fernande.

— Oui, Fernande... mourir, mourir ainsi!

— Il me semble que mon âme s'échappe.

— Tu as peur, enfant!

— Non... je me sens mal.

— En effet... tu es blême comme la mort!

— Mon cœur se serre de plus en plus.

— Malheureuse! te sens-tu donc mourir?

— Oui.

— Oh! cessons cette valse infernale!

— Non... Si nous cessions... je crois que je tomberais morte...

— Tu m'effrayes!

— Ah! c'est toi qui as peur, maintenant!

Comme elle exhalait ces mots, Fernande tressaillit violemment.

— Ah! mon Dieu! s'écria-t-elle.

— Que vois-tu?

— Le regard de ma mère!

— Eh bien?

— Il m'a lancé un éclair affreux!

— Elle va faire cesser la valse.

— Sans doute...

— Écoute! dit Daniel.

— Oui... le crescendo final...

— Adieu donc, Fernande!

— Adieu, Daniel!

— Demain j'irai te pleurer et mourir dans la solitude de mes grèves bretonnes!...

— Et moi... moi... je vais t'attendre au ciel!...

L'orchestre venait de cesser. Daniel et Fernande s'arrêtèrent, mais à peine leurs bras fortement enlacés s'étaient-ils desserrés, que tous les deux tombèrent à la renverse. On s'empressa de les secourir; ils ne donnaient plus signe de vie. On parvint cependant à leur faire reprendre leurs sens. Fernande fut déposée mourante sur son lit virginal, et Daniel emporté chez lui. Il resta deux jours en proie à une fièvre ardente, prononçant sans cesse le nom de Fernande, et la voyant sans cesse lui apparaître dans le blanc linceul des morts. Vingt fois il avait envoyé s'informer d'elle, et chaque fois on avait refusé de donner aucune nouvelle de la malade. Enfin, après deux jours d'anxiété qui activaient sa fièvre, en l'absence de son domestique et d'une vieille garde qu'il avait éloignés sous divers prétextes, il se leva chancelant, s'habilla avec toute la promptitude qu'il pouvait y mettre, sortit et gagna la demeure de madame Deligny. Les domestiques voulurent l'empêcher d'entrer; il leur jeta sa bourse. Il savait où était la chambre de Fernande, et il y alla.

La porte était ouverte; un bruit de sanglots s'en échappait. Il entra, et vit madame Deligny devant le lit, dans l'attitude d'une profonde douleur. M. Brémont, près d'elle, debout, immobile, tenait ses yeux humides fixés sur une figure inanimée qui se dessinait sur l'oreiller du lit, plus blanche que la dentelle qui l'entourait. Daniel comprit tout. Son désespoir fut muet. Il s'appuya contre la muraille. Des flots de larmes ruisselaient silencieusement sur ses joues. Tout son corps tremblait. Au bout de quelques instants, se sentant épuisé par la fièvre, presque vaincu par la douleur, il se traîna jusqu'au lit, sans distraire de leurs regrets et de leurs remords les deux êtres qui pleuraient Fernande. Il se pencha sur le lit, baisa la morte au front, et, regardant avec une amertume indicible madame Deligny tout agitée à sa vue :

— Vous êtes-vous bien vengée, madame, de l'amour que je ne ressentais point pour vous! murmura-t-il d'une voix poignante. Égoïste et méchante! votre haine pour moi a tué votre fille!... Ah! vous aviez pourtant un beau rôle à remplir, celui de l'abnégation maternelle! Mais vous ne pouviez pas le comprendre, vous ne pouviez pas l'accepter! votre âme était trop vulgaire, trop lâche! Vous avez préféré la vengeance au dévouement. Triomphez! votre fille est morte... et moi... je meurs...

En prononçant ces mots avec un accent affaibli, il s'affaissa sur lui-même, ses dents claquèrent, un gémissement plaintif s'échappa de ses lèvres.

M. Brémont voulut le relever...

Il était mort...

Par ordre de M. Brémont, le meilleur homme du monde assurément, Daniel et Fernande ont été ensevelis dans le même tombeau.

Madame Deligny a pleuré quelque temps sa fille, jamais Daniel. La haine d'une femme est vivace, implacable. Enfin elle s'est remariée; elle n'a pas rendu son second mari plus heureux que le premier, et elle est devenue dévote.

FIN

FLEUR-DE-PRINTEMPS

I

Marcel passait pour un original. On le voyait souvent vers la nuit, sur le toit qu'il habitait, les bras croisés sur sa poitrine, contempler une étoile, la plus brillante des étoiles fixes : Sirius. Il s'oubliait dans cette rêverie profonde, et, quand l'heure sonnant avec lenteur au clocher de l'église voisine le ramenait aux réalités de notre planète, il portait sa main à son visage, qui était humide. Quel sentiment pénible, quelle pensée attristante troublait ainsi son recueillement? Avait-il mesuré, dans son esprit stupéfait, la distance effroyable de l'étoile (plus de huit millions de millions de lieues), ou pénétré les mystérieuses lois qui la tiennent suspendue dans l'espace? Certes, il était assez savant pour comprendre toutes ces choses et en être écrasé. Mais l'admiration des immensités de la nature arrache bien rarement des larmes à la jeunesse, plus touchée des beautés de la créature. Que se passait-il donc en Marcel? Nul ne le savait que lui-même. Ce qu'on savait de lui, c'est qu'il vivait seul, qu'il étudiait beaucoup et qu'il était pauvre si pauvre, que sa mansarde n'avait pour tout mobilier qu'une couchette de bois blanc garnie d'une paillasse, une table, une chaise, de vieux livres et des instruments de physique. Ce que l'on savait encore, c'est que son seul revenu provenait de quelques leçons de mathématiques, et que ce revenu, insuffisant même pour un pythagoricien, était l'unique ressource dont il vécût. Anaxagoras l'eût certainement avoué pour son disciple le plus zélé et le plus convaincu.

(La suite au prochain numéro.)

Le propriétaire-gérant : F. ROY.

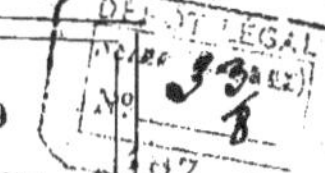

LES MYSTÈRES DE PARIS

Elle se laissa glisser comme une flèche du 1er étage à la cour. (Page 808).

Les yeux fixes, hagards, les dents serrés, la bouche écumante, labourant machinalement de ses ongles sa poitrine qu'il ensanglantait, il sentait sa pensée s'égarer et se perdre dans un abîme sans fond.

Lorsqu'il sortit de sa stupeur, il marchait pesamment et d'un pas mal assuré; les objets vacillaient à sa vue comme s'il sortait d'une ivresse profonde. Il ferma violemment la porte de la rue et rentra dans sa cour... La pluie avait cessé. Le vent, continuant de souffler avec force, chassait de lourdes nuées grises qui voilaient, sans l'obscurcir, la clarté de la lune dont la lumière blafarde éclairait la maison.

Un peu calmé par l'air vif et froid de la nuit, Jacques Ferrand, espérant combattre son agitation intérieure par la précipitation de sa marche, s'enfonça dans les allées boueuses de son jardin, marchant à pas rapides, saccadés, et de temps à autre portant à son front ses poings crispés... Allant ainsi au hasard, il arriva au bout d'une allée, près d'une serre en ruines. Tout à coup il trébucha violemment contre un amas de terre fraîchement remuée. Il se baissa, regarda machinalement et vit quelques linges ensanglantés. Il se trouvait près de la fosse que Louise Morel avait creusée pour y cacher son enfant mort... son enfant... qui était aussi celui de Jacques Ferrand... Malgré son endurcissement, malgré les effroyables craintes qui l'agitaient... Jacques Ferrand frissonna d'épouvante... Il y avait quelque chose de fatal dans ce rapprochement... Poursuivi par la punition vengeresse de sa LUXURE, le hasard le ramenait sur la fosse de son enfant... malheureux fruit de sa violence et de sa LUXURE.

Dans toute autre circonstance, Jacques Ferrand eût foulé cette sépulture avec une indifférence atroce; mais, ayant épuisé son énergie sauvage dans la scène que nous avons racontée, il se sentit saisi d'une faiblesse et d'un terreur soudaines... Son front s'inonda d'une sueur glacée, ses genoux tremblants se dérobèrent sous lui, et il tomba sans mouvement à côté de cette tombe ouverte.

CHAPITRE XXVI

LA FORCE

Peut-être nous accusera-t-on, à propos de l'extension donnée aux scènes suivantes, de porter atteinte à l'*unité* de notre fable par quelques tableaux épisodiques; mais il nous semble que dans ce moment surtout, où d'importantes questions pénitentiaires, questions qui touchent au vif de l'état social, sont à la veille d'être, sinon résolues (nos législateurs s'en garderont bien), du moins discutées, il nous semble que l'intérieur d'une prison, effrayant pandémonium, lugubre *thermomètre* de la *civilisation*, serait une étude opportune... En un mot, les physionomies variées des détenus de toutes classes, les relations de famille ou d'affection qui les rattachent encore au monde dont les murs de la prison les séparent, nous ont paru dignes d'intérêt.

On nous excusera donc d'avoir groupé autour de plusieurs prisonniers, personnages connus de cette histoire, d'autres figures secondaires, destinées à mettre en action, en relief, certaines idées critiques, et à compléter cette initiation à la *vie de prison*.

. . . .

Entrons à la FORCE. Rien de sombre, rien de sinistre dans l'aspect de cette maison de détention, située rue du Roi-de-Sicile, au Marais. Au milieu de l'une des premières cours, on voit quelques massifs de terre plantés d'arbustes au pied desquels pointent déjà çà et là les pousses vertes et précoces des primevères et des perce-neige; un perron surmonté d'un porche en treillage, où serpentent les rameaux noueux de la vigne, conduit à l'un des sept ou huit promenoirs destinés aux détenus.

Les vastes bâtiments qui entourent ces cours ressemblent beaucoup à ceux d'une caserne ou d'une manufacture tenue avec un soin extrême. Ce sont de grandes façades de pierre blanche, percées de hautes et larges fenêtres où circule abondamment un air vif et pur. Les dalles et le pavé des préaux sont d'une scrupuleuse propreté. Au rez-de-chaussée, de vastes salles chauffées pendant l'hiver, fraîchement aérées pendant l'été, servent durant le jour de lieu de conversation, d'atelier ou de réfectoire aux détenus. Les étages supérieurs sont consacrés à d'immenses dortoirs de dix ou douze pieds d'élévation, au carrelage net et luisant; deux rangées de lits de fer les garnissent, lits excellents, composés d'une paillasse, d'un moelleux et épais matelas, d'un traversin, de draps de toile bien blanche et d'une chaude couverture de laine.

A la vue de ces établissements réunissant toutes les conditions du bien-être et de la salubrité, on reste malgré soi fort surpris, habitué que l'on est à regarder les prisons comme des antres tristes, sordides, malsains et ténébreux. On se trompe. Ce qui est triste, sordide et ténébreux, ce sont les bouges où, comme Morel le lapidaire, tant de pauvres et honnêtes ouvriers languissent épuisés, forcés d'abandonner leur grabat à leur femme infirme, et de laisser avec un impuissant désespoir leurs enfants hâves, affamés, grelotter de froid dans leur paille infecte.

Même contraste entre la physionomie de l'habitant de ces deux demeures. Incessamment préoccupé des besoins de sa famille, auxquels il suffit à peine au jour le jour, voyant une folle concurrence amoindrir son salaire, l'artisan laborieux sera chagrin, abattu; l'heure du repos ne sonnera pas pour lui; une sorte de lassitude somnolente interrompra seule son travail exagéré... Puis, au réveil de ce douloureux assoupissement, il se retrouvera face à face avec les mêmes pensées accablantes sur le présent, avec les mêmes inquiétudes pour le lendemain. Bronzé par le vice, indifférent au passé, heureux de la vie qu'il mène, certain de l'avenir (il peut se l'assurer par un délit ou par un crime,) regrettant la liberté sans doute, mais trouvant de larges compensations dans le bien-être matériel dont il jouit, certain d'emporter à sa sortie de prison une bonne somme d'argent, gagnée par un labeur commode et modéré; estimé, c'est-à-dire redouté de ses compagnons en raison de son cynisme et de sa perversité, le condamné, au contraire, sera toujours insouciant et gai.

Encore une fois, que lui manque-t-il? Ne trouve-t-il pas en prison un bon abri, bon lit, bonne nourriture, salaire élevé [1], travail facile, et surtout et avant tout *société de son choix*, société, répétons-le, qui mesure sa considération à la grandeur des forfaits? Un condamné endurci ne connaît donc ni la misère, ni la faim, ni le froid. Que lui importe l'horreur qu'il inspire aux honnêtes gens? Il ne les voit pas, il n'en connaît pas. Ses crimes font sa gloire, son influence, sa force auprès des bandits au milieu desquels il passera désormais sa vie. Comment craindrait-il la honte? Au lieu de graves et charitables remontrances qui pourraient le forcer à rougir et à se repentir du passé, il entend de farouches applaudissements qui l'encouragent au vol et au meurtre. A peine emprisonné, il médite de nouveaux forfaits. Quoi de plus logique? S'il est découvert, arrêté derechef, il retrouvera le repos, le bien-être matériel de la prison et ses joyeux et hardis compagnons de crime et de débauche... Sa corruption est-elle moins grande que celle des autres, manifeste-t-il, au contraire, le moindre remords, il est exposé à des railleries atroces, à des huées infernales, à des menaces terribles.

Enfin, chose si rare qu'elle est devenue l'exception de la règle, un condamné sort-il de cet épouvantable pandémonium avec la volonté ferme de revenir au bien par des prodiges de travail, de courage, de patience et d'honnêteté, a-t-il pu cacher son infamant passé, la rencontre d'un de ses anciens camarades de prison suffit pour renverser cet échafaudage de réhabilitation si péniblement élevé. Voici comment : Un libéré endurci propose une *affaire* à un libéré repentant; celui-ci, malgré de dangereuses menaces, refuse cette criminelle association; aussitôt une délation anonyme dévoile la vie de ce malheureux qui voulait à tout prix cacher et expier une première faute par une conduite honorable. Alors, exposé aux dédains ou au moins à la défiance de ceux dont il avait conquis l'intérêt à force de labeur et de probité, réduit à la détresse, aigri par l'injustice, égaré par le besoin, cédant enfin à de funestes obsessions, cet homme, presque réhabilité, retombera encore et pour toujours au fond de l'abîme d'où il était si difficilement sorti.

Dans les scènes suivantes, nous tâcherons donc de démontrer les monstrueuses et inévitables conséquences *de la réclusion en commun*. Après des siècles d'épreuves barbares, d'hésitations pernicieuses, on paraît comprendre qu'il est peu raisonnable de plonger dans une atmosphère abominablement viciée des gens qu'un air pur et salubre pourrait seul sauver. Que de siècles pour reconnaître qu'en agglomérant les êtres gangrenés on redouble l'intensité de leur corruption, qui devient ainsi incurable! Que de siècles pour reconnaître qu'il n'est, en un mot, qu'un remède à cette lèpre envahissante qui menace le corps social : L'ISOLEMENT ! Nous nous estimerions heureux si notre faible voix pouvait être, sinon comptée, du moins entendue parmi toutes celles qui, plus imposantes, plus éloquentes que la nôtre, demandent, avec une si juste et si impatiente insistance, l'application complète, absolue, *du système cellulaire*. Un jour aussi, peut-être, la société saura que le mal est une maladie accidentelle et non pas organique ; que les crimes sont presque toujours des faits de subversion d'instincts, de penchants toujours bons dans leur essence, mais faussés, mais maléficiés par l'ignorance, l'égoïsme ou l'incurie des gouvernants, et que la santé de l'âme, comme celle du corps, est invinciblement subordonnée aux lois d'une hygiène salubre et préservatrice. Dieu donne à tous des organes impérieux, des appétits énergiques, le désir du bien-être; c'est à la société d'équilibrer et de satisfaire ces besoins. L'homme qui n'a en partage que force, bon vouloir et santé a *droit*, souverainement droit, à un labeur justement rétribué, qui lui assure, non le superflu, mais le nécessaire, mais le moyen de rester sain et robuste, actif et laborieux... partant honnête et

1. Salaire élevé, si l'on songe que, défrayé de tout, le condamné peut gagner de cinq à dix sous par jour. Combien est-il d'ouvriers qui puissent économiser une telle somme?

bon, parce que sa condition sera heureuse. Les sinistres régions de la misère et de l'ignorance sont peuplées d'êtres morbides, aux cœurs flétris. Assainissez ces cloaques, répandez-y l'instruction, l'attrait du travail, d'équitables salaires, de justes récompenses; et aussitôt ces visages maladifs, ces âmes étiolées renaîtront au bien, qui est la santé, la vie de l'âme.

. . . .

Nous conduirons le lecteur au parloir de la prison de la Force.

C'est une salle obscure, séparée dans sa longueur en deux parties égales par un étroit couloir à claires-voies. L'une des parties de ce parloir communique à l'intérieur de la prison : elle est destinée aux détenus; l'autre communique au greffe : elle est destinée aux étrangers admis à visiter les prisonniers. Ces entrevues et ces conversations ont lieu à travers le double grillage de fer du parloir, en présence d'un gardien qui se tient dans l'intérieur et à l'extrémité du couloir. L'aspect des prisonniers réunis au parloir ce jour-là offrait de nombreux contrastes : les uns étaient couverts de vêtements misérables, d'autres semblaient appartenir à la classe ouvrière, ceux-ci à la riche bourgeoisie. Les mêmes contrastes de condition se remarquaient parmi les personnes qui venaient voir les détenus : presque toutes sont des femmes. Généralement les prisonniers ont l'air moins triste que les visiteurs; car, chose étrange, funeste et prouvée par l'expérience, il est peu de chagrins, de hontes, qui résistent à trois ou quatre jours *de prison passés en commun!* Ceux qui s'épouvantaient le plus de cette hideuse communion s'y habituent promptement; la contagion les gagne : environnés d'êtres dégradés, n'entendant que des paroles infâmes, une sorte de farouche émulation les entraîne, et, soit pour imposer à leurs compagnons en luttant de cynisme avec eux, soit pour s'étourdir par cette ivresse morale, presque toujours les nouveaux venus affichent autant de dépravation et d'insolente gaieté que les *habitués* de la prison.

Revenons au parloir. Malgré le bourdonnement sonore d'un grand nombre de conversations tenues à demi-voix d'un côté du couloir à l'autre, prisonniers et visiteurs finissaient, après quelque temps de pratique, par pouvoir causer entre eux, à la condition absolue de ne pas se laisser un moment distraire ou occuper par l'entretien de leurs voisins, ce qui créait une sorte de secret au milieu de ce bruyant échange de paroles, chacun étant forcé d'entendre son interlocuteur, mais de ne pas écouter un mot de ce qui se disait autour de lui. Parmi les détenus appelés au parloir par des visiteurs, le plus éloigné de l'endroit où siégeait le gardien était Nicolas Martial. Au morne abattement dont on l'a vu frappé lors de son arrestation avait succédé une assurance cynique. Déjà la contagieuse et détestable influence de la prison *en commun* portait ses fruits. Sans doute, s'il eût été aussitôt transféré dans une cellule solitaire, ce misérable, encore sous le coup de son premier accablement, face à face avec la pensée de ses crimes, épouvanté de la punition qui l'attendait, ce misérable eût éprouvé, sinon du repentir, au moins une frayeur salutaire dont rien ne l'eût distrait. Et qui sait ce que peut produire chez un coupable une méditation incessante, forcée, sur les crimes qu'il a commis et sur leurs châtiments?...

Loin de là, jeté au milieu d'une tourbe de bandits aux yeux desquels le moindre signe de repentir est une lâcheté, ou plutôt une *trahison* qu'ils font chèrement expier, car, dans leur sauvage endurcissement, dans leur stupide défiance, ils regardent comme capable de les espionner tout homme (s'il s'en trouve) qui, triste et morne, regrettant sa faute, ne partage pas leur audacieuse insouciance et frémit à leur contact; jeté, disons-nous, au milieu de ces bandits, Nicolas Martial, connaissant dès longtemps et par tradition les mœurs des prisons, surmonta sa faiblesse et voulut paraître digne d'un nom déjà célèbre dans les annales du vol et du meurtre. Quelques vieux repris de justice avaient connu son père le supplicié, d'autres son frère le galérien; il fut reçu et aussitôt patronné par ces vétérans du crime avec un intérêt farouche. Ce fraternel accueil de meurtrier à meurtrier exalta le fils de la veuve; ces louanges données à la perversité héréditaire de sa famille l'enivrèrent. Oubliant bientôt dans ce hideux étourdissement l'avenir qui le menaçait, il ne se souvint de ses forfaits passés que pour s'en glorifier et les exagérer encore aux yeux de ses compagnons.

L'expression de la physionomie de Martial était donc aussi insolente que celle de son visiteur était inquiète et consternée.

Ce visiteur était le père Micou, le recéleur-logeur du passage de la Brasserie, dans la maison duquel madame de Fermont et sa fille, victimes de la cupidité de Jacques Ferrand, avaient été obligées de se retirer. Le père Micou savait de quelles peines il était passible pour avoir maintes fois acquis à vil prix le fruit des vols de Nicolas et de bien d'autres. Le fils de la veuve étant arrêté, le recéleur se trouvait presque à la discrétion du bandit qui pouvait le désigner comme son acheteur habituel. Quoique cette accusation ne pût être appuyée de preuves flagrantes, elle n'en était pas moins très-dangereuse, très-redoutable pour le père Micou ; aussi avait-il immédiatement exécuté *les ordres* que Nicolas lui avait fait transmettre par un libéré sortant.

— Eh bien! comment ça va-t-il, père Micou? — lui dit le brigand.

— Pour vous servir, mon brave garçon, — lui répondit le recéleur avec empressement. — Dès que j'ai eu vu la personne que vous m'avez envoyée, tout de suite je me...

— Tiens! pourquoi donc que vous ne me tutoyez plus, père Micou? — dit Nicolas en l'interrompant d'un air sardonique. — Est-ce que vous me méprisez... parce que je suis dans la peine?

— Non, mon garçon, je ne méprise personne... — dit le recéleur qui ne se souciait pas d'afficher sa familiarité avec ce misérable.

— Eh bien ! alors, dites-moi *tu*... comme d'habitude, ou je croirais que vous n'avez plus d'amitié pour moi, et ça me fendrait le cœur...

— A la bonne heure, — dit le père Micou en soupirant. — Je me suis donc occupé tout de suite de tes petites commissions.

— Voilà qui est parlé, père Micou... je savais bien que vous n'oublieriez pas les amis. Et mon tabac?

— J'en ai déposé deux livres au greffe, mon garçon.

— Il est bon?

— Tout ce qu'il y a de meilleur.

— Et le jambonneau?

— Aussi déposé avec un pain blanc de quatre livres; j'y ai ajouté une petite surprise à laquelle tu ne t'attendais pas... une demi-douzaine d'œufs durs et une belle *tête* de Hollande...

— C'est ce qui s'appelle se conduire en ami! Et du vin?

— Il y a six bouteilles cachetées, mais tu sais qu'on ne t'en délivrera qu'une bouteille par jour.

— Que voulez-vous?... faut bien en passer par là...

— J'espère que tu es content de moi, mon garçon?

— Certainement, et je le serai encore, et je le serai toujours, père Micou, car ce jambonneau, ce fromage, ces œufs et ce vin ne dureront que le temps d'avaler... Mais, comme dit l'autre, quand il n'y en aura plus, il y en aura encore, grâce au papa Micou, qui me donnera encore du *nanan* si je suis gentil.

— Comment! tu veux...

— Que dans deux ou trois jours vous me renouveliez mes petites provisions, père Micou.

— Que le diable me brûle si je le fais !... C'est bon une fois.

— Bon une fois? Allons donc! des jambons et du vin, c'est bon toujours, vous savez bien ça.

— C'est possible, mais je ne suis pas chargé de te nourrir de friandises.

— Ah! père Micou! c'est mal, c'est injuste; me refuser du jambon, à moi qui vous ai si souvent porté du *gras-double* [1] !

— Tais-toi donc, malheureux! — dit le recéleur effrayé.

— Non, j'en ferai juge le *curieux* [2] ; je lui dirai : Figurez-vous que le père Micou...

— C'est bon! c'est bon! — s'écria le recéleur voyant avec autant de crainte que de colère Nicolas très-disposé à abuser de l'empire que lui donnait leur complicité ; — j'y consens... je te renouvellerai ta provision quand elle sera finie.

— C'est juste... rien que juste... Faudra pas non plus oublier d'envoyer du café à ma mère et à Calebasse, qui sont à Saint-Lazare; elles prenaient leur tasse tous les matins... ça leur manquerait...

— Encore! Mais tu veux donc me ruiner, gredin!...

— Comme vous voudrez, père Micou... n'en parlons plus... je demanderai au *curieux* si...

— Va donc pour le café!... — dit le recéleur en l'interrompant. — Mais que le diable t'emporte!... maudit soit le jour où je t'ai connu!...

— Mon vieux... moi, c'est tout le contraire... dans ce moment, je suis ravi de vous connaître... Je vous vénère comme mon père nourricier.

— J'espère que tu n'as rien de plus à m'ordonner?... — reprit le père Micou avec amertume.

— Si... Vous direz à ma mère et à ma sœur que, si j'ai tremblé quand on m'a arrêté, je ne tremble plus, et que je suis maintenant aussi déterminé qu'elles deux.

1. Du plomb volé. — 2. Le juge.

(La suite au prochain numéro.)

COMMENT ON AIME

FLEUR-DE-PRINTEMPS

(SUITE)

Son caractère et ses habitudes étaient d'ailleurs aimés de tous ceux qui le connaissaient; il était doux, poli, obligeant, et menait une vie d'une régularité irréprochable. Si la bizarrerie qui le portait à s'asseoir, par les belles nuits, sur le toit de sa maison, à y demeurer des heures entières, le regard fixé sur un point du ciel, n'avait fait supposer qu'il avait des atteintes de folie, on l'eût généralement estimé le plus parfait garçon de la terre. On avait hasardé bien des commentaires à ce sujet. Que ne cherchent pas à expliquer les vénérables commères de tous les quartiers du monde? Les plus entendues et les plus malignes y avaient perdu leur langue, ou avaient déclaré que c'était un monomane amoureux d'une étoile. Les honnêtes matrones n'étaient pas aussi éloignées de la vérité qu'elles le pensaient elles-mêmes. Ce n'est pas sans doute que le feu scintillant de Sirius eût allumé dans le cœur de Marcel une ardeur cosmographique, et que, comme l'amant de la lune, il brûlât de s'unir à cette étoile par des nœuds éthérés. Il ne poussait pas l'amour de l'astronomie jusqu'à ce degré d'effervescence. Le pauvre diable aimait en Sirius autre chose qu'un simple monde de cent quatre-vingt millions de lieues de diamètre. Il aimait dans cette étoile un doux souvenir, le plus doux qu'il eût jamais renfermé dans les replis les plus cachés de son âme, d'ailleurs presque toujours absorbée dans l'étude et la réflexion.

Un soir, las de poursuivre à travers des logarithmes la solution de divers problèmes trigonométriques, il était allé respirer dans les Prés Saint-Gervais, cette oasis où Paris va cueillir des lilas, un air pur et chargé des senteurs balsamiques du printemps. Le ciel avait cette limpidité bleuâtre qui permet aux étoiles de briller du plus vif éclat. Une seule, cependant, entr'ouvrait dans l'azur son œil radieux, et souriait au paysage comme une charmante promesse de calme et de bonheur. Le regard pensif, Marcel marchait à pas lents, admirant cette fois non en astronome, mais en poëte, ce diamant lumineux des belles nuits, et laissant au hasard le soin de diriger ses pas.

Tout à coup un léger cri, suivi d'un éclat de rire qui ressemblait à la cadence perlée d'un rossignol, l'arracha à sa contemplation. Son regard, perdu dans les profondeurs de l'éther, s'abaissa vivement vers le sol, et Marcel remarqua qu'il se trouvait dans une prairie coupée par de petits ruisseaux enfouis sous la verdure. Au même instant, il aperçut, à peu de distance, deux jeunes filles fort remarquables à beaucoup d'égards. L'une d'elles, assise sur l'herbe, brune et belle de cette beauté épanouie qui révèle plus de vingt-cinq ans bien écoulés, faisait tournoyer gaiement son chapeau de paille, qu'elle tenait à la main, sans songer à porter secours à sa compagne dont un pied s'était profondément embourbé dans la terre grasse d'un ruisseau. Celle-ci, les joues empourprées d'un vif incarnat, s'efforçait de sortir de ce mauvais pas et n'y pouvait réussir.

Le premier mouvement de Marcel fut un geste d'admiration. Jamais, en effet, il n'avait rencontré une créature plus ravissante de jeunesse, de grâce et de simplicité. Cheveux d'un blond doré, œil bleu de ciel, peau éblouissante de blancheur, taille souple et fine comme une liane, tout en elle eût semblé révéler l'ange, si par sa modeste parure et son pied embarrassé elle n'eût plus évidemment démontré son origine terrestre et ses goûts de grisette enthousiaste d'églogues en action. Après une seconde d'immobilité, Marcel s'élança vers la jeune fille, et, prenant dans ses mains nerveuses deux petites mains d'enfant qu'on lui tendait, il fit si bien qu'il sauva l'imprudente de sa position désespérée; mais ce ne fut ni sans peine ni sans perte. Le ruban qui serrait la jambe de notre gracieuse étourdie s'étant rompu, son soulier était resté plongé dans la vase. Grande désolation entremêlée de folles plaisanteries et de rires joyeux.

— Pauvre Fleur-de-Printemps! s'écria la

jeune fille au chapeau de paille; tu étais si bien tout à l'heure, plantée au milieu de ce frais ruisseau; mais, juste ciel! reprit-elle en voyant le pied déchaussé, tu as donc perdu une de tes racines?

— Mon Dieu, oui, répondit la toute jeune fille en sautant à cloche-pied, je ne sais plus comment me tenir sur ma tige, je vais tomber.

Et toutes deux de rire encore comme chantent les oiseaux.

Marcel n'avait pas entendu sans surprise le langage des deux compagnes; il s'était mis en devoir d'extraire de la boue le soulier qui y avait presque entièrement disparu. Il se releva, son trophée à la main, triomphant comme Thésée quand il eut saisi la Toison d'or. Mais, on le comprend, la chaussure de la blonde enfant n'avait pas le lustre de l'objet précieux conquis par le roi des Argonautes. Cette chaussure était toute maculée d'une boue noirâtre peu séduisante à voir, et cependant elle était si petite, si mignonne, si délicatement dessinée, qu'elle parut ravissante à Marcel. Il la lava dans l'eau claire du ruisseau, en la comparant vingt fois aux pantoufles de Cendrillon ou aux babouches d'une Chinoise de Tong-Chou-Foo.

Il ne songeait pas à s'en dessaisir, quand la brune jeune fille s'écria :

— Eh bien! monsieur, ne voyez-vous pas que mon amie va perdre l'équilibre si vous ne lui donnez pas son soulier?

— Ah! pardon, pardon, mademoiselle! balbutia notre étourdi.

Et il restitua ce qu'on lui demandait.

En ce moment, il rencontra le suave regard de la jolie blonde et sentit son cœur comme inondé d'un fluide tiède et parfumé.

Après s'être chaussée, celle-ci se retourna vers Marcel et lui dit d'une voix argentine :

— Merci, monsieur, de votre bonté; je regrette de tout mon cœur de ne pouvoir vous offrir une preuve de ma reconnaissance pour votre dévouement.

Ces mots, lancés avec une gracieuse étourderie, rendirent Marcel singulièrement pensif. Il soupira... Ce soupir était peut-être un souffle embaumé de l'amour. L'amour est une fleur qui s'épanouit vite au soleil de la jeunesse et du mois de mai.

La charmante rieuse trouva son sauveur, ce qu'il était en effet, fort joli garçon. Elle remarqua surtout sa mine douce et honnête, et elle se sentit légèrement troublée. Tous les deux demeurèrent un instant interdits.

— Ah çà! s'écria la brune compagne avec un sourire railleur, avez-vous l'intention de rester plantés là bien longtemps?

Marcel s'efforça de recueillir un peu de présence d'esprit.

— Si j'osais... balbutia-t-il.

— Osez toujours! continua son interlocutrice.

— Je supplierais mademoiselle...

Et Marcel indiquait avec hésitation la suave enfant.

— Mademoiselle Fleur-de-Printemps! dit gaiement la plus âgée; c'est le nom de votre héroïne, comme Fleur-d'Été est le mien. Toutes deux nous sommes fleuristes, pour vous servir.

— Fleur-de-Printemps! Fleur-d'Été! répéta Marcel non sans étonnement.

Et il interrogea du regard la plus jeune, qui paraissait mériter toute confiance comme toute admiration.

— Mon Dieu! oui, monsieur, répondit-elle, nous nous appelons simplement Marie toutes les deux; mais les compagnes de notre atelier nous ont donné les surnoms que vous venez d'entendre.

— Elles ont fait preuve d'esprit! s'écria Marcel. Il était impossible de vous mieux nommer.

— Mais, à propos, reprit Fleur-d'Été, vous aviez commencé une phrase tout à l'heure. Achevez-la.

— Soit, reprit Marcel d'un air embarrassé; je voulais prier mademoiselle Fleur-de-Printemps de regarder là, au ciel...

— Quoi donc? demanda d'un air naïvement étonné la jeune fille à qui ces paroles s'adressaient.

— Cette étoile qu'on nomme Sirius.

Les deux jeunes filles regardèrent aussitôt l'astre qu'indiquait Marcel.

— Pourquoi faire? s'écria Fleur-d'Été.

Marcel ne répondit pas.

— En effet, reprit la blonde enfant, quelle est votre pensée?

— Ma pensée est bien simple. La voici : quand je vous ai rencontrée, mademoiselle, j'avais les yeux fixés sur cette étoile, je ne l'oublierai jamais et ce souvenir me sera d'autant plus cher qu'en la regardant à l'avenir j'aurai présent à la mémoire que vous aussi vous l'avez fixée de vos yeux plus bleus que l'azur qui l'environne.

Fleur-de-Printemps baissa les yeux et ne répondit pas.

Sa compagne se leva, et s'approchant de Marcel avec intérêt :

— Mais c'est très-galant, ce que vous dites là, monsieur, dit-elle; c'est gentil comme une romance de Loïsa Puget ou de Paul Henrion.

— Je ne songe pas à mettre les romances en action, mademoiselle; je répète tout bonnement ce que me dicte mon cœur.

— Et vous avez raison, monsieur; il faut toujours suivre l'impulsion du cœur. Le cœur seul rend heureux.

Disant cela, elle regarda de nouveau, d'un air coquet et mutin, l'étoile qui resplendissait toujours, s'empara d'un énorme bouquet de lilas qui reposait sur l'herbe, puis, pressant le bras de sa jeune amie, elle l'entraîna en lui disant :

— Viens, mignonne! il se fait tard.

Marcel les arrêta d'un geste, et, d'une voix tremblante :

— Ne vous reverrai-je plus? demanda-t-il.

— Nous venons quelquefois le dimanche aux Prés Saint-Gervais, répondit Fleur-de-Printemps; au revoir, monsieur !

Et les deux compagnes disparurent derrière une haie d'aubépine. Marcel, l'honnête garçon, ne songea pas même à les suivre, mais il revint souvent aux Prés Saint-Gervais les jours de fête; ce fut inutilement ; il n'y rencontra point celles qu'il cherchait, et chaque fois il regagna sa demeure avec plus de tristesse et d'ennui, car l'image de Fleur-de-Printemps s'était profondément gravée dans sa pensée, et, comme une divinité dans un sanctuaire, elle y était l'objet d'une naïve et secrète adoration.

Il y a des gens qui prétendent que la science endurcit le cœur. C'est le contraire qui est vrai : elle l'attendrit.

C'était depuis cette époque qu'après les labeurs de la journée, à l'heure où Sirius s'éveille au ciel, on avait vu notre jeune savant, mélancolique et recueilli, contemplant avec des larmes dans les yeux l'astre qui lui rappelait la ravissante apparition.

Devait-il jamais revoir Fleur-de-Printemps? Il n'osait plus l'espérer.

II

Marcel n'avait pas rencontré dane les Prés Saint-Gervais Fleur-de-Printemps et Fleur-d'Été, par la raison bien simple que toutes deux étaient parties pour l'Allemagne avec le baron Max d'Exter.

Nous ne savons s'il existe encore des princes russes et des lords anglais très-généreux, mais nous avons la certitude qu'on trouve parfois des seigneurs allemands très-riches et fort originaux. Le baron Max d'Exter était de ce nombre. Il avait rencontré dans Paris Fleur-de-Printemps, qui revenait de l'atelier où elle travaillait; il s'en était fortement épris, et, l'abordant un jour, il lui avait tenu à peu près ce langage avec un accent germanique des plus prononcés :

— Mademoiselle, je vous adore; je pars demain pour l'Allemagne, et, si vous voulez, je vous emmène avec moi ; votre fortune est faite.

La surprise de Fleur-de-Printemps ne fut pas des moins étourdissantes. On ne trouve pas tous les jours l'occasion de faire sa fortune en voyageant. Elle ne put s'empêcher de regarder attentivement son interlocuteur, qu'elle trouva fort laid. Il était long, maigre, blafard et sensiblement bossu.

Le baron devina-t-il cette impression défavorable? Il faut le croire, car il reprit vivement :

— Quand vous jugerez à propos de me quitter, je vous donnerai autant de fois mille florins que vous serez restée de mois avec moi. Je me nomme Max d'Exter, je suis baron, et je n'ai qu'une parole.

— Eh! que voulez-vous donc faire de moi? demanda Fleur-de-Printemps sans comprendre parfaitement la valeur de la proposition qui lui était faite si catégoriquement.

— Ma maîtresse, répondit l'Allemand d'un ton câlin.

— J'ai bien l'honneur de vous saluer, monsieur! s'écria-t-elle en lui riant au nez.

Et elle s'envola comme un oiseau moqueur.

Fleur-de-Printemps habitait avec Fleur-d'Été une chambrette dans le Marais. Toutes deux étaient orphelines et récemment arrivées à Paris. Elles y vivaient honnêtement, sans doute pour ne pas faire mentir la formule grammaticale qui prétend que toute règle a ses exceptions. Or on connaît la règle des fleuristes à Paris et même dans le reste du monde civilisé.

Fleur-d'Été s'était mise en retard; quand elle fut de retour au domicile commun, Fleur-de-Printemps lui raconta ce qui venait de lui arriver.

— Et tu as refusé? s'écria sa compagne avec ébahissement.

(*La suite au prochain numéro.*)

Le propriétaire-gérant : F. ROY.

Le père Micou causait avec Nicolas, séparé de lui par la grille du parloir. (Page 812.)

— Je le leur dirai... Est-ce tout?

— Attendez donc... J'oubliais de vous demander deux paires de bas de laine bien chauds... vous ne voudriez pas que je m'enrhume, n'est-ce pas?

— Je voudrais que tu crèves!

— Merci, père Micou, ça sera pour plus tard; aujourd'hui j'aime autant autre chose... je veux la passer douce... Au moins, si on me raccourcit comme mon père... j'aurai joui de la vie.

— Elle est propre, ta vie!

— Elle est superbe!... Depuis que je suis ici, je m'amuse comme un roi.. S'il y avait eu des lampions et des fusées, on aurait illuminé et tiré des fusées en mon honneur, quand on a su que j'étais le fils du fameux Martial le guillotiné.

— C'est touchant!... Belle parenté!

— Tiens! il y a bien des ducs et des marquis... Pourquoi donc que nous n'aurions pas notre noblesse, nous autres? — dit le brigand avec une ironie farouche.

— Oui... c'est *Charlot* [1] qui vous les donne sur la place du Palais, vos lettres de noblesse...

— Bien sûr que ce n'est pas M. le curé; raison de plus : en prison, faut être de la noblesse de *la haute pègre* [2] pour avoir de l'agrément, sans ça on vous regarde comme des rien du tout. Faut voir comme on les arrange, ceux qui ne sont pas *nobles de pègre* et qui font leur tête... Tenez! il y a ici justement un nommé Germain, un petit jeune homme qui fait le dégoûté et qui a l'air de nous mépriser. Gare à sa peau! c'est un sournois, on le soupçonne d'être un *mouton*. Si ça est, on lui grignotera le nez... en manière d'avis.

— Germain? ce jeune homme s'appelle Germain?

— Oui... vous le connaissez? il est donc de la pègre? Alors, malgré son air colas...

— Je ne le connais pas... mais s'il est le Germain dont j'ai entendu parler son compte est bon.

— Comment?

— Il a déjà manqué de tomber dans un guet-apens que Velu et le gros boiteux lui ont tendu il y a quelque temps.

— Pourquoi donc ça?

— Je n'en sais rien... Ils disaient qu'en province il avait *coqué* [3] quelqu'un de leur bande.

— J'en étais sûr... Germain est un *mouton*... Eh bien! on en mangera, du mouton... Je vas dire ça aux amis... ça leur donnera de l'appétit... Ah çà! le gros boiteux fait-il toujours des niches à vos locataires?

— Dieu merci! j'en suis débarrassé, de ce vilain gueux-là! tu le verras ici aujourd'hui ou demain.

— Vive la joie! nous allons rire! En voilà encore un qui ne boude pas!

1. Le bourreau. — 2. Des grands voleurs. — 3. Dénoncé. — On se souvient que Germain, élevé pour le crime par un ami de son père, le Maître d'école, ayant refusé de favoriser un vol que l'on voulait commettre chez un banquier où il était employé à Nantes, avait instruit son patron de ce que l'on tramait contre lui, et s'était réfugié à Paris. Quelque temps après, ayant rencontré dans cette ville le misérable dont il avait refusé d'être le complice à Nantes, Germain, épié par lui, avait manqué d'être victime d'un guet-apens nocturne. C'était pour échapper à de nouveaux dangers qu'il avait quitté la rue du Temple et tenu secret son nouveau domicile.

— C'est parce qu'il va retrouver ici Germain... que je t'ai dit que le compte de ce jeune homme serait bon... si c'est le même...

— Et pourquoi l'a-t-on pincé, le gros boiteux?

— Pour un vol commis avec un libéré qui voulait rester honnête et travailler!... Ah bien, oui! le gros boiteux l'a joliment enfoncé... Il a tant de vice, ce gueux-là!... Je suis sûr que c'est lui qui a forcé la malle de ces deux femmes qui occupent chez moi le cabinet du quatrième.

— Quelles femmes? Ah! oui... deux femmes dont la plus jeune vous incendiait, vieux brigand, tant vous la trouviez gentille.

— Elles n'incendieront plus personne; car, à l'heure qu'il est, la mère doit être morte et la fille n'en vaut guère mieux. J'en serai pour une quinzaine de loyer; mais que le diable me brûle si je donne seulement une loque pour les enterrer!... J'ai fait assez de pertes, sans compter les douceurs que tu me *pries* de donner à toi et à ta famille : ça arrange joliment mes affaires!... J'ai la chance cette année...

— Bah! bah! vous vous plaignez toujours, père Micou; vous êtes riche comme un Crésus... Ah çà! que je ne vous retienne pas!...

— C'est heureux!

— Vous viendrez me donner des nouvelles de ma mère et de Calebasse, en m'apportant d'autres provisions?

— Oui... il le faut bien...

— Ah! j'oubliais : pendant que vous y êtes, achetez-moi aussi une casquette neuve en velours écossais, avec un gland; la mienne n'est plus mettable.

— Ah çà! décidément, tu veux rire?

— Non, père Micou, je veux une casquette en velours écossais... C'est mon idée.

— Mais tu t'acharnes donc à me mettre sur la paille?

— Voyons, père Micou, ne vous échauffez pas; c'est oui ou c'est non. Je ne vous force pas... mais suffit!

Le recéleur, en réfléchissant qu'il était à la merci de Nicolas, se leva, craignant d'être assailli de nouvelles demandes s'il prolongeait sa visite.

— Tu auras ta casquette, — dit-il; — mais prends garde! si tu me demandes autre chose, je ne donnerai plus rien; il en arrivera ce qui pourra, tu y perdras autant que moi.

— Soyez tranquille, père Micou, je ne vous *ferai chanter* [1] qu'autant qu'il en faudra pour que vous ne perdiez pas votre voix; car ce serait dommage, vous *chantez* bien.

Le recéleur sortit en haussant les épaules avec colère, et le gardien fit rentrer Nicolas dans l'intérieur de la prison. Au moment où le père Micou quittait le parloir destiné aux détenus, Rigolette y entrait.

Le gardien, homme de quarante ans, ancien soldat à figure rude et énergique, était vêtu d'un habit-veste, d'une casquette et d'un pantalon bleu; deux étoiles d'argent étaient brodées sur le collet et les retroussis de son habit. A la vue de la grisette, la figure de cet homme s'éclaircit et prit une expression d'affectueuse bienveillance : il avait toujours été frappé de la grâce, de la gentillesse et de la bonté touchante avec laquelle Rigolette consolait Germain lorsqu'elle venait au parloir s'entretenir avec lui.

Germain était de son côté un prisonnier peu ordinaire : sa réserve, sa douceur et sa tristesse inspiraient un vif intérêt aux employés de la prison, intérêt qu'on se gardait d'ailleurs de lui témoigner, de peur de l'exposer aux mauvais traitements de ses hideux compagnons, qui, nous l'avons dit, le regardaient avec une haine méfiante.

Au dehors, il pleuvait à torrents; mais, grâce à ses socques élevés et à son parapluie, Rigolette avait courageusement bravé le vent et la pluie.

— Quel vilain jour, ma pauvre demoiselle! — lui dit le gardien avec bonté. — Il faut du cœur pour sortir par un temps pareil, au moins!

— Quand on pense toute la route au plaisir qu'on va faire à un pauvre prisonnier, on ne s'inquiète guère du temps, allez, monsieur!

— Je n'ai pas besoin de vous demander qui vous venez voir...

— Sûrement... Et comment va-t-il, mon pauvre Germain?

— Tenez, ma chère demoiselle, j'en ai bien vu, des détenus; ils étaient tristes, tristes un jours, deux jours, et puis peu à peu ils se mettaient au train-train des autres; et les plus chagrins dans les premiers temps finissaient souvent par devenir les plus gais de tous... M. Germain, ce n'est pas cela; il a l'air de plus en plus accablé, lui.

— C'est ce qui me désole.

— Quand je suis de service dans les cours, je le regarde du coin de l'œil; il est toujours seul... Je vous l'ai déjà dit, vous devriez lui recommander de ne pas s'isoler ainsi... de prendre sur lui pour parler aux autres; il finira par être une bête noire... Les préaux sont surveillés; mais un mauvais coup est bientôt fait.

— Ah! mon Dieu! monsieur... est-ce qu'il y a davantage de danger pour lui? — s'écria Rigolette.

— Pas précisément; mais ces bandits-là voient qu'il n'est pas des leurs, et ils le haïssent parce qu'il a l'air honnête et fier.

— Je lui avais pourtant recommandé de faire ce que vous me dites là, monsieur, de tâcher de parler aux moins méchants; mais c'est plus fort que lui, il ne peut surmonter sa répugnance.

— Il a tort... il a tort... une rixe est bien vite engagée.

— Mon Dieu! mon Dieu! on ne peut donc pas le séparer d'avec les autres?

— Depuis deux ou trois jours que je me suis aperçu de leurs mauvaises intentions à son égard, je lui avais conseillé de se mettre ce que nous appelons à la *pistole*, c'est-à-dire en chambre.

— Eh bien?

— Je n'avais pas pensé à une chose... toute une rangée de cellules est comprise dans les travaux de réparation qu'on fait à la prison, et les autres sont occupées.

— Mais ces mauvais hommes sont capables de le tuer! — s'écria Rigolette dont les yeux se remplirent de larmes. — Et si par hasard il avait des protecteurs, que pourraient-ils pour lui, monsieur?

— Rien autre chose que de lui faire obtenir ce qu'obtiennent les détenus qui peuvent la payer, une chambre à la pistole.

— Hélas!... alors il est perdu, s'il est pris en haine à la prison...

— Rassurez-vous, on y veillera de près... Mais, je vous le répète, ma chère demoiselle... conseillez-lui de se familiariser un peu... il n'y a que le premier pas qui coûte!

— Je lui recommande cela de toutes mes forces, monsieur; mais pour un bon et honnête cœur, c'est dur, voyez-vous, de se familiariser avec des gens pareils.

— De deux maux, il faut choisir le moindre. Allons! je vais demander M. Germain. Mais au fait, tenez, j'y pense, — dit le gardien en se ravisant, — il ne reste plus que deux visiteurs... attendez qu'ils soient partis... il n'en reviendra

1. Forcer à donner de l'argent en menaçant de faire certaines révélations.

pas d'autres aujourd'hui... car voilà deux heures... je ferai prévenir M. Germain, vous causerez plus à l'aise... Je pourrai même, quand vous serez seuls, le faire entrer dans le couloir, de façon que vous ne serez séparés que par une grille, au lieu de deux : c'est toujours cela.

— Ah! monsieur, combien vous êtes bon... que je vous remercie!

— Chut! qu'on ne vous entende pas, ça ferait des jaloux. Asseyez-vous là-bas au bout du banc, et dès que cet homme et cette femme seront partis, j'irai prévenir M. Germain.

Le gardien rentra à son poste dans l'intérieur du couloir; Rigolette alla tristement se placer à l'extrémité du banc où s'asseyaient les visiteurs.

Pendant que la grisette attend l'arrivée de Germain, nous ferons successivement assister le lecteur à l'entretien des prisonniers qui étaient restés dans le parloir après le départ de Nicolas Martial.

FIN DE LA TROISIÈME PARTIE.

COMMENT ON AIME

FLEUR-DE-PRINTEMPS

(SUITE)

— Si tu l'avais vu, ma chère... Horriblement laid!...

— Mais il doit être richissime!... Un baron allemand, c'est toujours millionnaire comme un prince russe ou un lord anglais.

— Qu'est-ce que cela me fait, à moi?

— Romanesque, va!

— Je te l'ai déjà dit, ma chère, si je cesse jamais d'être sage, ce sera par excès d'amour.

— Eh bien! moi, ce sera par excès d'ambition.

— Folle!

— Bah! j'adore le luxe, l'élégance, les voyages, et j'aimerai celui qui me donnera tout cela.

— Justement, voilà ton affaire! s'écria Fleur-de-Printemps avec un grand éclat de rire.

En effet, le baron Max d'Exter avait poussé la porte entre-bâillée et, se dressant sur le seuil comme une vision d'Hoffmann :

— C'est encore moi, dit-il; vous ne voulez pas être ma maîtresse? eh bien! vous serez ma compagne de voyage; voulez-vous?

Les deux jeunes filles demeurèrent stupéfaites. Fleur-d'Été fut la première à maîtriser son émotion.

— Réponds donc! dit-elle en souriant au baron.

Fleur-de-Printemps répliqua non sans un peu d'hésitation :

— Grand merci, monsieur! je n'ai nulle envie de voyager.

— Mais, chère amie, reprit sa compagne, c'est pourtant bien gentil de voir de beaux pays!

— Tu trouves, ma chère? Alors, que monsieur t'emmène à ma place.

— Je vous emmène toutes les deux, mesdemoiselles, reprit le baron.

Fleur-d'Été tressaillit de plaisir.

— Je m'ennuie beaucoup, reprit le noble Allemand; cela m'amusera. Je reviendrai demain savoir votre réponse. Voici mon nom et ma demeure. Au revoir!

Il posa une carte sur la cheminée, puis il se retira, après avoir adressé à la blonde Fleur-de-Printemps un regard plein de tendresse et d'admiration.

Le baron Max d'Exter savait qu'il était fort laid, mais il savait mieux encore qu'il était fort riche. Il était convaincu qu'avec de l'or on obtient toutes les jouissances de ce monde, et il n'avait pas grand tort. Cent fois déjà il avait fait l'expérience que tout s'escompte ici-bas, et que l'amour même est une denrée dont le cours est coté comme toutes les marchandises. ALLES FUR GOLD, *tout pour de l'or*, tel était son aphorisme habituel. Cela flattait son opulence, mais cela commençait à l'ennuyer.

Cependant l'impertinence avec laquelle Fleur-de-Printemps avait reçu ses avances avait éveillé sa surprise et sa curiosité.

— Bah! s'était-il dit, c'est qu'elle ne me connaît pas et qu'elle craint que je ne tienne point parole. Nous verrons bien!

Lorsqu'il retourna chez les jeunes filles, Fleur-d'Été lui ouvrit la porte avec empressement.

— Eh bien! dit-il, est-ce convenu?

— C'est convenu; nous partirons quand il vous plaira.

Fleur-d'Été avait-elle pris des renseignements à l'*hôtel des Ambassadeurs?* Il y a lieu de le présumer.

— A une condition, objecta Fleur-de-Printemps que cette résolution paraissait réjouir beaucoup moins, c'est que, mon amie et moi, nous ne nous quitterons jamais.

— Soit, répondit le baron qui commençait à ne rien comprendre à cet excès de réserve et de vertu.

Le soir même, les deux jeunes filles et lui partaient pour l'Allemagne en prenant le chemin de fer de Strasbourg.

Fleur-d'Été était toute radieuse. Fleur-de-Printemps semblait pensive; ses yeux, dirigés vers le ciel, aperçurent tout à coup l'étoile de Sirius. Une pensée soudaine, caprice du cœur, fantaisie de l'imagination, lui représenta le jeune homme des Prés Saint-Gervais regardant mélancoliquement comme elle, à la même heure, cette blanche étoile presque aussi brillante que Vénus.

— Lui, du moins, il est jeune et beau! murmura-t-elle en soupirant.

Le baron lui prit la main et lui adressa quelques compliments. Elle replia sur lui son regard humide et tressaillit péniblement.

Nos voyageurs demeurèrent trois mois en Allemagne. Voilà pourquoi Marcel parcourut vainement les Prés Saint-Gervais, où le ramenait sans cesse le souvenir de Fleur-de-Printemps.

III

De retour à Paris, le baron Max d'Exter installa les deux fleuristes dans un riche appartement de la Chaussée-d'Antin. Tentures de soie brochées en or, meubles en bois des Iles, futilités coûteuses, rien n'y manquait de ce qui fait la vie élégante et frivole. Au milieu de tout ce luxe, que Fleur-d'Été trouvait adorable, qu'elle contemplait avec une certaine envie jalouse, Fleur-de-Printemps cherchait vainement le bonheur. C'était une de ces âmes délicates, dont les répugnances demeurent invincibles, et auxquelles l'opulence ne peut faire accepter le dégoût... Or le baron lui était antipathique, et elle n'avait pu se décider encore à se montrer reconnaissante des folies qu'il commettait pour obtenir une faveur.

Soit que la nouveauté de cette résistance imprévue eût excité chez lui un sentiment sérieux, soit qu'il voulût éprouver jusqu'au bout cette vertu indomptable dont il n'avait pas encore trouvé d'exemple, il ne se lassait pas. Il semblait s'amuser, au contraire, de ce jeu nouveau pour lui, et, à chaque résistance de l'enfant, il murmurait entre ses dents : « *Alles fur Gold!* Nous verrons bien. » Puis il recommençait à la combler de délicates prévenances et de riches présents. Un jour, cependant, il s'était impatienté et l'avait menacée de l'abandonner. Fleur-de-Printemps, sans hésitation, avait revêtu son modeste costume de grisette, qu'elle avait conservé par une fantaisie enfantine, et elle lui avait dit : « Je pars, monsieur le baron; je tiens plus à ma liberté qu'à votre opulence. Adieu! » Cette démarche chevaleresque avait désarmé l'amoureux Allemand, qui s'était empressé de la retenir.

— Décidément, dit Fleur-d'Été à sa compagne, voilà un homme qui t'idolâtre!

— Et moi je le déteste! répliqua Fleur-de-Printemps.

— Tu es bien difficile, ma chère!

— Eh! mon Dieu! non; j'ai plus de cœur que de vanité, et tout ce luxe ne vaut pas à mes yeux un peu... d'amour partagé.

— Sotte! exclama sa compagne en haussant les épaules d'un air dédaigneux.

Puis elle soupira, et ce soupir signifiait évidemment : Ah! si j'étais à sa place!

Fleur-d'Été était véritablement l'amie de Fleur-de-Printemps. Aussi avait-elle essayé vingt fois de la supplanter auprès du baron Max d'Exter; mais celui-ci, fidèle comme un chevalier antique, avait froidement repoussé les avances de la perfide. Le cœur humain est ainsi fait : il ambitionne ce qu'on lui refuse et repousse ce qui lui est offert.

Fleur-de-Printemps n'était pas heureuse; de

vagues tourments l'agitaient; elle se disait que sa résistance ne pouvait être éternelle, et que, à moins de quitter loyalement ce qui l'entourait, elle ne pouvait toujours échapper au pacte tacite qu'elle avait consenti en acceptant les soins du baron. Repliée en ses rêveries, elle regrettait sa vie laborieuse d'ouvrière, sa fraîche insouciance et son bonheur dans la pauvreté. Aussi bien songeait-elle parfois aux Prés Saint-Gervais, au jeune homme qu'elle y avait rencontré; elle se rappelait alors les grands yeux noirs mélancoliques de l'inconnu, ses cheveux d'ébène; puis elle souriait en se rappelant la fantaisie qu'il avait eue de lui faire contempler une étoile, comme s'il eût voulu lui offrir ce diamant des belles nuits.

Un soir qu'elle était seule, assise en un vaste fauteuil, dans l'embrasure d'une fenêtre de son appartement, elle rêvait en regardant le ciel, que la lune éclairait d'une douce clarté; une seule étoile parvenait à lutter victorieusement contre elle : c'était Sirius. Elle la regarda plusieurs fois avec un frémissement indescriptible. Puis, soudain, elle crut voir se dessiner entre elle et l'étoile une silhouette qui ressemblait au jeune homme des Prés Saint-Gervais. En effet, elle le vit assis, le visage tourné vers le ciel, sur le toit en pente douce d'une maison voisine. Elle resta ébahie de surprise et de joie en retrouvant ainsi le pauvre rêveur fidèle au culte du souvenir.

En ce moment, Fleur-d'Été entrait.

Fleur-de-Printemps s'élança vers elle.

— Je l'ai vu, ma chère! s'écria-t-elle d'un air heureux.

— Qui donc? demanda sa compagne.

— Lui, notre jeune homme à l'étoile!

— Où l'as-tu vu?

— Tiens! reprit Fleur-de-Printemps en entraînant son amie vers la fenêtre, là-haut, sur ce toit; l'aperçois-tu?

— Oui, mais je distingue mal; je n'ai pas, comme toi, les yeux perçants du cœur.

— Tu ne saurais croire comme je suis contente! Je ne m'ennuie plus.

— Que comptes-tu donc faire?

— Moi? Rien.

— Allons! puis que tu aimes irrésistiblement cet inconnu, il faut le voir.

— Tromper le baron d'Exter? Jamais!

— Ma foi! je ne te comprends pas.

— Ma chère amie, je t'ai déjà dit que la vue du baron m'est insupportable, c'est plus fort que ma volonté; mais je ne consentirai jamais à le trahir tant que je profiterai de ses bontés, C'est clair?

— Parfaitement clair, ma chère amie, et je t'approuve; nous pouvons du moins, pour te distraire, nous occuper de tes amours sans qu'elles s'en doutent. Mais à propos, tu ne sais pas le nom, la profession?...

— Je ne sais rien de plus que toi.

— Eh bien! laisse-moi agir.

Et Fleur-d'Été ne fit ni une ni deux : elle sortit pour aller prendre des renseignements.

Sur ces entrefaites, le baron entrait. Il présenta à Fleur-de-Printemps un délicieux bijou, que celle-ci daigna à peine regarder.

— Vous n'êtes pas satisfaite de cela? demanda-t-il.

— Je suis très-satisfaite, au contraire.

— Très-bien; et moi aussi. Commencez-vous à m'aimer un peu?

— Bien peu.

— Tant pis!... Enfin j'attendrai encore. Je suis patient.

Puis il murmura ;

— *Alles fur Gold!* Nous verrons bien.

Le baron Max d'Exter parut horrible, ce soir-là, aux yeux de Fleur-de-Printemps. Elle fut ravie d'apprendre qu'il était forcé de la quitter de bonne heure pour se rendre à un raout chez l'ambassadeur d'Autriche.

Quand Fleur-d'Été fut de retour :

— Ma chère, dit-elle, j'ai les renseignements les plus circonstanciés ; et, d'abord, il se nomme Marcel.

— Joli nom! murmura Fleur-de-Printemps.

— C'est un excellent jeune homme; on ne lui a jamais connu de maîtresse, jamais!

— Ah! c'est gentil, cela ! reprit joyeusement la jeune enthousiaste.

— De plus, c'est un savant; il sait beaucoup de choses.

— Alors il doit savoir aimer?

— Je le crois bien; mais, hélas! toute cette grande science ne l'enrichit guère : il est pauvre comme Job.

— Que me dis-tu là? Le malheureux!...

— Il couche sur une paillasse.

— Est-ce possible?

— Un sou de lait le matin, quelques rogatons le soir, c'est tout ce qu'il mange.

— Tu m'affliges, ma chère!

— Je te raconte la vérité; voici en deux mots son histoire : il appartient à une famille aisée de Normandie, mais il a été contraint d'abandonner ses parents parce qu'il possède une belle-mère, une marâtre, qui lui reprochait sans cesse son inaction et le pain qu'il mangeait. Il est venu alors à Paris, où il vit du revenu de quelques leçons de mathématiques.

— Pauvre jeune homme!

— Écoute bien encore : la concierge qui m'a fourni tous ces détails a ajouté qu'il était un peu fou sans doute, car il ne passe guère de soirée sans regarder pendant des heures entières les étoiles, une surtout...

Fleur-de-Printemps gardait le silence; elle avait le cœur gros.

— Décidément, reprit sa compagne, vous êtes nés sous la même constellation.

— Alors, repartit sérieusement la jolie blonde, nous devrions suivre le même chemin; j'y réfléchirai. En attendant, venons en aide à Marcel, s'il se peut, et soyons les fées de sa mansarde, ma chère. Veux-tu?

IV

Violente fut la surprise de Marcel lorsque, rentrant un soir dans sa chambrette, il vit son lit dressé dans les conditions les plus confortables. Deux matelas, un traversin, un oreiller s'y arrondissaient à donner une violente envie de dormir. Il se crut la dupe d'une illusion, mais il fut bien obligé de se rendre à l'évidence, lorsqu'il eut palpé et repalpé sa nouvelle literie. Elle n'avait rien de fantastique, rien d'idéal.

D'où pouvait lui venir ce présent? Il n'avait pas d'amis assez riches pour lui faire de telles surprises, et généralement il croyait peu aux fées. Il interrogea sa portière, laquelle parut aussi grandement étonnée que lui, et force lui fut de se coucher dans un bon lit sans être bien certain de ne pas rêver.

Le lendemain, ce fut une bien autre surprise. Revenant comme à l'ordinaire, après avoir donné ses leçons de mathématiques, prendre chez lui son repas pythagoricien, il trouva sa table couverte d'une nappe bien blanche, garnie d'un potage et de quelques mets dont la mine eût réveillé l'appétit d'un mort.

— Décidément, s'écria-t-il, c'est fabuleux! A moins de croire que le diable ne soit pour quelque chose en tout ceci, je n'y puis rien comprendre et reste abasourdi.

Le pauvre savant avait un appétit féroce; il ne put résister à la tentation et prit place à table. En dépliant sa serviette, une lettre s'en échappa. Il se hâta d'en briser le cachet et lut ces mots, convenablement orthographiés :

« Monsieur,

« Ne cherchez pas à me connaître, ce serait inutile; je suis un sylphe propice aux cœurs tendres et fidèles. Acceptez le peu qui vous est offert par une main amie, et soyez heureux. »

Pas plus qu'aux fées, Marcel ne croyait aux sylphes; cette lettre ne lui apprenait donc rien. Cependant, à la délicatesse de l'écriture, à la tournure sentimentale du style, il ne pouvait douter que son sylphe ne fût une femme. Mais quelle femme? Fallait-il penser que, touchée de son dénuement, quelque locataire sensible et généreuse eût résolu de lui venir en aide? Hélas! Marcel connaissait tout le personnel féminin de sa demeure, personnel d'un âge mûr, d'une beauté négative, et cette pensée flattait médiocrement son esprit romanesque.

— Ah çà! s'écria-t-il en se redressant tout à coup, mais c'est une aumône!... et d'une vieille femme, peut-être!... Ah! fi!

Il prit dans une armoire un morceau de pain rassis, une tranche de jambon, et les dévora. Il s'abstint de la sorte de toucher au repas succulent dont il ignorait l'origine. Le soir, il jeta matelas, traversin, oreiller dans un coin de la mansarde, et coucha sur sa paillasse. Le lendemain, en rentrant chez lui, il retrouva le lit confortablement refait, son couvert dressé comme la veille, et une nouvelle lettre sur sa serviette. Il lut :

« Un sylphe n'est jamais vieux et laid : rassurez-vous donc. Prenez! ce n'est point une aumône de la charité : c'est le don d'un être mystérieux qui vous aime. »

— Mais que signifie cela? et comment pénètre-t-on chez moi en mon absence?... Sans doute, reprit Marcel, avec une double clef de ma porte et avec la connivence de ma concierge... Enfin je me résigne et j'accepte, puisque apparemment mon bienfaiteur est une divinité.

Là-dessus il se mit à table et se montra le digne émule de l'ogre Galifron et du fameux Gargantua.

Les jours suivants amenèrent de nouvelles surprises : tantôt c'était une commode en merisier, tantôt une couchette du même bois; une autre fois, des rideaux de perse à fleurettes bleues; une autre fois, un couvre-pieds de même étoffe, si bien qu'en moins de quinze jours l'humble mansarde du pauvre savant devint une chambrette pleine de gentillesse et de fraîcheur. Et pendant ce temps, chaque jour, à cinq heures du soir, son dîner se trouvait proprement servi, sans qu'il eût pu savoir encore s'il entrait par la porte, par la fenêtre ou par une trappe. Inutile de dire qu'il avait fait de nouvelles démarches dans l'espoir d'apprendre d'où lui venait tout cela, mais on répondait imperturbablement à ses questions que personne ne comprenait rien à tous ces phénomènes, qui tombaient sans doute du soleil, de la lune ou des étoiles.

— Pour moi, je tombe des nues! exclama Marcel.

Il se lassa de tant de mystère, et, contre son habitude, il demeura deux jours sans sortir de chez lui. Durant ces deux jours, point de dîner, point de surprise. Il fut obligé de se contenter d'un morceau de pain sec et d'un verre d'eau. Peut-être regretta-t-il un meilleur repas. En tout cas, sa curiosité s'exaltait au plus haut point. Une impatience nerveuse l'enfiévrait; il eût donné les plus belles années de son existence pour découvrir l'être mystérieux qui intervenait ainsi dans son existence avec le désir incontestable de lui faire une vie meilleure, et qui, comme l'antique Isis, se dérobait impitoyablement à ses regards. Il cessa cependant d'épier ce qu'il ne pouvait découvrir, et reprit ses habitudes ordinaires. Dès lors, sollicitudes, prévenances, soins, tout reparut.

Mais, soit que le tourment d'une curiosité mal satisfaite, soit que l'excès du travail eût dérangé sa santé, Marcel tomba malade; il fut en proie à une fièvre ardente qui lui donna le délire. Dans ses instants de crise, il lui semblait voir à son chevet une jeune fille divinement belle qui, penchée sur lui, le regardait avec une douce compassion et lui prodiguait ses soins; puis, au moment où ses idées devenaient plus lucides, où ses yeux moins hagards commençaient à saisir plus distinctement les objets, il croyait la voir s'éloigner et disparaître dans la muraille. Alors il s'écriait :

— Ne t'envole pas, ô mon bel ange! Ta vue me fait du bien! Je t'en supplie, reste à mes côtés, ou je meurs!

Et il répétait à plusieurs reprises le nom de Fleur-de-Printemps. Mais il s'apercevait bientôt que la radieuse apparition n'était que le fantôme de ses sens agités, et qu'il avait pris sans doute pour une admirable jeune fille sa vieille concierge qui le soignait.

La convalescence fut assez longue. Il était sauvé, cependant; un peu de faiblesse lui restait encore du mal qui l'avait mis au plus bas. Un soir, incliné sur son lit et bercé dans une vague somnolence, il reposait, quand un bruit le réveilla. Il vit dans la muraille une porte s'ouvrir et l'ange de son délire lui apparut comme une simple mortelle. Pâle, émue, timide, elle vint s'asseoir près de Marcel qui, dans un trouble extrême, regardait cette apparition et reconnaissait en elle l'étrangère des Prés Saint-Gervais. Ce coup était trop inattendu pour qu'il ne se crût pas encore le jouet d'une hallucination. Son esprit flottait dans un véritable chaos; il eut peur pour sa raison.

— Est-ce encore un rêve? murmura-t-il en passant ses mains sur son visage... Au nom du ciel! si vous n'êtes pas une ombre, une vision, parlez!... Oh! parlez!... et que le son de votre voix me ramène à la réalité!...

— Je ne suis pas une ombre, je ne suis pas une vision, je ne suis pas même un sylphe, bien que j'en aie eu un moment la prétention. Je suis la jeune fille des Prés Saint-Gervais et de l'étoile de Sirius.

— Oui, je vous reconnais, car je ne vous ai jamais oubliée! oui, c'est bien vous, Fleur-de-Printemps! Comment se fait-il que vous soyez ici, chez moi!... Ah! j'avais perdu l'espoir de vous retrouver!

— Je vais tout vous dire, écoutez.

Et elle lui raconta son voyage en Allemagne, sa conduite avec le baron Max d'Exter, les secrètes aspirations de son cœur, la manière dont elle l'avait revu, et le procédé qu'elle avait mis en jeu pour parvenir jusqu'à lui.

— J'ai séduit votre concierge, continua-t-elle, je lui ai dit que j'étais une de vos parentes éloignées, et que je désirais vous venir en aide en gardant l'incognito. Elle me confia alors que rien n'était plus simple; qu'une chambre contiguë à la vôtre était à louer; cette chambre avait une porte condamnée, recouverte même de papier de ce côté, et qu'il était facile d'ouvrir. A partir de ce moment, j'eus accès chez vous et j'obéis aux inspirations de mon cœur.

(La suite au prochain numéro.)

Le propriétaire-gérant : F. ROY.

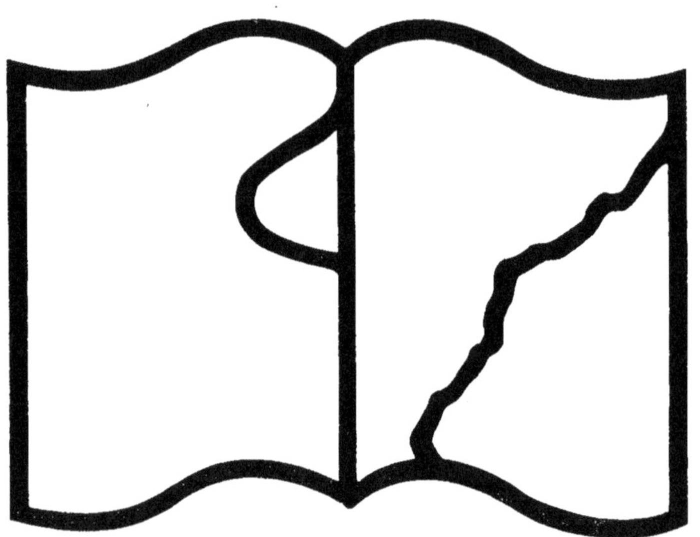

Texte détérioré — reliure défectueuse

NF Z 43-120-11

www.ingramcontent.com/pod-product-compliance
Lightning Source LLC
LaVergne TN
LVHW010532100826
845148LV00001B/162